MARIO PALAZZO
MARGHERITA BERGESE
ANNA ROSSI

STORIA magazine
PER LA RIFORMA

**Corso di storia
per il secondo biennio
e il quinto anno**

Dalla metà del Seicento alla fine dell'Ottocento

2b
L'Ottocento

EDITRICE
LA SCUOLA

Hanno collaborato:

Franco Bisio, Chiara Cisero, Gabriella D'Anna, Mariolina Diana, Giulia Digo, Ciro Fontanello, Bruna Gherner, Laura Locatelli, Michele Raga

Coordinamento editoriale: Paolo Casari

Copertina e progetto grafico: Andrea Morando

Cartografia: Studio grafico Casari

Realizzazione e videoimpaginazione: Edistudio, Milano

In copertina: Ford Madox Brown, *Famiglia lascia l'Inghilterra*, Birmingham, City Museum and Art Gallery

Le immagini sono di proprietà dell'Archivio fotografico dell'Editrice La Scuola.

ONLINE rimanda al sito **www.lascuoladigitale.it** dove sono proposti materiali integrativi in formato digitale.

Dossier e documenti che corredano questo corso (le cui fonti non sono direttamente citate nel testo) sono adattati da:
p. 29: A. Rowley, *La Gloire de Metternich*, in «L'Histoire», 201 • p. 31: G. Parenti, *Talleyrand, nel nome del denaro*, in «Storia e Dossier», 76 • p. 40: C. Donati, *La struttura familiare e il patrimonio del nobile*; S. Gasparri, *Quanti erano i nobili*; C. Donati, *Crepuscolo della nobiltà dopo la Rivoluzione francese*, in «Storia e Dossier», 10 • p. 41: A. Vincent-Buffault, *Maschio e femmina e il piacere di piangere nei secoli XVIII e XIX*, in «Storia e Dossier», 10 • p. 46: A. Barbero, *Le etnie sono un'invenzione*, in «La Stampa», 3 novembre 2000 • p. 52: J. J. Chevalier, *Le grandi opere del pensiero politico*, Il Mulino, 1968 • p. 68: S. Bertoldi, *Storia riti e segreti della massoneria*, in «Storia», 185 – R. Dachez, *Le véritables origines d'une société secréte*, in «L'Histoire Special», 256 – F. Bertini, *Il Paradiso perduto*, in «Storia e Dossier», 47 – L. Troisi, *Massoneria Universale – Dizionario*, Sugarco Edizioni, 1999 • p. 70: *La forza del vapore*, in «Newton», aprile 1998 – *Scienza e tecnica. Dalle origini al Novecento*, Mondadori, 1977 – E.J. Leed, *Per mare e per terra*, Il Mulino, 1996 • p. 76: A. Modula, *Carlo Alberto, Il più inquieto dei Savoia*, in «Tuttolibri», anno XII – A. Cazzullo, *I torinesi, da Cavour a oggi*, Laterza, Roma-Bari, 2002 • p. 80: N. Laneyrie-Dagen, *Le choléra à Paris*, in «Mémoire 2000», Larousse, 2000 • p. 83: F. Dawson, *Latin American Debt Crises*, in «History Today», 40 • p. 94: G. Maggioni, *Sulla pelle dei contadini*, in «Storia e Dossier», 45 • p. 103: N. Laneyrie-Dagen, *La grande*

famine irlandaise, in «Mémoire 2000», Larousse, 2000 • p. 110: G. Verchi, *La principessa rivoluzionaria*, in «Storia e Dossier», 137 • p. 112: G. S. Pene Vidari, *Costituzioni e codici*, Giappichelli, 1996 • p. 114: O. del Buono, G. Boatti, *Il generale Ramorino alla disfatta di Novara*, in «La Stampa», 5 marzo 1998 • p. 128: F. Cognasso, *Cavour*, Dall'Oglio, 1974 – H. Hearder, *Cavour, un europeo piemontese*, Laterza, 2000 – D. Mack Smith, *Cavour*, Bompiani, 1984 • p. 140: V. Sani, *«Io sto con Franceschiello»*, in «Storia e Dossier», 83 • p. 142: S. Romano, *I luoghi della storia*, Rizzoli, 2000 – D. Mack Smith, *Cavour*, Bompiani, 1984 – R. Romeo, *Cavour e il suo tempo (1854-1861)*, Laterza, 1984 • p. 144: D. Mack Smith, *Garibaldi. Una grande vita in breve*, Laterza, 1970 – M. Viroli, *Garibaldi fu ferito, fu ferito nella gloria*, in «La Stampa», 18 settembre 2001 • p. 150: P. Vegier, *Le coup d'État de Louis Napoléon Bonaparte*, in «L'Histoire», 193 – J. Garrigues, *L'Empereur était-il démocrate?*, in «L'Histoire», 211 • p. 152: A. Palmer, *Bismarck*, Editoriale Nuova, 1976 – A. J. P. Taylor, *Bismarck. L'uomo e lo statista*, Laterza, 1988 (1955) – R. Cavendish, *Death of Bismarck*, in «History Today», 48/7 – A. Pavan, *Il cancelliere di ferro*, in «Storia», Mondadori, 4/1998 • p. 172: F. Bertini, *Lissa*, in «Storia e Dossier», 49 • p. 174: U. Levra, *Vittorio Emanuele II, un mito per la nuova Italia*, a cura della Consulta per la Valorizzazione dei Beni Artistici e Culturali di Torino, 2001 • p. 176: D. Mack Smith, *Storia d'Italia*, Laterza • p. 180: S. Soldani, *Insegnare che passione!*, in «Storia e Dossier», 69 • p. 188: D. Fertilio, *Crispi, il padre di tutti i*

voltagabbana, in «Corriere della Sera», 19 agosto 2002 • p. 190: G. Parenti, *Il re che non amava l'Italia*, in «Storia e Dossier», 48 – G. Calcagno, *Il re è morto abbasso il re*, in «La Stampa», 28 luglio 2000 • p. 192: M. Sacchi, *L'avventura di Rubattino*, in «Storia e Dossier», 148 • p. 206: N. Laneyrie-Dagen, in «Mémoire 2000», Larousse, 2000 – G. Montalenti, *Darwin e noi*, Editori Riuniti, Roma, 1982 • p. 208: P. Ortoleva, *La rivoluzione della luce*, in «Storia e Dossier», 67 • p. 210: R. Overy, *The wheels and wings of progress*, in «History Today», 42/9 • p. 214: R. Romano, *H. Ford*, in *I protagonisti*, CEI, Milano, 1966 • p. 222: G. Lopez, *Milano 1881, con l'Expo nasce l'Italia industriale*, in «Storia», Mondadori, 281 • p. 226: L. Forti, *L'eroina compie cento anni*, in «Storia», dicembre 1998 – G. Mayda, *L'uomo nei paradisi artificiali*, in «Storia», 235 – B. Gallotta, *La droga nei secoli*, in «Storia», 236 • p. 236: N. Laneyrie-Dagen, *L'affaire Dreyfus*, in «Mémoire 2000», Larousse, 2000 • p. 242: A.J. P. Taylor, *Bismarck. L'uomo e lo statista*, Laterza, Roma-Bari, 1988 (1955) • p. 254: W. McLoughlin, *Sulla pista delle lacrime*, in «Storia e Dossier», 48 • p. 256: G. Parenti, *Il killer del palcoscenico*, in «Storia e Dossier», 145 • p. 258: A. Kaspi, *Le temps de la ségrégation*, in «Les Collections de l'Histoire», 7 – A. Kaspi, *Le Ku Klux Klan: une secte terroriste*, in «L'Histoire», 197 • p. 273: A. Gnugnoli, *In cerca di Mr. Livingstone*, in «Storia e Dossier», 103 • p. 282: M.C. Bergère, *Le «guerre dell'oppio» in Cina*, in «L'Histoire», 266 • p. 284: N. Laneyrie-Dagen, *La fin des Sati*, in «Mémoire 2000», Larousse, 2000 – L. Ancarani, *Sati: alle radici di un mito*.

L'editore è a disposizione degli aventi diritto con i quali non gli è stato possibile comunicare nonché per eventuali involontarie omissioni o inesattezze nelle citazioni delle fonti dei brani riportati nel presente volume.
I diritti di traduzione, di memorizzazione elettronica, di riproduzione e di adattamento totale o parziale, con qualsiasi mezzo (compresi i microfilm), sono riservati per tutti i Paesi.
Le fotocopie per uso personale del lettore possono essere effettuate nei limiti del 15% di ciascun volume/fascicolo di periodico dietro pagamento alla SIAE del compenso previsto dall'art. 68, commi 4 e 5, della legge 22 aprile 1941, n. 633.
Le fotocopie effettuate per finalità di carattere professionale, economico o commerciale o comunque per uso diverso da quello personale possono essere effettuate a seguito di specifica autorizzazione rilasciata da CLEAReDI, Centro Licenze e Autorizzazioni per le Riproduzioni Editoriali, Corso di Porta Romana n. 108, 20122 Milano, e-mail autorizzazioni@clearedi.org e sito web www.clearedi.org

C.S. 501

© Copyright by Editrice La Scuola, 2012

Stampa: Vincenzo Bona 1777 S.p.A.

INDICE

ATLANTE

L'Europa delle nazioni e l'imperialismo	6
Il continente americano	8
La resistenza asiatica all'Occidente	12
I nuovi domini europei	14
Un mondo più bianco	16
Mappa	18
Percorsi di Cittadinanza e Costituzione	24

UNITÀ 1
RESTAURAZIONE E OPPOSIZIONI

1 Il Congresso di Vienna 28
- PROTAGONISTI - Il regista del Congresso 29
- PROTAGONISTI - Uno spregiudicato uomo politico 31
- CONTROVERSIE - Condanna e rivalutazione del Congresso di Vienna 35

2 Restaurazione e romanticismo 36
- GALLERIA - La moda romantica 39
- ISTITUZIONI E SOCIETÀ - Il tramonto dell'Europa nobiliare 40
- VITA QUOTIDIANA - Il piacere di piangere 41

3 L'idea di nazione 42
- EREDITÀ - Amore per la patria 44
- IDEE - Le etnie sono un'invenzione 46

4 Liberali e democratici 48
- IDEE - Liberisti senza illusioni 50
- PROTAGONISTI - Tocqueville, la scoperta della democrazia 52

5 I socialisti 54

LABORATORIO
- STORIOGRAFIA - Quale libertà e quale uguaglianza? 58
- STORIOGRAFIA - C'è un futuro per la democrazia? 60
- L'ESSENZIALE 62

UNITÀ 2
I MOTI DEGLI ANNI VENTI E TRENTA

1 Le società segrete 66
- IDEE - Il paradiso perduto della Massoneria 68
- EREDITÀ - Il cavallo di ferro 70

2 I moti degli anni Venti 72
- GALLERIA - Il massacro di Scio 75
- PROTAGONISTI - Carlo Alberto, il più inquieto dei Savoia 76

3 I moti degli anni Trenta 78
- VITA QUOTIDIANA - Il colera a Parigi 80

4 L'indipendenza dell'America Latina 82

LABORATORIO
- STORIOGRAFIA - Il sogno del *libertador* Simón Bolívar 85
- DOCUMENTI - Educazione e insurrezione 86
- DOCUMENTI - La Libertà che guida il popolo 87
- L'ESSENZIALE 88

UNITÀ 3
LE RIVOLUZIONI DEL 1848

1 L'arretratezza dell'Italia 92
- VITA QUOTIDIANA - Sulla pelle dei contadini 94
- GALLERIA - L'industria tessile in Italia 95

2 Il dibattito risorgimentale 96

3 L'esplosione del Quarantotto 99
■ AVVENIMENTI - La grande fame irlandese 103

4 Il Quarantotto in Italia 104
■ EREDITÀ - I simboli dell'Italia 108
■ PROTAGONISTI - La principessa rivoluzionaria 110
■ ISTITUZIONI E SOCIETÀ - Cent'anni di Statuto
Albertino 112
■ PROTAGONISTI - Generale Ramorino,
professione capro espiatorio 114

LABORATORIO
■ STORIOGRAFIA - Mazzini e Garibaldi erano terroristi? 115
■ STORIOGRAFIA - Attualità e ambiguità di Mazzini:
due giudizi a confronto 117
■ DOCUMENTI - L'utopismo repubblicano 119
■ DOCUMENTI - Prima la libertà poi l'indipendenza 120
■ L'ESSENZIALE 121

UNITÀ 4
**L'UNIFICAZIONE ITALIANA
E TEDESCA**

1 La politica interna di Cavour 126
■ PROTAGONISTI - Camillo Benso, conte di Cavour 128

2 La politica estera di Cavour 130
■ EREDITÀ - La Croce Rossa e il diritto umanitario 134
■ GALLERIA - La battaglia di Magenta 136

3 La spedizione dei Mille 137
■ ISTITUZIONI E SOCIETÀ - Dalla parte di Franceschiello ... 140
■ CONTROVERSIE - Cavour, un nuovo Machiavelli? 142
■ PROTAGONISTI - Garibaldi fu ferito, fu ferito
nella gloria 144

4 Il secondo impero francese
e l'unificazione tedesca 146
■ PROTAGONISTI - Napoleone III era democratico? 150
■ PROTAGONISTI - Il cancelliere di ferro 152

5 La Comune di Parigi 154

LABORATORIO
■ STORIOGRAFIA - Il dibattito storiografico
sul Risorgimento 156
■ L'ESSENZIALE 162

UNITÀ 5
**L'ITALIA NELL'ETÀ DELLA DESTRA
E DELLA SINISTRA STORICA**

1 La Destra storica al potere 166
■ GALLERIA - La tassa sul macinato 169

2 Il completamento dell'unità d'Italia 170
■ AVVENIMENTI - Un pasticcio chiamato Lissa 172
■ PROTAGONISTI - Vittorio Emanuele II, un mito
per la nuova Italia 174

3 La Sinistra storica al potere 176
■ EREDITÀ - Insegnare che passione! 180

4 Dallo Stato forte di Crispi alla crisi
di fine secolo 182
■ PROTAGONISTI - Crispi, il padre di tutti i voltagabbana 188
■ PROTAGONISTI - Il re che non amava l'Italia 190
■ AVVENIMENTI - La Compagnia Rubattino 192

LABORATORIO
■ STORIOGRAFIA - Un colonialismo in ritardo 193
■ STORIOGRAFIA - Brigantaggio e dibattito politico 195
■ DOCUMENTI - I briganti 197
■ DOCUMENTI - Le cause sociali del brigantaggio 198
■ L'ESSENZIALE 199

UNITÀ 6
LA SECONDA RIVOLUZIONE INDUSTRIALE

1 Dalla prima alla seconda rivoluzione industriale 204
- IDEE - Lo scandalo del darwinismo 206
- EREDITÀ - La rivoluzione della luce 208
- VITA QUOTIDIANA - Ruote in terra, ali in cielo 210

2 La catena di montaggio 212
- PROTAGONISTI - Le contraddizioni di Henry Ford 214
- GALLERIA - La catena di montaggio alla Ford 216

3 Il capitalismo monopolistico e finanziario 217
- GALLERIA - Ellis Island e il sogno americano 221
- AVVENIMENTI - Milano 1881, con l'Expo nasce l'Italia industriale 222

4 La critica del progresso 224
- IDEE - È meglio produrre aspirina o eroina? 226

LABORATORIO
- STORIOGRAFIA - L'emigrazione europea 228
- L'ESSENZIALE 230

UNITÀ 7
LE GRANDI POTENZE

1 La Francia della Terza repubblica 234
- AVVENIMENTI - L'affare Dreyfus 236

2 La Germania da Bismarck a Guglielmo II 238
- GALLERIA - *Kulturkampf*: una partita a scacchi 240
- EREDITÀ - Il conservatore che inventò lo Stato sociale 242

3 L'età vittoriana 244
- VITA QUOTIDIANA - Wilde: uno scandalo vittoriano 248

4 L'espansione degli Stati Uniti 250
- AVVENIMENTI - I sentieri delle lacrime 254
- AVVENIMENTI - Il killer del palcoscenico 256
- IDEE - I terroristi del Ku Klux Klan 258

5 La nascita del Giappone moderno 259

LABORATORIO
- STORIOGRAFIA - La missione dei cento samurai 262
- STORIOGRAFIA - La febbre dell'oro 264
- L'ESSENZIALE 266

UNITÀ 8
LA SPARTIZIONE IMPERIALISTICA DEL MONDO

1 L'imperialismo 270
- PROTAGONISTI - Livingstone, chi era davvero costui? 273

2 La spartizione dell'Africa 274
- EREDITÀ - L'epoca delle grandi opere 276

3 La spartizione dell'Asia 278
- AVVENIMENTI - Le incredibili guerre dell'oppio 282
- ISTITUZIONI E SOCIETÀ - Alle radici di un atroce rito 284

4 La crisi delle relazioni internazionali 285

LABORATORIO
- STORIOGRAFIA - Quale fu la causa dell'imperialismo? 288
- DOCUMENTI - Il fardello dell'uomo bianco 290
- DOCUMENTI - Stanley incontra Livingstone 291
- L'ESSENZIALE 292

Indice dei nomi 294
Indice delle carte 296

ATLANTE

L'EUROPA DELLE NAZIONI E L'IMPERIALISMO

Un Quarantotto mondiale?

L'Ottocento è il secolo in cui si affermarono le identità nazionali dei popoli e si formarono nuove nazioni. In particolare, intorno al 1848 le rivoluzioni per l'indipendenza e le guerre di conquista modificarono profondamente la geografia politica del mondo. Si trattava di un processo iniziato nel 1783 dalle colonie britanniche che fondarono una nuova entità politica, gli Stati Uniti d'America.

Questo processo politico fu affiancato in Europa, in America e in Giappone da un rapido sviluppo economico dovuto alla diffusione della rivoluzione industriale: fu appunto l'intreccio tra l'affermazione nazionale e la crescita del capitalismo industriale che innescò una competizione aggressiva fra le potenze economiche del mondo. Quegli ideali nazionali che avevano caratterizzato la prima metà del secolo e avevano spinto i patrioti a conquistare la loro libertà politica si trasformarono in volontà di dominio e di espansione. Gli Stati europei passarono così dal patriottismo liberale e democratico al nazionalismo, accompagnato da ideologie razziste ed esasperato dalla competizione economica.

La superiorità economica degli Stati europei comportò la creazione di vasti imperi coloniali da sfruttare per la propria crescita industriale. A farne le spese furono i Paesi dell'Africa e dell'Asia.

Rivolte e rivoluzioni nel XIX secolo

1. Divenuti indipendenti, gli Stati Uniti intrapresero la conquista dei territori dell'Ovest ancora abitati dalle popolazioni indigene, le tribù indiane. Gli Indiani furono sterminati e spogliati delle loro terre che vennero occupate dai pionieri bianchi in cerca di fortuna.

2. Nel Sud del continente americano le colonie iberiche si ribellarono alla madrepatria raggiungendo l'indipendenza, senza tuttavia trovare una via unitaria e frammentandosi in un mosaico di Stati diversi e politicamente deboli.

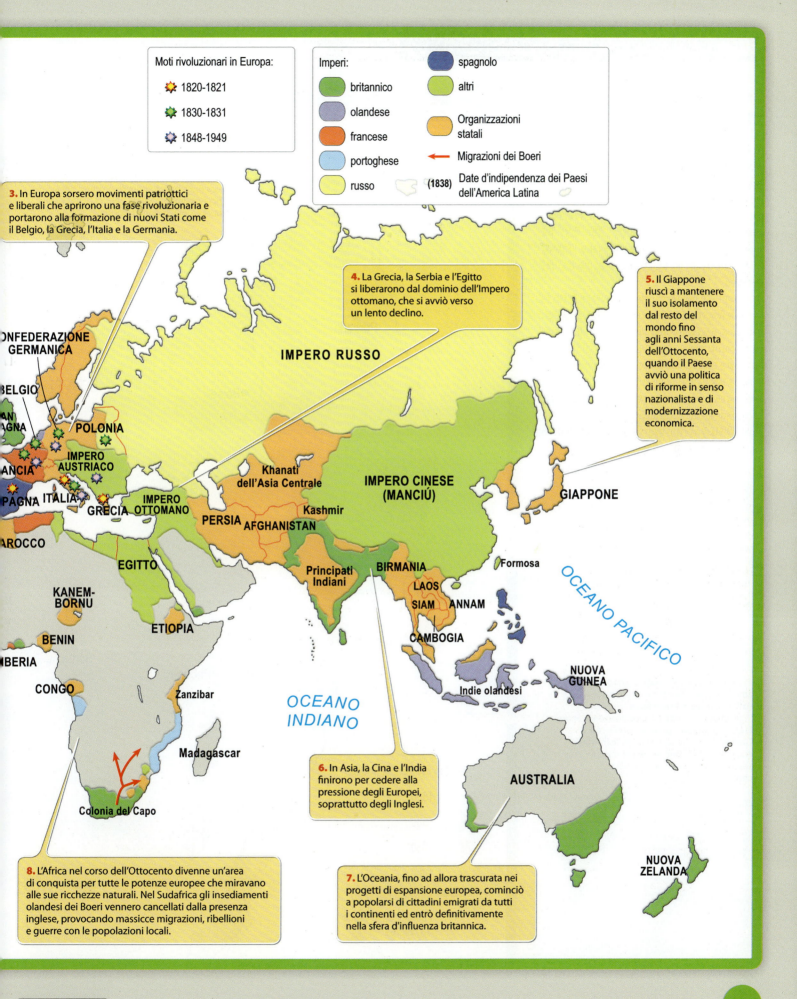

IL CONTINENTE AMERICANO

L'America del Nord

Dopo la rivoluzione delle colonie del Nord e la fondazione della federazione, gli Stati Uniti d'America cominciarono subito la loro espansione territoriale, spostando sempre più la loro «frontiera». Conquistarono nuove terre verso ovest, sottraendole alle tribù indiane con la forza, acquisendole con la diplomazia, con il denaro o con la guerra. Alla fine del secolo gli Stati Uniti comprendevano l'intero territorio dalla costa atlantica a quella del Pacifico.

La conquista del territorio cancellò di fatto le tribù dei Sioux, dei Cheyenne, dei Crow e degli Apaches, che vennero massacrate dall'esercito statunitense o decimate dalle epidemie o affamate con l'abbattimento massiccio dei bisonti. I pochi sopravvissuti vennero rinchiusi nelle «riserve», dove persero completamente la loro identità culturale.

Nel 1890 il governo degli Stati Uniti considerò il problema indiano ufficialmente risolto.

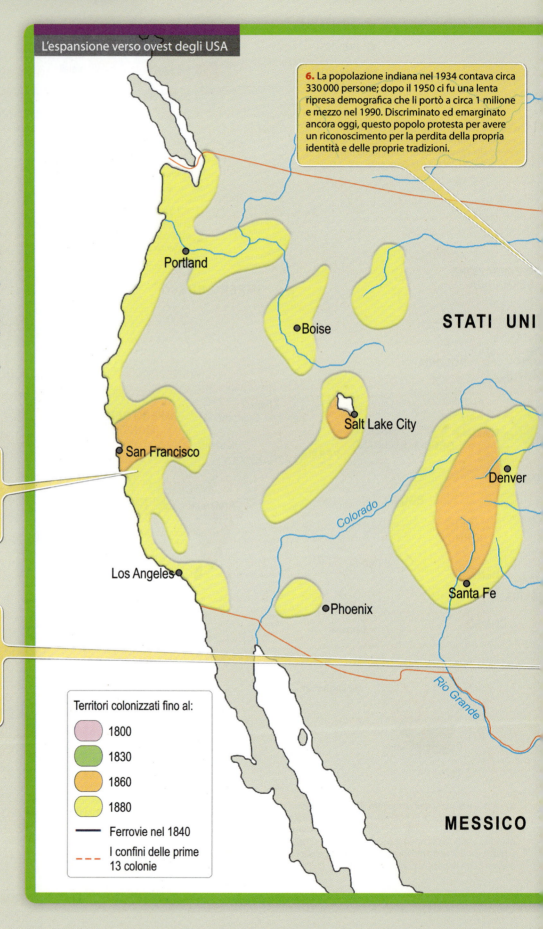

L'espansione verso ovest degli USA

6. La popolazione indiana nel 1934 contava circa 330 000 persone; dopo il 1950 ci fu una lenta ripresa demografica che li portò a circa 1 milione e mezzo nel 1990. Discriminato ed emarginato ancora oggi, questo popolo protesta per avere un riconoscimento per la perdita della propria identità e delle proprie tradizioni.

5. La costa occidentale era stata popolata prima di altre (in California vi erano insediamenti spagnoli dal XVIII secolo); dal 1848, in seguito alla scoperta di giacimenti di oro e di argento, si scatenò la «corsa all'oro» dei pionieri. Anche la costruzione della ferrovia favorì il popolamento della costa occidentale.

4. All'inizio dell'Ottocento, la conquista americana dell'Ovest era ancora ostacolata dalla presenza di possedimenti europei. Il governo degli Stati Uniti comprò dalla Spagna la Louisiana e poi anche la Florida; con la Gran Bretagna trovò accordi sulle frontiere con il Canada; l'annessione del Texas invece scatenò una guerra con il Messico, che fu sconfitto.

Territori colonizzati fino al:
- 1800
- 1830
- 1860
- 1880

— Ferrovie nel 1840
-- I confini delle prime 13 colonie

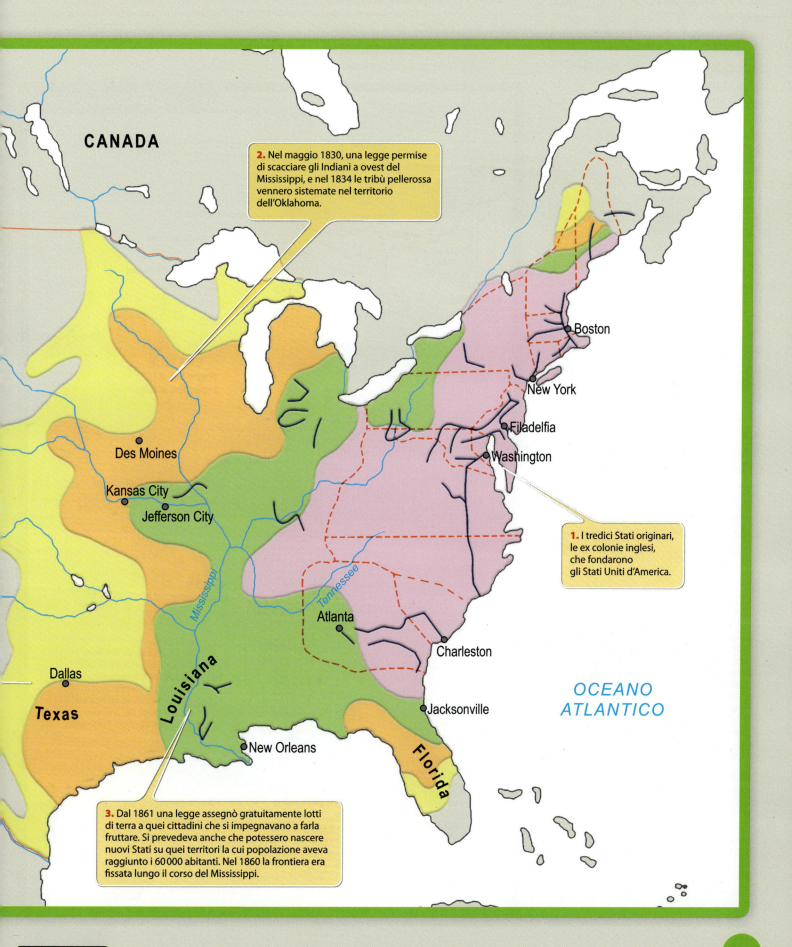

L'America del Sud

Dal XVI secolo l'America del Sud faceva parte dell'impero coloniale delle potenze iberiche. La rivoluzione americana nel Nord e la creazione degli Stati Uniti d'America incoraggiarono la nascita di movimenti indipendentisti anche in queste colonie. Le guerre di liberazione furono anche favorite dal crollo della monarchia spagnola, abbattuta da Napoleone nel 1808. Tra il 1806 e il 1825 si aprì quindi un vasto processo rivoluzionario che condusse all'indipendenza. Furono i *regimientos*, cioè le milizie governative affidate ai Creoli (i bianchi presenti da generazioni in America) ad avviare la rivolta contro Madrid. I Creoli potevano così controllare miniere, latifondi e appropriarsi di quelle terre di nessuno su cui vivevano le popolazioni *indie*.

Nonostante gli sforzi e le ambizioni di Bolívar, il generale che guidò la lotta d'indipendenza del Perù e di altre colonie, l'America del Sud non riuscì a realizzare il progetto di una grande unione federale sul modello degli Stati Uniti. I singoli Paesi si presentarono divisi e ostili gli uni agli altri per questioni riguardanti le rispettive frontiere. Nacquero perciò molti Stati quasi sempre sottoposti a regimi militari, guidati dai *caudillos*, ossia capi politici di estrazione militare.

Nella seconda metà del secolo, questa debolezza consentirà alla Gran Bretagna e soprattutto agli Stati Uniti di sfruttare economicamente l'America Latina.

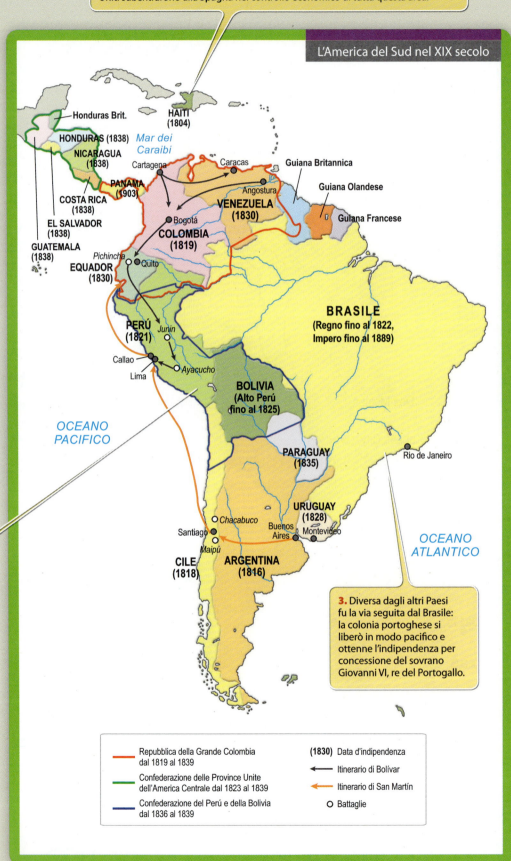

1. Il primo movimento di liberazione si manifestò nel 1804 nelle isole caraibiche, che erano un importante centro di produzione della canna da zucchero. La ribellione degli schiavi delle piantagioni portò all'indipendenza e alla fondazione dello Stato libero di Haiti. Analoghi tentativi di ribellione si verificarono nelle altre isole dell'arcipelago, ma senza successo. Alla fine del XIX secolo gli Stati Uniti subentrarono alla Spagna nel controllo economico di tutta questa area.

2. L'ondata rivoluzionaria nell'America Centrale ebbe inizio nel 1810: in Messico l'insurrezione fu guidata da due sacerdoti, proseguì in Venezuela con Simón Bolívar. Dopo il 1814, il ritorno dei Borboni in Spagna determinò una fase di durissima repressione dei nuovi centri di potere in America Latina. Nelle colonie si scatenò una vera e propria guerra civile che si trascinò fino 1825 e fu vinta dalle milizie locali guidate da José San Martín e Simón Bolívar.

3. Diversa dagli altri Paesi fu la via seguita dal Brasile: la colonia portoghese si liberò in modo pacifico e ottenne l'indipendenza per concessione del sovrano Giovanni VI, re del Portogallo.

Il Canada

Dopo la guerra dei Sette anni conclusasi nel 1763, il Canada era passato completamente sotto l'amministrazione britannica, ma i coloni francesi godevano di un'ampia libertà religiosa e mantenevano la loro legislazione civile. Questo atteggiamento tollerante verso la consistente popolazione francofona garantì all'Inghilterra la fedeltà del Canada durante la guerra di indipendenza americana. Anzi proprio durante la rivoluzione molti coloni fedeli all'Inghilterra e contrari all'indipendenza emigrarono in Canada, favoriti anche da una legislazione che li incoraggiava a insediarsi nelle aree più settentrionali.
Questo flusso di esuli, però, creò una frattura fra le province anglofone e protestanti dell'Ontario e quelle francofone e cattoliche del Québec, penalizzate dal governo britannico.

1. Nel XIX secolo il Canada occidentale era popolato soltanto da pochi pionieri e cacciatori di pellicce. Nel corso del secolo si intensificarono i flussi migratori europei (Inglesi, Francesi, Tedeschi e Scandinavi) e tra il 1882 e il 1885 si costruirono le ferrovie transcontinentali che contribuirono a un maggiore popolamento del territorio.

2. Nel 1837, la popolazione di origine francese chiese garanzie di autonomia e di libertà di espressione. La Gran Bretagna fu costretta ad avviare un processo di riforme che si concluse con la formazione di un governo autonomo e dello Stato federale del Canada, costituito dalle sue quattro province (Ontario, Québec, Nuova Scozia, Nuovo Brunswick). Nel 1867, infine, il Canada ottenne dalla Gran Bretagna lo status di *dominion*, cioè di Stato libero e autonomo appartenente al *Commonwealth*.

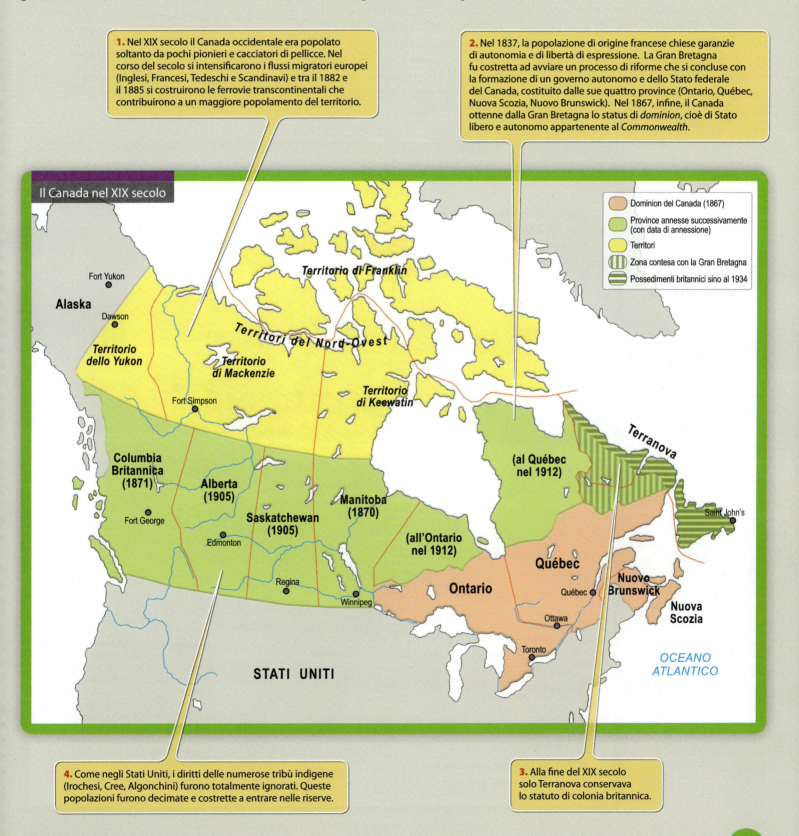

Il Canada nel XIX secolo

4. Come negli Stati Uniti, i diritti delle numerose tribù indigene (Irochesi, Cree, Algonchini) furono totalmente ignorati. Queste popolazioni furono decimate e costrette a entrare nelle riserve.

3. Alla fine del XIX secolo solo Terranova conservava lo statuto di colonia britannica.

LA RESISTENZA ASIATICA ALL'OCCIDENTE

L'India

La penetrazione inglese nel subcontinente indiano risaliva al XVII secolo, quando i mercanti inglesi si insediarono in alcune importanti stazioni commerciali (Surat, Madras, Bombay, Calcutta), fondate dalla prestigiosa Compagnia delle Indie orientali.

Di fronte al declino dell'impero Moghul l'Inghilterra modificò la sua politica coloniale. Si passò infatti da un'egemonia sostanzialmente economica e finanziaria delle Compagnie commerciali a un dominio politico e territoriale del regno britannico.

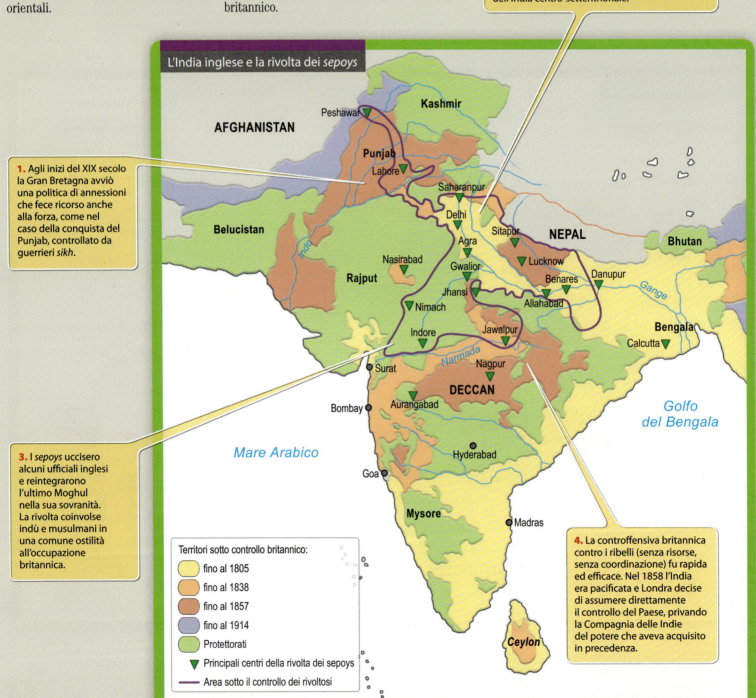

L'India inglese e la rivolta dei *sepoys*

1. Agli inizi del XIX secolo la Gran Bretagna avviò una politica di annessioni che fece ricorso anche alla forza, come nel caso della conquista del Punjab, controllato da guerrieri *sikh*.

2. L'elemento portante della politica coloniale era l'esercito, costituito da ufficiali inglesi e truppe locali di indù e musulmani, soldati chiamati dagli inglesi *sepoys*. Ma l'atteggiamento sprezzante del governatore britannico, il *raj*, verso le truppe e la popolazione locale scatenò nel 1857 una protesta che dalla città di Delhi si diffuse in un'ampia area dell'India centro-settentrionale.

3. I *sepoys* uccisero alcuni ufficiali inglesi e reintegrarono l'ultimo Moghul nella sua sovranità. La rivolta coinvolse indù e musulmani in una comune ostilità all'occupazione britannica.

4. La controffensiva britannica contro i ribelli (senza risorse, senza coordinazione) fu rapida ed efficace. Nel 1858 l'India era pacificata e Londra decise di assumere direttamente il controllo del Paese, privando la Compagnia delle Indie del potere che aveva acquisito in precedenza.

Territori sotto controllo britannico:
- fino al 1805
- fino al 1838
- fino al 1857
- fino al 1914
- Protettorati
- ▼ Principali centri della rivolta dei sepoys
- — Area sotto il controllo dei rivoltosi

La Cina e il Giappone

Alla fine del XVIII la dinastia Manciù dei Qing, che regnava in Cina dal 1644, cominciava a manifestare i primi segni crisi. I costi del sistema imperiale, il peggioramento dell'amministrazione pubblica, una burocrazia incline alla corruzione erano fattori evidenti del declino. Le carestie e le rivolte contadine erano frequenti, le minoranze etniche sottomesse; Turchi, Mongoli, Tibetani, gruppi musulmani e buddisti manifestavano frequentemente la loro insofferenza. In questa crisi si inserirono gli Inglesi, spinti dai loro interessi economici.
Anche in Giappone i tentavi di penetrazione occidentale furono insistenti. Qui però la pressione dell'Occidente fu accolta dal nazionalismo giapponese come una sfida alla modernizzazione e all'industrializzazione del Paese.

4. La presenza europea in Cina generò reazioni di tipo xenofobo verso gli Occidentali. Rivolte, proteste e disordini sociali continuarono fino all'inizio del XX secolo.

5. La rivolta antioccidentale dei *Taiping* fu la più importante. Guidata da un movimento nazionalista e antioccidentale di ispirazione religiosa, la rivolta dei Taiping intendeva rovesciare la dinastia imperiale e la sua burocrazia per distribuire la terra ai contadini e creare una società di eguali. I Taiping combatterono per quattordici anni, ma furono sconfitti dalla repressione congiunta del governo cinese e delle forze europee, inglesi e francesi.

6. Nel 1853 il Giappone fu costretto dagli USA ad aprirsi al commercio internazionale. L'intervento straniero determinò la crisi del vecchio sistema politico e impose una nuova classe dirigente, che guidò il Paese in un processo di modernizzazione e industrializzazione sul modello dell'Occidente. In breve così il Giappone divenne una fra le maggiori potenze mondiali.

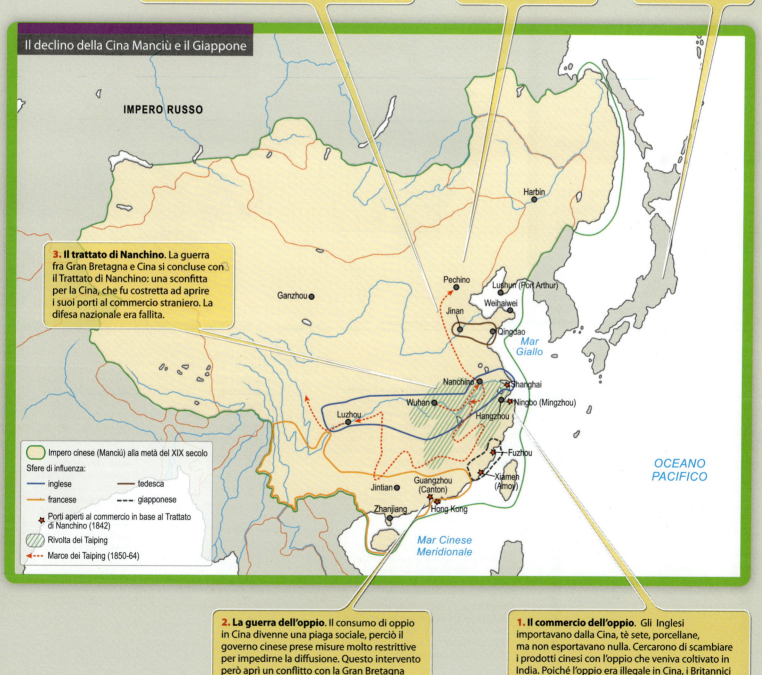

3. Il trattato di Nanchino. La guerra fra Gran Bretagna e Cina si concluse con il Trattato di Nanchino: una sconfitta per la Cina, che fu costretta ad aprire i suoi porti al commercio straniero. La difesa nazionale era fallita.

2. La guerra dell'oppio. Il consumo di oppio in Cina divenne una piaga sociale, perciò il governo cinese prese misure molto restrittive per impedirne la diffusione. Questo intervento però aprì un conflitto con la Gran Bretagna che si sviluppò fra il 1839 e il 1842.

1. Il commercio dell'oppio. Gli Inglesi importavano dalla Cina, tè sete, porcellane, ma non esportavano nulla. Cercarono di scambiare i prodotti cinesi con l'oppio che veniva coltivato in India. Poiché l'oppio era illegale in Cina, i Britannici ricavavano da questo commercio enormi profitti.

I NUOVI DOMINI EUROPEI

L'Oceania

Lo spirito di conquista britannico coinvolse anche l'Oceania, che nel XIX secolo era ancora disabitata e poco conosciuta. Dopo l'insediamento delle prime colonie penali inglesi alla fine del Settecento, si cercò di attirare in Australia «liberi coloni» promettendo loro ricchezza e terre per l'agricoltura e l'allevamento. La lontananza dall'Europa non rendeva facile la colonizzazione, ma dal 1830 agì una società per la colonizzazione che aveva il compito di occuparsi dei problemi dell'immigrazione: la popolazione passò da 400 000 abitanti nel 1830, a 1 800 000 nel 1873 e a 3 900 000 nel 1903. Poiché erano poche le donne che emigravano spontaneamente, il governo britannico decise di «importarle» scegliendole tra le più miserabili dei sobborghi delle città inglesi. Seguirono poi dei provvedimenti legislativi, come l'*Australian Colonial Act* (1850) che concedeva ai coloni di dotarsi di proprie istituzioni rappresentative. I decenni successivi furono impegnati nella costruzione di uno Stato federale indipendente che si concretizzò nel 1901 e che nel 1907 ottenne da parte della Gran Bretagna lo status di *dominion*.

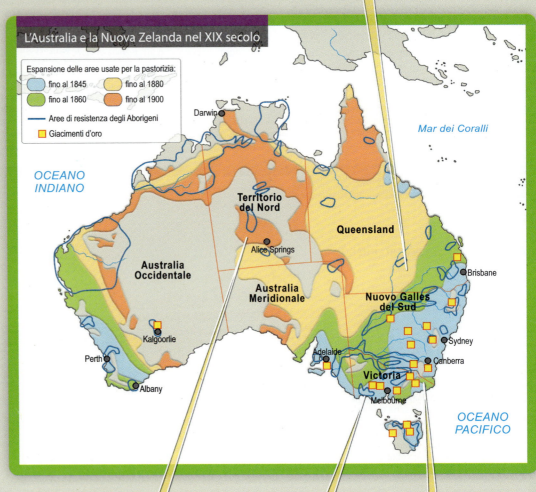

1. Tra il 1788 e il 1850 le colonie australiane del Nuovo Galles e di Victoria si popolarono di migliaia di emigranti. Numerosi furono anche gli esploratori inglesi che attraversarono i vasti spazi australiani alla scoperta del territorio.

2. Intorno al 1850, in seguito alla scoperta di giacimenti d'oro nel Nuovo Galles e nel Victoria, l'afflusso migratorio si fece più intenso: giunsero in Australia cercatori e avventurieri dai Paesi europei, dall'America e persino dalla Cina. L'arrivo di asiatici provocò però seri fenomeni di violenza razzista che costrinsero le autorità a varare una legislazione più restrittiva in fatto di immigrazione.

3. Per iniziativa dei coloni europei sorsero nuove città come Melbourne, Adelaide, Perth.

4. Le popolazioni locali, come gli aborigeni in Australia e i Maori in Nuova Zelanda, furono emarginate e cacciate dalle loro terre, o decimate dalle malattie. L'equilibrio tra ambiente e popolazione venne colpito con la distruzione delle foreste o con l'introduzione di nuove specie animali, che soppiantarono quelle locali.

5. Con i Maori, che si erano opposti agli insediamenti europei, gli Inglesi combatterono una vera e propria guerra. Nel 1840, tuttavia, i Maori riconobbero la sovranità inglese dietro l'impegno di avere riconosciuti i loro diritti ereditari sulla terra. Gli Inglesi non rispettarono le promesse, così gli scontri proseguirono e si conclusero con la pressoché totale scomparsa di quel popolo.

Lo Stato del Sudafrica

Nell'area che oggi corrisponde al Sudafrica lo spirito di conquista britannico e il nazionalismo locale assunsero aspetti del tutto particolari.

In questa area vivevano i Boeri, cioè gli eredi degli antichi colonizzatori olandesi (*boer* in olandese significa «contadino») divenuti ormai il ceto dominante della società. Quando gli Inglesi, agli inizi dell'Ottocento, si insediarono sul territorio, i Boeri percepirono questa presenza come un'invasione.

I contrasti emersero nel 1834 sulla questione della schiavitù: sostenuta dai Boeri in nome della superiorità dei bianchi dominatori, era invece avversata dagli Inglesi che con un decreto ne avevano sancito l'abolizione.

Il dominio inglese spinse i Boeri all'emigrazione e poi a una vera e propria guerra.

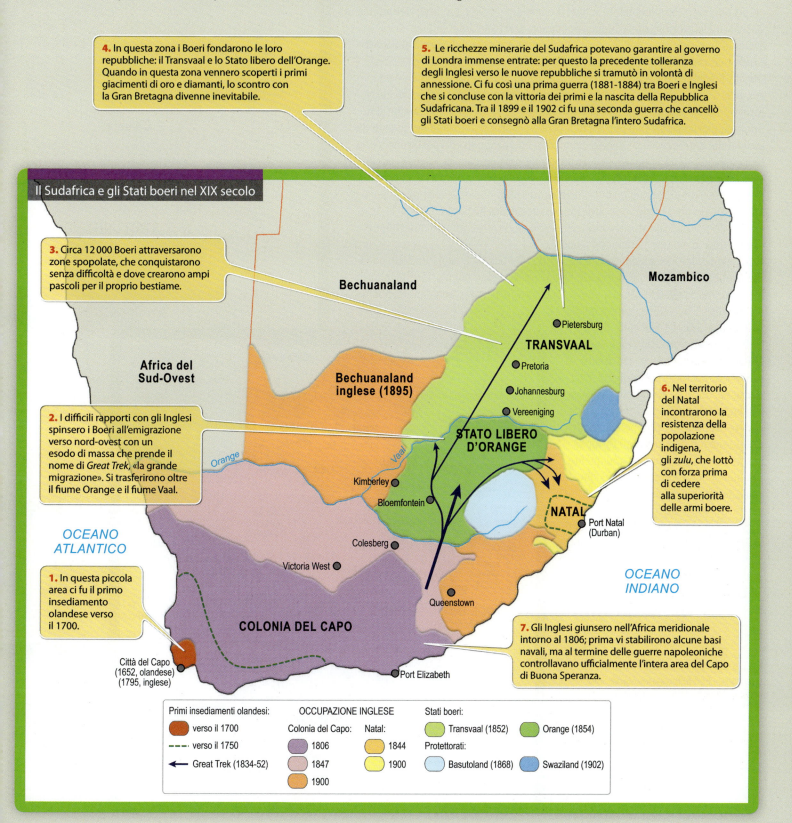

Il Sudafrica e gli Stati boeri nel XIX secolo

4. In questa zona i Boeri fondarono le loro repubbliche: il Transvaal e lo Stato libero dell'Orange. Quando in questa zona vennero scoperti i primi giacimenti di oro e diamanti, lo scontro con la Gran Bretagna divenne inevitabile.

5. Le ricchezze minerarie del Sudafrica potevano garantire al governo di Londra immense entrate: per questo la precedente tolleranza degli Inglesi verso le nuove repubbliche si tramutò in volontà di annessione. Ci fu così una prima guerra (1881-1884) tra Boeri e Inglesi che si concluse con la vittoria dei primi e la nascita della Repubblica Sudafricana. Tra il 1899 e il 1902 ci fu una seconda guerra che cancellò gli Stati boeri e consegnò alla Gran Bretagna l'intero Sudafrica.

3. Circa 12 000 Boeri attraversarono zone spopolate, che conquistarono senza difficoltà e dove crearono ampi pascoli per il proprio bestiame.

2. I difficili rapporti con gli Inglesi spinsero i Boeri all'emigrazione verso nord-ovest con un esodo di massa che prende il nome di *Great Trek*, «la grande migrazione». Si trasferirono oltre il fiume Orange e il fiume Vaal.

6. Nel territorio del Natal incontrarono la resistenza della popolazione indigena, gli *zulu*, che lottò con forza prima di cedere alla superiorità delle armi boere.

1. In questa piccola area ci fu il primo insediamento olandese verso il 1700.

7. Gli Inglesi giunsero nell'Africa meridionale intorno al 1806; prima vi stabilirono alcune basi navali, ma al termine delle guerre napoleoniche controllavano ufficialmente l'intera area del Capo di Buona Speranza.

UN MONDO PIÙ BIANCO

Gli Europei in tutto il mondo

Alla fine del XIX secolo il mondo aveva assunto un aspetto completamente diverso: erano sorti nuovi Stati, altri si erano resi indipendenti, altri ancora si erano unificati. Parallelamente a questi cambiamenti, alcune aree del mondo vissero uno straordinario sviluppo economico. La rivoluzione industriale si era ormai diffusa nei Paesi dell'Europa atlantica, in America del Nord e stava arrivando in Russia, in Giappone e nell'Europa mediterranea.

Questo fenomeno ebbe notevoli conseguenze. Innanzi tutto, come abbiamo visto, i Paesi più industrializzati si avviarono alla conquista di territori in cui potevano liberamente sfruttare le materie prime: è questo il fenomeno che si definisce imperialismo e che portò a una vera e propria spartizione del mondo da parte delle grandi potenze. Inoltre le migliori condizioni di vita portarono a una forte crescita della popolazione. La pressione demografica in Europa sarebbe stata insostenibile se non avesse trovato sfogo in altri continenti. Si aprì dunque una fase di grandi migrazioni intercontinentali che dai Paesi più popolati dell'Europa si dirigevano verso aree del mondo ancora disponibili, verso le Americhe e l'Australia. Questo straordinario flusso migratorio rafforzò notevolmente la presenza di uomini bianchi nel mondo.

Il fenomeno dell'emigrazione ebbe dei costi e dei benefici: se da un lato lo sradicamento di uomini e donne dalla loro terra d'origine comportò difficoltà di integrazione, dall'altro questa nuova forza lavoro portava benefici economici sia al Paese di accoglienza che a quello di provenienza. Ad esempio, il rapido sviluppo degli Stati Uniti non sarebbe stato possibile senza il contributo di milioni di lavoratori stranieri. I Paesi d'origine, invece, ricevevano rimesse di denaro cospicue che incrementavano i consumi e lo sviluppo economico delle zone più depresse dell'Europa.

Insomma tutto cambiò rapidamente. Ma non per l'intera umanità: questi mutamenti crearono profonde differenze fra un centro più progredito e una periferia più arretrata, classificati secondo i rispettivi livelli di sviluppo. Risale a quest'epoca la grande spaccatura fra Nord e Sud del mondo in termini di ricchezza, di risorse e di qualità della vita.

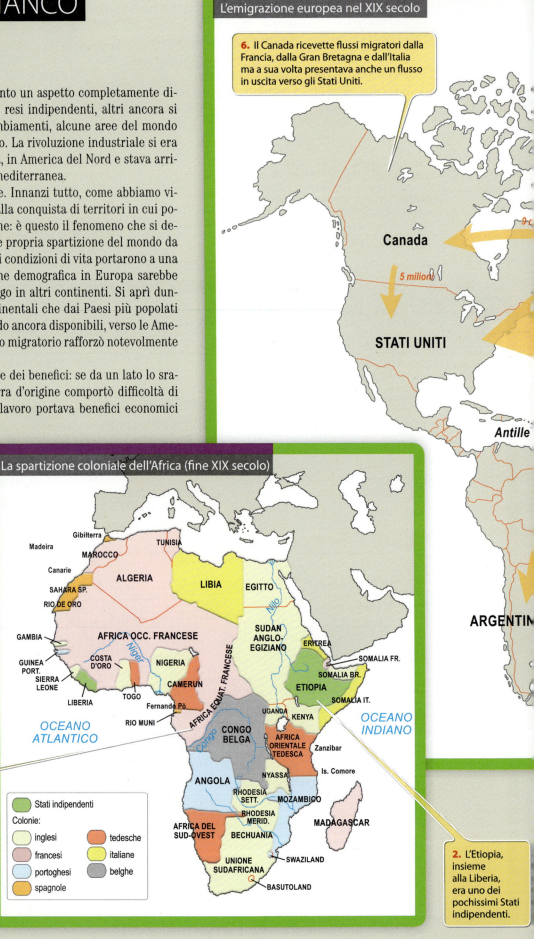

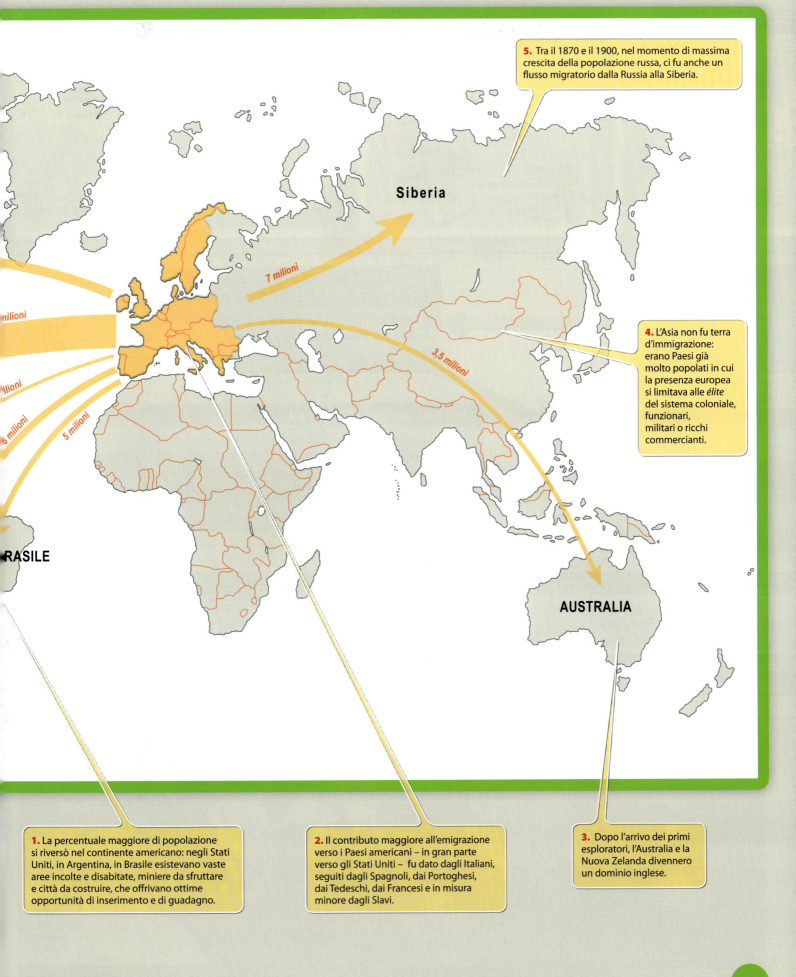

Nell'Ottocento si intrecciarono due processi molto importanti:
• si affermò l'identità nazionale dei popoli, almeno di quelli occidentali;
• si diffuse l'industrializzazione in tutta Europa e negli USA.
Verso la fine del secolo, però, il nazionalismo assunse un carattere aggressivo, proprio mentre gli Stati si contrapponevano anche in una serrata competizione economica.

UNITÀ 1
RESTAURAZIONE E OPPOSIZIONI

▶ Quali furono gli obiettivi della Restaurazione?
▶ Quali ideologie espresse l'opposizione?

UNITÀ 2
I MOTI DEGLI ANNI VENTI E TRENTA

▶ Che cosa chiedevano i patrioti insorti?
▶ Che esiti ebbero le insurrezioni che esplosero tra il 1820 e il 1831?

UNITÀ 3
LE RIVOLUZIONI DEL 1848

▶ Quali caratteristiche assunsero le rivoluzioni del 1848?
▶ Quali aspetti distinguevano l'Italia dagli altri Paesi europei?

UNITÀ 4
L'UNIFICAZIONE ITALIANA E TEDESCA

▶ Come si realizzarono l'unificazione italiana e tedesca?
▶ Ci furono degli aspetti comuni?

1815 Congresso di Vienna

1820-21 Moti insurrezionali in Spagna, Regno di Napoli, Regno di Sardegna, Grecia e America Latina

1830-31 Rivoluzione di luglio in Francia, insurrezioni in Polonia, Belgio, Italia centrale

1848 Vasto movimento rivoluzionario in Europa: moti a Parigi, Vienna, Venezia, Milano, Francoforte, Praga, Budapest

1852 Impero di Napoleone III in Francia

1848-49 Prima guerra d'indipendenza in Italia

1859 Seconda guerra d'indipendenza in Italia

Ma quale fu l'origine di questi fenomeni e perché si intrecciarono? E quali conseguenze politiche, ideologiche, sociali ed economiche determinarono? Risponderemo a queste domande attraverso un percorso costituito da otto unità. Ricostruiremo così un insieme complesso di trasformazioni che abbiamo schematizzato nella mappa che trovi nelle pagine successive.

UNITÀ 5 L'ITALIA NELL'ETÀ DELLA DESTRA E DELLA SINISTRA STORICA		▶ Quali problemi affliggevano l'Italia all'indomani dell'unificazione? ▶ Come affrontarono questi problemi i governi della Destra e della Sinistra storica?
UNITÀ 6 LA SECONDA RIVOLUZIONE INDUSTRIALE		▶ Che cosa caratterizzò la seconda rivoluzione industriale? ▶ Quali conseguenze determinò nel sistema economico e nella società?
UNITÀ 7 LE GRANDI POTENZE		▶ Come cambiò la politica degli Stati europei? ▶ Quali questioni sociali si imposero sulla scena politica di tutti i Paesi europei? Quali nuove potenze si presentarono nella politica internazionale?
UNITÀ 8 LA SPARTIZIONE IMPERIALISTICA DEL MONDO		▶ Che cosa caratterizzò l'imperialismo? ▶ Quali furono i fondamenti culturali della politica imperialista europea?

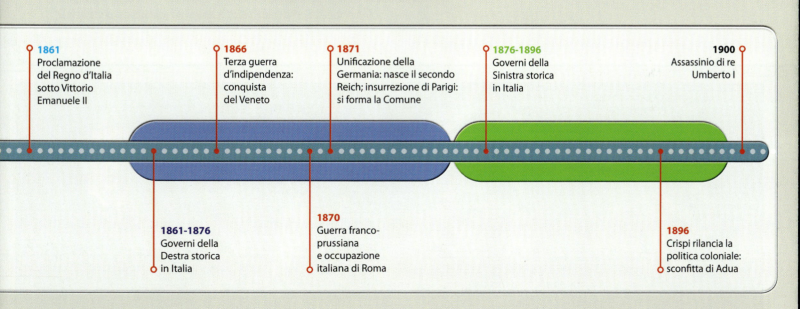

1861 Proclamazione del Regno d'Italia sotto Vittorio Emanuele II

1866 Terza guerra d'indipendenza: conquista del Veneto

1871 Unificazione della Germania: nasce il secondo Reich; insurrezione di Parigi: si forma la Comune

1876-1896 Governi della Sinistra storica in Italia

1900 Assassinio di re Umberto I

1861-1876 Governi della Destra storica in Italia

1870 Guerra franco-prussiana e occupazione italiana di Roma

1896 Crispi rilancia la politica coloniale: sconfitta di Adua

PERCORSI DI CITTADINANZA

I DIRITTI DELLE NAZIONI E LA SOCIETÀ INDUSTRIALE

L'idea che le nazioni debbano essere libere nelle loro scelte e si fondino sull'autodeterminazione dei popoli si è affermata nel corso dell'Ottocento attraverso un percorso lungo e faticoso. L'assetto geopolitico che il Congresso di Vienna aveva dato all'Europa nel 1815 non rispondeva a questi princìpi. Si era diffusa nei popoli europei una coscienza nazionale che rivendicava l'unità politica, la libertà dal dominio straniero, la sovranità popolare: princìpi che dovevano essere garantiti da una Costituzione.

Questo processo fu contemporaneo al grande cambiamento sociale prodotto dalla rivoluzione industriale, che a sua volta aprì nuove e importanti questioni come la necessità di una tutela dei cittadini attraverso lo Stato sociale. L'intreccio tra l'affermazione dello Stato-nazione e la crescita dell'economia industriale mutò quell'idea di nazione libera che aveva accompagnato l'Europa lungo tutto il XIX secolo. I diritti delle nazioni si trasformarono in dominio delle nazioni più forti con il conseguente affossamento dei diritti dei popoli fuori dell'Europa. Si generò quell'ideologia che prende il nome di nazionalismo e che trovò la sua realizzazione politica nell'imperialismo.

IL CONGRESSO DI VIENNA - 1

L'Europa uscita dal Congresso di Vienna raggiunse una certa **stabilità** politica nella volontà di un **ritorno al passato** che però non riconosceva i diritti delle nazioni.

* **Condanna e rivalutazione del Congresso di Vienna, p. 35**

IL PATRIOTTISMO - 2

La rivendicazione dei diritti delle nazioni si affermò come **patriottismo** romantico, che diventò lotta rivoluzionaria per la libertà, l'unità e l'autodeterminazione dei popoli.

* **L'idea di nazione p. 42**
* **Amore per la patria, p. 44**
* **Il sogno del *libertador* Simòn Bolìvar, p. 85**
* **Educazione e insurrezione, p. 86**
* **Mazzini e Garibaldi erano terroristi?, p. 115**
* **Attualità e ambiguità di Mazzini: due giudizi a confronto, p. 117**

I DIRITTI UMANITARI - 4

Durante le guerre per l'indipendenza venne anche riconosciuto **il diritto umanitario** con la creazione della Croce Rossa.

* **La Croce rossa e il diritto umanitario, p. 134**

RIVOLUZIONE INDUSTRIALE E STATO SOCIALE - 6

La **rivoluzione industriale** generò nuovi bisogni nella società: anche le donne entrarono nel mondo del lavoro e venne introdotta una prima forma di Stato sociale.

* **Insegnare che passione!, p. 180**
* **La rivoluzione della luce, p. 208**
* **Il conservatore che inventò lo Stato sociale, p. 242**

E COSTITUZIONE

Ancora oggi la questione dei diritti delle nazioni non è completamente risolta: la comunità internazionale ha di fronte popoli senza Stato che rivendicano il diritto alla propria nazionalità, a una propria rappresentanza, alla libertà e all'autodeterminazione.

Per questo motivo il Percorso di Cittadinanza e Costituzione di questo tomo affronta il tema dei diritti delle nazioni, che appartengono alla nostra storia come una conquista acquisita, ma al tempo stesso sono questione ancora aperta per molti popoli del mondo; vedremo dunque:

▶ l'equilibrio politico e la negazione dei diritti delle nazioni, obiettivi programmatici del Congresso di Vienna (**1**);

▶ l'elaborazione di un'ideologia patriottica e le lotte per la costruzione di una nazione libera (**2-3-4**);

▶ le Costituzioni e i simboli della nazione (**5**);

▶ lo sviluppo industriale e la creazione di nuovi diritti sociali (**6**);

▶ la nazione come espressione di potenza e di dominio e la negazione dei diritti delle altre nazioni (**7**).

LE IDEOLOGIE LIBERALI E DEMOCRATICHE - 3

Si affermano ideologie **liberali** e **democratiche**, su cui ancora oggi si riflette per salvaguardarne i valori.

* Liberisti senza illusioni, p. 50
* Tocqueville, la scoperta della democrazia, p. 52
* Quale libertà e quale uguaglianza?, p. 58
* C'è un futuro per la democrazia? p. 60

LE CARTE COSTITUZIONALI - 5

La concessione della **Costituzione** fu il primo riconoscimento del diritto delle nazioni all'autodeterminazione.

* I simboli dell'Italia, p. 108
* Cent'anni di Statuto Albertino, p. 112
* Cavour, un nuovo Machiavelli?, p. 142
* Garibaldi fu ferito, fu ferito nella gloria, p. 144
* Il dibattito storiografico sul Risorgimento, p. 156

NAZIONALISMO E IMPERIALISMO - 7

La volontà di affermazione nazionale, unita alle esigenze della rivoluzione industriale, generò il **nazionalismo**, un'ideologia caratterizzata dalla volontà di potenza e di supremazia che negava i diritti delle altre nazioni. L'imperialismo fu la realizzazione politica della volontà di dominio.

* **Un colonialismo in ritardo, p. 193**
* **I sentieri delle lacrime, p. 254**
* **Livingstone, chi era davvero costui? p. 273**
* **L'epoca delle grandi opere, p. 276**
* **Le incredibili guerre dell'oppio, p. 282**
* **Quale fu la causa dell'imperialismo?, p. 288**
* **Il fardello dell'uomo bianco, p. 290**

UNITÀ 1
RESTAURAZIONE E OPPOSIZIONI

PRIMA
La costruzione di una società più equa

La Rivoluzione francese determinò grandi cambiamenti nell'organizzazione dello Stato in Francia: il più importante fu l'abolizione dei privilegi della nobiltà e del clero, che implicava il passaggio da una società fondata sul privilegio a una società in cui tutti i cittadini sono uguali di fronte alla legge.
Il processo rivoluzionario, inoltre, condizionò la società e il dibattito politico in generale. Infatti, i diversi argomenti in favore, prima del principio della sovranità nazionale e dell'eguaglianza giuridica (costituzioni liberali del 1791 e del 1795), poi della sovranità popolare e dell'eguaglianza (costituzione democratica del 1793) divennero concetti fondamentali del pensiero politico liberale e democratico che si sviluppò nell'Ottocento.
La Francia rivoluzionaria divenne l'emblema della lotta alla tirannia anche in Italia, dove i patrioti utilizzarono molti simboli rivoluzionari. L'immagine rappresenta appunto un rogo dei titoli aristocratici avvenuto nelle «repubbliche sorelle». La pira è circondata dalle bandiere tricolori che riportano le parole «libertà, uguaglianza, giustizia e virtù civile», i valori della Rivoluzione. Il fuoco viene appiccato da un angelo mentre due nobili si riparano i volti dal fumo «della Rivoluzione».

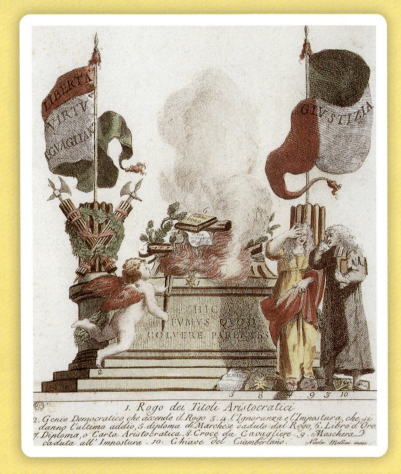

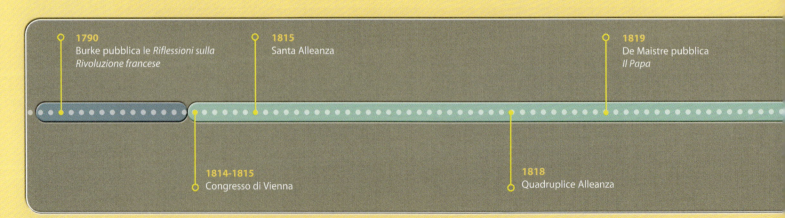

- **1790** Burke pubblica le *Riflessioni sulla Rivoluzione francese*
- **1814-1815** Congresso di Vienna
- **1815** Santa Alleanza
- **1818** Quadruplice Alleanza
- **1819** De Maistre pubblica *Il Papa*

EREDITÀ

L'eredità più significativa che ci ha lasciato questo periodo è il nuovo **sentimento di patria**, inteso come identità nazionale di un popolo libero (▶ **Eredità**, p. 44) ed espresso dalla cultura romantica in opposizione alla politica reazionaria del Congresso di Vienna. L'affermazione delle libertà civili e politiche ha dato origine a un'altra importante eredità: le **associazioni** tra cittadini con finalità differenti (culturali, politiche, economiche, religiose, scientifiche, assistenziali, ma anche sportive ed educative). Questa epoca infine ci ha lasciato anche nuovi mezzi espressivi: la **litografia** (1825) e la **fotografia** (1839) aprirono infatti un settore dell'arte e della comunicazione.

ONLINE
AUDIOSTORIA
http://z6.co.uk/c9
VIDEOSTORIA
1 Il ritorno dei Borboni in Francia (1814)

DOPO
Il tentativo, impossibile, di restaurare vecchi ideali

Le potenze che avevano sconfitto Napoleone volevano cancellare la Rivoluzione e le conquiste politiche e sociali che l'Europa aveva acquisito durante l'età napoleonica. È questo il messaggio che l'immagine intende comunicare.
Come la Rivoluzione aveva messo al rogo i simboli aristocratici, così, ora, la «reazione» brucia i simboli rivoluzionari: la Repubblica Cisalpina, identificata dal tricolore, brucia legata all'albero della libertà, insieme al cappello frigio dei rivoluzionari francesi e al fascio littorio, pronunciando le parole: «Fumo e cenere fui, tale ritorno», mentre sul lato opposto sono portati via in catene i democratici.
Ma il tentativo di cancellare i diritti acquisiti negli ultimi venticinque anni e di restaurare l'*ancien régime* risultò irrealizzabile. Infatti, in campo legislativo e amministrativo venne mantenuto gran parte del sistema napoleonico, così come non vennero invalidate le vendite dei beni ecclesiastici e feudali.
Inoltre divennero parte del patrimonio politico l'idea di Costituzione (concessa dal re), i princìpi dell'uguaglianza giuridica e della libertà di pensiero e la libertà di mercato.

○ 1848
Viene pubblicato il *Manifesto del Partito Comunista* di Karl Marx e Friedrich Engels

○ 1867
Marx pubblica *Il Capitale*

UNITÀ 1 RESTAURAZIONE E OPPOSIZIONI
27

1. IL CONGRESSO DI VIENNA

CHE COSA SIGNIFICA RESTAURAZIONE?

PERCHÉ UNA RESTAURAZIONE DELL'ANTICO REGIME ERA IMPOSSIBILE?

QUALI PRINCÌPI GUIDARONO I MINISTRI EUROPEI NELL'OPERA DI RIORDINO DELL'EUROPA?

QUALI ALLEANZE FURONO STIPULATE DOPO IL CONGRESSO? CON QUALE OBIETTIVO?

▶ La Restaurazione e l'eredità napoleonica

Sconfitto Napoleone a **Lipsia** (**1814**), le **grandi potenze** (Austria, Inghilterra, Prussia e Russia) intendevano restaurare il vecchio sistema politico in vigore prima della rivoluzione. Da qui il termine **età della Restaurazione** con cui si suole definire il periodo che va dal **1815** al **1830**.

Tuttavia, ritornare alla situazione antecedente il 1789 era impossibile. La Rivoluzione francese, infatti, aveva modificato profondamente il continente:

› sul piano **sociale**, in gran parte dell'Europa aveva posto fine ai diritti feudali (in particolare, ai privilegi giuridici e fiscali della nobiltà e del clero);

› sul piano **politico**, aveva abbattuto la monarchia assoluta, introdotto la monarchia costituzionale, la repubblica e il bonapartismo;

› sul piano **ideologico**, aveva suscitato nuovi ideali come quelli di patria e di nazione;

› sul piano **militare**, aveva rinnovato l'esercito: con la «mobilitazione totale», cioè con l'arruolamento di tutti gli uomini abili, aveva dato luogo alla prima guerra di massa della storia.

Napoleone, poi, aveva scardinato equilibri consolidati da secoli, modificato i confini fra gli Stati, eliminato il Sacro Romano Impero (1806) e introdotto un moderno Codice Civile.

▶ Vignetta in cui si stigmatizza la superficialità delle scelte compiute durante il Congresso: qualcuno s'impossessa di parte dell'Europa strappandone a caso la cartina, qualcun altro gioca o baratta regni.

LESSICO

BONAPARTISMO

Il termine deriva dal nome di Napoleone Bonaparte e può assumere diversi significati. In primo luogo indica il tipo di governo di Napoleone caratterizzato non solo dall'autoritarismo ma anche dalla stretta relazione con il popolo, di cui cercava l'approvazione; un regime di questo tipo fu nuovamente instaurato in Francia nel 1852 da Napoleone III, nipote di Napoleone I.

In secondo luogo può indicare il movimento politico mirante alla restaurazione della dinastia napoleonica, che si sviluppò in Francia dopo il 1814, non appena i Borboni ritornarono sul trono; in questo senso il termine «bonapartista» indica un seguace di questo movimento.

▶ Una «macchina diplomatica»

Occorreva dunque trovare nuove soluzioni che tenessero conto anche delle trasformazioni irreversibili introdotte dalla rivoluzione. Per far ciò bisognava incontrarsi e trattare, in sintesi trovare un compromesso.

A tal fine venne convocato il **Congresso di Vienna** (**novembre 1814-giugno 1815**), cui parteciparono 216 delegazioni in rappresentanza non solo degli Stati, ma anche dei più svariati interessi. Il Congresso lavorò con profitto e non conobbe ufficialmente interruzioni, nemmeno in occasione del ritorno in Francia di Bonaparte e del nuovo, breve conflitto che ne derivò (i *Cento giorni*, dal marzo al giugno 1815). Anzi, il Congresso di Vienna giunse alla sua normale conclusione prima ancora della definitiva disfatta napoleonica a Waterloo (18 giugno 1815).

In realtà il Congresso vero e proprio non si riunì mai, se non per la firma conclusiva. Le principali decisioni, infatti, furono prese dai ministri degli Esteri di Gran Bretagna (lord Castlereagh), Austria (il principe von Metternich), Prussia (il principe von Hardenberg) e Russia (il conte Nesselrode).

A Vienna si distinse inoltre Talleyrand, negoziatore della Francia, che si scontrò soprattutto con Metternich, il vero regista del congresso. (▶ **Protagonisti** pp. 29)

Il regista del Congresso

DOSSIER

UOMO RIGIDO E CONSERVATORE, FANATICO DELL'ORDINE, METTERNICH FU IL VERO REGISTA DEL CONGRESSO DI VIENNA E, SENZA DUBBIO, L'ETÀ DELLA RESTAURAZIONE PORTA LA SUA IMPRONTA.

ORDINE E LIBERTÀ
Questo brano è tratto da un testo di riflessioni e memorie autobiografiche che Metternich scrisse tra il 1849 e il 1855, quando ormai si era ritirato dalla politica attiva.

La parola libertà ha per me, non il significato di un punto di partenza, ma quello di un effettivo punto di arrivo. Il punto di partenza è significato dalla parola ordine. Il concetto di libertà può basarsi soltanto sul concetto di ordine. Senza una base di ordine l'aspirazione alla libertà non è altro che la tendenza di un qualsiasi partito verso uno scopo che si è fissato. Nella sua applicazione effettiva questa aspirazione necessariamente si risolverà in tirannide. Poiché in tutti i tempi, in tutte le situazioni, io sono sempre stato propugnatore dell'ordine, le mie aspirazioni erano rivolte alla libertà vera e non a quella ingannevole. La tirannia di qualsiasi genere ha, ai miei occhi, soltanto il significato di mera assurdità; come fine a stessa io la definisco come la cosa più vuota che il tempo e le circostanze possano mettere a disposizione dei regnanti.

Klemens Wenzel Lothar principe di Metternich nacque il 15 maggio 1773. Un fisico eccezionale gli permise di superare una tubercolosi, di lavorare dieci ore al giorno per quarant'anni e di sposare tre donne. Fu certamente l'uomo più informato del suo tempo: amava la storia e le scienze; era in grado di parlare in inglese, francese, italiano, slavo e latino. Unì la facilità d'espressione a una memoria eccezionale che gli permetteva di ricordare perfettamente tutti i colloqui diplomatici nei quali era coinvolto.

Una rigidità aveva colpito il suo occhio blu slavato: un handicap utile in un negoziato poiché non si riusciva mai a cogliere la sua vera intenzione.

In ambito diplomatico, i princìpi di Metternich si possono riassumere in una formula: uno Stato ha dei confini, che sono dinastici e religiosi. D'altra parte, che cosa poteva importare che in uno Stato si parlasse una stessa lingua a un uomo che apprendeva le lingue con estrema facilità?

La storia gli sembrava una macchina dagli ingranaggi terribili, dai colpi di scena non prevedibili. Il compito dell'uomo era quello di riuscire a dominarla.

D'altronde, esattamente come Talleyrand, Metternich aveva una considerazione sproporzionata di se stesso e del suo destino. Ogni lettera da lui scritta ne è una testimonianza, anche la più privata, come quella indirizzata alla contessa di Livien: «Devi convincerti che io sono un uomo di una tempra differente da quella della maggior parte dell'umanità»; o come quella del 1828 e inviata al figlio Victor: «Il mondo ha ancora bisogno di me, poiché io occupo un posto che nessun altro potrebbe occupare».

▲ L'imperatore Francesco I con Metternich. Stampa del XIX secolo.

▼ Una seduta dei partecipanti al Congresso di Vienna, in un'incisione del 1819: Metternich è in piedi, in primo piano, mentre Talleyrand è a destra, con il braccio appoggiato al tavolo.

▼ Metternich in un ritratto di T. Lawrence (1815 circa).

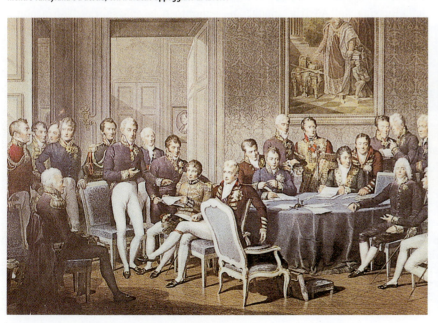

Protagonisti

UNITÀ 1 RESTAURAZIONE E OPPOSIZIONI

▶ I contrasti tra le potenze

Tutti gli Stati che avevano sconfitto Napoleone intendevano approfittare della vittoria per aumentare la loro potenza. Anche per questo era impossibile restaurare semplicemente l'antico regime: era necessario costruire un nuovo ordine internazionale, nel quale si ricomponessero le aspirazioni delle grandi potenze.

L'obiettivo della **Gran Bretagna** era l'equilibrio tra i Paesi dell'Europa continentale. L'Inghilterra intendeva procedere, in tutta tranquillità, a estendere ulteriormente il proprio impero coloniale e non voleva trovarsi a fronteggiare nuove minacce egemoniche in Europa.

Le proposte britanniche furono sostanzialmente condivise dall'**Austria** che perseguiva due obiettivi: rafforzare i suoi domini in Italia e nei Balcani; costituire una Confederazione Germanica sotto la presidenza austriaca.

La **Prussia** era consapevole della sua debolezza rispetto alle altre potenze vincitrici. Per questo sosteneva la necessità di rafforzare gli Stati confinanti con la Francia, il che di fatto

LESSICO

GRANDI POTENZE

L'espressione venne coniata, non a caso, nel contesto del Congresso di Vienna per definire gli Stati vincitori, incontrastati dominatori della politica internazionale.

---

implicava la sua espansione verso il Reno.

La **Russia** puntava esplicitamente a estendere la propria influenza verso Occidente. A tal fine sosteneva l'opportunità di compensi territoriali per le potenze vincitrici. La sua posizione risultò determinante anche perché l'esercito russo aveva concretamente occupato la Sassonia e la Polonia.

La **Francia** cercò di sfruttare i contrasti tra i vincitori per tornare a occupare un ruolo internazionale di prestigio. Il suo obiettivo era quello di limitare l'espansione della Prussia, della Russia e dell'Austria, appoggiando il progetto di equilibrio dell'Inghilterra.

LESSICO

EQUILIBRIO

Come criterio per condurre le trattative diplomatiche, il principio di equilibrio fu di fatto operante sin dalla pace di Vestfalia, che pose fine alla guerra dei Trent'anni (1648). Garantire l'equilibrio significò fin da allora bilanciare la potenza fra gli Stati, impedendo che qualcuno di essi affermasse la sua egemonia in Europa. Il principio di equilibrio venne esplicitamente dichiarato «regola aurea» delle relazioni internazionali nelle trattative di Utrecht (1713) e Rastadt (1714), che definirono il nuovo assetto europeo dopo la guerra di successione spagnola. Nel Congresso di Vienna il principio di equilibrio venne utilizzato per ridisegnare la carta politica europea in modo da bilanciare il rapporto di forza tra i diversi Stati.

LEGITTIMITÀ

Il principio di legittimità venne introdotto da Talleyrand durante i negoziati che portarono al Trattato di Parigi del 1814 per difendere l'integrità territoriale francese sotto la dinastia dei Borboni.

Secondo questo principio, la sovranità dei Borboni era «legittima» in quanto voluta da Dio (recuperando, dunque, la tradizionale giustificazione divina dell'assolutismo), mentre il dominio napoleonico si era configurato come una vera e propria usurpazione.

Successivamente, vennero definiti «legittimisti» i sostenitori dei diritti delle dinastie regnanti.

▶ Equilibrio e legittimità

I criteri che guidarono i ministri nella loro paziente opera di riordino dell'Europa furono il principio di equilibrio e quello di legittimità, mentre venne del tutto ignorato quello di nazionalità.

Il principio di equilibrio proveniva dalla pratica diplomatica dell'antico regime, mentre quello di legittimità era legato al concetto stesso di monarchia: a esso si era richiamato il **Trattato di Parigi** del **1814**. In quell'occasione venne affrontata una delle questioni più delicate: quale sorte riservare alla vinta Francia? Lo smembramento o la sua sopravvivenza come Stato unitario?

Smembrare la Francia era rischioso per l'equilibrio europeo: chi ne avrebbe approfittato? Non rimaneva che mantenerla unita, a difesa dell'equilibrio esistente. La Francia sarebbe però ritornata ai confini del 1791, sotto la «legittima» dinastia dei Borboni con Luigi XVIII.

I princìpi di equilibrio e di legittimità nacquero dunque dalla pratica diplomatica e vennero usati come criteri-guida, ma senza nessuna ambizione di coerenza. Di fatto le decisioni furono il risultato dei rapporti di forza tra i diversi Stati e i princìpi furono usati come strumenti per sostenere e giustificare le varie rivendicazioni.

I princìpi del Congresso di Vienna

Il vecchio ordine dell'Antico regime monarchico e assolutista doveva rinascere fondandosi su due princìpi.

Legittimità
I legittimi sovrani, cioè i vecchi monarchi o i loro eredi, dovevano riappropriarsi del trono, ignorando le aspirazioni del popolo.

Equilibrio
Occorreva impedire l'egemonia di uno Stato sull'altro: a questo fine i confini degli Stati europei andavano ridisegnati secondo un assetto equilibrato, garantito anche da Stati-cuscinetto.

Uno spregiudicato uomo politico

DOSSIER

Protagonisti

TALLEYRAND RIUSCÌ A OTTENERE PER LA FRANCIA, CHE SI PRESENTAVA COME POTENZA SCONFITTA, DELLE CONDIZIONI ESTREMAMENTE VANTAGGIOSE. MA LA SUA ABILITÀ DIPLOMATICA ERA SOLO FRUTTO DI OPPORTUNISMO? GLI STORICI SONO DISCORDI A QUESTO RIGUARDO.

DUE GIUDIZI SU TALLEYRAND

Si può giudicare positivamente un uomo che tradì tutti coloro che servì? Qualche storico ci prova. Di questa non vasta schiera fa parte lo storico francese contemporaneo Jean Orieux, secondo il quale Talleyrand ha tradito «tutto ciò che del mondo scaturito dalla rivoluzione gli sembrava effimero». Sarebbe però rimasto fedele a qualcosa «che trascende gli individui»: alla civiltà della Francia che gli «è sempre parsa più sublime dei suoi governi, dei suoi governanti, dei suoi acrobati».
Orieux accetta nella sostanza la versione fornita dallo stesso Talleyrand che nel 1834 si giustificò scrivendo: «Ho sempre voluto essere l'uomo della Francia». Non l'accetta, invece, un altro storico francese contemporaneo, Jean Godechot: «La politica estera di Talleyrand è un tessuto di contraddizioni. Voleva, ha detto e ripetuto, l'intesa franco-inglese. Ma la spedizione d'Egitto [che lui stesso suggerì] non rendeva impossibile questa intesa? Si proclamò ardente partigiano delle "frontiere naturali". Ma allora perché spinse Bonaparte ad annettere il Piemonte nel 1802? [...] Era, diceva, favorevole a una politica moderata. Perché non impedì allora il rapimento del duca d'Enghien nel 1804, e l'invasione della Spagna nel 1807? In verità, Talleyrand non ebbe mai a movente delle sue azioni il bene della Francia né quello d'Europa. Fu guidato unicamente dal suo interesse personale, da un incommensurabile egoismo».

Napoleone lo giudicava con disprezzo (arrivò a definirlo *«De la merde dans un bas de soie»*, della merda in una calza di seta) ma, nonostante ciò, lo riteneva insostituibile. Certamente Charles-Maurice de Talleyrand-Périgord fu un cinico opportunista, privo di qualsiasi scrupolo morale. Con due sole passioni: il denaro e le donne.
Il denaro gli serviva per vivere nel fasto adeguato alla nobiltà e all'antichità della sua casata, che risaliva all'epoca carolingia. Inoltre lo ripagava di una menomazione fisica: era zoppo, forse perché una balia l'aveva fatto cadere dal comò quando aveva quattro anni. L'incidente indusse la famiglia a privarlo della primogenitura e ad avviarlo alla carriera ecclesiastica. Divenne prima abate, poi vescovo di Autun e, a soli ventun anni, venne eletto membro degli Stati Generali.
Il fatto di essere vescovo non gli impedì di condurre una vita di dissipazione, tra bische e amanti. E neppure gli impedì di appoggiare, durante la rivoluzione, la confisca dei beni ecclesiastici. Per la sua ostilità ai giacobini, fu costretto nel 1792 ad abbandonare la Francia. Lo fece a modo suo: con un passaporto diplomatico rilasciato dallo stesso Danton.
Nel 1796, mutato il quadro politico, tornò a Parigi e l'anno successivo era già ministro degli Esteri. Con lo stesso incarico fu poi al servizio di Napoleone fino al 1807.
Ma come riusciva Talleyrand a procurarsi tanto denaro? Approfittando con spregiudicatezza della sua posizione, nella sostanza rubando. Iniziò dopo il Trattato di Lunéville (1801), con una speculazione ai danni dell'Austria che gli fruttò il corrispettivo di 50 milioni di euro.
Con Bonaparte, trattati, cessioni e annessioni erano all'ordine del giorno e per Talleyrand tutto ciò si traduceva in denaro sonante. Il suo «affare» più clamoroso fu quello legato alla riorganizzazione degli Stati tedeschi e alla secolarizzazione dei beni dei principati ecclesiastici. Il ministro indisse una vera e propria asta nella quale i migliori offerenti potevano conservare i loro Stati e annettere quelli vicini. L'affare determinò un così alto volume di tangenti che si può calcolare che nelle tasche di Talleyrand siano affluiti non meno di 15 milioni di *livres* (grosso modo 150 milioni di euro).
E quando Bonaparte decise di dimezzare il tributo di cinque milioni che la Spagna doveva pagare, Talleyrand si «dimenticò» di avvertire gli Spagnoli, che così continuarono a pagare l'intera somma tramite il loro ambasciatore a Parigi col quale Talleyrand si spartì la differenza. E questo per sei anni.
Nel 1808 era già pronto a tradire l'imperatore e intratteneva una corrispondenza segreta con lo zar di Russia Alessandro I.
Nel 1814 fu proprio Talleyrand che fece votare dal Senato la deposizione di Napoleone.
Anche in questa occasione ottenne come ricompensa per i servigi resi il ministero degli Esteri. E fu proprio in veste di ministro degli Esteri che rappresentò la Francia di Luigi XVIII al Congresso di Vienna.

▼ Un ritratto di Talleyrand, opera di Nicolas-André Monsiau (1754-1837).

UNITÀ 1 RESTAURAZIONE E OPPOSIZIONI

▶ Una nuova carta dell'Europa

Con il Congresso di Vienna vennero definite importanti sistemazioni territoriali e nacque una nuova carta dell'Europa.

> La **Francia** perse in pratica tutte le conquiste fatte con la rivoluzione.

> Per contenere un eventuale espansionismo francese vennero rafforzati gli Stati confinanti che formarono così una «cintura di sicurezza» attorno alla Francia:

– l'**Olanda** insieme al Belgio (in precedenza austriaco) formò il Regno dei Paesi Bassi;

– la **Prussia** acquisì nuovi territori tedeschi (Pomerania, Sassonia e Renania);

– il **Regno di Sardegna** aumentò il proprio territorio con l'annessione della Repubblica di Genova.

> Il Sacro Romano Impero della nazione germanica, già soppresso da Napoleone (1806), non venne ricostituito. Al suo posto sorse la **Confederazione Germanica**, sotto la presidenza dell'Austria.

> Lo zar Alessandro I di **Russia** ottenne tre quarti della Polonia.

> L'**Austria** compensò la perdita del Belgio con nuovi domini nei Balcani e con il controllo di quasi tutta la penisola italiana; questo controllo venne esercitato:

– in maniera diretta con l'annessione del Lombardo-Veneto;

– in maniera indiretta, per mezzo di legami militari e dinastici, come nel caso del Ducato di Parma, di Lucca, Modena, del Granducato di Toscana e del Regno delle Due Sicilie.

> Il **Regno Unito** di **Gran Bretagna** e **Irlanda** poté accrescere ulteriormente il proprio impero coloniale.

> **Spagna** e **Portogallo** tornarono alle monarchie legittime dei Borboni e dei Braganza.

> La **Svezia** si unì con la Norvegia, tolta al Regno di Danimarca, che beneficiò comunque di alcune compensazioni territoriali.

Queste scelte sono state oggetto di un'appassionata discussione: mentre gli storici dell'Ottocento hanno soprattutto criticato il mancato rispet-

---

1 Il **Regno Unito** di Irlanda e Gran Bretagna, sotto re Giorgio III di Hannover, non ebbe alcuna trasformazione politica ma ottenne importanti scali commerciali.

2 La **Francia**, la grande sconfitta, venne riportata ai confini del 1792; vi ritornò la dinastia dei Borbone con Luigi XVIII, che si presentò al Congresso come vittima della Rivoluzione.

3 Per contrapporre un solido argine all'espansionismo francese venne creato il **Regno dei Paesi Bassi**, unificando Olanda e Belgio.

4 La **Confederazione Germanica**, sotto la presidenza dell'Austria, comprendeva 39 Stati (ducati, regni, principati e città libere), parte dell'Impero d'Austria e del Regno di Prussia. Sostituì il Sacro Romano Impero. Se ne contendevano il predominio il **Regno di Prussia** e l'**Impero d'Austria**.

5 Il **Regno di Prussia** sotto il re Federico Guglielmo III, perse la Polonia, a eccezione della regione di Poznan, ma ottenne la Pomerania, la Vestfalia, la Renania (ricca di bacini carboniferi), parte della Sassonia e la città di Danzica.

6 L'**Impero d'Austria** acquisì nuovi territori nei Balcani e in Italia, costituendo così un grande impero multinazionale, un mosaico di popoli e Paesi diversi. Francesco II, l'ultimo imperatore del Sacro Romano Impero deposto da Napoleone nel 1806, tornò con il nome di Francesco I imperatore d'Austria.

7 L'**Impero russo**, sotto lo zar Alessandro I, si ampliò e ottenne la Polonia, la Finlandia e la Bessarabia, sottratta all'Impero ottomano.

8 Il **Regno di Spagna** non subì alcun mutamento territoriale; venne restaurata la monarchia con la dinastia dei Borbone.

9 Il **Regno di Portogallo** non subì alcun mutamento territoriale; venne restaurata la monarchia con la dinastia di Braganza.

10 Il **Regno di Svezia** venne unito al Regno di Norvegia sotto la corona di Carlo XII.

11 Il **Regno di Danimarca** ottenne come compensazioni territoriali i ducati tedeschi di Holstein e Lauenburg.

12 L'**Impero ottomano** perse le isole ioniche.

---

to del principio di nazionalità, quelli del Novecento hanno apprezzato la ricerca della «quiete», possibile solo con l'equilibrio fra le grandi potenze. In sintesi, la storiografia più recente ha rivalutato l'opera svolta dal Congresso di Vienna in considerazione della pace che per circa un secolo seppe garantire all'Europa. (▶ **Controversie** p. 35).

▶ La politica interna

Gli effetti della Restaurazione furono avvertiti sia all'interno dei singoli Stati, sia nelle relazioni internazionali.

In **Francia**, ovvero nel Paese della rivoluzione, il ritorno all'ordine poté realizzarsi soltanto attraverso una soluzione di compromesso. Luigi XVIII tornò sul trono come monarca di diritto divino, ma accettò di concedere una Carta costituzionale. Questa Carta venne definita *octroyée* (cioè, *elargita*) perché concessa dall'alto per esclusiva volontà del sovrano. Inoltre, per non provocare troppi scompensi in seno alla società francese, il sovrano conservò l'ordinamento amministrativo napoleonico e rinunciò ad allontanare il personale burocratico e militare del regime precedente.

In **Italia**, alcuni sovrani, come il granduca di Toscana Ferdinando III

d'Asburgo-Lorena o la duchessa di Parma Maria Luisa d'Austria, adottarono soluzioni moderate. Altri invece, come il re di Sardegna Vittorio Emanuele I o il duca di Modena Francesco IV, si distinsero per l'opera di sistematico smantellamento di quanto restava dell'apparato napoleonico.

Oscillante, contraddittoria fu invece la politica di Ferdinando I nel Regno di Napoli e di papa Pio VII nello Stato Pontificio: quest'ultimo, in particolare, si distinse per l'azione di censura nei confronti dell'opposizione.

Nell'**Impero asburgico**, la compresenza di molti popoli diversi impose la repressione poliziesca di ogni rivendicazione nazionale: l'idea di nazione, infatti, metteva in gioco la stessa sopravvivenza dell'Impero.

In **Prussia** e in **Russia**, infine, la Restaurazione si espresse nel rifiuto **reazionario** di qualsiasi cambiamento: la società doveva rimanere ancorata alla tradizione.

LESSICO

REAZIONARIO
È reazionario colui che, contrapponendosi a forze o a idee innovatrici, cerca di far regredire la società a stadi precedenti.

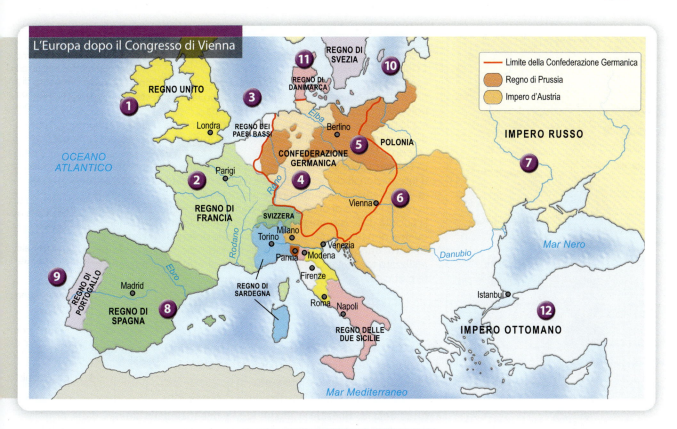

L'Europa dopo il Congresso di Vienna

L'Italia dopo il Congresso di Vienna

1 Il **Regno di Sardegna**, l'unico Stato italiano politicamente autonomo, ritornò alla dinastia dei Savoia con Vittorio Emanuele I; fu ampliato assegnadogli i territori della Repubblica di Genova.

2 La **Lombardia** e i territori della **Repubblica di Venezia** diventarono possedimenti dell'Austria, che assegnò il governo del Regno **Lombardo-Veneto** a un viceré.

3 Il Trentino, la Venezia-Giulia, Trieste, l'Istria e la Dalmazia furono annessi direttamente all'**Impero d'Austria**.

4 Il Regno di Napoli venne riunito alla Sicilia e prese il nome di **Regno delle Due Sicilie**, tornò sotto Ferdinando IV di Borbone, politicamente legato all'Austria.

5 I territori dello **Stato della Chiesa** che occupavano l'Italia centrale (Lazio, Umbria, Marche, parte dell'Emilia Romagna, più Benevento e Pontecorvo) tornarono sotto il dominio di papa Pio VII.

6 Il **Granducato di Toscana** acquisì Piombino e lo Stato dei Presidi e venne affidato a Ferdinando III d'Asburgo-Lorena, fratello dell'imperatore d'Austria.

7 Il **Ducato di Parma** fu affidato agli Asburgo, per la precisione alla figlia di Francesco I, Maria Luisa; ritornò poi ai Borbone.

8 Il **Ducato di Modena**, estinta la casa degli Este, passò a Francesco IV, nipote dell'imperatrice Maria Teresa e figlio di Maria Beatrice d'Este.

UNITÀ 1 — RESTAURAZIONE E OPPOSIZIONI

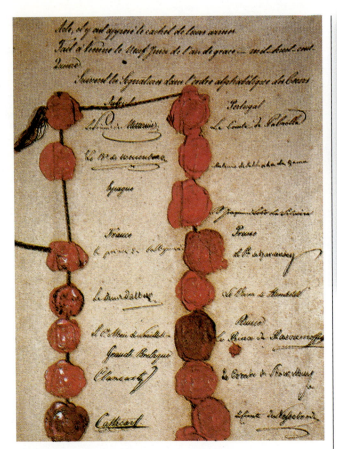

▲ Il documento stilato alla conclusione del Congresso di Vienna, con i sigilli e le firme dei rappresentanti delle grandi potenze.

▼ In questa vignetta satirica coeva, i promotori della Santa Alleanza viaggiano sulla slitta trainata dagli Stati che sono divenuti loro schiavi.

> **LESSICO**
>
> **CONCERTO EUROPEO**
> La vera e propria parola d'ordine del Congresso di Vienna era «quiete». Rappresentava l'obiettivo da raggiungere dopo la «tempesta» rivoluzionaria e napoleonica che aveva sconquassato l'Europa.
> Ma la quiete è possibile solo se voluta, determinata dalle grandi potenze, che di comune accordo (concerto) si devono impegnare per garantire la pace all'Europa.
> La concertazione tra le potenze rappresenta una delle tre soluzioni dei conflitti internazionali che storicamente si sono realizzate. Le altre due sono la guerra e il governo di un'autorità sovranazionale.
> In realtà l'azione di un'autorità sovranazionale è solo un'aspirazione. Infatti sia la Società delle Nazioni (nel primo dopoguerra) che l'ONU (nel secondo dopoguerra) non hanno mai goduto di un reale potere di governo.
> Di fatto, dunque, il concerto delle nazioni, che nel secondo Novecento si è realizzato tra USA e URSS, è stato l'unica alternativa alla guerra concretamente praticata.

▶ La politica estera

La politica estera delle grandi potenze fu guidata dal **principio d'intervento**, in base al quale qualunque insurrezione rivoluzionaria, liberale o nazionale, doveva essere immediatamente repressa. Le grandi potenze non volevano più rischiare che un'iniziativa rivoluzionaria locale incendiasse l'intera Europa, com'era avvenuto per la Rivoluzione francese.

Per procedere alla definizione di una comune strategia venne inaugurato un metodo di lavoro, basato su frequenti consultazioni (**concerto europeo**): questa strategia prese il nome di politica dei congressi. Il risultato fu la stipula di tre alleanze.

La prima fu quella proposta dallo zar Alessandro I: il documento, redatto «In nome della Santissima e Indivisibile Trinità», partiva dalla constatazione che i sovrani, in quanto «padri» delle rispettive nazioni, erano tra loro «fratelli». Dunque dovevano fornirsi reciproco aiuto (principio di intervento) se il loro trono fosse stato in pericolo.

Questo patto prese il nome di **Santa Alleanza** e fu sottoscritto nel settembre del 1815 dalla Russia, dalla Prussia e dall'Austria, ma non dall'Inghilterra che giudicò assurdo il misticismo di cui il documento era pervaso.

Successivamente, nel novembre 1815, venne firmata la **Quadruplice Alleanza** fra Gran Bretagna, Austria, Prussia e Russia. Lo scopo di questa alleanza era isolare la Francia, dove avrebbe potuto risorgere lo spirito rivoluzionario.

Ma nel 1818 con la **Quintuplice Alleanza**, firmata ad Aquisgrana, si ritiene opportuno estendere l'alleanza alla stessa Francia, affinché anch'essa partecipasse al mantenimento in tutta Europa dell'ordine restaurato a Vienna. Questo terzo fondamentale trattato rappresentò il trionfo del principio di equilibrio: la patria della rivoluzione era diventata a tutti gli effetti un gendarme della Restaurazione!

Il sistema delle alleanze				
ALLEANZA	DATA	STATI COINVOLTI	CARATTERISTICHE	OBIETTIVO
Santa Alleanza	1815	Austria, Prussia, Russia	Ispirazione religiosa	Conservare l'ordine internazionale sancito a Vienna, intervenendo militarmente ovunque si verificassero insurrezioni liberali o nazionali.
Quadruplice Alleanza	1815	Gran Bretagna, Austria, Prussia, Russia	Antifrancese	
Quintuplice Alleanza	1818	Gran Bretagna, Austria, Prussia, Russia, Francia	Estensione della Quadruplice alla Francia	

Condanna e rivalutazione del Congresso di Vienna

DOSSIER

SOLO NEL NOVECENTO, DOPO DUE GUERRE MONDIALI, LA STORIOGRAFIA HA RIVALUTATO IL CONGRESSO DI VIENNA. PERCHÉ GARANTÌ ALL'EUROPA CENT'ANNI DI PACE

La condanna

Già durante il suo svolgimento, il Congresso di Vienna non godette di buona fama. Di fronte alla tragedia del passato e ai drammi e ai pericoli del futuro, la classe dirigente che vi prese parte diede, almeno all'apparenza, l'impressione di scarsa serietà. In un clima generale di festa, come ci riferiscono i giornali dell'epoca (peraltro più attenti ai pettegolezzi che all'analisi politica), vennero prese decisioni cariche di conseguenze per il destino di molti popoli e nazioni. Fu inevitabile, quindi, lo sdegno della maggior parte degli storici dell'Ottocento.

A questo riguardo riportiamo il commento del segretario di Metternich, Friedrich von Gentz (1764-1832): «Il vero scopo del Congresso era la spartizione fra i vincitori delle spoglie strappate al vinto»; e il severo giudizio dello storico tedesco Georg Gervinus (1805-1871): «Si sarebbe potuto esigere che almeno le sregolatezze avessero apparenze più decenti [...]. Qui mancò quella grave serietà nelle discussioni, che forma il vanto dei congressi anteriori, e prevalse invece il genio della mistificazione» [...] I piaceri distraevano in cure secondarie i capi del congresso, già avidi di distrazioni».

Pertanto i successivi moti, il succedersi delle rivoluzioni, le affermazioni degli Stati nazionali vennero intesi come storiche condanne dell'operato del Congresso, reo di aver risolto con cinismo e superficialità i problemi relativi alle libertà nazionali e costituzionali.

Opinioni negative, con motivazioni ottocentesche, si riscontrano anche nella prima parte del Novecento. Ne è un esempio il giudizio del filosofo Benedetto Croce (1866-1952): «L'assolutismo, a cui falliva genio costruttore originale, non possedeva nemmeno tale forza reazionaria ricostruttrice da sopraffare gli ordini liberali dove già esistevano, e togliervi via i mutamenti effettuatisi nell'economia, nel costume, nella cultura».

La rivalutazione

Un radicale mutamento di atteggiamento si manifestò a partire dalla seconda guerra mondiale e soprattutto con il secondo dopoguerra, quando si ripresentarono i problemi della pace e dell'equilibrio. Di fronte alla catastrofe delle guerre del Novecento, il travaglio dell'Ottocento risultò diminuito di intensità e furono rivalutate le soluzioni adottate al Congresso. A questo riguardo citiamo tre giudizi significativi.

Il primo risale non a caso al 1944. Venne espresso dallo storico austriaco Karl Polanyi (1886-1964) e sintetizza la nuova prospettiva storiografica: «Il diciannovesimo secolo ha prodotto un fenomeno inedito negli annali della civiltà occidentale e cioè una pace di cento anni, dal 1815 al 1914».

Il secondo, dello storico inglese Eric J. Hobsbawm, risalente al 1961, rivela addirittura ammirazione per il realismo e la sensibilità dimostrati: «La nostra generazione, che in maniera tanto spettacolare si è rivelata incapace di assolvere il compito fondamentale della diplomazia internazionale, cioè quello di evitare le guerre mondiali, è perciò portata a considerare gli statisti e i metodi del 1815-1848 con un rispetto che non sempre sentirono le generazioni immediatamente successive. [...] L'ammirazione è in un certo senso giustificata. La sistemazione dell'Europa dopo le guerre napoleoniche non fu né più giusta né più morale di qualunque altra, ma dati gli scopi del tutto antiliberali e antinazionali (cioè antirivoluzionari) di coloro che l'attuarono, fu certo una sistemazione realistica e sensibile».

Il terzo giudizio, di Henry Kissinger (prima consigliere e poi segretario di Stato americano con Nixon), è l'espressione di come l'analisi esclusivamente diplomatica del problema implichi conseguentemente il completo capovolgimento dei giudizi «moralmente romantici» dell'Ottocento: «In simili circostanze, stupisce non quanto fosse imperfetto l'accordo raggiunto, ma quanto fosse ragionevole; non quanto fosse "reazionario" secondo le ipocrite teorie della storiografia del secolo XIX, ma quanto equilibrato. Magari non corrispose alle speranze di una generazione di idealisti, ma diede loro qualcosa di più prezioso: un periodo di stabilità che diede alle loro speranze la possibilità di realizzarsi senza un'altra guerra e senza una rivoluzione permanente».

▲ Karl Polanyi, lo storico che per primo rivalutò l'operato del Congresso di Vienna.

KARL POLANYI: LA PACE DEI CENTO ANNI

Quello che segue è un brano de La grande trasformazione, *l'opera del 1944 con cui Polanyi avviò la rivalutazione del Congresso di Vienna.*

Il diciannovesimo secolo ha prodotto un fenomeno inedito negli annali della civiltà occidentale e cioè una pace di cento anni, dal 1815 al 1914. A parte la guerra di Crimea, un avvenimento più o meno coloniale, Inghilterra, Francia, Prussia, Austria, Italia e Russia furono impegnate a farsi la guerra in tutto soltanto per 18 mesi.

Un calcolo delle cifre paragonabili per i due secoli precedenti dà una media dai sessanta ai settanta anni di guerre importanti per ciascun secolo. Al contrario, anche la più violenta delle conflagrazioni del diciannovesimo secolo, la guerra franco-prussiana del 1870-71, terminò dopo meno di un anno, lasciando la nazione sconfitta in grado di pagare una somma senza precedenti come indennità, senza alcun turbamento delle valute in questione. [...]

Il fattore completamente nuovo [del XIX secolo] ci sembra essere stato l'emergere di un acuto interesse per la pace. Tradizionalmente un interesse del genere era considerato al di fuori della portata del sistema statuale; la pace con i suoi corollari nei mestieri e nelle arti era collocata tra gli ornamenti della vita. La Chiesa avrebbe potuto pregare per la pace così come per un ricco raccolto, tuttavia nel campo dell'azione statuale essa avrebbe nondimeno sostenuto l'intervento armato. I governi subordinavano la pace alla sicurezza e alla sovranità cioè a fini che non potevano essere raggiunti se non attraverso il ricorso ai mezzi ultimi. Poche cose venivano considerate più nocive per una comunità dell'esistenza nel suo seno di un interesse per la pace. Ancora nella seconda metà del diciottesimo secolo J.-J. Rousseau biasimava i commercianti per la loro mancanza di patriottismo poiché erano sospettati di preferire la pace alla libertà.

Dopo il 1815 il cambiamento è improvviso e completo.

Karl Polanyi, *La grande trasformazione*

2. RESTAURAZIONE E ROMANTICISMO

> PERCHÉ BURKE SI OPPONEVA ALLA RIVOLUZIONE FRANCESE?
>
> QUALI SONO GLI ASPETTI CHE ACCOMUNANO IL PENSIERO DI BURKE E DI DE MAISTRE?
>
> QUALI SONO GLI ASPETTI CHE FANNO DEL ROMANTICISMO UN MOVIMENTO PROGRESSISTA?
>
> QUALI SONO GLI ASPETTI CHE FANNO DEL ROMANTICISMO UN MOVIMENTO CONSERVATORE?

▶ Le *Riflessioni sulla Rivoluzione francese* di Edmund Burke

Tra il 1815 e il 1830, la Restaurazione si manifestò non solo come violenta repressione di ogni forma di dissenso e di protesta; a suo sostegno si schierarono alcuni intellettuali la cui riflessione diede vita alla **cultura della Restaurazione**.

I principali teorici della Restaurazione furono l'irlandese *Edmund Burke* (1729-1797) e il savoiardo *Joseph de Maistre* (1753-1821).

Il saggio di Burke, *Riflessioni sulla Rivoluzione francese*, venne pubblicato nel **1790** e fu un evento di straordinaria importanza. L'opera in un anno ebbe 11 edizioni; prima del 1796 ne vennero vendute in Inghilterra 30 000 copie. Una cifra enorme, se si pensa ai tempi.

Altrettanto rapida fu la sua diffusione sul continente soprattutto negli ambienti governativi: si trattava infatti, come ebbe a dire il poeta Novalis, di «un libro rivoluzionario scritto contro la rivoluzione».

▶ Il valore della tradizione

Burke era un autorevole rappresentante del partito *whig*. Esaltava la Gloriosa Rivoluzione inglese del 1688 e aveva appoggiato la Rivoluzione americana. Perché si opponeva alla Rivoluzione francese? Perché gli appariva l'applicazione degli astratti princìpi dell'Illuminismo, una filosofia che Burke definiva «barbara e meccanica».

Secondo Burke, infatti, l'Illuminismo conduceva l'uomo a smarrire il senso del limite e dunque a un delirio di onnipotenza. Tale di fatto era la Rivoluzione francese, che pretendeva di creare dal nulla un nuovo Stato. A suo avviso, così si ignorava che le istituzioni di un popolo non sono l'espressione della volontà di qualche uomo ma il risultato di lunghi processi storici. È infatti necessario riconoscere il valore della **tradizione** che è il deposito della saggezza e della ricchezza di un popolo. Secondo Burke, questo era avvenuto sia in Inghilterra sia in America.

In entrambi i casi la rivoluzione aveva ristabilito un ordine: in Inghilterra, riconducendo la monarchia alla giusta regola della Costituzione; in America, respingendo tasse che sovvertivano una tradizione consolidata. In Francia, invece, la rivoluzione faceva violenza alla storia. E ciò non per volontà del popolo ma per la pretesa di un gruppo di intellettuali.

L'esito della rivoluzione era secondo Burke scontato: il disordine, cui avrebbero fatto seguito la tirannide e il terrore. Una profezia davvero precisa, se si considera che venne fatta nel 1790.

▶ Il primato del papa: Joseph de Maistre

Grande difensore della tradizione fu anche Joseph de Maistre, che nel 1796 pubblicò il saggio *Considerazioni sulla Francia*, nel 1819 *Il Papa* e nel 1821 *Le serate di San Pietroburgo*.

Per de Maistre l'errore originale, la radice di tutti i mali contemporanei è da ricercare nella Riforma protestante che «liberando il popolo dal giogo dell'obbedienza e accordandogli la sovranità religiosa scatena l'orgoglio generale contro l'autorità e mette la discussione al posto dell'obbedienza»; mentre al contrario per ottenere l'ordine politico del mondo bisogna «eliminare ogni opposizione e ogni critica, schiantare ogni pensamento individuale».

Il fondamento dell'ordine sociale è dunque rappresentato dalla Chiesa cattolica e in particolare dal papa. <u>Il suo potere deve essere *assoluto* e *infallibile* perché è indispensabile che vi sia qualcuno che giudica senza essere giudicato.</u>

La sovranità politica a sua volta non può essere spiegata senza far ricorso all'autorità di Dio, che è il fondamento di ogni potere legittimo.

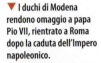

▼ I duchi di Modena rendono omaggio a papa Pio VII, rientrato a Roma dopo la caduta dell'Impero napoleonico.

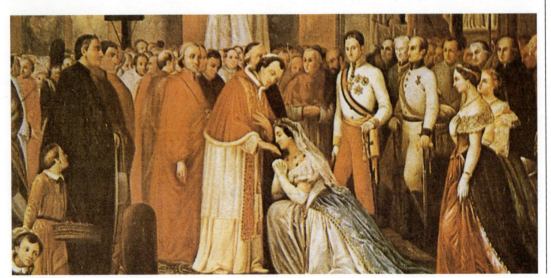

> **DOC**
>
> **L'INFALLIBILITÀ DEL POTERE**
> *Proponiamo una celebre pagina di Joseph de Maistre tratta da* Il Papa, *un'opera del 1819.*
>
> Nel corso del XVI secolo i riformati [protestanti] attribuirono la sovranità alla Chiesa, cioè al popolo. Il XVIII secolo non fece altro che trasporre questa massima in politica: si tratta dello stesso sistema, della stessa teoria, fino alle estreme conseguenze. Che differenza c'è infatti tra la Chiesa di Dio, unicamente guidata dalla sua parola, e la grande repubblica una e indivisibile, unicamente governata dalle leggi e dai deputati del popolo sovrano? Nessuna. Si tratta della stessa follia che ha soltanto cambiato epoca e nome. […]
> Una volta stabilita la forma monarchica, l'infallibilità non è più nient'altro che una necessaria conseguenza della supremazia o, piuttosto, è assolutamente la stessa cosa sotto due nomi differenti. Ma per quanto questa identità sia evidente, non si è mai visto, o voluto vedere, che tutta la questione dipende da questa sola verità; ed essendo questa verità dipendente a sua volta dalla natura stessa delle cose, essa non ha alcun bisogno di appoggiarsi sulla teologia; di conseguenza, posta la unità come necessaria, non potrebbe essere contestato al Sovrano Pontefice l'errore, nemmeno quando fosse possibile, così come non può essere contestato ai sovrani temporali, che pure non hanno mai aspirato all'infallibilità. In pratica è assolutamente la stessa cosa non essere soggetto all'errore e non poterne essere accusato. […]
> Chi avesse il diritto di dire al Papa che si sbaglia avrà, per lo stesso motivo, il diritto di disobbedirgli: e ciò dissolverebbe la supremazia (ovvero l'infallibilità).
>
> J. de Maistre, *Il Papa*, 1819

▶ L'ultramontanismo

Per de Maistre, dunque, la rivoluzione si configura sempre come peccato, come eversione di un ordine voluto da Dio. Torna così l'utopia del cristianesimo medievale: la centralità della Chiesa e l'unità del potere politico e spirituale nella persona del papa. Nella visione di de Maistre, infatti, il papa rappresenta il vertice della piramide sociale e civile.

Al pontefice spetta anche un ruolo di arbitrato internazionale perché è al di sopra dei particolarismi nazionali.
Queste posizioni fanno di Joseph de Maistre uno dei massimi rappresentanti dell'**ultramontanismo**, cioè di quella dottrina che affermava la suprema autorità del papato nella Chiesa e come guida morale della società. L'espressione ultramontanismo deriva dal fatto che questi intellettuali – francesi, tedeschi o inglesi – facevano riferimento a Roma, che si trovava appunto *al di là dei monti*. Nella sostanza, i teorici della Restaurazione proponevano un ritorno all'alleanza **trono-altare** propria dell'antico regime.
I papi del primo Ottocento appoggiarono queste posizioni e respinsero il liberalismo e in particolare la separazione tra Stato e Chiesa.

▶ «Tempesta e impeto»

I teorici della Restaurazione fecero parte integrante di una più ampia cultura, quella romantica.
Il **Romanticismo** sorse in Germania negli ultimi decenni del '700; poi si diffuse in Inghilterra, in Francia e, dopo il 1815, in tutta Europa.
Il suo nucleo originario era costituito da poeti e drammaturghi – come *Herder*, *Goethe*, *Schiller* – che fondarono nel **1780** il gruppo dello *Sturm und Drang*, alla lettera, «tempesta e impeto» (un'espressione tratta dal titolo di un'opera di Friedrich Maximilian Klinger).
Il Romanticismo si presentò dunque come «tempesta e impeto» in tutti i campi: arte, religione, filosofia, letteratura, musica, pittura. Fu una cultura in senso pieno, una mentalità, un modo di pensare e di agire, in particolare dei giovani intellettuali la cui vita era tutta «luci e ombre», slanci eroici e malinconia. Il modo stesso di vestirsi cambiò: le donne tornarono al busto; gli uomini abbandonarono definitivamente la parrucca settecentesca.

▼ Goethe ritratto da Joseph Karl Stieler (1828). Monaco, Altepinakothek.

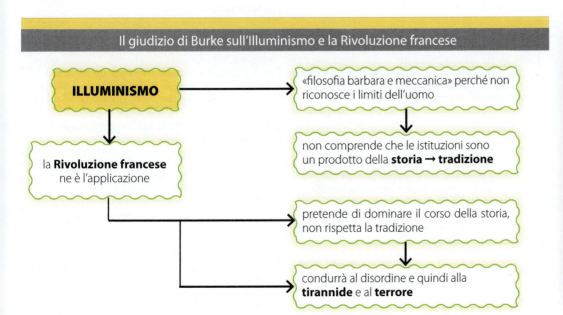

Il giudizio di Burke sull'Illuminismo e la Rivoluzione francese

- **ILLUMINISMO**
  - la **Rivoluzione francese** ne è l'applicazione
  - «filosofia barbara e meccanica» perché non riconosce i limiti dell'uomo
  - non comprende che le istituzioni sono un prodotto della **storia → tradizione**
  - pretende di dominare il corso della storia, non rispetta la tradizione
  - condurrà al disordine e quindi alla **tirannide** e al **terrore**

UNITÀ 1 — RESTAURAZIONE E OPPOSIZIONI

Il vivere e il morire vennero interpretati in modo nuovo: che senso poteva avere infatti la vita umana se non era vissuta in modo eroico? Se non era totalmente finalizzata a un amore assoluto? E la morte non era forse l'inevitabile prezzo da pagare per affermare le proprie idee?

Il suicidio stesso (come nel caso del protagonista del romanzo di Goethe, *I dolori del giovane Werther*) o la malattia vennero idealizzati in quanto espressione di una personalità pura, superiore, che non accettava gli ipocriti compromessi imposti dalla società.

In sintesi, la cultura romantica contrappose al freddo razionalismo illuminista, che aveva caratterizzato il Settecento, la spontaneità dei sentimenti, i valori della tradizione e l'amore per la propria nazione.

▶ Romanticismo conservatore, Romanticismo progressista

Politicamente, il Romanticismo manifestò due tendenze opposte: una rivolta al passato (la tendenza conservatrice e reazionaria), l'altra al futuro (la tendenza progressista).

La tendenza conservatrice e reazionaria condannò l'Illuminismo e la Rivoluzione francese, esaltò il passato, il tradizionale potere assoluto e l'alleanza trono-altare. A questa tendenza appartengono i teorici della Restaurazione come Burke e de Maistre.

La tendenza progressista, invece, affondò le radici proprio nell'Illuminismo e nella Rivoluzione francese, ma ne interpretò in modo nuovo alcuni valori, come l'uguaglianza la fratellanza e la libertà.

LESSICO

CONSERVATORE

È conservatore colui che mira al mantenimento dell'ordine esistente, in contrapposizione a forze o a idee innovatrici. Da non confondere con il reazionario, benché nel linguaggio comune ciò accada sovente.

Il Romanticismo progressista espresse la convinzione che solo il rinnovamento dell'ordine sociale e politico potesse costituire una risposta adeguata alle nuove esigenze.

Ne scaturì il rapido e dirompente diffondersi, nella prima metà dell'Ottocento, dell'idea di nazione, del pensiero liberale, democratico e socialista.

CONFRONTARE

L'Illuminismo e il Romanticismo

	ILLUMINISMO	ROMANTICISMO
Origine del termine	Dal tedesco *Aufklärung* («rischiaramento»): indica la luce prodotta dalla ragione umana che illumina le tenebre rappresentate da ogni forma di superstizione e di religione.	Dall'inglese *romantic*: nel Seicento l'aggettivo era usato in senso spregiativo per indicare l'aspetto fantasioso del racconto cavalleresco o stravaganti narrazioni prive di verosimiglianza. Poi, fra Settecento e Ottocento, l'aggettivo «romantico» assunse un significato neutro o positivo. Da allora indica ambienti, situazioni e vicende in grado di accendere la passione.
Periodo	Si diffuse a partire dagli anni Trenta del Settecento e caratterizzò tutto il secolo, definito per questo il «secolo dei lumi».	Sorto alla fine del Settecento, caratterizzò la prima metà dell'Ottocento.
Centro diffusore	Anche se le sue origini sono da ricercare nella filosofia inglese, il maggior centro diffusore fu la Francia.	La Germania: il suo nucleo originario era costituito da poeti e drammaturghi che fondarono nel 1780 il gruppo dello *Sturm und Drang* («tempesta e impeto»). Poi si diffuse in Inghilterra, in Francia e, dopo il 1815, in tutta Europa.
Caratteristiche	Fiducia nella ragione umana condizionata dai sensi. La realtà di cui si deve occupare la ragione non è dunque quella astratta, tipica del razionalismo seicentesco, ma la realtà concreta così come ci viene mostrata dai sensi: l'unica dimensione che la mente umana può conoscere senza cadere in contraddizione.	Esaltazione della spontaneità dei sentimenti e della creatività individuale. Rivalutazione della fede e della religione. Superamento della ragione la cui conoscenza è giudicata o astratta o limitata dai sensi. Ricerca dell'assoluto in tutte le forme dell'arte. La vita e la morte vengono interpretate alla luce di nuovi valori.
Storia	La storia è considerata un faticoso cammino coronato dal progresso che culmina nel presente: il «secolo dei lumi».	Rivalutazione di tutte le epoche storiche, anche di quelle considerate «oscure», come il Medioevo.
Politica	Sostenne la necessità di un rinnovamento radicale: – prima con le riforme, il «dispotismo illuminato», cioè il riformismo promosso dai sovrani europei; – poi con la Rivoluzione francese, che sintetizzò nei princìpi di uguaglianza, fraternità e libertà gli ideali politici dell'Illuminismo.	Si espresse in due tendenze: – tendenza conservatrice e reazionaria: condannò l'Illuminismo e la Rivoluzione francese, esaltò il passato, il tradizionale potere assoluto e l'alleanza trono-altare; – tendenza progressista: affondò le proprie radici nell'Illuminismo e nella Rivoluzione francese, ma interpretò in modo nuovo i princìpi di uguaglianza, fratellanza e libertà; da qui il diffondersi dell'idea di nazione, del pensiero liberale, democratico e socialista.

La moda romantica

GALLERIA

I valori della Restaurazione e gli ideali del Romanticismo influenzarono anche il modo di abbigliarsi, sia per gli uomini sia per le donne.

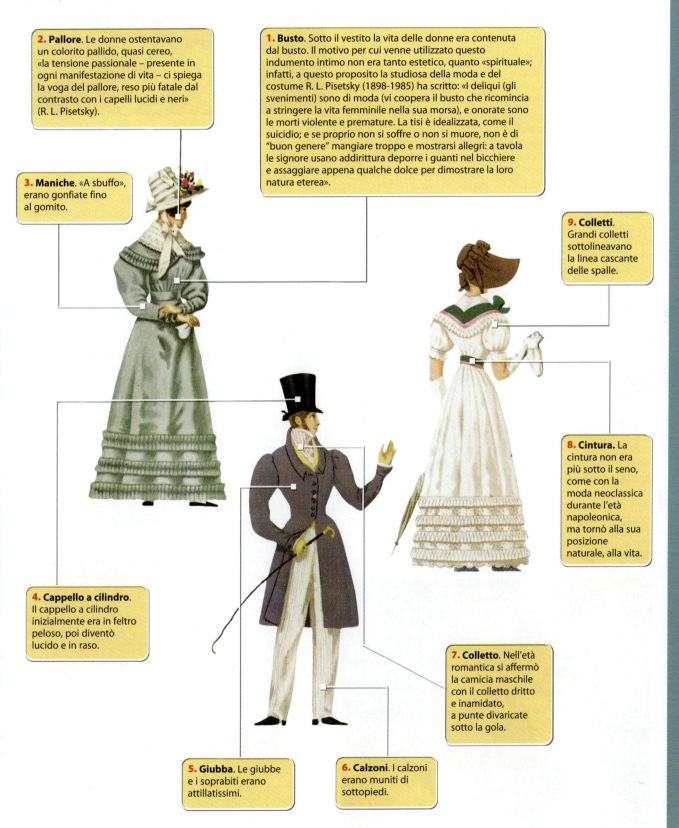

2. Pallore. Le donne ostentavano un colorito pallido, quasi cereo, «la tensione passionale – presente in ogni manifestazione di vita – ci spiega la voga del pallore, reso più fatale dal contrasto con i capelli lucidi e neri» (R. L. Pisetsky).

1. Busto. Sotto il vestito la vita delle donne era contenuta dal busto. Il motivo per cui venne utilizzato questo indumento intimo non era tanto estetico, quanto «spirituale»; infatti, a questo proposito la studiosa della moda e del costume R. L. Pisetsky (1898-1985) ha scritto: «I deliqui (gli svenimenti) sono di moda (vi coopera il busto che ricomincia a stringere la vita femminile nella sua morsa), e onorate sono le morti violente e premature. La tisi è idealizzata, come il suicidio; e se proprio non si soffre o non si muore, non è di "buon genere" mangiare troppo e mostrarsi allegri: a tavola le signore usano addirittura deporre i guanti nel bicchiere e assaggiare appena qualche dolce per dimostrare la loro natura eterea».

3. Maniche. «A sbuffo», erano gonfiate fino al gomito.

9. Colletti. Grandi colletti sottolineavano la linea cascante delle spalle.

8. Cintura. La cintura non era più sotto il seno, come con la moda neoclassica durante l'età napoleonica, ma tornò alla sua posizione naturale, alla vita.

4. Cappello a cilindro. Il cappello a cilindro inizialmente era in feltro peloso, poi diventò lucido e in raso.

7. Colletto. Nell'età romantica si affermò la camicia maschile con il colletto dritto e inamidato, a punte divaricate sotto la gola.

5. Giubba. Le giubbe e i soprabiti erano attillatissimi.

6. Calzoni. I calzoni erano muniti di sottopiedi.

DOSSIER — Il tramonto dell'Europa nobiliare

Istituzioni e società

LA RESTAURAZIONE NON RIPRISTINÒ LA NOBILTÀ IN QUANTO ORDINE DELLO STATO. TANTO CHE – SCRIVE MONALDO LEOPARDI, PADRE DI GIACOMO – «LE MAGISTRATURE SONO APERTE ANCHE AI BECCAMORTI»

Un imperativo: mantenere intero il patrimonio

Una delle componenti essenziali delle nobiltà europee durante l'antico regime era la durata nel tempo delle medesime grandi famiglie. Questo grazie a particolari forme di trasmissione dei patrimoni, che ne impedivano la frammentazione e la dispersione; e li conservavano intatti all'interno dei membri di una medesima casata.

Tuttavia, la non divisione ereditaria e la inalienabilità del patrimonio familiare aveva come contropartita il mantenimento, da parte del primogenito, di tutta una serie di aventi diritto, come i fratelli minori, le sorelle, la madre vedova, zii e zie dal lato paterno. Questo mantenimento poteva essere vitalizio, cioè durare per tutta l'esistenza – tipico il caso della madre vedova – e poteva anche prendere la forma della dote per le figlie o le sorelle. Anche i cadetti maschi potevano essere indirizzati alla carriera ecclesiastica in un ordine religioso. Ma per loro le vie d'uscita dalla famiglia erano più numerose e più gratificanti. C'era naturalmente il matrimonio, magari con la figlia di un ricco mercante, contento di imparentarsi con un esponente della casta nobiliare. C'era la carriera militare, per tradizione la più consona a un gentiluomo. E c'era soprattutto la carriera ecclesiastica come sacerdote.

La nobiltà doveva consumare e spendere

Nonostante la ricchezza dei loro patrimoni, molti nobili si indebitavano tuttavia fino al collo. Questo paradosso si spiega con l'esigenza di mantenere un tenore di vita consono al proprio stato, e una delle voci di spesa che gravò maggiormente sui bilanci familiari fu la costruzione, il restauro e l'abbellimento di edifici di abitazione in città e in campagna. Il palazzo e la villa divennero sempre più il simbolo visibile del potere e della preminenza di una famiglia.

Un'altra voce di spesa fondamentale era rappresentata dagli alimenti. Il consumo di vitto era accresciuto dalla presenza della servitù e dal frequente passaggio di invitati per i quali si amava far sfoggio di abbondanza e ricercatezza di cibi e bevande. È stato calcolato che nell'antico regime le spese dei ricchi per l'alimentazione coprissero dal 15 al 35% dei consumi.

Accanto al vitto, vi era il vestiario, cui può essere accostato l'acquisto di gioielli, entrambi simboli della condizione sociale. C'erano poi le spese per i mezzi di trasporto: cavalli, carrozze, portantine. E inoltre: le spese d'istruzione per i figli, le spese per servizi legali e notarili, le spese per funerali e sepolture, le spese per i divertimenti, le spese mediche…
Senza contare le spese straordinarie: le feste, le doti per le figlie. E poi le spese a fini caritativi, che certo incidevano sul reddito globale meno degli sprechi causati dal vizio universale: il gioco. Questo massiccio flusso di spese favorì una parte della popolazione, cioè i servitori, assunti in gran numero per i servizi domestici. Se molte famiglie rischiarono di andare in rovina, relativamente poche scomparvero in seguito ad un indebitamento. Furono piuttosto motivi di carattere demografico a causare la scomparsa di certe casate. E in questo la nobiltà appariva del tutto simile ai sovrani regnanti dell'epoca, che potevano permettersi tranquillamente ripetute bancarotte, ma nulla potevano contro la sterilità o la mortalità infantile o altre cause che provocavano l'estinzione di una dinastia.

Il declino dei nobili con la Restaurazione

La Rivoluzione francese diede un colpo mortale a questo sistema: la nobiltà, anche nell'Europa della Restaurazione non poté ristabilire la situazione settecentesca. Ciò era ormai improponibile, perché era andato in frantumi il vecchio sistema nel suo complesso, non questo o quel privilegio nobiliare. I nuovi valori su cui si doveva fondare un'aristocrazia nella società e nello Stato erano diventati la proprietà e il merito personale. Fu così che scomparve la nobiltà in quanto classe con diritti feudali o in quanto ordine dello Stato.

E questo avvenne anche negli stati più retrivi, come quello pontificio, in cui la nobiltà non recuperò ad esempio il più prestigioso dei suoi secolari privilegi: il monopolio ereditario di amministrare i comuni. Il «diritto» – lo definisce il nobile Monaldo Leopardi, padre del poeta Giacomo – «di amministrare economicamente la propria patria, e quello di sostenerne la rappresentanza». Il che «rendeva i nobili abbastanza rispettati nelle singole terre». Questo perché «il diritto esclusivo di quelle amministrazioni e di quelle rappresentanze costituiva una vera aristocrazia nello Stato». Un mondo spazzato via per sempre dalla Rivoluzione francese. Ora invece, conclude con ironia Monaldo Leopardi, «le amministrazioni e le magistrature dei comuni sono aperte a tutti i ceti non escluso quello dei beccamorti».

▲ R. Digton, *The Melton Breakfast*. Londra, Victoria and Albert Museum.

▼ Le nozze del principe di Galles con la principessa di Danimarca nel 1863. Parigi, Biblioteca delle Arti Decorative.

Il piacere di piangere

DOSSIER

vita quotidiana

LA STORIA DELLE LACRIME SEMBRA AVERE LA LENTEZZA DEI FIUMI. MA TRA SETTECENTO E OTTOCENTO LA MENTALITÀ MUTA RAPIDAMENTE E IL GIUDIZIO SUL PIANTO DA POSITIVO DIVENTA NEGATIVO

Per gli illuministi, il pianto ci fa sentire migliori

Mai si è tanto e così apertamente celebrato il piacere di piangere come nel Settecento. I lettori, i frequentatori di spettacoli teatrali volevano intenerirsi e le occasioni per sciogliersi in lacrime non mancavano. Gli autori di opere teatrali consideravano le lacrime come un segno infallibile di successo dei loro lavori e di gradimento da parte del pubblico. Quest'ultimo, del resto, esprimeva chiaramente il proprio consenso: i torrenti di lacrime erano apertamente esibiti e lo spettacolo era anche in sala. Sia gli uomini sia le donne non esitavano a sventolare fazzoletti umidi come stendardi della loro sensibilità. Piaceva anche sentire leggere racconti teneri o patetici nei salotti, e i letterati potevano così saggiare il potere lacrimogeno dei loro testi prima della pubblicazione. Ci si commuove sulla sorte degli infelici e ci si intenerisce sul bene pubblico. Barbaro è chi non conosce la pietà: le lacrime che questa fa versare rivelano quanto si è davvero umani, e quindi aperti al dolore degli altri.

Durante la Rivoluzione francese le lacrime scendono per le strade, si diffondono nelle assemblee politiche. Esse segnavano così un nuovo legame sociale e l'entusiasmo collettivo provocato dagli avvenimenti.

Per i romantici, il pianto è nel destino femminile

Agli inizi dell'Ottocento, però, certi letterati si propongono di rompere con questa sensibilità, che ha fatto tanto piangere e che contraddistingue ancora i loro contemporanei. Tutt'altro si presenta allora l'ideale di moderazione di sé predicato dall'autore del romanzo di successo *Oberman* (1804), Senancour, il quale ritiene che l'uomo sensibile non è quello che si commuove e piange, ma quello che, concentrandosi in sé stesso, sviluppa un'acutezza percettiva superiore e impara a «sentire». Altri scrittori riprendono la tradizione biblica e cristiana del dolore. A partire da queste immagini religiose, i romantici sviluppano una diversa concezione delle lacrime dolorose: esse sgorgano nella solitudine e accompagnano la creazione poetica. Più in generale, si faceva strada un ideale di ritegno e di pudore, che distingueva attraverso l'atto del piangere i ruoli maschili e femminili. Nei romanzi e negli scritti intimi della prima metà del XIX secolo, gli uomini, anche e soprattutto se sono sensibili, evitano di piangere in pubblico. Le loro lacrime sono tanto più valorizzate quanto più sono rare: «Gli uomini che passano per duri sono in realtà molto più sensibili di quelli di cui si vanta la sensibilità espansiva. Si induriscono perché la loro sensibilità, essendo reale, li fa soffrire. Se gli altri non hanno bisogno di farsi duri, è perché quanto c'è in loro di sensibilità è così facile da portare» – annotava lo scrittore Benjamin Constant nel suo diario. Invece, una donna si scioglie in lacrime da un momento all'altro anche se è coraggiosa: senza lacrime non c'è femminilità, ma queste le si preferisce discrete piuttosto che rumorose, sincere piuttosto che recitate. Le lacrime non hanno certo perso il loro prestigio, ma si sono a un tempo individualizzate e femminilizzate.

Per i positivisti, il pianto è un crollo emotivo

Nella seconda metà dell'Ottocento, con il diffondersi del positivismo, si assistette a una vera e propria reazione nei confronti delle effusioni di sensibilità. La nuova generazione si ribellava a gran voce contro i romantici, la cui estetica era giudicata debole e il cui comportamento poco virile. La nuova letteratura si proclamava «maschile» e trattava le lacrime come un umore del corpo umano che disgusta piuttosto che incantare. Il romanzo sentimentale diventava allora un genere secondario, riservato alla gente dei campi e alle donne. L'immagine della donna non usciva indenne: quelle che usavano e abusavano di lacrime non erano, in realtà, che vittime del loro sistema nervoso, o colpevoli di una falsità che spingevano fino al ricatto. Né un miglior trattamento era riservato al popolo, che correva al melodramma per piangervi, accompagnato dallo scherno del pubblico colto che, esso sì, aveva appreso ad asciugarsi discretamente una lacrima nell'oscurità della sala.

Le risate e le lacrime di cui risuonavano gli interni del proletariato si distinguevano da un modello d'intimità controllata e di educazione della volontà, imposto dalle nuove forme della buona creanza borghese. Di conseguenza, le lacrime perdono gli onori della pubblica piazza, per rifugiarsi nel segreto delle stanze, per essere da ultimo riservate alle donne, ai bambini, e lasciate alla gente del popolo. La percezione di un segno corporeo si è modificata: dapprima umore nobile che denota sensibilità, le lacrime slittano verso il campo delle secrezioni sconvenienti, come lo sputo. Perché è un modo di manifestare sentimenti convenzionali, di esporsi troppo o di mettere a disagio l'interlocutore.

Le lacrime possono essere ammesse solo in rare occasioni, quando il linguaggio e l'azione non sono più possibili, di fronte, cioè alla disperazione o alla morte.

Del resto, secondo diversi scienziati seguaci dell'evoluzionismo di Darwin, la specie umana aveva raggiunto la vetta del processo evolutivo nel maschio adulto occidentale, che sa mantenere i suoi occhi asciutti.

▼ C.D. Friederich, *Viandante sul mare di nebbia*, particolare, 1818. Amburgo, Kunsthalle.

UNITÀ 1 — RESTAURAZIONE E OPPOSIZIONI

3. L'IDEA DI NAZIONE

CHE COSA SI INTENDE CON IL TERMINE «NAZIONE»?

QUALI FATTORI HANNO CONCORSO ALLA FINE DELL'OTTOCENTO ALL'AFFERMAZIONE DELL'IDEA DI NAZIONE?

CHE RELAZIONE C'È TRA L'IDEA DI NAZIONE E LO STATO?

▶ Un'idea astratta

Il termine **nazione** deriva da *nascere* ed è comparso per la prima volta nell'età medievale. All'epoca, però, poteva indicare il luogo di nascita (per esempio, *nazione pisana*), o i mestieri e le corporazioni di appartenenza (*nazione dei fabbri, nazione dei medici*).

Ha assunto l'attuale significato solo nell'età romantica. Nella prima metà dell'Ottocento, infatti, ha iniziato a indicare un «comune sentire», come afferma la definizione di nazione che ancor oggi usiamo: collettività umana unita dalla coscienza dei suoi membri di avere in comune origine, lingua, razza, religione, economia, territorio e destino storico.

Evidentemente nessuno Stato esistente corrisponde esattamente a questa definizione. Basti pensare alla Svizzera, dove non esiste una lingua comune, o agli Stati Uniti, in cui vivono popoli provenienti da tutto il mondo; o alla stessa Italia, le cui differenze regionali, frutto di tradizioni diverse, sono sotto gli occhi di tutti. (▶ **Idee** p. 46)

Ma se la nazione è una realtà ideale, come si è formata questa idea? Per comprenderlo dobbiamo mettere in relazione due fattori fondamentali: l'eredità culturale della Rivoluzione francese e la diffusione della rivoluzione industriale.

▶ Lo sviluppo delle idee della Rivoluzione francese

Nel corso dell'Ottocento i valori rivoluzionari di uguaglianza, fraternità e libertà concorsero a fondare l'idea di nazione.

Uguaglianza – Secondo i rivoluzionari francesi il fondamento della sovranità era costituito dalla volontà del popolo, cioè di tutti i cittadini in quanto *uguali* tra loro. Nella *Dichiarazione dei diritti del cittadino* si parla in proposito di **volontà generale della nazione.**

Ma su quali territori si estenderà questa nazione? Ovvero, quali cittadini ne faranno parte?

Secondo gli Illuministi, un insieme di persone diventava un popolo stipulando un contratto (il *contratto sociale*).

Secondo i filosofi romantici, invece, la nazione era un prodotto della Storia: appartenevano a un medesimo popolo (o nazione) i territori e le persone accomunate dalla Storia. E i segni fondamentali di questa comunione erano costituiti dalla lingua, dalla cultura e dalle tradizioni comuni.

Fraternità – La Rivoluzione francese e poi le armate di Napoleone avevano diffuso in tutta Europa il principio illuminista della fratellanza cosmopolita. Ma ben presto fu evidente che quel principio nascondeva le pretese egemoniche della Francia. La fraternità così venne ristretta a una dimensione nazionale.

Libertà – La Rivoluzione francese proclamò i diritti del cittadino. Ma ben presto apparve chiaro che la libertà non poteva essere solo individuale. Bisognava liberarsi tanto del potere del sovrano assoluto quanto di quello delle armate straniere. Il clima romantico favorì questa aspirazione, facendo sentire tra loro «fratelli» coloro che vivevano la medesima oppressione. Non a caso il nostro inno nazionale inizia con i noti versi: «Fratelli d'Italia / l'Italia s'è desta». Si è destata, appunto, in quanto coloro che hanno in comune il sentirsi Italiani, e pertanto si considerano tra loro fratelli, hanno deciso di lottare insieme non solo per la libertà individuale, ma anche per quella collettiva, per quella della patria.

▶ L'esigenza di mercati nazionali

Anche la rivoluzione industriale favorì l'affermazione dello Stato nazionale. La sua diffusione, infatti, implicava l'esistenza di mercati sufficientemente vasti. Non può esservi sviluppo indu-

---

LESSICO

RAZZA

Indica un raggruppamento di animali o individui, i cui tratti genetici (colore della pelle, struttura fisica, ecc.) siano comuni, costanti ed ereditari. Dopo la seconda guerra mondiale, il termine, relativamente alle persone, è caduto in disuso. Al suo posto si usa etnia, che ha un significato più ampio.

ETNIA

Di fatto significa «popolo». Diciamo però etnia quando vogliamo sottolineare i tratti fisici e nel contempo il forte legame culturale e linguistico di una collettività umana.

COSMOPOLITISMO

È quella concezione che ritiene l'individuo cittadino del mondo. E ciò per il semplice fatto che ogni individuo, nascendo, ha avuto dalla natura, in comune con tutti gli altri uomini, la Terra. Questa concezione, già presente nell'antichità, è stata interpretata dal cristianesimo in senso religioso con il concetto di fratellanza universale. Nel Settecento è diventata uno dei princìpi cardine dell'Illuminismo.

PATRIA

Dal latino *pater* («padre»); il termine indica l'origine, il luogo di provenienza di un individuo o di un popolo. È comunemente usato come sinonimo di nazione: «patriota» è colui che ama la propria patria-nazione.

striale se le merci non sono libere di circolare, o se le strade e le ferrovie sono continuamente interrotte da dazi doganali.

Pertanto l'idea nazionale bene si associava all'esigenza borghese di libera imprenditorialità individuale, nell'ambito di una più ampia libertà entro i confini della nazione.

▶ Nazione e Stato

Dal punto di vista politico, una novità fondamentale dell'Ottocento fu il sovrapporsi dell'idea di nazione allo Stato:

❱ è questa l'epoca in cui si affermò l'idea di una *coscienza nazionale* capace di superare le tradizioni locali e di unificare un *popolo*;

❱ contemporaneamente si diffuse il principio rivoluzionario che vedeva nel *popolo* il fondamento della sovranità dello *Stato*.

Nell'antico regime lo Stato coincideva con il monarca. Ora invece lo Stato diveniva **nazione**, cioè **unità politica di un popolo**.

Ma quando una collettività si riconosce come nazione riesce sempre a dar luogo a uno Stato? La risposta, alla luce della storia, è no.

Nell'Ottocento coloro che si sentivano idealmente «fratelli» lottarono per dar vita a uno Stato. E spesso ci riuscirono, ma non sempre. La formazione di uno Stato, infatti, non dipende solo dall'esistenza di una coscienza nazionale. È sempre legata anche al concreto sviluppo dello scontro politico e, solitamente, alla forza delle armi.

Così attualmente gli **Stati nazionali** ospitano alcune minoranze etniche (come gli Altoatesini in Italia). E antichi popoli vivono in più Stati: è il caso dei Catalani, divisi tra Spagna, Francia e Italia.

◀ La *Libertà sconfigge l'Ignoranza e il Fanatismo.* Stampa francese del 1793.

Eredità

DOSSIER
Amore per la patria

IERI L'AMORE PER LA PATRIA SI FONDAVA SUL DESIDERIO DI INDIPENDENZA DI UN POPOLO

OGGI L'AMORE PER LA PATRIA STA PERDENDO LA CONNOTAZIONE NAZIONALE PER ASSUMERE IL VALORE DI AMORE PER UNA CONVIVENZA INTERNAZIONALE

▲ Napoleone presiede il consiglio della Repubblica Cisalpina del 1802; dipinto di Nicolas Monsiau. Versailles, Musei.

Napoleone e il Romanticismo

Paradossalmente l'Europa scoprì l'idea di libertà e di amore per la patria grazie alla conquista napoleonica. Infatti, inizialmente, Napoleone fece leva sullo spirito di identità nazionale per abbattere l'antico regime; e, successivamente, le trasformazioni territoriali e la modernizzazione degli Stati occupati favorirono la nascita e lo sviluppo di un sentimento nazionale che si oppose proprio al dominio francese.

La cultura del Romanticismo valorizzò poi l'aspetto sentimentale ed emotivo dell'amore per la patria e l'affermazione del sentimento dell'identità nazionale. Secondo i Romantici i popoli andavano considerati come individui, cioè come esseri unici e irriducibili agli altri. E poiché la libertà era un diritto di tutti gli individui e per essere libero l'uomo doveva sviluppare in pieno la propria personalità, le idee, i sentimenti, il modo di esprimersi, allo stesso modo ogni nazione poteva essere veramente libera solo se avesse sviluppato liberamente le proprie potenzialità, la lingua, la cultura, la propria storia. Il recupero di questi aspetti, considerati le radici del modo di sentire di un popolo, rappresentò anche la salvaguardia dell'originale patrimonio spirituale della nazione.

Arte e Romanticismo

Anche l'arte si prestò a esaltare quel sentimento nazionale e popolare vivo nella società. Si sviluppò l'interesse per la storia, in particolare la storia dei popoli, e la ricerca delle origini della cultura, della lingua, delle tradizioni. Si studiava e si raccontava il Medioevo come il periodo in cui ebbero origine le diverse realtà nazionali europee e nacquero le lingue romanze.

Il romanzo storico diventò così un genere letterario di successo, che incontrava il gusto del momento: *Ivanhoe*, dello scrittore inglese Walter Scott, inaugurò un modello ripreso in Italia da Alessandro Manzoni con *I Promessi Sposi*. Qui il tema della dominazione spagnola del Seicento, as-

▼ Francisco Goya, *Le fucilazioni del 3 maggio 1808*. Madrid, Museo del Prado. L'opera dell'artista spagnolo ricorda la repressione dei moti antifrancesi.

DOSSIER

Eredità

similata a quella austriaca dell'Ottocento, si intrecciava con quello dei diritti del popolo e il tema della Provvidenza che guida la storia con quello della giustizia.
Invenzione e realtà storica colpivano la fantasia dei lettori e stimolavano l'amore per le vicende del proprio Paese. Così anche la pittura romantica intendeva celebrare l'aspirazione alla libertà, come nel dipinto *Le fucilazioni del 3 maggio 1808* (1814) di Goya, oppure rappresentava le grandi gesta del popolo «eroico» in lotta, come nel quadro di Delacroix *La Libertà che guida il popolo* (1830).
L'amore per la patria si traduceva in passione civile ed eroismo, lotta per la libertà o per l'indipendenza nazionale; per la patria molti uomini erano disposti a sacrificare la propria vita.
In passato si poteva morire in battaglia per la grandezza di un re o di un imperatore. L'amore per la patria era invece un sentimento nuovo che rappresentava le radici di un popolo e le sue tradizioni.
Con il diffondersi del Romanticismo l'amore per la patria si diffuse in tutta Europa e quei popoli che ancora non avevano un proprio Stato cominciarono a desiderarlo. Fu questo, in particolare, il caso dell'Italia e della Germania.

▲ Allegoria della Repubblica Cisalpina vestita dei colori bianco, rosso e verde; dipinto di F. Alberi.

IERI E OGGI

La nazione, intesa come espressione politica, è un concetto moderno: nel Medioevo l'espressione *nationes* indicava solo la provenienza etnico-geografica e non implicava alcuna appartenenza a uno Stato.
Solo intorno al XVI secolo, quando sorsero gli Stati nazionali appunto, l'idea di nazione iniziò a implicare anche l'identità collettiva, seppure in modo ancora rudimentale. Fu durante la Rivoluzione francese e con l'Impero napoleonico che si affermò il concetto di nazione come territorio di appartenenza di una comunità libera, unita da valori culturali e politici. Il patriottismo ottocentesco ne ha poi diffuso e rafforzato il valore.
Tra la fine dell'Ottocento e la prima metà del Novecento, l'idea di nazione si trasformò in ideologia nazionalista e assunse sempre più tratti antidemocratici e militaristi. Così l'identità nazionale venne utilizzata dalle potenze europee per affermare la superiorità su altri Paesi, facendo leva su false teorie della razza che ritenevano i bianchi superiori agli altri uomini.
Di questo concetto di nazione si servirono anche i regimi totalitari del fascismo e del nazismo per giustificare la propria politica di espansione.

Oggi, in Europa, il processo di unificazione comunitaria sta provando a offrire un modello di convivenza tra gli Stati fondato su un principio di democrazia internazionale, che porta a trasformare il sentimento d'amore per la propria patria in sentimento d'amore per l'umanità intera, avendo come scopo l'affermazione della pace e la difesa dei diritti umani.
Tuttavia questa scommessa europea si scontra ancora con nuovi sentimenti nazionalisti che, per ostacolare i fenomeni migratori e la concorrenza economica, mascherano talvolta sotto l'idea della difesa della propria nazione e della propria economia sentimenti xenofobi e razzisti.

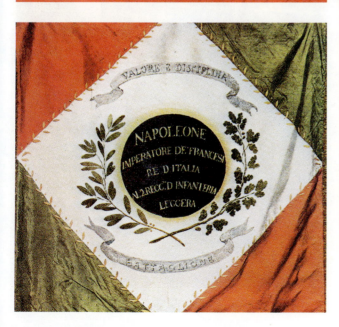

◀ Due bandiere del periodo napoleonico (quella in alto è una bandiera della Repubblica Cisalpina).

UNITÀ 1 RESTAURAZIONE E OPPOSIZIONI

DOSSIER — Idee

Le etnie sono un'invenzione

COSÌ SCRIVE LO STORICO ALESSANDRO BARBERO SULLA BASE DELL'ETNOGENESI: LA DISCIPLINA CHE SI OCCUPA DELL'ORIGINE E DELL'ESTINZIONE DEI POPOLI

Dal concetto di razza a quello di etnia

Uno dei più vistosi cambiamenti di rotta del pensiero novecentesco, nel campo delle scienze umane, è stato l'abbandono della nozione di razza in favore d'una gamma molto più sfumata di concetti, come quello di identità nazionale o comunità etnica. Oggi, classificare le razze umane è una pratica così fuori moda che si fa fatica a ricordare quanto fosse invece consueta, non solo in Germania tra le due guerre mondiali. Nessuno crede più che i popoli siano realtà biologiche, e d'altronde anche le ricerche più avanzate sulla genetica hanno dimostrato che all'interno d'ogni popolo odierno convivono tranquillamente eredità genetiche di origine disparata: non sono i laboratori dei biologi che ci diranno che cos'è un popolo o nazione. Per strano che possa sembrare, saranno forse gli storici a dircelo.

Negli ultimi anni, uno dei campi di ricerca più eccitanti in cui si sono impegnati gli storici, soprattutto di lingua tedesca, è proprio quello dell'etnogenesi: il tentativo, cioè, di scoprire come nasce e come muore un popolo, e dunque che cosa tiene insieme, per qualche secolo, alcune migliaia o alcuni milioni di persone persuadendole a costituire una nazione.

▲ Una donna peruviana con i suoi figli intenta alla lavorazione di un tessuto tradizionale.

I popoli nascono e muoiono

I Goti, i Longobardi, i Franchi, gli Unni, gli Àvari oggi indiscutibilmente non sono più fra noi. E dove sono andati a finire, giacché non sono certo morti tutti all'improvviso come i dinosauri? Ma quel che è ancora più sconcertante è che questi popoli non sono soltanto spariti dalla scena: erano anche apparsi dal nulla. Tacito, che descrive minuziosamente la Germania del I secolo dopo Cristo, non li aveva mai sentiti nominare.
È a partire da queste constatazioni imbarazzanti, da queste domande magari banali

---

FICHTE: *DISCORSI ALLA NAZIONE TEDESCA*

A partire dal 13 dicembre 1807, il filosofo tedesco Johann Gottlieb Fichte (1762-1814) tenne all'Accademia delle Scienze di Berlino i quattordici Discorsi alla nazione tedesca. Per la Prussia, umiliata dalla Francia di Napoleone, era un momento particolarmente drammatico. Fichte sostenne la sopravvivenza della nazione tedesca e addirittura ne argomentò la superiorità.

I Tedeschi sono un ramo dei Germani; di questi ultimi basterà dire che essi furono coloro che seppero accoppiare l'ordine sociale, fondato nella vecchia Europa, colla vera religione, conservatasi nella vecchia Asia, e così sviluppare un'era nuova[1] contrastante colla tramontata antichità. [...]
La prima differenza tra il destino dei Tedeschi e quello degli altri popoli di origine germanica[2] è questa: che i Tedeschi rimasero nelle sedi primitive del popolo originario, gli altri migrarono verso nuove contrade; i Tedeschi conservarono la loro lingua e la svilupparono, gli altri adottarono una lingua straniera che a poco a poco trasformarono a modo loro[3]. Da questa differenza iniziale si svolsero le differenze ulteriori (sarebbe assurdo volerle spiegare in ordine inverso) e, per esempio, che nella sede primitiva, secondo l'antica usanza germanica, si mantenesse la confederazione statale sottoposta a una sovranità con potere limitato; mentre nelle sedi straniere, secondo l'anteriore usanza romana, si trapassasse più facilmente alla forma monarchica.[4]

J. G. Fichte, *Discorsi alla nazione tedesca*, 1807

[1] Il Medioevo.
[2] Su riferisce essenzialmente ai Franchi da cui discendono i Francesi che hanno appena invaso la Germania. Fichte intende farne emergere l'inferiorità spirituale.
[3] Il latino da cui sarebbe derivato il francese.
[4] La Francia è presentata come il Paese dell'assolutismo, mentre la Germania è rimasta fedele alle sue antiche tradizioni di libertà.

▲ Indios dell'Amazzonia (America del Sud) in costume tradizionale.

46

ma impossibili da eludere, che gli storici hanno cominciato a scoprire come nascono e muoiono i popoli.
Nell'Alto Medioevo un popolo era, di solito, un aggregato di gente di origine disparata, che a volte non parlava nemmeno la stessa lingua: i nobili àvari parlavano fra loro in una lingua turco-mongola, ma in lingua slava con i contadini; e al tempo di Carlo Magno c'erano Franchi che parlavano in lingua «romana» e altri che parlavano in lingua «tedesca», senza smettere per questo di considerarsi tutti Franchi. Anche l'esistenza d'una cultura materiale propria e inconfondibile per ciascun popolo s'è rivelata un mito: i modelli circolavano, erano imitati, si mescolavano, sicché nessun archeologo, trovando una spada o una ceramica, osa più attribuirla con certezza a un popolo piuttosto che a un altro.

La definizione antica e medievale di nazione

A definire una nazione erano, invece, delle esperienze condivise: una guerra vittoriosa al seguito di un capo carismatico, lo stanziamento in uno stesso territorio, la conversione a una stessa religione. Esperienze abbastanza importanti da forgiare un senso di identità e di appartenenza, e magari giustificare la nascita di un mito d'origine, che non risultava meno efficace per il fatto d'essere inventato di sana pianta.

Anche per quanto riguarda il mondo antico i compartimenti stagni di una volta non tengono più: i Celti, i Germani descritti da Cesare, per esempio, non erano forse popoli diversi, ma diverse fasi evolutive di una medesima civiltà; anzi, c'è chi sostiene che i Germani, alla fin fine, li abbiano inventati i Romani. Sono stati loro a percepirli come una collettività, a trasformare quel magma di tribù in etnie con una propria identità.

A partire dall'Ottocento, i progressi della linguistica e le preoccupazioni nazionalistiche hanno fatto il resto, creando il mito di una comunità originaria di popoli germanici; in cui sono stati inclusi per buona misura anche i Goti, in base a considerazioni puramente linguistiche, benché per certi aspetti assomigliassero molto di più ai popoli delle steppe asiatiche.

Si tratta di processi che avvengono nell'arco di molte generazioni, senza che nessuno di coloro che li vivono possa averne piena coscienza; la percezione immediata spinge invece l'uomo a credere che i popoli siano realtà date e immutabili, capaci di sopravvivere a qualunque trasformazione. Così i Romani potevano convincersi d'essere i discendenti in linea diretta dei Troiani, un po' come oggi sulle Alpi o nella Pianura Padana si incontra gente che crede di discendere dai Celti.

Una riflessione attuale

Queste ricerche sulla storia antica e medievale si rivelano di sorprendente attualità: esse ci costringono a ricordare che l'appartenenza etnica non è un fattore biologico ma culturale; non è data dalla natura, ma costruita storicamente. Come dire che bisogna diffidare delle pretese di continuità millenaria, che nascondono con una mano di vernice l'incredibile mescolanza di geni e di lingue da cui sono usciti i popoli d'oggi, e servono quasi sempre a coprire finalità politiche discutibili.

Ma c'è anche un altro motivo, non meno inquietante, per cui la riflessione sull'origine dei popoli risulta attuale. Essa ci insegna infatti che i popoli non sono eterni, come nascono così muoiono, e basta pochissimo perché comincino a morire: basta, talvolta, che la gente smetta di crederci. Quel che è successo agli Unni dopo la morte di Attila non è molto diverso da quel che è successo agli Iugoslavi, inventati e poi di nuovo spariti nell'arco di un secolo; o che per poco non è successo ai Tedeschi, dopo la catastrofe del nazismo e la spartizione della Germania.

«La nazione è quell'aggregato umano che crede di essere una nazione», scriveva cinquant'anni fa Ernesto Sestan; e lui doveva saperlo, giacché era uno storico italiano, ma aveva combattuto la prima guerra mondiale nell'esercito austro-ungarico, e poi, volendo, avrebbe potuto benissimo ritrovarsi iugoslavo. E se oggi qualcuno cominciasse a sostenere che, con quel cognome, non poteva certo essere italiano, ma padano?

▲ Esempi di diverse etnie che popolano la Terra.

4. LIBERALI E DEMOCRATICI

- CHE COSA SIGNIFICA «LIBERALISMO»? CHI FURONO I CATTOLICI LIBERALI?
- CHE COSA SIGNIFICA «LIBERISMO»?
- QUALI SONO LE CARATTERISTICHE DELLO STATO LIBERALE?
- QUALI SONO LE CARATTERISTICHE DELLO STATO DEMOCRATICO?
- QUALI SONO LE DIFFERENZE TRA IL PENSIERO LIBERALE E QUELLO DEMOCRATICO?

▶ Il liberalismo

Nei primi decenni dell'Ottocento, tra gli avversari della Restaurazione si trovano già le grandi ideologie che hanno animato il dibattito politico sino ai giorni nostri.

La prima, in ordine cronologico, fu il **liberalismo** che nacque dalla battaglia contro l'antico regime condotta soprattutto nella Rivoluzione inglese, nella formazione degli Stati Uniti e nella Rivoluzione francese. I fondamenti teorici di questa ideologia risalgono a **Locke** e agli Illuministi, in particolare a **Montesquieu** e a **Smith**.

Il valore fondamentale del liberalismo è la **libertà individuale**. A differenza dei conservatori, infatti, i liberali non credono che la libertà conduca al caos, al disordine; al contrario, ritengono che sia la condizione ideale per consentire a ognuno di *ricercare la felicità*.

▶ I cattolici liberali

Il valore della libertà fu riconosciuto anche dai **cattolici liberali**, una tendenza che giudicò gli ideali della Rivoluzione francese (libertà, uguaglianza e fraternità) compatibili con il messaggio cristiano. Secondo i cattolici liberali, la Chiesa doveva accettare la sfida della modernità, adeguando la perennità dei princìpi della fede cristiana al modificarsi dei tempi. In particolare, doveva riconoscere il valore della libertà religiosa e della separazione tra Chiesa e Stato. A sostegno di ciò, i cattolici liberali affermavano che la libertà avrebbe favorito la missione della Chiesa, emancipandola dai condizionamenti del potere politico (per esempio, nella nomina dei vescovi).

Il cattolicesimo liberale nacque in **Francia** ed ebbe il suo principale rappresentante nel sacerdote **Félicité de La Mennais** (1782-1854). Nel **1830**, insieme a *Montalambert* e *Lacordaire*, La Mennais fondò la rivista «L'Avenir» che ebbe come motto «Dio e Libertà».

Dalla Francia, il cattolicesimo liberale si diffuse in tutta Europa. Restò comunque minoritario nella Chiesa, che fu dominata dalla posizione dei cosiddetti **intransigenti**, favorevoli al conservatorismo tradizionalista. Gli intransigenti ribadirono l'appoggio all'assolutismo monarchico e respinsero il liberalismo e la separazione tra Stato e Chiesa. Coerentemente con queste posizioni, nel **1832** papa Gregorio XVI condannò il liberalismo con l'enclica *Mirari vos*.

▶ Lo Stato liberale

Il modello di Stato proposto dai liberali può essere così schematizzato.

› **Il potere dello Stato è limitato.** L'obiettivo fondamentale dei liberali è respingere l'assolutismo, porre dei limiti al potere. La **Costituzione**, dunque, che indica con precisione i limiti del potere sovrano, costituisce la conquista liberale per eccellenza. Un'altra fondamentale garanzia contro i rischi di dispotismo è rappresentata dalla **divisione dei poteri**. I poteri dello Stato devono essere controllati da soggetti o istituzioni diversi e controbilanciarsi.

› **Lo Stato garantisce le libertà pubbliche.** La libertà di opinione, d'espressione, di riunione e di stampa, la libertà d'insegnamento contro il monopolio della Chiesa, la libertà di iniziativa economica: sono queste le principali libertà che uno Stato deve garantire. Tali libertà costituiscono la difesa dell'individuo nei confronti dell'autorità e devono essere garantite a tutti i cittadini. I liberali respingono il privilegio su cui era invece fondato l'antico regime: essi riconoscono che tutti gli uomini sono uguali di fronte alla legge (**uguaglianza giuridica**).

› **Lo Stato non interviene sulla diseguaglianza sociale.** Lo Stato non deve intervenire nella vita economica (**liberismo**). In particolare non deve cercare di attenuare il contrasto tra ricchi e poveri: è da questo punto di vista **neutrale**. I liberali, infatti, considerano la diseguaglianza sociale come una conseguenza della diseguaglianza naturale degli uomini: non tutti hanno le stesse capacità, la medesima intraprendenza o voglia di lavorare. D'altronde, chiunque può modificare, almeno teoricamente, la propria condizione di partenza attraverso l'iniziativa economica o l'istruzione: in pratica attraverso i propri meriti. (▶ Idee p. 50)

▶ *Il club dei pensatori* (1825 circa): stampa satirica tedesca sulla censura cui erano sottoposti gli intellettuali nell'età della Restaurazione.

> **Il suffragio non è universale.** Secondo i liberali, il voto non è un diritto. È lo strumento attraverso cui si svolge una funzione pubblica, cioè si partecipa all'amministrazione dello Stato. Chi non possiede nulla e dunque non ha nulla da amministrare perché dovrebbe votare? Il diritto di voto dunque va riconosciuto solo a chi raggiunge un certo livello di ricchezza (**suffragio censitario**). Ciò non significa che si sia esclusi per sempre da tale diritto, come avveniva nell'antico regime per motivi di nascita: tutti vi possono accedere raggiungendo il censo richiesto.

Ritratto a stampa di Jeremy Bentham (a sinistra) e un ritratto di John Stuart Mill (a fianco).

▶ Il pensiero democratico

Il termine **democrazia** deriva dal greco e significa **governo di popolo**. La democrazia, dunque, è il regime fondato sulla sovranità popolare e in questo senso il padre della moderna dottrina democratica fu indubbiamente **Rousseau**. Tuttavia l'elaborazione di questa dottrina ricevette uno straordinario impulso da un gruppo di filosofi inglesi: **Jeremy Bentham** (1748-1832), **James Mill** (1773-1836) e suo figlio **John Stuart Mill** (1806-1873).

Fu con loro che la teoria della democrazia si innestò sul liberalismo, cioè sul rispetto delle libertà personali e sull'idea che il popolo debba esercitare la sovranità attraverso dei rappresentanti.

La democrazia moderna, dunque, è **rappresentativa** o **parlamentare**. In ciò differisce da quella antica che era **diretta** o **assembleare**: il cittadino ateniese, infatti, esercitava personalmente il potere partecipando all'assemblea.

La critica fondamentale che i democratici rivolsero ai liberali può essere così riassunta: come può lo Stato rappresentare tutti i cittadini e tutelare in egual misura i loro diritti se alcuni sono esclusi dal diritto di voto? Secondo i democratici, infatti, non è sufficiente che lo Stato non sia dispotico: è essenziale che rappresenti la volontà di tutti i cittadini.

Il valore fondamentale dei democratici è dunque l'**uguaglianza politica**: tutti devono godere dei diritti politici e in particolare del diritto di voto.

▶ Lo Stato democratico

Secondo i democratici, dunque, lo Stato deve essere fondato sul **suffragio universale** perché solo così sarà rappresentativo della volontà del popolo, intesa come volontà sovrana. Ma avere un diritto è importante solo se si è capaci di esercitarlo. Tutti i cittadini, pertanto, devono essere preparati a esercitare i loro diritti politici, ovvero devono essere istruiti. Spetta allo Stato il compito di garantire a tutti la necessaria **istruzione**: il problema dell'istruzione è dunque inteso dai democratici in senso «**quantitativo**», poiché deve essere estesa a tutti.

Lo Stato democratico, inoltre, non può essere indifferente di fronte alla miseria. Deve cercare di **moderare le ingiustizie sociali**, facendo leva soprattutto sugli strumenti fiscali. Deve cioè imporre tasse in proporzione ai redditi: in questo modo i ricchi pagheranno di più e lo Stato potrà attivare iniziative in favore dei più deboli.

Per questa impostazione, il movimento democratico fu generalmente osteggiato dall'*élite* economica e politica: espresse piuttosto le posizioni progressiste e di moderato rinnovamento della **media e piccola borghesia**.

Nel corso dell'Ottocento, grazie alla positiva evoluzione economica, riuscì anche a coinvolgere vasti settori di quei ceti popolari tradizionalmente esclusi da ogni attività politica.

Nella seconda metà del secolo il contrasto tra democratici e liberali andò attenuandosi. In pratica, infatti, pur rimanendo diverse le radici culturali, il corso degli eventi diminuì col tempo ogni distinzione fino ad annullarla.

	Il pensiero liberale e il pensiero democratico	
	LIBERALI	DEMOCRATICI
Suffragio	Suffragio censitario.	Suffragio universale.
Potere dello Stato	Il potere dello Stato deve essere limitato.	Oltre che limitato, il potere dello Stato deve essere rappresentativo.
Diseguaglianza sociale	Diseguaglianza dovuta a un fattore naturale.	Diseguaglianza dovuta a un fattore sociale.
Intervento dello Stato	Stato neutrale di fronte alla questione sociale.	Stato attivo che organizza interventi in favore dei più deboli.
Istruzione	Istruzione qualitativa.	Istruzione quantitativa.

DOSSIER — Liberisti senza illusioni

IN UN'INGHILTERRA SCOSSA DAI CONFLITTI SOCIALI, RICARDO E MALTHUS RIBADISCONO LE RAGIONI DEL LIBERISMO. MA SENZA FARSI ILLUSIONI SULLE SORTI DELLE MASSE, LA CUI POVERTÀ È VISTA COME UNA CONDIZIONE NECESSARIA PER IL BENESSERE DEL PAESE

La Gran Bretagna dopo il 1815

Adam Smith era convinto che l'industrializzazione avrebbe determinato una diffusione del benessere sociale a tutti i livelli e per questo era assai ottimista circa il futuro del suo Paese.
Ma la Gran Bretagna dei primi decenni dell'Ottocento l'avrebbe deluso: le condizioni di vita degli operai erano drammatiche e sulla vita economica pesavano i ventidue anni di guerra (1793-1815) contro la Francia.
Il malcontento della popolazione alimentò forti conflitti sociali che il governo conservatore affrontò soprattutto con le armi della repressione: ai lavoratori venne vietato di riunirsi e di organizzare associazioni; nel 1816, addirittura, fu sospesa la legge che proteggeva gli Inglesi dagli arresti arbitrari.
L'episodio più grave avvenne il 16 agosto 1819: a Saint Peter's Fields, nei pressi di Manchester, la cavalleria caricò una pacifica manifestazione di circa 50 000 persone, causando 11 morti e oltre 400 feriti. Lo stesso esercito che pochi anni prima aveva sconfitto Napoleone a Waterloo aveva attaccato la popolazione inerme: per questo l'episodio è passato alla storia come il massacro di «Peterloo».

▼ *L'uomo che paga le tasse*, caricatura inglese del 1832.

È in questo contesto difficile che si sviluppò la riflessione di David Ricardo e di Thomas Malthus, due economisti che riaffermarono il valore del liberismo spogliandolo però dell'ottimismo di Smith.

David Ricardo (1772-1823)

David Ricardo nacque a Londra nel 1772 da una famiglia ebrea d'origine spagnola. Suo padre era banchiere nella *City* di Londra, mentre suo nonno era uno dei più importanti agenti di cambio della Borsa di Amsterdam.
David iniziò a lavorare col padre quando aveva quattordici anni, a ventuno si mise in proprio e a ventisei aveva già accumulato una fortuna tale da divenire uno dei finanzieri più rispettati della *City*.
Fu il caso a fare di questo ricco uomo d'affari uno studioso dell'economia: nel 1799 Ricardo accompagnò la moglie alla stazione termale di Bath e nella biblioteca locale iniziò la lettura della *Ricchezza delle nazioni* di Smith. Prese così avvio la sua carriera di studioso che lo portò a esordire come saggista sulle colonne del giornale «Morning Chronicle» e che culminò con la composizione della sua opera più importante: i *Princìpi di economia politica e tassazione* (1817).
Ricardo non mise mai in discussione l'autorità di Smith, tuttavia se ne allontanò riguardo a vari punti e, soprattutto, affrontò le problematiche dell'economia politica da un punto di vista diverso.
Smith, infatti, si era interessato in particolare ai meccanismi di «produzione» della ricchezza, mentre Ricardo si occupò prevalentemente della sua «distribuzione» nella società: «Il problema principale dell'economia politica è quello di determinare le leggi che regolano la distribuzione del prodotto fra le tre classi della collettività».
Le tre classi di cui parla sono: i «proprietari terrieri» che percepiscono la «rendita»;

▲ David Ricardo, uno dei maggiori esponenti del pensiero economico liberista.

gli «industriali» cui va il «profitto»; i «lavoratori» che prestano la loro attività in cambio del «salario».
Questa impostazione consente di comprendere facilmente l'origine del conflitto sociale: è evidente, infatti, che l'aumento della partecipazione alla ricchezza da parte di una delle due classi va a discapito delle altre.
Secondo Ricardo, comunque, non vi sono dubbi: è necessario ridurre al minimo sia il salario sia la rendita. Entrambi vengono consumati: il salario dal lavoratore per sopravvivere; la rendita dal proprietario terriero (solitamente aristocratico) per condurre un'esistenza ricca di agi. Solo il profitto dell'industriale (borghese) viene reinvestito e dunque è il fondamento di una florida economia.

Il pessimismo sulle condizioni dei lavoratori

Ricardo era convinto che le leggi naturali del mercato garantissero il massimo contenimento della rendita e del salario. Ribadì dunque il valore del liberismo e contrastò tutti gli interventi dello Stato che miravano a modificare i meccanismi spontanei dell'economia. In particolare criticò le *Corn Laws* (Leggi sui cereali) e le *Poor Laws* (Leggi sui poveri).
Le *Corn Laws* imponevano dei dazi per scoraggiare l'im-

▲ Il massacro di Peterloo del 16 agosto 1819.

▲ Le condizioni di lavoro in una fonderia inglese nel XIX secolo. Incisione di Samuel Armstrong.

portazione di cereali dall'estero: erano provvedimenti che favorivano evidentemente i proprietari terrieri. Gli industriali le contrastarono perché causavano un aumento del costo dei beni alimentari e conseguentemente dei salari da pagare ai lavoratori.

Le *Poor Laws*, invece, erano state introdotte nel 1795 e garantivano assistenza ai poveri, tassando i redditi più alti. Nel 1815 era evidente che l'aumento della povertà sia tra i contadini sia tra gli operai avrebbe causato un aumento delle tasse necessarie a garantire l'assistenza.

A differenza di Smith, Ricardo non si faceva illusioni sulle prospettive dei ceti più poveri. Era convinto che i meccanismi di mercato fossero tali da contenere il salario al livello della stretta sussistenza. Tuttavia riteneva che le *Leggi sui poveri* fossero dannose per l'economia e dunque per gli stessi poveri: «Tali leggi – scriveva – non migliorano le condizioni dei poveri; peggiorano invece le condizioni tanto dei poveri quanto dei ricchi: invece di rendere ricchi i poveri, rendono poveri i ricchi. Fin che le leggi attuali saranno in vigore è del tutto nell'ordine naturale delle cose che la consistenza del fondo per il mantenimento dei poveri debba aumentare progressivamente fin che tale fondo avrà assorbito tutto intero il reddito netto della nazione».

Thomas Robert Malthus (1776-1834)

Pastore anglicano e poi docente di storia ed economia presso l'East India College di Haileybury, Malthus deve la sua fama al *Saggio sul principio di popolazione e sulle sue conseguenze sul futuro progresso della società* che pubblicò nel 1798, proprio in reazione alle *Poor Laws*.

In quest'opera egli sostiene una tesi drammaticamente semplice: la produzione agricola aumenta secondo i termini di una progressione aritmetica (1, 2, 3, 4,…), mentre la popolazione cresce secondo i termini di una progressione geometrica (1, 2, 4, 8,…). Conseguentemente il divario tra bisogni e risorse disponibili è destinato a farsi sempre più drammatico.

La soluzione che Malthus propone è drastica e si richiama esplicitamente al liberismo: «Chiunque nasca in un mondo già oggetto di appropriazione privata e non ritragga i mezzi di sussistenza né dai propri genitori né dal proprio lavoro, non ha alcun diritto di essere mantenuto; in realtà egli è inutile in questo mondo. Alla gran mensa della natura non c'è alcun piatto che lo attende. La natura gli comanda di andarsene e non tarda a mettere in esecuzione l'ordine».

Da queste premesse discende la contrarietà di Malthus a qualsiasi intervento in favore dei poveri: i grandi drammi sociali (la miseria, la malattia, le guerre) di fatto realizzano un contenimento della crescita di popolazione. L'unico intervento positivo da parte dell'uomo può essere la predicazione della castità tra i poveri per evitare che si riproducano.

Una favola cinica

Il liberismo senza illusioni di Ricardo e Malthus era stato anticipato da un curioso libretto, *La favola delle api, Ovvero vizi privati, pubblici benefici*, scritto nel 1714 da Bernard de Mandeville (1670-1733), un medico olandese trasferitosi a Londra.

Nell'opera si descriveva, in forma di poemetto, la vita di un ricco e prospero alveare, dove ognuno cercava di stare quanto meglio potesse senza porsi problemi morali.

Le cose andavano bene ma tutti si lamentavano per la generale disonestà, sino a che un intervento divino non rese tutti onesti.

Fu la rovina: il commercio crollò perché le merci avevano un prezzo giusto e i commercianti furono privati del loro guadagno; scomparvero i mestieri legati al lusso perché nessuno sprecava il denaro; giudici, poliziotti, avvocati, restarono disoccupati. In breve, insomma, l'alveare divenne povero e spopolato. La morale della favola? Mandeville scrive:

«Se un popolo vuole essere grande, il vizio è necessario allo Stato, quanto la fame per farli mangiare. La semplice virtù non può fare vivere le nazioni nello splendore». Insomma, «la fame è una piaga spaventosa, senza dubbio, ma chi digerisce e prospera senza di essa?». E ciò significa, come spiega Mandeville con compiaciuto cinismo, che la povertà delle masse è una condizione indispensabile alla floridità di una società: non c'è posto, dunque, per quell'«universale benessere che si estende fino a raggiungere i ceti più bassi della popolazione» di cui parlava Smith.

▲ Un ritratto di Thomas Malthus.

DOSSIER
Tocqueville, la scoperta della democrazia

Protagonisti

ARISTOCRATICO FRANCESE, NEL 1831 SI RECÒ IN AMERICA DOVE SCOPRÌ LA DEMOCRAZIA, MA ANCHE I SUOI LIMITI: INDIVIDUALISMO, STATALISMO E DISPOTISMO

Un fortunato viaggio

Il 10 maggio 1831, due giovani francesi, Alexis de Tocqueville e Gustave de Beaumont, tutti e due magistrati, sbarcarono a New York. Avevano, su loro richiesta, ricevuto dal governo francese una missione di studio attinente al regime penitenziario degli Stati Uniti.

All'epoca, Tocqueville aveva venticinque anni; era, da parte di padre (il conte di Tocqueville), di antica nobiltà normanna.

Quando Tocqueville, a prezzo di un dispendio di energie fisiche e intellettuali sorprendenti in un essere così fragile, ebbe accumulato osservazioni, si chiese come tradurle in un saggio.

Limitare le osservazioni al sistema carcerario non aveva senso, in quanto l'argomento andava affrontato nel contesto sociale e politico americano. Intitolare l'opera *L'America*, d'altra parte, era eccessivo, considerato il fatto che la sua permanenza negli Stati Uniti non aveva raggiunto l'anno.

Il titolo dell'opera sarebbe stato dunque *La Democrazia in America*, perché era la democrazia il cuore del sistema americano.

Nel gennaio del 1835 ne vennero pubblicati i primi due volumi, che ebbero subito un immenso successo. Quest'opera di un uomo che non aveva trent'anni divenne, dice Lacordaire, «illustre in un istante, come il lampo».

In Francia tutti i partiti credettero di poter riconoscere nell'autore uno di loro. A destra, dove la pressione democratica faceva paura, si diceva: si tratta dell'opera di un aristocratico; non denuncia forse con forza incomparabile i mali della democrazia? Ma no, si diceva a sinistra, è l'opera di un democratico; basta guardare alla convinzione totale con cui riconosce la potenza irresistibile della democrazia, predicendo nell'avvenire il suo completo trionfo. Entrambi sono giudizi sbagliati, protestava inascoltato l'autore.

▼ Ritratto di Alexis De Tocqueville di Théodore Chassériau. 1850, Versailles, Musei.

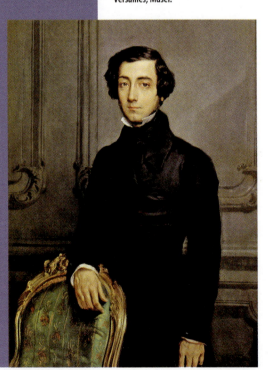

Il fascino dell'eguaglianza

«La libertà politica – scrive Tocqueville – dà, di tempo in tempo, sublimi piaceri a un certo numero di cittadini. L'eguaglianza fornisce ogni giorno una moltitudine di piccole gioie a ogni uomo. Il fascino dell'eguaglianza si avverte negli Stati Uniti in ogni momento ed è alla portata di tutti; i più nobili cuori non vi sono insensibili e le anime più volgari ne fanno la delizia. La passione che l'eguaglianza fa nascere deve essere dunque contemporaneamente energica e generale».

I popoli democratici si slanciano verso la libertà con rapidi e improvvisi sforzi; se mancano il loro scopo, se ne vengono allontanati da una forza brutale, ne soffrono, ma si rassegnano. Mentre per l'eguaglianza hanno «una passione ardente, insaziabile eterna, invincibile; vogliono l'eguaglianza nella libertà e, se non possono ottenerla, la vogliono anche nella schiavitù. Sopporteranno la povertà, l'asservimento, la barbarie, ma non sopporteranno l'aristocrazia».

La passione per l'eguaglianza, però, è a doppio taglio. Talvolta essa spinge gli uomini a voler essere «tutti forti e stimati», a voler salire tutti al rango dei grandi: allora essa è «maschia e legittima». Talvolta, «perversione, ahimè, troppo frequente», spinge soltanto i deboli a voler «attirare i forti al loro livello».

Il sistema americano

Secondo Tocqueville, si possono concepire due sistemi di eguaglianza politica: la sovranità di tutti, o il potere assoluto di un solo individuo su tutti. Temibili alternative, a cui gli Americani sono stati sottoposti per primi.

Essi sono stati abbastanza fortunati, abbastanza virtuosi, abbastanza illuminati da evitare la servitù di tutti sotto un solo padrone, da fondare e mantenere la sovranità del popolo. Questa sovranità è un vero dogma americano; ha preso, negli Stati Uniti, tutti gli sviluppi pratici possibili, tutte le forme; non vi è alcun potere esterno al corpo sociale: «La società vi agisce da sé, e su di sé. Non esiste potere, se non al suo interno; non si incontra addirittura quasi nessuno che osi concepire e soprattutto esprimere l'idea di cercarlo altrove».

Il popolo partecipa alla composizione delle leggi attraverso la scelta dei legislatori, alla loro applicazione attraverso l'elezione degli agenti del potere esecutivo; si può dire che governi direttamente lui stesso, tanto la parte lasciata all'amministrazione è debole e ridotta, tanto quest'ultima risente della sua origine popolare, e obbedisce alla potenza da cui emana. Il popolo regna sul mondo politico americano, come Dio sull'universo. È la causa e il fine di tutto; tutto proviene da lui e tutto finisce in lui».

L'individualismo democratico

Il primo limite della democrazia è l'individualismo. L'aristocrazia – spiega Tocqueville – univa i sudditi tra loro in una lunga catena, che risaliva dal contadino al re; ognuno era protetto da qualcuno che stava sopra di lui, e proteggeva qualcuno che stava sotto di lui e di cui poteva reclamare l'aiuto.

La democrazia spezza questa catena e «separa ogni anello».

UNA CELEBRE PROFEZIA

Tra le tante affermazioni di Tocqueville troviamo una celebre profezia: gli Stati Uniti e la Russia domineranno il mondo. Scritta nel 1834, è stata sovente citata dopo la seconda guerra mondiale, quando il mondo venne dominato proprio dagli Stati Uniti e dall'Unione Sovietica.

Vi sono oggi sulla terra due grandi popoli, che, partiti da punti diversi, sembrano avanzare verso il medesimo fine; sono i Russi e gli Anglo-Americani. Entrambi sono cresciuti nell'oscurità e, mentre gli sguardi degli uomini erano occupati altrove, essi si sono piazzati di colpo in testa alle nazioni e il mondo ha appreso quasi contemporaneamente la loro nascita e la loro grandezza.

DOSSIER

Protagonisti

▲ Un'immagine del Campidoglio, a Washington. Sede del Congresso statunitense, l'edificio è uno dei luoghi-simbolo della politica americana.

L'aristocrazia manteneva inoltre una catena, una continuità, una durata tra le generazioni, tra i morti, i vivi e credeva di scorgere i suoi pronipoti; ognuno era pronto a «sacrificare le sue gioie personali a quegli esseri che non esistono più o a quelli che non esistono ancora».
La democrazia spezza anche questa seconda catena; le famiglie appaiono, dispaiono, cambiano: «La trama dei tempi si rompe a ogni momento, e le vestigia delle generazioni si cancellano, soltanto i più vicini interessano. Così, non soltanto la democrazia fa dimenticare a ogni uomo i suoi antenati, ma gli nasconde i suoi discendenti e lo separa dai suoi contemporanei. Lo riconduce incessantemente a lui solo, e minaccia di racchiuderlo infine, completamente, nella solitudine del proprio cuore».

Statalismo e dispotismo

Il secondo limite della democrazia è che porta al centralismo; in altri termini, allo statalismo.
Le rivoluzioni egualitarie, infatti, sopprimono bruscamente tutti i poteri intermedi e non lasciano sussistere che una massa confusa incapace di un'azione coordinata.
Lo Stato è dunque chiamato a sobbarcarsi di tutto, dall'economia all'assistenza, dall'educazione al tempo libero. Lo statalismo è per Tocqueville la moderna maschera della servitù, la più pericolosa forma di asfissia della libertà.
Il terzo e più grave limite della democrazia è per Tocqueville riscontrabile nel dispotismo della maggioranza sulla minoranza. Negli Stati Uniti, una volta raggiunta la maggioranza su una certa questione, nessuno ostacolo permette più, «non dirò di arrestare, ma nemmeno di ritardare la sua marcia, e di lasciarle il tempo di ascoltare i lamenti di quelli che essa schiaccia passando».

La libertà come rimedio

Unico rimedio a questi limiti è la libertà, che va cercata nelle libere associazioni, nell'uscita dall'individualismo senza cadere nello statalismo: «Perché gli uomini restino civili e lo divengano, bisogna che l'arte dell'associazione si sviluppi e si perfezioni, tra di essi, nello stesso rapporto in cui aumenta l'eguaglianza delle condizioni».
Nelle pagine finali della sua grande opera, Tocqueville riassume il suo tormentato pensiero: «Ho voluto esporre in piena luce i pericoli che l'eguaglianza fa correre all'indipendenza umana, perché credo fermamente che questi pericoli siano i più formidabili come i meno previsti tra tutti quelli che racchiude l'avvenire. Ma io non li credo insormontabili [...]. Le nazioni dei nostri giorni non potranno impedire che, nel loro seno, le condizioni siano eguali; ma dipende da loro che la eguaglianza le conduca alla servitù o alla libertà, alla luce o alle barbarie, alla prosperità o alla miseria».

▼ La prima bandiera degli Stati Uniti dopo la dichiarazione di indipendenza del 1776.

UNITÀ 1 — RESTAURAZIONE E OPPOSIZIONI

53

LAB — storiografia

Quale libertà e quale uguaglianza?

I termini libertà e uguaglianza ovviamente non sono un'invenzione della Rivoluzione francese e permangono tuttora nel dibattito politico. Tuttavia nelle diverse dottrine ed epoche hanno acquisito significati assai diversi.
Il filosofo della politica Norberto Bobbio illustra tre diverse idee di libertà e uguaglianza cui corrispondono anche tre diversi tipi di diritti: diritti civili, diritti politici e diritti sociali difesi rispettivamente dal pensiero liberale, dal pensiero democratico e dal pensiero socialista. Se nelle ideologie ottocentesche questi concetti erano contrapposti e alternativi, nel Novecento invece è avvenuta una loro integrazione e la Costituzione della Repubblica Italiana del 1948 lo dimostra chiaramente nei suoi primi 54 articoli.

Libertà e uguaglianza secondo l'antico regime
Il concetto di libertà era già presente nel pensiero politico dell'antico regime, però era strettamente legato alla nozione di privilegio. Infatti, per esempio, le «libertà cittadine» erano appunto i privilegi che l'autorità sovrana concedeva a una determinata città; come pure erano privilegi le prerogative della nobiltà e del clero.
Il concetto di privilegio esclude evidentemente quello di uguaglianza. Ma ciò non significa che l'antico regime non conoscesse forme di uguaglianza. Esse, infatti, esistevano tra soggetti appartenenti a un medesimo rango: così; per esempio, certi diritti erano condivisi dai membri di un ordine oppure dagli abitanti di una città.

▲ La Rivoluzione francese costituì una svolta fondamentale nel dibattito sui concetti di libertà e uguaglianza che poi proseguì nell'Ottocento. I due valori furono oggetto di svariate rappresentazioni come quella che qui vediamo: *L'albero della Libertà*, guazzo di Lesueur. Parigi, Museo Carnavalet.

La rottura con l'antico regime
Da un punto di vista teorico, la rottura con la prospettiva dell'antico regime si deve al giusnaturalismo moderno. A partire dal XVII secolo, e in particolare dall'opera del filosofo olandese Ugo Grozio (Huig de Groot, 1583-1645), il giusnaturalismo moderno affermò infatti l'esistenza di un diritto naturale: ovvero di diritti propri dell'uomo in quanto tale. Questi diritti precedono l'esistenza dello Stato e, in quanto eticamente superiori, costituiscono un limite alla sua autorità. La libertà, dunque, appartiene all'uomo e, poiché è fondata sulla sua natura, a tutti gli uomini in modo uguale.
Storicamente, furono la Gloriosa rivoluzione inglese e le rivoluzioni americana e francese, con le loro Dichiarazioni dei diritti, a conferire efficacia giuridica agli ideali giusnaturalisti.

Tre idee di libertà e uguaglianza
Pur permanendo una comune prospettiva giusnaturalistica, tra il XVII e il XVIII secolo si elaborarono idee diverse di libertà e uguaglianza. Bobbio ritiene che si possano individuare tre fondamentali modelli.

La libertà negativa – *La libertà consiste nella possibilità di fare ciò che le leggi non impediscono.*
Tale concezione è presente, per esempio, in Hobbes e in Montesquieu. Nella sostanza, si afferma che a ogni uomo deve essere riconosciuta una sfera di libertà *private* su cui non può agire nessun potere, in particolare quello dello Stato. Storicamente, la rivendicazione di tale libertà coincide con la lotta per la libertà religiosa.
Ogni cittadino deve essere libero di effettuare le proprie scelte, di perseguire il proprio interesse e le leggi devono riconoscere a tutti tale possibilità: il riconoscimento delle libertà personali è pertanto logicamente collegato al principio *dell'uguaglianza giuridica*, secondo il quale tutti gli uomini sono uguali in quanto sottoposti alla medesima legislazione.
Tale posizione è propria del liberalismo classico.

La libertà come autonomia – *La libertà non consiste semplicemente nel non essere impediti da norme esterne ma nel darsi una legge.*
Ogni uomo deve poter partecipare alla definizione di quelle leggi che regoleranno i suoi comportamenti: egli cioè non deve godere semplicemente di libertà *civili*; deve concretamente esercitare una libertà *politica*, partecipando alla vita democratica dello Stato. Tutti i cittadini, quindi, dovranno godere del fondamentale diritto politico: il diritto di voto. La concezione della libertà come autonomia implica pertanto *l'uguaglianza politica*.
Nel Settecento Rousseau espresse questa concezione scrivendo nel suo *Contratto sociale* che la libertà è «l'obbedien-

za alla legge che ci si è prescritta». Nell'Ottocento questa posizione fu sostenuta dai democratici.

La libertà positiva – *Un uomo è libero se è concretamente in grado di praticare le possibilità che la legge gli garantisce.*
In altri termini non è sufficiente la garanzia astratta del diritto: un uomo è veramente libero se non è oppresso dal bisogno. È dunque necessario che ognuno sia posto nelle condizioni materiali di usufruire effettivamente dei suoi diritti: deve cioè disporre di beni sufficienti a condurre un'esistenza confacente alla sua dignità umana.
Tale concezione della libertà implica l'*uguaglianza sociale*. Questa posizione, confusamente avvertita dai più radicali rivoluzionari settecenteschi, sarà propria nell'Ottocento soprattutto dei socialisti.

La concezione attuale
Bobbio osserva che la concezione attualmente dominante di libertà ha integrato le posizioni che nella riflessione ottocentesca si erano presentate come alternative. È quanto hanno fatto, per esempio, le Nazioni Unite con l'approvazione della Dichiarazione universale dei diritti dell'uomo (1948) e la Repubblica Italiana con la sua Costituzione (1948).
Scrive Bobbio: «Quando oggi si dice che l'essere umano è libero, nel senso che deve essere libero o deve essere protetto e favorito nell'espansione della sua libertà, s'intendono almeno queste tre cose:
1. ogni essere umano deve avere qualche sfera di attività personale protetta contro le ingerenze di ogni potere esterno, in particolare del potere statale: tipico esempio la sfera della libertà religiosa che viene assegnata alla giurisdizione della coscienza individuale;
2. ogni essere umano deve partecipare in maniera diretta o indiretta alla formazione delle norme che dovranno poi regolare la sua condotta in quella sfera che non è riservata al dominio esclusivo della sua giurisdizione individuale;
3. ogni essere umano deve avere il potere effettivo di tradurre in comportamenti concreti i comportamenti astratti previsti dalle norme costituzionali che attribuiscono questo o quel diritto, e quindi deve possedere in proprio o come quota di una proprietà collettiva beni sufficienti a una vita dignitosa.
Insomma l'immagine dell'uomo libero si presenta come l'immagine dell'uomo che non deve tutto allo Stato perché considera sempre l'organizzazione statale come strumentale e non come finale; partecipa direttamente o indirettamente alla vita dello Stato, ovvero alla formazione della cosiddetta volontà generale; ha sufficiente potere economico per soddisfare alcune esigenze fondamentali della vita materiale e spirituale, senza le quali la prima libertà è vuota, la seconda è sterile».

▲ Un gruppo di schiavi africani raffigurati in un dipinto dell'Ottocento. Nel corso del XIX secolo s'impose con forza il tema dell'uguaglianza tra gli uomini contro ogni discriminazione razziale.

COMPRENDERE

› Quale significato avevano i concetti di libertà e uguaglianza nell'antico regime?

› A chi si deve la rottura della prospettiva dell'antico regime?

› Che cosa intende Bobbio quando parla di libertà negativa?

› Che cosa intende Bobbio quando parla di libertà come autonomia?

› Che cosa intende Bobbio quando parla di libertà positiva?

› Che cosa si intende oggi quando si afferma che l'essere umano è libero?

CONTESTUALIZZARE

› Presenta il significato attribuito dai Romantici alle idee di libertà e uguaglianza.

› Illustra come le diverse nozioni di libertà e uguaglianza abbiano condizionato l'idea di Stato propria dei liberali e dei democratici.

› Il pensiero socialista di inizio Ottocento sostiene il principio della giustizia sociale: indica la relazione tra questo principio e le nozioni di libertà e giustizia.

DISCUTERE E ANALIZZARE

› Alcuni considerano Internet come l'estrema espressione di libertà e uguaglianza e di democrazia: ciascuno è libero di esprimere quello che pensa ed è uguale, in questo, a tutti gli altri. Concordi con questa affermazione? Motiva la tua risposta confrontandoti con i compagni. Provate anche a discutere sulle conseguenze positive e/o negative che queste libertà e uguaglianza possono portare.

LAB

storiografia

C'è un futuro per la democrazia?

Democrazia è un termine antico, che si è trasformato nell'Età moderna ed è stato strenuamente difeso nel Novecento. Tuttavia nel nuovo millennio il sistema democratico sembra minacciato da varie debolezze: l'impreparazione del cittadino che deve scegliere i suoi rappresentanti, l'incapacità dei governanti, l'affermazione di una cultura di «massa» che impedisce la formazione di uno spirito critico. Tuttavia, nonostante queste significative obiezioni la democrazia sembra essere, ancora oggi, come aveva già sostenuto Karl Popper, l'unico sistema che difende dalla tirannide, che permette il controllo pubblico dei governanti e che consente di ottenere delle riforme senza ricorrere alla violenza.

Nel brano che segue lo storico Domenico Settembrini ricostruisce il dibattito sui problemi della democrazia contemporanea, senza illusioni, ma ribadendo l'attualità dell'ideale democratico.

L'ignoranza dell'elettore

Nonostante la buona coscienza di aver combattuto contro il comunismo la battaglia per la sopravvivenza della civiltà, la democrazia liberale è entrata in una crisi profonda proprio in seguito al crollo dell'avversario. [...] L'atteggiamento oggi prevalente sembra quello di una sorta di celebrazione di un già avvenuto o imminente fallimento della democrazia; atteggiamento che non risparmia neppure quelli che di questa forma di governo sono stati fino a ieri i più validi apologeti.

Si prenda ad esempio il politologo Giuseppe Sartori: [...] si dichiara ancora d'accordo con Popper nel riferirsi alle famose parole di Pericle – «benché soltanto pochi siano in grado di dar vita a una politica, noi tutti siamo in grado di giudicarla» – per illustrare il rapporto che dovrebbe passare tra elettori ed eletti, e che a suo avviso effettivamente passa oggi. E tuttavia [...] denuncia in modo assai crudo lo stato di preparazione dell'elettorato moderno: «La condizione di disattenzione, di non-interesse, di sotto-informazione,

di percezione distorta della realtà, e infine di pura e semplice ignoranza del cittadino medio non finisce mai di stupire l'osservatore».

La lotteria elettorale

In ogni caso, il giudizio che Sartori dà della democrazia liberale risulta nel complesso nettamente positivo. Tant'è vero che [...] Antonio Gambino lo critica, trovando troppo ottimistica la tesi che le elezioni riuscirebbero ad assicurare «la rispondenza dei governanti ai governati». [...] Secondo Gambino è evidente, invece, che il processo elettorale si svolge, nel migliore dei casi, «sotto il segno della casualità senza nessun preciso criterio direttivo, dominato, oltre che dall'abilità dei singoli, dal gioco delle circostanze e della fortuna». Le elezioni sarebbero insomma «una lotteria».

Che in gran parte sia così, è vero, ma perché stupirsi? Non scorre tutta la nostra vita, dalla nascita alla morte, sotto il segno del caso? Come pretendere che la vita sociale e politica, assai più complessa, possa rispondere invece a «precisi criteri direttivi»? [...] Del resto, con quale sistema diverso da libere elezioni, il potere del cittadino di influire sulla scelta di coloro che devono decidere in suo nome sarebbe maggiore? Ma lo scopo delle elezioni, o comunque il loro scopo principale, non è mai stato – salvo che nell'utopia del repubblicanesimo classico americano – di selezionare i governanti migliori, bensì quello – come vede bene il Veyne – di ricordare «a tutti che il potere è soltanto prestato ai governanti e che questi non sono come i re, i quali sono legittimi proprietari del loro regno», o – aggiungiamo noi – come i despoti totalitari, che legittimano il loro potere in nome della versione moderna del diritto divino: il diritto rivoluzionario. È per questo che il filosofo Karl Popper sensatamente ritiene che per tessere l'elogio più alto della democrazia basti definirla come il tipo di governo «di cui ci si può sbarazzare senza spargimento di sangue».

L'importanza delle tradizioni

Ma evitare un esito catastrofico – quale appunto l'affermazione di leader che, dopo la vittoria elettorale, si trasformino in governanti di cui non è più possibile sbarazzarsi senza spargimento di sangue – non è più questione di semplice fortuna: occorrono anche – come precisa Popper – «istituzioni sociali» adeguate e soprattutto «tradizioni sociali che assicurino che queste istituzioni non saranno facilmente distrutte da coloro che sono al potere». Non è poco! Si tratta del risultato più prezioso di millenni di esperienza politica. Attraverso il perpetuarsi della «lotteria» elettorale, l'Occidente è riuscito ad addomesticare quella bestia che si annida nell'animo umano: la brama del potere, su cui contraddittoriamente si fonda – come hanno mostrato Machiavelli e Hobbes – la possibilità stessa della civiltà e della

▲ Una veduta dell'Acropoli di Atene, la città che è considerata la culla della democrazia occidentale.

moralità; ma che se non si riuscisse a mettere al servizio di un fine più alto, limitandone e sottoponendone l'esercizio a rigide regole, nella sua insaziabilità, minaccerebbe continuamente di ripiombare la società nella barbarie.

Va osservato, semmai, che le tradizioni vivono – come ricordava Churchill nel 1941 – in quanto «sono venerate», cioè in quanto si perpetuano incontestate e indiscusse.

La democrazia, invece, attribuendo un valore eccessivo alla diversificazione sempre più grande delle idee, dei comportamenti, dei modi di vita, e favorendo così l'individualismo più estremo, mina quelle stesse tradizioni su cui poggia la lotteria elettorale, che è a sua volta indispensabile per proteggere la libertà dell'individuo dall'essere schiacciata da un potere arbitrario: la democrazia sembra tendere così a segare, prima o poi, il ramo su cui è seduta.

È in questo nodo che sta il vero dramma della democrazia moderna, nodo che riporta la discussione sulla capacità dell'uomo comune – le tradizioni, come le istituzioni del resto, affondano le loro radici nell'animo umano – a svolgere, non si dice il ruolo eroico, comunque virtuoso, che gli assegna il democraticismo aristocratico, ma persino quel più modesto ruolo, sul quale anche la più banale delle democrazie non può non fare affidamento.

Democrazia e cultura di massa

Il problema della crisi dei valori, degli antidoti con cui controbilanciare la cultura di massa, nell'interesse stesso della sopravvivenza della democrazia, è un problema serio [...]. È difficile, però, senza imboccare la strada della demonizzazione radicale, superare in proposito la saggezza delle considerazioni di Leo Strauss, lo studioso ebreo-tedesco, emigrato negli Stati Uniti, dove è morto nel 1973. Avversario come pochi della modernità, e in sostanza anche della democrazia, [...] Strauss che tuttavia era profondamente liberale, riteneva che proprio perché la democrazia moderna non può essere «governo di massa», o non è democrazia in nessun senso, per quanto attenuato del termine, o implica fatalmente che a dare il tono alla vita sociale, a improntare prevalentemente di sé le sue manifestazioni, sia la «cultura di massa». Una cultura, cioè, «che può essere conseguita dalle menti più mediocri, senza alcuno sforzo morale e intellettuale». [...] D'altra parte, Strauss invita a tener ben presente «il fatto ovvio che col dare la libertà a tutti, la democrazia dà la libertà anche a quelli che hanno a cuore l'eccellenza umana». Raggiungendo così la stessa conclusione, alla quale quasi un secolo prima era pervenuto un altro grande intellettuale, Ernest Renan, che fu tra i primi a denunciare nei termini più drastici i pericoli materialistici della democrazia e dell'americanismo [...]. Ebbene, nel 1885 proprio Renan approda a queste considerazioni: «Può darsi che l'americanizzazione verso la quale marciamo si riveli per gli uomini di pensiero non più insopportabile di

quanto siano stati gli ordinamenti sociali meglio garantiti che abbiamo attraversato. Forse la volgarità generale sarà un giorno la condizione della felicità degli uomini eletti. La volgarità americana non brucerebbe Giordano Bruno, né perseguiterebbe Galileo. Non abbiamo il diritto di fare i difficili». Seguiva un'osservazione che oggi si può leggere come profezia delle conseguenze cui avrebbero portato i tentativi di opporsi a questo destino: «attraverseremo molte alternative di anarchia e dispotismo prima di trovare riposo in questo giusto mezzo».

Ecco perché appare tutto sommato ancora valida la conclusione cui giungeva il politico e studioso James Bryce nel 1921: la democrazia non morirà, finché non sia morta nel mondo la speranza. Una democrazia che dobbiamo saper accettare e difendere senza illusioni di utopistiche rigenerazioni. Una democrazia che, nonostante tutte le sue imperfezioni e tutti i suoi mali, agli occhi degli uomini e delle donne del mondo intero conserva intatto il fascino delle origini: «il diritto riconosciuto a tutti di perseguire la propria felicità».

D. Settembrini, *Democrazia senza illusioni*

COMPRENDERE

❯ Che cosa sostiene Sartori riguardo la democrazia? È un suo difensore o un suo critico?

❯ In che cosa consiste la «lotteria elettorale»?

❯ Qual è la relazione tradizione-democrazia? E quella cultura di massa-democrazia?

❯ Dal testo emerge che la democrazia ha un futuro oppure no? Argomenta la tua risposta.

CONTESTUALIZZARE

❯ Illustra le caratteristiche del pensiero democratico ottocentesco.

❯ Nell'Ottocento i sostenitori e gli oppositori della democrazia a quali classi sociali appartenevano? Perché erano favorevoli o contrari a tale forma di governo?

❯ Quali aspetti hanno in comune il pensiero democratico e quello socialista?

DISCUTERE E ANALIZZARE

❯ Il premio Nobel per l'economia Amartya Sen, che ha orientato i suoi studi sulle disuguaglianze, sulla povertà e sulle loro cause, nel 2000 ha pubblicato un saggio dal titolo *Perché non c'è crescita senza democrazia*. Condividi l'idea secondo cui lo sviluppo di un Paese è legato alla democrazia? Discuti la tua posizione con i compagni facendo riferimento a situazioni concrete del passato e della contemporaneità.

1. IL CONGRESSO DI VIENNA

Il Congresso di Vienna	L'**età della Restaurazione** (**1815-30**) ebbe inizio con il **Congresso di Vienna**, che fu dominato dalle grandi potenze vincitrici dello scontro con Napoleone: **Austria**, **Inghilterra**, **Prussia** e **Russia**. Esse stabilirono il nuovo assetto europeo.
Equilibrio e legittimità	I princìpi guida del Congresso furono: – **equilibrio**: si cercò di bilanciare la potenza fra gli Stati perché nessuno di essi affermasse la sua egemonia in Europa; – **legittimità**: il potere legittimo proviene dalla tradizione e da Dio. I sovrani che regnavano prima della rivoluzione erano legittimi.
La nuova carta politica dell'Europa	Per evitare l'espansionismo francese vennero rafforzati gli Stati confinanti. Al posto del Sacro Romano Impero sorse la Confederazione Germanica, presieduta dell'Austria. Le grandi potenze ebbero vantaggi territoriali in Europa, a eccezione dell'Inghilterra che però fu libera di espandere i suoi possedimenti coloniali.
La svolta politica	Gli effetti della Restaurazione furono avvertiti sia all'interno dei singoli Stati, sia nelle relazioni internazionali: – **politica interna**: i sovrani vennero restaurati e tentarono di ripristinare il sistema politico in vigore prima della rivoluzione; – **politica estera**: le potenze perseguirono l'obiettivo di conservare l'ordine internazionale sancito a Vienna. A questo scopo furono stipulate tre alleanze (la **Santa Alleanza**, la **Quadruplice Alleanza** e la **Quintuplice Alleanza**).

2. RESTAURAZIONE E ROMANTICISMO

I teorici della Restaurazione	La Restaurazione fu appoggiata dalla riflessione di alcuni intellettuali. **Edmund Burke**. Secondo Burke, la Rivoluzione francese pretendeva di creare dal nulla un nuovo Stato: per questo era degenerata. È invece la **tradizione** il deposito della saggezza di un popolo. **Joseph de Maistre**. Per de Maistre la radice di tutti i mali contemporanei è la Riforma protestante che ha sostituito l'obbedienza con la libertà. Il fondamento dell'ordine sociale è invece rappresentato dalla Chiesa cattolica: con l'**ultramontanismo** («guardare al di là dei monti», cioè al papa) tornava l'idea medievale dell'unità del potere politico e spirituale nella persona del papa.
Il Romanticismo	Il Romanticismo fu una cultura, un modo di pensare e di agire, in particolare dei giovani intellettuali che vissero tra slanci eroici e malinconia. Contrappose al freddo razionalismo illuminista la spontaneità dei sentimenti, i valori della tradizione e l'amore per la propria nazione.
Due tendenze	Politicamente, il Romanticismo manifestò due tendenze opposte: – **tendenza conservatrice e reazionaria**. Condannò l'Illuminismo e la Rivoluzione francese, esaltò il passato, l'assolutismo e l'alleanza trono-altare. Fu sostenuta dai teorici della Restaurazione. – **tendenza progressista**. Ritenne che solo il rinnovamento dell'ordine sociale e politico costituisse una risposta adeguata alle nuove esigenze.
L'idea di nazione	La nazione è una collettività umana unita dalla coscienza dei suoi membri di avere in comune origine, lingua, razza, religione, economia, territorio e destino storico. Nell'Ottocento i valori di uguaglianza, fraternità e libertà vennero reinterpretati in un'accezione nazionale. **Uguaglianza** – Sono tra loro uguali le persone a cui le vicende della Storia hanno attribuito lingua, cultura e tradizioni comuni. **Fraternità** – Fratelli sono coloro che appartengono a una stessa nazione. **Libertà** – La nazione deve liberarsi del potere del sovrano assoluto e degli stranieri.
Nazione e Stato	Nell'Ottocento le idee di nazione e di Stato entrarono in contatto. Tuttavia, la coscienza nazionale di un popolo non basta a dar vita a uno Stato: infatti, la formazione di uno Stato è legata al concreto sviluppo dello scontro politico e militare.

3. LIBERALI E DEMOCRATICI

Il liberalismo	Per il liberalismo, nato dal pensiero di **Locke**, **Montesquieu** e **Smith**, la **libertà individuale** consente a ognuno di ricercare la felicità. Lo Stato liberale: – respinge l'assolutismo: la **Costituzione** e la **divisione dei poteri** evitano abusi; – garantisce le **libertà pubbliche** e l'**uguaglianza giuridica** (di fronte alla legge); – non interviene nella vita economica (**liberismo**) né sulla **diseguaglianza sociale**.
Il pensiero democratico	L'idea democratica nacque con **Rousseau** e fu elaborata da **Jeremy Bentham**, **James Mill** e **John Stuart Mill**. A differenza dei liberali, i democratici sostennero l'**uguaglianza politica** e il **suffragio universale**: con il voto si esprime la sovranità popolare su cui il regime democratico si fonda. Lo Stato **modera le ingiustizie sociali** con gli strumenti fiscali e garantisce l'**istruzione** a tutti.

4. I SOCIALISTI

Il socialismo	Il socialismo, sorto in risposta alla **questione sociale**, ricerca una società giusta, caratterizzata da un'equa distribuzione della proprietà e della ricchezza. Per i socialisti occorre: la limitazione o l'eliminazione del **diritto di proprietà**; la **solidarietà** tra i lavoratori contro l'**individualismo** liberale. Il **socialismo inglese** fu **riformista**: accettò l'economia di mercato ma richiese riforme per attenuarne le conseguenze sociali. Il **socialismo francese** fu più utopico e per superare il degrado della società industriale propose: – un governo di **tecnici** per realizzare una società armoniosa e fondata sui valori del **cristianesimo delle origini** (**Claude-Henri conte di Saint-Simon**); – una società divisa in piccoli nuclei economicamente e politicamente autonomi (**François-Marie-Charles Fourier**); – la costruzione di **ateliers sociaux** («fabbriche sociali») cioè di fabbriche gestite dagli stessi operai (**Louis Blanc**); – l'«anarchia positiva»: una società fondata sull'autogestione economica e politica e senza la proprietà privata (**Pierre-Joseph Proudhon**).
Il comunismo	**Marx ed Engels** rielaborarono il socialismo, rifiutandone la componente utopica. Sostennero che non sono le idee a cambiare la società ma l'evolversi della sua organizzazione economica, che ne è la **struttura**. La civiltà umana ha attraversato quattro fasi: la comunità primitiva, il regime di schiavitù, la società feudale e la società capitalistico-borghese: in ognuna vi è stato lo scontro tra oppressi e oppressori. Tutta la **storia**, dunque, è **storia della lotta di classe** e il passaggio da uno stadio all'altro è determinato dal cambiamento dei mezzi di produzione e dall'affermarsi della classe che meglio sa sfruttarli. Nella società capitalistica i **borghesi** detengono i mezzi di produzione e sfruttano il **proletariato**, il quale ha il compito di liberare l'umanità. Una **rivoluzione** abolirà la proprietà, fondamento dell'oppressione e della divisione in classi, e la storia giungerà alla sua meta: il **comunismo**.

l'essenziale

PAROLE IN EREDITÀ

Restaurazione: Come abbiamo visto la Restaurazione è un preciso periodo storico europeo.
Ancora oggi si usa questa espressione per indicare in senso negativo una politica che intende riportare in vita concetti, idee, valori o comportamenti del passato, ormai cancellati dal progresso.

Romantico: È un aggettivo che significa «appartenente al Romanticismo», e indica chi si ispirava o seguiva il movimento del Romanticismo. Se nella letteratura e nella storia questa accezione «tecnica» permane, nel linguaggio comune l'aggettivo indica qualcuno che è incline al sentimentalismo e alla malinconia, o più genericamente qualcuno o qualcosa (libro, film) «sentimentale».

Concertazione: Deriva dal termine «concerto» (accordo, intesa) e significa stabilire qualcosa in accordo con altri. Il termine, nel passato, indicava il modo di soluzione dei conflitti internazionali adottato a partire dal Congresso di Vienna. Il vocabolo con il tempo ha perso la valenza internazionale, soprattutto con l'istituzione di organi sovranazionali come l'ONU. Continua però a essere utilizzato nel linguaggio giornalistico a livello nazionale per quanto riguarda le relazioni tra i sindacati, i datori di lavoro e il governo. Infatti, in occasione del rinnovo dei contratti collettivi o di particolari questioni sindacali, viene definita «concertazione» la ricerca dell'accordo tra le parti.

ONLINE
puoi trovare
altri esercizi

UNITÀ 1 — RESTAURAZIONE E OPPOSIZIONI

UNITÀ 2
I MOTI DEGLI ANNI VENTI E TRENTA

PRIMA
La repressione degli ideali liberali

Per poter realizzare il proprio obiettivo la Restaurazione doveva andare oltre il semplice ristabilimento delle monarchie spodestate e riaffermare le gerarchie sociali, i modi di governare e di pensare precedenti il 1789. Risultò fondamentale dunque il recupero di valori quali l'origine divina della sovranità e, dall'altra, l'eliminazione di quei princìpi liberali che si erano diffusi nell'epoca precedente. Molte monarchie, infatti, ricorsero alla censura e a un regime poliziesco per tenere sotto controllo la situazione politica e la circolazione delle idee. Ne derivò un immobilismo intellettuale e culturale che questa stampa del 1825 circa ben rappresenta.

L'immagine presenta in forma satirica un ipotetico *Club dei pensatori*: il club, il tipo di associazione che aveva caratterizzato l'età rivoluzionaria e aveva animato il dibattito politico e sociale, è ora composto invece da uomini imbavagliati. Sulla sinistra sono appesi altri bavagli a dimostrazione del fatto che si è pronti ad accogliere nuovi partecipanti, disposti a farsi imbavagliare. La postura e l'atteggiamento degli intellettuali (uno dorme, un altro guarda in alto in attesa di un'illuminazione, un altro ancora appare perso nei suoi pensieri) fanno pensare all'estrema difficoltà incontrata dalla cultura per reagire alla repressione.

1810-30
L'America Latina raggiunge l'indipendenza

1818
Viene pubblicata a Milano la rivista liberale «Il Conciliatore»

1 gennaio 1820
Scoppia a Cadice l'insurrezione che dà il via ai moti degli anni Venti

1820–21
Dalla Spagna i moti si diffondono in buona parte d'Europa

EREDITÀ

Durante le giornate del luglio 1830 in Francia, la difesa dei valori nazionali e liberali trascinò nelle piazze i **giovani universitari** parigini che diedero vita a **manifestazioni** che rappresentano una sorta di Sessantotto *ante litteram*.
Ma l'eredità più significativa riguarda invece i trasporti: è di questi anni la costruzione della prima **linea ferroviaria per passeggeri**, tra Liverpool e Manchester, l'inizio di un sistema di comunicazione che rivoluzionò le abitudini di noi tutti (▶ **Eredità**, p. 70).
Infine tra le novità di questo periodo vi fu una significativa svolta nel campo della scrittura: la penna d'oca fu sostituita dal **pennino**, con ovvi miglioramenti nella semplicità della scrittura.

AUDIOSTORIA

http://z6.co.uk/ca

VIDEOSTORIA

1 Parigi sulle barricate (1830)

DOPO
L'affermazione degli ideali rivoluzionari dei patrioti romantici e dei «popoli»

Il rifiuto della Restaurazione si manifestò clamorosamente negli anni Venti e Trenta attraverso due ondate di moti insurrezionali che coinvolsero molti Paesi europei e l'America Latina.
Nel Sud America le rivolte determinarono la fine del dominio di Spagna e Portogallo e la nascita di nuovi Stati indipendenti. In Europa invece i moti ebbero per lo più un esito fallimentare, anche per l'efficacia della repressione voluta dalle grandi potenze.
Ciononostante, i moti furono sufficienti a mettere in chiaro che la Restaurazione non era realizzabile. Ciò fu particolarmente evidente in Francia, la patria della rivoluzione, dove il tentativo del sovrano Carlo X di ripristinare l'assolutismo monarchico fu sconfitto dall'insurrezione del popolo parigino: l'immagine riproduce appunto un momento di questa insurrezione, che si sviluppò tra il 27 e il 29 luglio 1830, le «Tre giornate gloriose».
I moti però misero anche in evidenza la debolezza delle associazioni segrete (come la Carboneria) che solitamente li organizzavano. Emerse con chiarezza che il successo di queste iniziative insurrezionali non poteva prescindere da due fattori: un quadro internazionale favorevole, o almeno non ostile, e una vasta partecipazione popolare.

1829
Indipendenza della Grecia

27-29 luglio 1830
Le «Tre giornate gloriose» di Parigi: dalla Francia la rivolta si diffonde al Belgio, alla Polonia e al Centro Italia

1831
Nascita del Regno del Belgio

UNITÀ 2 — I MOTI DEGLI ANNI VENTI E TRENTA

1. LE SOCIETÀ SEGRETE

> QUALI ERANO LE CARATTERISTICHE DELLE SOCIETÀ SEGRETE?
> CHE RUOLO SVOLSERO DURANTE GLI ANNI DELLA RESTAURAZIONE?
> QUAL ERA IL METODO DI LOTTA USATO DALLE SOCIETÀ SEGRETE?
> CHE TIPO DI OPPOSIZIONE RAPPRESENTAVA LA RIVISTA «IL CONCILIATORE»?

▶ Un'opposizione nascosta

Nell'età della Restaurazione, il dissenso politico era vietato o sottoposto a gravi limitazioni in quasi tutta Europa. Per questa ragione, il principale strumento di lotta politica fu costituito dalle **società segrete**, la cui forma organizzativa venne perlopiù ereditata dalla **Massoneria** diffusasi in tutta Europa al seguito dell'esercito napoleonico. (▶ Idee p. 68) Sul modello della Massoneria era organizzata la **Carboneria**, presente in Italia e in Spagna, la più nota e importante tra le società segrete operanti in questo periodo. Come i massoni, che traevano i loro simboli dai muratori, i carbonari si rifacevano ai carbonai. Avevano come obiettivo la *costituzione liberale*. Altre società segrete – ad esempio i **Comuneros** (in Spagna) o gli **Adelfi** e i **Filadelfi** (in Francia e in Italia del Nord) – puntavano invece a ottenere una *costituzione democratica*.

Non mancavano comunque i contatti tra le società segrete, sicché era difficile individuare dei confini netti tra una società e l'altra; nel contempo, la struttura rigidamente gerarchica e clandestina di queste società faceva sì che talvolta gli aderenti fossero a conoscenza solo di una parte del programma a seconda del grado raggiunto nell'organizzazione. Era questo ad esempio il caso dei *Sublimi Maestri Perfetti*, setta fondata da Filippo Buonarroti: la sua struttura era articolata in tre gradi corrispondenti a tre diversi obiettivi: primo grado *costituzione*, secondo grado *repubblica*, terzo grado *rivoluzione sociale*.

▶ L'utopia di Buonarroti

Nato a Pisa nel 1761, **Filippo Buonarroti** aveva partecipato attivamente alla Rivoluzione francese ricavandone insegnamenti di carattere universale. Nel 1791 scriveva: «Mi vergognerei di dare il nome di Patria fuorché ad un Paese libero». Discepolo di **Babeuf**, partecipò nel 1796 alla Congiura degli Eguali.

Secondo Buonarroti, non era sufficiente battersi perché il sovrano concedesse una costituzione o affinché venisse instaurata la repubblica. La libertà non poteva limitarsi all'ambito politico: occorreva una rivoluzione sociale che mutasse radicalmente la società e instaurasse il **comunismo** teorizzato da Babeuf: un comunismo agrario, basato sulla confisca delle terre da parte dello Stato (che ne diventava il proprietario) e la loro assegnazione ai contadini. Per raggiungere questo risultato bisognava coordinare le attività delle diverse società segrete. La rivendicazione

---

DOC

LA POLIZIA CONTROLLA «IL CONCILIATORE»

◀ Il primo numero della rivista «Il Conciliatore», diretta da Silvio Pellico, del 3 settembre 1818.

Il conte Giulio Giuseppe Strassoldo, presidente dell'Imperial Regio Governo Lombardo-Veneto, scrive la seguente relazione al conte Sedlnitsky, per dare un giudizio sulla rivista «Il Conciliatore». L'intento è quello di rassicurare il rappresentante del governo austriaco e di minimizzare il ruolo della rivista che aveva suscitato la curiosità dell'opinione pubblica per il suo «pretenzioso annuncio»: essere una rivista alternativa. In realtà, queste poche righe ci fanno comprendere quanto l'opinione pubblica fosse desiderosa di un dibattito culturale e politico libero, non censurato.

Vostra Eminenza avrà potuto dedurre che il locale stampatore e libraio Vincenzo Ferrario ha chiesto, tramite l'ufficio di censura, l'autorizzazione per la stampa e la divulgazione di un settimanale statistico-letterario dal titolo «Il Conciliatore», ottenendola con l'impegno che gli scrittori che vi avessero collaborato si sarebbero attenuti per principio a un tono moderato. [...] In seguito al pretenzioso annuncio del Conciliatore, la curiosità del pubblico si tese al massimo, ma i primi annunci che vi apparvero tediarono, e i seguenti suscitarono risentimenti, con alcuni articoli, nelle gentildonne di Milano e poi negli uomini, e il foglio deluse e delude talmente l'attesa che ognuno ne prevede prossima la fine.

LESSICO

SOCIETÀ SEGRETE

Le società segrete sono libere associazioni di individui che perseguono uno scopo comune (il termine *società* deriva dal latino *socius*, compagno), ma che fanno della clandestinità la condizione necessaria e permanente per il raggiungimento del loro fine. Non sono dunque considerate società segrete quelle associazioni per le quali la clandestinità è un'esigenza temporanea, come avverrà per i partiti politici sotto i regimi totalitari. In genere l'aspetto della segretezza riguarda i componenti dell'associazione, la struttura organizzativa, le sedi e gli obiettivi.

della costituzione liberale o della democrazia doveva divenire la premessa per una lotta ben più vasta, i cui obiettivi erano noti solo a chi raggiungeva il grado più elevato dell'organizzazione. Nonostante l'attivismo, Buonarroti non riuscì a ottenere risultati significativi: la sua visione sociale era troppo lontana dalla realtà, anche per il diffondersi della rivoluzione industriale. E troppo diversi tra loro erano i contesti politici degli Stati europei perché un coordinamento internazionale potesse imporsi.

▶ Il metodo delle insurrezioni

Il metodo di lotta seguito dalle società segrete consisteva generalmente nell'organizzare delle **insurrezioni** che obbligassero il sovrano a concedere la costituzione. Accanto alle **società segrete progressiste**, però, operarono anche **società segrete reazionarie**, come i *Cavalieri della fede* in Francia o i *Concistoriali* in Italia. Tuttavia queste società ebbero un ruolo assai limitato, di sostegno alle posizioni più intransigenti dell'aristocrazia e del clero.

Il merito delle **società segrete progressiste** fu quello di tenere vivi gli ideali della Rivoluzione francese in un contesto di dura repressione da parte dei sovrani europei. Il limite invece consistette proprio nella segretezza dei **programmi** e degli **iscritti**. Inoltre, queste società poggiavano su una **base popolare ristretta**: accanto ai militari, ne facevano parte molti intellettuali e studenti, mentre minore era il numero degli esponenti della borghesia commerciale e delle professioni; ancor meno erano i membri dell'aristocrazia, pochissimi infine erano gli artigiani e i popolani.

Il mancato coinvolgimento delle masse popolari nelle società segrete progressiste porterà, nella stragrande maggioranza dei casi, al fallimento della loro azione.

▶ «Il Conciliatore»: l'opposizione intellettuale

Un caso particolare fu quello che si verificò in **Lombardia**, dove l'amministrazione austriaca cercò di instaurare un rapporto di collaborazione con gli intellettuali. A questo scopo nel **1816** gli Austriaci promossero la creazione della rivista «**Biblioteca italiana**» e ne offrirono la direzione a Ugo Foscolo. Questi però rifiutò e anche altri intellettuali di rilievo negarono il loro contributo. Fallita l'iniziativa, la rivista si limitò a sostenere una visione tradizionalista.

Per contro, i maggiori intellettuali milanesi, come Giovanni Berchet, Luigi Porro Lambertenghi, Pietro Corsieri e il piemontese Silvio Pellico, guidati da Federico Confalonieri, diedero vita a una rivista alternativa: «**Il Conciliatore**». Pubblicata a Milano, a partire dal settembre **1818**, la rivista si occupava di statistica, di economia, di argomenti scientifici, ma anche di letteratura e di istruzione: mirava a formare un'opinione pubblica moderata, borghese e liberale. «Il Conciliatore» fu chiuso nell'ottobre **1819** per le pressioni della polizia.

LESSICO

INSURREZIONE

È la ribellione di un gruppo consistente di individui contro il potere politico dominante o contro un potere straniero. Costituisce talvolta una premessa alla rivoluzione e si distingue per la breve durata nel tempo. Se non sfocia in una rivoluzione, coincide normalmente con manifestazioni di massa, come la sommossa o la sedizione. Nell'Età moderna le insurrezioni hanno coinvolto, in genere, la popolazione urbana.

La Rivoluzione francese aveva tentato di legalizzare l'insurrezione: nell'art. 35 della Dichiarazione dei diritti dell'uomo e del cittadino dell'Atto costituzionale del 1793 si afferma che, se il governo viola i diritti del popolo, l'insurrezione diventa «il più sacro dei diritti e il più indispensabile dei doveri».

CONFRONTARE — Attività e i limiti delle società segrete progressiste

Attività	Difesa degli ideali della Rivoluzione francese. Organizzazione di una fitta rete di collegamenti internazionali. Intensa lotta politica in un periodo di dura repressione conservatrice.
Limiti	Ristretta base popolare ed eccessiva presenza di militari. Struttura verticistica che impediva le comunicazioni tra gli affiliati. Eccessivo settarismo che escludeva le masse popolari dall'azione.

Le società segrete in Europa

❶ **Carboneria.** Presente in **Italia**, era animata da ideali laici e liberali. Il nome derivava dalla corporazione di mestiere dei carbonai, di cui utilizzava i simboli.

❷ **Filadelfi** e **Adelfi.** Il nome era derivato dalla parola greca *adelphós*, fratello: gli affiliati operavano in **Francia** e nell'**Italia del Nord**, animati da ideali democratici.

❸ **Comuneros.** Erano presenti in **Spagna** e puntavano a ottenere una costituzione democratica. Il loro nome deriva dalle città spagnole che nel Cinquecento si ribellarono a Carlo V.

❹ **Eteria.** Era presente in **Grecia** e lottava per l'indipendenza del Paese dal dominio ottomano; gli affiliati erano inoltre legati dalla comunanza del culto (cristiano ortodosso) e della lingua. Il nome deriva dalle associazioni dell'antica Grecia formate da *hetairoi*, amici.

❺ **Calderari** e **Concistoriali.** I primi nel **Regno di Napoli** e i secondi nello **Stato pontificio**, erano organizzati dagli stessi governi contro le società segrete liberali e repubblicane.

❻ **Cavalieri della fede.** Era una società segreta reazionaria presente in **Francia**.

DOSSIER

Il paradiso perduto della Massoneria

DIFFUSASI COME ORGANISMO DI POTERE AL SEGUITO DELL'ESERCITO FRANCESE, LA MASSONERIA DIVENNE UN MODELLO PER TUTTE LE SOCIETÀ SEGRETE DELL'OTTOCENTO. MA IL SUO SECOLO RIMANE IL SETTECENTO

La fondazione: Londra, 1717

Secondo la leggenda, la Massoneria ebbe origine nel Medioevo, quando tra le altre corporazioni si affermò quella dei muratori e degli architetti. In quanto associazione di mestiere, in essa venivano trasmessi gli insegnamenti dell'arte insieme all'obbligo di assoluta segretezza e di aiuto reciproco.

Col tempo, essendo diventata la più prestigiosa delle associazioni di mestiere, godette di particolari riguardi, tanto da ottenere dalla Chiesa, nel XIV secolo, l'affrancamento dai tributi, oltre a notevoli libertà nei riguardi delle autorità locali: nacque così in Inghilterra il termine *freemason*, in francese *franc-masson*, e in italiano «libero muratore».

Proprio per il prestigio raggiunto, che implicava notevoli vantaggi in ambito politico, furono numerose le persone che si affiliarono a essa, attratte dalla possibilità di instaurare importanti amicizie in tutto il continente o di ottenere protezione contro la diffusa malevolenza; quest'ultimo aspetto per alcuni era di vitale interesse, ad esempio, per i gruppi esoterici e per gli alchimisti.

Ma fu solo nel 1717, con la costituzione della Grande Loggia di Londra che vennero fissate in modo preciso le caratteristiche della Massoneria.

Il rituale massonico

Alla fine del XVIII secolo in Inghilterra si struttura la simbologia massonica: essa si richiama ai ferri del mestiere dei «massoni» (muratori) che lavoravano nei cantieri delle cattedrali.

Questa categoria s'era data degli ottimi statuti per codificare il modo con cui dovevano essere tramandati i canoni della propria arte, la più concreta e positiva fra tutte: quella del costruire, del calcolare, dell'innalzare la casa dell'uomo e il tempio di Dio. I maestri muratori, con il passare degli anni e il progredire delle scienze, conferirono un valore ideale ai loro strumenti, che divennero

▶ Un collare con simboli massonici risalente al primo Ottocento, conservato al Museo del Risorgimento di Milano.

▼ Interno di una ciotola sulla quale sono raffigurati simboli massonici.

LESSICO

LESSICO MASSONICO

GREMBIULE
Il capo d'abbigliamento principale durante i lavori in Loggia. Secondo alcuni il grembiule simboleggia il corpo fisico di cui lo spirito deve essere rivestito per poter realizzare il Tempio; secondo altri, avrebbe lo scopo di ricoprire la parte inferiore del corpo, sede delle passioni e degli istinti, a significare che nel Tempio solo la parte superiore, quella che è sede delle facoltà spirituali e razionali, deve partecipare intensamente ai lavori.

GUANTO
I guanti bianchi indicano che le mani devono restare sempre pure, nel senso che non si devono macchiare di alcun delitto.

LOGGIA
Il termine deriva, secondo alcuni studiosi, dal sanscrito *loka* che significa «universo»; secondo altri, dal greco *lógos* che significa «parola»; secondo altri ancora, dal latino *laubia* o *lobia*, che significa «loggia di un convento», o da *alloggiamento*, il luogo nel quale si tengono le riunioni massoniche.

SEGRETO
Il vero segreto massonico è la penetrazione della verità presente nella tradizione massonica da parte dell'iniziato. Se questo avviene con la frequentazione della Loggia, con il silenzio, con l'osservazione e l'ascolto allora l'iniziato diventa saggio. In caso contrario, nessuno potrà spiegargli nulla.

SONNO
L'espressione indica la posizione di un fratello che non intende frequentare i lavori di Loggia, ma rimane comunque legato alla Massoneria.

TEMPIO
Tutta la simbologia e la ritualità massonica si incentrano sulla costruzione del Tempio con particolare riferimento a quello di Salomone, il più celebre fra tutti per la sua bellezza. Per costruire il loro Tempio interiore i Liberi Muratori fanno appello a tutte le facoltà umane.

veri e propri simboli. Il rituale massonico è complesso. L'iniziazione avviene con un cerimoniale mai mutato, nonostante sia divenuto col tempo anacronistico.
Chi vuole entrare nella Massoneria si spoglia dei metalli (del denaro), medita in camera di riflessione di fronte a oggetti simbolici, quali la lampada, lo scheletro, la pietra cubica, l'orologio a polvere, il sale, lo zolfo e un gallo. Deve poi dare risposta scritta a tre quesiti sui doveri del massone e redigere il proprio testamento. Quindi, bendato, in parte spogliato, viene ammesso al tempio e toccato dalla spada. È interrogato e se le indagini dei confratelli hanno esito positivo, presta giuramento e riceve il grembiule massonico e il guanto. Entra nell'associazione con il grado di apprendista, poi diventa compagno e infine maestro.

I princìpi fondamentali
Nel corso del 1720, il Grande Maestro, Georges Paine, chiese che fossero redatte ordinatamente le regole della professione del massone. Il lavoro venne affidato al pastore James Anderson, noto scrittore di storia inglese. Il suo *Libro delle costituzioni*, terminato nel 1723, è la base teorica della Massoneria.
Le *Costituzioni* si dividono in sei capitoli. Fondamentale è il primo dedicato alla religione. Vi si legge l'intento di conciliare i vari culti e di farli convivere con il deismo, la credenza razionale in Dio, base della fede massonica: «Un massone è obbligato a obbedire alla legge morale, e se conosce bene l'arte, non sarà mai stupido ateo né libertino irreligioso». Dio è dunque il «Grande Architetto dell'Universo», ma non interviene nelle faccende umane: in altri termini, non è Provvidenza come sostiene la dottrina cattolica.
L'ultimo capitolo è quello in cui si consiglia di mantenere il segreto agli occhi dei profani: «Voi sarete prudenti nei vostri propositi e nei vostri comportamenti, perché lo straniero, il più perspicace, non possa scoprire né indovinare ciò che non deve conoscere». E ciò al fine di difendere la «venerabile fraternità» massonica, secondo il principio della solidarietà filantropica: «La Massoneria deve – infatti – essere il centro dell'unione, lo strumento che lega in amicizia sincera persone che diversamente sarebbero tra loro perpetuamente straniere».

Conservatori o progressisti?
L'atteggiamento politico della Massoneria fu ora progressista, ora conservatore, in relazione ai diversi contesti e alle scelte delle singole logge.
È significativo, tuttavia, il fatto che la Massoneria fu particolarmente attiva, come classe politica dirigente, nell'età dell'Illuminismo.
Un'altra caratteristica della storia di questa società segreta fu la costante condanna alla quale fu sottoposta da parte della Chiesa cattolica, che non poteva accettare né la sua dottrina (infatti, la tolleranza religiosa implicava l'accettazione di credenze diverse, il che poteva portare al relativismo), né la sua politica (in quanto, veniva messo in discussione il rapporto privilegiato della Chiesa con lo Stato, la cosiddetta alleanza trono-altare).
Con l'avvento della Rivoluzione francese la Massoneria conobbe un periodo di profondo declino, per poi risorgere nell'età napoleonica, a tal punto che divenne indispensabile aderire alla Massoneria per far carriera nell'esercito o nell'amministrazione.
Diffusasi dunque come organismo di potere al seguito dell'esercito francese, grazie alla sua tradizione di segretezza, la Massoneria divenne un modello per tutte le società segrete che nacquero nell'età della Restaurazione.
Successivamente questa società segreta è rimasta attiva (sia nell'ambito sociale, sia in quello politico) con alterne fortune fino ai giorni nostri. Ma il suo paradiso perduto rimane il Settecento, il secolo dei «lumi», del deismo e della solidarietà filantropica: i valori su cui si fonda la Massoneria.

▲ Grembiule cerimoniale in pelle indossato dagli affiliati alla Massoneria. Milano, Museo del Risorgimento.

▼ Riunione di una loggia massonica.

DOSSIER

Il cavallo di ferro

IERI CI SI SPOSTAVA A PIEDI O A CAVALLO, I PIÙ RICCHI CON LE CARROZZE, E I TEMPI PER RAGGIUNGERE LA META ERANO INTERMINABILI

OGGI LA RAPIDITÀ NEGLI SPOSTAMENTI È UNA CARATTERISTICA DEL MONDO MODERNO: DALL'INVENZIONE DEL TRENO E POI DEL MOTORE A SCOPPIO I MEZZI DI TRASPORTO SONO DIVENTATI SEMPRE PIÙ VELOCI

▲ La prima locomotiva a vapore di George Stephenson.

Alle origini, una scommessa vinta

Le prime macchine a vapore vennero costruite da James Watt nel 1775. Nel 1788 Watt introdusse nella macchina un meccanismo di trasformazione del moto alternato in moto rotatorio: era così possibile utilizzare la macchina per muovere merci e persone.
Pochi anni dopo, nel 1801 l'inglese Richard Trevithick (1771-1833) costruì un prototipo di treno a vapore che brevettò nel 1802. La prima vera apparizione del treno risale al febbraio 1804. Trevithick aveva scommesso la colossale somma di 500 ghinee con Anthony Hill, proprietario di una ferriera: la sua macchina avrebbe percorso nove miglia (più di quindici chilometri) trasportando settanta persone e dieci tonnellate di ferro. Per questa dimostrazione era stata scelta una strada ferrata, fino ad allora usata da carri trainati da cavalli, che univa le cittadine gallesi di Penydaron e Abercynon.
La sbuffante macchina di Trevithick – un mostro di metallo pesante cinque tonnellate, con un solo stantuffo che muoveva le ruote mediante ingranaggi e bielle e trascinava cinque vagoni con ferro e passeggeri – impiegò quattro ore e cinque minuti per percorrere le nove miglia, raggiungendo una velocità di punta di cinque miglia all'ora. Nel tempo impiegato, bisogna dire, sono da considerare alcune soste per segare tronchi che ostruivano il passaggio e spostare massi finiti sulle rotaie.
Fra i passeggeri c'era lo stesso Hill, che si dichiarò comunque contento di aver perso la scommessa: prevedeva infatti un grande futuro per la locomotiva. L'invenzione di Trevithick ebbe così un grande successo, e il costruttore si lanciò a prevedere che la sua prossima macchina avrebbe trasportato un carico quattro volte superiore.

Dai «prototipi» alla prima linea ferroviaria

L'aumento del prezzo del foraggio per i cavalli, dovuto alle guerre napoleoniche, dà impulso alla sperimentazione di nuove locomotive. I primi modelli, quelli di Blekinsop (1811) e di Hedley (1813), sono ancora antieconomici, per quanto migliori – sotto il profilo del consumo e del rendimento – della locomotiva di Trevithick.
Nel 1814 George Stephenson inizia le prove della sua locomotiva a vapore. Il tema centrale della discussione, in quegli anni, è quello della sede da riservare ai veicoli con trazione a vapore. Nonostante la prova riuscita di Trevithick avesse effettivamente collegato la locomotiva alla ferrovia, dimostrando la convenienza della loro combinazione, prevale ancora una certa sfiducia nelle possibilità di aderenza tra ruote e rotaie. Blekinsop nel 1812 utilizza ruote dentate, ingrananti una cremagliera fissata ai binari, mentre Hedley nel 1815 cerca di aumentare l'aderenza portando a otto il numero delle ruote.
Il modello di Stephenson risultò vincente: fu lui, con l'aiuto del figlio Robert, a co-

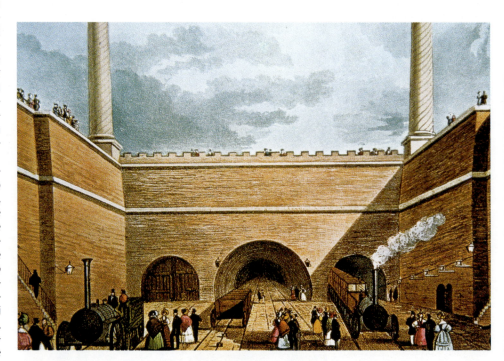

▲ La stazione ferroviaria di Liverpool. La locomotiva doveva avere un motore leggero e ad alto rendimento per raggiungere velocità apprezzabili.

DOSSIER

Eredità

▲ Locomotiva del 1867 della Sharp Stewart & Co di Manchester.

IERI E OGGI

Gli spostamenti degli uomini sono iniziati a piedi: a piedi l'uomo ha popolato l'intero pianeta, camminando dall'Africa all'Asia e poi all'Europa, fino al continente americano. L'uomo ha poi imparato ad addomesticare gli animali di cui si serviva anche per muoversi da un luogo all'altro: il cavallo soprattutto era il mezzo di locomozione più veloce e più adatto, ma anche il mulo o il cammello nelle zone desertiche o l'elefante in Asia. Poi ci fu la grande rivoluzione: l'uso della ruota che applicata a un carro trainato da animali serviva a muovere cose e uomini per percorsi anche molto lunghi. Altre tre grandi tappe hanno segnato la storia dei trasporti, riducendo sempre più i tempi di percorrenza e migliorando le comunicazioni fra gli uomini: l'uso del vapore applicato ai treni e alle navi nel XIX secolo, il motore a scoppio, che ha permesso la creazione dell'automobile, e infine l'aviazione, che ha segnato l'epoca contemporanea.
Nel mondo contemporaneo la ricerca nel settore dei trasporti è proseguita ininterrotta ed è in continuo progresso: auto, treni e aerei sono diventati sempre più veloci e confortevoli e oggi percorrere migliaia di chilometri o attraversare un oceano non è più un problema. La facilità negli spostamenti delle persone e delle merci è alla base del nostro mondo globalizzato, che non sarebbe neppure pensabile senza i voli aerei o i supertreni veloci. Dal «cavallo di ferro», che con i suoi 22,5 chilometri all'ora aveva intimorito la folla dei cittadini che assistevano al passaggio del treno, siamo arrivati a costruire treni a levitazione magnetica che raggiungono i 650 chilometri all'ora viaggiando sospesi in aria senza contatto con la rotaia: sono silenziosi e soprattutto non inquinano l'aria con i fumi della combustione del carbone.

struire la prima linea ferroviaria nel 1825. Trasportava merci tra le città di Stockton e di Darlington.
Il 15 settembre 1829 venne inaugurata la prima linea per il trasporto dei passeggeri da Liverpool a Manchester: lungo la linea venne eretto, in mattoni e pietra, il grande viadotto di Sankey, costituito da 9 archi, di 15 metri di luce e alti 22 metri circa. Quel giorno, una folla incredibile assistette al passaggio del treno lanciato alla "folle" velocità di circa 22,5 chilometri orari: mai l'umanità aveva assistito a qualcosa del genere.

La prima fabbrica di locomotive
Un conto era lo sviluppo delle locomotive, un altro quello delle ferrovie. Nonostante le buone prove date dalle motrici di Stephenson sulla Stockton-Darlington, i dirigenti della Liverpool-Manchester erano orientati a una ferrovia che procedesse su piani inclinati e a trazione mediante funi nei tratti in salita. Solo gli elevati costi degli impianti a vapore fissi li convinse a sperimentare la locomotiva. Stephenson passava intanto di trionfo in trionfo. Con una nuova caldaia e con un pistone direttamente collegato alle ruote, vinse una gara a Rainhill (1829).
La locomotiva si chiamava *The Rocket*, il razzo. E in società col suo competitor Rennie, Stephenson fondò l'anno successivo la prima fabbrica di locomotive. Ancora nel 1830, le ricerche per stabilizzare le rotaie portarono all'adozione delle traversine di legno infisse in una massicciata di pietrisco. Sul finire del decennio c'erano ormai ventisei locomotive in funzione in Inghilterra, mentre due erano state esportate in Francia e quattro in America. Iniziava così la storia della ferrovia.

LA PAURA DEL TRENO
Il nuovo mezzo di trasporto, il più rapido che fosse mai esistito sino ad allora, destò le preoccupazioni dei passeggeri, a causa dei primi incidenti ferroviari. Nel 1830, sulla nuovissima linea Manchester-Liverpool, la gamba di un deputato venne amputata da una locomotiva: il malcapitato morì la sera stessa. Un anno più tardi negli Stati Uniti il meccanico di un treno perse la vita per un'esplosione.
In Francia nel 1842 avvenne il primo deragliamento nel tratto Versailles-Parigi; subito dopo si verificò un incendio che provocò la morte di cinquantacinque persone. Il dramma scosse l'opinione pubblica, ma il treno era già diventato indispensabile e non si poteva certo interrompere la costruzione di nuove linee, soprattutto nei Paesi occidentali.

▲ Una locomotiva a vapore sosta per caricare acqua nella caldaia, lungo la tratta Manchester-Liverpool.

UNITÀ 2 · I MOTI DEGLI ANNI VENTI E TRENTA

2. I MOTI DEGLI ANNI VENTI

PERCHÉ SCOPPIÒ LA RIVOLTA IN SPAGNA? A QUALI ALTRI PAESI SI ESTESE?

QUALE FU L'ESITO DEI MOTI EUROPEI DEGLI ANNI VENTI?

PERCHÉ IN GRECIA I MOTI FURONO CORONATI DAL SUCCESSO?

QUALI RIFORME VENNERO ATTUATE IN GRAN BRETAGNA IN QUESTO PERIODO?

▶ Scoppia la rivolta

La prima ondata rivoluzionaria dell'età della Restaurazione prese il via nel **1820** da uno dei Paesi dove la Restaurazione era stata più brutale: la **Spagna**.

Ferdinando VII di Borbone, tornato sul trono, aveva cancellato ogni traccia del periodo napoleonico, perseguitando chiunque fosse sospettato di tendenze liberali. Grave era anche la situazione economica, poiché la rivolta scoppiata nelle colonie d'America fin dal 1809 aveva privato il regno di notevoli entrate. Il malcontento diffuso costituì un terreno fertile per il propagarsi delle società segrete, come la società dei **Comuneros** che sosteneva gli ideali democratici. Per risanare il bilancio dello Stato, il sovrano tentò la riconquista delle colonie, ma furono proprio le truppe in attesa di essere imbarcate a **Cadice** per il Sud America a dare il via alla rivolta l'**1 gennaio 1820**.

In breve tutte le forze liberali del Paese si riunirono in un unico moto di rivolta: Ferdinando VII fu costretto a ripristinare la **Costituzione di Cadice** del 1812. La rivendicazione di questa costituzione liberale sarebbe diventata il punto di riferimento per i successivi moti.

▶ La rivolta si estende

Dalla Spagna la rivolta dilagò rapidamente in altri Paesi.

Nell'estate del 1820, un moto rivoluzionario guidato da militari scoppiò in **Portogallo**, dove il re Giovanni VI concesse una costituzione simile a quella spagnola.

Nel **Regno delle Due Sicilie**, l'**1 luglio 1820**, a Nola presso Avellino, il prete carbonaro Minichini e gli ufficiali Morelli e Silvati diedero il via a una rivolta, che coinvolse lo stesso esercito guidato dal generale Guglielmo Pepe. Anche Ferdinando I fu così costretto a riconoscere la Costituzione di Cadice. Intanto, in **Sicilia**, operai, artigiani ed esponenti dell'aristocrazia locale diedero vita a una rivolta che rivendicava la separazione dell'isola dal Regno di Napoli. Questa rivolta venne però immediatamente repressa dall'esercito inviato da Napoli.

In **Piemonte**, gli oppositori non avevano una posizione unitaria:

❯ da un lato vi erano alcuni aristocratici, come Cesare Balbo, i quali speravano che il sovrano, Vittorio Emanuele I, concedesse spontaneamente la costituzione;

❯ dall'altro vi erano i giovani aristocratici che puntavano su **Carlo Alberto**, del ramo Savoia-Carignano e probabile erede al trono; Carlo Alberto (1798-1849) aveva infatti manifestato simpatie liberali e aveva lasciato intendere di essere favorevole alla concessione della costituzione. (▶ **Protagonisti** p. 76)

Mentre gli oppositori cercavano un accordo, improvvisamente, nella notte tra il **9 e 10 marzo 1821**, la guarnigione di stanza ad Alessandria insorse, dando l'avvio al moto.

Vittorio Emanuele I allora abdicò in favore del fratello **Carlo Felice**. Tuttavia, in attesa del rientro di Carlo Felice che si trovava a Modena, il Regno venne momentaneamente retto dal nipote Carlo Alberto. Questi, cedendo alla pressione degli insorti, concesse la Costituzione di Cadice.

▶ La risposta della Santa Alleanza

Di fronte all'ondata rivoluzionaria l'Europa della Restaurazione reagì convocando tre **congressi**: a *Troppau* nel 1820, a *Lubiana* nel 1821 e a *Verona* nel 1822. In questi congressi Metternich convinse Inghilterra, Francia e Russia della necessità di un intervento immediato in Spagna e in Italia. Era necessario, secondo Metternich, applicare il principio di intervento sancito dalla Santa Alleanza: nel momento in cui un sovrano era in difficoltà occorreva che gli altri sovrani intervenissero in suo aiuto.

I moti insurrezionali in Europa (1820-21)

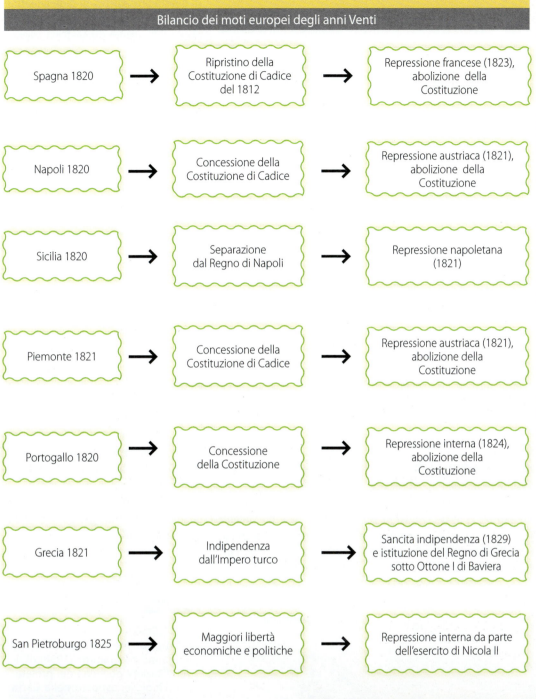

Bilancio dei moti europei degli anni Venti

- Spagna 1820 → Ripristino della Costituzione di Cadice del 1812 → Repressione francese (1823), abolizione della Costituzione
- Napoli 1820 → Concessione della Costituzione di Cadice → Repressione austriaca (1821), abolizione della Costituzione
- Sicilia 1820 → Separazione dal Regno di Napoli → Repressione napoletana (1821)
- Piemonte 1821 → Concessione della Costituzione di Cadice → Repressione austriaca (1821), abolizione della Costituzione
- Portogallo 1820 → Concessione della Costituzione → Repressione interna (1824), abolizione della Costituzione
- Grecia 1821 → Indipendenza dall'Impero turco → Sancita indipendenza (1829) e istituzione del Regno di Grecia sotto Ottone I di Baviera
- San Pietroburgo 1825 → Maggiori libertà economiche e politiche → Repressione interna da parte dell'esercito di Nicola II

Nel **Regno di Napoli** l'ordine fu riportato dalle truppe austriache, che sconfissero l'esercito di Guglielmo Pepe ed entrarono a Napoli il **23 marzo 1821**.

In **Piemonte**, al suo rientro a Torino, Carlo Felice sconfessò clamorosamente l'operato di Carlo Alberto e minacciò di privarlo del diritto di successione. A questo punto, Carlo Alberto fece un clamoroso voltafaccia che gli valse l'appellativo di «re tentenna»: raggiunse a Novara le truppe fedeli al re e, con l'aiuto delle forze austriache, sconfisse (**8 aprile 1821**) l'esercito dei rivoltosi guidato da **Santorre di Santarosa**.

In **Spagna** il compito di riportare l'ordine fu assunto dalla Francia. Il forte esercito francese, a cui si unì lo stesso Carlo Alberto, sconfisse con difficoltà gli insorti, che resistettero per più di tre mesi, fino alla capitolazione del *Trocadero*, la fortezza che domina Cadice (**agosto 1823**).

In **Portogallo**, infine, a causa della presenza inglese, non intervennero eserciti stranieri: la repressione venne attuata dai soli conservatori locali (**1824**).

▶ Il successo della rivolta in Grecia

La Grecia era sotto il dominio dell'**Impero turco** e ne costituiva una parte importante per la vita economica, grazie all'attività mercantile dei centri costieri e delle isole. Proprio la borghesia commerciale dei grandi porti (Costantinopoli, Smirne, Chio, Samo) diede vita alla società segreta **Etería**, guidata da *Alexandros Ypsilanti*.

Nel **marzo del 1821** l'Etería decise di passare all'azione, invitando il popolo alla rivolta che scoppiò in vari punti del Paese.

◀ Un ritratto del re Carlo Felice, salito al trono nel 1821, dopo molti anni trascorsi come viceré in Sardegna.

▶ La conquista della fortezza del Trocadero a Cadice, il 31 agosto del 1823, in una stampa del XIX secolo.

Il fallimento delle insurrezioni

I moti del 1820 Cause del fallimento

- Contromisure organizzate dalla Santa Alleanza e dal concerto delle nazioni.
- Scarsa partecipazione popolare e disinteresse delle masse, carattere elitario delle società segrete.
- L'organizzazione in segretezza delle rivolte non permetteva di comunicare con la popolazione.

Nel contempo Ypsilanti, confidando nell'aiuto della Russia da tempo interessata a estendere la propria influenza nell'area, tentò di penetrare in territorio turco.

Lasciato però solo dai Russi, timorosi delle possibili conseguenze internazionali, Ypsilanti subì una pesante sconfitta. Intanto la rivolta continuava con successo nel Sud del Paese. Il **13 gennaio 1823** nel **Congresso di Epidauro** il movimento patriottico proclamò **l'indipendenza della Grecia**. In appoggio alla lotta per l'indipendenza greca, nacquero ovunque dei comitati filoellenici. Molti patrioti si recarono in Grecia a combattere: tra questi il poeta inglese Lord Byron e l'italiano Santorre di Santarosa che vi trovarono la morte.

Negli anni successivi, con l'intento di indebolire l'Impero turco, la Russia, l'Inghilterra e la Francia intervennero in difesa della Grecia. Lo scontro decisivo avvenne di fronte al porto di Navarino, dove la flotta turca venne distrutta. La **pace di Adrianopoli** del **1829** sancì l'indipendenza della Grecia. Le potenze europee però imposero al nuovo Paese, secondo la logica della Restaurazione, di costituirsi in regno. Nel 1832 la corona della Grecia venne data a **Ottone I di Baviera**.

▶ La Gran Bretagna liberale

Nei primi decenni dell'Ottocento anche la Gran Bretagna fu scossa da violenti conflitti interni. Si trattava di scontri politici e sociali legati al processo di industrializzazione. La Gran Bretagna, però, si differenziò dal resto d'Europa perché cercò di rispondere a questi problemi accentuando la natura **liberale** dello Stato.

In questa prospettiva, grande importanza ebbe il provvedimento (**1824**) che consentì l'organizzazione di associazioni operaie. Si formarono così le *unioni dei lavoratori* di un medesimo settore (**Trade Unions**), cioè dei sindacati incaricati di rappresentare e tutelare gli interessi degli operai.

La **riforma** più importante fu però quella **elettorale**, varata nel **1832**:
› gli elettori passarono da 500 000 (circa il 3% della popolazione) a 800 000;
› i collegi elettorali vennero ridefiniti per garantire la proporzionalità della rappresentanza parlamentare (prima vi erano circoscrizioni di campagna ormai spopolate, i cosiddetti *borghi putridi*, che con pochi voti eleggevano un rappresentante).

Il diritto di voto, comunque, restava estremamente ristretto e continuava a essere vincolato al censo. Contro tutto ciò si batterono i democratici che organizzarono una petizione per il suffragio universale, la **Carta del popolo**, presentata al Parlamento nel **1839**: la sostenevano oltre 1 250 000 firme. Dalla petizione prese il nome il movimento del *cartismo* che fino alla metà del secolo si batté per la realizzazione del programma democratico. La Carta del popolo, però, venne più volte respinta dal Parlamento.

LESSICO

CARTISMO
È il movimento che deriva il nome dal primo programma (1838) di rivendicazioni politiche del proletariato inglese, esposto nella Carta del popolo (*People's Charter*).
La Carta presentava sei punti: suffragio universale, uguaglianza nei collegi elettorali, voto segreto, eleggibilità dei non proprietari, Parlamento annuo, retribuzione dei membri eletti.
I cartisti presentarono due petizioni alla Camera dei Comuni nel 1839 e nel 1842, ma entrambe vennero respinte. L'ultimo sussulto del movimento avvenne nel 1848 ma fu duramente represso. In seguito, però, tutte le richieste cartiste, a eccezione dell'annualità del Parlamento, furono inserite nell'ordinamento inglese.

▶ Stampa che ricorda la vittoria riportata dalla squadra navale anglo-franco-russa sulla flotta turca nella baia di Navarino, il 20 ottobre 1827. Milano, Civica Raccolta delle Stampe Bertarelli.

Il massacro di Scio

GALLERIA

Dopo le prime iniziative dei patrioti greci, l'Impero ottomano cercò di spegnere la rivolta con il terrore. In questa strategia rientra il massacro della popolazione dell'isola di Chio (o Scio) (aprile 1822), dove i Turchi uccisero circa 20 000 Greci e deportarono i superstiti come schiavi.
Il pittore francese Eugène Delacroix (1798-1863), che come molti intellettuali e artisti dell'epoca simpatizzava per i patrioti greci, decise di dedicare un'opera a questo tragico avvenimento: un grande dipinto a olio (417 x 354 cm) che dipinse tra il 1823 e il 1824 e che attualmente è conservato al Museo del Louvre.

1. Distruzione. Lo sfondo paesaggistico è punteggiato dai villaggi dati alle fiamme dai Turchi.

2. Romanticismo. Con questa opera, sia per il tema della libertà nazionale sia per l'audacia formale, Delacroix entrò a pieno titolo nel movimento romantico.

4. Deportazione. In primo piano invece risaltano i prigionieri greci che aspettano con rassegnazione di essere deportati.

3. Rapimento. Sul lato destro è ritratta una donna greca legata al cavallo di un turco; il soldato sta sguainando la scimitarra forse per uccidere la madre che vuol impedire il rapimento della figlia.

UNITÀ 2 — I MOTI DEGLI ANNI VENTI E TRENTA

DOSSIER
Carlo Alberto, il più inquieto dei Savoia

Protagonisti

PER D'AZEGLIO ERA UN MISTERO, PER SANTORRE DI SANTAROSA UNO CHE «VOLEVA E DISVOLEVA», PER IL POPOLO ERA «RE TENTENNA». MA CHI ERA VERAMENTE? NE PROPONE UN VIVACE RITRATTO IL GIORNALISTA ALDO CAZZULLO

▲ L'incontro tra Carlo Alberto e gli aristocratici liberali piemontesi il 6 marzo 1821 in una stampa ottocentesca.

Non doveva diventare re
L'immagine di Carlo Alberto che ci è stata consegnata dalla storia è quella di un re quasi sempre a metà strada tra il coraggio e la viltà, tra la «via dell'onore» e quella del disonore. Ma chi era veramente? Scrive di lui il suo biografo Silvio Bertoldi: «Magro, alto due metri e tre centimetri era un uomo nato francese, educato da francese, che alla fine si rivelerà profondamente italiano».
Appartenente a un ramo cadetto, i Savoia-Carignano, non sarebbe mai dovuto salire al trono.
Vittorio Amedeo III, re di Sardegna, morendo ha lasciato infatti ben dodici figli. Tre di loro, Carlo Emanuele IV, Vittorio Emanuele I, Carlo Felice, si succederanno alla guida del regno, ma non lasceranno eredi.

L'educazione in Francia
Il padre di Carlo Alberto, Carlo Emanuele, ha sposato un'austriaca, Albertina, e si è trasferito in Francia «contagiato» dalla Rivoluzione.
Dopo la morte improvvisa del padre, Carlo Alberto, che ha due anni, resta solo con la mamma e la sorella Elisabetta: i Savoia offrono aiuto, ma in cambio vogliono prendere con loro il piccolo principe per educarlo secondo le proprie regole.
Albertina rifiuta. La «principessa giacobina», come la definisce Vittorio Emanuele in una lettera a Carlo Felice, impartirà al figlio «un'educazione diabolica», prima nella Francia rivoluzionaria, poi a Ginevra, in casa di un pastore protestante, quindi al collegio militare di Bourges.
Dopo la definitiva sconfitta di Napoleone a Waterloo, la madre, che si è risposata, accetta di mandarlo a Torino. Nella patria che non ha mai conosciuto, il giovane francese ritrova l'altro ramo della sua famiglia e scopre l'atmosfera del secolo passato.

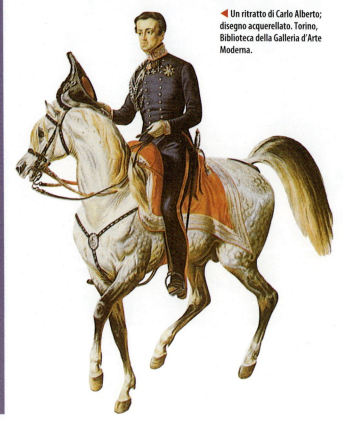

◀ Un ritratto di Carlo Alberto; disegno acquerellato. Torino, Biblioteca della Galleria d'Arte Moderna.

Il ritorno a Torino
I Savoia gli assegnano come precettore un conte molto religioso, Filippo Grimaldi del Poggetto, che ha passato gli anni del dominio di Napoleone chiuso nel suo palazzo.
Carlo Alberto, che a Parigi inseguiva e veniva inseguito dalle donne, deve vivere come in monastero. Pensa di uscirne prendendo moglie: gli tocca in sorte una principessa austriaca, Maria Teresa, figlia del granduca Ferdinando III di Toscana, spenta, timida, devota, debole, impaurita dal sesso. Così il marito cerca distrazioni altrove, e le trova con la vedova del duca di Berry, con la principessa Cristina di Belgioioso, con la contessa Isabella Belguardi, che va a visitare nel suo palazzo di via Dora Grossa, e con la moglie del console di Russia a Firenze.
Anche dopo la nascita del primogenito, Vittorio Emanuele, la vita dei due coniugi non cambia: Maria Teresa passa la serate a giocare a mosca cieca con le figlie dei cortigiani e a ricamare, mentre il marito è nella sala del biliardo a conversare di politica e a disegnare nuovi assetti con i suoi amici, in vista del passaggio dal dispotismo austriacante al liberalismo patriottico.

L'abdicazione di Vittorio Emanuele
Nel 1821, avvisato dall'ambasciatore spagnolo che a Torino si va preparando una congiura, l'aristocratico liberale Emanuele Dal Pozzo della Cisterna, esule a Parigi, si precipita in patria. Bloccato alla frontiera dalla polizia, gli vengono sequestrate lettere e piani dei cospiratori: nelle carte si fa il nome di Carlo Alberto. Il re Vittorio Emanuele gli chiede spiegazioni. La sera successiva, il 6 marzo, un gruppo di giovani entra a palazzo Carignano. Sono gli aristocratici amici di Carlo Alberto che discutono con lui di politica, di riforme, di costituzione, di campagne militari: il conte Santorre di Santarosa, il marchese Carlo di San Marzano, il cavaliere Giacinto Provana di Collegno, il marchese Roberto d'Azeglio e il conte Guglielmo Moffa di Lisio. Sono qui per dirgli che

76

DOSSIER

Protagonisti

l'ora è giunta, che non ci si può tirare indietro, che è tempo di assumersi le proprie responsabilità.
Comincia una commedia delle beffe: nel volgere di pochi giorni, Carlo Alberto si guadagna con un voltafaccia al giorno il soprannome di «re tentenna».
Il piano prevede che gli insorti si muovano all'alba dell'8 marzo verso Moncalieri. Carlo Alberto ha invitato Santarosa e Collegno a dormire a casa sua. Ma durante la giornata del 7 ha un primo ripensamento. Confida al ministro della Guerra, Alessandro di Saluzzo, che si prepara un complotto contro il re. L'8, però, invita gli amici ad andare avanti.
Il 10 va a Moncalieri, si getta ai piedi del re e si dichiara pronto a combattere chiunque minacci la sua autorità. Troppo tardi. Nella notte la guarnigione di Alessandria, fomentata da Santarosa, si è ribellata. Il re, spaventato, torna a Torino.
Domenica 11 marzo il capitano Vittorio Ferrero giunge alle porte della città con 150 ribelli e le insegne della Carboneria, e arringa la folla: «Viva la Rivoluzione».
Le voci si susseguono e si amplificano a ogni passaggio, e quando arrivano a palazzo reale dicono di un esercito rivoluzionario pronto a imporre al re la costituzione con la forza. Panico. Consulti. Il re non sa che fare.
Carlo Alberto è molto applaudito quando lascia il palazzo per raggiungere la cittadella, dove però i congiurati non lo lasciano entrare.
Il re non ce la fa più. Abdica. L'erede è Carlo Felice. Che però non è presente, essendo in visita da Francesco IV, duca di Modena. Reggente è Carlo Alberto.

Dalla rivoluzione alla repressione

Torino è come impazzita; sotto il balcone della reggia la folla invoca libertà e riforme. Carlo Alberto cede. Prende però le sue precauzioni. Si fa mettere per iscritto dal sindaco di Torino, marchese Coardi di Carpeneto, che la Costituzione viene concessa solo per cause di forza maggiore, stante «il pericolo di una guerra civile». Specifica poi che la concessione è subordinata all'assenso del re. Giura quindi fedeltà alla Carta, ma anche al sovrano e a Dio.
Carlo Felice è furibondo. Invia un messaggio a Torino in cui ordina a Carlo Alberto, «se gli resta in vena una goccia del nostro sangue reale», di partire per Novara e attendere là nuovi ordini.
Carlo Alberto parte di nascosto. Ma la commedia sta per finire. Carlo Felice torna e impone la sua legge, che è quella dell'antico regime. I capi dell'insurrezione fuggono a Genova, dove nessuno li trattiene, e riescono a mettersi in salvo all'estero. Dopo aver partecipato alla repressione, Carlo Alberto viene mandato in esilio a Firenze, dove redige un memoriale a sua discolpa.
Per salire sul trono dovrà attendere dieci anni, sino alla morte di Carlo Felice, nel 1831.
Prima però dovrà dare prova di aver capito, di essere maturato, di aver penetrato la logica della Restaurazione: combatterà con le truppe francesi che devono spazzare via l'ultima isola di resistenza liberale, gli insorti che difendono quella costituzione che Carlo Alberto aveva concesso ai Piemontesi. Combatterà con coraggio, verrà decorato con la croce di San Luigi; è la causa a essere sbagliata, o almeno opposta agli ideali della giovinezza e delle prime prove del re.
Alla «Gazzetta Ufficiale» Carlo Alberto dichiara: «Durante questa campagna ho partecipato tredici volte agli scontri e ho rischiato due volte di morire sbudellato». Si è distinto per decisione, ma per tutti sarà sempre «re tentenna».

▼ Ritratto di Carlo Alberto di Savoia; dipinto di G. Marghinotti della metà del XIX secolo.

UNITÀ 2 — I MOTI DEGLI ANNI VENTI E TRENTA

3. I MOTI DEGLI ANNI TRENTA

> CHE COSA STABILIVANO LE QUATTRO ORDINANZE DI CARLO X?
>
> QUALI MOTI DEGLI ANNI TRENTA EBBERO SUCCESSO? E QUALI TERMINARONO CON UN INSUCCESSO?
>
> CHE COSA SI INTENDE PER «CONGIURA ESTENSE»?

▶ Le «Tre giornate gloriose»

Ritornato sul trono francese nel 1814, Luigi XVIII aveva concesso una **Carta costituzionale**. Si trattava di una costituzione ispirata al modello bicamerale inglese che manteneva in larga misura la legislazione civile e penale napoleonica. Alla morte di Luigi XVIII, nel **1824**, gli succedette il fratello **Carlo X**, sostenitore della destra reazionaria i cui esponenti più intransigenti erano detti *ultras*.

Il nuovo sovrano tentò subito di restaurare l'assolutismo monarchico, restringendo le libertà costituzionali concesse da Luigi XVIII. Inoltre, restituì al clero i suoi privilegi e concesse un indennizzo agli aristocratici per gli espropri avvenuti durante la Rivoluzione (**legge del miliardo**: tale era infatti la cifra stanziata per l'operazione).

La borghesia liberale manifestò il suo dissenso alla politica di Carlo X nelle elezioni del 1827, in cui l'opposizione conquistò la maggioranza del Parlamento. Il sovrano, invece di cercare un compromesso, scelse la strada dello scontro che culminò nel **1830** con lo scioglimento dell'assemblea parlamentare e la convocazione di nuove elezioni. L'elettorato, però, rafforzò ulteriormente l'opposizione. Carlo X e il suo ministro Polignac reagirono alla sconfitta tentando un vero e proprio **colpo di Stato**.

Il **25 luglio 1830** vennero emanate quattro ordinanze che:

> scioglievano la Camera che era stata appena eletta;
>
> istituivano un rigido controllo sulla stampa;
>
> modificavano la legge elettorale riducendo il diritto di voto a soli 25 000 cittadini;
>
> indicevano nuove elezioni.

La reazione del popolo di Parigi fu immediata: subito dopo la pubblicazione delle ordinanze scese in piazza scontrandosi dal **27 al 29 luglio 1830** con le truppe regie. Ma la direzione dell'insurrezione passò presto nelle mani dell'alta borghesia e dei liberali moderati che erano intimoriti dai possibili sviluppi sociali della rivolta. Per questo offrirono prontamente la corona al cugino del re, **Luigi Filippo d'Orléans** (detto il «re borghese» per i suoi orientamenti liberali), discendente di quel Filippo Egalité, che aveva aderito alla Rivoluzione dell'89. In questo modo anche il popolo, che chiedeva a gran voce la cacciata dei Borboni, veniva accontentato.

La borghesia moderata aveva vinto: non a caso le tre giornate di luglio sono passate alla storia come le **«Tre gloriose»**, con evidente riferimento alla svolta moderata avvenuta con la «Gloriosa rivoluzione inglese» del 1688. E proprio come in Inghilterra si volle esplicitare la subordinazione dell'autorità del monarca al principio della sovranità popolare: per questo il Parlamento proclamò Luigi Filippo d'Orléans «re dei Francesi secondo la volontà della nazione» (9 agosto 1830). Inoltre, il tricolore rivoluzionario tornò a essere la bandiera nazionale, al posto dei gigli dei Borboni.

Infine, fu approvata una nuova Costituzione, più liberale rispetto a quella del 1814, che assegnava al Parlamento maggiori poteri di controllo sull'operato del governo.

▶ Il successo: la nascita del Belgio

Il primo a seguire l'esempio francese fu il **Belgio**. Il Congresso di Vienna, per ragioni di equilibrio politico, aveva unito Belgio e Olanda nel *Regno dei Paesi Bassi*, sotto la **dinastia degli Orange-Nassau** che privilegiò sistematicamente gli Olandesi a scapito dei Belgi. Tra le due aree, inoltre, vi erano profonde differenze: il Belgio era prevalentemente cattolico, l'Olanda protestante; nell'economia, a un Belgio dinamico e industriale si contrapponeva un'Olanda tradizionalmente agricola e mercantile.

Il **25 agosto 1830** scoppiò **l'insurrezione di Bruxelles**, sotto la guida del clero cattolico e della borghesia liberale. L'Olanda si rivolse allora alle grandi potenze chiedendo aiuto. Ma nella **Conferenza di Londra**, svoltasi tra il dicembre del 1830 e il gennaio del 1831, Francia e Gran Bretagna si opposero all'intervento e riconobbero il nuovo Stato proclamato dagli insorti: il **Regno del Belgio**, sotto la corona di **Leopoldo di Sassonia-Coburgo**.

▶ Stampa ottocentesca che raffigura gli scontri a Parigi durante i moti del 1830.

La logica della Restaurazione veniva così clamorosamente battuta. Inoltre, in contrapposizione ai princìpi della Santa Alleanza, la Francia proclamò, tramite il ministro *Lafitte*, il **principio di non-intervento**, dichiarando di opporsi a qualsiasi ingerenza straniera negli affari interni di uno Stato.

▶ La sconfitta: Polonia e Italia centrale

Ben diverso esito ebbero i moti scoppiati in **Polonia**. La rivolta contro le truppe russe presenti a Varsavia scoppiò il **29 novembre 1830**. La reazione dello zar **Nicola I** non si fece attendere e questa volta nessun appoggio poteva provenire dalla Francia e dall'Inghilterra, timorose di scontrarsi con la Russia. Repressa la rivolta, la Polonia si ritrovò con un regime ancora più rigido del precedente. Ogni forma di autonomia politica venne abolita e la lingua russa fu adottata come unica lingua ufficiale. Anche in alcuni Stati della Germania (Hannover, Sassonia e Assia) vi fu un insurrezione popolare, ma i liberali ottennero solo qualche riforma. Nel 1832 il movimento riprese vigore, ma fu fermato dalla repressione.

Un'altra rivolta fallita fu quella scoppiata nel **1831** nel **Centro Italia**: Emilia, Toscana e Stato Pontificio. Questa rivolta venne innescata dalla cosiddetta **congiura estense**. Il duca di Modena **Francesco IV d'Este**, reazionario ma politicamente spregiudicato, coltivava da tempo l'ambizione di ampliare i propri domini. Aveva così stretto rapporti con alcuni esponenti delle società segrete, in particolare con il commerciante modenese **Ciro Menotti** (1798-1831), nella speranza di poter trarre dei vantaggi territoriali da un'eventuale insurrezione; a sua volta Menotti era intenzionato a servirsi del duca per la causa liberale e sperava nell'appoggio della Francia.

La notte precedente all'insurrezione, Francesco IV, intimorito dalla vittoria dei liberali in Francia e temendo un intervento dell'Austria, fece arrestare Ciro Menotti e gli altri cospiratori. Ma la rivolta esplose ugualmente: da Bologna (5 febbraio 1831), dilagò nello Stato Pontificio, nelle Marche, a Modena, Reggio e Parma, costringendo Francesco IV e Maria Luisa a fuggire. A Bologna fu insediato un *Governo Provvisorio delle Province Unite* (26 febbraio 1831), che si affiancò ai governi provvisori dei vari ducati.

A questo punto, ai cospiratori italiani non rimaneva che confidare nell'aiuto della Francia. Ma la Francia era restia a qualsiasi intervento fuori dei propri confini, secondo un orientamento espresso dal primo ministro Périer con la celebre dichiarazione: «Il sangue dei francesi appartiene solo alla Francia».

Le truppe austriache inviate da Metternich ebbero quindi facile ragione degli insorti. Francesco IV, rientrato a Modena, fece impiccare Ciro Menotti e decretò più di duecento condanne.

◀ Gli insorti festeggiano l'indipendenza del Belgio insieme agli alleati francesi in una stampa coeva.

◀ Un ritratto del patriota Ciro Menotti, che organizzò insurrezioni nell'Italia centrale sperando nell'appoggio, poi negatogli, del duca di Modena.

CONFRONTARE	I moti degli anni Venti e i moti degli anni Trenta	
	I MOTI DEGLI ANNI VENTI	**I MOTI DEGLI ANNI TRENTA**
Principali Paesi coinvolti	Spagna, Portogallo, Regno delle Due Sicilie, Regno di Sardegna, Grecia.	Francia, Belgio, Polonia, Italia centrale.
Interventi repressivi di potenze straniere	L'Austria interviene in Italia; la Francia in Spagna.	L'Austria interviene in Italia; la Russia in Polonia.
Aiuti di potenze straniere	Francia, Russia e Gran Bretagna intervengono in aiuto della Grecia contro la Turchia.	Francia e Gran Bretagna appoggiano, senza intervenire, l'insurrezione del Belgio.
Successi	Indipendenza della Grecia.	In Francia, Filippo d'Orléans viene proclamato «re dei Francesi». Indipendenza del Belgio.

DOSSIER

Il colera a Parigi

vita quotidiana

UNA TRAGEDIA RIMASTA IMPRESSA NELL'IMMAGINARIO COLLETTIVO CON LE PAROLE DI CHATEAUBRIAND: «LA GRANDE MORTE NERA ARMATA DELLA SUA FALCE VENNE PER SCHIACCIARCI SOTTO LE RUOTE DEL SUO CARRO FIN SULLE RIVE DELLA SENNA»

Un'origine indiana

Il colera esiste da sempre, allo stato endemico, in India. Da lì, col passare del tempo, ha raggiunto la Cina, l'Indonesia e il Medio Oriente. Tuttavia fino al XIX secolo la rarità delle relazioni intercontinentali impedì al colera di giungere in Occidente. Nel 1817, la prima grande epidemia di colera toccò Mosca, ma non avanzò ulteriormente verso ovest.

Lo sviluppo dell'impero coloniale britannico e il progresso nei trasporti permisero e amplificarono le ondate seguenti. Nel 1832, 1848, 1865 e 1883, Europa e America del Nord furono infatti toccate dall'infezione.

Ma l'epidemia che più è rimasta nell'immaginario collettivo fu quella di Parigi del 1832. Quando scoppiò, le autorità francesi cercarono di minimizzare l'avvenimento diffondendo delle informazioni tranquillizzanti, peraltro totalmente false.

Il 29 marzo «Le Moniteur Universel», organo ufficiale del governo, parlò di «qualche caso» e di una malattia che non presentava gravi pericoli «se presa per tempo».

Il giorno dopo, però, lo stesso giornale annunciò 64 malati e 24 decessi, l'indomani 178 casi e 60 decessi.

Queste cifre non smisero di aumentare fino al 10 aprile, quando la stampa annunciò che la malattia avrebbe fatto 2000 vittime quel giorno stesso! Purtroppo l'opinione pubblica pensò che le si stesse mentendo ancora e si diffusero voci che parlavano di cifre doppie e addirittura triple rispetto a quelle ufficiali. Parigi fu travolta dal panico.

IL VIBRIONE DEL COLERA

Identificato nel 1883 da Robert Koch, il *Vibrio Cholerae* è un batterio a forma di virgola. Molto presente negli escrementi dei malati, prolifera nell'acqua, transita per le mani e gli alimenti, penetra nell'organismo dalla bocca e s'attacca all'intestino. Vomito e diarrea, i principali sintomi, possono far perdere al corpo un quarto del suo peso. La persona contaminata è apatica, ha gli occhi stralunati, la pelle grigia-blu e può morire in meno di dodici ore. Oggi una ridratazione massiccia attraverso perfusioni salva il 90% dei malati, le medicine fanno il resto. Per curare il colera si ha quindi bisogno di un'attrezzatura sanitaria specifica. Il vero rimedio resta comunque la prevenzione e l'igiene: la cottura del cibo, che uccide i microbi, e soprattutto l'impedire che l'acqua potabile venga contaminata dalla rete fognaria.

Non erano queste le condizioni del XIX secolo, come non lo sono oggi in molte zone sottosviluppate del pianeta.

Mancavano i carri funebri

L'epidemia fu così violenta che le pompe funebri furono prese d'assalto: le casse da morto mancavano, la maggior parte dei corpi erano inumati in semplici sacchi. Persino i carri funebri non erano sufficienti e si dovette far ricorso a ogni sorta di carri e carretti. Dei veri e propri imbottigliamenti si crearono alle entrate dei cimiteri e, a volte, a causa degli incidenti i corpi uscivano dai sacchi. I becchini ammucchiavano i cadaveri l'uno sull'altro, in fosse comuni scavate in fretta e in superficie. Ricoperti di un leggero strato di terra, i corpi in putrefazione emanavano degli odori spaventosi.

L'epidemia non si diffuse però in modo omogeneo in tutta Parigi.

Nei quartieri popolari la mortalità fu più alta: gli abitanti infatti vivevano in appartamenti affollati e insalubri, condizioni ideali per il diffondersi dell'infezione.

I quartieri ricchi pagarono un contributo decisamente minore: una parte dei benestanti era fuggita dalla città con la propria servitù sin dall'inizio dell'epidemia; quelli rimasti erano ben nutriti, dunque più resistenti alla malattia, e beneficiavano di condizioni igieniche migliori. Ancora una volta, il denaro risultò una buona protezione contro la morte.

Dicerie e violenze

Come spesso succede, la catastrofe si accompagnò alle violenze. Nei primi giorni i Parigini non credevano affatto al colera, al contrario parlavano d'avvelenamento, dicevano che i ricchi cercavano di uccidere i poveri per evitare la carestia. Alcuni uomini vennero linciati per aver offerto una caramella a un bambino, per essersi fermati troppo tempo davanti a una bottega o per essere in possesso di una polvere strana (canfora o cloruro). Le dicerie cessarono solo quando ormai nulla poteva più negare che si trattava effettivamente di un'epidemia. Anche gli avversari della monarchia si agitarono. La pro-

▼ Due pagine di una *Istruzione sulla colera pei non medici*, stampata a Milano nel 1831; tra i rimedi contro le epidemie di colera compaiono anche i bagni di vapore.

◀ Il colera colpì diverse zone europee nel corso del XIX secolo; in questa incisione coeva, un villaggio svizzero attaccato dal morbo.

testa politica trovò uno sfogo nell'angoscia nata dall'epidemia. Degli esagitati proposero di risanare l'atmosfera decapitando il nuovo re, Luigi-Filippo d'Orléans, e i suoi ministri!
Le esequie del generale Lamarque, fervente repubblicano, morto di colera il 2 giugno, furono seguite da uomini armati. Il corteo si trasformò in una sommossa. Vennero innalzate delle barricate. L'esercito intervenne e gli insorti catturati furono massacrati nel chiostro di Saint-Merri, nel cuore di uno dei quartieri più toccati dall'epidemia. Solo questo episodio causò circa 800 morti.

Cure false e cure vere
La tensione a Parigi fu molto forte anche perché i dottori non conoscevano dei rimedi efficaci. Il miscuglio di punch e camomilla, le pozioni canforate o le frizioni con varie tinture non avevano alcun effetto sul decorso della malattia. Peggio: sanguisughe, salassi e diete indebolivano i malati; le applicazioni di ferri da stiro caldi sulla schiena o i bagni di vapore aggravavano la disidratazione. Soltanto alcune cure prescrivevano l'assunzione di grandi quantità di acqua, il che poteva essere veramente utile; ma purtroppo ciò accadde in pochi casi.
Quando l'epidemia cominciò a placarsi da sé, dopo circa sei mesi dall'apparizione dei primi casi, a Parigi si contarono 18 402 morti; più di 100 000 in tutta la Francia.
Una tragedia rimasta impressa nell'immaginario collettivo con le parole dello scrittore François René de Chateaubriand: «La grande morte nera armata della sua falce venne per schiacciarci sotto le ruote del suo carro fin sulle rive della Senna».

▼ Una vignetta satirica inglese che mostra la minaccia della diffusione del contagio.

vita quotidiana

DOSSIER

4. L'INDIPENDENZA DELL'AMERICA LATINA

> QUALI FURONO LE CAUSE CHE PORTARONO ALL'INDIPENDENZA DELL'AMERICA LATINA?
>
> IN CHE COSA CONSISTEVA LA DOTTRINA MONROE?
>
> QUALI PROBLEMI DOVETTERO AFFRONTARE I NUOVI STATI DOPO AVER OTTENUTO L'INDIPENDENZA?
>
> CHE COSA SIGNIFICA IL TERMINE *CAUDILLOS*?

▶ L'America Latina tra Europa e America

Durante l'età della Restaurazione, l'America Latina si liberò dal secolare dominio spagnolo e portoghese.
La principale **causa interna** di questo straordinario risultato, raggiunto nell'arco di due decenni (1810-30), va ricercata nelle tensioni in atto nella società latino-americana. Questa era composta:

› dalla minoranza dei *Creoli*, l'*élite* bianca discendente dagli antichi conquistatori;

› dalla maggioranza di *Indios* e *Neri*, che lavoravano duramente nelle piantagioni e nelle miniere;

› dallo strato intermedio dei *Meticci*, nati dalle unioni degli Spagnoli con donne indigene.

I Creoli monopolizzavano le maggiori ricchezze della regione, ma non controllavano il potere politico, che restava nelle mani dei funzionari spagnoli e portoghesi (i cosiddetti *peninsulari*).

Invece, le **cause esterne** furono:

› il *declino* della potenza militare e commerciale della Spagna e del Portogallo, a partire dal crollo delle due monarchie, nel 1808, a opera delle truppe napoleoniche;

› *la crisi del sistema della Santa Alleanza*, innescata dall'atteggiamento dell'Inghilterra: per difendere i suoi consistenti interessi commerciali, Londra impedì in ogni modo alle potenze europee di intervenire in Sudamerica;

› *il no deciso degli Stati Uniti* a qualunque ingerenza europea nel Nuovo Continente. Tale tesi fu sostenuta dal presidente americano *James Monroe*, che pronunciò nel 1823 un memorabile discorso davanti al Congresso, la cui sintesi era lo slogan «l'America agli Americani». Monroe enunciò allora con fermezza il divieto per gli Europei di colonizzare il territorio americano, e il diritto degli Stati Uniti di occuparsi delle vicende del continente (**dottrina Monroe**).

▶ La formazione degli Stati sudamericani

Tra il **1809** e il **1812**, approfittando della difficile situazione della penisola iberica sotto l'invasione napoleonica, scoppiarono le prime rivolte, in seguito duramente represse dalla restaurata monarchia spagnola. Ma l'opposizione creola alla madrepatria aumentava. Negli anni Trenta le oligarchie creole insorsero. Nelle principali città (Caracas, Bogotà, Buenos Aires, Santiago), i consigli comunali si trasformarono in vere e proprie giunte autonome. In questa prima fase lo scontro tra indipendentisti e peninsulari, fedeli alla monarchia borbonica, assunse la forma di una vera guerra civile, visto che la Spagna mandò le sue truppe solo nel 1815.

Già dalle prime fasi si affermarono le figure eroiche di combattenti per la libertà, come **Simón Bolívar** in Colombia e Venezuela, e **José de San Martín** in Cile, **Paraguay** (indipendente dal 1811) e **Argentina** (che resistette alla controffensiva dell'esercito spagnolo e si dichiarò indipendente nel 1816).

A causa delle paralizzanti divisioni interne al gruppo dirigente indipendentista, la conduzione delle rivoluzione passò dai politici ai generali.

A sud, **San Martín** mosse dalla libera Argentina e, con l'aiuto degli esuli cileni, entrò a Santiago e proclamò l'indipendenza del **Cile** (1818); poi fu la volta del **Perù**, principale roccaforte delle milizie spagnole (1821).

A nord, **Bolívar** liberò prima la Colombia (1819), e poi l'intera regione settentrionale del continente tentando di unificarle in un'unica repubblica, la **Grande Colombia** (comprendente anche Ecuador e Venezuela).

Ritiratosi dalla scena San Martín, toccò a Bolívar difendere il Perù dall'ultima controffensiva spagnola, completando la liberazione del continente (1824). Nel 1825 l'Alto Perù proclamò la sua indipendenza e, in omaggio al suo liberatore, prese il nome di **Bolivia**. Nel 1828 fu la volta dell'**Uruguay**, dopo una dura lotta contro Spagnoli, Argentini e poi contro i Brasiliani.

In **Messico** l'iniziativa anti-spagnola fu assunta dagli Indios che, forti dell'appoggio del clero, rivendicavano non solo l'indipendenza, ma anche l'abolizione della schiavitù e la riforma agraria. Tuttavia furono i Creoli, che in un primo momento avevano sostenuto la repressione spagnola della ri-

---

DOC

LA DOTTRINA MONROE

Quello che segue è un brano del discorso del 1823 con cui il presidente Monroe espose i princìpi base degli Stati Uniti nelle questioni di politica estera.

Giudico opportuno [...] asserire, come principio in cui sono implicati i diritti e gli interessi degli Stati Uniti, che i continenti americani, data la libera e indipendente condizione da essi assunta e mantenuta, non dovranno da ora in poi più considerarsi oggetto di una futura colonizzazione da parte di qualsiasi potenza europea. [...]. Nelle guerre tra potenze europee, relative a questioni di loro pertinenza, noi non abbiamo preso alcuna parte, né la nostra politica lo consentirebbe. Soltanto quando i nostri diritti sono lesi o seriamente minacciati, noi ci risentiamo e ci prepariamo alla difesa. Necessariamente siamo più interessati agli sviluppi che si verificano in questo emisfero.

▲ José de San Martín, generale argentino ed eroe dell'indipendenza di Argentina, Cile e Perù, in un dipinto di Daniel Hernandez.

volta contadina, a proclamare l'indipendenza del Messico (**1821**).
Diverso fu infine il caso del **Brasile**, che non conobbe guerre civili né disordini sociali: l'indipendenza della grande colonia portoghese fu direttamente proclamata nel **1822** dal reggente Pietro divenuto imperatore costituzionale del Brasile, figlio del sovrano del Portogallo Giovanni VI, per prevenire un'imminente insurrezione rivoluzionaria.

▶ Un continente politicamente diviso

L'indipendenza dell'America spagnola produsse, come primo effetto, la frammentazione politica del continente: nacquero tanti piccoli Stati, scarsamente popolati e indeboliti dalla lunga guerra. Il romantico sogno di Bolívar di dar vita a un'«unione sudamericana» tramontò nel 1830, con la divisione della Grande Colombia negli Stati di **Venezuela**, **Ecuador** e **Colombia**.
Anche in America Centrale, le Province Unite, già staccatesi dal Messico (1823), si suddivisero negli Stati di Guatemala, Honduras, El Salvador, Nicaragua e Costa Rica.
Tutti i nascenti Stati sudamericani, Brasile a parte, si diedero costituzioni democratico-repubblicane, come quella statunitense. Mancavano però i presupposti per un vero regime democratico: l'amministrazione pubblica era praticamente inesistente e l'attività politica era gestita da potentati economici (i padroni delle piantagioni) e oligarchie familiari (commercianti delle città). I nuovi Stati conobbero così un *trentennio di forte instabilità politica*, in cui il potere fu conteso tra i caudillos, i capi di eserciti irregolari locali, istituiti durante la lotta di liberazione.

LESSICO

CAUDILLOS E CAUDILLISMO

Il termine *caudillos* indica i capi di origine militare che, nell'America Meridionale, combatterono le guerre d'indipendenza contro la Spagna a partire dal 1810.
Il *caudillismo* divenne il sistema di governo dominante nei Paesi latino-americani una volta conquistata l'indipendenza fino al raggiungimento di una precisa identità nazionale (approssimativamente nel periodo tra il 1820 e il 1860).
I *caudillos* utilizzarono il loro carisma per esercitare il potere in modo autoritario e paternalistico, ottenendo l'adesione incondizionata dei loro uomini. A volte, il caudillismo prese la forma di dittature personali, messe in atto da singoli *caudillos* o da diversi *caudillos* alleati. Il fenomeno del caudillismo si esaurì con l'affermazione dei primi governi d'ispirazione liberale.

▲ Un ritratto di Simón Bolívar, *el libertador* («il liberatore»).

LA CRISI DA INDEBITAMENTO DELL'AMERICA LATINA

La storia dell'indebitamento dell'America Latina – scrive l'economista inglese Frank Dawson – ebbe inizio proprio con Simón Bolívar.
Nel 1819 Bolívar mandò a Londra il collega e amico Francisco Antonio Zea a chiedere un prestito per finanziare la battaglia finale per l'indipendenza dei Paesi latino-americani. Zea trovò in Inghilterra investitori e finanzieri molto interessati a questa proposta. In quel periodo nel Paese vi era una entusiastica attenzione per l'America Latina, che rappresentava un interessante potenziale economico e politico. In particolare gli Inglesi erano attratti dalla prospettiva dell'espulsione degli Spagnoli dall'America Latina. In questo caso, il mercato latino-americano si sarebbe aperto all'Impero inglese. Nel 1828 tutti i Paesi latino-americani, a eccezione del Brasile, erano indebitati.
Questa situazione fu la causa della prima crisi da indebitamento. Ma in che modo questa prima crisi economica giunge fino ai giorni nostri?
Ci sono delle debolezze strutturali nel sistema di questi Paesi che non sono mai state corrette. La prima crisi fu preceduta da un *boom* di prestiti. Gli investitori avevano capito che, investendo in America Latina, i guadagni sarebbero stati superiori a quelli che avrebbero ottenuto nel proprio Paese.
Questo *boom* di prestiti finì però nel momento in cui gli investitori temettero di perdere il proprio capitale per la fragilità politica del Paese, la mancanza di adeguate infrastrutture, la dipendenza economica dall'estero, ecc. E ritirarono i soldi investiti. A questo punto crollò la produzione, e fu la crisi. Fino a che nuovi investimenti non consentirono il rilancio dell'economia e l'indebitamento crebbe. Il che spaventò gli investitori e il ciclo ricominciò.
Come afferma l'economista John Kenneth Galbraith: «Nei problemi finanziari, la storia si ripete a causa di un sofisticato tipo di stupidità».

L'*economia sudamericana* era basata sulle piantagioni di prodotti (caffè, cacao, canna da zucchero, grano e tabacco) destinati all'esportazione. Per sopravvivere doveva sottostare alle imposizioni del commercio estero, in particolare della Gran Bretagna, la massima potenza economica mondiale del tempo. L'indipendenza politica, con la liberalizzazione dei commerci, e la fine del monopolio della madrepatria, non riscattò quindi l'economia, che continuò a dipendere dalle potenze straniere.

Un processo di industrializzazione venne avviato solo nell'ultimo quarto dell'Ottocento, sotto l'impulso di regimi autoritari. Capitali europei e nordamericani furono investiti nelle comunicazioni (ferrovie, telegrafi), nell'industria cantieristica e mineraria, nell'agricoltura. La spinta alla modernizzazione generò anche una *forte instabilità*, con un continuo avvicendarsi di rivoluzioni e controrivoluzioni.

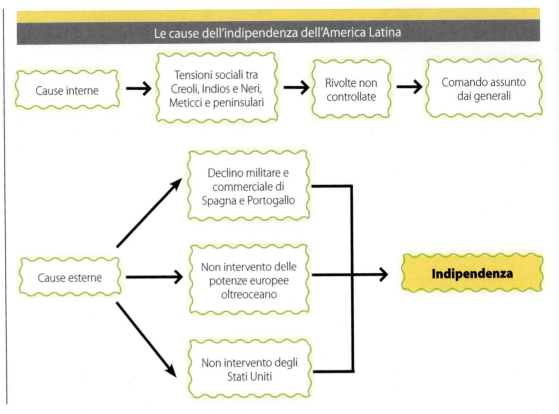

Le cause dell'indipendenza dell'America Latina

L'indipendenza dell'America Latina

① Paraguay. Il movimento di liberazione dichiarò nel **1811** l'indipendenza, che venne ratificata nel **1813**.

② Argentina. Grazie all'aiuto di **San Martín** si dichiarò indipendente nel **1816**.

③ Cile. L'indipendenza fu proclamata nel **1818** da **San Martín**.

④ Colombia. Fu liberata da **Bolívar** nel **1819**. In seguito, si cercò, inutilmente, di creare un'unica repubblica della **Grande Colombia**, comprendente anche l'**Ecuador ⑤**, indipendente dal **1809**, e il **Venezuela ⑥**, indipendente dal **1811**.

⑦ Perù. Principale roccaforte spagnola, divenne indipendente nel **1821** grazie alle truppe di **San Martín**, ma la zona del sud, l'**Alto Perù**, divenne indipendente solo nel **1825** grazie a **Simón Bolívar** da cui prese appunto il nome di **Bolivia ⑧**.

⑨ Uruguay. Dopo una lunga e dura lotta divenne indipendente nel **1828**.

⑩ Messico. La lotta contro gli Spagnoli fu intrapresa dagli Indios; tuttavia furono proprio i Creoli che avevano represso la rivolta degli Indios a ottenere l'indipendenza nel **1821**.

⑪ Brasile. Fu l'unico Paese a diventare indipendente (dal Portogallo) senza il ricorso a rivolte, nel **1822**.

Il sogno del *libertador* Simón Bolívar

LAB

Storiografia

Simón Bolívar è una di quelle grandi figure che sono state trasformate in mito, rendendo difficile separare il reale valore storico del personaggio dall'idealizzazione della sua opera. La storica Nadeije Laneyrie-Dagen nel brano seguente presenta un ritratto a tutto tondo, con luci e ombre, del *libertador*.

L'esempio dell'Europa

Nato a Caracas nel 1783, l'anno in cui l'indipendenza degli Stati Uniti venne riconosciuta dall'Inghilterra, Simón Bolívar discendeva da una ricca famiglia spagnola. Ma considerava come sua patria l'America.

Faceva parte di quella élite che guardava agli ideali rivoluzionari europei. Tra il 1803 e 1805 Bolívar si recò in Europa dove scoprì il fervore dei rivoluzionari, gli ideali massoni, l'egoismo dei sovrani. Ammirò Napoleone, questo generale repubblicano il cui potere si fondava sul successo, e la gloria della nazione.

A Roma, nel 1805, Bolívar giurò di liberare l'America dal giogo spagnolo. Di ritorno in Venezuela, ritrovò un'America Latina in fermento. Un anno prima, nel 1806, un nobile venezuelano, Francisco de Miranda, aveva tentato uno sbarco per liberare le colonie latino-americane. Il suo progetto era fallito, ma l'idea di una rivolta militare era diventata realtà.

Le difficoltà della Spagna rinforzarono la voglia di indipendenza. Nel luglio del 1811 la Repubblica venezuelana venne proclamata per la prima volta. Gli Spagnoli reagirono e la spazzarono via all'inizio del 1812. Bolívar fuggì in esilio. Ma riprese presto il combattimento: la sua tattica si fondava sulla rapidità di spostamento, sull'effetto-sorpresa e anche sulla feroce determinazione a lottare fino alla morte.

Le «Campagne ammirabili»

Nel 1813, Bolívar guidò le sue truppe attraverso la Colombia e il Venezuela. Queste operazioni hanno preso il nome di «Campagne ammirabili».

Bolívar entrò in Caracas e proclamò la Repubblica venezuelana per la seconda volta. Ma presto 11 000 soldati spagnoli sbarcarono e la controffensiva risultò vittoriosa. Bolívar fu obbligato nuovamente all'esilio.

Quali sono le ragioni di questo alternarsi di successi e sconfitte? Fino al 1816 il combattimento per l'indipendenza fu un fatto che riguardava solo l'élite. Le masse popolari (indiani, mulatti e schiavi neri) restarono leali alla Spagna: per loro l'indipendenza non era che una rivendicazione dei ricchi.

Bolívar capì che l'indipendenza doveva diventare una lotta popolare. Nel 1816 adottò quindi un programma sociale: promise la liberazione degli schiavi e la redistribuzione delle terre sottratte al nemico.

Questa strategia politica fu vincente. Dal 1819 al 1821, Bolívar riprese la lotta. Occupò Bogotà nel luglio 1819. Nel 1821 proclamò per la terza volta e in maniera definitiva la Repubblica venezuelana. Nel 1822 il generale Sucre liberò l'Ecuador. Nel 1824 Bolívar liberò il Perù e la Bolivia. Infine il 9 dicembre 1824, ad Ayacucho, gli Spagnoli subirono una nuova sconfitta ritirandosi definitivamente dal continente.

Da questo momento l'America fu in mano agli Americani.

Un personaggio autoritario

Bolívar diventò presidente del Venezuela, presidente a vita del Perù, vicepresidente della Colombia. Lasciò la presidenza della Bolivia al generale Sucre.

Eroe militare e politico, incarnò l'identità latino-americana. Sognava una grande confederazione che raggruppasse tutto il continente sudamericano sotto il suo potere. Perché Bolívar era autoritario. Un giorno scrisse a uno dei suoi luogotenenti: «Che cosa possiedono i Venezuelani che non devono a me?».

La sua presunzione gli alienò la simpatia di molti. Nel 1827, un colpo di Stato militare mise fine al suo potere in Perù. Nel settembre del 1828, sfuggì a un attentato in Colombia. Nel 1830, il suo amico, il generale Sucre, venne assassinato in Bolivia. Il potere di Bolívar si sfaldò, la sua autorità vacillò, la sua popolarità crollò.

L'uomo, logorato da un'attività frenetica, si sentì preso da uno scoraggiamento immenso. Qualche settimana prima della sua morte scrisse: «La sola cosa che si possa fare in America Latina è emigrare». Abbandonò ogni potere e andò nuovamente in esilio. Minacciato dalla tubercolosi morì nell'indifferenza generale a Santa Marta, in Colombia, il 17 settembre 1830.

Se l'uomo fu poco amato, il *libertador* venne adulato: un mito, che giunge fino ai giorni nostri, in cui il personaggio si confonde con la storia della liberazione dell'America Latina.

N. Laneyrie-Dagen, *Bolívar au Venezuela*

COMPRENDERE

❭ Quali aspetti hanno reso mitico il personaggio di Bolívar?

❭ Quali sono invece gli aspetti meno eroici del personaggio?

❭ Qual era il progetto politico di Bolívar?

❭ Che ostacoli incontrò nella realizzazione del suo progetto?

❭ Che fine fece Bolívar?

CONTESTUALIZZARE

❭ Quali Stati sudamericani ottennero l'indipendenza tra il 1810 e il 1830?

❭ Perché si affermò il potere dei *caudillos*?

DISCUTERE E ANALIZZARE

❭ Bolívar è un personaggio storico che è anche diventato un mito grazie alla divulgazione scritta e orale delle sue imprese. Secondo te, i moderni mezzi di comunicazione aiutano a creare miti oppure ne impediscono l'affermazione?

UNITÀ 2 — I MOTI DEGLI ANNI VENTI E TRENTA

LAB

Educazione e insurrezione

Come vedremo meglio nella prossima unità, con la fondazione a Marsiglia dell'organizzazione politica della Giovine Italia nel 1831, Mazzini intendeva uscire dalla logica cospirativa della Carboneria e affidare al popolo il compito di realizzare l'unità nazionale. Per riuscire ad adempiere il suo compito il popolo doveva essere educato all'insurrezione e doveva assimilare quegli ideali su cui si sarebbe fondata la nazione italiana: una, sovrana, indipendente e repubblicana.

La Giovine Italia è la fratellanza degli Italiani credenti in una legge di Progresso e di Dovere; i quali convinti che l'Italia è chiamata a essere Nazione – che può con forze proprie crearsi tale – che il mal esito dei tentativi passati spetta non alla debolezza, ma alla pessima direzione degli elementi rivoluzionari[1] – che il segreto della potenza è nella costanza e nell'unità degli sforzi – consacrano, uniti in associazione, il pensiero e l'azione al grande intento di restituire l'Italia in Nazione di liberi ed uguali, Una, Indipendente, Sovrana [...].
La Giovine Italia è repubblicana [...] perché, teoricamente, tutti gli uomini di una nazione sono chiamati, per la legge di Dio e dell'umanità, ad esser liberi, eguali e fratelli; e l'istituzione repubblicana è la sola che assicuri questo avvenire – perché la sovranità risiede essenzialmente nella nazione, sola interprete progressiva e continua della legge morale suprema. [...]
I mezzi dei quali la Giovine Italia intende valersi per raggiungere lo scopo sono l'educazione e l'insurrezione. Questi due mezzi devono usarsi concordemente e armonizzarsi. L'educazione, cogli scritti, coll'esempio, colla parola, deve conchiudersi sempre alla necessità e alla predicazione dell'insurrezione, quando potrà realizzarsi, dovrà farsi in modo che ne risulti un principio di educazione nazionale [...]. L'insurrezione dovrà presentare nei suoi caratteri il programma in germe della nazionalità italiana futura. Dovunque l'iniziativa avrà luogo, avrà bandiera italiana, scopo italiano, linguaggio italiano. Destinata a formare un Popolo, essa agirà in nome del Popolo e si appoggerà sul Popolo, negletto[2] finora. [...]

G. Mazzini, *Istruzione generale per gli affratellati nella «Giovine Italia»*, 1831

1 Critica cioè la Carboneria per il modo in cui ha organizzato i moti: in particolare Mazzini riteneva che la segretezza del programma della Carboneria impedisse il coinvolgimento popolare.
2 Trascurato.

DOCUMENTO SCRITTO

❯ Qual è, secondo Mazzini, la missione cui sono chiamati gli Italiani?

❯ Qual è la forma di Stato che meglio si adatta al concetto mazziniano di nazione?

❯ Qual è l'unico metodo efficace per raggiungere l'indipendenza?

DOCUMENTO ICONOGRAFICO

❯ Perché questo dipinto è allegorico?

❯ Che ruolo ha la donna in primo piano?

❯ Perché è rappresentato un uomo elegantemente vestito?

❯ Che ruolo ha il ragazzino vicino alla donna?

❯ Quali sono i simboli della rivoluzione?

CONFRONTO FRA I DOCUMENTI

❯ Quali elementi hanno in comune i due documenti?

❯ Come è considerato il popolo da Mazzini? Come è rappresentato da Delacroix?

❯ Che valore ha per Mazzini l'insurrezione? Che significato riveste l'insurrezione nel quadro di Delacroix?

La Libertà che guida il popolo

LAB

Questo grande quadro allegorico di Eugène Delacroix celebra la rivoluzione del luglio 1830 a Parigi. L'opera è stata definita dallo storico dell'arte Giulio Carlo Argan «il primo quadro politico nella storia della pittura moderna».
L'artista esprime qui la sua adesione politica all'insurrezione: si ritrae infatti nel personaggio con il cilindro, ma in realtà, anche se faceva parte della Guardia nazionale, non partecipò direttamente agli scontri armati.
Presentato al *Salon* del 1831, il quadro venne acquistato da Luigi Filippo per tremila franchi. Nel 1855 Napoleone III lo presentò all'Esposizione Universale di Parigi.

1. Il pittore ha voluto che l'attenzione dello spettatore si concentrasse sull'immagine della Libertà, rappresentata come una popolana, impetuosa e sensuale, rappresentazione moderna della *Nike*. La Libertà è sulla barricata, simbolo della resistenza al potere, ha in una mano la bandiera, simbolo della nazione, e nell'altra il fucile, simbolo della lotta.

2. La donna si staglia su uno sfondo di luce chiara, quasi un'aureola che la circonda.

6. Un insorto, elegantemente vestito di scuro e con la tuba sulla testa, rappresenta la borghesia cittadina che ha partecipato all'insurrezione. Si tratta di un autoritratto dell'autore che si rappresenta in atteggiamento psicologico concitato, come la cultura romantica voleva per i patrioti.

4. Il rivoluzionario ragazzino, armi in pugno e scamiciato, rappresenta il proletariato di Parigi a cui si ispirò anche Victor Hugo nel suo romanzo *I Miserabili*.

3. Sullo sfondo, in uno scorcio cittadino, si vedono ancora i fumi degli incendi e della battaglia.

5. I caduti dell'insurrezione, riversi a terra, sono posti in primo piano, in una rappresentazione realistica e cruda.

1. LE SOCIETÀ SEGRETE

Un'opposizione nascosta	Nell'età della Restaurazione il dissenso politico era vietato o molto limitato: perciò il principale strumento di lotta politica fu costituito dalle **società segrete**. Si trattava di organizzazioni con rigide strutture gerarchiche e clandestine, il cui modello fu la **Massoneria**. La più importante società segreta dell'epoca fu la **Carboneria**, il cui obiettivo era la **costituzione liberale**.
Il metodo delle insurrezioni	Accanto alle **società segrete progressiste** vi erano anche **società segrete reazionarie**. Queste ultime ebbero un ruolo assai limitato, di sostegno alle posizioni più intransigenti dell'aristocrazia e del clero. Le società segrete progressiste organizzavano insurrezioni per obbligare il sovrano a concedere la costituzione. Merito di queste società fu quello di tenere vivi gli ideali della rivoluzione, ma i loro limiti furono proprio la segretezza dei **programmi** e degli **iscritti**. Il mancato coinvolgimento delle classi popolari le portò al fallimento.

2. I MOTI DEGLI ANNI VENTI

La rivolta	Negli anni 1820-21 un'ondata rivoluzionaria dei liberali partì dalla Spagna e si estese a tutta l'Europa. Ferdinando VII di **Spagna** fu costretto a ripristinare la **Costituzione di Cadice** del 1812, una costituzione liberale che sarebbe diventata il punto di riferimento per i successivi moti. Nel **Regno delle Due Sicilie** la rivolta scoppiò a Nola e si diffuse tra i ranghi dell'esercito. In **Piemonte** insorse la guarnigione di Alessandria; Vittorio Emanuele I abdicò in favore del fratello **Carlo Felice**; in attesa che questi tornasse da Modena, **Carlo Alberto**, in qualità di reggente, concesse la Costituzione.
La risposta della Santa Alleanza	Di fronte all'ondata rivoluzionaria la Santa Alleanza (Austria, Prussia, Russia), secondo il principio di intervento, inviò i propri eserciti a combattere gli insorti nei vari Paesi europei, sconfiggendoli. L'unico successo dei moti fu l'**indipendenza della Grecia** dalla Turchia.
La Gran Bretagna liberale	Solo la Gran Bretagna rispose ai problemi politici e sociali con riforme. Fu consentita l'organizzazione di sindacati operai e una **riforma elettorale** aumentò il numero di elettori, senza arrivare al suffragio universale richiesto dai democratici.

3. I MOTI DEGLI ANNI TRENTA

Le «Tre giornate gloriose»	**Carlo X**, divenuto re di Francia nel 1824, alla morte di Luigi XVIII, cercò di restaurare l'assolutismo e tentò un **colpo di Stato**. Il popolo parigino insorse (27-29 luglio 1830) e la borghesia, per evitare degenerazioni della rivolta, offrì la corona a **Luigi Filippo d'Orléans**, che dovette accettare la limitazione costituzionale del proprio potere.
Il successo: la nascita del Belgio	Il Congresso di Vienna, tra le altre risoluzioni, aveva unito Belgio e Olanda in un unico Stato, il *Regno dei Paesi Bassi*. Nel 1830 in Belgio scoppiò una rivolta. L'Olanda chiese l'aiuto delle grandi potenze, ma Francia e Gran Bretagna rifiutarono di intervenire e riconobbero l'indipendenza del **Belgio**.
La sconfitta	Nel **Centro Italia** (Emilia, Toscana e Stato Pontificio) una rivolta nel 1831 creò un *Governo Provvisorio delle Province Unite*. La Francia – ormai contraria a interventi fuori dei propri confini – rifiutò di sostenere l'operazione e le truppe austriache repressero la rivolta.

4. L'INDIPENDENZA DELL'AMERICA LATINA

L'indipendenza	Tra il 1810 e il 1830 l'America Latina si liberò dal secolare dominio di Spagna e Portogallo, potenze in declino. Tra il 1809 e il 1812 scoppiarono le prime rivolte, che quasi ovunque divennero vere guerre civili. Negli anni Venti Argentina, Perù, Paraguay, Brasile e molti altri Stati raggiunsero l'indipendenza, grazie anche a figure eroiche come **Simón Bolívar** e **José de San Martín**.
L'instabilità	Il Sudamerica era frammentato in Stati piccoli e indeboliti dalle guerre. Quasi tutti si diedero costituzioni democratico-repubblicane, destinate però a essere abolite da una serie di colpi di Stato. Poiché l'economia era agricola e rivolta all'esportazione, il continente continuò a dipendere dalle potenze straniere; solo a fine Ottocento, con i regimi autoritari, iniziò l'industrializzazione. La spinta alla modernizzazione generò anche un continuo avvicendarsi di rivoluzioni e controrivoluzioni.

l'essenziale

PAROLE IN EREDITÀ

Patriota: è nell'Ottocento, durante le insurrezioni liberali e democratiche che questo termine entra nell'uso politico per indicare colui che ama la patria, la difende ed è disposto a sacrificarsi per essa. Nei secoli precedenti indicava semplicemente chi apparteneva allo stesso Stato. È un termine decisamente romantico che tuttavia fu usato anche per indicare i combattenti antifascisti nella prima fase della lotta partigiana.

Barricata: a Parigi nel 1830 il popolo protestò innalzando le barricate sulle strade per difendersi dalla repressione poliziesca. Sbarravano insomma il passaggio disponendo lungo le vie oggetti voluminosi e masserizie: una modalità di protesta che è continuata fino ai nostri giorni. «Fare le barricate» significa «insorgere», indica una sommossa popolare. Il termine deriva dal francese *barrique* cioè «barile», proprio perché con le grandi botti gli insorti bloccavano il passaggio nelle strade.

Reazionario: quest'aggettivo deriva dalla parola «reazione» e nel linguaggio politico indica il fautore della reazione nei confronti di un processo rivoluzionario o semplicemente nei confronti di qualsiasi cambiamento. La Restaurazione fu dunque espressione di una politica reazionaria. Il termine ha però finito con l'assumere il significato più vasto di «sostenitore di idee conservatrici»; infatti, in questo senso, il contrario di reazionario è l'aggettivo «progressista» e non «rivoluzionario».

▲ *L'esecuzione di Sciesa*, acquarello di Gaetano Previati (1852-1920); Milano, Museo del Risorgimento. Amatore Sciesa, patriota italiano, fu arrestato a Milano nel 1851; condannato a morte, gli venne offerta clemenza se avesse fatto i nomi dei suoi compagni, ma Sciesa rifiutò.

puoi trovare altri esercizi

UNITÀ 3
LE RIVOLUZIONI DEL 1848

PRIMA
Le rivoluzioni borghesi e liberali

I moti degli anni Venti e Trenta

Le insurrezioni degli anni Venti e degli anni Trenta che scoppiarono in Italia e nel resto d'Europa furono ispirate soprattutto dal pensiero liberale e costituzionalista. I moti infatti avevano come obiettivo la lotta all'assolutismo, la limitazione del potere sovrano con una costituzione, l'affermazione dei diritti civili. Per questi aspetti i moti trovarono un solido appoggio nella classe borghese in ascesa, che faceva sentire la propria influenza a livello economico con il suo spirito d'intrapresa, e a livello morale e culturale, attraverso l'opinione pubblica.

Il fallimento dei moti rivoluzionari evidenziò tutti i limiti dell'azione politica condotta dalle società segrete, ma anche l'efficacia della repressione praticata secondo le linee stabilite dal Congresso di Vienna.

I governi delle potenze europee infatti furono attenti a preservare il principio di equilibrio, cioè a non alterare i rapporti di forza tra gli Stati. Si dimostrarono incapaci però di cogliere le reali trasformazioni culturali e sociali in atto in Europa, che alimentavano le aspirazioni dei rivoluzionari.

La repressione infatti non soffocò il dibattito politico: concorse invece a spostare la riflessione su posizioni ancora più radicali e ad alimentare la formazione della coscienza nazionale.

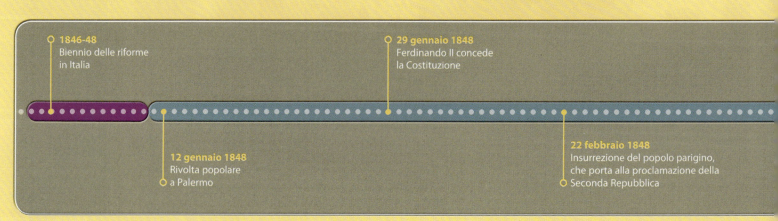

- **1846-48** Biennio delle riforme in Italia
- **12 gennaio 1848** Rivolta popolare a Palermo
- **29 gennaio 1848** Ferdinando II concede la Costituzione
- **22 febbraio 1848** Insurrezione del popolo parigino, che porta alla proclamazione della Seconda Repubblica

EREDITÀ

Certamente per l'Italia l'eredità maggiore riguarda i simboli della sua unità nazionale (▶ **Eredità**, p. 108): la **bandiera tricolore** e l'**inno** nazionale, cioè concrete espressioni delle libertà conquistate dal popolo italiano.
Questo è anche il periodo in cui le contraddizioni prodotte dalla rivoluzione industriale danno l'avvio a nuove riflessioni ideologiche: il 1848 è l'anno di pubblicazione del *Manifesto del Partito comunista* di Karl Marx che tanta parte ha avuto nella storia successiva del movimento operaio di tutto il mondo. Sono anche gli anni in cui si afferma il **valzer**: grazie soprattutto alle opere degli Strauss, padre e figlio, questo ballo romantico spopolò a Vienna e in tutta Europa.

http://z6.co.uk/cb

VIDEOSTORIA
1. Cavour nelle caricature
2. Vita quotidiana e alimentazione dei contadini italiani a metà dell'Ottocento

DOPO
Le rivoluzioni popolari, l'industrializzazione e il socialismo

Durante l'estate del 1849 furono soffocati gli ultimi focolai del movimento rivoluzionario che nel 1848 sconvolse l'Europa. Dal punto di vista territoriale non cambiò nulla rispetto al 1815; tuttavia era ormai chiaro che all'Europa dei re si stava sostituendo l'Europa delle nazioni. Le rivoluzioni del 1848 interessarono gran parte dei Paesi europei. Nonostante le peculiarità di ogni singola nazione, in tutti i movimenti rivoluzionari si possono cogliere tre tendenze:
› una tendenza democratico-sociale, evidente in Francia, in Germania e in alcune città italiane, segno dei cambiamenti economico-sociali in corso;
› una tendenza liberal-costituzionale, presente a Berlino, Vienna, Torino, Napoli e Roma, che puntava alle garanzie costituzionali, alla tutela della borghesia, alle libertà economiche, ma anche attenta a contenere le spinte radicali e le prime rivendicazioni socialiste;

L'Europa del 1848

› e infine la tendenza patriottico-nazionale sentita in Italia, in Germania e in Ungheria, cioè in quelle aree in cui l'obiettivo era l'unificazione o l'indipendenza.
Questi tre filoni rivoluzionari sovente si fusero o si sovrapposero e, anche se furono generalmente sconfitti, imposero un lessico politico, concetti e comportamenti che da allora non avrebbero più abbandonato l'Occidente.

13 marzo 1848 Insurrezione a Vienna

18-22 marzo 1848 Cinque giornate di Milano

23 marzo 1848 Carlo Alberto di Savoia dichiara guerra all'Austria e concede lo Statuto nel Regno di Sardegna

23 marzo 1849 Battaglia di Novara

1852 Luigi Bonaparte è proclamato imperatore dei Francesi e chiude l'esperienza repubblicana in Francia

1. L'ARRETRATEZZA DELL'ITALIA

QUALI ASPETTI CARATTERIZZAVANO L'AGRICOLTURA ITALIANA A METÀ OTTOCENTO?

QUALI ERANO LE CONDIZIONI DI VITA DEI CONTADINI ITALIANI?

QUALI INDUSTRIE ERANO PRESENTI IN ITALIA A METÀ OTTOCENTO?

QUALI ERANO LE CAUSE DELL'ARRETRATEZZA DELL'ITALIA?

▶ L'arretratezza dell'agricoltura

Intorno alla metà dell'Ottocento nei vari Stati italiani vivevano **24 milioni di abitanti** contro i 15,3 milioni di cento anni prima. Anche nel nostro Paese, perciò, come in tutta Europa si era verificato un forte aumento demografico. Ma rispetto ad altri Paesi, come la Francia e l'Inghilterra dove era avvenuto il decollo della rivoluzione industriale, l'Italia era arretrata. A metà Ottocento in Inghilterra solo il 21,7% della popolazione era impiegato nell'agricoltura; in Italia il 70% della popolazione era impiegato nell'agricoltura, il 18% nell'industria e il 12% nel terziario.

Era stato possibile garantire risorse alimentari adeguate all'aumento della popolazione grazie all'incremento della produzione di cereali e, soprattutto, grazie all'introduzione di nuove coltivazioni come la **patata** e il **mais**. Ma l'incremento della produzione non era stato accompagnato da un progresso nelle tecniche e nei sistemi di coltivazione. L'agricoltura italiana era infatti prevalentemente estensiva; quella intensiva era praticata in poche zone della penisola, concentrate soprattutto nella **Pianura Padana** dove erano state introdotte coltivazioni redditizie (come ad esempio quella del gelso, le cui foglie servono a nutrire i bachi da seta). Oltre alla coltivazione dei campi, si allevavano bovini e suini.

In **Toscana** si praticava ancora la **mezzadria**, che risaliva al Trecento. I terreni appartenenti a un unico proprietario erano divisi in poderi, solitamente di piccole o medie dimensioni, in cui si coltivavano cereali, olivi, viti, alberi da frutta.

Ogni podere era affidato a una famiglia di contadini: metà del raccolto andava al proprietario, metà alla famiglia che lo coltivava. Agli inizi la mezzadria aveva avuto effetti positivi, perché il contadino, non più bracciante, era stimolato a produrre di più; a metà Ottocento, però, i mezzadri non avevano le possibilità economiche e la cultura necessarie per modernizzare le coltivazioni. Nel resto del **Centro** e nel **Sud** il terreno era meno fertile. Si praticava un'agricoltura estensiva: era diffuso il latifondo, in cui lavoravano i braccianti. Grandi estensioni di terreno venivano coltivate a grano e spesso dopo la coltivazione il terreno veniva lasciato riposare un anno: le rese erano perciò molto basse. Tra il Settecento e la metà dell'Ottocento erano però aumentate le colture specializzate di olivi, viti e agrumi, i cui prodotti erano esportati anche fuori dell'Italia.

▶ Una produzione ancora preindustriale

A metà Ottocento le industrie operavano soprattutto nei settori tessile, siderurgico e meccanico. Si trattava però di **industrie di piccole dimensioni**; sorgevano lungo corsi d'acqua per sfruttarne la forza motrice. Non si era ancora formato un vero e proprio proletariato industriale, perché gli operai erano per lo più contadini che lavoravano nelle fabbriche solo nei momenti lasciati liberi dai lavori agricoli (autunno, inverno).

Il settore più sviluppato era quello **tessile**: venivano lavorati seta, lana e cotone. Prevaleva la produzione di seta (diffusa soprattutto in Piemonte e Lombardia); però in Italia non si compiva l'intero di ciclo di lavorazione, ma solo le prime fasi (la trattura, cioè l'operazione con cui si estrae il filo dal bozzolo, e la filatura). Il filo grezzo era poi tessuto all'estero. L'industria laniera era concentrata nella zona di Prato, nel Biellese e nel Veneto. Si trattava ancora di una produ-

---

LESSICO

AGRICOLTURA ESTENSIVA
È tipica del latifondo. Si caratterizza per una bassa produttività del terreno con scarso impiego di lavoro e capitali. In genere, si tratta di monocolture, ad esempio quella del grano, praticate su vaste estensioni.

AGRICOLTURA INTENSIVA
È tipica di piccoli appezzamenti di terreno. Si tratta di un tipo di agricoltura ad alta produttività del terreno con largo impiego di lavoro e capitali. In genere le colture, come nel caso degli ortaggi, vengono ripetute.

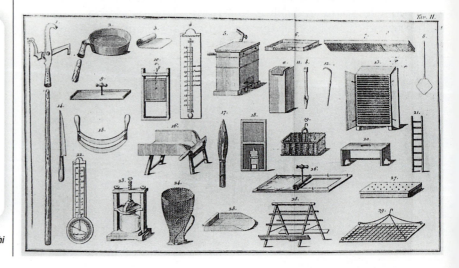

▶ Tavola raffigurante gli attrezzi per la bachicoltura tratta da *Dell'arte di governare i bachi da seta*, di Vincenzo Dandolo, opera edita a Milano nel 1818.

zione preindustriale: una parte del lavoro era svolta dalle contadine nelle campagne e completata poi da artigiani in città.

Il cotone era lavorato in Lombardia e nell'Italia meridionale; i sistemi di lavorazione erano più moderni di quelli usati per le altre due fibre, ma la produzione era ridotta: prima dell'unificazione in Italia erano operanti solo 450000 fusi, mentre in Inghilterra, nello stesso periodo, ce n'erano tre milioni. Ancora maggiore era il ritardo dell'industria **siderurgica** e **meccanica**. Le principali industrie siderurgiche erano situate in Toscana e Lombardia; la produzione meccanica era svolta in botteghe artigiane.

▶ Perché l'Italia era così arretrata?

A metà Ottocento, le condizioni di vita dei contadini non erano significativamente migliorate rispetto al Seicento. L'**alimentazione** era molto povera e si basava essenzialmente sul consumo di farinacei: polenta al Nord e grano al Sud. Nel Sud la dieta era integrata dal consumo di frutta e verdura; nel Nord, dove ciò avveniva in misura minore, erano molto diffuse le malattie da avitaminosi (mancanza di vitamine) come la **pellagra** (▶ Vita quotidiana p. 94). Inoltre la presenza su tutto il territorio di vaste zone paludose favoriva la diffusione della **malaria**. Le abitazioni erano misere, le condizioni igieniche precarie e ciò favoriva la diffusione di epidemie, come quelle di vaiolo, tifo, colera. La durata media della vita era bassa (35-40 anni) e la mortalità infantile molto elevata (22,6%).

L'arretratezza dell'Italia rispetto all'Inghilterra e alla Francia era però evidente soprattutto nel campo industriale. Questo ritardo dipendeva da varie cause:

› il Paese disponeva di poche materie prime (come ferro e carbone);
› la rete viaria era poco sviluppata e maltenuta;
› gli Stati italiani investivano poco o nulla nello sviluppo economico; le tasse erano basse, ma servivano per mantenere l'esercito, la burocrazia, la corte;
› le banche, pur in crescita come numero, non sostenevano lo sviluppo agricolo e industriale;
› mancava un ceto imprenditoriale disposto a rischiare in nuove attività produttive; la borghesia preferiva dedicarsi agli investimenti tradizionali in campo commerciale e agricolo; la nobiltà, ancora potente al Centro e al Sud del Paese, non si occupava della gestione dei propri beni, limitandosi a riscuoterne le rendite;
› il reddito pro capite era basso e prevaleva l'autoconsumo; mancava quindi un mercato interno capace di assorbire beni e prodotti.

Questa sconsolante situazione era aggravata dalla **divisione politica** dell'Italia in vari Stati, più o meno grandi, ognuno dei quali aveva la sua moneta, i suoi dazi e le sue leggi. Ciò era di ostacolo alla libera circolazione delle persone, delle merci e al decollo della rivoluzione industriale.

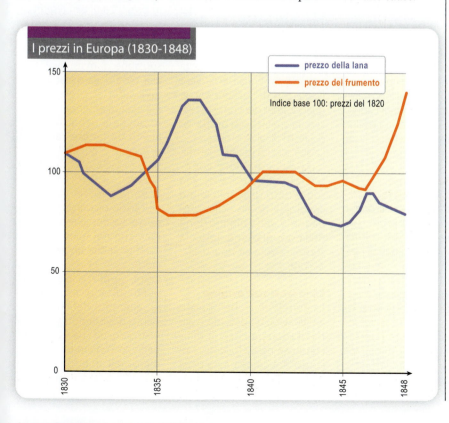

◀ La crisi economica che aveva colpito l'Europa dal 1846 fu una delle cause delle esplosioni rivoluzionarie del 1848: l'impennata del prezzo del frumento incideva fortemente sulle condizioni di vita della popolazione più debole.

DOSSIER

Sulla pelle dei contadini

vita quotidiana

LA PELLAGRA FU UNA MALATTIA CHE IMPERVERSÒ TRA I CONTADINI ITALIANI PER PIÙ DI CENT'ANNI. LA CAUSA? L'ALIMENTAZIONE COSTITUITA QUASI ESCLUSIVAMENTE DA DUE O TRE CHILI DI POLENTA AL GIORNO

Una malattia terribile

Una delle condizioni più comuni presso le classi subalterne nei secoli passati era la malnutrizione, che non significava soltanto carenza di alimenti essenziali, ma poteva anche coincidere con l'eccessivo consumo di un solo tipo di alimento, che diventava dannoso per l'organismo.

A un fenomeno di questo tipo è legata una delle malattie un tempo più diffuse in Italia, la pellagra. Questo termine compare in un libro del 1771 pubblicato a Milano dal medico Francesco Frapolli, e sembra tratto dal dialetto lombardo: esso indica la pelle ruvida caratteristica di questa malattia che l'autore scopriva nei contadini lombardi.

Si trattava comunque di una malattia già osservata in Spagna, dove era stata collegata a un'alimentazione prevalentemente basata sul mais. I sintomi della malattia erano dapprima un arrossamento della pelle, seguito da un grave malessere generale, che culminava in disturbi all'apparato digerente, cui si ac-

▼ Frontespizio dell'opera del medico Michele Gherardini sulla pellagra scritta nel 1779.

DELLA PELLAGRA
DESCRIZIONE
DI MICHELE GHERARDINI
Medico Soprannumerario de' Ven. LL. PP. dello Spedale Maggiore, e di quello di Santa Corona di Milano.

compagnavano devastanti problemi psichici, come le allucinazioni. Alla fine del Settecento sembrava proprio l'Italia – in particolare Lombardia e Veneto – il Paese più colpito.

Cominciarono così gli interventi pubblici. Il governo della Repubblica di Venezia nel 1776 indicava nei «sorghi turchi immaturi e guasti» ripescati da terreni alluvionati la causa di malattie tra i contadini più poveri del suo territorio.

Il primo ospedale per pellagrosi fu fondato dall'imperatore Giuseppe II a Legnano nel 1784 (ma venne chiuso già nel 1796); anche negli ospedali di Milano vennero riservati dei letti ai malati di pellagra.

Tra il 1804 e il 1805 il governo austriaco promosse un'inchiesta sulla pellagra nelle zone di Padova e Treviso: l'inchiesta concludeva che la pellagra non era una malattia contagiosa o ereditaria, ma dipendeva «dall'abuso dell'alimento vegetabile, in particolare del granturco». Noi sappiamo che era normale, per un contadino della zona, una dieta basata quasi esclusivamente su due-tre chili di polenta ogni giorno.

Il governo italiano affronta la pellagra

Con l'unità d'Italia e la prima grande inchiesta promossa dalla Direzione di Agricoltura nel 1878, i casi accertati di pellagra raggiunsero il numero di 97855, distribuiti in 40 province del Regno: la regione maggiormente colpita era il Veneto, dove la malattia coinvolgeva più del 30% della popolazione agricola. Questi dati indussero a emanare le prime disposizioni generali dirette a combattere la pellagra (1881).

LE MALATTIE NELL'OTTOCENTO

Nel XIX secolo le condizioni di vita erano ancora molto difficili, e molte malattie facevano vittime soprattutto negli strati più poveri della popolazione. Era quasi del tutto scomparsa la peste, ma restavano altre malattie come il colera e il tifo.

La tipica malattia dell'Ottocento era la tubercolosi, causata dall'umidità delle abitazioni e dalla scarsa alimentazione: condizioni molto diffuse durante la rivoluzione industriale.

Un'altra malattia assai conosciuta era la malaria, in grado di provocare, se non curata, la morte. Si tratta di una malattia antichissima, ma solo nell'Ottocento si scoprì che a trasmetterla era la zanzara anofele, un insetto che vive nelle paludi e nelle acque stagnanti.

In Italia la malaria era presente al Sud, nella Maremma toscana, nel Lazio, nelle zone del Po, in Sardegna e dove si coltivava il riso. Nel 1901 il governo provvide con una legge a distribuire gratuitamente a tutti i lavoratori il chinino, la medicina antimalarica. La malaria diminuì notevolmente, ma la sua definitiva scomparsa si ebbe solo negli anni Cinquanta, quando col potente insetticida DDT fu possibile sterminare la zanzara anofele.

Un notevole miglioramento delle condizioni generali di salute della popolazione fu favorito dalle vaccinazioni, in particolare quelle contro malattie infettive come la difterite e il vaiolo. L'efficacia delle vaccinazioni era già conosciuta nel Settecento, ma solo nel secolo successivo questo metodo si diffuse in modo tale da far diminuire il numero dei morti per malattie infettive.

Il governo italiano si impegnò a contribuire alla costruzione di essiccatoi per la stagionatura artificiale del mais e fece istituire cucine economiche destinate a migliorare l'alimentazione dei contadini somministrando minestra, pane, carne e vino.

La prima legge specifica contro la pellagra risale al 1902, quando venne anche resa obbligatoria la denuncia dei casi accertati. A partire dal 1910 non si registrarono più di duemila casi all'anno, sempre col Veneto al primo posto per frequenza; in questa regione continuarono a verificarsi casi di pellagra anche quando, nei decenni successivi, la malattia scomparve dal resto d'Italia.

La sua scomparsa fu determinata dalla migliore conoscenza delle sue cause, ma soprattutto dalle migliorate condizioni di vita nelle campagne e dalla diminuzione della popolazione agricola stessa, dovuta all'industrializzazione.

Le ipotesi sull'origine

La correlazione, ben presto individuata, tra pellagra e alimentazione a base di mais condusse nell'Ottocento a riconoscere come causa della malattia l'alimentazione fondata sul granturco e priva di

sostanze di origine animale: il granturco, infatti, è povero di princìpi nutritivi. Un medico affermava al riguardo: «La pellagra deriva dal mangiar poco e male e lavorar molto». Nel XX secolo la ricerca sulle cause della malattia fece molti progressi, grazie anche al confronto tra osservazioni diverse effettuate in varie zone del mondo.

L'osservazione della pellagra in presenza di altri regimi alimentari poveri e a basso contenuto di proteine, ma che non prevedevano l'assunzione di mais, rivelò che alla base della malattia c'era un'insufficienza alimentare. Ricercatori americani giunsero anche a riconoscere nel lievito un fattore capace di prevenire e curare la malattia: nel 1938 questo fattore, chiamato P.P. (*Pellagra Preventing*), fu riconosciuto nell'acido nicotinico. Le scoperte successive misero in luce che nel mais risultava carente anche un amminoacido.

Oggi, se non esistono più dubbi sul fatto che il mais sia un alimento deficitario dal punto di vista nutritivo, sappiamo anche che esso non è pericoloso quando è consumato nell'ambito di un'alimentazione completa ed equilibrata.

L'industria tessile in Italia

GALLERIA

Le filatrici

1. Committente. I fabbricanti di tessuti erano i committenti del lavoro a domicilio. Ogni settimana passavano a consegnare la materia prima e a ritirare il filato.

4. Campagna. Ai primi dell'Ottocento il lavoro della filatura veniva svolto in genere in piccoli laboratori o più spesso nelle campagne, a domicilio durante le pause stagionali o di sera, terminati i lavori agricoli.

3. Donne. Il lavoro della filatura era affidato esclusivamente alle donne di una famiglia. Poiché le famiglie contadine erano spesso «allargate», le donne che si dedicavano alla filatura erano numerose e durante il lavoro pregavano o cantavano insieme.

2. Retribuzione. Le donne erano pagate «a cottimo», cioè erano retribuite in proporzione alla quantità di lavoro finito prodotto.

La filanda

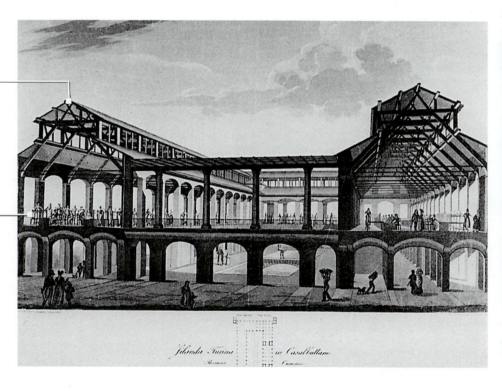

5. Turina di Casalbuttano. È il nome della filanda sorta nei pressi di Cremona agli inizi dell'Ottocento. Le filande erano stabilimenti in cui si procedeva alla filatura delle fibre tessili, in particolare cotone e seta. Sin dalla fine del Settecento l'industria cotoniera lombarda ricevette un forte impulso, grazie alla politica protezionistica adottata da Giuseppe II verso i tessuti inglesi.

6. Manodopera. La manodopera concentrata nella filanda era numerosa e, con il passare del tempo, il progresso tecnologico richiese un numero sempre più alto di addetti. Come avveniva per il lavoro a domicilio, anche il lavoro nella filanda era pagato «a cottimo».

2. IL DIBATTITO RISORGIMENTALE

- CHE COSA SOSTENEVANO I MODERATI E I DEMOCRATICI?
- CHE COSA SIGNIFICA IL BINOMIO «DIO E POPOLO»?
- QUAL ERA IL PROGETTO DI CATTANEO?
- CHE COSA PROPONEVA IL «NEOGUELFISMO»?
- QUALI OBIETTIVI AVEVA IL «MODERATISMO FILOSABAUDO»?

▲ Un ritratto di Giuseppe Mazzini.

▶ Il movimento risorgimentale

Al pari della Germania, l'Italia conobbe nei primi decenni dell'Ottocento il diffondersi dell'idea di unità nazionale. Il processo che portò alla formazione di un unico Stato italiano venne definito dalla politica del tempo con un termine fortemente suggestivo: **Risorgimento**. In verità, questo termine allude a una situazione che non esiste nella realtà storica: l'Italia prima dell'Ottocento non fu mai unita e contesti completamente diversi erano quelli dei liberi Comuni o dell'Impero romano.

Ma se uno **Stato italiano** non era mai esistito, una **nazione italiana** si era formata nel corso dei secoli, a partire dal Medioevo. Nel senso che si era sviluppata un'**identità culturale** italiana (linguistica e religiosa) e la consapevolezza di un comune interesse economico.

A diffondere l'idea di unità nazionale contribuì grandemente il **dibattito risorgimentale**: la polemica che si sviluppò circa i mezzi da impiegare per unire l'Italia e le caratteristiche politiche che avrebbe dovuto avere il nuovo Stato.

Due furono i principali schieramenti che si contrapposero: quello **moderato** (destra risorgimentale) e quello **democratico** (sinistra risorgimentale).

Per i moderati, solo il coinvolgimento dei sovrani e la gradualità nel raggiungere l'unificazione nazionale potevano essere garanzia di successo.

Secondo i democratici, invece, il fallimento dei moti degli anni Venti e Trenta dimostrava inequivocabilmente l'inaffidabilità dei sovrani. Per questo bisognava puntare sul coinvolgimento del popolo e il nuovo Stato italiano avrebbe dovuto essere una repubblica.

▶ La repubblica democratica di Mazzini

Nato a Genova da una famiglia agiata, **Giuseppe Mazzini** (**1805-1872**) fin dalla giovinezza si avvicinò alle idee patriottiche e democratiche. Iscrittosi alla Carboneria, nel 1830 venne arrestato per la delazione di un informatore. Dovette allora scegliere tra l'esilio o il confino in un piccolo centro del Piemonte. Scelto l'esilio si recò a Marsiglia, dove entrò in contatto con l'ambiente degli esuli in cui era dominante la visione di Filippo

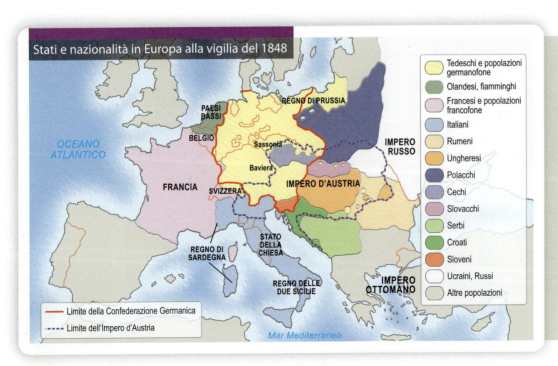

Stati e nazionalità in Europa alla vigilia del 1848

Le aspirazioni nazionali non riguardavano solo l'Italia: nella cartina si può vedere come i confini politici degli Stati non coincidessero con il territorio di diverse nazionalità. I movimenti patriottico-nazionali dell'Europa nel 1848 intendevano rivendicare la difesa della propria nazionalità.

Questo risveglio nazionale si esprime con il rifiuto della dominazione straniera nell'Impero asburgico da parte di Ungheresi, Cechi, Italiani; nell'Impero ottomano, da parte di Serbi, Bulgari, Greci. Oppure si manifesta con la ricerca dell'unità, come negli Stati di lingua tedesca dominati dall'Austria. In Italia queste due tendenze coesistono nel Risorgimento, che mira a liberarsi dal dominio austriaco e a raggiungere l'unificazione territoriale.

◀ Bandiera della Giovine Italia. Genova, Museo del Risorgimento.

▼ Il periodico «La Giovine Italia», foglio di propaganda dell'omonima organizzazione fondata da Mazzini.

Buonarroti e quella del piemontese **Carlo Bianco di Saint-Jorioz** (1795-1843). Quest'ultimo era autore di un saggio che in quegli anni aveva suscitato un certo scalpore, *Della guerra nazionale d'insurrezione per bande, applicata all'Italia*, in cui si sosteneva la necessità di applicare al caso italiano il modello spagnolo della rivolta popolare contro Napoleone.

Nel contempo, il fallimento dei moti degli anni Venti e Trenta fece maturare in Mazzini la convinzione che la struttura e i metodi della Carboneria avessero ormai fatto il loro tempo. In particolare, andava respinta la **segretezza del programma** che costituiva un errore strategico gravissimo perché rendeva impossibile il coinvolgimento popolare.

Convinto che la Carboneria fosse irriformabile, nel **1831** Mazzini fondò una nuova organizzazione politica, la **Giovine Italia**, con un chiaro obiettivo: unire il Paese liberandolo dal governo dispotico dei sovrani. In sintesi, l'Italia doveva diventare «**una, libera, indipendente e repubblicana**». Il metodo da seguire era quello dell'**insurrezione**; prima di agire, però, occorreva una vasta opera di propaganda che ne rendesse noti gli scopi ed educasse il popolo alla rivolta.

La Giovine Italia si presentò come un fatto completamente nuovo all'interno del panorama politico italiano. Si discostava dall'elitarismo delle società segrete, per assumere una forma più simile ai partiti moderni. La sua diffusione fu piuttosto ampia, e arrivò a contare diverse decine di migliaia di aderenti, anche se molto concentrati geograficamente e socialmente. La maggior parte degli aderenti si contavano in Lombardia, Liguria, Toscana, nello Stato Pontificio, meno in Piemonte, quasi nessuno nel Mezzogiorno e in Sicilia. Socialmente erano concentrati nelle classi medie e popolari urbane; pochissimi erano i consensi all'interno dell'alta borghesia, preoccupata del radicalismo politico dell'organizzazione, e tra i contadini. Aderì alla Giovine Italia anche **Giuseppe Garibaldi** (1807-1882), che poi si distanziò dalle posizioni più radicali di Mazzini.

▶ «Dio e popolo»

La concezione che Mazzini aveva della religione era tipicamente romantica, lontana dalla visione cristiana. Dio per Mazzini si identificava con lo spirito presente nella storia e, in definitiva, con la stessa umanità. Gli ideali di libertà e di progresso andavano quindi vissuti con fede religiosa.

All'interno della storia, gli individui e i popoli erano chiamati da Dio a contribuire al bene dell'umanità: gli individui nell'attuazione dei propri **doveri** personali, i popoli nella realizzazione della loro **missione storica**: da qui il binomio «**Dio e popolo**».

Gli Italiani dopo aver dominato il mondo con la **Roma dei Cesari**, per mezzo della forza delle armi, poi con quella dei **papi**, per mezzo della forza dello Spirito, ora dovevano illuminarlo con l'avvento della **terza Roma**, quella del **popolo**. Questa era la missione storica dell'Italia: essere d'esempio al mondo abbattendo i due principali pilastri su cui poggiava l'ormai logoro sistema politico e religioso: l'Impero asburgico e lo Stato pontificio.

Inoltre, Mazzini sosteneva il principio dell'**associazionismo** e criticava l'individualismo settecentesco. L'individuo per raggiungere la libertà doveva unirsi nella **famiglia**, che a sua volta faceva parte della **nazione**, che associandosi con le altre nazioni formava l'**umanità**.

▶ «Pensiero e azione»

La visione di Mazzini era quindi profondamente spirituale. Da qui la totale avversione per la concezione materialista di Marx. Non tanto perché Mazzini fosse insensibile alla questione sociale; al contrario, era attento al problema e favorevole a intraprendere la strada delle riforme sociali. Ciò che non condivideva era il principio marxiano della lotta di classe, in quanto rompeva l'unità spirituale del popolo.

Per Mazzini il pensiero teorico non andava disgiunto dall'azione concreta.

LESSICO

FEDERALISMO

Il termine ha la sua radice etimologica nel latino *foedus*, cioè patto, alleanza. Indica genericamente la tendenza alla costruzione di un'unione di entità statali o sociali che esercitano una parte delle funzioni di governo in modo autonomo, mentre altre funzioni sono delegate alla federazione, cioè all'organismo centrale e superiore. Nel federalismo vi sono dunque due livelli di autorità di governo: uno locale e uno centrale, che hanno entrambi sovranità nelle loro competenze. In Italia, per esempio, Cattaneo riteneva che la struttura federale fosse l'unica in grado di garantire la libertà, considerata un valore prioritario rispetto all'indipendenza.

CENTRALISMO

Il termine indica una dottrina politica che ha come valori di riferimento l'unità nazionale e la coesione sociale. Secondo questa concezione, l'accentramento dei poteri nelle mani del governo centrale impedisce la disgregazione e la frammentazione dello Stato, che sarebbero invece favorite dal trasferimento di alcuni poteri agli Stati membri di una federazione.

▲ Carlo Cattaneo, fautore di una repubblica italiana federale, in un'incisione ottocentesca.

◄ Vincenzo Gioberti, propugnatore dell'ideale neoguelfo, in una litografia.

Occorreva pensare, ma anche agire. Da qui l'altro celebre binomio mazziniano: «**pensiero e azione**».

Tuttavia i limiti maggiori del pensiero di Mazzini si rivelarono proprio nell'azione. Tutte le insurrezioni che vennero tentate in quegli anni fallirono: prima nel **1833** nel Regno di Sardegna; poi l'anno successivo nella Savoia e a Genova; nel **1844** in Calabria per opera di due ufficiali della marina austriaca appartenenti alla Giovine Italia, i fratelli Attilio ed Emilio **Bandiera** che avevano sperato nella sollevazione dei contadini calabresi; infine nel **1843** e nel **1845** nello Stato pontificio e precisamente in **Romagna**.

In realtà, sia per quanto riguarda la tentata insurrezione in Calabria sia per quella nello Stato pontificio, Mazzini si era dissociato. Ma il fallimento di quelle insurrezioni alimentò la polemica nei suoi confronti: Mazzini venne accusato dai moderati di influenzare con il suo credo rivoluzionario il meglio della gioventù italiana spingendola a un inutile sacrificio.

▶ La repubblica federale di Cattaneo

Vicino a Mazzini nell'auspicare per l'Italia l'avvento di una repubblica fu il milanese **Carlo Cattaneo** (**1801-1869**). Ma a differenza di Mazzini, Cattaneo riteneva assurdo il ricorso allo spiritualismo con la formulazione di concetti come «missione storica» dell'Italia. E soprattutto non condivideva l'obiettivo di costituire uno Stato centralizzato: al contrario si doveva puntare a una **repubblica federale**. Gli Stati italiani dovevano dunque federarsi tra loro: solo così era possibile garantire «la reale libertà dei diversi popoli, storicamente presenti, con le loro specifiche caratteristiche, nel territorio nazionale».

Erede della tradizione illuminista e riformista settecentesca, Cattaneo guardava come modello agli **Stati Uniti** e alla **Svizzera** e riteneva che lo Stato **centralizzato** avesse ormai mostrato storicamente tutta la sua inadeguatezza, in quanto espressione di una vecchia visione autoritaria.

Il metodo per raggiungere la *confederazione repubblicana italiana* non si discostava da quello scelto dai moderati: occorreva

CONFRONTARE

Democratici e moderati

	ESPONENTI	OBIETTIVI	METODI
Democratici *Sinistra risorgimentale*	G. Mazzini G. Garibaldi	Italia unita. Repubblica demoratica.	Rivoluzione popolare.
	C. Cattaneo	Repubblica federale e democratica.	Riforme graduali.
Moderati *Destra risorgimentale*	V. Gioberti	Confederazione italiana sotto la presidenza del papa (*neoguelfismo*).	Accordo fra gli Stati italiani.
	C. Balbo	Confederazione italiana sotto la guida dei Savoia.	Intervento diplomatico e militare del Regno di Sardegna.
	M. D'Azeglio C. Benso, conte di Cavour	Unità d'Italia sotto la guida dei Savoia. Monarchia.	Intervento diplomatico e militare del Regno di Sardegna.

procedere attraverso **riforme** politiche ed economiche, puntando sull'istruzione popolare, sul liberismo doganale e sul miglioramento delle vie di comunicazione.
L'Italia federale avrebbe poi in un secondo momento fatto parte di una confederazione più grande: gli **Stati Uniti d'Europa**. Cattaneo, che provava una profonda avversione verso il dominio austriaco, incapace di sostenere il progresso, era nettamente avverso anche al Regno sabaudo, giudicato clericale e assolutistico.

▶ Il neoguelfismo di Gioberti

All'interno dello schieramento moderato, la visione confederale venne sostenuta in particolare dal sacerdote torinese **Vincenzo Gioberti** (1801-1852).
Nella sua opera più celebre, *Del primato morale e civile degli Italiani* del **1843**, Gioberti auspicò la costituzione di una *confederazione fra gli Stati italiani* presieduta dal papa e sostenuta dalla forza delle armi del Regno di Sardegna. Il **primato degli Italiani** derivava dall'essere l'Italia sede del papato e dall'averne condiviso per secoli la missione civilizzatrice. Questa proposta venne definita, nel corso del dibattito risorgimentale, **neoguelfa**, con allusione alla posizione filopapale dei guelfi medievali, in contrapposizione ai ghibellini filoimperiali.
Il neoguelfismo non fu un'organizzazione politica, quanto piuttosto un movimento d'opinione, che ebbe il merito di coinvolgere nel dibattito sull'unità d'Italia anche ambienti che ne erano tradizionalmente distanti se non ostili.

▶ Il moderatismo filosabaudo

Il liberale piemontese **Cesare Balbo** ne *Le speranze d'Italia* (**1843**) poneva il problema, trascurato da Gioberti, della presenza in Italia dell'Impero asburgico e si augurava che un'attenta azione diplomatica piemontese spostasse gli interessi dell'Austria verso i Balcani, lasciando libere le terre italiane. La crisi dell'Impero turco, infatti, rendeva sempre più strategica per l'equilibrio europeo un'accresciuta presenza austriaca nei Balcani in funzione antirussa. La formazione di uno Stato dell'Alta Italia sotto i Savoia avrebbe poi permesso la costituzione di una *confederazione italiana* fondata sulla forza militare del Regno di Sardegna, il solo Stato italiano in grado di contrastare gli Austriaci. Da scartare era invece l'ipotesi di affidare al papa la presidenza della confederazione.
Balbo era comunque favorevole al coinvolgimento del papa al pari degli altri sovrani italiani, mentre altri moderati filosabaudi erano nettamente contrari a questa ipotesi.
Massimo D'Azeglio, Primo ministro del Regno di Sardegna dal 1849 al 1852, nell'opuscolo *Gli ultimi casi di Romagna*, analizzando i falliti moti del 1845, espresse dure critiche al malgoverno pontificio. Nel contempo, però, condannò anche le iniziative insurrezionali, dannose in quanto allontanavano dalla causa nazionale i moderati. L'unica soluzione era affidarsi alla diplomazia e alle armi di Casa Savoia.
Ma l'esponente più significativo dei filosabaudi, e fulcro della politica risorgimentale italiana, fu **Camillo Benso, conte di Cavour** (1810-1861): colui che in concreto seppe individuare la via per giungere all'unità d'Italia.

3. L'ESPLOSIONE DEL QUARANTOTTO

> QUALI FATTORI DETERMINARONO LA CRISI DEGLI ANNI QUARANTA DELL'OTTOCENTO?
>
> DA CHI ERA FORMATA L'OPPOSIZIONE A LUIGI FILIPPO D'ORLEANS?
>
> CHE COS'ERANO GLI *ATELIERS NATIONAUX*?
>
> QUALI OBIETTIVI ANIMARONO LE INSURREZIONI NELL'IMPERO ASBURGICO E NEGLI STATI TEDESCHI?

▶ Un periodo di crisi

Gli anni Quaranta dell'Ottocento furono un periodo di crescente crisi.
Sul **piano economico** a essere colpita fu soprattutto l'agricoltura: la carestia che si sviluppò a partire dal **1844** ebbe effetti devastanti, soprattutto in **Irlanda**. (▶ **Avvenimenti** p. 103)
Dall'agricoltura la crisi passò nel nascente settore industriale in cui si verificò un calo della domanda di beni che portò al fallimento di numerose imprese.
Sul **piano sociale**, nei Paesi come l'Inghilterra e la Francia in cui era avvenuto il decollo della rivoluzione industriale, la crisi economica acuì la protesta del proletariato che vide compromesso il suo già basso tenore di vita.
Sul **piano politico** non bisogna dimenticare che, seppur negati dalla Restaurazione, i princìpi della Rivoluzione francese continuavano a esercitare una profonda influenza. In quest'ottica trovava sempre più consensi la richiesta dell'estensione del diritto di voto. Inoltre era sempre più diffusa, come nel caso dell'Italia, la rivendicazione dell'**indipendenza nazionale**.

▼ Un episodio dell'insurrezione di Parigi del febbraio 1848 in un dipinto di Eugen Hagnauer. Parigi, Museo Carnavalet.

DOC
L'ASSOCIAZIONISMO UNIVERSALE

In questo brano il socialista Louis Blanc denuncia la miseria causata dalla concorrenza e propone come unica soluzione l'associazionismo universale, espressione della solidarietà di tutti gli interessi. Ma per raggiungere questo obiettivo era necessario l'intervento dello Stato.

Il principio su cui poggia la società oggi è quello dell'isolamento, dell'antagonismo, della concorrenza. La concorrenza, lo dico prima di tutto, è l'origine perpetua e progressiva della miseria. Effettivamente, invece di unificare le forze per far loro raggiungere il risultato più utile, la concorrenza le colloca in un perpetuo stato di conflittualità; le annulla reciprocamente, le distrugge le une contro le altre. È, quindi, una società autentica quella che è costituita in tal modo, in cui la prosperità degli uni corrisponde fatalmente alle sofferenze degli altri? [...]
Occorre quindi, affinché la libertà di ciascuno sia affermata e assicurata, che lo Stato intervenga. E qual è il mezzo che esso deve usare per affermare e assicurare la libertà? L'associazionismo universale: con la solidarietà di tutti gli interessi annodati, si eliminano gli sforzi contrari che si annullano, e le fabbriche che si divorano a vicenda.

L. Blanc, *La révolution de février au Luxemburg*

Tutto ciò fece esplodere nel **1848** un'ondata rivoluzionaria senza precedenti per ampiezza e intensità. Non a caso, ancor oggi si usa l'espressione «è scoppiato un quarantotto» per indicare l'esplodere di un eccezionale sconvolgimento sociale.

▶ La Francia del «re borghese»

Luigi Filippo d'Orléans era indubbiamente uno dei sovrani meno oppressivi d'Europa. Tuttavia, proprio come era accaduto per i moti del 1830, l'ondata rivoluzionaria del 1848 partì dalla Francia. Questo perché l'evoluzione economica e sociale del Paese si scontrò sempre di più con i limiti del regime orleanista.
La politica del governo di Luigi Filippo d'Orléans, presieduto dal **1840** da **François-Pierre Guizot** (1787-1874), era infatti esclusivamente espressione degli interessi della grande borghesia (banchieri, ricchi commercianti), mentre le condizioni delle classi più umili erano trascurate.

A partire dal 1845, per far fronte al diffondersi della crisi economica, Guizot decise di aumentare le tasse e ciò fece crollare la popolarità di Luigi Filippo d'Orléans. L'opposizione al regime orleanista era molto articolata:

❭ i *socialisti* chiedevano riforme economiche e sociali per una più equa distribuzione della ricchezza;
❭ i *democratici* avevano come obiettivo il suffragio universale;
❭ i *repubblicani* miravano all'allontanamento di Luigi Filippo d'Orléans e alla formazione di una repubblica;
❭ i *legittimisti* rivendicavano i diritti al trono della dinastia borbonica.

Lo scarto tra il Paese «legale», formato da coloro che potevano votare, e il Paese «reale» era ormai incolmabile: su una popolazione di 32 milioni, solo 250 mila Francesi erano elettori. Per richiedere una riforma elettorale, le opposizioni organizzarono la «**campagna dei banchetti**»: delle riunioni in cui l'aspetto politico si univa a quello conviviale.
Quando il **22 febbraio 1848**, il governo proibì lo svolgimento di un comizio della «campagna dei banchetti», il popolo parigino insorse (**rivoluzione di febbraio**) e in soli tre giorni proclamò la **repubblica** (la *Seconda Repubblica*, dopo quella proclamata dalla Rivoluzione francese).

▶ Un inizio promettente per i rivoltosi

I rivoltosi diedero vita a un **governo provvisorio** che emanò provvedimenti di carattere democratico: introduzione del suffragio universale maschile, abolizione della pena di morte per i detenuti politici, cancellazione dei titoli di nobiltà e dichiarazione della fine della schiavitù nelle colonie. Sul piano sociale fu ottenuta la riduzione della giornata lavorativa a 10 ore, e la creazione dei cosiddetti **ateliers nationaux** (laboratori od opifici nazionali), per dare lavoro ai disoccupati.
Vennero, in pratica, reintrodotti i tradizionali *ateliers de charité*, cioè cantieri per le opere pubbliche, per lo più lavori di sterro e manutenzione delle strade, situati spesso in luoghi lontani dalla capitale; mentre fu respinta la proposta del socialista **Louis Blanc** di istituire delle vere e proprie associazioni di lavoro autogestito: gli *ateliers sociaux*.

I moti rivoluzionari del 1848-49 in Europa

Le bandiere, simbolo patriottico

GERMANIA – 1848

GRECIA – 1832

❶ La bandiera tedesca ha i colori della divisa dell'armata del barone von Lützow formata da volontari che combatterono contro l'occupazione di Napoleone nel 1813: indossavano il cappotto nero, con i revèrs rossi e i bottoni d'oro. Fu il parlamento di Francoforte, il 9 marzo 1848, ad adottare come colori nazionali della bandiera della Confederazione Tedesca il nero, il rosso e il giallo.

❷ La bandiera greca è costituita da una croce bianca che simboleggia la fede ortodossa ma che era anche il simbolo dell'insurrezione del 1823; le nove strisce alternate bianche e azzurre invece sembra rappresentino il numero delle sillabe del motto dei rivoluzionari: "Libertà o morte" in greco.

▲ L'imperatore d'Austria Francesco Giuseppe in un ritratto del pittore ottocentesco Giuseppe Sogni. Firenze, Galleria d'Arte Moderna.

Gli *ateliers nationaux* non ebbero successo: gli operai non ottennero il sospirato miglioramento della loro condizione sociale; mentre la borghesia li considerò una pericolosa affermazione socialista, oltre che uno spreco di denaro pubblico. Le differenze ideologiche e di interessi tra liberali e socialisti vennero a galla, e le elezioni di aprile segnarono la definitiva rottura del fronte rivoluzionario.

▶ Dalla Repubblica al Secondo Impero

Il **23 aprile** si tennero le elezioni a suffragio universale maschile. I votanti furono 9 milioni. Vinsero nettamente i moderati, che ottennero 600 seggi dell'assemblea su 900, mentre i democratici e i socialisti, sostenuti dal popolo di Parigi, vennero sconfitti. Il nuovo governo abolì la precedente riduzione della giornata lavorativa a 10 ore. Il 21 giugno un decreto cancellò gli *ateliers nationaux* e obbligò tutti gli operai al di sotto dei 25 anni ad arruolarsi nell'esercito. A questo punto, gli operai e i disoccupati, di fronte alla scelta tra la deportazione e la fame, decisero di insorgere.

L'insurrezione scoppiò il **23 giugno 1848** (**rivoluzione di giugno**) e durò 4 giorni durante i quali lo scontro tra borghesia e proletariato divenne aperto e violentissimo. La repressione guidata dal generale Cavaignac fu particolarmente feroce: circa 3000 furono i dimostranti fucilati, 15 000 gli arrestati e 4000 i deportati. La vittoria dei moderati fu totale.

Nel novembre 1848, venne promulgata una nuova Costituzione che prevedeva, per mezzo di un plebiscito, l'elezione diretta del presidente della Repubblica al quale venivano concessi enormi poteri, a discapito del Parlamento.

Il **10 dicembre** venne eletto presidente **Carlo Luigi Napoleone Bonaparte**, nipote di Napoleone, che ottenne oltre 5 milioni di preferenze. Per lui votarono non solo la maggioranza dei contadini e dei borghesi, desiderosi di ordine e di pace, ma anche numerosi proletari parigini, in polemica con l'azione repressiva del governo repubblicano.

Forte del potere ottenuto, Luigi Bonaparte in pochi anni trasformò il governo repubblicano in una dittatura personale.

Nel 1851 fece approvare, con un'altra schiacciante vittoria elettorale, una nuova Costituzione che gli conferiva la presidenza decennale, esautorando il Parlamento che vedeva ridotto il proprio ruolo alla semplice discussione delle leggi proposte dal presidente. Infine nel **1852**, con un ulteriore plebiscito Luigi Bonaparte si fece proclamare imperatore dei Francesi. L'ordine era stato ripristinato.

▶ La rivolta nell'Impero asburgico

La notizia dell'insurrezione di Parigi diede il via a una serie di rivolte in tutta Europa. Il detto «quando Parigi ha il raffreddore, tutta l'Europa starnutisce» ben descrive quanto accadde. Il **13 marzo 1848** la protesta scoppiò a Vienna. Per cercare di arginare la rivolta, l'imperatore **Ferdinando I d'Austria** licenziò Metternich (che fuggì in Inghilterra), concesse la libertà di stampa e l'elezione di un'Assemblea Costituente a suffragio universale.

Nel frattempo la protesta divampò in tutto l'Impero: dai Croati, agli Sloveni, dai Boemi agli Slovacchi, dai Magiari agli Italiani. In Italia, in Cecoslovacchia e in Ungheria i governi rivoluzionari si proclamarono autonomi e indipendenti. Budapest insorse il 15 marzo e sotto la guida del liberale **Lajos Kossuth** (1802-1894) iniziò a costituire un esercito nazionale, condizione indispensabile per ottenere l'indipendenza dell'Ungheria. Praga si sollevò il 19 marzo con l'obiettivo di ottenere dal-

DOC

IL RINVIO DELL'UNIFICAZIONE TEDESCA

Con queste parole Federico Guglielmo IV di Prussia rifiuta la corona di re di Germania a lui offerta dall'Assemblea di Francoforte, rea di essere nata da una rivoluzione.

Con il pretesto di difendere la causa tedesca i nemici della patria hanno innalzato la bandiera della sollevazione dapprima nella vicina Sassonia, poi in regioni isolate della Germania meridionale. Con mio profondo dolore anche in alcune parti della nostra patria [la Prussia], uomini accecati si sono lasciati trascinare a seguire questa bandiera per rovesciare sotto la sua insegna l'ordinamento divino e umano, in aperta rivolta contro la legittima autorità.
In un momento di così serio pericolo mi preme rivolgere al mio popolo una franca parola. Io non potrei dare risposta positiva all'offerta di una corona da parte dell'Assemblea nazionale tedesca, perché l'assemblea non aveva diritto di conferire la corona che mi offrì senza il consenso dei governi tedeschi, perché essa mi fu offerta a condizione che accettassi una Costituzione che non era conciliabile con i diritti e la sicurezza degli Stati tedeschi.

▼ L'insurrezione di Berlino nel marzo 1848 in una stampa.

l'imperatore maggiore autonomia e libertà politiche per i Cechi.
Ma nonostante l'ampiezza della protesta l'Impero asburgico resse e lentamente riuscì a reagire. Nel contempo, l'opposizione tra conservatori e progressisti all'interno delle singole nazioni non permetteva alle iniziative rivoluzionarie di acquistare quell'unità necessaria per resistere alla potenza austriaca. Inoltre, le iniziative delle diverse nazionalità non giunsero mai a coordinarsi tra loro contro l'Impero. Queste debolezze vennero sapientemente sfruttate dagli Austriaci.
Prima a soccombere fu **Praga**: venne bombardata nel giugno del 1848 e la rivolta fu repressa nel sangue; poi a ottobre fu la volta di **Vienna**, ad opera soprattutto di soldati cechi e croati. Nel dicembre Ferdinando I abdicò in favore del nipote diciottenne **Francesco Giuseppe** (1848-1916). Infine, nell'agosto del 1849, la resistenza ungherese fu costretta a capitolare di fronte alla dura offensiva condotta contemporaneamente dell'esercito asburgico e da quello russo, inviato dallo zar Nicola I.

▶ La rivolta negli Stati tedeschi

La rivoluzione scoppiò a **Berlino** il **14 marzo 1848**, e da lì si propagò in tutti gli Stati tedeschi. Le richieste degli insorti si inserivano nel contesto particolare della **Confederazione germanica**, lo Stato nato con il Congresso di Vienna: ne erano membri 39 Stati i cui rappresentanti si riunivano nella **Dieta di Francoforte**, un'assemblea con poteri assai limitati.
Di fatto, ogni singolo Stato tedesco era autonomo: si andava da una monarchia costituzionale come quella di Baviera a una assolutistica come quella di Hannover. Gli Stati più importanti erano l'Austria e la Prussia che si contendevano l'egemonia sulla Confederazione.
Il diffondersi della rivolta in tutta la Germania fece emergere con forza il problema dell'unità nazionale: la Dieta venne abrogata e al suo posto venne eletta un'Assemblea Nazionale Costituente con l'obiettivo di elaborare la costituzione del futuro Stato unitario.
Ma la discussione all'interno dell'Assemblea si arenò su di un tema preliminare:
› i fautori di una «**grande Germania**» spingevano per una riunificazione che comprendesse anche l'Austria;
› altri ritenevano più opportuno dare vita a una «**piccola Germania**», escludendo l'Austria e affidandone la guida alla Prussia degli Hohenzollern.
Dopo lunghe discussioni prevalse la tesi della «piccola Germania». Così, mentre l'Austria esclusa ritirava i propri rappresentanti (aprile 1849), l'Assemblea offriva la corona imperiale al re di Prussia Federico Guglielmo IV. Ma questi rifiutò di accettare quello che definì con sarcasmo «il collare d'acciaio della servitù» a lui offerto da un'assemblea di «mastri panificatori e macellai»: <u>non poteva infatti accettare che il potere gli venisse offerto da un'assemblea rivoluzionaria che lo vincolava all'accettazione di una costituzione da essa redatta</u>.
Dopo il rifiuto di Federico Guglielmo, l'assemblea si trasferì a Stoccarda, per poi essere sciolta con la forza. Tutte le costituzioni concesse nei vari Stati tedeschi vennero abrogate. La via liberale al rinnovamento e all'unificazione risultò così un completo fallimento.

CONFRONTARE

Le rivoluzioni in Europa

LUOGHI	INSURREZIONI	OBIETTIVI	CONCLUSIONI
Parigi	22 febbraio 1848 23 giugno 1848	Repubblica.	Impero di Napoleone III (1852).
Vienna	13 marzo 1848	Costituzione.	Repressione: fallimento.
Berlino	14 marzo 1848	Unità della Germania e costituzione.	Repressione: fallimento.
Budapest	15 marzo 1848	Indipendenza dell'Ungheria.	Repressione: fallimento.
Praga	19 marzo 1848	Autonomia dall'Impero asburgico.	Repressione: fallimento.

La grande fame irlandese

DOSSIER

ALLA METÀ DEL XIX SECOLO, L'IRLANDA PERSE CIRCA UN QUARTO DELLA POPOLAZIONE. UNA CATASTROFE ANCORA PIÙ INCREDIBILE SE SI PENSA CHE SI VERIFICÒ ALLE PORTE DELLA RICCA INGHILTERRA

Una terra povera e coloniale

Tra il censimento del 1841 e quello del 1851, l'Irlanda perse circa un quarto della popolazione. Una cifra enorme. Come poté accadere?
A partire dal 1844 tutta l'Europa conobbe una crisi alimentare, ma solo in Irlanda questa si trasformò in una tremenda carestia, durata cinque anni. Le ragioni di una tale catastrofe sono diverse.
In primo luogo, la cresciuta densità demografica dell'isola: la popolazione raddoppiò tra la fine del XVIII secolo e il 1840.
In secondo luogo, l'economia irlandese era quasi interamente agricola, ma si trattava di un'agricoltura condotta con sistemi arretrati e svantaggiosi per i contadini. In genere i proprietari terrieri affittavano un campo per il tempo di un solo raccolto: ogni anno, quindi, i contadini dovevano affannarsi a trovare un nuovo impiego per mantenere la propria famiglia.
Inoltre, l'agricoltura irlandese si fondava quasi esclusivamente sulla coltivazione della patata. Perfettamente adattata al clima irlandese, la patata, grazie alle sue forti rese, permetteva di nutrire una famiglia numerosa anche con poca superficie coltivata; quando nel 1845 una grave malattia colpì le patate, l'alimentazione degli Irlandesi venne gravemente ridotta.
Infine, la situazione politica dell'Irlanda era molto fragile: il Paese era controllato dall'Inghilterra come se si fosse trattato di una colonia.
Questa autentica dominazione si traduceva nell'accaparramento dei terreni da parte di grandi proprietari terrieri inglesi, che non risiedevano sull'isola ma si accontentavano di incassare le rendite. La lontananza dei proprietari si rivelò fatale nei giorni della fame, perché vennero a mancare la solidarietà e la carità, gli unici rimedi – come era accaduto altrove in condizioni simili – in un'epoca in cui lo Stato non si occupava di assistenza ai bisognosi.

Una carestia disastrosa

Nell'agosto del 1845 il raccolto di patate si annunciò eccellente, ma apparvero i primi segni della malattia. Proprio al momento in cui le patate vennero estratte dalla terra, in ottobre, fu evidente che il raccolto era in gran parte perduto. Già nei primi mesi del 1846 le scorte erano esaurite. Per i più poveri, che non avevano possibilità di acquistare prodotti alimentari sostitutivi, la situazione divenne rapidamente drammatica. Si trasformò poi in un terribile incubo quando ci si rese conto che il raccolto del 1846 sarebbe stato ancor più disastroso. E fu lo stesso per gli anni successivi.
I contadini, in mancanza di patate, furono costretti a consumare la loro produzione di cereali destinata al commercio, e non erano più in grado di pagare i canoni di affitto dei loro campi: vennero così cacciati dai terreni e andarono a ingrossare le fila dei senzatetto.
A complicare ulteriormente le cose intervenne anche il maltempo. L'inverno del 1846-47 fu freddissimo. Fatto rarissimo per l'Irlanda, nevicò nel mese di ottobre. A Cork, una piccola città nel Sud dell'isola, in dicembre morivano circa cento persone ogni settimana.
La scarsità di cereali in Europa, dovuta ai cattivi raccolti anche sul continente, impediva al governo inglese di far affluire grano in Irlanda. A questo punto, le malattie cominciarono a infierire su organismi debilitati dal freddo e dalla fame. La dissenteria uccise migliaia di bambini; comparve lo scorbuto, fino allora sconosciuto in Irlanda proprio grazie alla vitamina C contenuta nelle patate. Nel 1847 scoppiò una terribile epidemia di tifo, nel 1849 comparve anche il colera.
In totale, si ritiene che, per ogni individuo morto di fame, altri due siano morti per le malattie.
Il governo inglese agì, di fronte a questa grave circostanza, con decisioni inadeguate o totalmente intempestive. Fu necessario attendere la metà del 1847 perché comparissero le prime mense per i poveri e le prime distribuzioni di cibo.
Davanti all'entità del disastro e all'incapacità del governo, per molti l'unica soluzione fu andarsene. Un milione di Irlandesi emigrò durante il periodo della fame, un altro milione negli anni Cinquanta del secolo.
Queste partenze, associate al numero dei morti (in totale, forse un milione e mezzo), furono la vera causa della fine della fame, più che la scomparsa della malattia della patata.

LA MALATTIA DELLA PATATA

Causa essenziale della fame irlandese, la malattia della patata aveva già causato danni sulla costa orientale degli Stati Uniti, a partire dal 1842, e aveva attraversato l'Atlantico tra il 1844 e il 1845.
L'agente della malattia è un fungo, la *Phytophtora infestans*. Si sviluppa dapprima sulle foglie delle patate e si espande poi sui tuberi. Le patate, che appaiono a prima vista sane, marciscono in pochi giorni. Inoltre, il fungo può restare nei tuberi da un anno all'altro, e riprendere così le sue devastazioni col raccolto successivo.
L'Irlanda presenta un clima ideale per la sua proliferazione: scarsità di gelo, forte umidità ma assenza di piogge violente, che potrebbero ripulire le foglie.

▲ Due contadini mentre raccolgono patate a Kilkenny, in Irlanda.

▼ Un povero irlandese pensa di emigrare negli Stati Uniti; litografia del 1854.

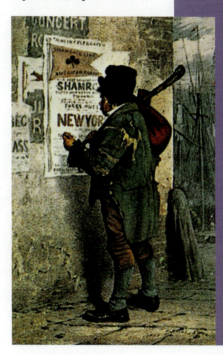

Avvenimenti

UNITÀ 3 — LE RIVOLUZIONI DEL 1848 — 103

4. IL QUARANTOTTO IN ITALIA

QUALI RIFORME SI REALIZZARONO NEL BIENNIO 1846-48?

PERCHÉ LA PRIMA GUERRA D'INDIPENDENZA ASSUNSE UN CARATTERE FEDERALE?

PERCHÉ LA PRIMA GUERRA D'INDIPENDENZA È DEFINITA «UNA GUERRA REGIA»?

▶ Il «biennio delle riforme»

Il periodo che va dal 1846 al 1848 è noto come **biennio delle riforme**. Questa ventata riformista ebbe inizio nel **1846** quando, alla morte del conservatore Gregorio XVI, venne eletto papa, il 16 giugno, il cardinale Giovanni Maria Mastai Ferretti, che assunse il nome di **Pio IX (1846-1878)**.

Il nuovo papa era di idee moderate e non aveva mai manifestato simpatie liberali; ma il fatto stesso di essere stato preferito dal conclave al cardinale Pietro Lambruschini, segretario di Stato di Gregorio XVI e capofila dei conservatori, gli attirò le simpatie dei liberali. E i primi atti compiuti da Pio IX sembrarono proprio confermare l'opinione che si trattasse di un «papa liberale»:
› concesse l'amnistia ai detenuti politici;
› aprì anche ai laici la Consulta di Stato, costituita dai rappresentanti delle province di nomina pontificia;
› abolì, in parte, la censura preventiva sulla stampa.

Queste iniziative suscitarono grande entusiasmo nell'opinione pubblica: sembrava prendere corpo la proposta neoguelfa di Gioberti. In breve tempo, tutta la penisola venne percorsa da iniziative riformatrici. Soprattutto il Regno di Sardegna e il Granducato di Toscana imitarono Pio IX concedendo riforme amministrative e allentando la censura.

L'unico Stato italiano che continuava a rifiutare ogni tipo di riforma era il Regno delle Due Sicilie. Ma fu proprio questa eccessiva rigidità a scatenare la protesta che da Palermo (12 gennaio 1848) arrivò fino a Napoli. Preoccupato dalla piega che stavano prendendo gli eventi, **Ferdinando II** proclamò l'autonomia della Sicilia e il **29 gennaio 1848**, primo fra tutti i sovrani d'Italia, concesse la **Costituzione**. A questo punto, si verificò una reazione a catena: il granduca di Toscana Leopoldo II emanò la Costituzione il 17 febbraio; poi toccò al Regno di Sardegna, il 4 marzo, con lo **Statuto Albertino** (▶ Istituzioni e società p. 112); infine, il 14 marzo fu la volta dello Stato Pontificio.

▶ Lo scoppio della prima guerra d'indipendenza

Questa era la situazione italiana quando giunse la notizia che il 13 marzo Vienna era insorta. Subito seguì il suo esempio **Venezia (17 marzo)**, dove venne proclamata la repubblica e formato un governo provvisorio. Il **18 marzo** insorse **Milano** e con le famose *cinque giornate* di combattimento cacciò le truppe austriache, comandate dal generale **Radetzky**. Poi la protesta si estese al di fuori dei confini dell'Impero asburgico: nei ducati di Parma e Modena, dove vennero instaurati dei governi provvisori.

Intanto in Piemonte i patrioti premevano su Carlo Alberto affinché intervenisse in Lombardia. Anche da Milano, i filosabaudi invocavano l'intervento di Carlo Alberto e l'immediata annessione al Regno di Sardegna. Nettamente contrari all'intervento piemontese erano invece i federalisti di Cattaneo.
Solo il **23 marzo**, quando gli Austriaci avevano già abbandonato Milano, Carlo Alberto decise di dichiarare guerra all'Austria con un duplice intento: acquisire nuovi territori e impedire che l'iniziativa indipendentista fosse condotta dai democratici e dai repubblicani, con

▼ Giovani donne sventolano il tricolore italiano dalla finestra: il dipinto raffigura l'esultanza dei Milanesi alla cacciata delle truppe austriache dopo le cinque giornate del 1848.

DOC

IL NO DI CATTANEO AI SAVOIA

Carlo Cattaneo durante l'insurrezione di Milano espresse un duro giudizio contro Casa Savoia, giudicata «assoluta anche più di Casa d'Austria». Per questo l'intervento dei Piemontesi non era necessario.

La piccola potenza savoiarda era rimasta fino a quel dì [1848], straniera alla rimanente Italia più assai della casa imperiale [d'Austria]. Essa aveva un buon esercito; ma non poteva accondiscendere a imprestarlo ad una causa di libertà e di novità. La Casa Savoia anziché costituzionale, era assoluta anche più della Casa d'Austria; e in fatto di religione professava un'inquisitoria ignoranza. […] Lasciamo il Piemonte nella rete della sua politica, […], e l'Italia senza il Piemonte tiene ancora venti milioni di popolo: io dico, lo dico con dolore, ma con ferma fiducia: il Piemonte non è necessario!

C. Cattaneo, *Dell'insurrezione di Milano nel 1848*

▲ Un ritratto di Johann Joseph Radetzky, generale dell'esercito austriaco e governatore militare della Lombardia.

> **CINEMA**
>
> **In nome del popolo sovrano**
>
> Italia, 1990 (durata: 110')
> Regia: Luigi Magni
> Attori principali: Elena Sofia Ricci, Massimo Wertmüller, Luca Barbareschi, Alberto Sordi, Nino Manfredi
>
> La vicenda narra la difesa della Repubblica romana nel 1849 quando, dopo la fuga del papa, la città è in mano a Mazzini e ai patrioti ormai assediati dalle truppe francesi. Contrasti e intrecci fra esponenti del clero, del mondo popolare, democratico e nobili favorevoli al ritorno di Pio IX emergono dalla vicenda storica in modo talvolta comico, talvolta commovente. Si tratta dell'ultimo film di una trilogia realizzata da Luigi Magni come critica al potere temporale dei papi e in difesa del senso di appartenenza nazionale del popolo.

▲ In questa stampa è rappresentato Daniele Manin, uno dei capi dell'insurrezione di Venezia, mentre proclama in piazza San Marco la nascita della repubblica.

inevitabili analoghe richieste all'interno del Regno di Sardegna.
All'iniziativa di Carlo Alberto si associarono altri eserciti italiani: vennero inviate truppe da Pio IX, Leopoldo II di Toscana e Ferdinando II di Napoli con l'obiettivo, analogo a quello di Carlo Alberto, di togliere l'iniziativa ai democratici e ai repubblicani. Il confronto con l'Austria assunse così il carattere di **guerra federale**.
Gli Austriaci subirono le prime sconfitte a **Goito** e a **Pastrengo**, ma **Radetzky** non abbandonò la Lombardia: fece invece asserragliare l'esercito austriaco nel cosiddetto «**quadrilatero**», una strategica posizione di difesa formata dalle fortezze di Mantova, Peschiera, Legnago e Verona.

Nel contempo l'Austria, che rappresentava la maggiore potenza cattolica europea, minacciò Pio IX di uno scisma nel caso in cui non avesse ritirato le proprie truppe.
Allarmato da questa eventualità, il **29 aprile** Pio IX pronunciò una celebre **allocuzione**: un discorso in cui dichiarò di voler rimanere estraneo al conflitto, in quanto «padre comune di tutte le genti, popoli e nazioni». Falliva così l'ipotesi neoguelfa.
Subito dopo anche Leopoldo II di Toscana e Ferdinando II di Napoli tolsero il loro appoggio alla causa indipendentista.
Da federale, la prima guerra d'indipendenza divenne regia: ora a condurla restava solo Carlo Alberto.

> **LESSICO**
>
> **AUTONOMIA**
> Il termine indica una situazione di indipendenza e separazione di un gruppo o di un ente da un altro; da tale condizione consegue la possibilità di autodeterminare e autoregolare attività e poteri da parte del gruppo o dell'ente divenuto autonomo.
> In alcuni casi, i movimenti che mirano a ottenere un'autonomia nazionale acquisiscono una connotazione separatista.
>
> **SEPARATISMO**
> Da un punto di vista storico-politico il termine indica le rivendicazioni di gruppi sociali o nazionali per la totale indipendenza politica ed economica, cioè la separazione dalla struttura statale di cui fanno parte.
> Nel corso dell'Ottocento, in concomitanza con le aspirazioni nazionali, si formarono in Europa numerosi movimenti separatistici all'interno dei grandi imperi plurinazionali, come quello asburgico e quello ottomano. In Italia, dopo l'unificazione, sopravvisse in Sicilia una tendenze separatista che si era manifestate già nel precedente Regno borbonico contro l'accentramento dei poteri a Napoli. Il separatismo siciliano si ripresentò sul finire della seconda guerra mondiale e nell'immediato dopoguerra.

▼ Dipinto del XIX secolo che illustra un episodio delle Cinque Giornate di Milano. Milano, Museo del Risorgimento.

UNITÀ 3 LE RIVOLUZIONI DEL 1848

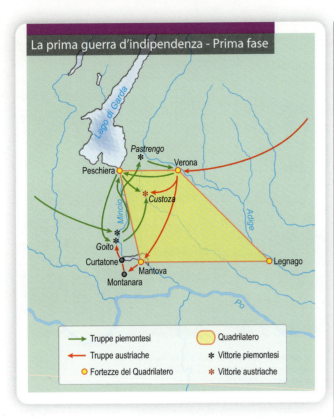

La prima guerra d'indipendenza - Prima fase

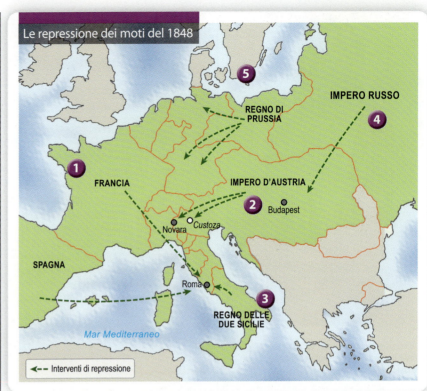

Le repressione dei moti del 1848

▶ I Piemontesi da soli: la guerra regia

Nonostante il ritiro delle truppe degli altri sovrani italiani, Carlo Alberto riuscì a sconfiggere gli Austriaci a **Curtatone** e **Montanara** (29 maggio), poi a **Goito** e a **Peschiera** (30 maggio). Tra il 29 maggio e il 13 giugno, Milano, Parma, Modena e Venezia furono annesse al Regno di Sardegna.

Ma lo scontro decisivo con l'Austria non era ancora avvenuto. Carlo Alberto indugiava a sferrare l'attacco finale. Gli Austriaci ebbero pertanto il tempo di ricevere rinforzi e di riorganizzarsi. Quando poi a **Custoza** (**23-25 luglio**) lo scontro finalmente ebbe luogo, i Piemontesi vennero nettamente sconfitti. Per motivi di prestigio Carlo Alberto accennò ancora a una debole difesa di Milano, ma considerata l'inutilità di tale ostinazione, preferì accordarsi con gli Austriaci, deludendo ancora una volta i patrioti lombardi. L'armistizio venne firmato a **Vigevano**, il **9 agosto 1848**, dal generale **Salasco** per il Regno di Sardegna e da Radetzky per l'Impero asburgico. Finiva così la prima fase della guerra.

Ma se la guerra regia era finita, i patrioti non intendevano affatto accettare la sconfitta. E una nuova ondata di protesta percorse la penisola.

❶ **Francia e Spagna**. Truppe francesi e spagnole attaccano la **Repubblica Romana** che cade dopo una strenua difesa di circa due mesi (luglio 1849).

❷ **Austria**. Le truppe austriache sconfiggono l'esercito sabaudo a **Novara** (23 marzo 1849); Brescia resiste ma capitola l'1 aprile (dieci giornate di **Brescia**); la **Repubblica Toscana** viene abbattuta a maggio. **Venezia** capitola il 23 agosto 1849. Tra il giugno e l'ottobre vengono repressi i moti di Praga e Vienna.

❸ **Regno delle Due Sicilie**. Nel maggio 1849, dopo la capitolazione di Palermo, viene restaurato il Regno delle Due Sicilie.

❹ **Impero russo**. Nell'agosto la resistenza ungherese viene schiacciata dalle truppe dello zar Nicola I e dell'imperatore Francesco Giuseppe.

❺ **Prussia**. Il re di Prussia Federico Guglielmo IV, dopo aver rifiutato la corona imperiale in quanto espressione di un'assemblea popolare rivoluzionaria, fa sciogliere con la forza l'assemblea e abroga le Costituzioni concesse nei vari Stati tedeschi (Sassonia, Baden, Palatinato, Renania).

DOC

MAZZINI: LA FORZA DELL'IDEALE REPUBBLICANO

Mazzini rievoca in questo brano l'eroica difesa della Repubblica Romana che seppe resistere per due mesi all'attacco di tre eserciti.

Difettavamo d'artiglieri: eravamo sprovveduti di mortai: non preparati alla guerra. La popolazione era, per lunghi secoli di schiavitù corruttrice, ignara, intorpidita, incerta, sospettosa d'ogni cosa e d'ogni uomo; e noi eravamo nuovi, ignoti i più, senza prestigio di nascita, di ricchezza, di tradizioni. Fummo assaliti subitamente, prima di ogni sospetto. [...] E nondimeno fugammo, con le nostre nuove milizie, le truppe del re di Napoli, combattemmo l'Austria, resistemmo per due mesi all'armi francesi. Nella giornata del 30 aprile i nostri giovani volontari videro in rotta i vecchi soldati d'Oudinot; in quelle del 3 e del 30 giugno pugnarono in modo da meritare l'ammirazione del nemico. Il popolo, rifatto grande da un principio, partecipava alla difesa, affrontava con calma romana le privazioni, scherzava sotto le bombe.

G. Mazzini, *Note autobiografiche*

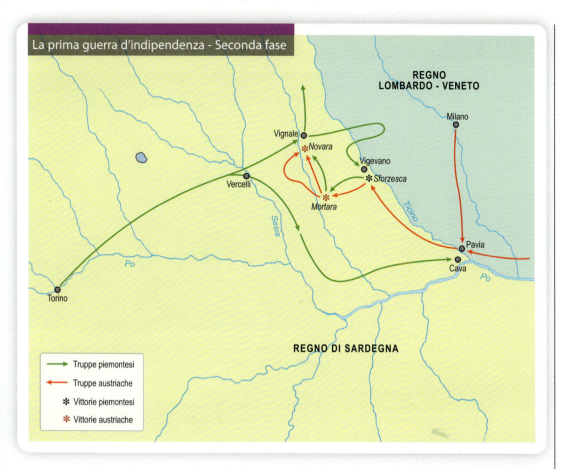

La prima guerra d'indipendenza - Seconda fase

- → Truppe piemontesi
- → Truppe austriache
- ✽ Vittorie piemontesi
- ✱ Vittorie austriache

Nello **Stato Pontificio**, Pio IX fu costretto a fuggire e a riparare nella fortezza di Gaeta. Il **9 febbraio 1849** una Costituente eletta a suffragio universale dichiarò la fine del potere temporale dei papi e affidò la **Repubblica Romana** a un triumvirato formato da Mazzini, Armellini e Saffi. Anche in **Toscana**, dopo l'allontanamento di Leopoldo II anch'egli fuggito a Gaeta, il potere venne assunto da un triumvirato formato da Francesco Domenico Guerrazzi, Giuseppe Montanelli e Giuseppe Mazzoni. L'obiettivo era quello di creare una repubblica del Centro Italia comprendente anche Roma.

Nel frattempo in Piemonte, nonostante la sconfitta di Custoza, i democratici continuavano a sostenere la ripresa della guerra. Alla fine si convinse anche Carlo Alberto: doveva rilanciare il prestigio di casa Savoia, scosso dalla sconfitta del '48, e riproporre la soluzione monarchica alla causa italiana, nel momento in cui l'idea repubblicana si affermava in gran parte dell'Italia.

La ripresa del conflitto si consumò in pochi giorni: le truppe del Regno di Sardegna, comandate dal generale polacco **Chrzanowski**, scelto dopo la deludente prova data dei generali sabaudi, vennero pesantemente battute a **Novara** (**23 marzo 1849**).

Amareggiato da questa ulteriore sconfitta e nella speranza di rendere più miti le condizioni della resa, Carlo Alberto decise di abdicare in favore del figlio **Vittorio Emanuele II**. E in effetti, le clausole dell'armistizio, firmato a **Vignale** il **24 marzo**, non furono gravose: il Regno di Sardegna tornò ai confini precedenti.

Per le repubbliche che ancora resistevano in diverse città italiane il destino era segnato. La prima a capitolare fu **Brescia** che per 10 giorni, dal 23 marzo all'1 aprile, resistette eroicamente agli Austriaci; poi l'esercito austriaco intervenne in **Toscana**, mentre il 4 luglio truppe francesi (guidate dal generale Oudinot), spagnole e borboniche attaccarono **Roma**, che cedette nonostante una strenua difesa nella quale si distinse Garibaldi.

A maggio era avvenuta la capitolazione di Palermo a cui era seguita la restaurazione del Regno delle due Sicilie.

Il 23 agosto, infine, gli insorti **veneziani** stremati dalla fame e dalle epidemie si arresero agli Austriaci.

▲ Uno scontro tra cavalleggeri durante la battaglia di Custoza; i combattimenti impegnarono le truppe piemontesi e austriache per tre giorni, dal 23 al 25 luglio 1848.

UNITÀ 3 LE RIVOLUZIONI DEL 1848 107

DOSSIER

I simboli dell'Italia

IERI L'INNO NAZIONALE E LA BANDIERA ERANO I SIMBOLI DEI PATRIOTI IN ARMI PER LA LIBERTÀ E DELLA MONARCHIA ITALIANA

OGGI SONO I SIMBOLI DELL'ITALIA REPUBBLICANA, MESSI, IN QUALCHE CASO, IN DISCUSSIONE

L'inno nazionale italiano

Il 12 ottobre 1946 l'Assemblea Costituente discusse dell'inno ufficiale che il nuovo Stato italiano doveva adottare. Quello in vigore – la *Marcia reale*, che il Regno d'Italia aveva ereditato dalla monarchia sabauda – doveva necessariamente essere sostituito: con quel titolo, e con un incipit che cantava: «Viva il Re! Viva il Re! Viva il Re!», sarebbe stato assurdo farne l'inno della Repubblica Italiana.

Furono avanzate diverse «candidature», musicalmente molto prestigiose: nel teatro d'opera degli anni del Risorgimento non mancavano certo grandi compositori, di fama indiscutibile. Ma si finì col privilegiare uno sconosciuto musicista genovese, Michele Novaro, e un volenteroso «poeta» di vent'anni, Goffredo Mameli. Il loro inno, scritto nel 1847 e ricordato per lo più con le parole del primo verso – «Fratelli d'Italia» – venne proclamato «inno nazionale italiano».

Durante gli anni del Risorgimento, in realtà, nessun patriota avrebbe mai parlato di «inno nazionale» per antonomasia. Nell'Ottocento gli «inni nazionali» erano svariate centinaia e costituivano un vero e proprio genere letterario. Anonimi o d'autore, scritti appositamente o di varia derivazione, adattati a musiche preesistenti o addirittura mai musicati, la maggioranza di questi testi conosceva una diffusione prevalentemente orale, che aveva dato vita a una serie pressoché infinita di varianti.

Alcuni «inni» erano semplicemente adattati da canti popolari, che in molti casi non avevano niente a che vedere con l'argomento patriottico. In altri casi si attinse al grande repertorio dell'opera lirica. I fratelli Bandiera, ad esempio, si schierarono davanti al plotone di esecuzione, in una livida mattina del 1844, cantando in coro l'aria *Chi per la patria*

▲ Giuseppe Verdi in una foto del 1875. Firenze, Museo della Fotografia Fratelli Alinari. Il coro «Va' pensiero…» dal *Nabucco* venne più volte indicato come possibile inno italiano.

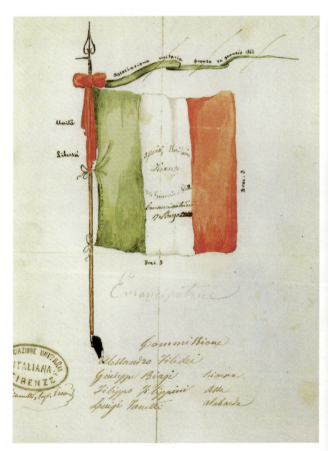

▲ Bozzetto per la bandiera dell'Associazione Unitaria Italiana di Firenze del 1862.

IERI E OGGI

L'uso della bandiera risale al Medioevo quando era utilizzata come segno di riconoscimento a distanza dei reparti militari; in seguito acquistò valore simbolico e in alcuni casi addirittura un carattere di sacralità. La bandiera divenne così il simbolo di uno Stato o di una città o di un'associazione. Come abbiamo visto, il tricolore è un'eredità napoleonica, mantenuta dopo l'unificazione nazionale. L'inno di Mameli invece vuole essere un richiamo alla libertà dagli oppressori attraverso diversi riferimenti storici: la battaglia di Legnano (1176), la resistenza di Francesco Ferrucci a Carlo V (1530), l'insurrezione dei Vespri siciliani contro i Francesi (1282), il coraggio del giovane Giovan Battista Perasso (Balilla) che sollevò Genova contro gli Austriaci (1746).

Oggi i simboli del nostro Paese sono il frutto delle decisioni prese dall'Assemblea Costituente del 1946. Il 12 ottobre 1946 l'*Inno degli Italiani* di Mameli diventò l'inno nazionale e il 5 maggio 1948 l'Italia repubblicana definì anche il suo emblema, scelto fra più di ottocento bozzetti. L'emblema della Repubblica Italiana è caratterizzato da tre elementi: la stella, la ruota dentata, i rami di ulivo e di quercia. La stella è uno degli oggetti più antichi del nostro patrimonio iconografico ed è sempre stata associata alla personificazione dell'Italia, sul cui capo splende raggiante. La ruota dentata d'acciaio, simbolo dell'attività lavorativa, traduce il primo articolo della Costituzione: «L'Italia è una repubblica democratica fondata sul lavoro». Il ramo di ulivo simboleggia la volontà di pace della nazione; la quercia incarna la forza e la dignità del popolo italiano.

108

DOSSIER

Eredità

muor, tratta dall'opera di Saverio Mercadante *Caritea regina di Spagna* (Venezia, 1826; libretto di Paolo Pola). E nelle famose cinque giornate di Milano del marzo 1848, a lungo si cantò fra l'altro il coro *Va' pensiero, sull'ali dorate* dal *Nabucco* di Giuseppe Verdi (Milano, 1842; libretto di Temistocle Solera), tutt'altro che facile, arduo da comprendere e memorizzare, relativo all'infelice condizione del popolo ebreo deportato a Babilonia.

L'origine della bandiera italiana

Insieme all'inno anche la bandiera rappresenta meglio di qualsiasi altro simbolo il patriottismo di un popolo. Il tricolore italiano quale bandiera nazionale nacque a Reggio Emilia il 7 gennaio 1797, quando il Parlamento della Repubblica Cispadana, su proposta del deputato Giuseppe Compagnoni, decretò che «si renda universale lo Stendardo, o Bandiera Cispadana di Tre Colori Verde, Bianco e Rosso, e che questi tre colori si usino anche nella Coccarda Cispadana, la quale debba portarsi da tutti».

Nell'Italia del 1796, attraversata dalle vittoriose armate napoleoniche, le numerose repubbliche di ispirazione giacobina che avevano soppiantato gli antichi Stati assoluti adottarono, quasi tutte con varianti di colore, bandiere caratterizzate da tre fasce di uguale dimensioni, chiaramente ispirate al modello francese del 1790; anche i reparti militari «italiani» costituiti all'epoca per affiancare l'esercito di Bonaparte ebbero stendardi che riproponevano la medesima foggia. In particolare, i vessilli reggimentali della Legione Lombarda presentavano appunto i colori verde, bianco e rosso. Gli stessi colori, poi, furono adottati anche negli stendardi della Legione Italiana che raccoglieva i soldati delle terre dell'Emilia e della Romagna. Questo fu probabilmente il motivo che spinse la Repubblica Cispadana – poi divenuta Cisalpina – a confermarli nella propria bandiera.

Un simbolo per il Risorgimento

Nei tre decenni che seguirono il Congresso di Vienna, il vessillo tricolore fu soffocato dalla Restaurazione, ma continuò a essere innalzato, quale emblema di libertà, nei moti del 1831, nelle rivolte mazziniane, nella disperata impresa dei fratelli Bandiera, nelle sollevazioni negli Stati della Chiesa. Dovunque in Italia, il verde, il bianco e il rosso espressero una comune speranza, che accendeva gli entusiasmi. E quando si dischiuse la stagione del '48 e della concessione delle Costituzioni, quella bandiera divenne il simbolo di una riscossa ormai nazionale, da Milano a Venezia, da Roma a Palermo.

Il 14 marzo 1861 venne proclamato il Regno d'Italia e la sua bandiera continuò a essere quella della prima guerra d'indipendenza. Ma la mancanza di un'apposita legge al riguardo portò alla realizzazione di vessilli di foggia diversa dall'originaria, spesso addirittura arbitraria. Soltanto nel 1925, durante il periodo fascista, si definirono, per legge, i modelli della bandiera nazionale e della bandiera di Stato. Quest'ultima, da usarsi nelle residenze dei sovrani, nelle residenze parlamentari, negli uffici e nelle rappresentanze diplomatiche, avrebbe aggiunto lo stemma della corona reale.

▲ La bandiera tricolore con lo stemma dei Savoia accompagna la partenza dei volontari per la guerra del 1866; dipinto di G. Induno. Milano, Museo del Risorgimento.

▲ La «bandiera del Rovatti», 1796-97, stendardo della Repubblica Cispadana.

▲ Il Tricolore italiano dall'unità alla Repubblica (al centro campeggia lo stemma dei Savoia).

▲ L'attuale bandiera italiana.

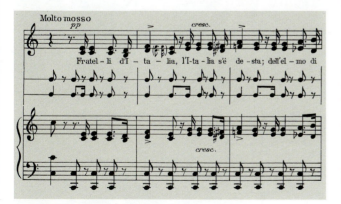
▲ Lo spartito con l'inizio dell'inno nazionale italiano.

UNITÀ 3 — I MOTI DEGLI ANNI VENTI E TRENTA

DOSSIER — *Protagonisti*

La principessa rivoluzionaria

IN PRIMA LINEA NELLE LOTTE RISORGIMENTALI, CRISTINA DI BELGIOIOSO DIMOSTRÒ GRANDI CAPACITÀ NELL'ORGANIZZAZIONE DELLA SANITÀ DELLA REPUBBLICA ROMANA

Una donna impegnata

Tra le migliaia di patrioti accorsi a Roma per difendere la repubblica sorta nel 1848, spiccano alcune donne – quasi tutte giunte in città al seguito dei loro uomini, come Anita Garibaldi o Enrichetta Di Lorenzo, compagna di Carlo Pisacane. Un'unica donna ha raggiunto Roma accompagnata soltanto dalla figlia di dieci anni e dalla governante inglese.

È Cristina Trivulzio di Belgioioso, principessa milanese che da molto tempo è una spina nel fianco del governo austriaco e che ha vissuto da protagonista gli eventi del 1847-1848. Ricchissima erede di una famiglia, i Trivulzio, che ha occupato posizioni di spicco nella Milano napoleonica, Cristina è sempre vissuta in un ambiente liberale. Nel 1828, a vent'anni e già separata dal marito Emilio di Belgioioso, donnaiolo e superficiale, si è affiliata alla Carboneria.

La giovane principessa cospira a Milano e poi, costretta all'esilio, anche a Roma e in Toscana, poi a Genova, Livorno, Marsiglia.

Anche a Parigi, dove per molti anni brilla come per la sua bellezza e il suo spirito, Cristina accoglie nel suo salotto, accanto agli intellettuali della generazione romantica, tutti gli italiani che hanno in qualche modo a cuore le sorti del proprio paese. E spesso, anche quando i suoi beni sono sotto sequestro da parte delle autorità austriache, è prodiga di aiuti per gli esuli che si ritrovano senza un soldo. Sempre un po' al di fuori dei ruoli assegnati alla donna dalla società del tempo, Cristina non esita nemmeno di fronte all'impegno culturale e firma orgogliosamente con il proprio nome articoli sulle condizioni sociali e politiche dell'Italia, e giungerà a dirigere giornali che sostengono apertamente la causa nazionale.

Dopo la sconfitta piemontese a Novara il 28 marzo del 1849, Cristina raggiunge prima Venezia, anch'essa costituitasi in Repubblica, poi Roma, dove si affianca a Mazzini che è stato appena eletto triumviro.

Nel passato Cristina ha polemizzato a lungo contro le spedizioni mal organizzate, mal guidate e quindi destinate al fallimento.

Tuttavia con Mazzini condivide l'ideale di un'Italia libera e unita, anche se non necessariamente repubblicana, ma solo perché ritiene che un simile obiettivo sia ancora prematuro a causa dell'arretratezza civile del paese.

Del resto, dopo le insurrezioni del 1848 la principessa è disposta a sostenere la monarchia sabauda, l'unica forza politica in grado di realizzare l'unità, pur restando scettica sulle qualità di Carlo Alberto.

È lei che nella primavera del 1848 fa da mediatore tra Mazzini e Carlo Alberto, esortando da un lato il sovrano ad accettare l'aiuto degli italiani più progressisti e dall'altro il rivoluzionario ad appoggiare il Piemonte costituzionale e la sua politica di annessioni, in nome del superiore interesse della nazione. Fu ancora lei a cercare a Parigi aiuti per la causa italiana anche presso Luigi Napoleone, che prenderà invece la decisione di inviare truppe in difesa del papa.

▲ La principessa Cristina di Belgioioso, patriota attenta anche alle condizioni dei contadini lombardi, che si nutrono «di granoturco ridotto a una pastocchia cruda, umida e senza sale».

▼ Garibaldi e (a destra) la moglie Anita mentre difendono Roma nel 1849.

DOSSIER

Protagonisti

Il soccorso dei feriti

Quando giunge a Roma, Cristina riceve da Mazzini un incarico molto delicato: dirigere «le ambulanze civili e militari», ossia i reparti di pronto soccorso da istituire sia presso gli ospedali civili sia presso i luoghi di combattimento. È la prima donna nella storia a rivestire un tale ruolo. Mentre, alla fine di aprile, comincia l'assedio della città ad opera dei francesi, la principessa inizia una immane opera di organizzazione – e spesso di creazione dal nulla – del soccorso e della sanità. Si tratta di preparare medici e infermiere, reperire locali adatti ad accogliere i feriti, organizzare la raccolta e la distribuzione di letti, vasi, mobili, biancheria. L'efficienza con cui Cristina adempie al suo compito suscita la generale ammirazione dei Romani.

La soluzione messa in atto dalla «cittadina Trivulzio» per gli ospedali romani precorre genialmente i tempi: soltanto cinque anni dopo Florence Nightingale creerà in Crimea un'assistenza infermieristica dello stesso tipo. Cristina rivolge un appello alle donne romane perché si presentino alle ambulanze, e ciò non è insolito: è normale, quando la guerra si avvicina ad una città, chiedere alle donne di tagliar garze, preparare bende e assistere i feriti. Quel che è del tutto nuovo è il modo, razionale ed efficiente, in cui Cristina organizza un vero e proprio corpo di infermiere volontarie, prendendo a modello il servizio prestato dalle suore dell'Hôtel-Dieu, il grande ospedale di Parigi.

Moltissime donne rispondono al suo appello, da tutte le classi e i ceti. È un impulso generoso e patriottico a spingerle, ma che rappresenta anche una sfida alle convenzioni maschiliste del tempo, per cui una donna che si presta ad una simile lavoro deve per forza buttare al vento la propria virtù. Cristina ne era ben cosciente, e procedette ad un'accurata selezione delle candidate, al termine della quale furono trecento le prescelte.

Al servizio di Cavour

L'assedio procede per settimane, alternando scontri a periodi di tregua, durante i quali però proseguono i combattimenti in altri territori della Repubblica, e quindi molti feriti continuano ad affluire a Roma. Cristina deve spesso adattarsi a svolgere compiti di infermiera, battendosi contro medici e chirurghi inetti.

La situazione precipita a partire dai primi di giugno: le truppe francesi cominciano il bombardamento della città, apprestandosi ad occupare le linee esterne. Cadono molti patrioti, tra i quali Goffredo Mameli, assistito da Cristina ma operato male dai medici. L'assalto finale viene portato il 30 giugno, e in mezza giornata Roma viene occupata. Garibaldi fugge con quattromila uomini, la principessa di Belgioioso rimane ad occuparsi dei feriti, anche se i francesi la allontaneranno subito dal suo incarico. La sera del 31 luglio, poco prima della chiusura delle porte, Cristina e la figlia passano il posto di blocco francese con un passaporto americano. È uno stratagemma che è servito a molti patrioti per fuggire nei giorni precedenti, ideato da Cristina stessa e dall'agente consolare Lewis Cass.

Con la fuga da Roma la principessa si lascia alle spalle l'impegno politico. Solo al ritorno in Italia nel 1856, dopo alcuni viaggi in Asia Minore, tornerà a rivolgere le sue energie alla causa nazionale e sceglierà la parte che sembra poter raggiungere l'obiettivo. Sarà Cavour a servirsi della sua vasta rete di amicizie e del suo talento di polemista a vantaggio della propria politica, molto lontana dalle fiamme rivoluzionarie della Repubblica romana.

PERSONAGGI

TERESA CASATI CONFALONIERI (1787-1830)

Amica di Cristina di Belgioioso, fu protagonista della lotta per l'indipendenza italiana nell'epoca della Restaurazione.

Teresa Casati Confalonieri nacque a Milano nel 1787 dalla contessa Maria Origoni e dal conte Gaspare Casati. Nel 1807 sposò il conte Federico Confalonieri, con cui condivise gli ideali liberali e la partecipazione alla Carboneria. Fece parte, infatti, della Società delle giardiniere, una specie di sezione femminile della Carboneria milanese: le giardiniere, a differenza dei maschi che si riunivano nelle «vendite», si trovavano nei loro «giardini»; erano organizzate in «aiuole» costituite da nove donne.

Teresa e suo marito suscitarono molto presto l'attenzione della polizia austriaca che il 13 dicembre 1821 arrestò il conte per la sua partecipazione al moto piemontese del 1821. Dopo un processo di due anni, Federico Confalonieri fu condannato a morte e Teresa iniziò la sua battaglia per salvare il marito. Si recò a Vienna con il suocero, il cognato, e il fratello per implorare l'intervento dell'imperatore. L'imperatore, dopo alcune settimane di attesa, acconsentì a ricevere tutti ad eccezione di Teresa, ammessa però alla presenza dell'imperatrice, che si commosse per la dedizione che dimostrava al marito. L'imperatore si dichiarò irremovibile ma alla fine, forse per le insistenze dell'imperatrice, acconsentì a commutare la condanna a morte nel carcere duro da scontare nella fortezza dello Spielberg (gennaio 1824). Nel frattempo Teresa non si era data per vinta: era tornata a Milano e aveva raccolto in una supplica la firma di circa 300 personalità, tra cui Manzoni. La supplica giunse a Vienna però quando la grazia era già stata decisa.

Federico Confalonieri restò allo Spielberg fino al 1835, quando fu condannato alla deportazione in America. Pare che cinque anni prima un secondino gli avesse annunciato la morte della moglie con queste parole: «Numero 14, l'Imperatore vi fa sapere che vostra moglie è morta».

Manzoni scrisse l'epitaffio che si può tuttora leggere nel cimitero urbano di Muggiò e si ispirò proprio a Teresa nella creazione del personaggio di Ermengarda.

▲ Ritratto di Teresa Casati Confalonieri, dipinto del XIX secolo.

UNITÀ 3 — LE RIVOLUZIONI DEL 1848

DOSSIER

Cent'anni di Statuto Albertino

istituzioni e società

LO STATUTO ALBERTINO RIMASE IN VIGORE PER UN SECOLO GRAZIE ALLA SUA FLESSIBILITÀ. QUESTA CARATTERISTICA, PERÒ, CONSENTÌ ANCHE IL SUO STRAVOLGIMENTO, SPECIE NEGLI ANNI DEL FASCISMO

Lo Statuto Albertino: dalla rigidità alla flessibilità

Carlo Alberto, nel preambolo dello Statuto, conferiva alla costituzione valore di «legge fondamentale, perpetua e irrevocabile della Monarchia»: autolimitava i suoi poteri assoluti e si impegnava a non modificare più la propria scelta. Quella che era appena nata sembrava dover essere una carta costituzionale rigida.
Ma solo una ventina di giorni dopo la promulgazione, l'inizio della guerra all'Austria indusse il re a modificare un articolo, per dare un segno della volontà di unificazione nazionale: la bandiera tricolore veniva sostituita alla «coccarda azzurra». Al momento nessuno contestò, ma si prese atto che, all'occorrenza, con un semplice provvedimento legislativo era possibile modificare lo Statuto. Si aprì così lo spiraglio per la tesi della «flessibilità» dello Statuto.
La volontà della nazione, espressa dal Parlamento, unita a quella del re poteva modificarlo: così pensavano i «moderati», secondo la tesi cavouriana dell'«onnipotenza parlamentare».
I democratici contrapponevano invece la richiesta di un'Assemblea Costituente che elaborasse un nuovo testo costituzionale.
La prima opinione, seppur diversa da quella che aveva ispirato Carlo Alberto e i suoi collaboratori nella compilazione dello Statuto, finì col prevalere, di fronte a prospettive ben più incerte per la monarchia.
Non essendoci meccanismi di difesa del dettato costituzionale, la flessibilità dello Statuto avrebbe potuto consentire l'attuazione di riforme istituzionali con una certa facilità. Invece non fu così: le riforme avvennero per prassi o con legislazione parallela al testo costituzionale. Questo fu lasciato invariato, circondato da un certo alone di sacralità.

Dal Regno di Sardegna al Regno d'Italia

Nel decennio in cui lo Statuto fu applicato al Regno di Sardegna intervennero non pochi cambiamenti: il passaggio dalla monarchia costituzionale pura a quella parlamentare, l'affermazione del governo come organo costituzionale, l'emergere della figura del presidente del Consiglio (nella persona di Cavour), la riduzione del ruolo del re sia nel potere legislativo che in quello esecutivo, la prevalenza della Camera sul Senato, l'estensione dei diritti di libertà.

RIGIDITÀ E FLESSIBILITÀ

Nel corso dei secoli le riforme istituzionali sono avvenute a seguito di rivoluzioni, guerre o conquiste, o per decisione di prìncipi assoluti. Non c'era alcuna regola per attuarle: tutto dipendeva solo e semplicemente dalla volontà politica di chi reggeva lo Stato. Ciò è cambiato con l'avvento del regime costituzionale, contenente un «patto» fra governati e governanti che fissa garanzie per i primi e limiti del potere dei secondi. Sin dalla Costituzione nordamericana di due secoli fa sono stati stabiliti meccanismi di tutela del testo costituzionale, per impedirne la modificazione attraverso la legge ordinaria. Le costituzioni attuali – come la nostra – tendono infatti a stabilire una supremazia della costituzione nei confronti della legislazione ordinaria, e quindi la sua rigidità. Le garanzie che la carta fondamentale contiene vengono messe al riparo da modificazioni contingenti o di consenso limitato. Ma così la costituzione rischia di conservarsi di fronte all'evoluzione sociale e a richieste di cambiamenti anche di una certa ampiezza.

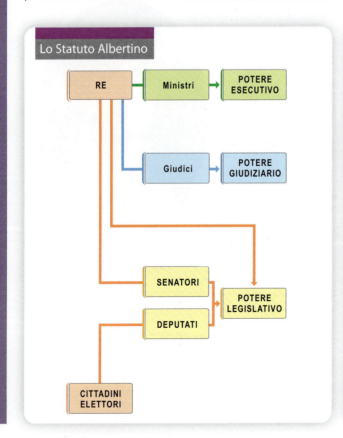

Lo Statuto Albertino

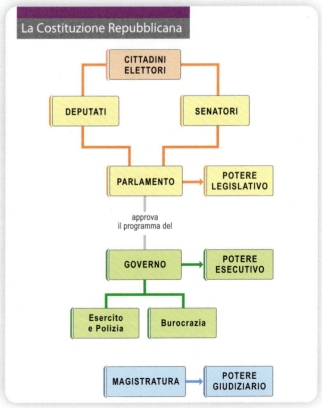

La Costituzione Repubblicana

112

DOSSIER

Istituzioni e società

▲ Re Vittorio Emanuele III incontra Mussolini dopo avergli affidato il governo (1922).

Dopo la seconda guerra di indipendenza ci si sarebbe potuti attendere un insieme di riforme per il passaggio all'unificazione italiana. Accade, invece, l'opposto.
Mentre da più parti si invocava un'Assemblea Costituente, la classe politica piemontese riuscì a pilotare il proprio ordinamento statutario, senza cambiamenti, al Regno d'Italia.
Cavour aveva cercato di garantire alle potenze europee che sotto la sua ispirazione l'unificazione italiana si sarebbe realizzata senza deflagrazioni più vaste. Ogni proposta innovativa venne perciò considerata con sospetto.
Le adesioni via via attuate coi plebisciti estesero il vecchio regno, e Vittorio Emanuele mantenne persino il numero ordinale (II) di quando era re di Sardegna.
Per un cinquantennio l'ordinamento istituzionale italiano subì solo aggiustamenti, ma nessun cambiamento essenziale. Intanto la classe politica via via mutava: dalla Destra storica alla Sinistra storica, dal gruppo subalpino ai deputati e ministri del trasformismo, dall'élite moderata ai parlamentari dell'incipiente socialismo sino alla riemersione di elementi ispirati dalla tradizione cattolica.
Nel primo dopoguerra le difficoltà economiche e sociali non riuscirono a essere padroneggiate dai governi. Da più parti si auspicavano riforme istituzionali.
La marcia dei fascisti su Roma chiuse bruscamente il capitolo delle proposte di nuova soluzione. E ne aprì pesantemente un altro.

Gli anni del fascismo
Nel giro di alcuni anni, specie nel periodo 1925-28, la legislazione ordinaria introdusse cambiamenti che sconvolsero nella sostanza l'ordinamento espresso dallo Statuto, anche se questo rimase in vigore e continuò formalmente a essere presentato come immutato.
Un nuovo organo, il Gran Consiglio del Fascismo, acquistò un ruolo di importanza costituzionale. Tra il 1925 e il 1926, la figura del Primo ministro (Mussolini) si rafforzò a danno del re. Egli assunse la guida dell'esecutivo, riservata al sovrano dall'articolo 5 dello Statuto.
Lo Statuto non parlava del potere del governo di emettere norme: la possibilità, per l'esecutivo, di elaborare decreti legge, decreti legislativi e regolamenti si era creata, nei decenni, attraverso la prassi. Ma ciò che accadde sotto il fascismo superava il limite concesso dalla flessibilità della carta costituzionale: la funzione legislativa a poco a poco venne assunta dal governo e sottratta alle camere. Lo Statuto, nella sua concezione originaria, aveva limitato il potere del re a vantaggio del Parlamento. Ora, invece, sia i poteri regi che quelli parlamentari venivano svuotati di contenuto, a favore del potere personale del Primo ministro.
Nel 1939 la Camera dei fasci e delle corporazioni sostituì quella dei deputati: alla rappresentanza elettiva prevista dallo Statuto, subentrò la designazione in base alle cariche ricoperte. Lo Stato totalitario, inoltre, violò e ignorò le già non molto ampie libertà statutarie.
Dopo la caduta del fascismo la Corona tentò di restituire credibilità alle istituzioni statutarie. Prevalse invece l'esigenza di ridiscutere i fondamenti stessi dell'ordinamento costituzionale: nel 1946 con suffragio universale, anche femminile, venne scelta la repubblica.
L'elasticità dello Statuto Albertino aveva consentito uno stravolgimento tale da indurre ad adottare, nel 1948, una carta costituzionale rigida. Oggi il nostro sistema repubblicano, infatti, può essere cambiato solo dopo molteplici ripensamenti e con larghe adesioni.

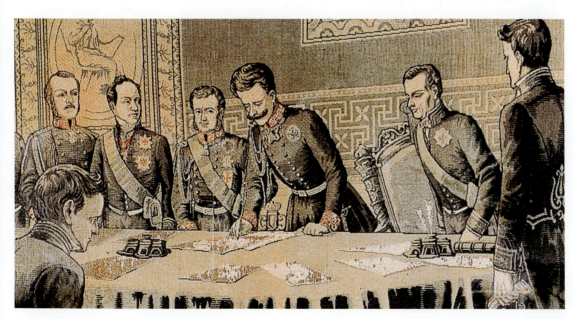

◀ Carlo Alberto firma la Carta costituzionale meglio nota come Statuto Albertino, il 4 marzo 1848. Arazzo d'epoca.

DOSSIER

Generale Ramorino, professione capro espiatorio

Protagonisti

ERA IL BERSAGLIO GIUSTO SU CUI INFIERIRE. ESSENDO APPREZZATO NEGLI AMBIENTI DEMOCRATICI CHE AVEVANO PATROCINATO IL SUO INSEDIAMENTO, ERA DI CONSEGUENZA INVISO AI CIRCOLI DI CORTE E ALL'ALA ARISTOCRATICA DELL'ESERCITO

▲ La fase finale della battaglia di Novara: iniziata poco prima di mezzogiorno del 23 marzo 1848, si concluse alle prime ore della sera con la sconfitta delle truppe piemontesi.

Tra le prime decisioni che prese nel 1849 Vittorio Emanuele II, subentrando a Carlo Alberto dopo l'infausta battaglia persa a Novara, fu la scelta di un capro espiatorio.
E il capro espiatorio scelto da Vittorio Emanuele II fu il generale Ramorino accusato di aver perso, quasi da solo, la prima guerra per l'indipendenza.
Girolamo Ramorino era nato a Genova nel 1792 e si era arruolato giovanissimo nell'esercito napoleonico, distinguendosi nella campagna di Russia; nel 1821 aveva aderito ai moti piemontesi, riparando poi in Francia; nel 1830 si era schierato con gli insorti della Rivoluzione polacca e nel 1834 aveva partecipato alla spedizione mazziniana contro la Savoia. Era rientrato in Piemonte nel 1848, appena in tempo, si sarebbe detto, per ottenere il comando della quinta divisione dell'esercito e per sprofondare nei guai. Era il bersaglio giusto su cui infierire. Essendo apprezzato negli ambienti democratici che avevano patrocinato il suo insediamento, era di conseguenza inviso ai circoli di corte e all'ala aristocratica dell'esercito. Colpendo lui, insomma, si colpiva anche chi lo aveva voluto al comando della quinta divisione. Certo era reo di avere disubbidito agli ordini ricevuti ma nella campagna del 1848-49 tutti gli ordini erano talmente confusi da offendere chiunque fosse dotato di un minimo di logica. Il re Carlo Alberto era di un indomito presenzialismo, pretendeva di apparire in tutti i luoghi di maggior pericolo, salvo poi buttarsi a dormir per terra tra i soldati, stremato e scontento di non riuscire a prendere una decisione rispettabile.
Quanto al generale polacco Chrzanowski, inopinatamente nominato «comandante in capo dell'esercito», non faceva che studiare mosse in difesa della sua posizione e scriveva memorie in italo-polacco contro debolezze ed errori dei comandanti subalterni.
Non appena cominciarono i lavori della commissione d'inchiesta sulla disfatta di Novara, inviò al ministero della Guerra una testimonianza corrucciata in cui si lamentava della sventataggine del governo che lo aveva spinto alla guerra quando l'esercito non era preparato, della mancanza di spirito combattivo dei soldati contaminati dalla propaganda democratica, e soprattutto del tradimento del generale Ramorino: «La sortita del nemico da Pavia era nelle mie supposizioni e noi eravamo piazzati in conseguenza. Se tutta la divisione del generale Ramorino fosse stata piazzata alla Cava, come eragli ordinato, noi sapressimo ora se sia l'Armata nemica che abbia sboccato…».
In realtà la sola divisione di Ramorino non avrebbe potuto fermare un grosso attacco: sarebbe stata annientata.
Ramorino fu arrestato, processato e condannato a morte con l'aggravante della degradazione dal Consiglio di Guerra. Il nuovo re confermò la sentenza, ma condonò la degradazione. Il collegio di difesa ricorse alla Corte di Cassazione per incompetenza del Tribunale che aveva condannato Ramorino, ma la Corte di Cassazione respinse il ricorso. Ci fu ancora un appello dei difensori alla clemenza di Vittorio Emanuele II, ma il sovrano non cambiò idea.
All'alba del 22 maggio 1849 il generale Ramorino fu condotto sulla piazza d'Armi di Torino. Morì, per così dire, bene. Salutò il plotone di esecuzione che gli rendeva gli onori, rifiutò di farsi bendare e fu lui stesso a comandare il fuoco. Cadde così il responsabile, per comune consenso, della prima ingloriosa guerra d'indipendenza.

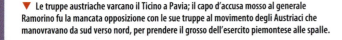

▼ Le truppe austriache varcano il Ticino a Pavia; il capo d'accusa mosso al generale Ramorino fu la mancata opposizione con le sue truppe al movimento degli Austriaci che manovravano da sud verso nord, per prendere il grosso dell'esercito piemontese alle spalle.

Mazzini e Garibaldi erano terroristi?

Lo storico inglese Paul Ginsborg risponde a questa domanda esaminando il contesto politico culturale in cui si svilupparono le insurrezioni dei rivoluzionari italiani. In un quadro storico caratterizzato dalle lotte di liberazione dall'invasore straniero, i modelli di riferimento non potevano che essere le rivolte violente contro il potere costituito. Molti rivoluzionari guardarono non solo alla Rivoluzione francese, ma soprattutto all'insurrezione popolare spagnola contro l'esercito napoleonico. Per Ginsborg, dunque, la categoria del pacifismo non può costituire un metro di giudizio per le rivoluzioni dell'Ottocento. A suo avviso l'attenzione va piuttosto spostata sulla distinzione tra una violenza fine a se stessa e una violenza inevitabile.

Le teorie della rivoluzione

Non è possibile tracciare una facile distinzione sociale tra quanti scelsero i sentieri della relativa moderazione e quanti divennero dei rivoluzionari. Piuttosto ogni singolo caso deve essere analizzato in tutta la sua complessità, per cercarne le ragioni profonde.
Una volta decisa la rivoluzione, c'era poi un'altra questione di estrema complessità: che tipo di rivoluzione bisognava tentare? Il dibattito su questo punto infuriò per tutto il Risorgimento.
I giovani rivoluzionari italiani degli anni Trenta e Quaranta avevano molti precedenti ai quali far riferimento. La Rivoluzione francese, le repubbliche italiane, le rivoluzioni del 1820-21 e del 1830-31 fornivano una straordinaria casistica da cui trarre preziosi insegnamenti. Tuttavia c'era un Paese e un'esperienza cui i rivoluzionari italiani attribuivano un'importanza esemplare: la Spagna e la sua insurrezione popolare contro i Francesi dal 1808 al 1814.
Nel suo *Della guerra nazionale d'insurrezione per bande, applicata all'Italia*, Carlo Bianco di Saint-Jorioz auspicava l'applicazione al caso italiano di quello che riteneva il modello spagnolo. I rivoluzionari italiani dovevano condurre una feroce e incessante guerra per bande contro gli Austriaci, come avevano fatto gli Spagnoli contro i Francesi.
Ogni banda, prima di entrare in campo, doveva a suo avviso giurare «di sterminare ogni mese un numero di nemici uguale a quello degli individui che la compongono». Ogni baionetta italiana almeno una volta al mese doveva «essere tinta di sangue nemico: disonore e biasimo a quel volontario che passi un sì lungo tempo colla sua baionetta lucida».
La ferocia di Bianco di Saint-Jorioz rappresentava probabilmente un caso particolare, ma ci sono altri esempi di atteggiamenti che potremmo definire inquietanti nei confronti dell'uso della violenza.
Anche Pisacane non aveva dubbi sulle virtù del terrore rivoluzionario quando si trattava di innescare l'insurrezione urbana, e non accettava ripieghi: «Bisogna cominciare con un fatto terribile: guai a noi se cominciassimo con una dimostrazione. Bisogna atterrire il nemico, non avvisarlo»; quel che aveva in mente in questo caso era l'assalto notturno alle abitazioni delle autorità militari e politiche di una città e il loro immediato massacro.

Città o campagna?

Mazzini stesso doveva molto a Bianco di Saint-Jorioz, come ammise prontamente nel suo *Della guerra d'insurrezione conveniente all'Italia*. I mazziniani adottarono, quindi, quello che ritenevano il modello spagnolo della guerra di bande popolare come la migliore strategia militare per i rivoluzionari.
Il mito spagnolo sembrava implicare che il futuro della rivoluzione fosse nelle campagne e non nei grandi centri urbani. Tuttavia negli anni Quaranta Mazzini corresse il tiro, accentuando l'importanza di un'insurrezione generale da innescare nelle città.
Per contro, Garibaldi era chiaramente a favore della campagna e del mare aperto come il terreno più adatto alle sue tattiche di guerriglia. Non che le città dovessero essere ignorate; anzi, la loro conquista doveva rappresentare l'apice dell'insurrezione e la loro difesa un'arte. Ma Garibaldi, durante la sua lunga carriera militare, fu sempre alla ricerca di uno

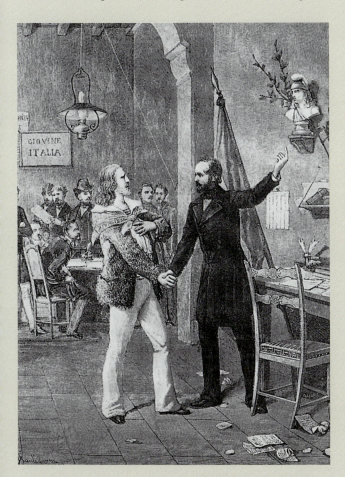

▲ L'incontro tra Garibaldi e Mazzini nel 1833 a Marsiglia, dopo l'adesione di Garibaldi all'organizzazione della Giovine Italia.

storiografia LAB

spazio, di una superficie aperta dove poter sfruttare al massimo il suo genio di capo guerrigliero.

Dunque per Mazzini come per Garibaldi non vi erano alternative all'uso della violenza: il problema era solo di carattere strategico. Questo fa di loro dei criminali di guerra o dei terroristi, come oggi siamo soliti definire coloro che in modo violento cercano di sovvertire l'ordine politico e sociale?

Pacifismo e violenza
Sarebbe assurdo attendersi dai maggiori esponenti del Risorgimento un pacifismo che nell'Europa della metà dell'Ottocento si poteva trovare soltanto in piccolissime minoranze religiose. L'impresa di costruire una nazione in quell'epoca e in quel continente era inevitabilmente connessa all'espulsione forzata degli eserciti stranieri.

In un contesto del genere la vera distinzione da fare non è tra pacifismo e violenza, ma piuttosto tra violenza inevitabile da una parte, e violenza gratuita, o addirittura cercata, dall'altra. Se incontriamo i protagonisti del Risorgimento che indulgono alla violenza fine a se stessa, non dobbiamo cercare di nascondere i fatti e ancor meno di giustificarli. Allo stesso modo, però, non dovremo cercare nelle loro azioni un codice morale che vada al di là della loro esperienza, per poi criticarli se non lo troviamo.

Esaminando l'attitudine alla violenza dei rivoluzionari italiani scopriamo immediatamente, come era da attendersi, una grande varietà di opinioni e comportamenti. Senza dubbio alcuni di questi personaggi rivelarono quello che, senza mezzi termini, può essere definito un atteggiamento gratuitamente sanguinario nei confronti della guerra rivoluzionaria. Ma non era questo il caso di Mazzini.

Paul Ginsborg, *Teorie della rivoluzione*

◀ Giuseppe Mazzini fotografato durante il suo lungo esilio a Londra, dove si era rifugiato nel 1837.

▶ Giuseppe Garibaldi ritratto dal pittore Malinski nel 1845. Milano, Museo del Risorgimento.

COMPRENDERE

› Quali erano i modelli di rivoluzione a cui i giovani rivoluzionari italiani si riferivano?
› In che cosa consisteva «l'insurrezione per bande»?
› Quali mutamenti apportò Mazzini alla sua teoria rivoluzionaria?
› Qual era la strategia preferita da Garibaldi?
› Perché il pacifismo non faceva parte del bagaglio culturale dei rivoluzionari dell'Ottocento?

CONTESTUALIZZARE

› A quale schieramento appartenevano Mazzini e Garibaldi, all'interno del dibattito risorgimentale? Perché?
› Quali critiche mosse Mazzini alla Carboneria? Quale fu la sua proposta alternativa?
› Quali tentativi di insurrezione furono animati dal pensiero mazziniano? Perché fallirono?

DISCUTERE E ATTUALIZZARE

› La liberazione dall'oppressore straniero per Mazzini e Garibaldi doveva necessariamente essere accompagnata dall'uso della violenza; secondo te, questa affermazione è ancora valida per i movimenti di liberazione contemporanei?

Attualità e ambiguità di Mazzini: due giudizi a confronto

LAB

storiografia

Presentiamo due giudizi sull'ideologia di Mazzini che vanno in direzione opposta: per il politologo Maurizio Viroli, che tra l'altro è presidente dell'Associazione Mazziniana, Mazzini fu un patriota che seppe andare oltre il liberalismo e il marxismo, rivendicando l'emancipazione morale e spirituale dei popoli; secondo lo storico Domenico Settembrini, invece, nei discorsi di Mazzini ci sono delle ambiguità che fanno pensare al nazionalismo novecentesco e fascista.

Maurizio Viroli: attualità

Chi avesse dubbi sul rilievo che il pensiero politico di Giuseppe Mazzini ha ancora per le forze politiche che si pongono problemi di emancipazione, può utilmente leggere la biografia scritta da Roland Sarti.

Come mette bene in luce l'autore, Mazzini aveva una concezione dell'emancipazione più ricca di quella di quella di Karl Marx. Mentre Marx e i marxisti vedevano solo, o prevalentemente, lo sfruttamento dei lavoratori ad opera del sistema capitalistico, Mazzini denunciava anche la subordinazione delle donne, l'oppressione di nazioni e popoli, la condizione dei servi e degli schiavi. E insisteva sul fatto che l'oppressione non consiste solo nella privazione dei necessari mezzi di sostentamento, ma anche nell'avvilimento spirituale e nel sentimento di inferiorità culturale che è proprio degli individui e dei popoli oppressi.

Mazzini sapeva bene che «sfortunatamente gli oppressi avevano la medesima propensione a combattere fra loro come contro gli oppressori perché i loro interessi materiali non necessariamente coincidevano e spesso si scontravano». Da questa consapevolezza egli traeva la conclusione che un grande movimento di emancipazione capace di aprire una nuova pagina nella storia dell'umanità non poteva parlare solo di diritti o di interessi in quanto e gli uni e gli altri erano necessariamente parziali. Ha dunque ragione Sarti a sottolineare che per Mazzini «il capitalismo e il socialismo sbagliavano nello stesso modo nel sottolineare l'importanza dei diritti – diritti economici dell'individuo nel caso del capitalismo e diritti economici della classe lavoratrice nel caso del socialismo».

Per superare i limiti del liberalismo e del socialismo, Mazzini proponeva di integrare il linguaggio dei diritti con quello dei doveri e insisteva sul concetto di educazione morale quale aspetto essenziale del processo di emancipazione.

Non auspicava solo una più equa reintegrazione della ricchezza sociale bensì una umanità resa migliore attraverso la libera associazione. Per questo esortava gli operai a unirsi in associazioni autonome (e rivolgeva la stessa esortazione alle donne) e al tempo stesso insisteva sulla necessità di coltivare legami di solidarietà all'interno della classe e oltre la classe, a sentirsi uomini prima che operai, a istruirsi, a migliorare dal punto di vista morale, a proteggere quale bene più prezioso il senso di responsabilità individuale.

Mazzini non era dunque né liberale né socialista. Il suo repubblicanesimo può essere definito democratico, il che significa che rivendicava lo spazio politico tra i liberali di Destra e gli egualitari di Sinistra.

Il problema, sottolinea con forza Sarti, è che Mazzini fonda la dottrina della responsabilità e del dovere sull'idea di Dio e concepisce il processo di emancipazione come opera di uomini e donne sostenuti e guidati, da una fede religiosa: «Scrivete sulla vostra bandiera: Uguaglianza e Libertà da un lato, dall'altro, Dio è Con Voi: fate della rivoluzione una religione: un'idea generale che affratelli gli uomini della coscienza di un destino comune, e il martirio, ecco i due elementi eterni di ogni religione».

Anche il suo patriottismo aveva una forte connotazione religiosa. Mazzini considerava infatti l'affermazione dei diritti delle nazionalità come la condizione affinché «l'idea divina possa attuarsi nel mondo». Del resto Mazzini imparò dal suo precettore, il sacerdote giansenista Luca Agostino De Scalzi che «le verità evangeliche sono quelle del patriottismo repubblicano» e che «i doveri del cittadino coincidono con quelli del buon cristiano».

Maurizio Viroli, Oggi la Repubblica dovrebbe ripartire da Mazzini

Domenico Settembrini: ambiguità

Sembra innegabile che la tradizione espansionista [che troverà piena realizzazione nel fascismo] risalga direttamente allo stesso Mazzini, il quale nel 1871 scriveva: «Come il Marocco spetta alla Penisola Iberica e l'Algeria alla Francia, Tunisi chiave del Mediterraneo centrale [...] spetta visibilmente all'Italia. Tunisi, Tripoli e la Cirenaica formano parte [...] di quella zona Africana che appartiene veramente fino all'Atlante al sistema Europeo. E sulle cime dell'Atlante sventolò la bandiera di Roma quando, rovesciata Cartagine, il Mediterraneo si chiamò Mare nostro. Fummo padroni, fino al V secolo, di tutta quella regione. Oggi i Francesi l'adocchiano e l'avranno fra non molto se noi non l'abbiamo».

Di fronte a questa prosa così esplicita, Chabod respinge ugualmente qualsiasi nesso tra mazzinianesimo e nazionalfascismo, perché «la nazione in Mazzini è sempre connessa indissolubilmente con l'umanità (cioè, per lui, l'Europa: per vago che sia il concetto e non politicamente concretato) e con la libertà, che ne costituivano a un tempo i due limiti». Ma quella di Chabod appare una tesi difficilmente difendibile. Non si tratta di attribuire a Mazzini la responsabilità delle conseguenze che quanti vennero dopo di lui trassero dal suo pensiero, né tanto meno di farne l'ideologo *avant lettre* del nazionalfascismo, ma di giudicare se v'erano o no in lui i germi di certi sviluppi [...]. Ecco perché la lettura di Namier sembra cogliere meglio

LAB storiografia

◀ Una litografia satirica stampata sulla rivista «Lo Spirito Folletto» del 21 agosto 1862. Mazzini, con la sua intransigenza repubblicana, è rappresentato come un serpente tentatore, mentre l'Italia trattiene Garibaldi dall'accettare l'offerta perché andrebbe a scapito del processo di riunificazione.

di quella dello storico italiano la complessità e l'ambiguità del pensiero dell'apostolo dell'Unità italiana: «Il fervore morale, la purezza di intenti, la religiosa sincerità che pervadono i suoi scritti […] erano atti a nascondere ai contemporanei la deficienza sostanziale delle sue dottrine […] e i germi pericolosi che contenevano in sé […]. Mazzini voleva vedere il suo Paese "potente e rispettato", non semplicemente libero e sicuro: "l'impotenza della Svizzera" non gli sarebbe sembrata accettabile […]. Parlava della speciale missione assegnata a ciascun popolo, ma difficilmente avrebbe approvato le "missioni" reclamate dalle altre nazioni: esse avrebbero potuto limitare la grandezza della missione che l'Italia era destinata a compiere verso l'umanità […]. Nazioni unificate, rigenerate o risorte, hanno dimostrato di non essere in alcun modo migliori di altre nazioni […]. E ciò che resta, dopo che la doratura idealistica del nazionalismo è scomparsa, è la pretesa alla superiorità, quindi al dominio».

Probabilmente, nella contesa pro e contro la derivazione del nazionalismo dal mazzinianesimo, il giudizio più equilibrato l'ha pronunciato perciò il Maturi: «Da Mazzini in Italia derivano due correnti […]. La prima è rappresentata da Aurelio Saffi, dai mazziniani di stretta osservanza, che hanno sviluppato la dottrina del maestro in senso solidaristico internazionale; la seconda è impersonata da Francesco Crispi e da Alfredo Oriani, che segna il passaggio dal mazzinianesimo del Risorgimento al nazionalfascismo dell'età contemporanea».

Domenico Settembrini, *Storia dell'idea antiborghese in Italia, 1860-1989*

COMPRENDERE

> Su quali affermazioni Viroli fonda il giudizio positivo su Mazzini?
> Perché Viroli ritiene che la concezione dell'emancipazione di Mazzini sia più ricca di quella di Marx e anche del liberalismo?
> Perché Settembrini fa risalire a Mazzini l'origine della tradizione espansionistica italiana?
> Perché lo storico Chabod, invece, non accolse tale relazione?
> In che cosa consiste l'ambiguità di Mazzini, secondo Settembrini?

CONTESTUALIZZARE

> Quali aspetti del pensiero di Marx furono criticati da Mazzini?
> Che cosa distingueva i democratici dai socialisti?
> Che cosa esprime il binomio «pensiero e azione»?
> A quale missione storica era chiamato il popolo italiano secondo Mazzini?

DISCUTERE E ATTUALIZZARE

> Ritieni che nel testo riportato da Settembrini ci siano realmente delle ambiguità che lasciano pensare a un'ideologia nazionalista più che patriottica? Quali espressioni possono essere interpretate in modo ambiguo? Quanto è importante, secondo te, che il linguaggio della politica sia chiaro? Ritieni che oggi ci sia chiarezza nelle dichiarazioni degli uomini politici?

L'utopismo repubblicano

Questa litografia di Frédéric Sorrieu, stampata a Parigi nel 1848, rappresenta lo spirito utopico che caratterizzò in parte gli avvenimenti rivoluzionari del 1848, e in particolare l'ideale di unificare tutti i movimenti di liberazione europea sotto le insegne della Repubblica universale. L'immagine combina l'internazionalismo e l'utopismo in una dimensione di fraternità religiosa.

▼ Frédéric Sorrieu, *La Repubblica universale, democratica e sociale. Il Patto.* Parigi, Museo Carnavalet.

1. La statua della *Marianna* divenne la figura simbolo della libertà repubblicana e dei diritti umani a partire dalla Rivoluzione francese. Ancora nel 1848 gli uomini e le donne di tutti i Paesi che stanno combattendo contro l'oppressione marciano uniti davanti a lei, simbolo, in questo contesto, della Repubblica universale.

2. L'albero della libertà è un altro simbolo della Rivoluzione francese che è ripreso nella simbologia della lotta per l'indipendenza. Anche in questo caso la catena umana in lotta per la propria libertà vi sfila davanti.

3. La lunghissima processione che si perde nell'orizzonte è composta da uomini e donne di ogni classe sociale e di ogni età.

4. Le bandiere nazionali (italiana, tedesca e francese) sventolano in alto a sottolineare le diverse nazionalità. Anche l'abbigliamento degli uomini e delle donne serve a evidenziare l'appartenenza nazionale. Le diverse nazionalità però non sono un elemento di divisione (la catena umana è compatta), anzi l'ideale patriottico unisce i popoli fra loro.

5. Dal cielo Gesù Cristo benedice la ritrovata fraternità degli uomini. Il riferimento alla divinità mostra come l'internazionalismo e l'utopismo ottocentesco fossero ancora ammantati di una forte religiosità.

6. I simboli dei monarchi e della potenza delle dinastie regnanti, ripristinate dalla Restaurazione, giacciono abbandonati al suolo, privi ormai di importanza in un mondo dominato dal sentimento universale della fratellanza.

LAB

Documenti

Prima la libertà poi l'indipendenza

Nello scritto *Dell'insurrezione di Milano nel 1848* Carlo Cattaneo sostiene che l'aspirazione alla libertà dei singoli Stati deve guidare il processo di unificazione nazionale e che successivamente solo la costruzione di uno Stato federale potrà preservare quelle stesse libertà. Il modello istituzionale di Cattaneo è l'America: la federazione degli Stati Uniti, infatti, permette di coniugare l'autonomia con l'obbligo di contribuire ai bisogni comuni.

Ogni Stato d'Italia deve rimaner sovrano e libero in sé. Il doloroso esempio dei popoli della Francia, che hanno conquistato tre volte la libertà, e mai non l'hanno avuta, dimostra vero il detto del nostro antico savio, non potersi conservare la libertà se il popolo non vi tien le mani sopra, sì ogni popolo in casa sua, sotto la sicurtà e la vigilanza delli altrui tutti. Così ne insegna la sapiente America. Ogni famiglia politica deve avere il separato suo patrimonio, i suoi magistrati, le sue armi. Ma deve conferire alle comuni necessità e alle comuni grandezze la debita parte; deve sedere con sovrana e libera rappresentanza nel congresso fraterno di tutta la nazione; e deliberare in commune le leggi che preparano, nell'intima coordinazione e uniformità delle parti, la indistruttibile unità e coesione del tutto. [...] La Costituente sarà all'Italia un'insegna gloriosamente e irrevocabilmente spiegata con meta finale e infallibile, un faro. Ma l'efficacia dipende dalla potenza e popolarità dei singoli parlamenti, all'uniformità e genialità della loro origine elettorale, insomma dal progresso effettivo della libertà nei singoli Stati. Col che vorrei avere adombrato che siasi per me inteso, quando più volte dissi che non si perviene all'indipendenza, cioè alla vittoria nazionale, se non per via della libertà.

da Carlo Cattaneo, *Dell'insurrezione di Milano nel 1848*

DOCUMENTO ICONOGRAFICO

❯ Quali sono gli aspetti utopici della litografia?

❯ Quali sono i simboli della Rivoluzione francese ripresi dai rivoluzionari ottocenteschi?

❯ Che ruolo ha la divinità?

❯ Dove sono posti i simboli delle dinastie regnanti?

DOCUMENTO SCRITTO

❯ Qual è il modello positivo di Stato e quale quello negativo per Cattaneo? Perché?

❯ Che cosa consentirà alla Costituente di raggiungere risultati efficaci?

❯ Perché l'unità dello Stato è meglio garantita da un congresso nazionale?

CONFRONTO FRA I DOCUMENTI

❯ In entrambi i documenti c'è un riferimento alla Francia: con quali differenze?

❯ In che modo è rappresentato il popolo nel documento scritto? Vi sono elementi in comune con il documento iconografico?

❯ Che significato riveste il concetto di libertà nei due documenti?

1. L'ARRETRATEZZA DELL'ITALIA

Perché l'Italia era così arretrata?	Il ritardo italiano nel campo industriale era dovuto a varie cause: – mancanza di materie prime, di una rete viaria adeguata e di investimenti; – basso reddito e autoconsumo, che impedivano lo sviluppo del mercato interno; – divisione politica, che ostacolava la circolazione di merci e persone.

2. IL DIBATTITO RISORGIMENTALE

Il movimento risorgimentale	Dal Medioevo in poi si era andata formando un'identità nazionale italiana, ma l'unità politica della penisola non era mai stata raggiunta. All'inizio dell'Ottocento incominciò a diffondersi l'idea di unità nazionale. Nacque un dibattito sulle modalità di realizzazione dell'unità e sulla forma del nuovo Stato: i **moderati** (destra risorgimentale) sostenevano la necessità di coinvolgere la monarchia sabauda e di raggiungere l'unità gradualmente; i **democratici** (sinistra risorgimentale) ritenevano opportuno puntare sul coinvolgimento del popolo e creare una repubblica. Il processo che portò all'unità d'Italia venne detto **Risorgimento**.
La repubblica democratica di Mazzini	**Giuseppe Mazzini** nel **1831** fondò il movimento politico la **Giovine Italia**, affinché l'Italia diventasse «**una, libera, indipendente e repubblicana**». Il movimento rifiutava la segretezza della Carboneria, che aveva reso impossibile il coinvolgimento popolare. I motti di Mazzini erano: – «**Educazione e insurrezione**»: la popolazione andava istruita sulla causa dell'indipendenza e spinta all'insurrezione; – «**Dio e popolo**»: gli individui e i popoli erano chiamati da Dio a contribuire al bene dell'umanità. Mazzini, influenzato dalla religiosità romantica (e lontano da quella cristiana), identificava Dio con lo spirito presente nella storia e con la stessa umanità; – «**Pensiero e azione**»: secondo Mazzini il pensiero teorico non andava disgiunto dall'azione concreta. Tuttavia l'azione fallì: tra il 1833 e il 1845 nessun tentativo di insurrezione riuscì e Mazzini fu accusato di aver spinto molti giovani a un inutile sacrificio.
La repubblica federale di Cattaneo, il neoguelfismo di Gioberti e il moderatismo filosabaudo	Secondo **Carlo Cattaneo**, in Italia andava instaurata una repubblica che doveva essere **federale** per garantire la libertà dei diversi popoli presenti sul territorio nazionale. Il sacerdote **Vincenzo Gioberti** avanzò la proposta che venne definita **neoguelfa**: auspicò la costituzione di una *confederazione fra gli Stati italiani* presieduta dal papa e sostenuta dalla forza delle armi del Regno di Sardegna. **Cesare Balbo**, considerando la presenza austriaca in Italia, riteneva che l'azione diplomatica piemontese avrebbe potuto dirottare gli interessi austriaci verso i Balcani e permettere la nascita di una *confederazione italiana* sotto i Savoia. Secondo **Massimo D'Azeglio**, Primo ministro del Regno di Sardegna dal 1849 al 1852, la causa nazionale andava risolta con la diplomazia e le armi di casa Savoia e non con le insurrezioni. **Camillo Benso, conte di Cavour**, il più significativo esponente della corrente filosabauda, seppe individuare in concreto la via per giungere all'unità d'Italia.

3. L'ESPLOSIONE DEL QUARANTOTTO

Un periodo di crisi	Gli anni Quaranta dell'Ottocento furono un periodo di crescente crisi: crisi **economica** (una grande crisi agricola provocò una carestia e danneggiò anche il settore industriale); **sociale** (nei Paesi già industrializzati il proletariato, le cui condizioni peggiorarono, acuì le proteste); **politica** (erano sempre più forti le richieste di estensione del diritto di voto e le rivendicazioni di **indipendenza nazionale**). Nel 1848 la crisi sfociò in un'ondata rivoluzionaria senza precedenti per ampiezza e intensità.

l'essenziale

UNITÀ 3 LE RIVOLUZIONI DEL 1848

La rivolta in Francia	La rivolta iniziò in Francia. La popolarità di **Luigi Filippo d'Orléans** – uno dei sovrani meno oppressivi – crollò a causa della politica economica del Primo ministro Guizot. Gli oppositori del regime orleanista erano numerosi: *socialisti*, *democratici*, *repubblicani* e *legittimisti* (che rivendicavano i diritti al trono dei Borboni). Le opposizioni organizzarono comizi per richiedere la riforma elettorale, ma quando il **22 febbraio 1848** uno di essi venne proibito, il popolo parigino insorse e in soli tre giorni proclamò la *Seconda Repubblic*a. Il **governo provvisorio** emanò provvedimenti democratici. Creò anche gli **ateliers nationaux** (laboratori nazionali), per dare lavoro ai disoccupati, ma l'esperimento fece emergere le divergenze tra liberali e socialisti, divergenze che causarono la disgregazione del fronte rivoluzionario. Le elezioni di aprile (a suffragio universale maschile) videro affermarsi i moderati. Il nuovo governo abolì alcune riforme: operai e disoccupati insorsero ma la rivoluzione fu duramente repressa. Una nuova Costituzione stabilì l'elezione diretta di un presidente della Repubblica con forti poteri, e in dicembre **Luigi Bonaparte**, nipote di Napoleone, venne eletto. In pochi anni trasformò il governo repubblicano in una dittatura personale: nel **1852** con un plebiscito si fece proclamare imperatore.
La rivolta nell'Impero asburgico	La notizia dell'insurrezione di Parigi diede il via alle rivolte in tutta Europa. Il **13 marzo 1848** la protesta scoppiò a Vienna per poi allargarsi a tutto l'Impero, Italia compresa. I governi rivoluzionari di Italia, Cecoslovacchia e Ungheria si proclamarono autonomi e indipendenti. L'Impero riuscì a reagire, sfruttando le divisioni presenti nelle singole nazioni e la mancanza di coordinazione delle iniziative rivoluzionarie, e le rivolte furono represse. Nel dicembre **Ferdinando I** abdicò in favore del nipote **Francesco Giuseppe**.
La rivolta negli Stati tedeschi	La rivoluzione scoppiò a Berlino il **14 marzo 1848** e si propagò in tutti gli Stati tedeschi, sollevando il problema dell'unità nazionale. Fu istituita un'Assemblea Nazionale Costituente per l'elaborazione della costituzione del futuro Stato unitario. L'assemblea scelse il progetto della «**piccola Germania**» (che al contrario della «**grande Germania**» non comprendeva l'Austria) e offrì la corona imperiale al re di Prussia Federico Guglielmo IV. Questi rifiutò e poco dopo l'assemblea fu sciolta con la forza: così la via liberale al rinnovamento falliva.

4. IL QUARANTOTTO IN ITALIA

Il «biennio delle riforme»	Il periodo che va dal 1846 al 1848 è noto come **biennio delle riforme**. Ebbe inizio con l'elezione di papa **Pio IX** il quale, pur essendo un moderato, suscitò le simpatie dei liberali a causa di alcune aperture progressiste. Nel Regno delle Due Sicilie il rifiuto di attuare qualsiasi riforma scatenò la rivolta popolare il 12 gennaio 1848. **Ferdinando II**, spaventato, proclamò l'autonomia della Sicilia e concesse la **Costituzione**. Seguirono le costituzioni del Granducato di Toscana, del Regno di Sardegna (**Statuto Albertino**) e dello Stato Pontificio.
Dall'insurrezione alla guerra federale	Alla notizia dell'insurrezione di Vienna, Venezia e Milano (dove, durante le *cinque giornate*, le truppe austriache furono cacciate) insorsero, e la protesta si estese anche in zone non sottoposte al dominio asburgico. Molti premevano per l'intervento di Carlo Alberto di Savoia, il quale il **23 marzo** dichiarò guerra all'Austria allo scopo di acquisire nuovi territori e impedire che l'iniziativa indipendentista fosse condotta da democratici e repubblicani. Per lo stesso motivo Pio IX, Leopoldo II di Toscana e Ferdinando II di Napoli inviarono truppe in aiuto a Carlo Alberto. La guerra assunse così carattere **federale**. Dopo le sconfitte di Goito e Pastrengo, gli Austriaci guidati da Radetzky si asserragliarono nella zona del «**quadrilatero**» (Mantova, Peschiera, Legnago e Verona). Sotto la minaccia di uno scisma da parte dell'Austria, Pio IX si ritirò dal conflitto, seguito da Leopoldo II e Ferdinando II.

l'essenziale

I Piemontesi da soli: la guerra regia	Pur rimasto solo, Carlo Alberto vinse a **Curtatone** e **Montanara**, **Goito** e **Peschiera**. Milano, Parma, Modena e Venezia furono annesse al Regno di Sardegna. Gli Austriaci però ebbero il tempo di reagire e sconfissero le truppe piemontesi a **Custoza** (**23-25 luglio**). Con l'armistizio **Salasco**, firmato a **Vigevano** il **9 agosto 1848**, si chiudeva la prima fase della guerra. I patrioti non accettarono la sconfitta e una nuova ondata di protesta percorse la penisola: – nello **Stato Pontificio**, fuggito Pio IX, venne costituita la **Repubblica Romana** guidata da Mazzini, Armellini e Saffi; – in **Toscana**, fuggito Leopoldo II, Guerrazzi, Montanelli e Mazzoni costituirono un triumvirato con l'obiettivo di instaurare la repubblica. Carlo Alberto decise allora di riprendere il conflitto con l'Austria, ma il suo esercito fu pesantemente sconfitto a **Novara**. Il sovrano sabaudo abdicò in favore del figlio **Vittorio Emanuele II** e con l'armistizio di **Vignale** (**24 marzo 1849**) il Regno di Sardegna tornò ai confini precedenti: finiva così la *prima guerra d'indipendenza*. In seguito, le repubbliche instaurate in Italia caddero e Venezia si arrese agli Austriaci.

PAROLE IN EREDITÀ

Quarantotto: nel 1848 l'Europa fu sconvolta da una crisi rivoluzionaria di dimensioni e di intensità eccezionali; per questo nel linguaggio corrente si utilizza proprio questa espressione come sinonimo di confusione, di baccano e di sconvolgimento radicale.

Tricolore: anche se nel senso originario questo termine significa semplicemente «tre colori», la lotta risorgimentale per l'indipendenza lo ha trasformato in un sinonimo di «bandiera italiana», costituita appunto dai tre colori (verde, bianco e rosso).

Risorgimento: il termine era in uso nei primi decenni dell'Ottocento per significare l'auspicata necessità che la nazione italiana «risorgesse» dalla decadenza in cui l'aveva fatta cadere la dominazione straniera; infatti Cavour, nel 1847, dirigeva un quotidiano intitolato proprio «Il Risorgimento». Tuttavia come concetto storiografico si è consolidato solo a partire dalla fine del secolo, e tutt'oggi fa parte del linguaggio storico. Il termine indica perciò quel periodo di storia italiana in cui si svolsero le lotte per l'indipendenza nazionale e la costruzione di uno Stato unitario e sovrano.

▲ Dipinto di F. Altamura (1826-1897) che celebra il primo tricolore portato a Firenze nel 1859.

puoi trovare altri esercizi

UNITÀ 4
L'UNIFICAZIONE ITALIANA E TEDESCA

PRIMA
Due nazioni frammentate in più Stati

L'ordine stabilito dal Congresso di Vienna non teneva conto delle nuove esigenze nazionali che erano sorte nei popoli. In particolare in Italia e in Germania il nuovo spirito patriottico era rivolto a superare il frazionamento territoriale confermato a Vienna (la divisione in piccoli Stati permetteva all'Austria di accrescere la sua influenza).
In Italia, la Repubblica di Venezia aveva perso la sua indipendenza ed era divenuta parte dell'Impero asburgico; quasi tutti gli Stati regionali erano sottoposti all'influenza austriaca (il Granducato di Toscana era legato dinasticamente agli Asburgo, il Regno delle Due Sicilie era legato all'Austria da un trattato militare, nello Stato della Chiesa vi erano guarnigioni austriache); l'unico Stato realmente indipendente dal controllo austriaco era il Regno di Sardegna.
Nel Centro Europa, 39 Stati erano riuniti nella *Confederazione Germanica*, sotto la presidenza dell'Austria. Tra questi Stati, però, già alcuni anni dopo il Congresso, si iniziò ad avviare un processo di unificazione economica che si compì nel 1834 con l'istituzione dello *Zollverein* (Unione doganale). Inoltre emergeva sempre più la Prussia, uno Stato che nel 1815 aveva ottenuto un consistente ampliamento territoriale.

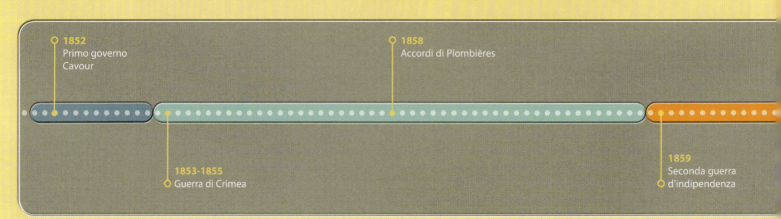

1852 Primo governo Cavour
1853-1855 Guerra di Crimea
1858 Accordi di Plombières
1859 Seconda guerra d'indipendenza

EREDITÀ

Tra le maggiori eredità che questo periodo ci ha lasciato ci sono il **diritto umanitario** e la **Croce Rossa** (▶ Eredità, p. 134). Risalgono a quest'epoca, infatti, i primi tentativi di imporre delle norme anche alla guerra, a partire dal diritto al soccorso e alla protezione dei feriti.
Furono anni di rapidi progressi nel campo medico: si approfondì lo studio delle malattie infettive e si diffuse l'uso di applicare una **profilassi**, cioè l'insieme delle misure da seguire in caso di epidemie per evitare il contagio, e delle **vaccinazioni**.
Anche il **termometro** per misurare la temperatura corporea e lo **stetoscopio**, lo strumento per ascoltare i battiti cardiaci, erano all'incirca gli stessi di quelli utilizzati ancora oggi.

AUDIOSTORIA

http://z6.co.uk/cc

VIDEOSTORIA
1. La nascita del Regno d'Italia
2. La Comune di Parigi

DOPO
Due nazioni unite in solo Stato: il Regno d'Italia e l'Impero tedesco

A partire dagli anni Venti, contro l'«ordine viennese» si scagliarono le insurrezioni popolari che in Italia e in Germania assunsero toni patriottici. Iniziò così il processo che portò all'unificazione nazionale e che si concluse per entrambi gli Stati nel 1870-71: l'Italia, alleata proprio con la Prussia, completò la conquista territoriale con l'annessione del Veneto (1866) e poi di Roma e del Lazio (1870); la Prussia sottrasse all'Austria i territori dell'Holstein (1866) e poi alla Francia quelli dell'Alsazia e la Lorena (1871).

L'Europa del 1871 contava dunque due nuovi Stati nazionali: Il Regno d'Italia e il Secondo Reich tedesco. Si trattava di aree da secoli divise in diverse entità statali dove si sviluppò un sentimento nazionale e che per molti aspetti seguirono un percorso storico analogo.
Ma se su un fronte si formarono due nuovi Stati nazionali, sull'altro emerse la debolezza dell'Impero austriaco sottoposto alle pressioni nazionalistiche dei popoli presenti sul suo territorio. Iniziava il declino del grande e prestigioso Impero asburgico che per secoli aveva dominato sull'area dei Balcani. Fu proprio in quest'area che, negli ultimi decenni del secolo, crebbe la tensione internazionale che sfociò nella prima guerra mondiale.

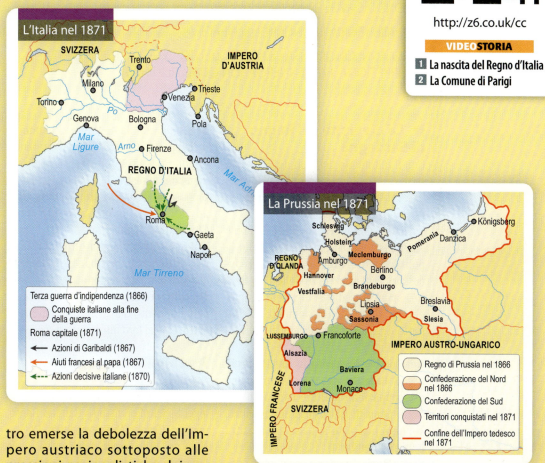

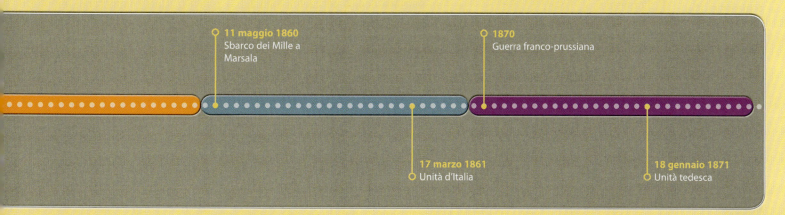

UNITÀ 4 — L'UNIFICAZIONE ITALIANA E TEDESCA

125

1. LA POLITICA INTERNA DI CAVOUR

- QUALE FU LA POLITICA ATTUATA DA VITTORIO EMANUELE II DOPO IL 1848?
- CHE COSA STABILIVANO LE LEGGI SICCARDI?
- IN QUALE MOTTO SI PUÒ RIASSUMERE IL RAPPORTO STATO-CHIESA SECONDO CAVOUR?
- A QUALE TEORIA ECONOMICA SI RIFACEVA CAVOUR?
- NEGLI ANNI CINQUANTA DELL'OTTOCENTO QUALI ALTRI TENTATIVI INSURREZIONALI AVVENNERO? CON QUALI RISULTATI?

▶ La diversità del Regno di Sardegna

Con il fallimento dei moti del 1848 tutte le costituzioni concesse dai sovrani italiani vennero abrogate, ad eccezione dello **Statuto Albertino**.
Tornato a Roma, **Pio IX** chiuse la breve stagione delle riforme riprendendo la politica conservatrice dei suoi predecessori. **Ferdinando II**, re delle Due Sicilie, attuò una durissima repressione che gli alienò definitivamente le simpatie degli aristocratici più illuminati e della borghesia liberale.
Nel Lombardo-Veneto fu inviato il generale **Radetzky**, che impose un regime di occupazione militare con largo uso della pena di morte e della censura. Vennero inasprite le tasse e requisiti i beni degli emigrati.
Solo il **Regno di Sardegna** seguì una politica diversa. Il nuovo re, Vittorio Emanuele II, non revocò lo Statuto Albertino concesso dal padre e affidò il governo a **Massimo D'Azeglio** (1798-1866) con l'intento di avviare il Paese verso un cauto riformismo.

Una tappa fondamentale sul cammino delle riforme fu costituita dalla promulgazione nel **1850** delle **leggi Siccardi**, dal nome del ministro della Giustizia che le propose. Le leggi Siccardi ponevano fine ad alcuni tradizionali privilegi della Chiesa. Principalmente:

› il **foro ecclesiastico**: il diritto del clero a essere giudicato da tribunali ecclesiastici anche per reati comuni;
› il **diritto di asilo** per le chiese e conventi: l'impedimento dell'arresto di chiunque si trovasse al loro interno.

▶ Camillo Benso, conte di Cavour

Nella battaglia per l'approvazione delle leggi Siccardi si distinse Camillo Benso, conte di Cavour. (▶ Protagonisti p. 128)
Nato nel **1810**, Cavour apparteneva a una famiglia dell'aristocrazia piemontese. Anche la madre era nobile, ma di Ginevra. Dopo aver abbandonato la carriera militare, Cavour intraprese una serie di viaggi che lo portarono in Inghilterra, Francia, Germania e Svizzera. Ritornato in patria si dedicò per alcuni anni agli affari e all'amministrazione delle tenute di famiglia, in cui introdusse nuove tecniche di coltivazione. Poi decise di impegnarsi nella politica: nel 1848 venne eletto deputato, nel 1850 entrò a far parte del governo D'Azeglio come ministro dell'Agricoltura e del Commercio e nel **1852** divenne presidente del Consiglio. Fu quest'ultimo il risultato di un accordo politico, passato alla storia come «**connubio**»: Cavour infatti, in qualità di leader del **centro-destra**, strinse un accordo con il leader dell'opposizione di **centro-sinistra**, Urbano Rattazzi (1808-1873).
Il «connubio» portò alla nascita di una nuova aggregazione politica di **centro** che aveva un'ampia base parlamentare e relegava all'opposizione da un lato la destra conservatrice e reazionaria, dall'altro la sinistra liberale più aperta alle idee democratiche. Al re non rimase quindi che prendere atto della volontà del Parlamento e sostituire D'Azeglio con Cavour.
Lo Statuto Albertino, che affidava al re la nomina del governo, veniva così stravolto. Era stata infatti la maggioranza del Parlamento a indicare al re quale governo avrebbe appoggiato. Di fatto, si trattò di una **rivoluzione istituzionale** in senso **parlamentare**.

▶ L'azione di Cavour

Convinto **liberale**, Cavour guardava come modello di Stato alla Gran Bretagna, di cui ammirava l'efficiente monarchia costituzionale e lo sviluppo economico raggiunto grazie alla rivoluzione industriale.
Dell'arretratezza politica italiana temeva soprattutto il conservatorismo reazionario dei sovrani e l'ingerenza della Chiesa. «**Libera Chiesa in libero Stato**»: questo doveva essere il rapporto tra Stato e Chiesa, nel senso che lo Stato doveva consentire a tutti la libertà di professare la propria fede; ma l'organizzazione dei fedeli, la Chiesa, non aveva diritto ad alcun privilegio.
Liberista in economia, Cavour si adoperò per favorire lo sviluppo dell'agricoltura, dell'industria e della finanza, con la conseguente crescita degli scambi, sia all'interno del Regno di Sardegna, sia con le altre nazioni. A questo scopo, abbassò le tariffe doganali, stipulò nuovi trattati commerciali, ampliò il porto di Genova, migliorò la rete stradale e, soprattutto, quella ferroviaria (dagli 8 km del 1848 si passò agli 850 nel 1859, che rappresentavano da soli circa la metà dell'intera rete ferroviaria italiana); fece canalizzare il Vercellese (Canali Cavour), persuaso che l'agricoltura si sarebbe sviluppata solo con la modernizzazione; infine, riorganizzò il sistema del credito.
Tutto ciò fece del Piemonte, in circa dieci anni, la regione più evoluta d'Ita-

▼ Re Vittorio Emanuele II e Cavour mentre scendono lo scalone di Palazzo Madama a Torino, sede del Senato sabaudo, dopo il discorso di apertura della legislatura (1853).

▲ Una stampa ottocentesca, Carlo Pisacane e i suoi compagni sono attaccati dai contadini e dai soldati borbonici dopo lo sbarco a Sapri.

lia. E questo accrebbe enormemente il suo prestigio agli occhi dei patrioti. Molti di loro, per sfuggire alla repressione delle polizie dei loro Paesi, si rifugiarono a Torino con l'approvazione e l'incoraggiamento di Cavour.
Il primo risultato importante di questa politica fu la costituzione (1857) a Torino della **Società Nazionale Italiana** che si proponeva di realizzare l'unità d'Italia sotto la guida di Casa Savoia. A essa aderì, tra gli altri, **Giuseppe Garibaldi** che prese così le distanze da Mazzini.

▶ Altri fallimenti insurrezionali

Mentre l'immagine del Regno di Sardegna si rafforzava grazie alla politica cavouriana, fallivano tragicamente tutte le iniziative insurrezionali dei democratici. Tra il 1851 e il 1852 a **Belfiore**, nei pressi di Mantova, nove patrioti vennero impiccati.
Nel 1853 Mazzini tentò un colpo clamoroso: l'**insurrezione di Milano**. Il 6 febbraio poche centinaia di patrioti assaltarono i posti di guardia austriaci. L'insurrezione venne facilmente repressa, con conseguenti arresti e condanne a morte.
Ma il più celebre tentativo insurrezionale di quegli anni fu quello guidato dal socialista **Carlo Pisacane** (1818-1857): la **spedizione di Sapri**, nel Regno delle Due Sicilie.
Pisacane condivideva la visione insurrezionale e democratica di Mazzini, ma ne criticava la scarsa attenzione alla questione sociale. Era invece necessario, secondo Pisacane, far leva proprio sulle misere condizioni dei contadini, specie del Sud, per avviare un processo rivoluzionario in tutta Italia.
A questo scopo nel giugno del **1857** si imbarcò a Genova con pochi compagni su di un piroscafo di linea; lo sequestrò e lo fece dirigere verso l'isola di **Ponza**, sede di un noto carcere borbonico. Dopo aver liberato circa trecento uomini lì detenuti, sbarcò a Sapri, sulla costa salernitana, con la speranza di innescare un'insurrezione. Ma l'impresa si concluse in una tragedia: i contadini, infatti, collaborarono con l'esercito borbonico nella repressione della rivolta. Vistosi perduto, Pisacane si suicidò.
Il fallimento dei tentativi rivoluzionari convinse sempre più l'opinione pubblica italiana che vi era una sola strada per il riscatto nazionale: la via moderata e filosabauda di Cavour.

DOC

LETTERA DI GARIBALDI A MAZZINI

In questa lettera del 1854 Garibaldi spiega a Mazzini per quale motivo ha deciso di accantonare i suoi ideali democratici e repubblicani per appoggiare Vittorio Emanuele II.

Londra, 26 febbraio 1854.

Caro Mazzini,
o possiamo fare da noi soli, allontanando dall'Italia gli stranieri; oppure dobbiamo appoggiarci ad un governo da cui possiamo sperare di ottenere soltanto l'Unità d'Italia. [...] Appoggiarci al governo piemontese, è un po' duro, io lo capisco, ma credo che sia la migliore soluzione.
Nella situazione in cui si trova l'Italia, non si può essere né apparire indipendenti: persuadetemi voi d'una migliore scelta, ed io vi seguirò. Io voglio essere italiano, prima di tutto; ed il Piemonte non dubiti che io lo combatterò con le poche mie forze, se non dovesse fare gli interessi dell'Italia.
Ritengo che fino a quando l'Italia non sarà liberata dai dominatori stranieri, non si debba parlar di costituzione, di camere, di chiacchiere, ma si debba, come facevano i nostri padri quando erano in pericolo, marciare guidati da uno solo.

Vostro Garibaldi

LESSICO

TARIFFE E DAZI DOGANALI

La tariffa doganale è la misura del dazio applicabile a ciascuna merce. Con il termine «dazio doganale» si indica invece l'imposta che deve essere pagata per poter introdurre una merce in un territorio diverso da quello di produzione. I dazi doganali possono avere una funzione o esclusivamente fiscale, se mirano a portare denaro nelle casse dello Stato, o anche politica, poiché esprimono la volontà di proteggere (protezionismo) la produzione nazionale. Per regolamentare la situazione economica interna, i governi europei dell'Ottocento e del Novecento intervennero spesso sui dazi doganali.

Lo sviluppo della rete ferroviaria in Italia dal 1859 al 1868

Estensione al:
— 1859
— 1868

◀ Gli anni dell'unificazione italiana coincisero con lo sviluppo del sistema ferroviario. Dalla cartina risulta evidente un notevole incremento della rete ferroviaria; tuttavia è anche chiaro come il Nord del Paese fosse interessato da uno sviluppo sensibilmente maggiore. In Italia, intorno al 1860, le ferrovie si sviluppavano per circa 1800 chilometri: il Regno di Sardegna contava 850 chilometri, il Lombardo-Veneto 522, il Granducato di Toscana 257, lo Stato pontificio 101 e il Regno delle Due Sicilie solo 99 chilometri.

DOSSIER — Protagonisti

Camillo Benso, conte di Cavour

CONSERVATORE MA ANCHE RIFORMISTA, AFFABILE MA AGGRESSIVO, PRUDENTE MA APPASSIONATO. CHI ERA REALMENTE L'UOMO CHE FECE L'UNITÀ D'ITALIA? UN FRANCESE NELLA LINGUA E UN INGLESE NELLE IDEE

Un carattere contraddittorio

«Io non sono un ministro qualunque!». Così sbottò Cavour di fronte al re Vittorio Emanuele II, che lo rimproverava di aver ceduto con disinvoltura la Savoia e Nizza ai Francesi. Non era certo un ministro qualunque, Cavour: tanto che il principe di Metternich parlò di lui come dell'unico grande statista della vecchia Europa.
Ma chi fu realmente? Un uomo infervorato dagli ideali o un politico privo di scrupoli, come affermavano non pochi diplomatici europei? Probabilmente fu l'uno e l'altro, e senza dubbio fu un uomo dalle mille contraddizioni. Basti pensare al fatto che lui, l'artefice dell'unità italiana, non aveva mai visitato tutta la Penisola. La politica di Cavour, che era francese nella lingua e inglese nelle idee, guardò sempre esclusivamente al Piemonte. Per tutta la vita egli sembrò conservare nel carattere un'enigmatica mescolanza di qualità diverse, quasi contraddittorie. Convinzioni conservatrici sinceramente professate sembravano fare a pugni con una disponibilità a riforme radicali, e con una capacità di ricorrere all'azione nei momenti cruciali. Solitamente cauto, all'occorrenza era temerario all'estremo; uomo di ideali e di elevati princìpi, poteva essere perfettamente realista e persino cinico.

Operoso ma disordinato

L'operosità di Cavour era quasi proverbiale. Egli stesso diceva che nessuna quantità di lavoro riusciva a stancarlo. Accadeva che cominciasse la

▲ Un ritratto di Cavour opera di Francesco Hayez. Milano, Pinacoteca di Brera.

LA CONTESSA DI CASTIGLIONE

Cavour fu certamente un genio della politica. Ma non si servì solo di mezzi «convenzionali» per volgere a proprio favore le relazioni internazionali. Infatti arruolò nelle file della diplomazia sabauda la bellissima contessa di Castiglione, grazie alla quale scavalcò i legami diplomatici ufficiali con la Francia.
Virginia Oldoini, sposata al conte Francesco Verasis di Castiglione (che era un ufficiale del re), era una cugina di Cavour.
Nel 1856 Cavour le suggerì di andare a Parigi per assicurarsi i favori di Napoleone III. La Castiglione all'epoca aveva diciannove anni, ed era già stata amante del re Vittorio Emanuele II. Ricevette, a Torino, istruzioni sul modo di comportarsi con Napoleone. Comparve quindi alle feste, ai balli, ai concerti delle Tuileries, fu a Saint Cloud. Lady Holland, un'ospite dell'imperatore, ricordava la giovane contessa come una donna «assolutamente impeccabile, per figura e lineamenti, dalla cima dei capelli alla pianta dei piedi». E non pensava di poter dire altrettanto di nessuna fra tutte quelle che aveva conosciuto.
Virginia di Castiglione intrecciò una tormentata relazione con Napoleone III, il quale non tardò a stancarsi di lei.
Non sappiamo con certezza se la Castiglione sia stata veramente utile alla causa italiana. Fu certamente una delle donne più affascinanti della sua epoca. Egoista e generosa allo stesso tempo, visse una vita di luci e ombre. Si vociferava che il marito, morto investito da una carrozza, si fosse ucciso non sopportando più la sua condotta.
La contessa morì nel 1899 all'età di 64 anni. Da tempi immemorabili non aveva più voluto vedere il proprio volto segnato dagli anni: per questo tutti gli specchi di casa sua erano coperti da veli neri.

▶ Ritratto fotografico della contessa di Castiglione del 1863. Firenze, Museo di Storia della fotografia Fratelli Alinari.

sua giornata alle cinque di mattina, o anche prima, ricevendo visite in vestaglia e berretta da notte. E il visitatore lo trovava magari che leggeva il «Times» a lume di candela, fumando un sigaro. Era metodico, ma non ordinato quanto ci si aspetterebbe. La sua stanza era in condizioni caotiche: piena di libri, giornali e mucchi di lettere, il disordine era tale che gli capitava di smarrire dei documenti. Lavorava quattordici ore al giorno ed era così interessato a tutto da arrivare a occuparsi personalmente dell'orario delle ferrovie, per poi non avere abbastanza tempo per sorvegliare l'insieme dell'attività governativa. Tuttavia, per quanto fosse ambizioso e iperattivo, di solito riusciva a dare l'impressione di un uomo poco propenso a scaldarsi, di un tipico moderato che era fatto per le vie di mezzo.

▲ Disegno del 1862 che mostra l'apoteosi di Cavour. Archivio della Fondazione Spadolini.

Intelligente, ma non intellettuale

Nonostante fosse dotato di una grande intelligenza, Cavour non può essere definito un intellettuale nel senso ordinario del termine, e fatta eccezione per la politica e l'economia, ebbe interessi sempre piuttosto limitati. Parlando col diplomatico francese d'Ideville sottolineò che nel suo appartamento non c'erano quadri perché l'arte non lo attraeva minimamente; e a Rattazzi disse che in genere la poesia era ispida e frivola. Per tutta la vita lesse il «Times», il «Morning Post», e specialmente l'«Economist». Ma non ebbe mai interesse per la filosofia o la letteratura.
I dibattiti parlamentari costituivano il suo principale stimolo intellettuale e durante le sessioni dedicava in genere quattro ore al giorno ai lavori dell'una o dell'altra Camera. Aveva l'abitudine, mentre la discussione era in corso, di fingersi distratto, cosa che irritava grandemente alcuni suoi avversari, ma in realtà non perdeva una parola, ed era pronto a intervenire in qualsiasi momento e su qualsiasi argomento. Cavour non possedeva il dono dell'eloquenza; al contrario, la sua dizione era artificiosa e goffa. Aveva persino una tosse nervosa che accompagnava la monotonia del tono della sua voce. Tuttavia, i suoi discorsi erano tanto chiari e precisi da compensare qualunque altro difetto.

Conservatore o liberale?

Una critica che spesso fu rivolta a Cavour era quella secondo la quale nonostante i suoi slanci riformatori e liberali, egli non avrebbe comunque mai cessato di essere un aristocratico e di agire di conseguenza.
Infatti Cavour impiegò il «tu» solo quando si rivolgeva ad altri aristocratici, mentre con il suo fidato segretario Nigra usò sempre il «lei» o il «voi». Era un uomo socievole, anche se aveva la fama di non oltrepassare mai una certa soglia di confidenza.
Ma era anche libero da ogni pomposità: quando, da giovane, si era dedicato all'amministrazione della sua tenuta di Leri, si era occupato personalmente della salute del bestiame, cosa che alcuni aristocratici non si sarebbero degnati di fare.
Come Bismarck, era un buon padrone e trattava bene i suoi contadini, salvo invece, da capo del governo, trattare i ministri come subordinati, con sufficienza e tenerli all'oscuro di importanti decisioni. Normalmente si sforzava di mantenere rapporti amichevoli anche con gli avversari – purché non fossero troppo temibili – ma gli accadeva anche di essere inaspettatamente duro, ed era capace di uscite brutalmente sarcastiche, difficilmente perdonabili.
Cavour e Bismarck ebbero in comune molti tratti del loro carattere. Quasi che una personalità difficile fosse un elemento indispensabile per diventare un gigante della politica.

▼ L'inaugurazione a Genova della ferrovia Genova-Torino nel febbraio 1854; la politica interna di Cavour curò particolarmente la creazione di infrastrutture.

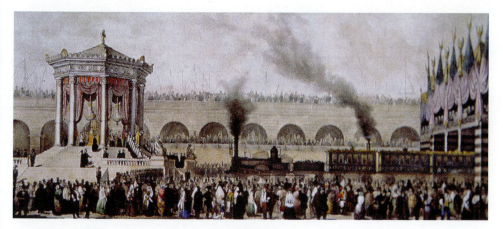

2. LA POLITICA ESTERA DI CAVOUR

PERCHÉ IL REGNO DI SARDEGNA PARTECIPÒ ALLA GUERRA DI CRIMEA?

CHE COSA STABILIVANO GLI ACCORDI DI PLOMBIÈRES?

COME SI GIUNSE ALLA SECONDA GUERRA D'INDIPENDENZA? COME SI SVOLSE, DAL PUNTO DI VISTA MILITARE?

PERCHÉ NAPOLEONE III FIRMÒ L'ARMISTIZIO?

QUALI CAMBIAMENTI TERRITORIALI DETERMINÒ L'ARMISTIZIO DI VILLAFRANCA?

▶ La guerra di Crimea

Inizialmente, Cavour non aveva nei suoi progetti l'unificazione italiana: pensava piuttosto a un'espansione del Regno di Sardegna nell'Italia settentrionale. Riteneva che i tempi fossero maturi per la realizzazione di questo obiettivo, in quanto i moti del 1848 avevano messo irrimediabilmente in crisi l'assetto politico europeo stabilito dal Congresso di Vienna. Il nemico del Piemonte era pertanto l'Austria; e ciò faceva della Francia di Napoleone III il suo «naturale» alleato. Ma per agire occorreva aspettare il momento opportuno.

Nel **1853** scoppiò la **guerra di Crimea**. Causa del conflitto furono i contrasti tra la Turchia e la Russia: il progetto di quest'ultima era infatti quello di espandersi verso il **Mar Nero** a danno della Turchia.

In difesa della Turchia scesero in guerra Francia e Inghilterra, mentre l'Austria dichiarò la propria neutralità. Nel **1854** Cavour decise di intervenire a fianco degli alleati occidentali inviando in Crimea una forza di 15 000 uomini. Lo scopo era quello di far assurgere il Regno di Sardegna al rango di potenza europea.

Nel **1855** i Russi si arresero e i calcoli di Cavour si dimostrarono giusti. La guerra di Crimea permise al Piemonte di «sedere al tavolo dei vincitori». Al **Congresso di pace** tenuto a **Parigi** nel **1856** una giornata venne infatti dedicata al problema dell'indipendenza italiana: Cavour non chiese nuovi territori per il Piemonte, ma sottolineò come la durezza del dominio asburgico e l'atteggiamento reazionario di molti governi della Penisola potessero finire per alimentare le forze rivoluzionarie.

Al momento Cavour non ottenne risultati concreti, tuttavia aveva fatto diventare il problema dell'unità d'Italia una questione europea.

▶ Gli Accordi di Plombières

A partire dal Congresso di Parigi, tra Cavour e Napoleone III si stabilì una progressiva intesa. Nel gennaio del **1858**, però, Napoleone III fu vittima di un attentato da parte di un repubblicano italiano, Felice Orsini, il quale lanciò tre bombe contro la sua carrozza. Napoleone III si salvò, ma numerosi furono i morti tra la folla. Subito arrestato, Orsini venne condannato a morte.

L'attentato sembrò compromettere l'interesse di Napoleone III per la causa italiana. Ma anche questa volta Cavour seppe volgere a proprio favore l'accaduto. Convinse infatti Napoleone III che l'episodio era la dimostrazione della gravità della situazione italiana che poteva «degenerare» fino

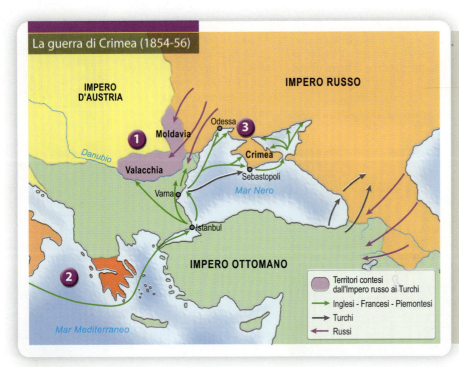

❶ Approfittando del declino dell'Impero turco, la Russia dichiara guerra all'Impero ottomano per estendere il proprio controllo su una parte dell'area balcanica e avere uno sbocco sul mare.

❷ Alla guerra di Crimea parteciparono anche potenze europee che non accettavano un rafforzamento della Russia nei Balcani e quindi nel Mediterraneo orientale. Francia e Inghilterra pertanto inviarono le loro truppe a fianco dei Turchi. Il Piemonte – guidato da Cavour – inviò 15 000 soldati al comando del generale La Marmora e chiese agli alleati di avere pari dignità. Questa scelta, osteggiata dalla sinistra del Parlamento sabaudo, consentì di legare il Regno di Sardegna alle grandi potenze occidentali e di ottenere un tavolo internazionale per discutere la questione dell'unità italiana.

❸ Il teatro principale dello scontro fu la penisola di Crimea, sulla costa settentrionale del Mar Nero. In particolare l'assedio della città di Sebastopoli fu particolarmente difficoltoso e lungo.

all'esplosione di una rivoluzione repubblicana e democratica.
Nel luglio del **1858** Cavour e Napoleone III si incontrarono nella località termale di **Plombières** dove strinsero i seguenti accordi:

> la **Francia** sarebbe intervenuta con il suo esercito a fianco del Regno di Sardegna, ma solo se fosse stata l'Austria a dichiarare guerra;

> una volta conseguita la vittoria, la Francia avrebbe ottenuto come compenso **Nizza** e la **Savoia**;

> in **Italia**, invece, si sarebbe dovuta formare una *confederazione* costituita da un *Regno dell'Alta Italia* (sotto la guida dei Savoia), un *Regno dell'Italia Centrale* (sotto la guida di un cugino di Napoleone III, Girolamo Bonaparte) e il *Regno delle Due Sicilie* (sul cui trono Napoleone sperava di collocare un nipote di Gioacchino Murat). Il papa avrebbe conservato Roma e il Lazio e ottenuto la presidenza onoraria della confederazione.

In sintesi, con gli Accordi di Plombières, Napoleone III intendeva sostituire all'egemonia austriaca sull'Italia quella francese. L'obiettivo di Cavour era invece quello di allontanare gli Austriaci dall'Italia. Questa era la priorità assoluta. Il problema del successivo assetto politico dell'Italia sarebbe stato affrontato al momento opportuno.

▶ La seconda guerra d'indipendenza

Poiché gli Accordi di Plombières prevedevano l'intervento della Francia solo se il Piemonte fosse stato aggredito, bisognava provocare l'Austria: per questo motivo Cavour inviò lungo i confini con la Lombardia reparti dell'esercito. A essi si aggiunsero anche truppe di volontari provenienti da tutta l'Italia e organizzati nei **Cacciatori delle Alpi**, comandati da Garibaldi.
L'1 gennaio 1859, durante il consueto discorso d'inizio d'anno, Vittorio Emanuele II rilevò il deteriorarsi del rapporto con l'Austria. E il 10 gennaio, inaugurando la nuova legislatura, affermò: «Non siamo insensibili al grido di dolore che da tante parti d'Italia si leva verso di noi».
L'Austria cadde nella trappola. Il 23

▲ Nel dipinto di Simpson è rappresentato uno degli episodi più celebri della guerra di Crimea: la carica della brigata di cavalleria inglese comandata da Lord Cardigan contro le postazioni di artiglieria russe a Balaklava, nel 1854. La carica in realtà fu un'azione suicida contro un obiettivo secondario e privo di importanza strategica.

◀ Stampa ottocentesca che raffigura l'attentato messo in atto da Felice Orsini, un repubblicano italiano, ai danni di Napoleone III.

Gli accordi di Plombières

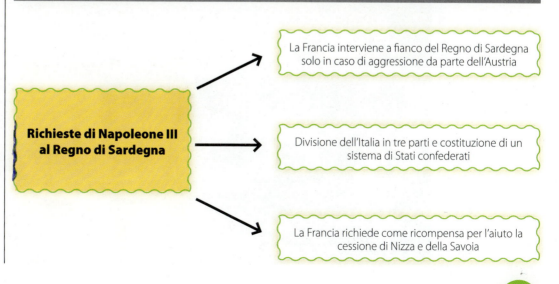

Richieste di Napoleone III al Regno di Sardegna
- La Francia interviene a fianco del Regno di Sardegna solo in caso di aggressione da parte dell'Austria
- Divisione dell'Italia in tre parti e costituzione di un sistema di Stati confederati
- La Francia richiede come ricompensa per l'aiuto la cessione di Nizza e della Savoia

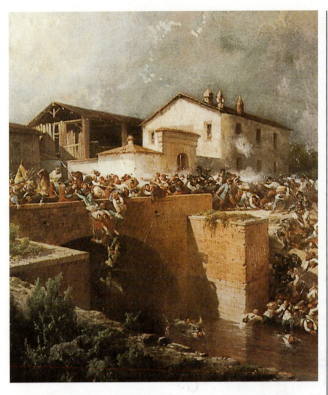

▲ In questo quadro di Felice Cerutti Bauduc è raffigurato un episodio della battaglia di Palestro. Torino, Museo del Risorgimento.

La seconda guerra d'indipendenza

aprile 1859 inviò un *ultimatum* al Regno di Sardegna, prontamente respinto da Cavour, in cui chiedeva l'allontanamento dell'esercito piemontese dalle frontiere e lo scioglimento dei corpi di volontari.
Il **29 aprile 1859** iniziò così la **seconda guerra d'indipendenza**.

Il comando delle operazioni fu assunto da Napoleone III. Le truppe franco-piemontesi ottennero rapide vittorie a **Palestro** e **Magenta**. Napoleone III e Vittorio Emanuele II entrarono in **Milano** l'8 giugno. I combattimenti in Lombardia proseguirono con le battaglie (**24 giugno**) di **Solferino** e **San Martino,** vinte rispettivamente da Francesi e Piemontesi. Contemporaneamente in altre regioni italiane le popolazioni insorsero: a **Firenze**, **Parma**, **Modena** e **Bologna** furono proclamati dei governi provvisori e venne richiesta l'annessione della Toscana e dell'Emilia al Regno di Sardegna.

▶ Luigi Bisi (1814-1886), *Entrata a Milano di Vittorio Emanuele II e Napoleone III*. Milano, Museo di Milano.

▶ Le reazioni provocate nella città di Milano dall'annuncio dell'armistizio di Villafranca; dipinto di Domenico Induno. Milano, Museo del Risorgimento.

LA CESSIONE DI NIZZA E DELLA SAVOIA

Se la cessione della Savoia non provocò proteste nell'opinione pubblica, perché la regione era abitata da popolazioni francesi per lingua e cultura, quella di Nizza e della Costa Azzurra destò invece forti reazioni tra i democratici. In particolare Garibaldi, che era nato proprio a Nizza e che si sentiva ormai «straniero in patria», protestò vigorosamente affermando che quella cessione era incostituzionale: Cavour aveva infatti firmato l'accordo con la Francia senza alcuna discussione né ratifica del Parlamento.
La cessione delle due regioni è stata variamente giudicata dagli storici. Per alcuni si trattò del tipico atto di una diplomazia che decide il destino di un popolo ponendolo di fronte al fatto compiuto. Altri invece mettono l'accento sul significato epocale della cessione: con quell'atto lo Stato sabaudo da dinastico si avviò a diventare nazionale.

▼ Vittorio Emanuele II riceve l'atto di annessione dell'Emilia Romagna al Regno di Sardegna. Torino, Museo del Risorgimento.

▶ Napoleone III firma la pace

A questo punto **Napoleone III** ebbe paura di perdere il controllo della situazione. Infatti l'annessione della Toscana e dell'Emilia al Regno di Sardegna non era prevista dagli Accordi di Plombières e, nella sua logica, avrebbero portato a un eccessivo rafforzamento dello Stato sabaudo in Italia. Inoltre la guerra non era affatto vinta definitivamente. **Prussia** e **Russia** minacciavano un intervento a favore dell'Austria, mentre in Francia cresceva il malcontento dell'opinione pubblica per il costo umano ed economico del conflitto. Infine i cattolici francesi protestavano per il pericolo che stava correndo lo Stato pontificio.
Senza consultare Cavour, l'**11 luglio 1859** Napoleone III firmò a **Villafranca**, presso Verona, l'**armistizio** con l'Austria. L'accordo prevedeva la cessione della Lombardia alla Francia, che l'avrebbe poi «girata» al Regno di Sardegna, mentre il Veneto restava in mano austriaca.
Rimaneva ancora aperto il problema dell'Emilia e della Toscana. Dopo lunghe trattative Cavour ottenne l'annessione anche di queste due regioni al Regno di Sardegna, ma Vittorio Emanuele II dovette cedere alla Francia <u>Nizza</u> e la <u>Savoia</u>.
L'11 e il 12 marzo del 1860 i cittadini approvarono con un plebiscito le nuove annessioni. Finiva così l'instabilità internazionale.

DOSSIER

La Croce Rossa e il diritto umanitario

Eredità

IERI NON ESISTEVA UN DIRITTO UMANITARIO, C'ERANO REGOLE NON SCRITTE CHE VARIAVANO DA NAZIONE A NAZIONE E DA LUOGO A LUOGO

OGGI SI È AFFERMATA LA NECESSITÀ DI STABILIRE REGOLE UNIVERSALI SUL COMPORTAMENTO DEGLI ESERCITI E PER LA TUTELA DEI CIVILI

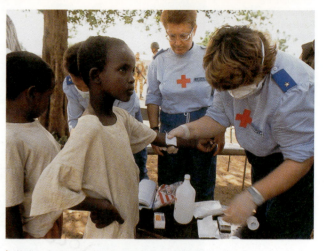

▲ Medici volontari della Croce Rossa vaccinano una bambina in Somalia.

Anche la guerra ha bisogno di regole

È possibile imporre delle norme che tutti debbano rispettare durante i conflitti? Oppure l'idea stessa di guerra è inconciliabile con quella di diritto, e l'unica legge che vale è quella dettata dal più forte? Nel corso della storia dell'umanità sono state molte le voci che hanno indicato la necessità di imporre, anche in guerra, il rispetto di alcune norme basilari che limitassero la violenza e proteggessero feriti, prigionieri e civili.

Per secoli furono regole non scritte a governare i conflitti armati. Poi vennero i trattati bilaterali, ma questi spesso venivano ratificati solo quando le ostilità erano già cessate. Alcuni Stati stabilirono dei princìpi di condotta per il proprio esercito, ma si trattava di iniziative unilaterali. Non si può dire, dunque, che non si ponesse alcun argine alla violenza bellica: piuttosto, le regole variavano a seconda dell'epoca, del luogo e del grado di civilizzazione delle forze in gioco. In definitiva, non si trattava di princìpi universali. Solo verso la fine dell'Ottocento alcuni accordi internazionali incominciarono a occuparsi di questa materia, stabilendo l'obbligo per le parti in conflitto di rispettare due tipi di norme: quelle riguardanti il modo di condurre le ostilità e quelle riguardanti la tutela di chi è fuori dalle ostilità.

Nel 1899 e nel 1907 due convenzioni firmate all'Aia stabilirono quali fossero i diritti e gli obblighi dei belligeranti, e limitarono la scelta dei mezzi di offesa (vietando, ad esempio, i proiettili superiori a un certo peso). Più in generale venne proibita qualsiasi azione che eccedesse la necessità di porre fuori combattimento l'avversario, infliggendogli sofferenze inutili.

Altri trattati, stipulati a Ginevra, iniziarono invece a occuparsi della protezione dei soggetti «fuori combattimento»: in particolare i militari feriti o fatti prigionieri, e i civili. Sorse così il «diritto umanitario» che rappresenta oggi un corpo di regole ampio e in continua evoluzione. Eppure l'impulso che gli diede vita ebbe origine quasi per caso, in seguito alla battaglia di Solferino.

Un ricordo di Solferino

Nel giugno 1859 il ginevrino Henri Dunant, in Italia per parlare d'affari con Napoleone III, giunge per caso a Solferino. Lo scontro è appena terminato. Ecco che cosa vide Dunant: «Al termine di quella giornata trentamila uomini giacevano inermi sul terreno, immersi nel loro sangue [...]. Cadaveri di uomini e cavalli coprivano il campo di battaglia, ed erano ammucchiati, lungo fossi e campi; le strade che conducevano a Solferino erano letteralmente ostruite dai mor-

▲ Il campo austriaco dopo la battaglia di Solferino in un dipinto di Vincenzo Giacomelli. Torino, Museo del Risorgimento.

▲ Henri Dunant, il fondatore della Croce Rossa. Foto dall'archivio della Croce Rossa americana, Washington.

134

DOSSIER

Eredità

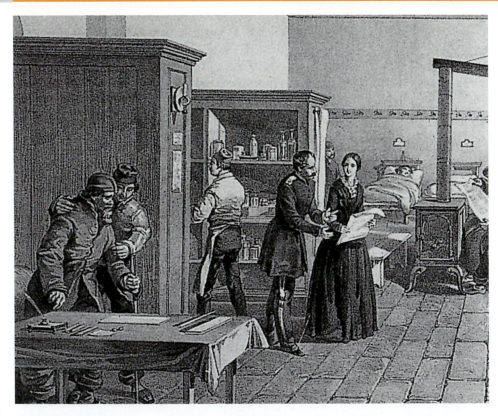

▲ L'interno di un ospedale. La donna al centro dell'immagine è Florence Nightingale, l'infermiera inglese che organizzò il servizio sanitario per i suoi compatrioti che combattevano nella guerra di Crimea.

Nel 1863 Dunant, insieme a quattro concittadini, crea il Comitato Internazionale per il soccorso dei feriti.
Nasce così ufficialmente il Movimento Internazionale della Croce Rossa.
Viene adottato un segno – la banda svizzera con i colori rovesciati – come forma di notificazione internazionale: i soccorritori e i mezzi che lo porteranno dovranno essere considerati neutrali, e non subire attacchi da nessuno. Più tardi al simbolo della Croce Rossa sarà affiancata, nei Paesi islamici, la Mezza Luna Rossa.

Chi protegge le vittime di guerra?

Nel 1864, con la prima Convenzione di Ginevra, è attuata la seconda parte del progetto di Dunant: il trattato stabilisce che i soldati che sono stati feriti sul campo di battaglia e quelli malati, divenuti perciò estranei al combattimento, non possono più essere soggetti alla violenza bellica. Tale protezione verrà estesa ai feriti della guerra sul mare e ai prigionieri di guerra, che non possono essere sottoposti a trattamenti estranei al senso di umanità.
Il diritto umanitario, nei decenni successivi, si evolverà in parallelo all'utilizzo di nuove armi e alla nascita di nuovi tipi di conflitti.

ti… Molti [di questi] erano sfigurati dai tormenti dell'agonia, avevano le membra irrigidite e il corpo orribilmente macchiato, si aggrappavano con le mani al terreno e con gli occhi sbarrati fissavano il vuoto. Con la faccia nera di mosche che ne succhiavano le ferite, gli uomini si guardavano intorno spaventati chiedendo aiuto […]. C'era un povero uomo, completamente sfigurato, con la mascella spezzata e la lingua gonfia che gli penzolava dalla bocca. Gli inumidii le labbra screpolate e la lingua indurita, presi un po' di garza, la immersi nel secchio che mi portavo dietro e spremetti l'acqua da quella spugna improvvisata sull'apertura deforme della bocca». Tornato a Ginevra, Dunant descrive in un libro, *Un ricordo di Solferino*, ciò che vide, e propone di agire su due livelli: creare un'organizzazione per l'assistenza ai feriti e dar vita a una convenzione internazionale che ne garantisca la protezione.

IERI E OGGI

La Croce Rossa e il diritto umanitario, originariamente, sono stati istituiti per iniziativa di privati. Tuttavia fin da subito molti Stati, come l'Italia, si impegnarono a rispettare i militari feriti, malati, o naufraghi fatti prigionieri. Il coinvolgimento dei civili nei due conflitti mondiali portò, nel 1949, all'istituzione di nuove quattro Convenzioni di Ginevra che includevano la protezione dei civili e nel 1977 due Protocolli sulla protezione di feriti e prigionieri dei conflitti interni – le guerre civili. A vigilare sull'applicazione delle convenzioni venne posto lo stesso Comitato Internazionale della Croce Rossa.
La Croce Rossa Internazionale è oggi una realtà in cui operano migliaia di volontari, sia nelle aree di guerra, sia in occasione di catastrofi naturali o civili, per assicurare l'aiuto e l'assistenza necessari.
Oggi come ieri, l'organizzazione della Croce Rossa segue sette regole: umanità, imparzialità, neutralità, indipendenza, servizio volontario, unità e universalità. Solo agendo in ogni circostanza senza discriminazioni, in modo imparziale, con l'unico obiettivo di alleviare le sofferenze, la Croce Rossa riesce a lavorare in Paesi con situazioni politiche molto difficili.
La Croce Rossa ha anche il compito di vigilare sull'osservanza del diritto umanitario mediante l'invio di missioni che controllano le condizioni dei prigionieri. In questi ultimi anni la Croce Rossa si è anche impegnata, insieme ad altre organizzazioni umanitarie, in una campagna contro le mine antiuomo e le bombe a grappolo. Le mine antiuomo sono state messe al bando nel 1997 dal trattato di Ottawa, che ha stabilito la distruzione di tutti gli arsenali nel 1999; le bombe a grappolo sono state vietate da un trattato del 2008. Nonostante queste importanti decisioni bisogna però rilevare che Stati Uniti, Cina, Russia e altri Paesi non hanno ancora firmato le convenzioni.

GALLERIA

La battaglia di Magenta

Nel settembre del 1859 il governo provvisorio toscano bandì un concorso per quattro quadri che illustrassero le grandi battaglie del Risorgimento: Curtatone, Palestro, Magenta, San Martino. Il pittore Giovanni Fattori (1825-1908) scelse Magenta; i suoi bozzetti furono approvati dalla commissione, e nel 1862 il quadro di grande formato (cm 232 x 348) venne esposto nelle sale della Società Promotrice di Firenze.

3. Retrovie. Il pittore Giovanni Fattori per commemorare il Risorgimento italiano preferì rappresentare le retrovie piuttosto che l'infuriare dei combattimenti. Anche se non si vede lo scontro, la realtà della battaglia è realmente percepibile dai feriti e dalle truppe che si dirigono verso il campo di battaglia.

2. Paesaggio. Il paesaggio è aperto e piatto e conferisce solennità all'immagine. La forma degli alberi richiama il tipico paesaggio lombardo, che venne sconvolto dalle sanguinose battaglie che si combatterono durante la seconda guerra d'indipendenza.

1. Bersaglieri. Truppe di bersaglieri vennero impiegati nella battaglia di Magenta, in quanto erano corpi addestrati per gli spostamenti veloci. I bersaglieri erano un reparto speciale di fanteria che fu istituito nel 1836 dal capitano La Marmora. Come corpo di tiratori scelti, i bersaglieri vennero però impiegati a partire dalla battaglia di Goito (8 aprile 1848).

5. Carro-ambulanza. Al centro del quadro vi è un carro-ambulanza con le suore che si dedicano alla cura dei feriti. Proprio in questi anni iniziavano infatti a prendere forma le prime organizzazioni umanitarie volte alla cura dei feriti, che contribuiranno pochi anni dopo alla fondazione della Croce Rossa.

4. Francesi. Ufficiali francesi a cavallo osservano lo spiegamento delle truppe. Qualche critico ha riconosciuto nell'ufficiale di schiena il generale Mac-Mahon, futuro duca di Magenta.

3. LA SPEDIZIONE DEI MILLE

QUALI ERANO LE POSIZIONI DI CAVOUR E DEL RE RISPETTO AL PROGETTO DI GARIBALDI?

PERCHÉ I SICILIANI APPOGGIARONO GARIBALDI?

PERCHÉ CAVOUR CAMBIÒ OPINIONE RIGUARDO L'INTERVENTO SABAUDO?

CHE COSA AVVENNE IL 17 MARZO 1861?

▼ Particolare dell'*Imbarco dei Mille a Quarto*, dipinto del pittore Gerolamo Induno. Milano, Museo del Risorgimento.

▶ La spedizione dei Mille

La fine dell'instabilità internazionale sancita dalla conclusione della seconda guerra d'indipendenza non significò il completo rasserenamento della vita politica italiana.

Francesco Crispi (1818-1901) e Rosolino Pilo (1820-1860), due mazziniani siciliani che si erano rifugiati a Torino, seguivano con attenzione i segni del crescente malcontento popolare dell'**Italia meridionale**, pronti a intervenire. Furono loro a suggerire a Garibaldi di guidare quell'incredibile azione nota come «**spedizione dei Mille**».

Informato dei preparativi della spedizione, Cavour si dichiarò contrario, poiché temeva di irritare la Francia e l'Inghilterra e diffidava dei democratici e dei repubblicani. Favorevole era invece Vittorio Emanuele II. Questa diversità di opinioni bloccò l'azione del governo piemontese, che non fece in concreto nulla né contro né in favore della spedizione.

La notte **tra il 5 e il 6 maggio 1860**, 1070 volontari (i *Mille*) guidati da **Giuseppe Garibaldi** partirono da **Quarto**, presso Genova, su due piroscafi: il *Piemonte* e il *Lombardo*. Disponevano di pochi fucili antiquati e pochissime munizioni.

Dopo aver fatto scalo a Talamone per rifornirsi di armi, raggiunsero **Marsala** l'11 maggio 1860. In pochi giorni, grazie anche all'afflusso sempre maggiore di volontari, i garibaldini ottennero importanti successi contro l'esercito borbonico: a **Calatafimi, Palermo e Milazzo**.

Man mano che procedeva, Garibaldi assumeva la dittatura sulle terre conquistate in nome di Vittorio Emanuele II.

▶ Lotta politica, non sociale

L'appoggio dei Siciliani all'iniziativa garibaldina era dovuto a due principali motivi:

› il popolo sperava in un **riscatto sociale**: in particolare i contadini chiedevano la fine del latifondismo e un'equa distribuzione delle terre;

› la classe dirigente meridionale (aristocratici e latifondisti, i cosiddetti «galantuomini») puntava, invece, a una **trasformazione politica**: era favorevole all'unità d'Italia in quanto riteneva che i Savoia fossero in grado di difendere i loro privilegi meglio dei Borboni.

Garibaldi, dopo un'iniziale apertura, decise di non avallare il tentativo di riscatto sociale promosso dai contadini: si rese infatti rapidamente conto che senza l'appoggio della classe dirigente meridionale l'impresa sa-

❶ **Battaglia di Milazzo**. La battaglia conclude la prima fase della spedizione in Sicilia, ed è lo scontro più sanguinoso: tra le file garibaldine si contano 750 caduti tra feriti e morti. Ovviamente a quel punto i garibaldini erano Mille solo nel nome, in quanto le loro file si erano ingrossate nel corso della spedizione: infatti in questa battaglia combatterono circa 4000 volontari.

❷ **Borbonici**. Guidati dal colonnello Bosco combattono strenuamente, avvantaggiati anche dalla conoscenza del territorio, disseminato di siepi e muri.

❸ **Garibaldi**. È Garibaldi che decide la strategia vincente: fallito l'attacco centrale di sfondamento, decide di portare parte dell'esercito garibaldino sul fianco sinistro del nemico.

❹ **Tüköry**. È l'ex nave a vapore borbonica *Il Veloce*, che passata dalla parte rivoluzionaria viene ribattezzata con il nome del coraggioso volontario ungherese caduto il 27 maggio 1860, durante la battaglia di Palermo. La nave è risolutiva nella presa di Milazzo, in quanto inizia a tirare a mitraglia contro i borbonici, obbligandoli a ripiegare nel forte di Milazzo, espugnato dopo poche ore.

La spedizione dei Mille

rebbe andata incontro a un sicuro fallimento. E quando gli insorti manifestarono l'intenzione di requisire le terre dei latifondisti non esitò a ordinare la repressione. Gli episodi più gravi si verificarono nei paesi dell'Etna, in particolare a **Bronte** (4 agosto 1860), dove le truppe garibaldine agli ordini di **Nino Bixio**, braccio destro di Garibaldi, arrestarono e fucilarono i rivoltosi.

Intanto, le operazioni militari procedevano rapidamente: il 20 agosto i Mille sbarcarono in Calabria, mentre in Sicilia venne formato un governo provvisorio sotto la guida di Francesco Crispi.

Senza incontrare particolari difficoltà, il 7 settembre i Mille entrarono a **Napoli**. Il giovane Francesco II (1836-1894), detto **Franceschiello**, si rifugiò nella fortezza di **Gaeta**. (▶ **Istituzioni e società** p. 140)

L'**1 ottobre** ci fu l'ultima e decisiva battaglia, anche questa vinta da Garibaldi, lungo le rive del fiume **Volturno**.

CINEMA

Viva l'Italia

Italia-Francia, 1961 (durata: 106')
Regia: Roberto Rossellini
Attori principali: Renzo Ricci, Paolo Stoppa, Franco Interlenghi

La storia racconta la spedizione dei Mille dallo sbarco a Marsala al famoso incontro di Teano tra Vittorio Emanuele e Garibaldi e al suo successivo ritiro a Caprera.
Il film reinterpreta l'epopea risorgimentale con un intento demitizzante e antieroico: Rossellini presenta un Garibaldi ferito che fatica a montare a cavallo e un re che parla con forte accento piemontese; a questi si affianca un generale rassegnato che prevede la sconfitta. I tre ritratti sono chiaramente antieroici e mettono sullo stesso piano i «grandi» raccontati dai libri di storia e gli anonimi combattenti. L'intento è didascalico ma l'opera rimane però valida per l'accurata ricostruzione storica e l'originalità (almeno per l'epoca) dell'impostazione storiografica rosselliniana.

▶ *Garibaldi guida i Mille nello scontro di Calatafimi, dipinto di Remigio Legat. Milano, Museo del Risorgimento.*

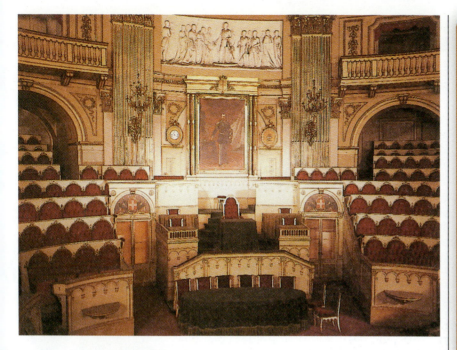

▲ Il Parlamento Subalpino (Torino, Palazzo Carignano), che fu la prima sede del Parlamento del Regno d'Italia. Al centro della sala campeggia un ritratto di Vittorio Emanuele II.

▶ L'intervento di Cavour

Il successo di Garibaldi fece mutare opinione a Cavour. Ora egli riteneva indispensabile un **intervento diretto dell'esercito sabaudo**. Molti motivi lo spingevano a questa determinazione:
> la paura che Garibaldi accogliesse l'invito proveniente dai mazziniani di proclamare nel Sud dell'Italia la repubblica;
> il timore che Garibaldi proseguisse la sua azione puntando su Roma, il che avrebbe provocato l'intervento dell'esercito francese;
> la possibilità di annettere le Marche e l'Umbria, appartenenti allo Stato pontificio.

Ottenuto l'assenso della Francia e dell'Inghilterra, che temevano anch'esse un successo repubblicano, l'esercito piemontese si diresse rapidamente a sud. Con la battaglia di **Castelfidardo** (18 settembre), vicino ad Ancona, vennero sottratte allo Stato pontificio l'**Umbria** e le **Marche**.

Il 21 ottobre, nelle regioni che erano appartenute al Regno borbonico si tennero dei **plebisciti** a suffragio universale (due settimane dopo nelle Marche e in Umbria) con i quali fu approvata l'annessione al Regno di Sardegna.

Il **26 ottobre 1860** avvenne lo storico incontro tra Vittorio Emanuele II e Garibaldi a **Teano,** presso Caserta. Ancora una volta le speranze mazziniane erano andate deluse. A Garibaldi non rimaneva che consegnare a Vittorio Emanuele II i territori da lui conquistati e ritirarsi a Caprera, un'isola a nord della Sardegna. (▶ **Protagonisti** p. 144)

Il **17 marzo 1861** si riunì a Torino il primo Parlamento nazionale, eletto secondo il sistema censitario vigente in Piemonte. Vittorio Emanuele II fu dichiarato re d'Italia «per grazia di Dio e volontà della Nazione». Un nuovo Stato di 22 milioni di abitanti era sorto in Europa.

Tre mesi dopo, il **6 giugno 1861**, moriva Cavour. L'Italia appena nata perdeva il suo principale artefice. (▶ **Controversie** p. 142)

CINEMA

Il Gattopardo
Italia-Francia, 1963 (durata: 205')
Regia: Luchino Visconti
Attori principali: Burt Lancaster, Claudia Cardinale, Alain Delon

Dal romanzo postumo (1958) di Giuseppe Tomasi di Lampedusa: mentre nel 1860 Garibaldi e le sue camicie rosse avanzano in Sicilia, Tancredi, nipote del principe don Fabrizio di Salina, si arruola volontario. È lui che pronuncia la celebre frase: «Se non ci siamo anche noi, quelli ti combinano la repubblica. Se vogliamo che tutto rimanga com'è bisogna che tutto cambi». Ed è appunto su questo tema, cioè l'illusione del cambiamento e la fine di una Sicilia feudale, che ruota lo svolgimento del film. Il cambiamento è percepito anche dal principe di Salina che finisce infatti per accettare il fidanzamento di Tancredi con la bellissima Angelica, la giovane figlia del fattore che, dopo essere divenuto ricco, è riuscito a diventare sindaco di Donnafugata. Si tratta di un passaggio di consegne: il potere e il prestigio si trasferiscono dall'antica, ma ormai spiantata, aristocrazia, che vive in sontuosi palazzi, alla borghesia ricca, trafficona e un po' volgare.
Per festeggiare la scongiurata rivoluzione democratica dei garibaldini, a Palermo, l'aristocrazia organizza un grande ballo a palazzo Ponteleone. È questa la sequenza principale, che occupa circa un terzo dell'intero film e con cui il film si chiude. È qui rappresentata la società aristocratica che si illude ancora di potere sopravvivere, ma che per il principe è ormai inevitabilmente destinata alla fine.

VITTORIO EMANUELE II, PRIMO RE D'ITALIA

L'espressione «per grazia di Dio» con cui Vittorio Emanuele venne proclamato re d'Italia faceva riferimento a due concetti: essere sovrano per diritto divino, in quanto «scelto da Dio», e governare non un popolo, ma un territorio.
La formula era già stata abbandonata da Luigi Filippo d'Orléans il quale, dopo la rivoluzione del luglio 1830, venne proclamato «re dei Francesi».
Anche quel «II» suscitò aspre critiche: come sovrano di un nuovo regno, l'Italia appena unificata, avrebbe dovuto chiamarsi «Vittorio Emanuele I», ma egli preferì mantenere il vecchio nome evidenziando così la continuità tra il nuovo regno e quello sabaudo. Una continuità che manifestava un atteggiamento di conquista.

▶ Un ritratto di Vittorio Emanuele II. Torino, Museo Nazionale del Risorgimento.

DOSSIER — Istituzioni e società

Dalla parte di Franceschiello

UN CAPPELLANO MILITARE DELL'ESERCITO BORBONICO, DON BUTTÀ, RACCONTA IL CROLLO DEL REGNO DELLE DUE SICILIE: IL MOTIVO? L'INCAPACITÀ E IL TRADIMENTO DI COMANDANTI CODARDI, NON CERTO IL VALORE DEI GARIBALDINI O DEI PIEMONTESI

Un uomo insensibile al Risorgimento

Nato in provincia di Messina, don Giuseppe Buttà fu dapprima parroco poi, dal 1848, cappellano militare dell'esercito di Francesco II, popolarmente chiamato Franceschiello.

La sua opera *Viaggio da Boccadifalco a Gaeta – memorie della rivoluzione dal 1860 al 1861* (pubblicata nel 1875) è una miniera di informazioni e notizie di prima mano, poiché l'autore fu testimone diretto degli avvenimenti narrati, ma raccoglie anche numerosi documenti ufficiali e scritti di altri protagonisti.

L'autore è insensibile al mutamento dei tempi e alle idee di indipendenza, unità e libertà d'Italia, e ignora i problemi del Regno delle Due Sicilie: ma proprio qui sta l'interesse di questo libro.

Quel che importa a don Giuseppe Buttà è dimostrare che la caduta dei Borbone non avvenne per il valore dei garibaldini o dei piemontesi, ma solo per l'incapacità e il tradimento di comandanti codardi. Ecco una breve sintesi della sua straordinaria testimonianza.

Una ricostruzione dettagliata

Secondo don Buttà, la lunga serie di tradimenti inizia già a Marsala, dove i garibaldini sbarcano l'11 maggio 1860: il comandante della flotta napoletana decide – di propria iniziativa – di abbandonare le sue posizioni nel porto, lasciando in pratica mano libera a Garibaldi e ai suoi. Anche il generale Landi, inviato ad Alcamo per fronteggiare Garibaldi, attacca battaglia soltanto dopo un forte richiamo del suo superiore. Ma una volta arrivati allo scontro, il Landi invia ai sottoposti ordini contraddittori, cosicché i Mille possono raggiungere Monreale.

Errori di valutazione e codardie si succedono fino a Palermo. Al Trivio della Ficuzza il colonnello borbonico Mechel decide di inseguire un piccolo gruppo di garibaldini diretto a Corleone, anziché attaccare il grosso degli invasori, che così giunge indisturbato a Palermo. E nel capoluogo siculo il generale Lanza fa di tutto per facilitare l'ingresso delle camicie rosse, lasciando solo 319 uomini a contrastare i garibaldini, forti ormai di 4 000 unità. Mentre Garibaldi entra in città, il Lanza si aggira semiaddormentato nella sua stanza a Palazzo Reale chiedendo ai suoi sottoposti: «Che si dice? Che si fa?».

▲ Francesco di Borbone ritratto nel 1865. Firenze, Museo di Storia della Fotografia Fratelli Alinari.

▼ Garibaldi entra alla testa dei Mille in Napoli. Torino, Museo del Risorgimento.

DOSSIER

Istituzioni e società

▲ Francesco II di Borbone, re delle Due Sicilie, con la moglie Maria Sofia Amalia. Litografia dell'epoca.

Il re non conta più nulla

Nei giorni successivi, per paura dell'arrivo di una brigata piemontese, Lanza si affretta a concordare con Garibaldi due armistizi del tutto sfavorevoli ai borbonici. I combattimenti cessano e Palermo si arrende a Garibaldi: è il 6 giugno.
Il 25 giugno Francesco II concede la Costituzione, per tamponare il moto rivoluzionario: ma in questo modo, secondo don Buttà, il potere cade nelle mani dei ministri, mentre il re non conta più nulla. E infatti il nuovo ministero costituzionale avvia negoziati segreti con Cavour e Vittorio Emanuele II e ordina al generale Clary, comandante in capo delle forze borboniche in Sicilia, di tenersi sulla difensiva: questi, con 22 000 uomini a disposizione, ne invia solo 2000 a difendere Milazzo, dove si dirigono 10 000 garibaldini.
Quando a Milazzo chiedono altri rinforzi, Clary finisce per inviare sette soldati: la cittadina capitola in tre giorni. Del resto, anche Messina è lasciata alle camicie rosse senza combattere: per don Buttà, l'intenzione espressa da Clary di non voler spargere sangue è solo una scusa. I soldati, prima di imbarcarsi verso Napoli, grideranno al generale: «Fuori il traditore!».

Napoli, una città immersa nel caos

Giunto a Napoli il 13 agosto, don Buttà trova una città immersa nel caos, nelle mani di rivoluzionari di ogni genere, preti compresi, «tutti pieni di fasce e nastri tricolori, con pistole e coltelli, tutti a gridare libertà e indipendenza, e "viva Carlibardi"».
Intanto altri generali abbandonano il re e si mettono al servizio del Piemonte, ma anche all'interno della famiglia reale c'è chi si schiera coi piemontesi: è il caso di due conti, zii di Francesco II.
«Disattenzioni» provvidenziali del comandante della flotta napoletana favoriscono gli sbarchi dei garibaldini in Calabria, dove i generali borbonici fanno di tutto per evitare lo scontro armato. Tra questi, il generale Briganti sarà ucciso dai suoi stessi soldati come traditore. Le truppe borboniche cominciano a disertare, spesso cedono le armi – senza aver combattuto – ai garibaldini.
Anche a Napoli le guarnigioni borboniche si arrendono, e Garibaldi assume così – è il 7 settembre – il titolo di dittatore delle Due Sicilie.

Le stesse scene si ripetono attorno a Capua, dove le truppe borboniche si sono concentrate per l'ultima difesa: 16 000 soldati del re si battono a viso aperto contro 40 000 garibaldini, mentre don Buttà si adopera per soccorrere amici o nemici fin dentro il Volturno. Ma quando le sorti della battaglia sembrano volgere a favore dei borbonici, la fedelissima guardia reale abbandona il combattimento, un colonnello rifiuta di attuare un piano d'accerchiamento e il generale Ritucci, fedelissimo ma troppo prudente, lascia tempo ai rivoluzionari di organizzare il contrattacco. Non si può non vedere in questa serie di incertezze e tradimenti il segno di una più grave e generale debolezza del regime borbonico.

La fine descritta con tre sole parole

È la fine per il Regno delle Due Sicilie – ma lo è anche per Garibaldi: dopo i plebisciti del 21 ottobre avviene l'annessione al Piemonte, e l'eroe dei due mondi consegna il frutto delle sue fatiche ai Savoia, presso Teano.
«Garibaldi rivide – racconta asciutto don Buttà – e guardò in cagnesco i suoi nemici (il generale piemontese Cialdini e l'inviato di Cavour, Farini), e capì che costoro venivano a detronizzarlo».
Il 9 novembre, sciolte le sue armate, Garibaldi torna a Caprera, amareggiato e a mani vuote; pochi giorni dopo lascia Napoli anche Mazzini.
Don Buttà rimane con l'esercito regio fino a Gaeta, poi, dopo la resa del 13 febbraio 1861, viene condotto come prigioniero politico prima a Ischia e a poi a Napoli.
Il 14 febbraio Francesco II e la regina si imbarcano a Gaeta, tra le lacrime dei soldati, e si dirigono a Roma per poi prendere la via dell'esilio.
Pochi giorni prima il re aveva scritto un biglietto alla moglie, con tre sole parole: «Siamo persi, Regina».

I CAMORRISTI
Così don Buttà descrive i camorristi: «In Napoli è la setta così chiamata dei camorristi. Essi generalmente vestono giacca di velluto, calzoni stretti alle ginocchia e larghi sul piede. Come cravatta usano un fazzoletto a diversi colori, annodato al collo, molto largo, con lunghe punte; gilè aperto, berretto o cappello pendente sempre da un lato della testa, capelli lisci, canna d'India in mano e ben lunga, e sigaro in bocca, che chiamano siquario. Quando parlano e si vogliono atteggiare a guappi, o appoggiano un fianco sopra la canna d'India, o aprono e chiudono le gambe abbassando il corpo».
I camorristi, divisi per quartieri e per bande, punivano chi non si atteneva ai loro ordini con processi sommari, assalivano i commissariati della vecchia polizia borbonica, e fungevano da braccio armato del nuovo ministero costituzionale.

UNITÀ 4 L'UNIFICAZIONE ITALIANA E TEDESCA 141

DOSSIER — Controversie

Cavour, un nuovo Machiavelli?

MAESTRO DI DOPPIEZZA E INGANNI O PADRE DELLA PATRIA? CHI FU VERAMENTE CAVOUR? I GIUDIZI OPPOSTI DI DUE STORICI CONTEMPORANEI: DENIS MACK SMITH E ROSARIO ROMEO

Il mito di Cavour nacque nel momento stesso della sua morte. I Torinesi gli resero omaggio sfilando di fronte al suo palazzo. I sacerdoti dimenticarono la scomunica da cui era stato colpito e accettarono di celebrare per lui il rito dei defunti. Gli avversari misero a tacere ostilità e riserve.
Rivestito di tutte le virtù che la retorica italiana ama attribuire ai suoi eroi – bontà, generosità, coraggio, idealismo, lungimiranza – divenne il primo monumento nazionale dell'Italia risorta. Anche l'Europa gli rese omaggio e riconobbe i suoi meriti.
Qua e là, tuttavia, si sentirono voci discordanti. Lo storico inglese Lord Acton, ad esempio, vide nella sua vita «il trionfo di un'arte di statista privo di scrupoli».
Chi fu dunque Cavour: un nuovo Machiavelli o solo un uomo che sognava un'Italia unita?

I due giudizi – il riverente elogio dei connazionali e le riserve di una parte dell'opinione liberale europea – sono rintracciabili nelle opinioni degli storici Denis Mack Smith e Rosario Romeo.

Denis Mack Smith: sì

Un'insistente critica descriveva Cavour come un uomo d'inganni e di intrighi, disposto a convincersi facilmente che un buon fine giustificasse mezzi immorali. Egli disse talvolta che quest'accusa lo divertiva molto [...]. Amava spiegare la propria convinzione secondo cui in politica quel che occorreva era una completa franchezza: l'immoralità politica era un errore, non foss'altro perché inefficace, in quanto nociva alla credibilità dell'uomo politico. Tentò insistentemente di far credere che la sua condotta personale fosse invariabilmente sincera e franca, che la parola data fosse per lui un obbligo assoluto, e che aborrisse qualsiasi forma di doppiezza o d'ipocrisia. [...] [Tuttavia] le sue convinzioni autentiche sono forse quelle che si leggono nel suo diario giovanile, là dove accettava come inevitabile che tutti coloro che aspirano al potere politico debbano essere in una certa misura corrotti. [...] Nel 1848 Cavour aveva chiarito in maniera nettissima che in politica scorgeva ben poco spazio per la filantropia o per la gratitudine. Poteva anzi essere necessario ricorrere a metodi odiosi e in tal caso bisognava adoperarli senza incertezze. L'unico criterio essenziale era infatti il successo, e se (ma solo se) l'impresa fosse chiaramente riuscita, i mezzi scorretti si sarebbero trovati giustificati.
Il vero banco di prova del suo comportamento giunse quando come presidente del Consiglio mostrò palesemente di compiacersi nelle arti dell'inganno, mentre levava peraltro la sua virtuosa indignazione contro la condotta senza princìpi di coloro che lo ripagavano della stessa moneta. Per fare un esempio, [...] i politici inglesi furono tacciati di furfanteria perché, professandosi liberali, contemporaneamente si alleavano con l'Austria assolutista; mentre il medesimo giudizio non era applicabile – spiegò nell'aprile 1858 al Parlamento – all'alleanza tra il liberale Piemonte e l'assolutista Russia. [...]
Il fedele Castelli tentò più di una volta di scoprire quanto fosse giustificata la sua fama di astuto intrigante, mettendolo di fronte a incontestabili esempi di falsità. Ebbene, la reazione di Cavour fu di ammettere allegramente la men-

▲ Una vignetta sulla politica di Cavour, che pone la questione italiana come una bomba sotto il tavolo delle potenze europee; Rosario Romeo richiama l'importanza della valutazione dei rapporti internazionali nell'analisi del Risorgimento italiano.

▲ Busto bronzeo di Cavour. Brescia, Museo del Risorgimento.

▲ Dipinto di S. Capisanti che mostra Vittorio Emanuele II e Cavour che ricevono l'annessione della Toscana dopo il plebiscito.

DOSSIER

▲ Alcune vignette satiriche su Cavour; già agli occhi dei suoi contemporanei l'operato dello statista non era immune da critiche.

▼ La foto dei rappresentanti diplomatici europei al Congresso di Parigi del 1856; il primo in piedi a sinistra è Cavour.

zogna. Non solo, ma «aggiungeva che non diceva mai nelle note pubbliche quel che aveva in petto». [...] Il conservatore d'Azeglio commentò che «quanto alle affermazioni di Cavour, nessuno le prende sul serio. Il brav'uomo è arrivato a questo, che quando parla la sola cosa che viene creduta impossibile è quella da lui affermata». [...]
Non solo i Francesi, ma anche il governo inglese – il cui appoggio negli ultimi due anni della sua vita era altrettanto vitale – giunse a considerarlo infido e bugiardo; e ciò malgrado volesse realmente aiutarlo a promuovere la causa italiana. [...] E questi erano i suoi amici.

Rosario Romeo: no
[Negli ultimi anni Cavour] aveva continuato e anche accentuato le sue abitudini di vita signorile e dispendiosa: spesso i saloni di palazzo Cavour ospitavano balli e ricevimenti destinati ad agevolare l'intreccio invisibile ma efficace di mondanità e politica.
Era questa faccia della sua immagine pubblica che consentiva ai democratici di presentare il «nobile conte» come un uomo corrotto e corruttore, giunto a dominare la vita politica e l'opinione pubblica «dando pranzi, strette di mano, amabili parole, e pagando largamente dai fondi segreti, non che prodigando im-

pieghi e ciondoli». Ma a essa si contrapponeva l'altra, [...] dell'uomo cordiale e sorridente, ottimista fra le più gravi difficoltà. [...] Era l'immagine che il conte aveva voluto accreditare con un sistematico controllo di sé: ed essa aveva finito per imporsi anche a molti dei suoi amici personali e dei più stretti collaboratori, ai quali si deve se poi divenne lo stereotipo rimasto nell'oleografia risorgimentale.
Ma dietro il volto dell'uomo dall'abituale fregatina di mani se ne celava un altro assai diverso, che si rivelava solo [...] nell'intimità delle pareti domestiche. [...] Sulla sua esistenza il peso «delle troppe fatiche mentali, delle agitazioni di spirito, dei disgusti divorati in silenzio» gravava in una misura che solo pochissimi sospettavano. [...] La fragilità nervosa di tanti membri della famiglia nel conte si manifestava nei rapidi cambiamenti di umore, nei frequenti accessi di collera, nelle crisi depressive di cui abbiamo notizia fin dalla giovinezza. [...] A sostenere Cavour avevano contribuito la sua fiducia in se stesso, l'indomabile ambizione di potere, l'antica adesione ai valori della battaglia liberale. Ma accanto a essi aveva assunto uno scopo sempre più grande [...]: l'impegno di costituire «un'Italia grande, forte, gloriosa». [...] Per essa era pronto a sacrificare «vita e fama» [...]: sono parole che conservano tutto il loro valore anche se si mettono a riscontro con le arti di governo di un uomo che per raggiungere i suoi fini non esitò ad adoperare i mezzi più discussi e discutibili, spionaggio, donne, corruzione, inganni.
Oggi è nuovamente alla moda denunciare e condannare questo «machiavellismo»: ma da parte nostra testardamente ci rifiuteremo di vestire gli abiti del censore e del moralista. I moralisti dovrebbero ricordare che non c'è governo che rinunci ad adoperare servizi segreti, e che i mezzi dei quali si fa tanto scandalo sono d'uso comune, accanto ad altri peggiori.
Si tratta, piuttosto, di una questione di stile: e certo lascia un po' a disagio l'impegno personale in operazioni del genere da parte di un Primo ministro. [...] Ma non bisogna dimenticare che Cavour fu davvero un singolare Primo ministro, operante a contatto con cospiratori e agenti clandestini per conseguire fini che di gran lunga trascendevano la politica ufficiale e i mezzi a disposizione dello Stato di cui egli era alla testa.

Controversie

UNITÀ 4 — L'UNIFICAZIONE ITALIANA E TEDESCA — 143

DOSSIER
Garibaldi fu ferito, fu ferito nella gloria

Protagonisti

LO STORICO DENIS MACK SMITH VEDE IN GARIBALDI UN UOMO COMUNE, EROE DELLA GENTE COMUNE; IL POLITOLOGO MAURIZIO VIROLI, INVECE, RITIENE CHE SI DEBBA RISCOPRIRE IN LUI UN BUON POLITICO, SE PER POLITICO S'INTENDE IL CITTADINO CHE SERVE IL BENE PUBBLICO

Denis Mack Smith: un uomo comune

Negli anni 1859 e 1860 Garibaldi cessò di essere ciò che fino ad allora era stato – marinaio, pirata, agricoltore, rivoluzionario radicale – e divenne lo stilizzato eroe nazionale d'innumerevoli testi di storia.

Aveva appena passato i cinquant'anni. Nel tardo 1859 il ministro inglese Hudson si recò a visitarlo su suo invito; la sua prima impressione fu quella di «un uomo alto circa un metro e settantadue, di aspetto soldatesco, dalle spalle larghe, il torace profondo e i fianchi sottili, che cammina lestamente, con grandi e miti occhi color nocciola e la voce profonda». Il viso, ruvido ma espressivo, era stato abbronzato e indurito dalla vita all'aria aperta, «ed era lo specchio d'un cuore gentilissimo e generoso», disse John Bright (politico inglese di idee liberali) la prima volta che lo vide.

Di maniere aperte e cortesi, senza alcuna presunzione evidente, aveva tuttavia, accanto a un'ingenuità infantile, anche il tono imperioso di chi è abituato a comandare e a essere ubbidito. Parlava poco, ma bene. Era semplice e diretto, invitava alla confidenza; al fascino della sua personalità non ci si poteva sottrarre.

Garibaldi non aveva un carattere che si facesse notare per complicatezza; ma anche la monolitica integrità della gente semplice è talvolta venata da inclinazioni rivali e contrarie.

Nel 1859, riconosciamolo, egli era soprattutto un patriota che aveva appreso da Mazzini e dalla propria coscienza come la redenzione del suo Paese diviso e arretrato fosse il più nobile dei fini. Ma era quasi altrettanto un internazionalista che non permetterà mai al patriottismo locale di oscurare l'affetto per l'umanità in genere. Nutriva profonda ammirazione per altri Paesi, specie per gli Stati Uniti, la Gran Bretagna e la Svizzera; i suoi pensieri correvano spesso a progetti di Stati Uniti d'Europa e d'una utopistica condizione di pace e fratellanza universale.

Un'altra contraddizione apparente è quella fra la continua adesione al repubblicanesimo come miglior forma di governo e la ferma lealtà di quasi tutta la sua vita verso la corona piemontese. Se la Real Casa di Savoia finì per trionfare su tutte le altre possibili soluzioni della questione italiana – per esempio, su quelle repubblicana o d'una Penisola divisa o federata – lo si dovette a Garibaldi almeno quanto a chiunque altro.

Al di sotto di tutti questi contrasti apparenti c'è il fatto costante: i princìpi fondamentali di Garibaldi erano ammirevoli e restavan fermi malgrado ogni sua instabilità o stravaganza pratica. Tutto il suo guerreggiare e tutta la sua attività politica poggiavano su un saldo umanitarismo e su un inflessibile amore per la libertà.

Era l'archetipo dell'uomo comune; e gli uomini comuni da New York a Newcastle e a Palermo subito si riconobbero in lui, con l'aggiunta che egli aveva fatto strada migliorando le condizioni di tutti. Quasi letteralmente, divenne il loro santo protettore: troviamo persino una stampa popolare che mostra un Garibaldi-Cristo con la mano alzata a benedire. I suoi tratti forti e benevoli coi capelli alla nazarena, contribuivano all'illusione; ci furono contadini che, vedendolo, credettero realmente in un'apparizione o in un secondo avvento.

La formazione d'Italia risultò una vittoria degli intellettuali, dei liberali, delle classi medie; non certo degli ignoranti, che a stento sapevano il significato della parola Italia; non dei poveri, che ne sentirono la presenza solo in tasse e coscrizioni; non di quanti persero un ordine sociale paternalistico e protettivo per passare ad aspre competizioni dove falliva il più debole; non delle masse cattoliche, che videro il papa spogliato del potere temporale, i monasteri dissolti e le proprietà ecclesiastiche confiscate. Non c'è dubbio che il prestigio di Garibaldi fra la gente ordinaria contribuì a nascondere quello che stava realmente accadendo finché fu troppo tardi per opporsi a esso.

Maurizio Viroli: un buon politico

Sarebbe ora di mettere da parte il mito di Garibaldi eroe impolitico e antipolitico, il Cincinnato che, salvata la repubblica, torna a coltivare il campicello. Garibaldi tornava a Caprera dopo le

▼ Lo storico incontro tra Giuseppe Garibaldi e re Vittorio Emanuele II a Teano in un dipinto di De Alberti.

144

DOSSIER

Protagonisti

▲ La visita di un ormai anziano Garibaldi a re Vittorio Emanuele II; dipinto del 1870 di Gerolamo Induno.

imprese militari (quelle vinte e quelle perse) e coltivava l'orto; ma non smetteva certo di impegnarsi per contribuire a risolvere i problemi dell'Italia.
Non era uno statista perché gli mancava l'abilità di capire complessi disegni diplomatici ed era insofferente della politica parlamentare; ma svolse una funzione di primo piano nei movimenti democratici per l'estensione del suffragio e nei movimenti internazionali per la pace.
In palese contrasto con l'idea del «garibaldinismo» dimostrò inoltre, in più di un'occasione, uno spiccato buon senso e un sano realismo politico, come riconobbe Gladstone che di realismo se ne intendeva. Non era dunque un politico se per politico si intende l'intrigante che vuole il seggio per arricchirsi o proteggere i suoi privilegi; ma era un politico vero se per politico si intende il cittadino che serve il bene pubblico, che era poi l'idea del politico che Garibaldi traeva dai classici della politica che aveva letto e da Mazzini.

Che poi a noi paia difficile pensare che Garibaldi fosse un buon politico, significa soltanto che abbiamo perso il senso delle parole.
Sarebbe anche tempo di considerare il carisma personale di Garibaldi e la sua capacità di capire e sentire le aspirazioni dei popoli non come un vizio ma come una virtù. Un uomo che sa farsi amare dal popolo per la sua onestà e per il suo provato e riprovato disinteresse personale non indebolisce affatto la democrazia costituzionale, ma la rafforza, soprattutto quando non usa la sua popolarità per farsi capo di una parte, ma per unire i partiti politici e le diverse componenti del popolo per progetti pacifici e graduali di riforma politica e sociale, come fece appunto Garibaldi negli ultimi anni della sua vita. Carducci, che pure andò troppo oltre nell'imbalsamare l'eroe, aveva colto nel segno quando nel discorso commemorativo del 1882 esortò i partiti italiani a gettare via, nel nome di Garibaldi, «non le cose loro più care ma tutto quello che hanno di più tristo».
Se vogliamo che la storia di Garibaldi diventi pedagogia civile non possiamo tuttavia limitarci a rimuovere le cattive interpretazioni e i travisamenti, ma dovremo cercare anche di riscoprire l'uomo sotto il mantello dell'eroe. Riscoprire l'uomo con le sue intemperanze, la sua malinconia, le sue pene d'amore, il suo maschilismo (per altro ben controllato da Anita, che quando sentiva odor di bruciato si presentava al generale con due pistole cariche, una per lui, l'altra per l'amante), le sue preoccupazioni di padre, il suo disinteresse, ma soprattutto quel suo coraggio. Un coraggio che non era la mancanza di paura dell'eroe e non aveva nulla della temerarietà di chi cerca la fama, ma era la forza di vincere la paura di un uomo consapevole che senza coraggio non si vive liberi.

▼ Garibaldi sull'isola di Caprera in un dipinto di Giacomo Mantegazza. Milano, Museo del Risorgimento.

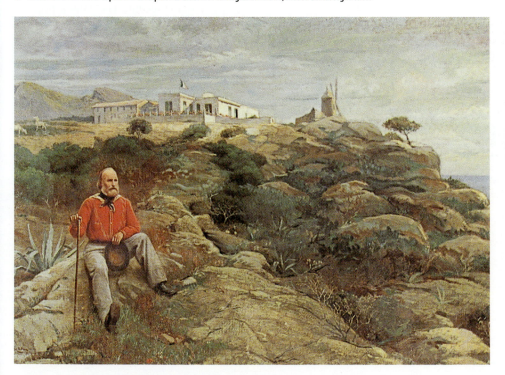

4. IL SECONDO IMPERO FRANCESE E L'UNIFICAZIONE TEDESCA

DA CHE COSA ERA CARATTERIZZATO L'AUTORITARISMO DI NAPOLEONE III?

QUALE OBIETTIVO PERSEGUÌ NAPOLEONE III IN POLITICA ESTERA?

COME DOVEVA ESSERE RAGGIUNTA L'UNIFICAZIONE DELLA GERMANIA SECONDO BISMARCK?

QUALI FURONO LE CAUSE DEL CONFLITTO FRANCO-PRUSSIANO?

QUALI CONSEGUENZE EBBE IL CONFLITTO IN FRANCIA?

▶ Un nuovo modo di governare

Il Secondo Impero francese fondato da Napoleone III nel **1852** non era né un regime parlamentare, né una monarchia tradizionale. Era un nuovo modo di governare, definito da allora **bonapartismo**, caratterizzato da due aspetti tra loro contrapposti: **ricerca del consenso** e **autoritarismo**. (▶ Protagonisti p. 150)

Per ottenere il **consenso popolare** Napoleone III sostenne il decollo industriale (il commercio crebbe del 300%), favorì la costruzione di grandi opere pubbliche (la rete ferroviaria passò dai 300 km del 1852 ai 18 000 del 1870), grazie anche all'appoggio finanziario di istituti di credito che nacquero in questo periodo, come il *Crédit Lyonnaise* e la *Banque de France*.

Con finanziamenti francesi venne costruito il **Canale di Suez** (160 km) che permise il raggiungimento dell'Asia senza circumnavigare l'Africa.

Risale al Secondo Impero anche la ristrutturazione urbanistica di Parigi realizzata dal barone Haussmann. La costruzione dei grandi *boulevards* aveva un duplice scopo: rendere ancora più maestosa la capitale ed eliminare le viuzze di origine medievale che, durante le rivolte, erano facilmente controllabili dagli insorti con la costruzione di barricate.

▶ Politica interna ed estera

L'**autoritarismo**, invece, fu perseguito con un attento controllo della libertà di stampa e di associazione. Inoltre, Napoleone III svuotò di significati l'Assemblea Legislativa (eletta a suffragio universale) e concentrò il potere legislativo nelle mani del Senato e del Consiglio di Stato, i cui membri erano da lui nominati.

Ma soprattutto Napoleone III usò in maniera spregiudicata i **plebisciti**. Attraverso di essi, infatti, egli stabiliva un rapporto diretto con le masse, senza alcuna mediazione politica costitui-ta dai partiti e dalla libera discussione parlamentare. Di conseguenza il plebiscito da strumento di democrazia divenne lo strumento della consacrazione delle sue decisioni: mancando infatti nel Paese un'opposizione in grado di far sentire la propria voce, Napoleone III otteneva sempre trionfali successi.

Solo dopo il 1860 l'autoritarismo lasciò gradatamente posto al riformismo: la censura sulla stampa venne allentata e l'opposizione poté liberamente riunirsi. Nel 1869, infine, con il varo di una riforma che rendeva i ministri responsabili davanti al Parlamento, il regime si trasformò in senso democratico e liberale.

In **politica estera**, Napoleone III perseguì l'obiettivo di fare della Francia la maggior potenza continentale. Per questo intervene ad ampio raggio, sfruttando le lotte d'indipendenza dei vari popoli, come nel caso italiano, e ingerendosi politicamente negli affari interni di altri Paesi, come la Spagna. Nel contempo nutrì anche ambizioni coloniali che lo portarono a interventi militari. Avvenne così, ad esempio, in **Messico** (1861), un'avventura che si risolse però dopo pochi anni con un fallimento (1867).

▶ Bismarck alla guida dell'unificazione tedesca

A metà Ottocento l'economia prussiana era in piena espansione grazie al *Deutscher Zollverein* (Lega Doganale Tedesca, 1834) che permetteva la libera circolazione delle merci nell'area tedesca.

La politica estera di Napoleone III

ACQUISTI	PIANI DI ANNESSIONE	INGERENZE POLITICHE	INTERVENTI MILITARI
Nuova Caledonia (1853)	Lussemburgo (1867)	Siria (1860)	Crimea (1854-56)
Algeria (1857)	Palatinato (1867)	Polonia (1863)	Cina (1857-60)
Nizza e Savoia (1860)	Belgio (1869)	Germania (1869)	Italia (1859)
Dakar – Senegal (1862)		Spagna (1869)	Messico (1861-67)
Obok – Somalia (1862)			Suez (1869)
Saigon (1862)			Stato della Chiesa (occupato fino al 1870)
Cambogia (1863)			
Cocincina (1867)			

LESSICO

JUNKER

Nelle zone di lingua tedesca, il termine originariamente indicò i figli cadetti dei principi regnanti, e poi, per estensione, tutti i nobili. In particolare il termine venne utilizzato per indicare la nobiltà terriera dei territori a est dell'Elba, caratterizzati da estese proprietà organizzate con i vincoli feudali. Nella Prussia dell'Ottocento, dopo l'abolizione dei vincoli feudali, gli Junker erano gli aristocratici proprietari. Solo alla fine del XIX secolo l'affermazione della borghesia imprenditoriale determinò il declino degli Junker.

La classe dominante era formata dagli Junker, nobili proprietari terrieri. Costituivano un gruppo sociale ristretto, formato da circa 25000 persone. Politicamente erano dei **conservatori**. Prestavano servizio nell'esercito come alti ufficiali e ricoprivano ruoli dirigenziali nella burocrazia.

Nel **1861** morì Federico Guglielmo IV e salì al trono suo fratello, già reggente da qualche anno, **Guglielmo I**. L'anno seguente divenne cancelliere (carica che equivale a quella di presidente del Consiglio) **Otto von Bismarck** (1815-1898), un tipico esponente degli Junker. (▶ Protagonisti p. 152)

Autoritario e spregiudicato, Bismarck provvide subito ad aumentare, **senza il consenso del Parlamento**, le spese militari. Soleva dire: «Io seguo i princìpi finché mi sono utili, poi li getto via come fa il contadino con le sue vecchie scarpe».

Il suo obiettivo era l'unità della Germania. Ma per far ciò non bisognava percorrere la strada delle rivoluzioni, come era avvenuto nel 1848. A suo avviso, occorreva che la Prussia guidasse il processo di unità nazionale con il «solo strumento» che la storia mette a disposizione in questi casi, la **guerra**: «Non con le parole si decidono i grandi problemi del tempo, ma col ferro e con il sangue».

E Bismarck poteva contare sull'esercito meglio organizzato e armato d'Europa.

▶ Le prime due guerre: contro la Danimarca e contro l'Austria

Tra il **1864** ed il **1871**, Bismarck realizzò l'unità della Germania attraverso **tre guerre** vittoriose e straordinariamente rapide.

La prima fu combattuta nel 1864 contro la **Danimarca** per sottrarle il controllo dei ducati dello *Schleswig* e dello *Holstein*, popolati prevalentemente da

IL SOGNO DI NAPOLEONE III

Napoleone III aveva capito che il principio destinato a trionfare nel suo secolo era quello delle nazionalità; si era così persuaso che la Francia, facendosene sostenitrice, avrebbe acquistato una potenza morale preponderante, e avrebbe forse potuto ottenere degli ingrandimenti e arrivare a quei confini delle Alpi e del Reno da essa sospirati i confini naturali del Paese. La Francia era la sola grande potenza che non aveva da perdere alcun territorio per il trionfo di quel principio che avrebbe invece indebolito le altre potenze.

I due Paesi vicini, Italia e Germania, per costituirsi in nazione avevano bisogno o dell'aiuto o della tolleranza della Francia e l'avrebbero pagata con la cessione di qualche territorio sui suoi confini.

Il nuovo ordinamento d'Europa, secondo Napoleone III, si sarebbe conciliato con la grandezza reclamata da un impero napoleonico. Egli immaginò che questo nuovo ordine di cose avrebbe riconciliato i popoli e assicurato la pace perpetua. Questo è il significato della sua celebre espressione «L'impero è la pace».

Tedeschi. Questa guerra vide la Prussia alleata con l'Austria e terminò con la sconfitta dei Danesi (**1865**) che cedettero i due ducati: all'Austria andò l'amministrazione dell'Holstein, alla Prussia quella dello Schleswig.

A questo punto il principale ostacolo all'unificazione tedesca era proprio l'**Austria** che dominava la Confederazione germanica.

Dopo aver stretto un'alleanza con l'Italia, così da impegnare l'Impero asburgico su due fronti, nel **1866** Bi-

---

QUATTRO PROBLEMI POSTI DALL'UNITÀ DELLA GERMANIA

Tre furono i problemi più significativi posti dalla realizzazione dell'unità tedesca. A essi ne aggiungiamo un quarto di natura storiografica.

1. Il problema politico del «centro». Nel 1815 le grandi potenze riunite a Vienna per ricostruire l'ordine europeo avevano ribadito un vecchio principio della politica dell'equilibrio: la divisione del mondo tedesco, l'esistenza cioè di un «centro debole» nel cuore dell'Europa come garanzia dell'equilibrio europeo. L'unità della Germania poneva invece al centro dell'Europa una grande potenza che alterava i rapporti internazionali.

2. Il problema del rapporto tra liberalismo e indipendenza nazionale. Fin dal Settecento si era affermato il binomio libertà-nazione: la Dichiarazione d'indipendenza delle colonie americane (1776), la Rivoluzione francese, la Rivoluzione nazionale greca, l'indipendenza del Belgio, i moti del 1848, l'unità dell'Italia mostrano come il rapporto tra libertà e nazione fosse consolidato. La soluzione tedesca all'unità nazionale

spezzò quel rapporto, con gravi conseguenze nella storia della Germania e della stessa Europa.

3. Il problema della rivoluzione borghese. Negli stessi anni in cui si realizzò l'unità nazionale, la Germania si trasformò in un moderno Stato industriale. Ma questo processo non fu assecondato dalla modernizzazione del sistema politico in senso liberale e parlamentare. La borghesia tedesca rimase così in uno stato di inferiorità politica che, di nuovo, lasciò tracce profonde sulla storia successiva della Germania.

4. Il problema della «continuità» nella storia tedesca. Lo storico che analizza le vicende dell'unità della Germania non può non considerare gli esiti disastrosi che la storia tedesca conobbe nel Novecento. Si pone allora la questione: la prima guerra mondiale, la marcia trionfale del nazismo e, ancora, la seconda guerra mondiale furono il prodotto di eventi particolari e irripetibili oppure affondano le proprie radici nell'Ottocento? In altre parole, la via individuata da Bismarck per giungere all'unità della Germania doveva necessariamente condurre all'esperienza hitleriana? È il tema della «continuità», ancora vivamente dibattuto dagli storici.

UNITÀ 4 L'UNIFICAZIONE ITALIANA E TEDESCA

▲ Bismarck e Guglielmo I alla stazione di Berlino ascoltano la lettura del dispaccio con la dichiarazione di guerra della Francia alla Germania, il 19 luglio 1870.

smarck dichiarò guerra all'Austria. Lo scontro principale avvenne non lontano da Praga, a **Sadowa** (**3 luglio 1866**), dove i Prussiani sconfissero pesantemente gli Austriaci. La guerra per gli Austriaci era definitivamente perduta, nonostante le vittorie da loro riportate contro gli Italiani a **Custoza** e a **Lissa**.

Il **23 agosto 1866** fu stipulato a Praga il **trattato di pace**. L'Italia ottenne il Veneto, mentre la Germania venne divisa in due Confederazioni:

› la **Confederazione del Nord**, presieduta dal re di Prussia;

› la **Confederazione del Sud**, collegata a quella del Nord da un'unione doganale e da un'alleanza militare, ma indipendente dalla Prussia.

La strategia di Bismarck aveva funzionato: era la Prussia ora, e non più l'Austria, a dominare gli Stati tedeschi. Ma occorreva risolvere il problema della Confederazione del Sud, ancora indipendente dalla Prussia. Napoleone III aveva infatti imposto che la Confederazione del Sud mantenesse la sua autonomia, temendo l'eccessivo rafforzamento della Prussia. Per completare il suo progetto, Bismarck doveva perciò fare i conti con la Francia. Una nuova guerra era inevitabile.

▶ La guerra contro la Francia

La Francia nutriva una crescente preoccupazione per i successi militari della Prussia, anche perché Bismarck non nascondeva il proprio interesse per due regioni francesi, abitate da popolazioni di lingua tedesca: l'**Alsazia** e la **Lorena**.

Nel **1870**, inoltre, la tensione diplomatica tra i due Paesi crebbe a causa di una questione dinastica, la successione al trono di Spagna.

La vicenda venne abilmente sfruttata da Bismarck che manipolò una co-

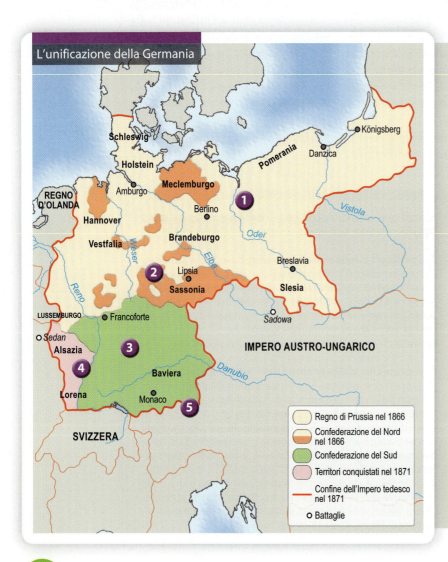

❶ **Regno di Prussia**. Era un regno molto esteso che occupava anche territori attualmente polacchi e russi. Nel 1866 comprendeva anche i ducati dello Schleswig-Holstein strappati alla Danimarca nel 1864. Dalla metà del XIX secolo era avvenuto il decollo industriale che aveva accentuato il divario con gli altri Stati tedeschi, rendendo la Prussia il Paese più potente all'interno dello *Zollverein*.

❷ **Confederazione della Germania del Nord**. Presieduta dal re di Prussia, raccoglieva 22 Stati a nord del fiume Meno, tra cui Amburgo, città-stato di grande importanza commerciale, e lo Stato della Vestfalia, importante polo industriale. La Confederazione era legata monetariamente, economicamente e militarmente alla Prussia.

❸ **Confederazione della Germania del Sud**. Avrebbe dovuto controbilanciare la potenza prussiana, in quanto lo Stato più importante era il Regno di Baviera, cattolico come l'Austria e quindi più simile culturalmente a questa piuttosto che alla luterana Prussia. Era però collegata alla Confederazione del Nord dall'unione doganale (*Zollverein*) e da un'alleanza militare.

❹ **Alsazia e Lorena**. Regioni situate nella valle del Reno, erano francesi ma contavano una forte presenza tedesca. Erano un'area strategica dal punto di vista militare in quanto zone di confine, ma erano anche regioni di grande valore per l'agricoltura, l'industria e il commercio. Su questi territori sorgevano città importanti come Metz e Strasburgo.

❺ **Secondo Reich**. Il Secondo Impero tedesco nacque proprio nella reggia di Versailles il 18 gennaio 1871, fatto che rese ancora più umiliante la sconfitta francese. Fu proclamato imperatore della Germania unificata Guglielmo I, che continuò ad affidare la gestione del potere al suo cancelliere Otto von Bismarck. Fino al 1918 il Secondo Reich rimase un monarchia semi assoluta, in cui il cancelliere doveva rispondere unicamente all'imperatore. Per sottolineare l'importanza del Regno di Prussia nel processo di unificazione tedesco, la capitale del Reich rimase Berlino.

CONFRONTARE

L'unificazione italiana e quella tedesca

	MODALITÀ	ESERCITO	FORMA DELLO STATO	IDEOLOGIA POLITICA
Italia	Integrazione tra iniziativa democratica (insurrezioni popolari), moderata e azione diplomatica. Guerra contro l'Austria. Annessione dei territori mediante plebisciti.	Formato dai militari del Regno sabaudo e da volontari; ma per la vittoria contro l'Austria fu determinante l'alleanza prima con la Francia e poi con la Prussia.	Monarchia costituzionale. Importanza del Parlamento, soprattutto a partire da Cavour che «di fatto» realizza il passaggio alla monarchia parlamentare.	L'unificazione è guidata da componenti moderate ma aperte al liberalismo e disponibili a dialogare con i democratici per ottenerne l'appoggio. Liberismo in economia.
Germania	Esclusione del popolo dal processo di unificazione. Lavoro diplomatico ma soprattutto preparazione militare. Guerra contro la Danimarca, l'Austria e la Francia.	Esclusivamente prussiano. Irrilevante il contributo dell'alleanza con l'Italia.	Impero. Debolezza del Parlamento.	Autoritarismo e conservatorismo.

municazione di Guglielmo I, il **dispaccio di Ems**, allarmando ancor più l'opinione pubblica francese preoccupata dall'eventualità che sul trono spagnolo potesse sedere un parente di Guglielmo I. Se questo fosse accaduto, infatti, la Francia sarebbe stata circondata.

A questo punto l'imperatore francese Napoleone III ritenne inevitabile il conflitto e decise di prendere l'iniziativa: il **19 luglio 1870** dichiarò guerra alla Prussia. Il conflitto fu rapido poiché la superiorità dell'esercito tedesco era davvero schiacciante. La battaglia decisiva si tenne a **Sedan**, il **2 settembre 1870**.

L'esercito francese fu annientato e lo stesso imperatore Napoleone III venne fatto prigioniero.

Due giorni dopo, il **4 settembre 1870**, Parigi insorse e proclamò la repubblica, la **Terza Repubblica**, come venne definita (la prima era stata proclamata con la Rivoluzione francese, la seconda nel 1848).

Il governo repubblicano tentò di continuare la guerra contro la Prussia, ma nel gennaio 1871 dovette definitivamente arrendersi e firmare a Francoforte la **pace**.

Alla sconfitta si associò l'umiliazione. Il **18 gennaio 1871**, nella Sala degli Specchi della reggia di Versailles, simbolo della grandezza francese, **Guglielmo I** venne incoronato imperatore (*Kaiser*) di Germania. Dopo il Primo Impero tedesco, il medievale Sacro Romano Impero Germanico, ora era la volta del Secondo Reich: il **Secondo Impero tedesco**. L'unità della Germania era raggiunta.

DOC

IL DISPACCIO DI EMS

Nel 1868 era scoppiata in Spagna una rivolta che aveva determinato la cacciata della regina Isabella II di Borbone. Il governo spagnolo offrì il trono a un cugino del re di Prussia, Leopoldo di Hohenzollern, ma la Francia si oppose perché temeva una successiva alleanza tra Spagna e Prussia. Leopoldo allora rinunciò al trono, ma Napoleone III, su pressione dei generali, insistette perché il re prussiano assicurasse formalmente all'ambasciatore francese Benedetti che non avrebbe mai più sostenuto la candidatura di Leopoldo. Guglielmo I e Benedetti si incontrarono il 13 luglio nella cittadina termale di Ems, in Renania. Il re rifiutò cortesemente di dare questa assicurazione e mandò questo dispaccio al suo cancelliere per informarlo dell'andamento del colloquio:

«Il conte Benedetti mi ha sorpreso insidiosamente alla passeggiata, chiedendo in modo molto insistente l'autorizzazione di telegrafare subito che per l'avvenire non avrei dato mai più il mio consenso, qualora gli Hohenzollern fossero ritornati alla loro candidatura. Ho finito col congedarlo un po' severamente, poiché né si devono né si possono prendere tali impegni *à tout jamais* [per sempre]. Gli ho detto naturalmente che non avevo ricevuto ancora nulla, e che avendo egli prima di me le informazioni di Parigi e di Madrid, vedeva bene che il mio governo era di nuovo fuori questione».

Il messaggio giunse nelle mani di Bismarck nel pomeriggio: egli convocò il ministro della Guerra, von Roon, e il comandante in capo dell'esercito, generale von Moltke, poi lesse loro un comunicato da far conoscere all'opinione pubblica, in cui veniva manipolato il dispaccio del re. Eccone il testo: «Dopo che le notizie della rinuncia del Principe ereditario di Hohenzollern sono state comunicate al governo imperiale francese da quello reale spagnolo, l'ambasciatore francese in Ems ha richiesto ancora a Sua Maestà il Re di autorizzarlo a telegrafare a Parigi che Sua Maestà il Re si impegnava per tutto il tempo a venire a non dare giammai il suo consenso, qualora gli Hohenzollern ritornassero alla loro candidatura. Sua Maestà il Re ha rifiutato di ricevere l'ambasciatore francese e ha fatto dire per mezzo del suo aiutante che non aveva nulla da comunicare all'ambasciatore».

Il ministro e il generale approvarono il comunicato, certi, come scrive nelle sue memorie Bismarck, che avrebbe fatto «l'impressione del panno rosso sul toro francese». Ed effettivamente la Francia cadde nella trappola.

DOSSIER — Protagonisti

Napoleone III era democratico?

COME SCEGLIERE TRA I VARI VOLTI DI LUIGI NAPOLEONE, IL RIVOLUZIONARIO DEL 1830, IL CAPO DI STATO AUTORITARIO USCITO DAL COLPO DI STATO DEL 2 DICEMBRE 1851 E L'IMPERATORE RIFORMISTA E LIBERALE DEL 1870?

Sovranità popolare e autoritarismo

«Bonapartismo»: la politica di Napoleone III è stata definita con un termine che ne riconosce i caratteri unici e di novità. La miglior definizione del bonapartismo è stata data da François Guizot (che fu Primo ministro sotto Luigi Filippo): «È, contemporaneamente, una gloria nazionale, una garanzia rivoluzionaria e un principio di autorità».

La gloria del salvatore nazionale, la garanzia della Rivoluzione francese, il principio di autorità ereditato dall'Impero: questa è stata l'alchimia di Luigi Napoleone Bonaparte, con la quale si spiegano allo stesso tempo la sua coerenza e la sua ambiguità: come scegliere tra i vari volti di Luigi Napoleone, il rivoluzionario del 1830, il capo di Stato autoritario uscito dal colpo di Stato del 2 dicembre 1851 e l'imperatore riformista e liberale del 1870?

Il nuovo regime

Eletto presidente della Repubblica francese nel 1848, Luigi Napoleone abbatterà con un colpo di Stato questa stessa repubblica il 2 dicembre 1851.

Nel novembre 1852 si proclamerà imperatore: la Costituzione democratica, alla quale aveva giurato fedeltà, verrà cancellata per far posto a una Costituzione autoritaria.

Col nuovo regime il Parlamento perde in pratica ogni potere: i parlamentari non hanno più il titolo di rappresentanti del popolo, devono giurare fedeltà all'imperatore, sono convocati per soli tre mesi l'anno e non hanno più l'iniziativa legislativa e la possibilità di sfiduciare il governo.

Soltanto il presidente-principe (e poi l'imperatore) beneficia di una vera legittimità popolare, fondata sul ricorso al plebiscito.

Tutti i poteri sono concentrati nelle sue mani: amministra la giustizia nel suo stesso nome, può proporre le leggi e promulgarle, nomina i membri del Senato e quelli del Consiglio di Stato, che si occupano di preparare leggi e decreti. L'imperatore, inoltre, sceglie i funzionari pubblici, comanda le forze armate, dichiara la guerra, firma i trattati.

La mano pesante di Napoleone III sulla vita politica francese viene evidenziata anche da altri aspetti: le elezioni sono manipolate dal ministro degli Interni e dai prefetti a favore dei candidati «ufficiali», mentre gli oppositori sono sottoposti a ogni sopruso. I risultati vengono frequentemente truccati. Napoleone III provvede a rinforzare e centralizzare l'amministrazione, fa uso di una propaganda onnipresente e impone la censura sulla stampa. Fino al 1863 l'opposizione liberale e repubblicana è ridotta al silenzio, perseguitata dalla polizia, costretta all'esilio.

IL COLPO DI STATO DI LUIGI NAPOLEONE

Il 2 dicembre 1851, il presidente della Seconda Repubblica, Luigi Napoleone Bonaparte – il cui mandato sta per scadere – decide di restare al governo con un colpo di Stato. L'Assemblea Legislativa viene sciolta, diversi dei suoi membri sono arrestati. A Parigi, la resistenza armata è organizzata solo da pochi repubblicani, che riescono a costruire settanta barricate contando su circa 1200 uomini. Ma nel primo pomeriggio del 4 dicembre una colonna di truppe dirette al Nord viene fatta oggetto di grida ostili: i soldati rispondono con un uragano di fuoco, che causa duecento vittime. L'impressione è enorme: Parigi non si muoverà più. Nel resto della Francia, invece, – in particolare al Sud – scoppia una vasta sollevazione repubblicana, che coinvolge migliaia di persone. Luigi Bonaparte – che sulla paura dei «rossi» aveva costruito gran parte del suo consenso – impone lo stato d'assedio di fronte a questo pericolo, per molti aspetti ingigantito.
La ribellione dura una decina di giorni, al termine dei quali i tribunali speciali esaminano più di 26000 persone, quasi tutte condannate alla deportazione in Algeria o in Guyana. Secondo alcuni storici, la sollevazione nelle province è stata la più importante nella Francia del XIX secolo, e ha causato la repressione più dura dai tempi del Terrore.

▲ Napoleone III ritratto in un dipinto di Franz Xaver Winterhalter (1805-1873).

▲ Napoleone III (a destra, a capo chino) incontra l'imperatore tedesco Guglielmo I dopo la sconfitta di Sedan (I settembre 1870), che segna la fine della sua carriera politica; stampa tedesca. Parigi, Museo Carnavalet.

DOSSIER

Napoleone III riformista

A partire dagli anni Sessanta, tuttavia, l'opposizione comincia a riprendersi, prima di tutto conquistando le grandi città nelle elezioni amministrative. Gli scioperi si moltiplicano e nascono giornali d'opposizione.

Dopo le elezioni del 1869, 116 deputati firmano un manifesto col quale chiedono all'imperatore un regime veramente parlamentare. Un vento di libertà soffia sull'Impero, e Napoleone III è costretto a tenerne conto.

Tra il 1866 e il 1868 alcune leggi attribuiscono più poteri al Parlamento, altre alleggeriscono la censura sulla stampa e permettono le riunioni pubbliche, prima proibite. Nel 1869 Napoleone III propone una riforma – sanzionata poi da un plebiscito – che, tra l'altro, rende i ministri responsabili davanti al Parlamento.

Dopo diciotto anni di regno l'impero autoritario sembra essersi trasformato in un regime parlamentare, ma le libertà ottenute sono ancora fortemente limitate: basti dire che le riunioni pubbliche sono permesse solo se non riguardano argomenti politici o religiosi.

Quali sono le motivazioni di questa svolta? La prima è il timore di una crisi politica, di fronte alla minaccia di un'opposizione repubblicana sempre più attiva. La seconda, come si può leggere nel testo presentato ai votanti per il plebiscito, è la possibilità di trasmettere la corona imperiale per via dinastica, scongiurando il pericolo di una rivoluzione. Sette milioni di Francesi votano «sì» a questo plebiscito, ma solo un anno prima alle elezioni legislative 5 800 000 elettori avevano votato per i candidati dell'opposizione o si erano astenuti: i candidati sostenuti dal governo avevano ottenuto solo 4 600 000 voti. Solo il desiderio dei Francesi di sostenere comunque le riforme aveva rafforzato Napoleone III.

Un prezzo troppo caro

Si può discutere all'infinito sulle ambivalenze di Luigi Napoleone, sulla distanza fra le sue intenzioni e la sua pratica politica. Ci si può inoltre stupire della grande rimonta elettorale del partito bonapartista dopo la disfatta del 1870 contro i Prussiani – segno di un radicamento popolare guadagnato con gli aspetti democratici del bonapartismo.

Si può ancora riconoscere la modernità di Napoleone III, che ha superato i dibattiti teorici del suo tempo per consacrarsi al rinnovamento economico e sociale della Francia. Ma i fucilati del 2 dicembre, gli esiliati dall'impero autoritario, i perseguitati dell'era liberale possono essere dimenticati in favore della rivoluzione del credito, del commercio e delle ferrovie? Era necessario schiacciare la società francese sotto il peso di un regime autoritario e poliziesco?

> **LE IDEE DI LUIGI NAPOLEONE**
>
> Il progetto politico di Napoleone III era stato già formulato negli anni Trenta, come sappiamo da vari scritti e discorsi. Ne emerge la figura di un uomo impregnato di idee repubblicane: la sovranità del popolo, il giacobinismo, la libertà e l'uguaglianza. È in nome dei princìpi del 1789 che Luigi Napoleone aveva partecipato al moto carbonaro del 1830 in Romagna contro le truppe pontificie.
>
> Il principio della sovranità popolare è il fondamento del suo progetto politico. Nel 1833 scriveva: «Al di sopra delle convinzioni particolari, c'è un giudice supremo che è il popolo». Ma il regime più appropriato per far rispettare questo principio è l'impero, «perché la natura dell'impero è di consolidare sul trono i princìpi della rivoluzione».
>
> L'autoritarismo imperiale trova la sua giustificazione nella difesa di questi ideali: al paese serve «una mano forte che abbatta il dispotismo della servitù con il dispotismo della libertà», ossia «una monarchia che fornisca i vantaggi della repubblica senza gli inconvenienti di questa». È la definizione di un regime plebiscitario, che si appoggia sul principio dell'appello al popolo e sul suffragio universale, e che servirà alla costituzione del Secondo Impero.

▼ Luigi Napoleone Bonaparte giura fedeltà alla Costituzione repubblicana, il 20 dicembre 1848. Violerà il giuramento poco più di tre anni dopo. Parigi, Biblioteca Nazionale.

▼ Napoleone III con la moglie e la figlia nel 1865. Firenze, Museo di Storia della Fotografia dei Fratelli Alinari.

Protagonisti

DOSSIER — Il cancelliere di ferro

Protagonisti

CHI ERA L'UOMO CHE PER UN QUARTO DI SECOLO TENNE LE REDINI DELL'INTERA EUROPA? ECCO UN RITRATTO DI OTTO VON BISMARCK IN TRE MOMENTI DIVERSI DELLA SUA VITA

Un uomo contraddittorio

Otto von Bismarck fu un uomo dalla personalità singolare e autoritaria: non per nulla fu soprannominato «il cancelliere di ferro». Fu al tempo stesso un grande uomo di Stato e un grande reazionario: persino troppo per Guglielmo II, che lo estromise dai giochi politici.
Federico Guglielmo IV quarant'anni prima, a proposito del giovane Bismarck, aveva annotato: «Da utilizzarsi solo ove imperino le baionette».
Bismarck creò la Germania e inventò lo Stato sociale, ma i suoi metodi sono stati oggetto di aspre discussioni: i suoi modi autoritari avviarono i Tedeschi verso i terribili eventi del Novecento? In altre parole, come sostiene Ernst Engelberg, fu il «fondatore del Terzo Reich?». Oppure la sua politica dell'equilibrio avrebbe potuto salvare l'Europa dalle sciagure del Novecento se fosse stata proseguita dai suoi successori?
La discussione al riguardo ha sovente fatto riferimento al personaggio Bismarck: un uomo contraddittorio, che per tutta la vita si trovò in mezzo al guado tra conservatorismo e liberalismo.
Otto von Bismarck nacque l'1 aprile 1815, in campagna, a Schönhausen. Antico e moderno si contrapponevano nella famiglia Bismarck.
Il padre, Ferdinand, era il tipico proprietario terriero prussiano orgoglioso dei propri natali, mentre la madre Wilhelmine Menken era una ragazza di città, a suo agio solo nei salotti di Berlino.
Otto, che era il più giovane di due fratelli, dalla madre ereditò un'acuta intelligenza, ma non gliene fu mai grato. «Da mia madre – disse il cancelliere in età adulta – avrei voluto ricevere amore e non idee». Lo offendeva il fatto che lei non condividesse la sua ammirazione per il padre in cui Bismarck vedeva incarnata la saggezza della tradizione.
Persino il suo aspetto fisico era contraddittorio: rispetto alla corporatura robusta (mangiava a più non posso), la sua testa appariva piccola, i tratti del suo viso erano minuti e le mani delicate. La sua voce, esile e sottile, non sembrava certo quella di un potente uomo di Stato, abituato a comandare e a dirigere.

▲ Bismarck ritratto nel suo studio in un disegno di C. W. Allers del 1893.

La gioventù: «der tolle Bismarck»

Il giovane Bismarck, all'epoca in cui amministrava la tenuta di famiglia di Kniephof, conduceva una vita dissipata. Vi furono serate in cui sperperò al gioco il denaro risparmiato con tanta economia nella conduzione della proprietà terriera.
Molti suoi gesti erano insensati: per esempio, annunciava il proprio arrivo in casa di un amico sparando un colpo di pistola contro il soffitto dell'ingresso. Una volta portò una volpe nel salotto di una conoscente tenendola, terrorizzata, al guinzaglio, come un cane. Quindi la liberò, lanciando urla da cacciatore.
La gente parlava di lui come *der tolle Bismarck*, il selvaggio Bismarck.
Nel contempo trattava i contadini e coloro che lavoravano nelle sue tenute con gentilezza e simpatia, mostrando un patriarcale senso di responsabilità che contrastava con le sue altezzose manifestazioni pubbliche. E, sebbene gli piacesse atteggiarsi a cavaliere superficiale e capriccioso, nelle sere d'inverno leggeva molto, e volentieri. I suoi interessi storici erano molto sviluppati, e l'Inghilterra e le sue vicende lo affascinavano più di ogni altro Paese.

Primo ministro di Prussia

Quando divenne Primo ministro, Bismarck aveva quarantasette anni. Nessuno aveva mai assunto questo supremo incarico con un'esperienza così scarsa alle spalle: Bismarck, infatti, non era mai stato ministro e aveva trascorso soltanto pochi mesi della sua ribelle giovinezza, quasi vent'anni prima, nella burocrazia.
Durante la breve fase parlamentare aveva espresso solo idee reazionarie: non si era

▲ Un ritratto del cancelliere Otto von Bismarck.

DOSSIER

Protagonisti

▲ La battaglia di Sadowa (1866), combattuta tra Prussiani e Austriaci, in un dipinto di Christian Sell.

Bismarck era costretto su una sedia a rotelle già allora, così come lo era nell'estate del 1898, quando sviluppò un'infiammazione polmonare. Aveva difficoltà a respirare e stava a letto per la maggior parte del tempo, parlando o cantando quietamente, da solo.
Il 30 luglio ebbe una ricaduta e la famiglia si riunì al suo capezzale, cercando di cogliere le parole che pronunciava in modo indistinto. All'improvviso prese un bicchiere, lo vuotò, gridò «*Vorwärts!*» – «Avanti!» – e affondò la testa nel cuscino. Alle undici di quella sera sua figlia si accorse che non respirava più. Guglielmo II arrivò il 2 agosto, e trovò la bara del vecchio statista in una camera da letto stipata di fiori e corone. Pronunciò una dichiarazione in onore «dell'uomo del quale Iddio aveva fatto lo strumento per la realizzazione dell'immortale idea della grandezza e dell'unità della Germania». Non ci furono funerali di Stato. L'artefice della grandezza della Germania fu seppellito in una tomba a Friedrichsruh con un'iscrizione da lui dettata, in cui si descriveva laconicamente come «un leale servitore tedesco dell'imperatore Guglielmo I». Il primo Guglielmo, non il secondo: un aspro rimprovero lanciato dalla tomba.

impegnato a conquistare voti, né a lavorare con altri. A Francoforte aveva combattuto l'Austria senza fare alcuna pratica di diplomazia, almeno nel modo tradizionale.
Non aveva amici, né una cerchia di conoscenti, fatta eccezione per alcuni parassiti che ripetevano solo quello che lui diceva.
Viveva con semplicità: mentre un Primo ministro inglese avrebbe trascorso le vacanze passando da una villa di campagna all'altra, Bismarck si ritirava nella sua tenuta e non frequentava nessuno.
Lo scopo della sua politica consisteva nell'avere successo in tutto quello che provava a fare o, come diceva, di «realizzare la volontà di Dio». L'unico ostacolo per Bismarck era rappresentato dalla volontà del re; ma era intenzionato a fare in modo che il re desiderasse proprio quello che lui stesso voleva. Questo gli riuscì con Guglielmo I, ma non con Guglielmo II: questa fu la sua grande sconfitta.

Il crepuscolo e la fine
Otto Eduard Leopold, principe von Bismarck, morì il 30 luglio 1898 nella sua casa di Friedrichsruh, vicino ad Amburgo. Aveva ottantatré anni.

Era stato un gigante della politica europea, finché, nel 1890 (quando stava per compiere settantacinque anni), non fu costretto da Guglielmo II a rassegnare le dimissioni.
Quando sua moglie Johanna morì nel sonno nel novembre del 1894 il cancelliere di ferro pianse come un bambino. Passò i suoi ultimi anni a Friedrichsruh, solo, pieno di risentimento, pessimista e disperatamente annoiato.
Aveva i suoi enormi mastini neri per compagnia e riceveva qualche visita dalla sua famiglia.
Si sentiva troppo giovane per non far nulla, ma non trovava nulla da fare, eccetto scrivere le sue memorie. Ma anche quelle gli vennero a noia presto. «Annoiato» o «stanco» erano le parole che più frequentemente comparivano nel suo diario.
Il Kaiser Guglielmo II andò a fargli visita nel dicembre 1897 («a vedere quanto durerà il vecchio»): entrambi manifestarono una cortesia forzata.

▲ Vignetta satirica apparsa su una rivista tedesca del 1862: Bismarck fa il tiro a segno con i deputati liberali.

▶ Guglielmo I di Hohenzollern e il cancelliere Otto von Bismarck in una caricatura francese del XIX secolo.

UNITÀ 4 L'UNIFICAZIONE ITALIANA E TEDESCA

5. LA COMUNE DI PARIGI

QUALI FURONO I PRIMI PROVVEDIMENTI DEL GOVERNO THIERS? CON QUALI CONSEGUENZE?

QUALI ERANO GLI OBIETTIVI DEI COMUNARDI?

DA CHI ERA GUIDATA LA COMUNE?

PERCHÉ THIERS SI RIVOLSE A BISMARCK PER ABBATTERE LA COMUNE?

▶ Il primo governo socialista

Nel **febbraio 1871**, nella Terza Repubblica francese nata dal crollo dell'Impero di Napoleone III si svolsero le elezioni politiche. La vittoria andò alle forze moderate e conservatrici che ebbero dunque la maggioranza nella nuova *Assemblea Nazionale*. La guida del governo venne affidata a **Adolphe Thiers**, un liberale moderato che era già stato ministro di Luigi Filippo.

Il primo compito del governo fu ovviamente quello di stipulare la pace con la Germania. Le condizioni di pace imposte dai Tedeschi furono pesantissime: la Francia fu costretta a cedere alla Germania le regioni dell'**Alsazia** e della **Lorena**, a pagare ingenti danni di guerra (**cinque miliardi di franchi**) e ad accettare la presenza sul suo territorio di un **contingente militare tedesco** a garanzia del pagamento.

Queste condizioni esasperarono il popolo parigino che già si era mobilitato all'indomani della sconfitta di Sedan: aveva organizzato una *Guardia Nazionale* determinando la caduta del regime di Napoleone III. Così, quando il **18 marzo 1871** il governo Thiers ordinò la requisizione dei cannoni posseduti dalla Guardia Nazionale, i Parigini insorsero. Gli insorti stabilirono il loro quartier generale nel Municipio e indissero le elezioni per formare un consiglio comunale sovrano. Il **26 aprile** con la vittoria del fronte rivoluzionario nacque così la **Comune di Parigi** (il termine «comune» in francese è femminile).

È importante osservare che le tendenze rivoluzionarie erano maggioritarie solo a Parigi: le campagne e le altre città erano nelle mani dei conservatori fedeli al governo Thiers.

▶ L'assenza di un progetto politico

Qual era il progetto politico di questa rivoluzione? Ogni comunardo, si può dire, aveva una sua idea. Alcuni si ribellavano richiamandosi alla Rivoluzione del 1789, altri alla Repubblica giacobina; alcuni prendevano a modello le teorie socialiste – più o meno radicali – o quelle anarchiche.

C'erano comunque delle idee comuni:
› l'antipatia per la «maggioranza contadina» reazionaria;
› l'autonomia per città e villaggi, all'interno di un futuro Stato francese in cui la Comune parigina avrebbe avuto comunque una posizione di preminenza;
› l'ideale della «democrazia diretta», dell'istruzione pubblica, della laicità, della lotta alla povertà e all'ingiustizia. Venne abbandonato il Tricolore per la bandiera «rosso sangue»; la colonna Vendôme, che ricordava le imprese di Napoleone, venne abbattuta in quanto considerata «affermazione del militarismo».

▶ Distruggere e riformare

L'esperienza della Comune durò solo **due mesi**, ma in questo breve periodo furono introdotte innovazioni importanti.

La Comune venne guidata da un **Consiglio** composto da 90 membri (tra loro 25 erano operai), eletto a suffragio universale, che aveva sia potere esecutivo che legislativo. Ogni membro poteva in qualsiasi momento essere revocato e riceveva uno stipendio pari a quello di un operaio specializzato. Nessun funzionario pubblico, del resto, poteva ricevere uno stipendio più alto. La giustizia fu affidata a tribunali popolari e venne creato un esercito popolare per difendere la città. Le fabbriche abbandonate dai proprietari vennero requisite e affidate a cooperative di operai che le fecero funzionare. Ma, ancora una volta, Parigi non era la

▼ Un manifesto francese celebrativo della Comune.

SVENTOLA BANDIERA ROSSA

Secondo una legge marziale del 1789, la bandiera rossa era quella che il portabandiera doveva innalzare per segnalare ai soldati l'ordine di sparare sulla folla in caso di tumulti particolarmente gravi: in origine dunque questa bandiera era il simbolo della repressione.

Il popolo se ne appropriò per la prima volta il 6 giugno 1832, quando venne utilizzata dalla folla parigina insorta ai funerali del generale Lamarque, probabilmente come gesto di sfida nei confronti dell'esercito. Successivamente la bandiera rossa fu adottata dagli operai tessili di Lione nella rivolta del 1834. Ma fu soprattutto la Comune di Parigi a farne definitivamente il simbolo di tutte le rivoluzioni.

UN'ANTICIPAZIONE DEL TERRORISMO?

Il 6 aprile 1871 – scrive lo storico inglese Gregor Dallas – il Consiglio della Comune approvò una legge che permetteva l'arresto e la detenzione delle persone accusate di complicità col governo di Thiers.
Tra gli ostaggi figuravano personaggi di rilievo, in particolare l'arcivescovo di Parigi Georges Darboy. La vita di Darboy e di altri preti e gesuiti sarebbe stata salva in cambio della liberazione del grande rivoluzionario Auguste Blanqui, da anni in prigione come cospiratore.
Il governo di Versailles, e in particolare proprio il Primo ministro Thiers, respinse più volte queste richieste. La sorte degli ostaggi fu segnata dall'ingresso in Parigi delle truppe governative; per rappresaglia i comunardi uccisero 64 ostaggi, fra cui Darboy.
Gli storici fanno notare che i comunardi uccisero in questo modo «solo» 64 persone, mentre i soldati di Versailles ne uccisero migliaia. Ma la semplice conta dei morti non può far dimenticare l'episodio della presa degli ostaggi, che resta il primo caso di una pratica molto usata dal terrorismo politico contemporaneo.

UN MITO RIVOLUZIONARIO

La Comune di Parigi fu senz'altro il frutto di una crisi profonda della nazione francese: una rivolta che cercò di trasformarsi in rivoluzione.
Ma l'ostilità del mondo rurale, la presenza dell'esercito prussiano, la ricostituzione di quello francese, le radici ancora profonde dell'idea monarchica, l'articolazione ideologica del fronte rivoluzionario (un'enciclopedia vivente del pensiero politico ottocentesco) dimostrano chiaramente la sua natura: la Comune di Parigi fu un tentativo disperato attuato da una città esasperata, più che la realizzazione di un coerente progetto rivoluzionario.
Ciononostante la Comune è sopravvissuta nell'immaginario collettivo come mito. Questo perché realizzò, almeno per un momento, una forma di «democrazia diretta»: il sogno dei rivoluzionari di tutti i tempi.

Francia: i comunardi incitarono molte volte le altre città a ribellarsi. Nessuna però rispose al loro appello; così la capitale rimase isolata. Per la borghesia francese, per gli aristocratici, per i proprietari terrieri, la Comune rappresentava una minaccia da eliminare.

▶ Una repressione sanguinosa

Dopo avere tentato un primo attacco il 22 marzo, considerata la resistenza dei comunardi, Thiers prese una drastica decisione: si rivolse a Bismarck chiedendo e ottenendo il rilascio dei prigionieri di guerra. Si trattava dei migliori uomini dell'esercito francese, con i quali non sarebbe stato difficile sbaragliare le inesperte truppe della Comune. Venne così ricostituito l'esercito francese: 100 000 soldati al comando del maresciallo *Mac Mahon*. Bismarck e l'esercito tedesco, accampato fuori Parigi, sarebbero stati a guardare.
Dal **21** al **28 maggio 1871**, in quella che venne definita la **«settimana di sangue»**, l'esercito francese cinse d'assedio Parigi e poi la attaccò. La città divenne un campo di battaglia: ovunque vi erano combattimenti e barricate, mentre importanti palazzi e interi isolati andavano in fiamme, sovente bruciati dai comunardi, in preda alla disperazione. Le truppe di Mac Mahon repressero ogni focolaio di rivolta fucilando e massacrando senza pietà. I comunardi risposero con sanguinose rappresaglie che causarono 887 morti (più 64 ostaggi). Circa

20 000, invece, furono i comunardi uccisi, sovente «a freddo» dopo i combattimenti; 43 522 i prigionieri, di cui 4586 in seguito deportati nelle colonie. Terminava così l'esperimento della Comune di Parigi e la Francia tornava a essere una sola nazione.

▲ I soldati governativi francesi attaccano le truppe della Comune. Milano, Civica raccolta delle stampe Bertarelli.

Il comunardo

❶ Nel 1880, quasi dieci anni dopo l'abbattimento della Comune, il comunardo è presentato come un burattino: questa rappresentazione satirica riprende la definizione dei comunardi come «fantocci dell'Internazionale», che ricorreva negli ambienti conservatori nel 1871.

❷ Nonostante il governo della Comune avesse votato alcuni provvedimenti estremamente favorevoli alla popolazione, nell'immaginario collettivo era rimasta soprattutto l'immagine del comunardo armato che ottenne il potere con la violenza e sempre con la violenza cercò di mantenerlo.

❸ Il comunardo ha una fiaccola in mano. È rappresentato come un incendiario perché durante la «settimana di sangue» palazzi e interi isolati furono dati alle fiamme dai membri della Comune come estreme e disperate azioni di difesa.

LAB — Il dibattito storiografico sul Risorgimento

Mazzini: il Risorgimento tradito
Come noto, la discussione sul Risorgimento fu parte del Risorgimento stesso.

All'indomani dell'unificazione nazionale la critica più aspra venne dalla sinistra democratica. Il più duro fu proprio Giuseppe Mazzini, che negò l'esistenza stessa di un'Italia unita: quella che era nata rappresentava, a suo avviso, la «caricatura» di una nazione, uno «scheletro» da cui si sarebbe dovuti ripartire per costruire una vera nazione.

Il Risorgimento italiano si era risolto in una «conquista regia», cioè nell'annessione da parte del Regno sabaudo del resto dell'Italia: «Tutto quanto il movimento italiano – scrisse Mazzini nel 1861 – riposa sul nostro calunniato partito. Fatta eccezione per la guerra del 1859 […] neppure un passo per prendere l'iniziativa è stato fatto dal Gabinetto sardo. […] Noi agimmo costantemente come lo sprone; lavorammo, combattemmo e versammo sangue per l'Italia; mentre il Gabinetto Cavour si oppose costantemente, poi raccolse i risultati appena ottenuti o inevitabili».

In Italia, dunque, non c'era stato nessun Risorgimento, nessuna resurrezione del popolo, che anzi era stato privato del suo ruolo dall'iniziativa diplomatica e militare di Cavour. Nessuna nazione era rinata, tutto restava come prima. Non a caso il sovrano non aveva neanche sentito l'esigenza di modificare il suo titolo: era rimasto Vittorio Emanuele «secondo», non «primo», come la nascita di un nuovo Stato avrebbe implicato.

Oriani: il Risorgimento come «rivoluzione mancata»
Le posizioni di Mazzini ispirarono nei decenni successivi all'unificazione varie opere storiografiche critiche nei confronti del Risorgimento. In questo quadro, grande importanza ebbe Alfredo Oriani (1852-1909), un romanziere romagnolo al tempo stesso garibaldino e acceso nazionalista. Nel 1892 Oriani diede alle stampe *La lotta politica in Italia*, un'opera nella quale ricostruiva le vicende risorgimentali. A suo avviso, il ruolo centrale assunto dalla monarchia sabauda era «il risultato dell'insufficienza rivoluzionaria della nazione». Ma l'opera del Regno di Sardegna «era stata più necessaria che benefica, la sua abilità più egoistica che feconda, i suoi guadagni più grossi che legittimi». Il Risorgimento era stato «piuttosto un'insurrezione contro gli stranieri per conquistare l'indipendenza che una vera rivoluzione».

Secondo Oriani – ha scritto lo storico Ernesto Galli della Loggia – «la rivoluzione italiana non poteva paragonarsi a nessuna vera rivoluzione popolare, né all'inglese, né all'olandese, né all'americana, né alla francese; e anzi, dalle modalità della conquista regia si era proiettata sul piccolo Stato sardo un'ombrosa sembianza di usurpatore».

All'origine dello Stato italiano, dunque, stava una «rivoluzione mancata»: un vizio d'origine che andava sanato con una vera rivoluzione, cioè con una rivoluzione che vedesse il coinvolgimento e la maturazione del popolo.

Questa ipotesi interpretativa era destinata a un grande successo e a influenzare i diversi indirizzi storiografici del Novecento. Certamente il saggio di Oriani fu letto da Gobetti e da Gramsci; Mussolini addirittura curò la pubblicazione dell'*opera omnia* di Oriani. Ovviamente ognuno di loro aveva un'idea diversa su come la rivoluzione incompiuta del Risorgimento andasse portata a termine.

Piero Gobetti: l'Italia del compromesso
L'opera di Piero Gobetti (1901-1926) va collocata nel contesto del fascismo. Fu proprio l'esigenza di spiegare il fascismo, infatti, che lo condusse a riflettere sulla storia del nostro Paese.

Secondo Gobetti, la storia italiana aveva sofferto di un difetto fondamentale: non aveva conosciuto la riforma religiosa protestante, e questa mancanza aveva determinato l'immaturità morale, ideale e politica degli Italiani. Sbagliavano coloro i quali ritenevano che il Risorgimento avesse segnato un'importante inversione di tendenza. Il Risorgimento era stato, in realtà, una rivoluzione fallita, un movimento abortito, perché era stato azione di pochi, alla quale il popolo italiano era rimasto estraneo. Il problema di costruire un'unità, che fosse unità di popolo, era rimasto così insoluto, perché la conquista dell'indipendenza non era stata sentita e voluta dalla grande maggioranza degli Italiani, tanto da diventare vita intima della nazione. Per questi mo-

▼ Il saluto della madre al garibaldino di G. Induno. Milano, Pinacoteca di Brera.
Nonostante la retorica delle opere d'arte il Risorgimento fu un movimento di pochi, che non coinvolse massicciamente la popolazione.

tivi, col Risorgimento gli Italiani non riuscirono a formarsi una coscienza dello Stato.

Tutto ciò, secondo Gobetti, doveva pesare enormemente sulla storia italiana successiva, poiché mancando il principio primo dell'educazione politica, ossia della scelta delle classi dirigenti, venne a mancare anche una lotta politica aperta. Ecco perché la vita italiana dall'unità in poi era stata divorata da un cancro che aveva spento in essa ogni dibattito ideale, ogni gara vera ed efficace, ogni luce di idealità, ogni genuino confronto di proposte e di programmi per affrontare i problemi del Paese: questo cancro era stato il trasformismo, da Agostino Depretis a Giovanni Giolitti, allo stesso Filippo Turati.

Secondo Gobetti, infatti, anche il socialismo era stato in Italia, non un elemento di rottura, di lotta, di reale contrapposizione, bensì era stato collaborativo, corporativo, grigio, dedito ai piccoli vantaggi, agli accordi sottobanco.

Il fascismo, insomma, riproponeva, secondo Gobetti, «il problema di un'esegesi del nostro Risorgimento», perché ne svelava «le illusioni e l'equivoco fondamentale». Sotto questo profilo il fascismo aveva avuto almeno questo merito, se così lo si poteva chiamare: «di offrire la sintesi, spinta alle ultime inferenze, delle storiche malattie italiane: retorica, cortigianeria, demagogismo, trasformismo». Il fascismo era «il legittimo erede della democrazia italiana eternamente ministeriale e conciliante, paurosa delle libere iniziative popolari, oligarchica, parassitaria e paternalistica». La lotta contro Mussolini e contro il fascismo doveva essere dunque, per Gobetti, la lotta contro «l'altra Italia», ovvero contro l'Italia di sempre, l'Italia del conformismo e della corruzione, del compromesso, della mancanza di idealità e di coraggio, e, conseguentemente, della mancanza di *élites* illuminate ed eroiche, capaci di condurre una vera lotta politica.

Le tesi di Gramsci

L'interpretazione marxista del Risorgimento trae origine da alcune tesi di Antonio Gramsci (1891-1937). Queste riflessioni risalgono al periodo 1927-1935, quando lo studioso era in carcere, e furono raccolte e pubblicate solo in seguito alla caduta del fascismo.

Secondo Gramsci, il Risorgimento non si poteva considerare soltanto come un fenomeno di natura nazionale ma, per essere compreso, andava visto alla luce degli avvenimenti della politica europea. Particolarmente importante fu, infatti, la Rivoluzione francese che, da un lato fece sì che in Italia si costituisse un gruppo di cittadini disposti al sacrificio per raggiungere l'unità nazionale e, dall'altro, indebolì le forze reazionarie presenti nel Paese, favorendo dunque quelle nazionali.

Tuttavia, secondo Gramsci, il processo risorgimentale si svolse sotto una vera e propria «egemonia» delle forze moderate su quelle democratiche. Ciò accadde perché, mentre i moderati rappresentavano una classe sociale molto

omogenea, la borghesia, i democratici non si riconoscevano in nessun ceto.

Questa osservazione non condusse Gramsci, come spesso si pensa, a un giudizio completamente negativo sul Risorgimento. Al contrario, come ricorda lo storico Giuseppe Galasso, Gramsci riconosceva il valore dell'opera di Cavour; criticava però i suoi eredi che trasformarono «l'egemonia» dei moderati in «dominio».

Per «egemonia» Gramsci intendeva la capacità di una classe di esercitare una direzione intellettuale e morale nei confronti della maggioranza della popolazione. L'egemonia, dunque, presuppone la conquista di un vasto consenso ai valori e agli obiettivi politici proposti da una classe. Gramsci la distingueva dal «dominio» che si fonda sulla forza e si risolve nell'oppressione di una classe sul resto della società.

È proprio conquistando l'egemonia che una classe legittima il proprio ruolo dirigente.

Applicati all'analisi del Risorgimento, questi termini consentono di distinguere il giudizio di Gramsci sul ruolo dei moderati:

– positivo, nella fase della conquista dell'indipendenza nazionale, perché i moderati furono capaci di rappresentare effettivamente gli interessi nazionali e dunque di conquistare l'egemonia;

– negativo, a partire dai primi governi dell'Italia unita, perché in quest'epoca i moderati imposero il loro interesse di classe non costituendo più una forza di modernizzazione del Paese: si passò così dall'egemonia al dominio.

Secondo Gramsci, i democratici si sarebbero opposti efficacemente ai moderati solo con la creazione di un grande movimento popolare. Per fare ciò, tuttavia, bisognava porre come obiettivo principale del Risorgimento non tanto l'unità del Paese, quanto la riforma agraria: un'ipotesi confutata da Rosario Romeo, illustre rappresentante della storiografia liberale, secondo il quale la rivoluzione agraria non era né possibile né auspicabile.

Ciò che a Gramsci preme sottolineare, comunque, è che il mancato impegno dei democratici per la riforma agraria causò la scarsa partecipazione popolare al Risorgimento, che si configurò per questo come una «rivoluzione passiva».

Il Risorgimento, secondo Gramsci

Il Risorgimento italiano si prospetta, per Gramsci, come aspetto italiano di un più generale sviluppo europeo nell'età prima della Riforma, poi della Rivoluzione francese e, infine, del liberalismo. Come tale, i suoi termini cronologici si estendono a tutto il secolo XVIII, per cogliere fin dall'inizio il «processo di formazione delle condizioni e dei rapporti internazionali che permetteranno all'Italia di riunirsi in nazione e alle forze interne nazionali di svilupparsi ed espandersi» allo stesso fine. Inoltre, esso va colto [...] «come ripresa di vita nazionale, come formazione di una nuova

storiografia

borghesia, come consapevolezza crescente di problemi non solo municipali e regionali ma nazionali, come sensibilità a certe esigenze ideali». [...]
Per Gramsci solo a partire dalla Rivoluzione francese, il Risorgimento, così inteso, acquista effettiva concretezza, poiché è solo da allora in poi che esso non è più soltanto una tendenza generale della società e della cultura italiane in sintonia con quelle europee, ma si trasforma in azione «consapevole in gruppi di cittadini disposti alla lotta e al sacrificio», diventando così una spinta storica effettiva operante attraverso forze specifiche e consistenti. Ed è proprio il discorso sulla natura e sul comportamento delle forze sociali nel momento decisivo del Risorgimento, quando l'unità italiana viene realizzata, a costituire l'oggetto dominante delle riflessioni storiche di Gramsci.
Da questo punto di vista, il suo giudizio è assai netto: il processo risorgimentale fu caratterizzato da una netta egemonia delle forze moderate su quelle democratiche. Ma, contrariamente a un'opinione molto diffusa, ciò non significa affatto che Gramsci abbia una concezione negativa del Risorgimento e che ne condanni gli esiti. Egli, anzi, polemizza contro coloro che mostrano di non «valutare adeguatamente lo sforzo compiuto dagli uomini del Risorgimento, sminuendone la figura e l'originalità, sforzo che non fu solo verso i nemici esterni, ma specialmente contro le forze interne conservatrici che si opponevano all'unificazione» [...].

▼ Dipinto del XIX secolo con l'allegoria dell'Italia unita. Livorno, Museo civico Giovanni Fattori.

Gramsci riconosce nel «potere d'attrazione» dei moderati sui democratici un caso di attrazione "spontanea" di una forza sociale su altre, ossia l'attrazione di un «gruppo sociale realmente progressivo», perché «fa avanzare realmente l'intera società, soddisfacendo non solo alle sue esigenze esistenziali, ma ampliando continuamente i propri quadri»: dunque, e sempre in termini gramsciani, un caso di «egemonia», non di «dominio», e tanto valido e forte da essere perfino «riuscito a suscitare la forza cattolico-liberale» e a ottenere che, sia pure per poco, addirittura un papa (Pio IX) si conformasse al movimento liberale, realizzando così «il capolavoro politico del Risorgimento» e superando uno degli ostacoli maggiori di resistenza al movimento nazionale.
La condizione di base dell'egemonia dei moderati sta nel fatto che «essi rappresentavano un gruppo sociale relativamente omogeneo, mentre il cosiddetto partito d'azione non si appoggiava specificatamente a nessuna classe storica», mancava «addirittura di un programma concreto di governo» e traeva ispirazione – rispetto ai moderati – in molti dei suoi uomini in ragioni «più di "temperamento" che di carattere organicamente politico» [...]. Gramsci imputa al partito d'azione di non aver saputo opporre all'omogeneità spontanea dei moderati l'organizzazione di un grande movimento popolare di massa. Nelle condizioni dell'Italia di allora ciò avrebbe voluto dire, in sostanza, guidare i contadini a una lotta per la terra specialmente nel Mezzogiorno. Ciò ha fatto riassumere, non a torto, le vedute di Gramsci a questo riguardo nella formula del Risorgimento come «rivoluzione agraria mancata» (che però non ricorre mai in lui). E, in effetti, anche se egli ha presente che al di là di una certa democratizzazione non si poteva «forse giungere date le premesse fondamentali del moto» risorgimentale nel suo insieme, a suo avviso il fallimento del partito d'azione impedì «di inserire il popolo nel quadro statale» [...]. La soluzione unitaria ha realizzato una promozione e modernizzazione del Paese e ha corrisposto agli interessi preminenti della nazione, ma le classi che hanno diretto il movimento nazionale [...] hanno agito su una base essenzialmente conservatrice e moderata, limitando la positività del processo e che si è andata accentuando col tempo [...].

Giuseppe Galasso, *Risorgimento*, in AA. VV., *Antonio Gramsci*, Editrice l'Unità

Contro Gramsci
Al di là di ogni discussione metodologica generale vanno poste, a proposito delle tesi del Gramsci, due questioni fondamentali, relative da una parte alla reale possibilità di una rivoluzione agraria, all'effettiva esistenza cioè di una alternativa al Risorgimento quale si è concretamente realizzato; e dall'altra al carattere più o meno progressivo, rispetto alla soluzione storicamente raggiunta, di questa presunta alternativa. Che è questione non meno importante della prima:

perché appunto sul non aver saputo spingere fino in fondo tutte le possibilità di progresso «oggettivamente» contenute nella situazione italiana si accentra la critica del Gramsci alla classe dirigente risorgimentale; e soprattutto perché da una giusta valutazione del significato della mancata rivoluzione agraria dipende un'esatta impostazione dei reali problemi dello sviluppo capitalistico moderno in Italia nel secolo XIX.

Ora, nonostante gli elenchi sempre più folti di insurrezioni e moti contadini che la storiografia – non solo quella marxista, d'altronde – ci viene apprestando; nonostante la indubbia esistenza di condizioni di grande miseria o di disagio in gran parte delle campagne italiane e la persistenza di larghi residui feudali, specie nel Mezzogiorno; nonostante il fatto massiccio della presenza di una popolazione contadina di oltre quindici milioni nel 1860, di cui la maggior parte contadini poveri o braccianti o «salariati», e i propositi talora affacciatisi di mobilitare questa massa contro i vecchi regimi assolutistici: sembra innegabile che la presunta alternativa rimane fuori della realtà storica e politica. E ciò, non tanto per il tenace sanfedismo delle campagne, magari superabile con la impostazione del problema della terra; quanto per le condizioni storiche di fondo in cui era destinato a svolgersi il Risorgimento.

Sembra certo anzitutto che una rivoluzione agraria e giacobina in Italia avrebbe provocato uno schieramento antitaliano di tutte le maggiori potenze europee, interessate alla conservazione sociale, e legate a una visione della civiltà e dei rapporti internazionali profondamente ostile a quel genere di sovvertimenti. Il problema dei rapporti internazionali è stato energicamente sottolineato a questo proposito dallo Chabod; e già Gramsci si era chiesto (e aveva risposto negativamente) se in Italia fosse possibile una rivoluzione di tipo giacobino nella mancanza di «autonomia internazionale» del nostro Paese.

Un discorso più complesso richiede il preteso carattere progressivo dell'alternativa della rivoluzione agraria, l'affermazione cioè che la struttura sociale ed economica realizzata in Italia attraverso il Risorgimento rappresenti una fase storicamente più arretrata di quella raggiungibile attraverso la rivoluzione agraria. È proprio questo concetto che anima gran parte della polemica marxista contro il Risorgimento; ed è appunto in esso che più chiaramente si rileva la genesi «dottrinaria», oltre che pratico-politica della tesi del Gramsci. [...] Essa ha il suo nucleo originario nella visione marxista dello sviluppo capitalistico, che il Gramsci applica all'Italia soprattutto rifacendosi al modello della rivoluzione borghese di Francia; benché non debba essere sottovalutata, a questo proposito, l'esperienza che il Gramsci fece, prima attraverso gli scritti di Lenin, e poi direttamente nel suo soggiorno in Russia, dell'impostazione del problema agrario nei Paesi a struttura arretrata dell'Europa orientale, dove appunto la questione nazionale e quella della rivoluzione antifeudale erano apparse strettamente congiunte

agli occhi del pensiero democratico. Sennonché, il problema dello sviluppo capitalistico in Italia non può essere identificato né con quello della rivoluzione agraria nei Paesi arretrati dell'Oriente europeo, caratterizzati da un'estrema debolezza dello sviluppo cittadino e borghese, né con quello dello sviluppo capitalistico in Francia, che si distingue dall'analogo processo italiano per uno svolgimento delle città e del capitalismo urbano incomparabilmente più rapido e più vigoroso. [...] Ben diversa la situazione italiana fin oltre la metà del secolo XIX. Qui l'industria aveva ancora un peso quasi trascurabile nel quadro dell'attività economica del Paese, e anche il commercio, nonostante avesse certo un rilievo assai maggiore, era tuttavia subordinato all'agricoltura, esaurendo quasi interamente il suo compito nel mettere in movimento i prodotti delle colture locali. Persino nella regione più avanzata, la Lombardia, lo Jacini calcolava che nell'agricoltura si investisse una somma sei volte maggiore di quella investita nel commercio e nell'industria messi insieme; e la stessa Milano era ancora una città nello stadio commerciale del suo sviluppo. [...] Accadeva perciò che da noi, ancora verso il 1860, i soli fenomeni capitalistici su vasta scala e capaci di dar luogo a forme moderne di organizzazione produttiva di dimensioni rilevanti si riscontravano nell'agricoltura. [...]

È su tale sfondo di debole sviluppo del capitalismo cittadino e di incipiente capitalismo agrario che va studiato il significato della mancata rivoluzione contadina auspicata da parte marxista. In un Paese come l'Italia del secolo XIX, [...] una rivoluzione contadina mirante alla conquista della terra avrebbe inevitabilmente colpito – dovunque avesse potuto consolidarsi e dunque, si può presumere, specialmente nel Nord e nel Centro della Penisola – anche le forme di più avanzata economia agraria, liquidando gli elementi capitalistici dell'agricoltura italiana per sostituirvi un regime di piccola proprietà indipendente, e imprimendo all'Italia agricola una fisionomia, appunto, di democrazia rurale. A tutto ciò si sarebbe certo accompagnata la liquidazione dei residui feudali; fatto, questo, grandemente positivo nel quadro dei rapporti agrari italiani. Ma nel processo generale dello sviluppo capitalistico in Italia questa rivoluzione avrebbe avuto un valore assai diverso: e basta guardare alle conseguenze della Rivoluzione nelle campagne francesi per rendersene conto. Se infatti essa migliorò le condizioni di larghi strati di contadini [...], è un fatto incontestabile ch'essa bloccò in pari tempo lo sviluppo del capitalismo nelle campagne francesi.

[...] Una volta liquidato dalla rivoluzione contadina il più progredito capitalismo agrario, e nella generale debolezza industriale e mobiliare, il Paese avrebbe subito un colpo d'arresto nella sua evoluzione a Paese moderno, e non solo sul piano della vita economica, ma in genere dei rapporti civili e sociali.

Rosario Romeo, *Risorgimento e capitalismo*, Laterza

Un guerra civile contro i cattolici?

Negli ultimi anni il dibattito sul Risorgimento è stato caratterizzato da violente polemiche. Ad accendere la discussione è stata soprattutto la mostra sul Risorgimento italiano presentata nell'estate 2000 al Meeting di Rimini (l'annuale Festival di incontri, musiche, spettacoli ed eventi realizzato dall'organizzazione cattolica Comunione e Liberazione).

Questa mostra giudicava severamente i principali protagonisti dell'unificazione nazionale (Cavour, Mazzini, Garibaldi) e sosteneva la necessità di riscrivere la storia del Risorgimento per dare adeguato rilievo a un aspetto tralasciato dalla storiografia tradizionale: l'obiettivo (comune a molti esponenti risorgimentali, secondo gli autori della mostra) di distruggere la Chiesa cattolica anche a costo di una vera e propria guerra civile.

Questa impostazione è stata portata avanti in questi anni dalla corrente più conservatrice della storiografia cattolica, rappresentata soprattutto da due studiosi, Angela Pellicciari e Massimo Viglione. Di quest'ultimo proponiamo un brano dell'intervista raccolta per l'«Avvenire» da Gianni Santamaria. La polemica che si è accesa è al tempo stesso storiografica e politica. Specialmente all'epoca della mostra, infatti, la nuova lettura del Risorgimento venne inevitabilmente collegata alle contemporanee proposte della Lega Nord, a metà strada tra federalismo e secessione. Da qui la dura reazione di uno dei più autorevoli esponenti della storiografia liberaldemocratica, Alessandro Galante Garrone, che lanciò dalle colonne del quotidiano «La Stampa» un appello intitolato *In difesa dell'Italia civile*, immediatamente sottoscritto da sessantasei intellettuali. Il fatto che ancora oggi, a distanza di un secolo e mezzo, la discussione sul Risorgimento sia aperta è l'ennesima manifestazione di una convinzione comune a tutto il dibattito: l'idea che negli anni dell'unificazione si trovino le radici e le spiegazioni della nostra storia successiva.

La storia del Risorgimento è da riscrivere

Il Risorgimento? Una rivoluzione post-illuministica e post-protestante che si è diretta soprattutto contro la religione cattolica. E che ha perseguito e ottenuto il suo scopo contro il popolo e a prezzo di una «guerra civile» con il Mezzogiorno. Un po' la radice di tutti i mali dell'Italia futura, dal fascismo, alla guerra civile (stavolta quella seguita all'8 settembre), fino a quelli attuali. Sono le tesi di molti studi recenti, che stanno sottoponendo a un attento «revisionismo» gli albori della nostra Patria. [...]

Lo storico Massimo Viglione è uno degli esponenti di questo indirizzo storiografico...

Una delle accuse sbagliate che vengono mosse a una certa corrente di revisionismo sul Risorgimento è di essere antinazionale. È un errore. Nessuno mette in discussione l'unificazione italiana, ma le sue modalità errate, di cui ancora oggi paghiamo le conseguenze. Lo stesso «nemico numero uno» del Risorgimento, Pio IX, era un fautore dell'unificazione dell'Italia. Ciò che non voleva era la cancellazione da parte di una *élite* potente dei legittimi sovrani e una vera e propria forma di laicizzazione, se non ateizzazione dell'Italia stessa.

Ma la perdita del potere temporale non è stata, in fondo, un bene per la Chiesa stessa?

Il compito dello storico è di studiare i fatti e le loro conseguenze. Noi denunciamo che per 140 anni si è nascosta una vera e propria persecuzione nei confronti della Chiesa. Coloro che ne furono protagonisti, Cavour e il cosiddetto partito piemontese, hanno portato avanti questo processo esclusivamente ai danni della Chiesa, dei legittimi sovrani, e soprattutto con una vera e propria persecuzione laicista, come avverrà negli anni Cinquanta, Sessanta e anche dopo Cavour. Purtroppo in maniera peggiore: lo statista piemontese capiva le situazioni, i suoi epigoni non avevano questa intelligenza. Ciò ha provocato una grande frattura all'interno del popolo italiano. Che dura ancora oggi. Come si evince dagli studi di Galli della Loggia, Rusconi, Emilio Gentile o Paolo Mieli. La prima di queste divisioni, a monte, è proprio dovuta al fatto che il Risorgimento come rivoluzione, invece di portare avanti il processo unitario secondo le linee della nostra nazionalità, civiltà e identità, le ha attaccate.

Questo è un carattere della Rivoluzione. Altri?

Il fatto del tutto illegittimo di aver abbattuto dinastie secolari. In qualche modo quello che accade nel Sud, dieci anni di guerra civile con almeno 60-70 000 morti. Aver mandato negli anni Sessanta ben 120 000 uomini per reprimere quello che è stato definito brigantaggio fa chiedere: ne occorrevano tanti? È chiaro che si trattava di una guerra civile. Metà del nuovo Stato era contrario all'unificazione. [...]

Più in generale qual è stato il cambiamento nella storiografia risorgimentale?

Siamo agli inizi. Molto hanno contribuito le opere di Angela Pellicciari. Speriamo che si possa riscoprire e rivedere la nostra storia. Per capire che nel Risorgimento ci sono le radici dei nostri mali attuali. [...] L'attacco alla Chiesa – al di là dell'imprigionamento di vescovi e cardinali e della confisca dei conventi – è stato la volontà imperterrita, proseguita per decenni, di cancellare il cristianesimo, sostituendolo con una religione della patria, di cui l'«Altare della patria» era l'ara. Avanzava il nazionalismo, incarnato soprattutto in Francesco Crispi, massone e anticattolico. Era una vera congerie spirituale generale, che è sfociata nelle fallimentari guerre coloniali e nella Grande Guerra. Ora, come si fa ad affermare che tutto il nazionalismo fascista e tutta la sua retorica sulla patria non sono stati la perfetta continuazione del cinquantennio precedente? [...] La prima guerra mondiale è stata conseguenza del nazionalismo risorgimentale. A sua volta il fascismo ha estremizzato questo processo ed è entrato nella seconda. È tutto collegato.

Massimo Viglione, *Il Risorgimento e l'Italia tradita*,
in «Avvenire», 10 ottobre 2001

▲ Foulard di propaganda risalente al 1848: il papa, Carlo Alberto di Savoia e Leopoldo di Toscana sono «rigeneratori d'Italia» perché hanno concesso alcune libertà costituzionali.

In difesa dell'Italia civile

Il tentativo compiuto in occasione del recente meeting di Comunione e Liberazione di denigrare il Risorgimento e i suoi uomini migliori costituisce una distorsione della verità storica e si traduce in una provocazione inaccettabile per l'Italia civile. Questa denigrazione programmatica, fanatica e irragionevole non è l'espressione di un legittimo proposito di reinterpretare una fase cruciale nella nostra storia sulla base dei fatti e dei documenti.

Essa, invece, come ha rilevato Indro Montanelli («Corriere della Sera», 13 settembre 2000), tende in modo esasperato al «rinnegamento di tutto il capitolo risorgimentale» della vita italiana, accompagnandolo con la «esaltazione delle forze sanfediste che cercarono di impedirlo». Per fini di parte, svilendo l'opera dei nostri padri risorgimentali, si cerca di negare le radici stesse dell'esistenza dello Stato italiano.

E ciò avviene nel contesto di una aggressione a raggio ancora più ampio contro i princìpi laici e liberali che costituiscono parte fondante della Costituzione repubblicana. La cultura italiana deve sentirsi impegnata a rispondere a tale attacco che può, se non adeguatamente contrastato, travolgere le ragioni stesse della nostra convivenza civile.

Il significato del Risorgimento come processo storico in cui ha trovato la sua libera formazione la nostra patria deve perciò essere sottolineato con forza, ricordandosi che a esso hanno preso parte attiva uomini e donne di tutte le condizioni e di diverse opinioni politiche e religiose, compresi innumerevoli cittadini cattolici, essendone esponenti di spicco anche figure del cattolicesimo liberale. Il Risorgimento è stato un grande movimento ideale che ha consentito all'Italia di unificarsi ma anche di liberare energie volte al progresso morale, intellettuale e sociale del nostro popolo. Attraverso le vicende risorgimentali l'Italia è riuscita, se pure con difficoltà, a mettersi al passo con l'Europa. Anche nelle fasi più buie della nostra storia successiva è stato il riferimento al «primo» Risorgimento che, con l'opposizione clandestina e in seguito con la Resistenza al nazifascismo, ha consentito di realizzarne un «secondo».

La contestazione dei valori risorgimentali si collega a un rifluire di ideologie reazionarie, di speranze di rivincita di sconfitti dalla storia, di propositi di erosione dell'assetto democratico della società italiana che devono essere respinti. Se così non fosse, si potrebbero riaprire antiche ferite, che il patto costituzionale aveva sanato. L'unità stessa del nostro Paese potrebbe risentirne negativamente. L'Italia finirebbe per trovarsi a disagio nel contesto europeo, in cui sono consolidati princìpi di libertà, laicità, tolleranza che devono essere salvaguardati nel modo più pieno anche fra noi.

Alessandro Galante Garrone, In difesa dell'Italia civile,
in «La Stampa», 27 settembre 2000

COMPRENDERE

- In che senso Mazzini nega l'esistenza stessa di un'Italia unita?
- Perché Oriani definisce il Risorgimento una «rivoluzione mancata»?
- Qual è il problema fondamentale della storia italiana secondo Gobetti?
- Come giudica Gramsci il ruolo dei moderati?
- Perché, secondo Romeo, la rivoluzione agraria non era né possibile né auspicabile?
- Qual è il limite della storiografia tradizionale risorgimentale secondo Viglione?
- Perché nello scritto di Galante Garrone la difesa del Risorgimento coincide con la difesa dell'Italia civile?

CONTESTUALIZZARE

- Quale fu il ruolo di Cavour nel processo di unificazione dell'Italia?
- Perché venne organizzata la spedizione dei Mille?
- Perché Garibaldi si ritirò dalla vita politica?

DISCUTERE E ATTUALIZZARE

- Il dibattito sul Risorgimento ha messo in evidenza come gli storici non sempre siano concordi sul significato da attribuire all'unificazione italiana. Secondo te, si può dire che l'Italia è un Paese unito per quanto riguarda la mentalità, la cultura, i valori dei cittadini?

1. LA POLITICA INTERNA DI CAVOUR

La diversità del Regno di Sardegna	Dopo il fallimento dei moti del 1848 tutti gli Stati italiani attuarono una dura repressione. Solo il **Regno di Sardegna** preferì un cauto riformismo: lo **Statuto Albertino** fu mantenuto e le **leggi Siccardi** abolirono alcuni privilegi della Chiesa.
Cavour	La prima presidenza del Consiglio (**1852**) di Camillo Benso conte di **Cavour** fu il risultato di un accordo (il «**connubio**») con l'opposizione di **centro-sinistra** di **Rattazzi**. Da questo momento si instaurò una prassi contraria alle previsioni dello Statuto: le maggioranze, godendo di un'ampia base parlamentare, imposero al re la scelta del governo. Cavour era **liberale** e **liberista**. Estimatore della monarchia costituzionale britannica, rifiutava il conservatorismo reazionario e l'ingerenza della Chiesa nella gestione della cosa pubblica. Egli fece del Piemonte la regione più evoluta d'Italia: ciò gli valse l'ammirazione di molti patrioti. Inoltre il fallimento delle iniziative insurrezionali dei democratici (come quella organizzata da Mazzini a **Milano** e quella di Pisacane a **Sapri**) avvicinò l'opinione pubblica alla sua via, moderata e filosabauda, per giungere all'unità d'Italia.

2. LA POLITICA ESTERA DI CAVOUR

La guerra di Crimea	Cavour, inizialmente, cercava l'espansione del Regno di Sardegna nel Nord Italia: il nemico era quindi l'Austria e la Francia era l'alleata ideale. Cavour partecipò alla **guerra di Crimea** a fianco di Inghilterra e Francia per poter approfittare della **conferenza di pace** e dare rilievo europeo alla questione dell'unità d'Italia.
Gli Accordi di Plombières	Nel **1858** Napoleone e Cavour strinsero gli **Accordi di Plombières**, che prevedevano l'aiuto francese al Regno sabaudo, ma solo in caso di attacco austriaco.
La seconda guerra d'indipendenza	Cavour provocò l'attacco austriaco: iniziò così la **seconda guerra d'indipendenza** (**1859**). Il comando delle operazioni fu assunto da Napoleone III. Una serie di vittorie permise l'annessione di Toscana ed Emilia al Regno di Sardegna, ma a sorpresa **Napoleone III**, temendo un eccessivo rafforzamento del Piemonte e l'intervento di **Prussia** e **Russia** a fianco dell'Austria, firmò l'**armistizio di Villafranca** con l'Austria. Il Piemonte otteneva la Lombardia, l'Emilia e la Toscana ma cedeva **Nizza** e la **Savoia** così come stabilito dagli Accordi di Plombières.

3. LA SPEDIZIONE DEI MILLE

La spedizione dei Mille	Intanto il malcontento popolare nell'Italia del Sud cresceva: per questo Garibaldi organizzò la «**spedizione dei Mille**». Partito con 1070 volontari da **Quarto**, sbarcò a **Marsala** l'11 maggio 1860. In pochi giorni i garibaldini, appoggiati dai Siciliani, ottennero importanti successi contro l'esercito borbonico. Le terre venivano conquistate in nome di Vittorio Emanuele II.
Lotta politica, non sociale	Garibaldi aveva bisogno del consenso della classe dirigente. Per questo le rivolte dei contadini, che speravano in un'equa distribuzione delle terre, furono duramente represse.
L'intervento di Cavour	I Mille arrivarono a Napoli e costrinsero Francesco II alla fuga. Cavour, che in un primo momento aveva ostacolato la spedizione dei Mille, inviò l'esercito sabaudo a sud temendo: – la proclamazione di una repubblica nelle terre conquistate; – l'intervento francese nel caso in cui Roma fosse stata occupata. L'esercito conquistò **Umbria** e **Marche**. In tutti i territori l'annessione al Regno di Sardegna fu approvata attraverso dei **plebisciti**. Il **17 marzo 1861** si riunì a Torino il primo Parlamento nazionale e Vittorio Emanuele II fu dichiarato primo re d'Italia. Cavour morì il **6 giugno**.

4. IL SECONDO IMPERO FRANCESE E L'UNIFICAZIONE TEDESCA

Il bonapartismo	Il Secondo Impero di Napoleone III fu caratterizzato da un particolare modo di governare, definito **bonapartismo**, basato sulla ricerca del **consenso popolare** e sull'**autoritarismo**. In **politica estera** Napoleone III cercò di fare della Francia la maggior potenza europea, senza tralasciare le ambizioni coloniali.
Bismarck e l'unificazione tedesca	A metà Ottocento l'economia prussiana era in espansione. Gli **Junker**, nobili proprietari terrieri **conservatori**, formavano la classe dominante. Nel 1860 salì al trono **Guglielmo I** e nel 1861 divenne cancelliere (presidente del Consiglio) **Otto von Bismarck**, uno junker autoritario e spregiudicato. Bismarck intendeva fare della Prussia lo Stato promotore dell'unità tedesca. A tal fine si adoperò perché quello prussiano fosse il più potente esercito d'Europa.
La guerra contro l'Austria	L'Austria, che dominava la Confederazione Germanica, era il primo ostacolo da eliminare: nel **1866** Bismarck, alleatosi con l'Italia, le dichiarò guerra. La Prussia sbaragliò gli Austriaci a **Sadowa**, mentre l'Italia venne sconfitta a **Custoza** e a **Lissa**. Il trattato di pace stabilì: il passaggio del Veneto all'Italia; la divisione della Germania in due **Confederazioni**: quella **del Nord** (presieduta dalla Prussia) e quella **del Sud**.
La guerra contro la Francia	Bismarck cercò lo scontro con la Francia perché era interessato a due regioni francesi, l'**Alsazia** e la **Lorena**; inoltre la Francia ostacolava l'unificazione perché voleva che la Confederazione del Sud rimanesse indipendente dalla Prussia. Il **2 settembre 1870** la Francia venne pesantemente sconfitta a **Sedan**. Due giorni dopo Parigi insorse e proclamò la **Terza Repubblica**. **Guglielmo I** venne incoronato imperatore (*Kaiser*) di Germania: l'unità della Germania era raggiunta e nasceva il Secondo Reich (il **Secondo Impero tedesco**). Il primo era stato il Sacro Romano Impero Germanico.

5. LA COMUNE DI PARIGI

Il primo governo socialista nella storia	Nella Francia repubblicana moderati e conservatori vinsero le elezioni. Il nuovo governo, guidato da **Adolphe Thiers**, firmò il trattato di pace con la Germania, la quale impose condizioni pesantissime. Il **26 aprile 1871** il popolo di Parigi insorse contro il governo e instaurò un consiglio comunale sovrano di matrice socialista, la **Comune di Parigi**. La Comune rimase però isolata: il resto della Francia rimaneva nelle mani dei conservatori.
L'assenza di un progetto politico	I comunardi, pur non avendo un vero progetto politico comune, condividevano alcune idee: – uno Stato fatto di città e villaggi autonomi su cui la Comune avrebbe avuto una posizione di preminenza; – la democrazia diretta, l'istruzione pubblica, la laicità, la lotta alla povertà e all'ingiustizia. La Comune introdusse il suffragio universale e innovazioni di carattere socialista, come la creazione di cooperative di operai per la gestione delle fabbriche.
Una repressione sanguinosa	Thiers, con l'appoggio di Bismarck, ricostituì l'esercito francese, assediò e poi attaccò Parigi, attuando una violentissima repressione. La Comune cadeva dopo soli due mesi e la Francia tornava a essere unita.

PAROLE IN EREDITÀ

Crocerossina: il personale infermieristico della Croce Rossa era per lo più femminile; inizialmente religioso poi laico, era caratterizzato dall'abnegazione e da un grande spirito di sacrificio. Per questo motivo ancora oggi si utilizza questo termine per indicare chi si occupa con grande dedizione delle persone che soffrono. Purtroppo però nel linguaggio comune il vocabolo è utilizzato con tono canzonatorio quando si vuole indicare una forma di altruismo non condiviso.

Barone: il termine indica il titolo nobiliare che segue quello di visconte e conte; per estensione nell'Ottocento, soprattutto nel Sud Italia, indicava il nobile in generale. Il barone per eccellenza era caratterizzato sia dalla gestione di un grande potere politico e sociale sia da un sostanziale immobilismo nella gestione economica e fondiaria. Tali aspetti hanno portato a utilizzare nel linguaggio comune il termine barone per indicare chi detiene un grande e incontrollato potere: per cui si parla di «baroni» della finanza, dell'industria, dell'università, ecc.

ONLINE
puoi trovare altri esercizi

UNITÀ 5
L'ITALIA NELL'ETÀ DELLA DESTRA E DELLA SINISTRA STORICA

PRIMA
Un Paese arretrato, pieno di debiti e con capitale Torino

Quando l'Italia si costituì Stato unitario, la sua economia, caratterizzata dal netto prevalere della produzione agricola su quella industriale, era in grave ritardo rispetto a quelle di altri Paesi europei. Era basata essenzialmente sull'agricoltura, con una produzione che bastava a stento al sostentamento delle famiglie. L'industrializzazione era un fenomeno circoscritto ad alcune città del Nord, fra le quali Torino, che dal 1861 divenne la prima **capitale del Regno d'Italia**. Oltre tre quarti della popolazione era analfabeta. In condizioni di arretratezza si trovava anche il sistema delle comunicazioni. Aspetti di particolare gravità presentava la situazione finanziaria: il nuovo governo italiano si assunse il carico sia dei debiti che il Piemonte aveva contratto per finanziare le guerre d'indipendenza, sia di quelli degli altri Stati della Penisola. E poiché il normale gettito fiscale non era sufficiente a coprire le spese richieste dalla nuova organizzazione statale, il deficit del bilancio era destinato ad aumentare progressivamente.

Il Regno d'Italia (1861-1871)

1861-1876 Periodo della Destra storica

20 settembre 1870 Attraverso la breccia di Porta Pia le truppe italiane entrano a Roma

1871 Roma capitale d'Italia

1876-1896 Periodo della Sinistra storica

EREDITÀ

La figura della maestra ottocentesca, un po' austera, che gira tra i banchi, si afferma proprio in questo periodo, in seguito all'obbligo scolastico elementare. È un'identità professionale destinata a radicarsi fortemente nella società ed è una delle prime forme di **lavoro intellettuale femminile** (▶ **Eredità**, p. 180), ancora oggi in gran parte affidato alle donne. Furono anni di grandi invenzioni, frutto dello sviluppo tecnologico: il **telefono**, ad esempio, inventato da Antonio Meucci (1808-1889) e poi brevettato da Alexander Graham Bell (1847-1922), aprì nuovi orizzonti nelle comunicazioni. Ma più di qualsiasi altro prodotto va ricordata la **Coca Cola**, la bevanda gassata che ha invaso il mondo intero. Fu creata nel 1886 come sciroppo da allungare con l'acqua e blando rimedio per il mal di testa.

AUDIOSTORIA

http://z6.co.uk/cd

VIDEOSTORIA

1 Briganti e Borboni

DOPO
Un Paese quasi industriale, col debito ripianato e con Roma capitale

I primi governi dell'Italia unificata iniziarono a traghettare il Paese verso la modernità. Innanzitutto si realizzò il completamento dell'unificazione nazionale, con l'acquisizione del Veneto e poi dello Stato Pontificio, che comportò anche il trasferimento della capitale a Roma. Parallelamente si lavorò per risanare l'economia: occorreva superare le barriere e i dazi doganali interni e favorire il commercio con l'estero. Dopo il 1870 si avviò il decollo dell'industria italiana, che aveva come settori trainanti soprattutto quello siderurgico, tessile e meccanico. Lo sviluppo industriale cominciò al Nord, con l'introduzione di nuove attrezzature agricole e con l'importazione dall'estero di impianti, tecnici e capitali per la costruzione di infrastrutture. L'industrializzazione italiana restò però concentrata nel triangolo formato da Torino, Milano e Genova.

L'Italia industriale fra XIX e XX secolo

La situazione finanziaria venne inizialmente risanata. Il bilancio dello Stato tornò in pareggio e la lira acquistò forza grazie alla sua stabilità sui mercati internazionali, ma la crisi economica di fine secolo vanificò in parte questi risultati positivi e generò nel Paese un periodo di gravi conflitti sociali.

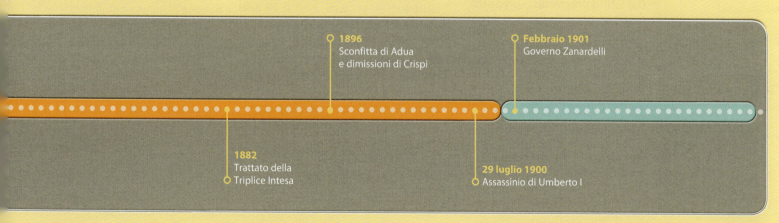

- 1882 Trattato della Triplice Intesa
- 1896 Sconfitta di Adua e dimissioni di Crispi
- 29 luglio 1900 Assassinio di Umberto I
- Febbraio 1901 Governo Zanardelli

1. LA DESTRA STORICA AL POTERE

- CHE COSA FU LA DESTRA STORICA?
- PERCHÉ VI ERA UN'ENORME DISTANZA FRA PAESE REALE E PAESE LEGALE?
- QUALE MODELLO DI STATO VENNE SCELTO?
- COME AFFRONTARONO I GOVERNI DELLA DESTRA IL PROBLEMA DEL BRIGANTAGGIO?
- QUALI PROVVEDIMENTI FURONO ADOTTATI DALLA DESTRA PER RISANARE IL BILANCIO DELLO STATO?

▶ La Destra storica

I quindici anni della storia d'Italia che vanno dal **1861** al **1876** furono dominati dalla cosiddetta «**Destra storica**»: «Destra», in quanto gli uomini politici a essa appartenenti erano dei moderati, eredi di Cavour; «storica» (l'aggettivo venne aggiunto successivamente) perché questo schieramento ebbe un ruolo «storico» nella formazione dell'Italia.

▲ Bettino Ricasoli in un ritratto di Raffaele Sernesi. Milano, Civiche Raccolte Storiche.

Al di là delle definizioni, tuttavia, la Destra storica occupava una posizione di **centro** nel dibattito politico italiano, in quanto la vera destra era rappresentata dai clericali e dai reazionari nostalgici dei vecchi Stati italiani preunitari; la Sinistra storica, invece, era formata prevalentemente da mazziniani e garibaldini.

> **LESSICO**
>
> **PREFETTO**
>
> Dal latino *praefectus*, «preposto, messo a capo», la figura del prefetto venne istituita nell'ordinamento italiano nel 1861 per iniziativa del governo della Destra storica. Rappresentava il potere esecutivo nelle province; sovrintendeva alla pubblica sicurezza, alla sanità e all'igiene, all'istruzione, disponeva della forza pubblica e aveva compiti di controllo sugli enti locali. Era insomma il cardine del potere a livello locale e l'anello di congiunzione con il potere centrale.

Gli uomini della Destra storica provenivano da un ambiente sociale abbastanza omogeneo, l'**aristocrazia terriera**. Al moderatismo della Destra storica si contrapponeva l'impostazione più democratica della **Sinistra**, che era l'espressione di una diversa e più ampia realtà sociale, costituita prevalentemente dalla **borghesia cittadina**.
Destra e Sinistra storiche erano invece accomunate dalla stessa concezione liberale dello Stato: in sintesi, si trattava della **destra** e della **sinistra liberale**, che erano espressione di una piccola parte del Paese. Infatti la legge elettorale del Regno di Sardegna, estesa al Regno d'Italia, prevedeva che avessero diritto di voto solo i cittadini italiani in possesso dei seguenti requisiti:
› essere di sesso maschile;
› avere 25 anni di età;
› saper leggere e scrivere;
› pagare almeno 40 lire di imposte l'anno.
La base elettorale era ridottissima, circa 400000 persone, cioè il **2% della popolazione** e il 7% dei maschi adulti. Di questi ultimi, poi, si recavano alle urne solo il 50%. Quindi i deputati eletti alla Camera dei Deputati (il Senato era di nomina regia) esprimevano la volontà di circa 200000 persone, su una popolazione complessiva di **22 milioni di abitanti**.
Abissale era dunque la distanza tra il **Paese reale** e quello rappresentato in Parlamento, il **Paese legale**. I partiti, come li intendiamo noi oggi, non esistevano. Destra e Sinistra storiche erano infatti **partiti di notabili**: schieramenti politici che raggruppavano gli eletti in Parlamento, ma non avevano una struttura organizzata.
Si votava con il **sistema uninominale** (ogni collegio elettorale eleggeva un solo candidato). Nella mancanza di efficaci mezzi di informazione, la competizione elettorale avveniva quindi, più che tra opposti programmi politici, tra personalità del luogo, i notabili appunto, che per farsi eleggere sfruttavano la notorietà determinata dal loro ruolo sociale.

▶ Accentramento o decentramento?

Morto Cavour nel 1861, gli succedette un aristocratico toscano, il barone **Bettino Ricasoli** (1809-1880). A lui, e più in generale alla classe politica della Destra storica, toccò in via preliminare il compito di risolvere un problema istituzionale: quale assetto avrebbe dovuto avere il nuovo Stato italiano? L'Italia doveva essere uno Stato «accentrato» o «decentrato»?
Modello di Stato accentrato era la **Francia** napoleonica, con la sua struttura gerarchica che prevedeva un forte controllo del governo centrale sugli enti locali attraverso i **prefetti**.
Modello di Stato decentrato era invece la **Gran Bretagna** che lasciava ampie libertà amministrative e giudiziarie alle varie contee.
Venne scelto il modello di Stato accentrato. L'Italia fu così divisa in **province** e il governo nominò per ogni provincia un suo rappresentante, il **prefetto**. Anche i **sindaci** dei comuni erano nominati dal governo e a esso rispondevano: i comuni non godevano dunque di alcuna autonomia.
La scelta del modello centralista era implicita nel modo stesso con cui si era giunti all'unità d'Italia: l'intervento del Regno di Sardegna era stato decisivo. Senza il suo esercito l'Austria non avrebbe mai abbandonato la penisola. Di fatto si era verificata una guerra di conquista: il che non lasciava spazio a forme di federalismo e tanto meno alla convocazione di un'assemblea costituente. Lo Statuto Albertino divenne quindi la costitu-

L'analfabetismo in Italia

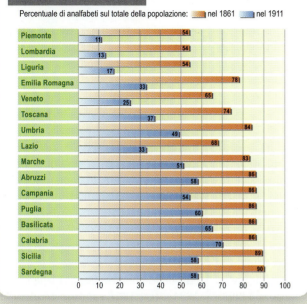

Tra i problemi che il nuovo governo dell'Italia unita doveva affrontare c'era anche quello dell'istruzione. Il tasso di analfabetismo nel Paese era molto elevato, soprattutto nelle regioni meridionali dove si arrivava a punte del 90%, come in Sardegna. Gli interventi statali in questa direzione non furono però efficaci e la questione dell'analfabetismo in Italia rimase a lungo una grave piaga sociale.

▲ (Sopra) Una moneta da 5 lire del Regno d'Italia, con l'effigie di Vittorio Emanuele II di Savoia, coniata a Milano nel 1872, e alcune monete di Stati preunitari: (in alto a destra) una moneta da 3 baiocchi della Repubblica romana (coniata nel 1849); (sopra a destra) una moneta da 4 fiorini, coniata nel Granducato di Toscana (1826).

zione italiana, così come a tutta l'Italia vennero estese la legislazione e la moneta piemontese, la **lira**.
Da qui la critica di **piemontesismo** mossa alla Destra storica, accusata di considerare l'Italia come una semplice estensione del Regno di Sardegna.

Ma c'era anche un'altra ragione che portava a ritenere il modello di Stato accentrato come l'unico possibile: la situazione venutasi a creare nel **Mezzogiorno**, dove immediatamente dopo l'unificazione era esplosa una rivolta sociale.

▶ Il brigantaggio

La caduta del regime borbonico, in seguito all'insurrezione garibaldina, aveva fatto nascere nelle masse meridionali la speranza di un rinnovamento non solo politico, ma anche sociale. Questa speranza andò ben presto delusa. Le pesanti tasse e il servizio militare obbligatorio scatenarono la rivolta in qualche caso condotta in nome del papa e dei Borboni.
Il nuovo Stato italiano venne individuato come «nemico», e contro di esso i **briganti** agivano assaltando le carceri o incendiando gli archivi comu-

---

DOC

TUTTI A SCUOLA, MA DOVE?

Nel 1861, su 22 milioni di abitanti circa il 78% era analfabeta: la percentuale scendeva al 50% in Lombardia, ma saliva al 90% nel Mezzogiorno. Nello stesso periodo era analfabeta in Francia il 40% della popolazione; in Inghilterra il 25% degli uomini e il 50% delle donne. In Piemonte nel 1859 era stata approvata la legge Casati che prevedeva la gratuità dell'istruzione elementare con l'obbligo di frequenza del primo biennio. Il compito di attuazione della legge era demandato ai comuni.
Dopo l'unificazione la legge fu estesa a tutto il territorio nazionale. Mancavano però le scuole e gli insegnanti erano impreparati. Un principio tuttavia era diventato legge: «Il lasciare i figliuoli privi di educazione – scrisse il pedagogista Andrea Angiulli (1837-1890), di cui riportiamo un brano – è un delitto contro la società».

L'educazione del popolo è un fatto di utilità generale, perciò è un dovere nazionale, e cade nelle appartenenze o nei diritti dello Stato.
L'educazione nazionale attua la condizione indispensabile alla libertà e al benessere di tutti, è un principio di ordine, e non può essere abbandonato all'arbitrio degli individui o di una classe. Ammettere la libertà in questo dominio, sarebbe lo stesso che ammettere poteri dagli individui distruggere le basi della vita sociale. Sopprimete la scuola, e non resta come principio di ordine che la prigione e la forca. La scelta è tra il boia e il maestro di scuola. Un dì lo Stato non impiegava che il primo; fra breve forse non impiegherà più che il secondo. Se lo Stato ha il diritto di punire chi infrange le leggi della vita, ha eziandio quello che richiede che queste leggi siano apprese, perché non siano infrante. [...] È assurdo o impossibile sperare un impulso rispetto all'educazione generale da quelli medesimi che debbono riceverla, e che sono perciò meno capaci di sentire e comprendere il bisogno. Lo Stato non piglia il posto dell'industria privata, piglia un posto che l'industria privata lascerebbe vuoto. Dall'altra parte la società può obbligare i genitori a istruire o a fare istruire i propri figliuoli, come può obbligarli a nutrirli. Imponendo lo Stato l'istruzione obbligatoria non fa più di quello ch'egli fa, quando impone il rispetto della proprietà e dell'ordine pubblico. Il lasciare i figliuoli privi di educazione è un delitto contro questi e contro la società intera. E la società per punire cotesto delitto è fornita del diritto ch'ella ha di proteggere i terzi, di proteggere i minori, di difendere se stessa.

LESSICO

MAFIA

La parola viene dal siciliano *mafiusu* («prepotente, malandrino»), che deriva forse dall'arabo *marfud* («rifiutato»). In origine voce tipica dell'area palermitana, a partire dal 1863 ha cominciato a diffondersi a seguito dell'opera drammaturgica dialettale *I mafiusi della Vicaria* di G. Rizzotto. Indicava piccole associazioni guidate da un capo e dotate di una cassa comune alimentata dai furti e dalle estorsioni. Fin dalle sue origini, il termine coglie due tratti costanti del fenomeno mafioso: la sua natura criminale e la tendenza ad approfittare della debolezza dello Stato per accaparrarsene con la forza le funzioni.

---

nali per distruggere i registri di leva e quelli fiscali; *nemici* erano anche i possidenti locali le cui fattorie venivano saccheggiate. Dopo l'attacco, i briganti si ritiravano in montagna.

Dal punto di vista militare, il brigantaggio fu un'attività di guerriglia che nei cinque anni che vanno dal **1860** al **1865** divampò in diverse zone del Meridione, in particolare in quelle più interne, con esclusione della Sicilia.

A operare erano diverse bande (composte anche da 400 uomini) costituite da ex soldati del disciolto esercito borbonico, disertori, contadini e banditi veri e propri.

La guerra costò migliaia di morti fra briganti, militari e civili e impose allo Stato uno sforzo pesantissimo: in certi momenti nella repressione furono impegnati anche 120 000 uomini.

Nella sostanza, i governi della Destra storica affrontarono la questione del brigantaggio solo in un'**ottica repressiva**, senza cercare di rimuoverne le cause sociali profonde.

La generale incomprensione dei problemi del Sud da parte del nuovo Stato italiano alimentò il diffondersi di quei fenomeni, come la **camorra** e la **mafia** (già presenti nel Regno delle Due Sicilie), che ancora oggi devastano il Paese.

▶ Libero scambio e pareggio del bilancio

Economicamente, il neonato Stato italiano mostrava gravi segni di arretratezza: la povertà era diffusa, in particolare nelle campagne, accompagnata da fame, malattie, ignoranza. La mortalità infantile raggiungeva il 20%. Il reddito pro-capite era pari a metà di quello francese e a due terzi di quello inglese. La rete ferroviaria non superava i 2000 km, rispetto ai quasi 20 000 della Gran Bretagna o ai 10 000 della Francia.

Occorreva dunque che il nuovo Stato intervenisse per favorire la crescita dell'economia. Ma come? Il bilancio statale era in forte **deficit** anche a causa dell'elevato costo delle guerre d'indipendenza: il debito pubblico infatti ammontava a 2402 milioni di lire (circa il 40% del prodotto nazionale), più della metà del quale ereditato dal Regno di Sardegna.

Gli uomini della Destra storica erano fermamente convinti, secondo la dottrina liberista, che l'economia italiana si sarebbe potuta sviluppare solo favorendo il libero scambio:

> sia all'interno del Paese: a questo scopo il governo provvide ad abbattere le dogane interne;
>
> sia all'esterno del Paese: questo avvenne estendendo a tutta l'Italia le tariffe doganali piemontesi, tra le più basse d'Europa.

Per quanto riguarda il bilancio dello Stato, la Destra storica si prefisse il raggiungimento del **pareggio**: solo così infatti – pensava – l'Italia sarebbe stata riconosciuta dalla comunità finanziaria internazionale come uno Stato affidabile, e i capitali stranieri sarebbero affluiti in Italia a sostegno dello sviluppo economico del Paese.

Nella battaglia per il **pareggio del bilancio** si distinse particolarmente, come ministro delle Finanze, **Quintino Sella** (1827-1884). Nel 1867 vennero requisiti e venduti terreni ecclesiastici e del demanio pubblico. Poteva essere questa un'occasione per migliorare le condizioni del Paese, soprattutto del Mezzogiorno. Ma la preoccupazione di «far cassa» prevalse su ogni altra considerazione. Questi beni infatti vennero venduti all'asta: di conseguenza, invece di andare a migliorare le condizioni dei braccianti e dei piccoli proprietari, alimentarono ancora di più il latifondo. La gente comune, infatti, non era certo in grado di competere con le disponibilità economiche dei latifondisti.

A parte comunque questo provvedimento straordinario, la ricerca del pareggio del bilancio venne perseguita attraverso il ricorso al **prelievo fiscale**.

La quota della ricchezza prelevata passò dal 6,9% del 1860 all'11,4% del 1880. Nei primi anni il prelievo avvenne soprattutto attraverso le **imposte dirette** (sui redditi delle persone), mentre dal 1865 in poi crebbe il peso delle **imposte indirette** (sui prodotti). In pochi anni le imposte indirette aumentarono del 107%, mentre quelle dirette del 63%. Un esempio di tassazione indiretta, la più detestata, fu **l'imposta sul macinato** introdotta nel **1868**: di fatto si trattava di un'imposta sul pane, l'alimento quotidiano degli Italiani. Le manifestazioni di piazza contro questo provvedimento furono represse con violenza. Il bilancio finale della repressione fu di 3788 arrestati, 1099 feriti e 257 morti.

▶ In questa stampa allegorica l'Italia unita è alle prese con due gravi problemi (la questione romana e il brigantaggio) e invita il generale Cialdini a chiedere l'aiuto di Garibaldi. Roma, Museo del Risorgimento.

La tassa sul macinato

GALLERIA

Nel 1868 il governo introdusse la tassa sul macinato che rientrava nella politica fiscale volta a raggiungere il pareggio del bilancio. Con il governo della Destra il prelievo fiscale crebbe dal 6,9% del 1860 all'11,4% del 1880. Tra le diverse tasse indirette, questa fu particolarmente odiosa agli Italiani che venivano così colpiti nei loro consumi principali: il pane e tutti i farinacei. Questa imposizione diede origine a numerose proteste popolari con assalti ai mulini e ai municipi. Le rivolte furono però represse con durezza e causarono migliaia di arresti, feriti e centinaia di morti.

1. Il Consiglio dei ministri (come si evince dai nomi dei vari ministeri scritti sotto la piattaforma) appare in un atteggiamento estremamente rilassato, come se il dramma della popolazione schiacciata dalle tasse non lo riguardasse.

2. Sul cittadino, ridotto in stracci, grava il peso insostenibile di una grossa pietra da macina.

3. Anche la tassa sulla ricchezza mobile, quella prodotta dai capitali oppure dal lavoro retribuito, cioè l'imposta diretta sui redditi (qui rappresentata da un enorme macigno), contribuisce a pesare sui cittadini.

UNITÀ 5 — L'ITALIA NELL'ETÀ DELLA DESTRA E DELLA SINISTRA STORICA

169

2. IL COMPLETAMENTO DELL'UNITÀ D'ITALIA

> QUALE ESITO EBBE LA TERZA GUERRA D'INDIPENDENZA?
> COME VENNE ANNESSA ROMA?
> COME FURONO REGOLATI I RAPPORTI FRA STATO E CHIESA?
> QUALI REGIONI RIMANEVANO ANCORA FUORI DAL REGNO AL MOMENTO DELL'ANNESSIONE DI ROMA?

▶ Firenze capitale d'Italia

Il desiderio di completare l'unità nazionale era largamente sentito da tutto il Paese. Al di fuori dei confini del Regno d'Italia vi erano ancora il Veneto, il Trentino, il Friuli Venezia Giulia, il Lazio e soprattutto Roma.

Ma sul come completare l'unità d'Italia il Paese era diviso.

La Destra storica era contraria a una conquista armata di Roma, difesa, anche militarmente, da Napoleone III che era sensibile all'opinione pubblica francese di fede cattolica schierata a fianco del papa.

Mazziniani e garibaldini erano invece favorevoli a un'azione armata. Nel giugno del 1862 una prima iniziativa di **Garibaldi** ebbe l'appoggio del capo del governo **Urbano Rattazzi** (1808-1873). Dopo essere partiti dalla Sicilia, giunti sulla penisola, i garibaldini vennero però fermati proprio dall'esercito italiano inviato da Rattazzi. Napoleone III, infatti, aveva minacciato l'intervento dell'esercito francese se l'iniziativa fosse proseguita. Lo scontro tra l'esercito italiano e i garibaldini avvenne sull'**Aspromonte** (**29 agosto 1862**). I morti furono una dozzina; Garibaldi stesso venne ferito e arrestato.

Questo episodio convinse il governo italiano che la sola strada da percorrere era l'accordo con la Francia. Per questa ragione, nel **1864** venne stipulata la **Convenzione di Settembre**, con cui l'Italia si impegnava a difendere i confini dello Stato pontificio in cambio del graduale ritiro delle truppe francesi da Roma. Come garanzia del suo impegno, l'Italia trasferiva la sua capitale da Torino a **Firenze**: era il segno che lo Stato italiano rinunciava definitivamente a ogni interesse per Roma. I Torinesi protestarono con estremo vigore contro il trasferimento: la repressione delle forze dell'ordine causò una trentina di morti e oltre cento feriti.

▶ La terza guerra d'indipendenza

Nel **1866**, mentre ancora divampava in tutto il Paese la polemica per la rinuncia a Roma, Bismarck propose all'Italia un'alleanza in vista della guerra con l'Austria.

Nell'estate di quell'anno, ebbe inizio così la **terza guerra d'indipendenza** che si risolse assai rapidamente a vantaggio dell'alleanza italo-tedesca. Ma mentre i Prussiani sbaragliarono gli Austriaci a **Sadowa** il 9 luglio 1866, l'Italia venne ripetutamente sconfitta dall'esercito au-

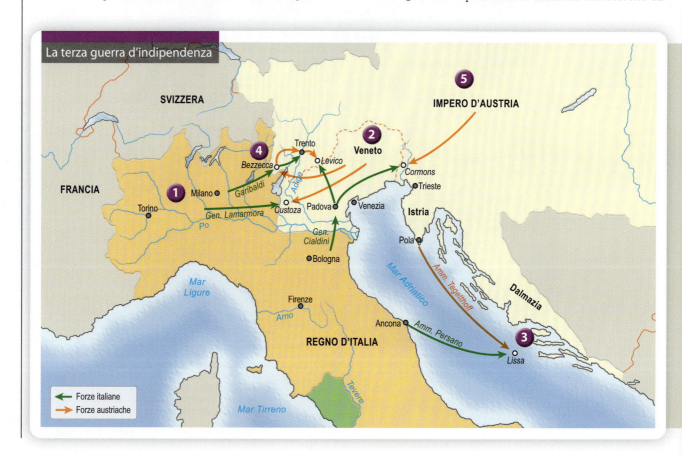

170

▲ I bersaglieri entrano a Roma da Porta Pia il 20 settembre 1870; dipinto di M. Cammarano.

taglie in cui si era confrontata con l'Austria, ma la guerra era stata vinta. Con la **pace di Vienna** (**3 ottobre 1866**) l'Italia ottenne il **Veneto**, ceduto dall'Austria per disprezzo a un intermediario, Napoleone III, e poi da questi «girato» all'Italia.

Le speranze di chi aveva creduto con la terza guerra d'indipendenza di ottenere anche il Trentino e il Friuli Venezia Giulia, ancora sotto il dominio austriaco, erano andate così deluse.

In questo contesto, nel 1867 riprese vigore l'iniziativa mazziniana e garibaldina volta a liberare Roma. Il piano prevedeva l'insurrezione dei romani, così da far apparire l'iniziativa agli occhi di Napoleone III come un atto interno allo Stato pontificio. Solo in un secondo tempo sarebbero intervenuti i garibaldini. Ma l'insurrezione fallì, per la scarsa partecipazione popolare e per la pronta reazione della polizia pontificia.

Nonostante ciò Garibaldi, alla testa di 3000 volontari, penetrò nello Stato Pontificio. Il **3 novembre 1867** i garibaldini si scontrarono a **Mentana** con le truppe francesi prontamente inviate nello Stato pontificio da Napoleone III e armate di nuovi fucili a retrocarica (gli *chassepots*). Sconfitto dopo un aspro combattimento, Garibaldi venne arrestato e condotto nell'isola di Caprera.

striaco, inferiore per numero di uomini e per mezzi, sia nella battaglia terrestre di **Custoza** (**24 giugno**), sia in quella navale di **Lissa** (**20 luglio**). (▶ Avvenimenti p. 172)

Solo Garibaldi con i *Cacciatori delle Alpi* ottenne alcuni successi, come a **Bezzecca**, aprendosi la strada verso Trento. Venne però fermato da un perentorio ordine, conseguente al sopraggiunto armistizio, a cui rispose con un telegramma di una sola celebre parola: «Obbedisco».

L'Italia aveva perso tutte e due le bat-

▶ Roma capitale d'Italia

La possibilità di annettere Roma al Regno d'Italia si verificò pochi anni dopo con la guerra tra Francia e Prussia (e la conseguente caduta del Secondo Impero) che implicò il ritiro delle truppe francesi presenti in città.

Il **20 settembre del 1870** un corpo di bersaglieri, comandati dal generale Raffaele Cadorna, dopo aver cannoneggiato con l'artiglieria la cinta muraria, entrò in Roma attraverso la storica breccia di **Porta Pia**. Scarsa fu la resistenza delle truppe pontificie. Il papa si dichiarò prigioniero dello Stato italiano e indisponibile a ogni trattativa.

Il 2 ottobre si svolse il plebiscito di annessione. Il trasferimento della **capitale** da Firenze a Roma avvenne nel **luglio 1871**. Prima però, lo Stato italiano volle regolare i rapporti con la Santa Sede.

❶ Il governo del neonato Regno d'Italia con sede a Torino voleva completare l'unificazione facendo coincidere i confini dello Stato con quelli geografici: era necessario quindi annettere il Veneto, sotto il dominio austriaco, e il Lazio cioè lo Stato Pontificio. Occorreva poi dare stabilità al nuovo Regno perché sia i Borboni dell'ex Regno delle Due Sicilie, sia l'Austria potevano mettere ancora in discussione l'unificazione.

❷ La liberazione del Veneto fu preparata con l'alleanza con la Prussia in vista della guerra contro l'Austria. Nell'estate del 1866 si combatté così la terza guerra d'Indipendenza che per gli Italiani fu disastrosa: l'esercito italiano fu sconfitto a Custoza (24 giugno 1866), la marina a Lissa.

❸ A Lissa, sulle coste della Dalmazia, la flotta italiana al comando dell'ammiraglio Carlo Persano attaccò una base fortificata austriaca ma venne colta alle spalle dalle corazzate nemiche e fu sconfitta (20 luglio 1866).

❹ Solo Garibaldi con il suo esercito di volontari, i *Cacciatori delle Alpi*, ottenne un successo militare e tentò di dirigersi verso Trento ma fu fermato dall'armistizio firmato fra Prussiani e Austriaci. È in questa circostanza che si espresse con il celebre «obbedisco».

❺ I Prussiani sconfissero gli Austriaci a Sadowa; ciò bastò per vincere la guerra. La pace di Vienna (3 novembre 1866) stabilì la cessione del Veneto all'Italia, ma l'Austria per disprezzo lo consegnò a Napoleone III come intermediario, che poi lo consegnò all'Italia.

DOC

PERCHÉ ROMA CAPITALE

Nel marzo del 1861, pochi mesi prima di morire, Cavour spiegò al Parlamento le ragioni che obbligavano l'Italia a pensare a Roma come propria capitale. Erano ragioni morali e storiche.

La questione della capitale non si scioglie, o signori, per ragioni né di clima, né di geografia, neanche per ragioni strategiche [...]. La scelta della capitale è determinata da grandi ragioni morali. È il sentimento dei popoli quello che conta. Ora, o signori, in Roma sono presenti tutte le circostanze storiche, intellettuali, morali, che devono determinare le condizioni della capitale di un grande Stato.

Tutta la storia di Roma dal tempo dei Cesari al giorno d'oggi è la storia di una città la cui importanza si estende infinitamente al di là del suo territorio, di una città, cioè, destinata a essere la capitale di un grande Stato.

Convinto di questa verità [...] mi sento in obbligo di fare appello al patriottismo di tutti i cittadini d'Italia, onde cessi ogni discussione in proposito.

C. Cavour, *Discorsi*

Nel maggio di quell'anno, infatti, venne approvata **unilateralmente** una **legge** detta **delle «guarentigie»**: ovvero delle «garanzie» date dallo Stato italiano al papa affinché potesse svolgere liberamente il suo magistero.

La legge dichiarava il papa «persona sacra e inviolabile», dunque non soggetta alle leggi dello Stato italiano; al papa, inoltre, veniva riconosciuta la sovranità sulla Città del Vaticano insieme ai palazzi del Laterano e della villa di Castelgandolfo, nonché una dotazione annua di 3 milioni di lire.

Pio IX respinse queste norme: non solo, nel **1874** vietò esplicitamente ai cattolici di partecipare alla vita politica italiana. Il divieto venne riassunto dalla curia romana nella formula **non expedit** («non conviene», «non è opportuno» che i cattolici partecipino alle elezioni politiche).

La conquista di Roma apriva così una profonda frattura all'interno dell'Italia tra il mondo cattolico e quello laico.

DOSSIER — Avvenimenti

Un pasticcio chiamato Lissa

NEL 1866 LA FLOTTA AUSTRIACA UMILIÒ QUELLA ITALIANA NELLE ACQUE DI LISSA. QUALI FURONO LE CAUSE DELLA SCONFITTA? FU DAVVERO TUTTA COLPA DELL'AMMIRAGLIO PERSANO?

Una battaglia marginale, ma anche significativa

Nel corso della terza guerra di indipendenza la flotta militare italiana fu sconfitta da quella austriaca – meno dotata di navi e bocche da fuoco – davanti a Lissa, un'isola dell'arcipelago dalmata. Le due flotte furono protagoniste di un episodio sostanzialmente marginale di una guerra breve e militarmente sfortunata per l'Italia.
Eppure, se analizzata attentamente, quella battaglia rivela una sua importanza sotto due aspetti.
Innanzitutto dal punto di vista strategico e militare: anche se non fu il vero e proprio inizio di un'età nuova (già nello scontro di Hampton Roads, avvenuto nel 1862 durante la guerra di secessione americana, avevano fatto la loro comparsa vascelli corazzati con lamiere di ferro), quella di Lissa fu la prima battaglia navale combattuta tra navi a vapore dotate di meccanismo a elica, dopo secoli di gloriosi episodi militari che avevano avuto per protagonisti i bastimenti a vela.
In secondo luogo, quella sconfitta sconvolse l'opinione pubblica, sorpresa dal fatto che un numero superiore di navi non fosse bastato a battere la flotta austriaca, e umiliò l'orgoglio nazionale. Tanto che una sorta di isteria collettiva si scatenò contro i comandanti della squadra navale e, in particolare, contro l'ammiraglio Persano.

Persano, il capro espiatorio

Per quella sconfitta l'opinione pubblica chiese un colpevole, e il governo volle darglielo. L'ammiraglio Persano dovette difendersi, di fronte al Senato costituitosi in Alta Corte, dall'accusa di viltà.
Assolto da quest'imputazione, per la quale rischiava la pena di morte, fu riconosciuto colpevole dei reati di negligenza, imperizia e disobbedienza agli ordini ricevuti. Fu destituito, e perse il grado di ammiraglio. Ma si trattò di una condanna giusta? Persano commise indubbiamente molti errori durante la battaglia. Un aspetto piuttosto oscuro della vicenda è il suo spostamento, avvenuto all'inizio dello scontro, dalla *Re d'Italia* all'*Affondatore*. Questa nave era dotata di una torretta corazzata: da lì l'ammiraglio, certamente più al sicuro che non sulla nave ammiraglia, seguì l'intera operazione. Giustificò questa scelta con l'esigenza di portarsi fuori dal fumo per giudicare meglio la situazione.
Ammesso che ciò fosse vero, l'atteggiamento di Persano causò comunque sconcerto e demoralizzazione tra i sottoposti.
Un altro episodio grave fu la decisione di non tornare all'attacco dopo aver subito l'affondamento di due navi. La flotta italiana era ancora in superiorità numerica: se avesse attaccato avrebbe probabilmente inferto delle perdite agli Austriaci. Lissa non sarebbe stata una disfatta, ma una delle tante battaglie inconcludenti della storia.
In realtà, però, la condotta di Persano fu solo uno dei fattori che contribuirono alla sconfitta.

Una marina tutta da rifare

L'ammiraglio aveva condotto l'attacco spinto più dalle esigenze del governo che dalle proprie convinzioni tattiche. Inoltre, aveva a disposizione una flotta debole. Lissa, più

TUTTA LA BATTAGLIA MINUTO PER MINUTO

Dopo la vittoria degli alleati prussiani a Sadowa (9 luglio 1866) il governo italiano ha bisogno di ottenere un successo in mare aperto da sbandierare come una grande vittoria, per riequilibrare la situazione militare compromessa in giugno a Custoza.
Come obiettivo di uno sbarco l'ammiraglio Persano, incaricato dell'impresa, sceglie Lissa. La flotta italiana giunge di fronte all'isola nella mattinata del 18 luglio 1866 e prende a bombardare i forti austriaci. L'operazione si protrae per due giorni, fino alla sera del 19, ma non sortisce risultati importanti, data la buona posizione dei forti.
Lo sbarco delle truppe è previsto per il 20, ma quella stessa mattina si fa strada nelle acque dalmate la flotta austriaca, guidata dall'ammiraglio Tegetthoff, che attacca con decisione nonostante l'inferiorità numerica.
Lo scontro dura circa mezz'ora, dalle 11 alle 11.30. Tegetthoff riesce a dividere in due la flotta avversaria e accosta rapidamente per attaccare l'ammiraglia italiana *Re d'Italia*. La investe in pieno, affondandola. La *Palestro* a sua volta, colpita dal fuoco austriaco, esploderà di lì a poco, mentre la nebbia mattutina impedisce all'*Affondatore* di speronare le navi nemiche.
A questo punto le sorti della battaglia sono segnate: lo scontro prosegue per alcune ore con una serie di inseguimenti fra le singole unità. Poi Tegetthoff decide di ripiegare su Lissa. Persano, dopo un vano tentativo di inseguirlo, rientra ad Ancona. Per l'Italia il bilancio della battaglia è pesante: sono andate perdute due navi e, soprattutto, le vite di 610 marinai.

▼ Un episodio secondario della battaglia di Lissa: la *Re del Portogallo* si scontra con l'austriaca *Kaiser*, che, danneggiata, abbandona il combattimento.

172

DOSSIER

Avvenimenti

▲ L'ammiraglio Persano, comandante della flotta italiana, accusato di imperizia e incapacità dopo la disfatta di Lissa.

◀ Uno dei momenti più drammatici della battaglia: l'affondamento della *Palestro*.

ancora che una sconfitta, fu l'occasione per verificare il grado di preparazione di una marina che si era formata in modo «atipico». Quella italiana, infatti, era una sorta di sommatoria delle marine degli Stati preunitari, che univa attorno a quella piemontese navi, ufficiali e marinai formati con criteri diversi, senza che fossero stati superati i rispettivi orgogli di bandiera. La preparazione degli equipaggi era scarsa, soprattutto quella dei marinai specializzati, come gli addetti alle sale macchine.

Da quella battaglia emerse anche la debolezza strutturale dell'industria cantieristica del Regno d'Italia, visto che, delle corazzate italiane presenti a Lissa, soltanto una era stata costruita in Italia, mentre le altre dieci provenivano dagli Stati Uniti, dalla Gran Bretagna e dalla Francia.

Dopo Lissa, in breve tempo venne formulato un piano per la formazione unitaria degli equipaggi e degli ufficiali.

Nel 1878 Benedetto Brin, ministro della Marina, fondò l'Accademia Navale di Livorno. In fondo il «sacrificio» di Persano non era avvenuto invano: aveva messo in luce quanto le ragioni della politica, le carenze organizzative e di preparazione potessero influire sul buon esito di qualsiasi operazione militare.

▼ Il dipinto mostra una veduta d'insieme della battaglia, nella quale si opponevano flotte comprendenti anche navi a vapore.

UNITÀ 5 — L'ITALIA NELL'ETÀ DELLA DESTRA E DELLA SINISTRA STORICA

Protagonisti

DOSSIER
Vittorio Emanuele II, un mito per la nuova Italia

SECONDO LO STORICO UMBERTO LEVRA, LA POPOLARITÀ DEL PRIMO RE D'ITALIA FU COSTRUITA CON UN PRECISO OBIETTIVO: RENDERE PATRIMONIO DI TUTTI GLI ITALIANI I VALORI, I MODELLI, GLI IDEALI DELLA MINORANZA CHE AVEVA FATTO L'ITALIA

Un cordoglio spontaneo

Alle 14.30 del 9 gennaio 1878, si abbatté sull'Italia, improvvisa come un fulmine a ciel sereno, una notizia drammatica: la morte di polmonite di Vittorio Emanuele II, dopo una brevissima malattia di quattro giorni.

La repentina e inaspettata scomparsa, a 57 anni, del primo sovrano dell'Italia unita gettò il Paese nella costernazione, sincera e non di facciata, largamente diffusa tra gli strati medi e alti come in quelli inferiori, ancora legati all'idea del re quale buon padre.

Dagli aristocratici in lacrime dinanzi al portone del Quirinale, ai deputati attoniti, ai bottegai, ai professionisti e ai funzionari che si affrettavano a chiudere in segno di lutto negozi e uffici, agli studenti che davano vita a improvvisate assemblee nelle università, il cordoglio fu spontaneo e molto ampio.

Non era solo un re a scendere nella tomba, erano un mito e un simbolo a essere colpiti dalla morte: un mito e un simbolo che si voleva non scomparissero mai, tanto più che da tempo coincidevano con l'idea di unità nazionale, e con un bilancio di tutto rispetto: quasi 29 anni di regno, l'Italia unificata, cinque guerre combattute, un sistema politico istituzionale ormai avviato nel bene e nel male.

Considerazioni e preoccupazioni

Innanzitutto va ricordato che, se l'Italia era fatta come Stato, gli Italiani erano ancora per la massima parte da fare, secondo la felice espressione di Massimo d'Azeglio, sul piano dell'identità nazionale, del senso di appartenenza a un'unica collettività.

Gli Italiani per molti secoli erano vissuti senza un'idea collettiva di nazione, frantumati dalla geografia, dalla storia e dall'economia.

L'unificazione italiana fu l'opera di una minoranza colta circondata da milioni di Italiani estranei o ostili al processo di unificazione: per questo motivo l'Italia scontò una forte arretratezza rispetto all'Europa sviluppata.

Erano estranei al nuovo Stato milioni di contadini (la grande maggioranza degli Italiani del tempo), per i quali l'unificazione aveva significato un peggioramento delle condizioni di vita, per la maggiore concorrenza insorta con la formazione di un unico mercato nazionale.

Gli erano contrari anche i pri-

UNA COMPLESSA OPERAZIONE DI PEDAGOGIA NAZIONALE

Nell'immediatezza della morte del sovrano, i bambini delle scuole elementari furono subissati per mesi da dettati, esercizi e problemi di aritmetica, saggi di composizione di questo tenore.

I classe. Saggio di scrittura e dettato.
Vittorio Emanuele
Fanciulli, voi avete udito mille volte le lodi, gli evviva a questo nome caro e venerato; e in questi giorni di lutto per la sua morte immatura avete visto lacrime sul ciglio di tutti. Quando voi, fatti adulti, leggerete la storia gloriosa di questo sommo fra i Re, direte ai vostri figli, ai nipoti: Noi avemmo la bella sorte e il vanto di nascere sotto il paterno suo regno, e mercé sua potemmo essere educati a libertà civile. Benedetta la sua memoria in eterno!

III classe. Aritmetica.
Problema
A dar prova veramente popolare del lutto pubblico d'Italia per la morte del magnanimo suo Re, è stato proposto d'innalzare un monumento per offerte, raccogliendo lo scudo del ricco e il centesimo del povero. Fissandosi la spesa di L. 3 240 000, quanto dovrebbe offrire l'uno per l'altro ciascuno dei 27 milioni di abitanti d'Italia?

IV classe. Composizione.
Appunti: 1) genitori del grand'Eroe e tempo e luogo della sua nascita; 2) pregi fisici e morali del fanciullo; 3) suo matrimonio, con chi e quando; 4) sue prodezze militari nelle prime battaglie patrie combattute dal genitore, e sua ferita nel vittorioso fatto d'armi di Goito; 5) sua parte attivissima nella fatal giornata della disfatta a Novara, e narrazione della commoventissima scena dell'abdicazione del padre, del doloroso addio e della dolorosa partenza per Oporto; 6) condizione difficile pel novello re che raccoglie un'eredità di sventure; suo senno, sua fermezza nel prepararsi a lavar l'onta di Novara e far grande e una l'Italia; 7) provocazione dell'Austria nel 1859, e grido di guerra del Re patriota coll'invito all'armi a tutti i figli d'Italia; 8) eroici combattimenti di Palestro, S. Martino, Solferino, e liberazione della Lombardia dallo straniero; 9) dedizione spontanea di tutti gli Stati italiani al Re amato; 10) costituzione dell'Italia che diviene forte, rispettata e temuta; 11) morte precoce del più grande fra i Re, con lutto inesprimibile dell'Italia non solo, ma dell'Europa e del mondo.

▲ La statua equestre di Vittorio Emanuele II, opera di Enrico Chiaradia, al Vittoriano, a Roma.

174

DOSSIER

Protagonisti

◀ L'ingresso di re Vittorio Emanuele II a Venezia il 7 novembre 1866.

mi nuclei operai dell'Italia settentrionale organizzati in società di mutuo soccorso e leghe di resistenza, che vedevano nel nuovo Stato il governo duro dei padroni, che li escludeva dal diritto al voto.

Gli erano contrari molti piccoli proprietari, artigiani, professionisti, fedeli alla Chiesa, che consideravano – secondo quanto ripetevano i parroci da tutti i pulpiti – il nuovo Stato usurpatore del potere temporale dei papi e scomunicato.

Come «fare gli Italiani»?

Il «fare gli Italiani» fu una operazione molto complessa di pedagogia nazionale, perseguita con grandi sforzi, anche se non con un unico progetto, e giocata su molte tastiere e con strumenti diversificati.

Si fece ricorso alla scuola e al servizio militare obbligatorio, alle feste patriottiche, come ai monumenti, ai busti, alle lapidi come al cambiamento della toponomastica urbana; alla riscrittura della storia recente come all'esposizione della memoria nei musei del Risorgimento, ai parchi della rimembranza, agli ossari, come a San Martino e Solferino, alla poesia – si pensi a Carducci – al romanzo storico, alla narrativa, alla pittura, alla musica patriottica (si pensi a Verdi); si fece ricorso ai simboli ai rituali, alle commemorazioni e agli anniversari.

E si fece anche ricorso alla costruzione del mito di Vittorio Emanuele II: egli era davvero popolare, la sua morte aveva realizzato un momento forte di unione e solidarietà nazionali. E allora, dal momento che già da vivo e da trent'anni era stata costruita la sua immagine di «re galantuomo» perché non farne da morto una leggenda davvero nazionale, unica, che inglobasse – come fedeli servitori o compartecipi, ma sotto la sua guida – altre figure mitiche, come Cavour e Garibaldi?

Da qui il numero strariante di commemorazioni, elogi e orazioni funebri, proclami di sindaci, opuscoli, cronologie, biografie, fogli volanti, inni in musica, preghiere cantate, messe da *requiem*, *pièces* teatrali, iscrizioni, carmi, odi, canti, stornelli, salmi, elegie, sonetti, terzine, quartine, sestine, ottave, endecasillabi, settenari, prose, esametri...

Un altro settore occupato per decenni dal «padre della patria» fu quello della divulgazione per l'infanzia, dei giornali per bambini, di un'editoria scolastica tutt'altro che insignificante, se si considerano le molte «vite» del re pubblicate e la fortuna di alcune.

Altri esempi si potrebbero addurre, ma la conclusione non cambierebbe. Il primo re d'Italia fu veramente popolare, anche perché tale popolarità fu costruita con abilità e avendo ben presente l'obiettivo: rendere patrimonio di tutti gli Italiani i valori, i modelli, gli ideali della minoranza che aveva fatto l'Italia.

▲ Il Palazzo del Quirinale, a Roma; già sede papale, dal 1870 divenne residenza ufficiale dei re d'Italia e, dal 1948, del Presidente della Repubblica.

UNITÀ 5 — L'ITALIA NELL'ETÀ DELLA DESTRA E DELLA SINISTRA STORICA — 175

3. LA SINISTRA STORICA AL POTERE

> QUALI FURONO LE CAUSE DELLA CADUTA DELLA DESTRA STORICA?
> QUALI RIFORME ATTUÒ DEPRETIS?
> DA QUALE FENOMENO FU CARATTERIZZATA LA VITA PARLAMENTARE DOPO LE ELEZIONI DEL 1882?
> QUALI FURONO GLI EFFETTI NEGATIVI DELLA POLITICA ECONOMICA PROTEZIONISTICA?

▶ La «caduta» della Destra storica

Il **16 marzo del 1876** il presidente del Consiglio **Marco Minghetti** annunciò ufficialmente il raggiungimento del **pareggio del bilancio**: la Destra storica aveva vinto la sua battaglia. Il fallimento economico, che avrebbe sicuramente fatto crollare l'ancora fragile costruzione dell'Italia unita, era stato scongiurato. Ma questa battaglia aveva logorata la Destra storica, sempre più divisa al suo interno.

Il Paese era «spremuto» dalla pressione fiscale e avvertiva l'esigenza di grandi riforme che la Destra non sapeva né comprendere né attuare. La politica economica del governo, se da un lato aveva dato credibilità e prestigio internazionale all'Italia, dall'altro aveva mostrato alcuni pesanti limiti:

› all'interno del Paese la costituzione di un unico mercato aveva messo in crisi l'economia meridionale, più debole di quella del Nord;
› nel contempo il libero scambio con le nazioni più progredite aveva esposto la nascente industria italiana alla concorrenza straniera, con esiti negativi.

Il **18 marzo 1876**, durante un dibattito alla Camera per il passaggio della gestione delle ferrovie dai privati allo Stato, la Destra perse l'appoggio della maggioranza dei deputati e «cadde».

Finiva così un'epoca. In pochi anni morirono tutti i protagonisti del Risorgimento: nel 1872 **Mazzini**, nel 1878 **Vittorio Emanuele II** e **Pio IX**, nel 1882 **Garibaldi**.

Lo stato d'animo che si diffuse in quel periodo è stato ben descritto dal filosofo Benedetto Croce: «Molti sentivano che il meglio della loro vita era stato vissuto, tutti dicevano che il periodo eroico della nuova Italia era terminato».

▶ La Sinistra storica al potere

Il 25 marzo 1876 il re affidò l'incarico di formare il nuovo governo al leader dell'opposizione, <u>Agostino Depretis</u> (1813-1887). Pochi mesi dopo si tennero nuove elezioni: vinse la **Sinistra storica**, che sostituì la Destra e governò il Paese per vent'anni, dal **1876** al **1896**.

La Sinistra che salì al potere aveva decisamente attenuato la sua originaria visione democratica: ora comprendeva al suo interno anche componenti moderate se non conservatrici. Lo stesso Depretis, che era stato mazziniano in gioventù, aveva maturato convinzioni moderate. Abile parlamentare seppe per circa dieci anni, dal **1876** al **1887**, tenere unita la nuova maggioranza attuando una politica ora progressista, ora conservatrice.

▼ Agostino Depretis parla dal banco ministeriale durante una seduta del Parlamento; disegno tratto dall'«Illustrazione Italiana» del 14 agosto 1887.

DEPRETIS: UN ABILE, MA NON GRANDE, UOMO POLITICO

Nel brano che segue, lo storico inglese Denis Mack Smith descrive Depretis come una personalità degna di rispetto, ma più abituato ad aggirare i problemi che ad affrontarli.

Depretis è una delle personalità più degne di rispetto della storia dell'Italia moderna. Continuò anche da presidente del Consiglio a vivere in un appartamento all'ultimo piano per giungere al quale bisognava fare centoventi gradini a piedi. Al contrario dei dottrinari e degli ideologi di entrambe le estreme, egli fu sempre ragionevole e pratico, affrontando ogni problema con calma, dominio di sé e cautela quasi eccessiva. [...].

Non era un grande uomo – e l'Italia aveva bisogno in quel momento di un grande uomo – ma era abile nelle manovre politiche, ricco di espedienti e sempre moderato quanto bastava a non provocare grossi guai. La sua abitudine di aggirare i problemi piuttosto che affrontarli direttamente era un pregio, ma anche una debolezza. Non aveva che poche opinioni proprie veramente sentite e la gente si separava generalmente da lui con l'impressione ch'egli fosse d'accordo con loro. Come ebbe a scrivere di lui Pareto: «Spirito scettico, incurante di princìpi e di convinzioni, con pochi scrupoli per la verità... pronto a seguire tutte le vie che gli assicurassero la maggioranza, salvo a mutar completamente rotta non appena il vento mutava direzione, egli esercitò durante gli ultimi anni della sua vita la dittatura più assoluta che sia possibile in uno Stato a regime parlamentare».

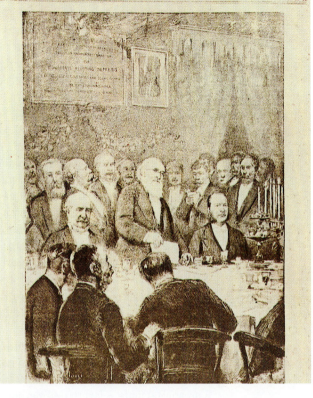

▲ Disegno tratto dall'«Illustrazione Italiana» che raffigura Depretis mentre tiene il famoso discorso di Stradella.

L'**8 ottobre 1876** Depretis presentò a **Stradella** – nel Pavese, il suo collegio elettorale – un ambizioso programma politico. Intendeva:
› eliminare la piaga dell'analfabetismo;
› allargare il suffragio elettorale;
› abolire la tassa sul macinato;
› decentrare l'amministrazione pubblica.
In gran parte questo programma venne realizzato, non senza limiti e contraddizioni.

▼ Vignetta satirica che raffigura Depretis come un camaleonte, alludendo al trasformismo.

CONNUBIO E TRASFORMISMO

Il «connubio» tra Cavour e Rattazzi del 1852 fu senza dubbio un accordo trasformistico, al pari di quello tra Depretis e Minghetti. Anche in quel caso, infatti, Cavour si accordò con l'opposizione. E per l'identico obiettivo: costituire un vasto schieramento di centro.
La differenza è tutta nelle conseguenze: infatti, l'accordo tra Cavour e Rattazzi portò alla nascita di un nuovo schieramento politico da cui trarrà origine la Destra storica; mentre quello tra Depretis e Minghetti determinò la degenerazione del sistema parlamentare con la frantumazione degli schieramenti in piccoli gruppi che esprimevano interessi locali, se non personali.

▶ Le riforme di Depretis

Il primo importante provvedimento di Depretis riguardò l'**istruzione**. Nel **1877** venne emanata la **legge Coppino**, dal nome del ministro che la propose. La legge Coppino riprendeva la legge Casati ma elevava l'obbligo scolastico fino a nove anni di età. Furono inoltre creati asili d'infanzia e aperte numerose scuole serali per permettere anche agli adulti di imparare a leggere e a scrivere.
In molta parte d'Italia, tuttavia, le scuole e i maestri continuarono a mancare. Al tempo stesso, per la diffusa povertà, molti genitori continuarono a non consentire ai propri figli di frequentare la scuola (a poco servivano in questi casi le sanzioni previste per gli inadempienti).
Nel 1880 venne notevolmente diminuita la **tassa sul macinato**, definitivamente abolita nel **1884**. Contemporaneamente, però, per l'aumento generale delle spese dello Stato, ricomparve il **deficit del bilancio**.
Con la **riforma elettorale** del 1882 il diritto di voto venne allargato. Per votare era necessario:
› essere cittadini maschi maggiorenni (21 anni);
› aver frequentato la seconda elementare (sapere cioè leggere e scrivere);
› pagare almeno 20 lire di imposte l'anno (invece delle 40 lire precedenti).
I votanti passarono dai 600 000 del 1876 a 2 milioni, pari al 7% della popolazione (un quarto della popolazione maschile maggiorenne).
Le elezioni tenutesi nel **1882** videro la vittoria della Sinistra, ma la Destra ottenne un buon risultato. In quell'occasione, per la prima volta, venne eletto deputato un socialista: il romagnolo **Andrea Costa** (1851-1910).

▶ La politica parlamentare

Il buon risultato elettorale ottenuto dalla Destra storica nel 1882 preoccupò Depretis. Per poter contare su di una maggioranza più larga, Depretis si rivolse allora ai deputati della Destra.
In un celebre discorso tenuto in Parlamento disse loro: «Se qualcuno vuole trasformarsi e diventare progressista, come posso io respingerlo?». Depretis intendeva così giustificare l'accordo stipulato con il *leader* dell'opposizione di destra, **Minghetti**.
Il Primo ministro, dunque, incoraggiava il passaggio dei parlamentari da uno schieramento all'altro. Questo fenomeno venne definito **trasformismo** e segnò la fine di ogni distinzione ideologica e programmatica tra Destra e Sinistra, la fine dello scontro tra i due principali schieramenti politici.
Era esattamente l'obiettivo perseguito da Depretis che intendeva così allargare la sua base parlamentare costituendo un'ampia formazione di **centro**. Di conseguenza, venivano emarginati da un lato i conservatori e i reazionari di destra, dall'altro la nuova sinistra, comunemente definita l'**Estrema**, quella socialista e radicale. Ma in mancanza di una maggioranza precostituita, la pratica del trasformismo portò inevitabilmente a costituire maggioranze diverse a seconda della legge da approvare, con scambi di favori non sempre limpidi tra governo e parlamentari: in sintesi, portò al dilagare della corruzione.
Da allora il termine trasformismo ha assunto una connotazione negativa che mantiene tuttora, quale sinonimo di degenerazione del sistema politico.

▶ La politica economica

Negli anni Settanta sorsero le prime **grandi industrie** italiane – gli stabilimenti chimici Pirelli, l'acciaieria Terni, le

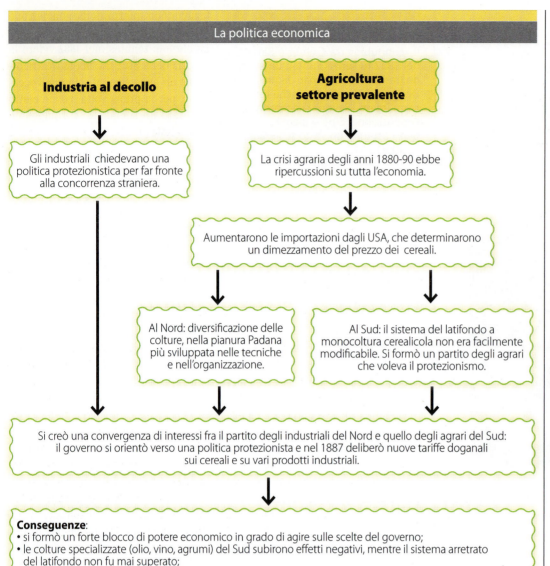

officine metallurgiche Breda – mentre anche l'industria tessile raggiungeva dimensioni significative.

L'**agricoltura** però rimaneva il settore di gran lunga prevalente. E quando negli anni Ottanta entrò in crisi, per effetto della depressione economica internazionale, tutta l'economia italiana ne risentì.

A causa delle crescenti importazioni di cereali provenienti dall'America, tra il 1880 e il 1887 il prezzo dei cereali si dimezzò e trascinò nella crisi tutta la produzione agricola.

Alcuni proprietari terrieri reagirono, tentando di diversificare le coltivazioni; ma soprattutto nel Sud, dove la situazione era più critica per la grande diffusione del **latifondo cerealicolo**, non era facile intraprendere la via della diversificazione. Di conseguenza, gli agrari, specie del Mezzogiorno, presero a premere sul governo affinché elevasse le tariffe doganali a «protezione» della produzione cerealicola nazionale.

Dal settore agricolo la crisi dilagò in quello industriale. Anche in questo caso gli industriali del Nord si schierarono apertamente a favore dell'elevazione delle **tariffe doganali**. Da tempo infatti sostenevano che per colmare il divario economico tra l'Italia e le nazioni più progredite, l'industria italiana andava «protetta», impedendo alla produzione straniera di invadere il nostro mercato.

▼ Alcuni dirigenti e tecnici della Breda di Sesto San Giovanni (Milano) in una foto del 1892.

LETTERATURA

Edmondo De Amicis (1846-1908) – CUORE

Edmondo De Amicis, dopo aver partecipato alla terza guerra d'indipendenza come ufficiale, intraprese l'attività giornalistica e viaggiò a lungo come inviato speciale. A Torino, dove si era trasferito definitivamente dal 1875, scrisse il suo libro più famoso, *Cuore*.

Fra i libri più popolari che siano stati scritti in Italia, *Cuore* uscì nel 1886 e riscosse subito un successo straordinario, tanto da essere tradotto in molte lingue. È la storia di un anno di scuola, narrata sotto forma di diario da un alunno di terza elementare, Enrico. Il racconto si compone soprattutto di una serie di ritratti di compagni, appartenenti a diverse classi sociali, ciascuno dei quali incarna un ruolo: c'è il borghese, il poveraccio costretto a lavorare, il buono, il cattivo che si redimerà, l'emigrante, il piccolo lavoratore.

La narrazione è intervallata da interventi scritti del padre, della madre e della sorella del protagonista, che esaltano i valori dell'Italia umbertina. L'insistenza sulla celebrazione delle virtù civili e patriottiche, sulla bontà, il coraggio, l'abnegazione di alcuni personaggi, risponde a un preciso intento etico-pedagogico da parte dell'autore. Consapevole della funzione di unificazione morale e culturale dell'Italia che il suo libro avrebbe potuto ricoprire, propone per la formazione delle nuove generazioni un solido sistema di valori, imperniato sulla famiglia, la scuola e lo Stato.

▲ Un momento della battaglia di Dogali in un quadro di Cenni; la colonna italiana comandata dal colonnello De Cristoforis venne sorpresa e distrutta dalle truppe di ras Alula.

Il governo, che fino ad allora aveva proseguito la politica liberoscambista della Destra storica, decise di operare una radicale svolta: nel **1887** vennero introdotte alte **tariffe doganali** sul grano e su molti prodotti industriali. Inevitabilmente, per il principio di reciprocità che regola i rapporti internazionali, gli altri Paesi alzarono a loro volta le tariffe doganali nei confronti dell'Italia.

La crisi economica aveva determinato nel Paese la nascita di un **potente blocco**, costituito dagli agrari, principalmente del Sud, e dagli industriali del Nord, in grado di condizionare pesantemente la politica economica del governo.

La svolta protezionistica ebbe sicuri **effetti positivi** sulla produzione industriale, ma l'aumento del prezzo del grano (e quindi del pane) determinò un notevole peggioramento delle condizioni di vita delle masse popolari. Aumentarono i conflitti sociali nelle campagne e l'**emigrazione** risultò per molti l'unica soluzione. Tra il 1881 e il 1901 più di 2 milioni di persone abbandonarono per sempre l'Italia.

Inoltre il protezionismo ebbe **effetti negativi** sull'agricoltura del Sud, in quanto determinò la crisi di quell'agricoltura specializzata (vino, olio, agrumi) che non trovò più sbocco in Europa per la ritorsione degli altri Paesi. E finì per tutelare le tecniche arretrate di coltivazione dei cereali proprie del latifondo.

▶ La politica estera

Anche in politica estera la Sinistra storica operò una radicale svolta rispetto alla Destra. Era accaduto che nel **1881** la Francia aveva occupato la **Tunisia**, provocando una forte delusione all'Italia che da tempo guardava con interesse a quel Paese, dove vi era una nutrita comunità italiana.

La Francia aveva potuto agire indisturbata perché l'Italia era di fatto isolata a livello internazionale. Per uscire dall'isolamento, e in segno di protesta nei confronti della Francia, nel **1882** l'Italia decise di allearsi con la Germania e l'Austria.

L'accordo diede luogo alla **Triplice Alleanza**, la cui natura era puramente difensiva: **Italia**, **Germania** e **Austria** si impegnavano infatti a intervenire in aiuto reciproco solo in caso di aggressione da parte di altri Paesi.

Questa alleanza sollevò nell'opinione pubblica italiana un'ondata di proteste. Non sfuggiva infatti ai più che alleandosi con l'Austria l'Italia rinunciava alle **terre «irredente»**: le terre «non libere», non ancora «redente» dal dominio austriaco, come il Trentino e il Friuli Venezia Giulia.

Ma se l'alleanza prestava il fianco alle critiche degli «irredentisti», sotto il profilo economico fu senz'altro vantaggiosa: in Italia, infatti, presero ad affluire capitali tedeschi che permisero il finanziamento dell'industria italiana e l'apertura di nuove banche, tra cui la *Banca Commerciale* e il *Credito Italiano*.

Mentre il governo stipulava la Triplice Alleanza, prendeva il via l'avventura coloniale italiana: nel **1882** venne occupato uno stretto territorio (acquistato dalla compagnia di navigazione Rubattino) nei pressi della Baia di Assab, sul Mar Rosso. (▶ **Avvenimenti** p. 192)

Da lì le truppe italiane mossero nel **1885** alla conquista di **Massaua**. Ma quando gli Italiani cercarono di occupare anche l'interno del Paese, provocarono la reazione del **negus**, l'imperatore d'**Etiopia** (o **Abissinia**, come veniva allora chiamata).

Nel gennaio **1887** a **Dogali** un reparto italiano di 500 uomini venne sorpreso e massacrato da 7000 Etiopi. L'avventura coloniale italiana iniziava con una grave sconfitta.

▶ Emigranti italiani in attesa di imbarcarsi; disegno di A. Beltrame, 1901.

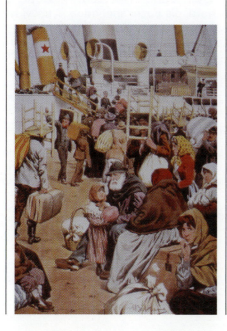

▲ Umberto I re d'Italia, Guglielmo I imperatore di Germania e Francesco Giuseppe imperatore d'Austria, firmatari della Triplice Alleanza, in una stampa commemorativa dell'avvenimento.

DOSSIER
Insegnare che passione!

Eredità

IERI PREVALEVANO ATTEGGIAMENTI DISCRIMINATORI TRA UOMINI E DONNE NELL'ACCESSO ALLA CARRIERA DI INSEGNANTE

OGGI DIFFICOLTÀ MATERIALI E PREGIUDIZI NON HANNO IMPEDITO ALLE DONNE DI FORMARE ORMAI LA MAGGIORANZA DEL CORPO DOCENTE E DI RAGGIUNGERE, IN TEMPI RECENTI, ANCHE IL LIVELLO DELLA DOCENZA UNIVERSITARIA

Maestre e insegnanti di scuola superiore: ecco i primi lavori non manuali né casalinghi che le donne italiane dopo l'unità poterono praticare raggiungendo una nuova dignità. Tanto più che, nelle stesse leggi istitutive del sistema scolastico italiano, le differenze tra maschi e femmine sono quasi assenti, sia sul versante degli allievi sia su quello degli insegnanti.
Le future maestre iniziavano a 15 anni, rispetto ai 16 dei maschi, la loro preparazione, in nome della «precoce maturità della donna». Un anno in anticipo rispetto agli uomini era anche l'entrata in servizio. Ma le disuguaglianze vere e proprie tra uomini e donne comparivano in un ambito molto delicato, quello dei salari. A parte la diversità di salario derivante dal lavorare in città o in campagna, era previsto che una donna, a parità di condizioni di diploma, di luogo o di classe d'insegnamento, fosse pagata un terzo in meno rispetto a un uomo.
Tuttavia, grazie anche a queste differenze, le donne riuscirono a rafforzare la loro presenza: non bisogna infatti dimenticare che le scuole elementari erano regolate dallo Stato, ma gestite e pagate dai comuni, che riservavano esigue risorse all'insegnamento. Le donne, dunque, erano preferite perché erano pagate meno.
Nel 1873 le maestre erano già 18351 contro 21970 maschi.

▼ Un alfabeto illustrato ottocentesco per le scuole elementari.

Nel 1877, quando la legge Coppino ribadì e rafforzò l'obbligo scolastico, le maestre erano più della metà di tutto il corpo insegnante elementare. Raggiunsero infine il numero di 45000 nel 1911, alla vigilia della legge Daneo-Credaro, che avrebbe sancito il passaggio di gran parte delle scuole elementari alla gestione statale: le maestre divennero così impiegati regi, ottenendo un importante avanzamento nella scala sociale.
Nasceva, fino a diventare un'immagine familiare e consegnata ai racconti e alle canzoni, la figura della maestra impegnata con fatica e nella solitudine a insegnare, soprattutto nelle povere scuole di campagna, un po' di alfabeto, delle preghiere e qualche lavoretto manuale a scolari privi sino ad allora di ogni istruzione. Si trattava di un'immagine non sempre rispondente al vero, ma era uno dei pochi casi in cui la donna che lavorava fuori casa veniva presentata con simpatia. Secondo una mentalità allora diffusa, infatti, il ruolo della donna era esclusivamente all'interno delle mura domestiche o comunque associato al lavoro del capofamiglia.
Se la maestra di campagna rappresentava numericamente – e anche simbolicamente – la figura più diffusa, nelle città del Nord, già pochi anni dopo l'unità, si cominciarono a impiegare maestre anche per le classi inferiori maschili. Si profilava, in questo modo, un'influenza mai vista delle donne sulla formazione dei futuri cittadini, e in prospettiva l'ingresso delle insegnanti anche nelle classi superiori maschili, prestigiose e molto ambite.
Per anni, comunque, l'insegnamento fu uno dei canali principali per l'ingresso delle donne nel mondo del lavoro. A facilitare l'impiego in massa delle donne nella scuola ci furono anche le mutate condizioni socioeconomiche. Molti potenziali maestri trovarono lavoro nelle officine e nelle industrie che andavano sorgendo proprio alla svolta del secolo. La crisi delle istituzioni religiose spingeva al lavoro, e in particolare proprio all'insegnamento, decine di donne di bassa condizione, vedove, nubili, figlie di piccoli borghesi impoveriti.
Al di là dell'impegno personale e della possibilità di accedere a un lavoro, la figura dell'insegnante elementare assumeva in quell'epoca altri aspetti che la rendevano in qualche modo più attraente: in uno Stato di recente fondazione e alla ricerca di un'unità culturale e civile, alla maestra veniva attribuita una «missione» laica di civiltà e progresso, a contrastare la Chiesa e le sue dottrine arretrate.
Le maestrine finirono quindi per presentarsi come una sorta di «madri del popolo» di grande spessore sociale e politico. Del resto anche un altro importante compito era loro affidato: avviare i futuri cittadini alla conoscenza di una lingua nazionale che era nota e comprensibile solo a una ristretta minoranza degli Italiani. Alla madre che insegna la lingua quotidiana, la lingua dei rapporti privati, si affiancava così una seconda madre, cui spettava di far conoscere la lingua pubblica, dei grandi antenati e dei nuovi «fratelli» italiani. In un certo senso, la maestra diventava l'incarnazione ideale, il simbolo della patria, anch'essa raffigurata nell'immaginario e nella produzione culturale come donna.
Anche la Chiesa cattolica, nel frattempo, aveva rivisto le proprie condanne riguardo all'istruzione femminile, dapprima ritenuta dannosa: le scuole normali (divenute poi scuole magistrali) e la maestra divennero modello di formazione e di ruolo femminile valido sia per le allieve più promettenti degli istituti di beneficenza, sia per i collegi destinati alle varie fasce della borghesia.
In questo modo conventi e

DOSSIER

Eredità

IERI E OGGI

L'accesso delle donne all'insegnamento rappresenta una tappa travagliata e contraddittoria dell'emancipazione femminile. Le donne potevano essere maestre elementari o insegnanti di scuola superiore, ma non docenti universitarie. La loro presenza nella prima grande scuola di massa contribuì a formare intere generazioni di giovani Italiani. Lo Stato unitario non impedì, ma favorì l'accesso delle donne all'insegnamento, riconoscendo loro una «naturale vocazione», e non sottovalutando la possibilità di risparmio per le finanze pubbliche, visto il loro minor costo. D'altro canto, questa scuola offriva alle donne, soprattutto della piccola borghesia, una grande opportunità: ricevere un'istruzione post-elementare e, pertanto, aprire i propri orizzonti al mondo del lavoro, al dibattito politico e anche all'attività letteraria. L'insegnamento, infatti, fece parte del bagaglio formativo di non poche scrittrici italiane, che diedero forma narrativa e poetica a questa loro esperienza.

Ancora oggi la professione di insegnante resta tipicamente femminile. Il fenomeno va inquadrato nel generale processo di integrazione delle donne nel mercato del lavoro, ma è spiegabile anche con una maggiore compatibilità dell'insegnamento, per quanto concerne tempi, modalità, percorsi di carriera, con i compiti dalle donne svolti all'interno della vita familiare, la cui organizzazione, nella maggioranza dei casi, continua a gravare su di loro. In Italia le donne costituiscono circa il 99% del personale docente nella scuola dell'infanzia, il 92% nella scuola primaria, l'85% nella secondaria di primo grado, il 60% nella secondaria di secondo grado. La femminilizzazione del corpo insegnante è una realtà della scuola italiana, le cui origini vanno ricercate proprio nelle scelte di politica scolastica avviate nel periodo postunitario. Va precisato però che oggi le donne si sono inserite numerose anche nell'insegnamento universitario, monopolio, fino a pochi decenni fa, degli uomini.

scuole collegate a opere religiose ebbero grande successo; si moltiplicarono le assunzioni di suore da parte dei municipi per coprire il posto di maestra; col nuovo secolo crebbe il numero degli ordini monastici femminili impegnati nell'attività educativa.

Il modello educativo nato in campo laico e con connotazioni talvolta apertamente anticlericali conosceva una grossa fortuna anche nell'ambito ecclesiastico. La Chiesa guardava con particolare favore al modello educativo che formava le maestre, ma che poteva ugualmente formare delle madri cristiane. E rafforzò il carattere «materno» della professione, provocando da parte di molti giornali d'opinione, a partire dagli inizi del Novecento, la richiesta di una «educazione davvero virile» (quindi impartita da maschi) per gli uomini di domani.

Queste voci non venivano soltanto da ambienti conservatori o vicini al nazionalismo, ma anche da liberali e democratici e perfino da socialisti, preoccupati di dover affidare alle maestre – cittadine imperfette poiché escluse dal voto per il loro sesso – quell'educazione alla politica e all'uso dei diritti politici che era parte integrante del loro programma.

▲ Una scuola milanese dopo l'unità d'Italia; stampa dell'epoca.

▼ Una mensa scolastica all'inizio del XX secolo in Italia.

UNITÀ 5 L'ITALIA NELL'ETÀ DELLA DESTRA E DELLA SINISTRA STORICA

4. DALLO STATO FORTE DI CRISPI ALLA CRISI DI FINE SECOLO

- QUALE SVOLTA IMPRESSE ALLA POLITICA ITALIANA L'AVVENTO DELLA SINISTRA STORICA?
- CHE COS'ERANO I FASCI SICILIANI?
- QUALE FU L'ESITO DELL'AVVENTURA COLONIALE ITALIANA?
- QUALI FATTORI CAUSARONO LA «CRISI DI FINE SECOLO»?

▶ Francesco Crispi

Nell'estate **1887** Depretis morì. Gli succedette **Francesco Crispi**: il primo uomo politico meridionale a diventare presidente del Consiglio. Nato a Ribera, in provincia di Agrigento, nel 1818, fu in gioventù un fervente democratico e mazziniano: nel 1848 partecipò alla rivolta siciliana, poi fece parte della spedizione dei Mille e fu tra coloro che sbarcarono a Marsala nel 1860. Dopo l'unificazione, abbandonò le idee repubblicane e, con uguale passione, sostenne la causa monarchica. Con l'eccezione del biennio 1891-93, rimase al potere per quasi dieci anni, dal **1887** al **1896**.
Convinto ammiratore di Bismarck e difensore della Triplice Alleanza, sosteneva la necessità di uno **Stato forte**. Con il consenso del nuovo sovrano **Umberto I** (1878-1900), assunse su di sé contemporaneamente le cariche di presidente del Consiglio, ministro degli Esteri e degli Interni. Mai nessuno, da quando l'Italia era stata unita, aveva avuto tanto potere.
Lo stesso apparato amministrativo venne riformato in senso autoritario. Nel **1888** Crispi fece approvare una nuova legge elettorale comunale e provinciale che da un lato estendeva il diritto di voto e consentiva ai comuni con più di diecimila abitanti l'elezione dei sindaci, dall'altro aumentava il potere di controllo dei prefetti.

In politica estera Crispi ebbe un orientamento decisamente ostile alla **Francia**, che lo portò a consolidare l'alleanza con la Germania. Nel 1888 la Francia, irritata dalla politica filotedesca di Crispi, introdusse una tariffa doganale discriminatoria nei confronti dei prodotti italiani. Crispi reagì aumentando del 50% le tariffe sui prodotti francesi. Iniziava così la «**guerra doganale**» tra Italia e Francia. Le esportazioni italiane si contrassero del 40%. Poiché la Francia era il nostro più importante *partner* commerciale, e il principale acquirente dei prodotti agricoli del Mezzogiorno, a essere danneggiata fu soprattutto l'economia del Sud.
Durante il governo Crispi non mancarono comunque scelte progressiste. Nel **1889** venne promulgato un nuovo codice penale, noto come **codice Zanardelli**, dal nome del ministro di Grazia e Giustizia in carica. Con esso veniva abolita la **pena di morte**, ancora in vigore nei principali Stati europei, e si riconosceva una limitata libertà di sciopero. A questi provvedimenti, però, fece da contrappeso una legge di **pubblica sicurezza**, anch'essa varata nel 1889, che restringeva i diritti sindacali e accresceva i poteri della polizia.

▼ Alcuni immigrati, appena giunti a Milano alla ricerca di migliori condizioni di vita, trovano un primo rifugio nel lazzaretto.

▲ Contadini al lavoro nelle campagne del Sud: la miseria delle loro condizioni spingerà molti di loro a emigrare nel Nord Italia.

▶ Il primo governo Giolitti

All'autoritaria politica interna, Crispi affiancò un'aggressiva politica coloniale. Nel **1889** venne firmato con il *negus* Menelik di Etiopia il **Trattato di Uccialli** (dal nome della località sede dell'incontro): il trattato riconosceva i possedimenti italiani in **Eritrea** e il protettorato italiano sull'**Etiopia** e la **Somalia**. Ma mentre nel testo italiano si parlava esplicitamente di protettorato italiano sull'Etiopia, in quello redatto nella lingua locale (l'amarico) vi era solo un vago accenno che venne interpretato da Menelik come un semplice patto di amicizia.

L'intenzione di Crispi di riprendere la politica coloniale suscitò però molte perplessità nell'ambito stesso della maggioranza, preoccupata dei costi dell'operazione nel momento in cui il Paese attraversava una grave crisi economica. Messo in minoranza, nel **1891** Crispi rassegnò le dimissioni.

La presidenza del Consiglio passò prima al conservatore **Di Rudinì**, poi a **Giovanni Giolitti** (1842-1928) che dovette

L'ETIOPIA, UN PAESE SCONOSCIUTO

Il termine «Etiopia», di derivazione greca, significa «terra dei popoli dalla faccia bruciata dal sole». Nell'antichità la regione etiopica venne fortemente influenzata dalla cultura egiziana, da quella delle popolazioni sudarabiche e dall'ellenismo. Ma solo nel I secolo d.C., con la formazione del Regno di Aksum, raggiunse una prima importante stabilità politica. Successivamente, i suoi sovrani abbracciarono il cristianesimo copto, legato dalle origini al Patriarcato di Alessandria d'Egitto (copto deriva dal termine arabo *qubt* che significa «egiziano»).

Quando i musulmani si spinsero in Africa, il Regno di Aksum cadde (VII secolo d.C.), ma si ricostituì a partire dal XII secolo sotto la guida dei *negus*: imperatori che vantavano di discendere da Menelik, figlio di Salomone e della regina di Saba.

Dopo varie vicende che videro prevalere ora sovrani musulmani ora dinastie di popoli nomadi, agli inizi dell'Ottocento la regione cominciò a riorganizzarsi e a modernizzarsi.

La storia dell'Etiopia si intreccia con quella dell'Eritrea a cui fu talvolta unita. L'Eritrea era una zona strategicamente importante, sia perché consentiva all'Etiopia l'accesso al mare, sia perché permetteva il controllo dello Stretto di Aden, punto di transito tra il Mediterraneo e il Mar Rosso dopo la costruzione del Canale di Suez.

Il nome «Eritrea» deriva dal greco *erytrhraîos* («rosso»): significa «terra sul Mar Rosso» e fu dato alla regione dagli Italiani.

▲ Menelik, sovrano dell'Abissinia, ritratto in un disegno dell'epoca.

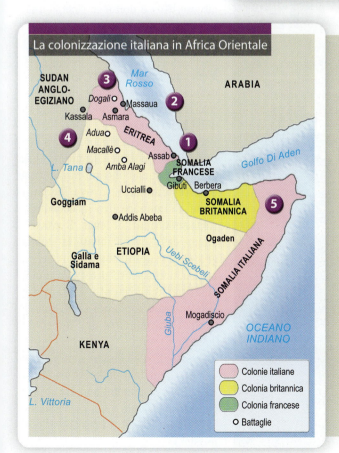

La colonizzazione italiana in Africa Orientale

❶ Dal 1869 la baia di Assab era diventata uno scalo carbonifero per le navi della Compagnia Rubattino. Nel 1882 venne acquistata dallo Stato italiano: tale acquisto può essere considerato il punto di partenza del colonialismo italiano.

❷ Nel 1885 le truppe italiane occuparono Massaua, come risposta a un eccidio di esploratori italiani. Quell'area era formalmente sotto il controllo turco. Quando gli Italiani cercarono di penetrare all'interno del Paese suscitarono le proteste del negus, l'imperatore dell'Abissinia (Etiopia).

❸ Nel 1887 presso Dogali un piccolo reparto delle truppe italiane venne massacrato da migliaia di guerrieri etiopi.

❹ Nel 1889 venne firmato il Trattato di Uccialli con il nuovo negus etiope Menelik, che riconosceva il possesso italiano dei territori sul Mar Rosso, una colonia che prese il nome di Eritrea. Successivamente i rapporti fra Italia e Etiopia si deteriorarono anche a causa di una controversa interpretazione del trattato. Crispi riprese allora la penetrazione in Etiopia entrando in conflitto con Menelik, ma subì una disastrosa sconfitta ad Adua (1 marzo 1896).

❺ Un accordo con i sultani locali stipulato nel 1889-90 stabilì il protettorato italiano su una parte della Somalia. L'Italia così affiancava la Gran Bretagna e la Francia nel controllo di questa area.

▲ Rivolta dei Fasci siciliani a Castelvetrano (Trapani) nel novembre 1893; disegno dell'epoca.

▼ Incisione che mostra la seduta della Camera del 23 novembre 1893, in cui si discusse il coinvolgimento di Giolitti nello scandalo della Banca Romana.

subito affrontare un grave problema di ordine pubblico: lo scoppio in Sicilia del moto di protesta popolare dei **Fasci siciliani** che raggiunse il suo culmine nel **1893**.

La parola *fascio* significa «unione» e infatti il movimento dei Fasci siciliani comprendeva operai, artigiani, lavoratori delle miniere di zolfo (zolfatari) e contadini che intendevano protestare contro le pesanti tasse del governo e contro i latifondisti, rivendicando il diritto a una più equa distribuzione delle terre. Ideologicamente non era un movimento rivoluzionario, anche se al suo interno erano presenti varie componenti rivoluzionarie, da quella anarchica a quella socialista. Era piuttosto un movimento popolare privo di una precisa identità: un'esplosione di rabbia per le vessazioni a cui era sottoposto il popolo siciliano (nelle sedi dei Fasci si potevano trovare i ritratti di Marx, Garibaldi, Mazzini, insieme al crocifisso e a immagini della Madonna, del re e della regina).

Giolitti decise di affrontare la questione con prudenza (si trattava di un fatto sociale che andava compreso e circoscritto) e non fece ricorso a misure eccezionali. Questa scelta lo fece apparire agli occhi dei conservatori come un presidente del Consiglio «debole», incapace di intervenire con decisione in una situazione di pericolo. Nel frattempo scoppiò lo scandalo della **Banca Romana**.

Per coprire vari ammanchi, era successo che la Banca Romana (una delle sei banche che allora potevano emettere moneta) aveva incominciato a stampare lire in eccedenza rispetto ai limiti di legge. E aveva in alcuni casi sovvenzionato la campagna elettorale di uomini politici, in altri concesso loro prestiti a condizioni particolarmente vantaggiose. Il fatto era emerso nel 1889, quando Giolitti era ministro del Tesoro del governo Crispi.

Accusato di «debolezza» e di aver coperto lo scandalo della Banca Romana (di cui comunque non era il maggiore responsabile), nel dicembre del **1893** Giolitti dovette rassegnare le dimissioni.

◀ Lo scontro tra Italiani e Abissini ad Adua in una stampa coeva.

LESSICO

STATO D'ASSEDIO
Lo stato d'assedio è un provvedimento cui si ricorre in casi eccezionali, come gravi disordini sociali o calamità naturali. Nell'attuale Costituzione repubblicana non esiste, ma era previsto dallo Statuto Albertino. Tra Ottocento e Novecento fu usato per reprimere scioperi e movimenti popolari, come accadde in Sicilia durante le proteste dei Fasci siciliani. Fu applicato anche dopo il disastroso terremoto che distrusse Messina nel 1908.
Lo stato d'assedio prevedeva la sospensione totale o parziale delle libertà normalmente godute dai cittadini. Solitamente era imposto a una parte del territorio nazionale; l'unico caso di imposizione a tutto il territorio nazionale avvenne dopo la caduta del fascismo (25 luglio 1943).

▶ Il ritorno di Crispi

Al governo tornò l'uomo «forte», Crispi, che immediatamente proclamò lo **stato d'assedio** in Sicilia. Poi fece intervenire l'esercito con 50 000 uomini. Numerosi furono i morti e circa 2000 le persone arrestate.
Nel **1894** la protesta dei Fasci siciliani era definitivamente stroncata.
Dopo questo «successo», Crispi rivolse nuovamente la propria attenzione alla politica coloniale, rivendicando il rispetto da parte dell'Etiopia dell'interpretazione italiana del Trattato di Uccialli. Al rifiuto di Menelik, diede ordine alle truppe italiane di penetrare in territorio etiopico.

Lo scontro si risolse ancora una volta in un disastro. Gli Italiani vennero dapprima sconfitti ad Amba Alagi (1895), poi a Macallé (1896). Infine l'**1 marzo 1896**, 16 000 soldati italiani si scontrarono con 70 000 Abissini nei pressi di **Adua**. Fu la disfatta: 7000 soldati italiani rimasero uccisi, 3000 furono fatti prigionieri.
Travolto dalle critiche, Crispi nel **1896** rassegnò le **dimissioni** e si ritirò a vita privata. Morirà qualche anno dopo, nel 1901, senza più ritornare al governo. (▶ Protagonisti p. 188)
Con le dimissioni di Crispi, terminava anche l'età della Sinistra storica e iniziava la «**crisi di fine secolo**».

▶ La crisi di fine secolo

Il fallimento dell'impresa coloniale aprì una crisi politica e istituzionale che si prolungò fino al nuovo secolo.
A sostituire Crispi venne chiamato al governo il marchese **Antonio Di Rudinì** (1839-1908) che nel **1896** firmò con Menelik il Trattato di **Addis Abeba**, con cui l'Italia rinunciava a qualsiasi pretesa sull'Etiopia e limitava il suo dominio coloniale all'**Eritrea** e alla **Somalia**.
Intanto nel Paese dilagava la crisi economica. Il popolo cominciò a soffrire la fame, tanto che il 28 febbraio del 1898 il quotidiano «La Stampa» di Torino scriveva: «I contadini si cibano

▼ Truppe italiane in partenza per l'Africa.

DOC

I FASCI SICILIANI
Il giurista siciliano dell'Ottocento, Enrico La Loggia, nell'analizzare le cause dei Fasci siciliani così scrive.

I moti di Sicilia saranno un giorno considerati come il primo posarsi, di fronte alla storia, della questione sociale in Italia, come il prodromo delle convulsioni che forse un giorno affliggeranno i popoli, e dalle quali giova sperare, senza presumere di darne i particolari, uscirà una forma superiore degli organismi sociali odierni […]
Grave, gravissima è, in linea generale, la condizione delle plebi agricole della Sicilia. Non è già la stessa da per tutto nell'isola; anzi è proprio rimarchevole che in paesi non distanti sia spesso una differenza relativamente grande di salari e di patti agrari. Il grande attaccamento del contadino al luogo dove è nato, la mancanza di attività, la difficoltà di comunicazioni rendono generalmente rare quelle migrazioni interne di lavoratori che ristabiliscono l'equilibrio.

E. La Loggia, *I moti in Sicilia*, 1894

UNITÀ 5 — L'ITALIA NELL'ETÀ DELLA DESTRA E DELLA SINISTRA STORICA

▶ Barricate a Milano durante le manifestazioni del 1898.

di erba selvatica e il pane costituisce una pietanza di lusso».
Nell'estate del 1898 un improvviso aumento del prezzo del pane, dovuto al cattivo raccolto e al blocco delle importazioni dagli Stati Uniti a causa della guerra con Cuba, provocò un'ondata di manifestazioni di protesta che percorse il Paese.

La più grave di queste si ebbe il **6 maggio del 1898**, a **Milano**, dove il generale **Bava Beccaris** ordinò ai suoi uomini di sparare sulla folla che protestava, anche con il cannone. Un centinaio furono i morti, innumerevoli i feriti. Molti dirigenti socialisti vennero arrestati e processati, fra questi **Filippo Turati**, il capo del Partito socialista. Gli ambienti dell'opposizione furono perquisiti e la libertà di stampa fortemente limitata.
Bava Beccaris per la sua azione ricevette il plauso del governo e del re Umberto I, che lo decorò con la Gran Croce dell'Ordine militare di Savoia.
Poiché comunque la tensione nel Paese rimaneva alta, Di Rudinì diede

▶ Le truppe comandate dal generale Bava Beccaris attaccano i rivoltosi milanesi durante i moti del 1898.

le dimissioni. Umberto I affidò allora l'incarico di formare un nuovo governo a un generale piemontese, **Luigi Pelloux** (1839-1924). Questi presentò alla Camera una serie di provvedimenti che limitavano decisamente la libertà di stampa e di riunione. L'opposizione di estrema sinistra reagì, attuando un deciso ostruzionismo parlamentare che si concretizzò nel tentativo di allungare all'infinito i tempi di discussione della legge. A Pelloux non rimase altro che sciogliere le Camere e indire nuove elezioni. Nelle elezioni del 1900 l'opposizione fece notevoli progressi: passò da 67 a 96 seggi, di cui 33 erano socialisti.
Un mese dopo, il **29 luglio 1900** l'anarchico **Gaetano Bresci**, per vendicare i morti di Milano, uccise il re Umberto I a Monza. (▶ **Protagonisti** p. 190)
La situazione era sempre più drammatica. In questo contesto, il nuovo re **Vittorio Emanuele III** decise di affidare il governo all'autore del nuovo codice penale, **Zanardelli**. Affiancava Zanardelli come ministro degli Interni **Giovanni Giolitti**. Iniziava così l'**età giolittiana**.

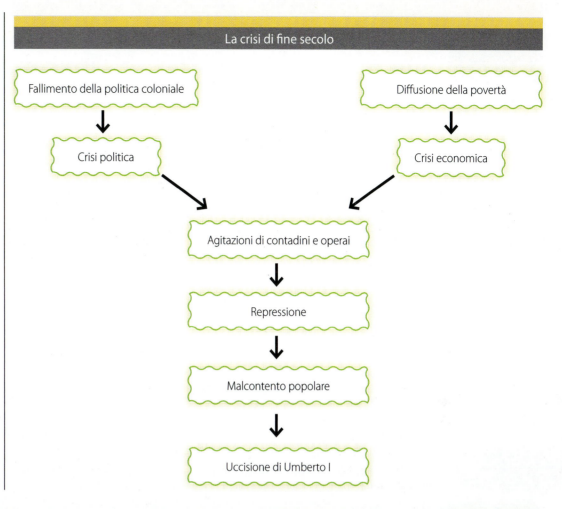

Le politiche della Destra e della Sinistra storica

	DESTRA STORICA	SINISTRA STORICA
Periodo	1861-76	1876-96
Origine risorgimentale	Cavouriani.	Mazziniani e garibaldini.
Principali esponenti	Ricasoli, Sella, Minghetti.	Depretis, Crispi.
Legge elettorale	Estensione all'Italia della legge elettorale del Regno di Sardegna. Condizioni per avere diritto al voto: – essere cittadini maschi; – avere 25 anni di età; – saper leggere e scrivere; – pagare almeno 40 lire di imposte l'anno.	Introdotta con la riforma elettorale del 1882. Condizioni per avere diritto al voto: – essere cittadini maschi; – avere 21 anni di età; – saper leggere e scrivere; – pagare almeno 20 lire di imposte l'anno.
Schieramenti parlamentari	Contrapposizione Destra-Sinistra.	Trasformismo.
Politica economica	Liberoscambismo.	Protezionismo.
Politica finanziaria	Pareggio del bilancio.	Deficit del bilancio.
Politica fiscale	Imposte indirette: tassa sul macinato.	Imposte dirette; abolizione della tassa sul macinato.
Politica estera	Rapporto preferenziale con la Francia. Completamento dell'unità d'Italia: acquisizione di Lazio e Veneto.	Triplice alleanza: Italia, Germania, Austria. Inizio del colonialismo italiano: conquista dell'Eritrea e della Somalia.
Rivolte sociali	Repressione del brigantaggio (1860-65).	Repressione dei Fasci siciliani (1893-95).
Istruzione	Legge Casati (1859): obbligo d'istruzione per due anni.	Legge Coppino (1877): obbligo d'istruzione fino ai nove anni di età.

Protagonisti

DOSSIER — Crispi, il padre di tutti i voltagabbana

DA REPUBBLICANO A MONARCHICO, ANTICLERICALE E ALLEATO DEL VATICANO, PRIMA DEMOCRATICO E POI AUTORITARIO: UN RITRATTO, DEL GIORNALISTA DARIO FERTILIO, DELLO STATISTA CHE INCARNÒ LA DOPPIEZZA DELLA POLITICA ITALIANA

Una descrizione disincantata

Tutto iniziò con *Il Principe* di Niccolò Machiavelli: fu da quel libro che nacque l'arte della politica. Poi vennero gli allievi e l'Italia continuò a fare scuola; sfortunatamente però, nel momento di passare dalla teoria alla pratica, gli statisti di casa nostra scoprirono di possedere una vocazione per le congiure, gli intrighi e i tradimenti. Questa, almeno, la fama che si sono guadagnati attraverso i secoli. Ma a chi va la primogenitura? Per il titolo di «re dei voltagabbana» lo storico Aldo Mola ha pronto un candidato: Francesco Crispi.

Così lo descrivevano i cronisti delle sedute parlamentari: «Redingote nera, bordata di seta, calzoni a righe, un gilè bianco attraversato da una catena d'oro e sormontato da una cravatta sulla quale brillava una spilla di diamanti, infilati alle dita non meno di due o tre anelli…».

▼ Un ritratto di Francesco Crispi.

Altri aggiungevano una descrizione del parentado, piuttosto simile a una corte o a un clan, che si raccoglieva in casa sua, consumava le sue finanze e non si preoccupava di confermare i peggiori cliché sul clientelismo meridionale, siciliano in particolare.

Lo statista, prima a Torino e poi a Firenze e a Roma, città che si succedettero come capitali del Regno sabaudo, non si negò nulla, in un crescendo di alterigia e dispendiosità vagamente borboniche, tanto più riprovevoli se si ricorda che da giovane Crispi era stato seguace di Garibaldi. Ma, come si sa, si era poi pentito, passando al servizio della monarchia.

Se alla fine avesse raggiunto i suoi scopi, può darsi che tutto gli sarebbe stato perdonato. Il guaio è, però, che Crispi combatté troppe battaglie politiche contraddittorie, senza preoccuparsi dei morti e feriti che di volta in volta lasciava dietro di sé. Qualche volta vinse, spesso si batté con le migliori intenzioni, però sul piano umano fece poco per meritare l'assoluzione. Questo vale anche per la sua vita privata, a cominciare dai rapporti sentimentali: con disinvoltura da *macho* arricchito abbandonò la compagna degli anni garibaldini per una donna più giovane, quindi venne accusato di bigamia; alla fine si scoprì anche una sua terza relazione, rimasta segreta.

Le mille contraddizioni

Crispi esordì in politica esaltando le antiche autonomie dei comuni siciliani e poi pose sotto la mannaia del ministero degli Interni tutti i municipi d'Italia; cresciuto in seminario, ostentò un anticlericalismo tutto d'un pezzo salvo poi, non appena gli riuscì di agguantare il potere, tendere la mano al Vaticano e cercarne l'appoggio; mazziniano sfegatato, se ne uscì impudentemente nel 1864 con la famosa frase: «La monarchia ci unisce, la repubblica ci dividerebbe».

E ancora: nel 1860 bloccò il telegramma che informava Garibaldi del fallimento della rivolta in Sicilia, sicché il generale partì, convinto di avere l'isola già ai suoi piedi (ciononostante Crispi venne rievocato generosamente dall'eroe dei due mondi nel romanzo autobiografico *I Mille*); iniziato alla massoneria nel 1861, si defilò subito, sempre però utilizzando quel «marchio» come lasciapassare in ambienti italiani ed europei; dopo aver esaltato la Rivoluzione francese come sua ispiratrice ideale, promosse la rovinosissima guerra doganale contro Parigi, salvo vivere poi con l'incubo di una spedizione navale francese contro Genova; presidente della Camera e del Consiglio, già fervido fautore del parlamentarismo, confidò a Umberto I che a governare l'Italia loro due sarebbero stati sufficienti e riuscì a far sciogliere ripetutamente i rami del Parlamento, usando i già disprezzati prefetti per vincere le elezioni e arrivando a ordinare la cancellazione di un milione di elettori dalle liste; fautore della liberazione dei popoli oppressi, in puro stile garibaldino, finì per dichiarare guerra all'Etiopia per ragioni di potenza coloniale, disponendosi a mandare incontro alla disfatta l'esercito italiano.

E infine, estremo paradosso, represse ferocemente (proprio lui sicilianissimo capo del governo) le spinte autonomistiche e le rivendicazioni sociali dell'isola.

MASSONE MA «CONCILIAZIONISTA»

Secondo lo storico Sergio Romano, l'ascesa al potere della Sinistra storica, e di Crispi in particolare, determinò una svolta anche nei rapporti tra lo Stato italiano e il Vaticano.

Agli inizi la conquista di Roma non è, nelle intenzioni degli «aggressori», un atto sacrilego. Il generale Raffaele Cadorna è cattolico. I maggiori esponenti della Destra storica sono cattolici e liberali. Uno di essi in particolare, Bettino Ricasoli, spera che la fine del potere temporale costringerà la Chiesa a rinnovarsi e a permettere una maggiore partecipazione dei fedeli alla sua missione. Questa classe dirigente dimostra i suoi sentimenti approvando qualche mese dopo le norme più sagge e liberali mai emanate da un governo italiano sullo spinoso problema dei rapporti con la Chiesa. La legge delle guarentigie sopprime molti vecchi controlli statali, toglie ogni restrizione al diritto di riunione del clero, rinuncia al giuramento dei vescovi, abolisce i *placet* e gli *exequatur* per la pubblicazione e la esecuzione di gran parte degli atti delle autorità ecclesiastiche. Il XX settembre assume così un nuovo significato: è il giorno in cui un grande principio del liberalismo europeo — «libera Chiesa in libero Stato» — diviene finalmente realtà.

La Chiesa non accetta, considera la libertà dello Stato un limite alla propria. Ma avrebbe forse compreso e apprezzato, con il passar del tempo, i meriti di questa straordinaria rivoluzione se una nuova classe dirigente non avesse conquistato il potere nel 1876. La Sinistra non è liberale e oscilla da allora fra due atteggiamenti apparentemente contraddittori. Da un lato cova sentimenti anticlericali, si compiace di volgari manifestazioni massoniche, innalza monumenti a Giordano Bruno, inscena processioni blasfeme, celebra il XX settembre come festa dell'anticlericalismo. Ma dall'altro cerca spregiudicatamente una conciliazione con la Chiesa romana. L'uomo che maggiormente esprime questa duplice tendenza è Francesco Crispi, massone, anticlericale e «conciliazionista».

S. Romano, *I volti della storia*

DOSSIER

Protagonisti

▲ *Lo sbarco dei Mille a Marsala* in un dipinto anonimo; Crispi partecipò all'impresa garibaldina.

▼ *Paesaggio dell'Eritrea*, dipinto di Michele Cammarano

L'obiettivo? Rafforzare il proprio potere

Autentica schizofrenia politica? Nel procedere ondivago di Francesco Crispi si può individuare piuttosto – secondo Mola – un'intenzione chiara. Il suo tatticismo mirava a rafforzare lo Stato italiano, coinvolgendolo in una politica autoritaria e di potenza coloniale, facendo però coincidere gli obiettivi nazionali con i suoi personali… e dunque rafforzando il proprio potere.

Se tradì Cattaneo, dopo aver pensato a lungo a un'Italia federale; se abbandonò Mazzini e Garibaldi al loro destino, pur avendo vissuto nella loro ombra la prima parte della carriera politica; se si trasformò da acceso repubblicano in monarchico spericolato e limitò la libertà di stampa dopo aver fondato lui stesso un giornale, fu perché le circostanze lo convinsero a essere «realista».

Insomma come molti politici «realisti» credette per primo a quel che gli conveniva: l'Italia aveva bisogno di un «battesimo di sangue», i popoli slavi erano «invincibili», gli Abissini «barbari», i Francesi infidi.

Però lui stesso, e lui soltanto, sarebbe stato capace di tenere in pugno le redini del potere.

Vero statista? Certo lo fu. Ma il destino gli impose quel prezzo assai disonorevole: la «doppiezza» machiavellica. Del resto non fu l'unico che si piegò alle convenienze. Il suo collega Depretis amava precisare: «Non è vero che sono nel fango fino agli occhi, soltanto fino al labbro superiore». E Giolitti: «Se l'Italia ha la gobba, bisogna cucirle una giacca adatta».

Era quella l'Italia del possibilismo e dell'aggiustamento: il massone Zanardelli, che si batté per introdurre il divorzio in Italia, alla fine volle essere accompagnato al cimitero da 44 sacerdoti.

Crispi si accontentò di meno: dopo tanti voltafaccia, gli sembrò che un solo prete potesse bastare.

UNITÀ 5 — L'ITALIA NELL'ETÀ DELLA DESTRA E DELLA SINISTRA STORICA

DOSSIER — *Protagonisti*

Il re che non amava l'Italia

PERCHÉ UMBERTO I VENNE ASSASSINATO? LE SUE LODI ALL'USO DEL CANNONE CONTRO LA FOLLA INERME SCATENARONO L'IRA DEGLI ANARCHICI. EPPURE, IL POPOLO LO CHIAMAVA IL «RE BUONO»

Tre colpi di pistola

La sera del 29 luglio 1900 nello stadio di Monza era appena terminato un concorso di ginnastica. Alle 21.25, dopo la premiazione, il re d'Italia Umberto I era già salito sulla carrozza che lo avrebbe riportato alla Villa Reale. Si udirono tre spari. Il re si accasciò e al generale Avogadro di Quinto, che allarmato gli chiedeva se fosse ferito, rispose: «Credo sia niente». Poi spirò.

I tre spari erano partiti dalla Massachusetts calibro 38 di Gaetano Bresci, l'anarchico arrivato da New York appositamente per uccidere il «re assassino». Umberto I così pagò con la propria vita l'aver lodato e decorato il generale Bava Beccaris per aver represso nel sangue i moti di Milano del 1898.

In realtà i cannoni di Bava Beccaris rappresentavano solo uno degli episodi che avevano alimentato, soprattutto negli anarchici, l'odio nei confronti del re. Il sovrano, infatti, era già scampato a due attentati di matrice anarchica, prima di incappare in Bresci.

Lo chiamavano il «re buono»

Le velleità autoritarie di Umberto I non si manifestarono subito in modo dirompente. All'indomani della sua ascesa al trono, avvenuta nel 1878, ebbe un atteggiamento cauto. Ma le sue idee erano già chiare: lo spirito del Risorgimento andava cancellato. Dovevano chiudersi tutte le porte al sentimento di unità nazionale.

Per Umberto I, secondo un'idea degna dell'antico regime, l'unità d'Italia non era stata altro che l'occasione per estendere i domini sabaudi. Detto in sintesi, il re non amava l'Italia, si sentiva ancora legato al Regno sabaudo.

Non a caso, nel 1882 l'Italia guidata da Crispi si legò, con la Triplice Alleanza, alle potenze conservatrici, tagliando i ponti con il liberalismo europeo che era stato alla base del Risorgimento.

Ma la neonata monarchia italiana andava allo stesso tempo rafforzata. Per questo il re accettò di chiamarsi Umberto I e non IV. E per

▲ L'assassinio di Umberto I per mano di Gaetano Bresci in una tavola di A. Beltrame.

UN GIUSTIZIERE SOLITARIO?

Umberto I fu vittima di un gesto individuale o di un complotto?

L'idea di vendicare le vittime dei cannoni di Bava Beccaris certamente maturò negli ambienti anarchici. E Gaetano Bresci, un decoratore di seta specializzato, nato a Prato nel 1869 ed emigrato in America nel 1898, era iscritto a una delle numerose società di anarchici italiani di Paterson, negli Stati Uniti.

Ma qui iniziano i dubbi: Bresci agì di propria iniziativa, anche se guidato dalle suggestioni maturate nel club, o fu espressamente incaricato del regicidio?

L'opinione pubblica per lungo tempo credette alla versione ufficiale: che si fosse trattato, cioè, di un gesto solitario. Oggi sembra invece possibile che le cose non siano andate così, tuttavia non è mai stata fatta completa luce sulla vicenda. Negli Stati Uniti la polizia stabilì (pur senza poter produrre prove concrete) che l'esecutore del regicidio era stato estratto a sorte durante una riunione segreta della società di cui Bresci era membro. Sembra che il primo prescelto fosse un certo Luigi Bianchi, il quale però non poté portare a termine la missione: fu arrestato per omicidio prima di potersi imbarcare per l'Europa. Perciò fu Bresci a partire.

In Italia, invece, al momento del processo si preferì giungere rapidamente a una condanna esemplare. Bresci venne processato con un rito sommario ad appena un mese dal regicidio. La polizia probabilmente era già al corrente del fatto che alle spalle di Bresci si era mossa un'intera organizzazione, ma la ricerca dei complici avrebbe procrastinato eccessivamente la sentenza.

Durante gli interrogatori, comunque, l'imputato sostenne sempre di aver agito da solo. La verità morì con lui il 22 maggio del 1901. Bresci infatti si suicidò, in circostanze poco chiare, nel carcere di Santo Stefano, dove stava scontando l'ergastolo.

▲ I funerali di re Umberto I in una stampa dell'epoca.

DOSSIER

Protagonisti

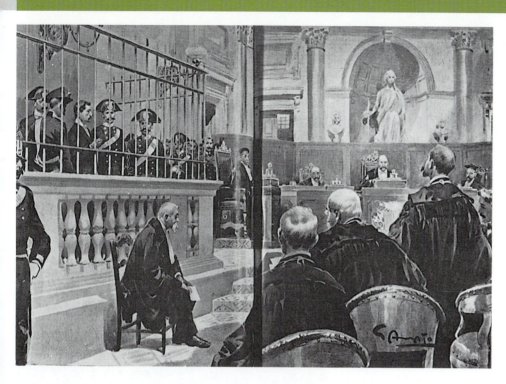

▲ Gaetano Bresci ritratto durante una fase del processo alla corte d'Assise di Milano. Disegno tratto da «L'illustrazione italiana».

questo iniziò la costruzione del mito monarchico, basato sul paternalismo e sulla retorica. La regina Margherita ebbe un ruolo decisivo in questo progetto, e raggiunse una popolarità che oggi definiremmo «divistica». La folla giungeva a inneggiare a «Santa Margherita». Umberto, dal canto suo, dimostrò una certa sollecitudine in occasione di sciagure nazionali, ad esempio durante l'inondazione del Veneto nel 1882, o per il terremoto di Casamicciola nel 1883. L'anno seguente si recò a Napoli, dove era scoppiata un'epidemia di colera, e visitò i malati. Si guadagnò per questo l'appellativo di «re buono».

La perdita del consenso e le tentazioni autoritarie

Ma il «re buono» era sordo alle esigenze degli Italiani, che trascinò in gravi disavventure pubbliche.
In seguito alla Triplice Alleanza, le spese militari aumentarono e le imposte sul consumo lievitarono. Anni dopo, i cannoni spararono in piazza contro i poveri che protestavano per il rincaro del pane. D'altra parte, per Umberto l'esercito era l'espressione più alta della propria sovranità. Anzi: il re avrebbe voluto dei militari a capo del governo, senza quell'ingombrante Parlamento previsto dalla costituzione – lo Statuto Albertino – alla quale aveva dovuto giurare rispetto.
Negli ultimi anni dell'Otto-

cento, le tensioni sociali dovute al processo di industrializzazione si acuirono. Sorse il Partito socialista, in Sicilia esplose il moto dei Fasci. Lo scandalo della Banca Romana (1893) certo non giovò, e il disastro di Adua diede il colpo di grazia all'immagine della monarchia. Le dimissioni dell'autoritario Crispi ridimensionarono l'impopolarità, ma la carismatica regina Margherita non si dimostrava certo sensibile alle rivendicazioni delle classi più povere: come risposta ai problemi sociali proponeva infatti il ricorso allo stato d'assedio e ai plotoni d'esecuzione.
Il conflitto tra oppositori e difensori delle istituzioni si era fatto molto aspro, e molti chiedevano una riforma in senso autoritario dello Stato. Dopo i fatti di Milano e la nomina del generale Pelloux a capo del governo, ai reazionari sembrò a portata di mano un colpo di Stato legalitario, con l'obiettivo finale della soppressione del Parlamento. Ma Umberto I, che in fondo non possedeva il coraggio necessario ad attuare una simile svolta, esitò.

L'opinione pubblica di fronte al regicidio

Si era dunque al culmine di un lungo periodo di crisi sociale, e anche economica. Bresci forse intendeva, con il suo gesto, dare il via a una rivolta popolare. Però ottenne il risultato opposto. Con l'assassinio del re, infatti, la monarchia riconquistò il consenso. I giornali cantavano le gesta del «re buono», trucidato mentre dava una dimostrazione d'amore al suo popolo. Persino le forze politiche, che erano in aperto conflitto tra loro, si trovarono d'accordo nella condanna del delitto. La dottrina anarchica fu condannata all'unanimità. Anche dai socialisti. E così Umberto I divenne, più da morto che da vivo, il simbolo dell'unità d'Italia.

▲ Umberto I re d'Italia. Firenze, Museo di Storia della Fotografia dei Fratelli Alinari.

DOSSIER

La Compagnia Rubattino

UNA COMPAGNIA NAVALE ITALIANA, NATA A GENOVA NEL 1838, DIVENNE IN POCHI ANNI UNA DELLE PIÙ IMPORTANTI DEL MONDO, E INTRECCIÒ STRETTAMENTE LA SUA STORIA CON QUELLA DELL'ITALIA

La storia della Compagnia navale Rubattino, lunga più di quarant'anni, si intreccia più di una volta con la storia «ufficiale» del nostro Paese, legandosi profondamente alla vita economica del Piemonte prima e dell'Italia unita poi.

Raffaele Rubattino nasce a Genova nel 1810. La sua famiglia si occupa di noleggi marittimi. Intuendo l'importanza che il trasporto marittimo va assumendo nel Mediterraneo, fonda una società di navigazione a vapore che assume il suo nome.

Anche se gli inizi dell'attività sono difficili e comportano persino l'affondamento di un piroscafo a causa di una collisione, l'armatore genovese non si arrende, anzi incrementa la propria flotta e copre numerose rotte. Nel 1853 avviene un'importante svolta: il governo piemontese concede alla Compagnia di effettuare il collegamento con la Sardegna, che fino ad allora era coperto solo da navi militari. Poi parte anche il progetto di una rotta transatlantica fra New York e Rio de la Plata.

Negli anni del Risorgimento Raffaele Rubattino è membro della Giovine Italia. Non c'è da stupirsi, quindi, se Garibaldi riesce a impadronirsi del *Piemonte* e del *Lombardo*, grazie anche alla benevola disattenzione delle autorità sabaude. Ma già nel 1857 dal *Cagliari* erano sbarcati a Sapri i patrioti guidati da Pisacane.

Ma dopo la partecipazione all'impresa risorgimentale, le finanze di Rubattino sono in crisi: il *Cagliari* è stato catturato dalle fregate borboniche e la Compagnia non riceve alcun indennizzo. Soltanto dopo l'unificazione, grazie all'assegnazione delle rotte tirreniche da parte del neonato Stato italiano e la concessione di un prestito senza interessi e di sovvenzioni per nuove imbarcazioni, Rubattino si rimette in sesto, più forte di prima.

Nel 1869 viene aperto al traffico il Canale di Suez. Prontamente Rubattino inaugura la «linea egiziana» che arriva fino ad Alessandria. Ma l'obiettivo dell'armatore è l'India. Si crea allora l'occasione per la costituzione del primo possedimento coloniale italiano: tra Suez e Bombay, infatti, ci sono circa 5500 chilometri e per una tratta così lunga sorge la necessità di avere a disposizione una base per il rifornimento di carbone. Il governo italiano appoggia la missione, e nel 1870 viene acquistato ad Assab un territorio di 100 chilometri quadrati, che costituirà la base per il rifornimento di carbone delle navi. Ma l'Egitto protesta vigorosamente per quella che ritiene una violazione della propria sovranità, e il governo fa ritirare precipitosamente tutto il personale italiano. Rubattino continua a premere sul governo perché si torni in Africa, ma solo nel 1879 gli Italiani, in sordina, tornano ad Assab e iniziano a costruire alcune infrastrutture. Nonostante le proteste di Turchia ed Egitto, nel 1882 un trattato conferma il possedimento che lo Stato italiano acquista dalla Compagnia Rubattino. L'avventura africana inizia davvero.

La linea indiana diventa il fiore all'occhiello della Compagnia, tanto che Rubattino la ingrandisce in maniera consistente, ma deve affrontare un'agguerrita concorrenza straniera. Da qui nasce l'idea della fusione con la società italiana concorrente: la Florio di Palermo. La fusione ha luogo nel 1881 e dà vita alla Navigazione Generale Italiana, che intrattiene stretti rapporti con i ministeri italiani. Rubattino muore in quello stesso 1881. La Navigazione Generale Italiana, invece, resisterà fino al 1936, quando sarà assorbita dalla neonata Finmare.

▲ Un manifesto della Navigazione Generale Italiana, la società nata dalla fusione delle compagnie di navigazione Rubattino e Florio.

▼ Il porto di Genova in una fotografia della metà dell'Ottocento.

Un colonialismo in ritardo

LAB

storiografia

Ad Adua, l'1 marzo 1896, si consumava la più grave sconfitta di una potenza coloniale europea nella corsa alla spartizione dell'Africa, una catastrofe destinata a provocare gravi ripercussioni nella politica interna italiana. Un esercito primitivo sbaragliava le truppe di un Paese moderno. La vittoria etiopica dimostrava che il «bianco» non era invincibile e alimentava la speranza che un giorno gli Africani avrebbero potuto emanciparsi dalla pesante tutela dei Paesi colonizzatori. Quali furono le ragioni della sconfitta italiana?

Le prime gravi difficoltà per la colonia italiana in Africa si presentarono nel gennaio 1895, quando un capo etiope, il ras Mangascià, entrò col suo esercito (19000 uomini, di cui 12000 armati di fucile) in Eritrea, dove si scontrò con una colonna italiana.

Dopo alcuni giorni ras Mangascià fu ricacciato in Etiopia. Il capo del governo italiano, Francesco Crispi, decise che a quel punto l'esercito italiano poteva entrare in Etiopia. Varie città furono rapidamente conquistate, fra cui Adua e Macallé; le truppe italiane riuscirono a spingersi fino al passo dell'Amba Alagi. Qui, anche a causa di incomprensioni fra gli alti ufficiali, il 6 dicembre gli Abissini attaccarono una colonna di Italiani e Ascari (combattenti indigeni) causando la morte di 1500 uomini.

L'esercito italiano cominciò ad arretrare verso l'Eritrea, perdendo fra l'altro il forte di Macallé dopo un drammatico assedio. I due eserciti si ritrovarono di fronte, l'1 marzo 1896, nei pressi di Adua.

Ad Adua si scontrarono l'esercito di Menelik, forte di 70000 uomini, e il corpo di spedizione italiano – guidato dal generale Baratieri – che era andato a ingrossare le truppe già presenti in Eritrea: in totale circa 16000 uomini. Le truppe italiane si batterono con valore ma furono sopraffatte: rimasero sul campo 7000 Italiani; i prigionieri furono circa 3000, un numero imprecisato i feriti.

Si trattava della più cocente sconfitta subita da un esercito «bianco» impegnato nella conquista del continente «nero». L'Italia stabiliva così una sorta di paradossale «primato»: la potenza europea che si era avviata per ultima sulla strada del colonialismo aveva dovuto inginocchiarsi di fronte a uno dei primi segnali della più efficace riscossa anticoloniale.

Adua finì per acquisire, già nell'età dell'imperialismo e poi anche nei decenni successivi, un valore emblematico che andava al di là del caso italiano: la vittoria etiopica dimostrava che il «bianco» non era invincibile.

Ma quali furono le ragioni di questa sconfitta?

La sconfitta di Adua metteva fine a una politica coloniale iniziata nel 1882 e proseguita, con poche differenze, da tutti i governi succedutisi nel frattempo: la Sinistra moderata di Depretis, il governo decisionista di Crispi, l'esecutivo conservatore di Rudinì, il governo di transizione del primo Giolitti. Col passare del tempo, anzi, le mire espansionistiche si erano allargate: l'Italia si era lasciata prendere dall'entusiasmo dopo le iniziali vittorie e aveva sopravvalutato il successo del suo primo insediamento, l'Eritrea; contemporaneamente, puntando all'Etiopia, aveva sottovalutato la forza abissina. Ma questo fu soltanto uno dei limiti della politica coloniale italiana.

L'Italia, nonostante le grandi ambizioni seguite ai primi successi, non riuscì mai a costruire i presupposti per un dominio coloniale forte. Non si era dotata fino ad allora di un esercito coloniale specifico: gli ufficiali in campo ad Adua erano stati scelti, come i loro soldati, dai reparti regolari. Molti tra gli ufficiali, poco abituati sia alla teoria sia alla pratica della guerra coloniale, rimasero sconvolti dalla durezza della battaglia. Sul piano tecnico-militare, l'impreparazione per una spedizione in zone interne e poco conosciute facilitò le azioni degli Etiopi, che poterono dividere e battere le varie colonne in modo più agevole.

La superficialità con la quale la campagna africana era stata preparata si manifestava anche sotto altri aspetti: le calzature dei soldati si rivelarono inadatte al terreno, per cui molti soldati preferirono marciare a piedi nudi. Anche i caschi regolamentari giunsero in numero insufficiente, e quelli disponibili erano di qualità scadente: dopo le prime piogge si trasformavano in stracci. Inoltre, la difficoltà nel rifornire dalla costa le truppe all'interno del Paese costrinse molti soldati a combattere a stomaco vuoto, e per

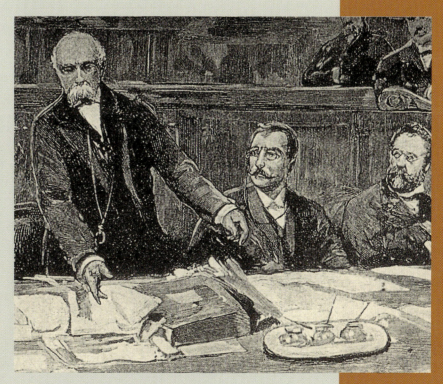

▲ Le dimissioni di Crispi dalla presidenza del Consiglio in seguito alla battaglia di Adua, in un disegno dell'«Illustrazione Italiana», 1896.

storiografia

LAB

giunta molto stanchi a causa delle lunghe tappe di marcia, interrotte solo da brevi momenti di riposo imposti dal comando militare.

Ma a monte dell'impreparazione tecnica, Adua mise a nudo la debolezza di fondo dell'intera classe politica davanti alla questione coloniale. L'Italia decise di partecipare alle imprese coloniali puntando a ottenere il prestigio di «grande potenza», ma in realtà dovette subire l'iniziativa delle nazioni impegnate da secoli nelle conquiste, come Francia e Inghilterra.

L'insediamento italiano sul Mar Rosso fu favorito infatti dall'Inghilterra, che preferiva in quella zona la nostra debole presenza piuttosto che quella più minacciosa dei Francesi. D'altronde, anche all'interno dell'Italia, l'espansione oltremare era voluta soltanto da una minoranza colonialista e da governi che sostennero il progetto soprattutto per motivi di convenienza politica: la fretta imposta da Crispi a Baratieri, per esempio, era dovuta alla speranza che un successo militare rafforzasse un consenso interno in crisi.

Anche dietro il colonialismo italiano c'erano interessi diplomatici, economici (settori estremamente interessati all'espansione oltremare erano quelli finanziari o che coinvolgevano le compagnie di navigazione), o legati a preoccupazioni di carattere demografico (era diffusa l'illusione che una parte dell'emigrazione potesse essere deviata verso i nuovi territori, in realtà molto poveri). Ma nell'insieme le basi su cui fondare l'avventura africana erano ancora troppo ristrette e incerte.

La sconfitta di Adua mise dunque a nudo l'impreparazione dell'Italia ad attuare una efficace politica coloniale.

Già all'indomani dell'1 marzo 1896 si scatenarono le polemiche. Crispi – poi costretto alle dimissioni – cercò di attribuire ogni responsabilità a Baratieri; questi rispondeva tirando in causa i politici e addirittura il re.

Nell'opinione pubblica, accanto ai più accesi anticolonialisti, ci furono moderati conservatori che si preoccuparono delle gravi falle che l'avventura coloniale aveva aperto nelle casse dello Stato e nella credibilità internazionale dell'Italia.

In molte parti del Paese si svolsero manifestazioni organizzate dall'opposizione ma spesso anche spontanee con-

tro la partenza di altre truppe per l'Eritrea. Tra gli slogan gridati in quei raduni comparvero «abbasso Crispi!» o «per l'Africa né un uomo né un soldo» (grido già lanciato ai tempi di Dogali dal socialista Andrea Costa), ma anche «viva Menelik!».

Il colonialismo, che avrebbe dovuto ricompattare l'opinione pubblica in senso nazionalistico, era diventato motivo di lacerazione nazionale.

Nicola Labanca, *Un colonialismo in ritardo*, in «Storia e Dossier», n. 103

COMPRENDERE

❭ Come si giunse allo scontro di Adua?

❭ Chi guidava il corpo di spedizione italiano?

❭ Perché la sconfitta di Adua assunse nei decenni successivi un valore emblematico?

❭ Quali furono le cause militari della sconfitta?

❭ Quali difficoltà dovettero affrontare i soldati italiani?

❭ Come si collocava l'Italia nel quadro delle grandi potenze europee?

❭ Quali interessi c'erano dietro l'espansione coloniale?

CONTESTUALIZZARE

❭ Quando era cominciata la politica coloniale italiana?

❭ Quali erano gli obiettivi della politica coloniale promossa da Crispi?

❭ A quali conseguenze portò la sconfitta di Adua?

DISCUTERE E ATTUALIZZARE

❭ Si può affermare che il colonialismo abbia lasciato delle conseguenze anche nel presente, che sia cioè un fenomeno non ancora concluso? Rifletti e discuti su quale sia oggi il rapporto fra Paesi ricchi ex colonizzatori e Paesi poveri ex colonizzati.

Brigantaggio e dibattito politico

In Italia, come in altri Paesi, è spesso avvenuto che, con l'appoggio anche di autorevoli intellettuali, si siano ricostruite alcune vicende storiche in chiave politico-mitologica, in funzione degli obiettivi politici del momento. Secondo lo storico Ernesto Galli della Loggia, il fenomeno del brigantaggio appartiene a questa categoria, in quanto è stato enfatizzato tutte le volte che si voleva delegittimare lo Stato italiano di origine risorgimentale, un'operazione compiuta tanto dalla Destra che dalla Sinistra.

Furono chiamati «moti del brigantaggio» quell'insieme di moti a sfondo insurrezionale – o più propriamente di azioni di guerriglia contro lo Stato italiano – che, all'indomani dell'unità, videro per alcuni anni protagoniste le popolazioni del Mezzogiorno peninsulare. Il termine «brigante» era proprio, naturalmente, della più antica storia di quelle contrade, e per sua natura questa figura si collocava a metà strada tra protesta sociale e illegalità comune [...]. Spesso l'immagine del brigante era associata anche ai ribelli, per esempio a coloro che si opponevano all'occupazione francese, in epoca rivoluzionaria e napoleonica, nell'Italia del Sud e nella penisola iberica.
[...] Quando, durante la conquista del Regno delle Due Sicilie, la nuova classe dirigente italiana – militari e funzionari – si imbatte in fenomeni di opposizione o insofferenza, l'uso del termine «brigante» indica una contrapposizione tra il proprio mondo e quello che si va scoprendo nel Sud.
Il generale Morozzo Della Rocca ha appena superato il confine dello Stato napoletano, nel 1860, senza aver subito, a quanto pare, nessun attacco da parte di bande, e già scrive alla moglie: «Briganti son qui in grandissimo numero; raccomandiamo ai soldati di non stare mai isolati».
I generali piemontesi appena arrivati al Sud chiedono lo stato d'assedio o minacciano fucilazioni di massa. [...] Del resto, i giudizi che gli uomini dell'apparato italo-piemontese davano della gente del Sud erano eloquenti: «abbrutiti», «orientali», «non capiscono altro che la forza», «Affrica», «non hanno sangue nelle vene», «un cattivissimo paese», «misto di credulità e astuzia». Lo scoppio del brigantaggio venne letto, quindi, dalla classe dirigente e da gran parte dell'opinione pubblica, all'interno di questo modo stereotipato di pensare.
Le prime agitazioni contro lo Stato italiano, appena costituitosi, cominciarono nella primavera del 1861. Il principale motivo di questi moti fu – insieme allo sfascio dell'apparato borbonico di controllo del territorio – la massiccia presenza nelle campagne di soldati sbandati del disciolto esercito napoletano, datisi alla macchia.
Altri elementi si sommarono: un cattivo raccolto; la scarsa capacità del nuovo governo di avviare opere pubbliche; la mancata distribuzione delle terre; la reazione contro le misure repressive intraprese dal nuovo governo contro rappresentanti del clero che non riconoscevano il regime unitario. Poco peso ebbero invece – contrariamente a quanto spesso è stato sostenuto – l'azione di Pio IX o di Francesco II in esilio.
In pochi mesi, comunque, decine di bande cominciarono ad agire, con agguati, estorsioni e rapimenti. La reazione del Regno d'Italia fu durissima: 120000 soldati furono stanziati nell'Italia meridionale e, dall'agosto 1862, venne proclamato lo stato d'assedio in tutto il Sud continentale. Tutto il potere passò alle autorità militari e ai loro tribunali.
Nell'agosto 1863 una nuova serie di provvedimenti (la legge Pica) inasprì i metodi di lotta al brigantaggio, consentendo la fucilazione (o i lavori forzati a vita) di tutti coloro che avessero opposto resistenza a mano armata, nonché il domicilio coatto per complici e sospetti. Si tratta di una vera e propria legislazione speciale che durò fino alla fine del 1865.
[...] Proprio la durezza – non sempre necessaria – della repressione fu la probabile causa della nuova immagine del brigantaggio che cominciò allora a diffondersi, fino ad assumere un carattere quasi mitico. [...] Soprattutto i democratici considerarono il brigantaggio una guerra di classi, un moto di protesta sociale, condotto dalla classe più povera – i contadini – contro la borghesia.
In molta produzione storiografica, influenzata da dottrine politiche democratiche o socialiste, già nell'Ottocento fecero la loro comparsa due tesi ritenute indiscutibili: in base alla prima, il processo risorgimentale aveva avuto un carattere classista, e andava superato in senso rivoluzio-

▲ Carabinieri e guardie nazionali fanno irruzione in un cascinale dove sono rifugiati dei briganti (1863).

storiografia

LAB

nario e popolare; la seconda, vedeva nel contadino il soggetto rivoluzionario del caso italiano. [...] Nel 1926 il teorico comunista Antonio Gramsci associava queste due tesi, riproponendo un'immagine dei contadini del Sud che nella sostanza risaliva agli anni del brigantaggio: condizioni «analoghe a quelle delle popolazioni coloniali», grazie alle quali «la borghesia riesce a mantenere il potere» ottenuto mediante la «conquista» da parte del Regno di Sardegna, soffocando momentaneamente la spinta «rivoluzionaria» dei contadini del Sud. [...] Quindi, il Risorgimento, guidato dai moderati cavouriani, era stata una «conquista regia», che aveva condotto alla nascita di uno Stato così ostile alle rivendicazioni popolari e contadine da causare le rivolte del 1860-65. In questo modo, l'interpretazione del brigantaggio avanzata dai reazionari e dai borbonici (i contadini non erano briganti, ma vittime della borghesia liberale) veniva a coincidere largamente con l'interpretazione rivoluzionaria.

[...] Sul finire del XX secolo, il brigantaggio è ritornato argomento di dibattito: ancora una volta, però, non col suo vero volto di avvenimento storico, ma con una immagine politico-mitologica. La conquista del Sud a opera del Regno di Sardegna viene presentata da alcuni autori (appartenenti alla destra tradizionalista) come l'inizio di una lunga e sanguinosa repressione, comparata talvolta con quella nazista nei confronti degli ebrei. Lo scopo di questa rilettura è quella di descrivere la conquista del Sud come una impresa colonialistica e di rivendicare in chiave positiva il passato regime borbonico in vista di una futura separazione del Mezzogiorno dal resto d'Italia.

Quello del brigantaggio, come si vede, resta un mito che destra e sinistra possono alternativamente adoperare – e hanno adoperato con pari energia, e in fondo con eguali buoni motivi – ogni volta che si è voluto delegittimare lo Stato italiano di origine risorgimentale.

Ernesto Galli della Loggia, *Miti e storia dell'Italia unita*

COMPRENDERE

❯ A quale immagine veniva spesso associata quella del brigante?

❯ Quali giudizi esprimevano gli uomini dell'apparato italo-piemontese sulla gente del Sud?

❯ Quale conseguenza ebbero tali giudizi sul modo di interpretare il fenomeno del brigantaggio?

❯ Quali furono i motivi alla base delle agitazioni contro lo Stato italiano?

❯ Come fu interpretato dai democratici il fenomeno del brigantaggio?

❯ Quale interpretazione ne diede Gramsci?

❯ Qual è stata l'interpretazione della destra tradizionalista? Perché?

CONTESTUALIZZARE

❯ Come veniva interpretato nel Sud il servizio militare obbligatorio?

❯ In quali anni le rivolte dei briganti afflissero il Meridione d'Italia?

❯ Da chi erano costituite le bande?

❯ Quali provvedimenti adottò lo Stato per sconfiggere il fenomeno?

DISCUTERE E ATTUALIZZARE

❯ Pensi che alcuni problemi dell'Italia meridionale di oggi abbiano radici o cause nel fenomeno del brigantaggio? Ritieni che le caratteristiche delle «guerre di mafia», dichiarate dalla criminalità organizzata di oggi contro clan rivali o contro le forze dell'ordine, siano assimilabili alla guerriglia organizzata dai briganti contro lo Stato unitario? Individua eventuali somiglianze e differenze.

I briganti

Al di là delle loro motivazioni sociali, i briganti erano criminali che commettevano atti di violenza, come si vede nel disegno. Lo Stato italiano impiegò più di 100 000 soldati e condusse una vera e propria guerra per stroncare il fenomeno. L'immagine rappresenta una banda di briganti che ha appena assalito due viaggiatori.

LAB Documenti

1. La scena si svolge sullo sfondo di un paesaggio montano desolato, un luogo difficilmente accessibile, teatro privilegiato per gli assalti ai convogli dei viaggiatori.

2. La fierezza dei banditi emerge sia dai loro visi accigliati sia dall'atteggiamento virile, in piedi e un po' impettito.

5. Le vittime, spogliate dei loro abiti, vengono lasciate incolumi sotto lo sguardo ironico del capo dei briganti. In questo caso i due derubati sembrano essere di condizione agiata: persone di questo genere potevano permettere un discreto bottino. Spesso, però, le imprese dei briganti avvenivano a spese di persone umili: case o interi villaggi potevano essere depredati o distrutti se i briganti sospettavano vi si trovassero delle spie dei «piemontesi».

4. Le armi, fucili e pistole, erano sottratte ai soldati, ma i briganti erano anche finanziati dai Borboni in esilio, o da ricchi simpatizzanti, oppure imponevano a commercianti e professionisti di dar loro del denaro per evitare molestie: una sorta di «pizzo» come quello richiesto dai mafiosi.

3. L'abbigliamento corrisponde all'immagine tradizionale del brigante: cappello di feltro, pantaloni di fustagno, bisaccia di cuoio con viveri, in genere frutto di rapina ai contadini e ai pastori, e piccoli utensili per la vita all'aperto, calzature «alla ciociara» (cioè originarie della regione laziale della Ciociaria, attorno a Frosinone).

UNITÀ 5 — L'ITALIA NELL'ETÀ DELLA DESTRA E DELLA SINISTRA STORICA — 197

Le cause sociali del brigantaggio

LAB

Documenti

Per comprendere le cause del brigantaggio, il Parlamento italiano istituì nel dicembre del 1862 una Commissione d'inchiesta presieduta da Giuseppe Massari. La relazione conclusiva dell'anno successivo rappresenta il primo sforzo notevole di ricercare le cause profonde, non solo quelle occasionali, di un fenomeno che, dal 1860, stava sconvolgendo l'Italia meridionale.

Nel seguente brano, tratto da quella relazione, si sostiene che:
– le cause profonde del brigantaggio sono di natura sociale ed economica;
– la causa principale è la miseria in cui vivono i contadini nell'Italia meridionale;
– il rapporto tra proprietari terrieri e contadini è ancora di stampo feudale in numerose province meridionali.

Nonostante la relazione si soffermasse soprattutto sull'analisi socio-economica del problema, non mancava tuttavia di citare anche gli aspetti politici, definiti come le cause immediate del fenomeno, tra i quali si sottolineava il sostegno alla rivolta dato dai Borboni in esilio e dalla Chiesa. Pertanto proponeva anche provvedimenti di polizia per ristabilire l'ordine pubblico in quelle zone.

Il governo scelse la via repressiva e, nel 1863, entrò in vigore la «legge Pica» che sottoponeva alla giurisdizione militare tutte le regioni dichiarate in «stato di brigantaggio» (praticamente tutto il Mezzogiorno d'Italia, tranne le province di Napoli, Teramo e Reggio Calabria, compresa parte della Sicilia): i componenti delle bande di briganti venivano cioè giudicati dai tribunali militari e, in caso di resistenza armata, potevano essere puniti con la fucilazione.

A bene esprimere il nostro concetto diremo che il brigantaggio se ha pigliato le mosse nel 1860, come già nel 1806,[1] ed in altre occasioni dal mutamento politico, ripete però la sua origine intrinseca da una condizione di cose preesistente a quel mutamento, e che i nostri liberi istituti debbono assolutamente distruggere e cangiare. Molto acconciamente è stato detto e ripetuto essere il brigantaggio il fenomeno, il sintomo di un male profondo ed antico [...].

Le prime cause dunque del brigantaggio sono le cause predisponenti.[2] E prima fra tutte la condizione sociale, lo stato economico del campagnuolo, che in quelle provincie appunto, dove il brigantaggio ha raggiunto proporzioni maggiori, è assai infelice. Quella piaga della moderna società, che è il proprietario, ivi appare più ampia che altrove. Il contadino non ha nessun vincolo che lo stringa alla terra. La sua condizione è quella del vero nullatenente [...].

Il sistema feudale spento dal progredire della civiltà e dalle prescrizioni delle leggi ha lasciato una eredità che non è ancora totalmente distrutta; sono reliquie d'ingiustizie secolari che aspettano ancora di essere annientate.

[...] In parecchie località il proprietario rappresenta ancora l'antico signore feudale. Il contadino sa che le sue fatiche non gli fruttano né benessere né prosperità; sa che il prodotto della terra innaffiata dal suo sudore non sarà suo; si vede e si sente condannato alla perpetua miseria e l'istinto della vendetta sorge spontaneo nell'animo suo. L'occasione si presenta ed egli non se la lascia sfuggire, si fa brigante; richiede vale a dire alla forza quel benessere, quella prosperità che la forza gli vieta di conseguire, ed agli onesti e mal ricompensati sudori del lavoro preferisce i disagi fruttiferi della vita del brigante. Il brigantaggio diventa così la protesta selvaggia e brutale della miseria contro antiche secolari ingiustizie.

---

1 Nel 1806 Napoleone affidò il Regno di Napoli a suo fratello Giuseppe Bonaparte. In quell'anno vi fu dunque la nascita di un nuovo Stato, come nel 1861.
2 Le cause principali del brigantaggio sono quelle profonde, che favoriscono l'insorgere del fenomeno, non quelle occasionali.

DOCUMENTO ICONOGRAFICO

❯ Che cosa suggeriscono alcuni elementi dell'abbigliamento del capobanda riguardo alla provenienza sociale dei briganti?

❯ Quali tratti del carattere trasmettono i visi dei briganti?

❯ In quale atteggiamento sono ritratti i due viaggiatori derubati?

DOCUMENTO SCRITTO

❯ Quali sono le cause profonde del fenomeno del brigantaggio individuate da Massari?

❯ Quale ordinamento perdurava ancora soprattutto in alcune località del meridione?

❯ Perché il contadino diventava brigante?

CONFRONTO TRA I DOCUMENTI

❯ Quali aspetti sociali del brigante si riscontrano in entrambi i documenti?

❯ In quali area geografica agivano i briganti?

❯ Quali caratteristiche del brigantaggio si ricavano dall'analisi dei due documenti?

1. LA DESTRA STORICA AL POTERE

La Destra storica

Dal 1861 al 1876 l'Italia fu governata dalla «**Destra storica**», così chiamata perché, come la Sinistra di quel periodo, ebbe un ruolo «storico» nella formazione dell'Italia. Di fatto la Destra storica occupò una posizione centrale nel dibattito politico. Questi erano gli schieramenti parlamentari dell'epoca:
- al **centro** vi erano i moderati eredi di Cavour (la Destra storica), esponenti dell'**aristocrazia terriera**;
- la **destra** in senso stretto era costituita dai clericali e dai reazionari;
- la **sinistra** era formata dalla **Sinistra storica** (mazziniani e garibaldini) espressione per lo più della **borghesia cittadina**.

Destra e Sinistra storiche avevano una concezione liberale dello Stato, ma la Sinistra era di impostazione più democratica: si trattava della **destra** e della **sinistra liberale**.

In Parlamento era rappresentata una piccola parte del Paese: solo il **2% della popolazione** aveva diritto di voto, in base al censo e all'istruzione; non c'erano dei veri partiti dotati di una struttura organizzata ma **partiti di notabili**, schieramenti politici che raggruppavano gli eletti in Parlamento.

Accentramento o decentramento?

Il successore di Cavour alla presidenza del Consiglio fu **Bettino Ricasoli**.

La Destra storica dovette decidere l'assetto del nuovo Stato; le soluzioni possibili erano due:
- lo *Stato accentrato* (sul modello della **Francia** napoleonica) che prevedeva un forte controllo del governo centrale sugli enti locali;
- lo *Stato decentrato* (sul modello della **Gran Bretagna**) che lasciava ampie libertà amministrative e giudiziarie agli enti locali.

Fu scelto il modello di Stato accentrato. Il centralismo e l'estensione del modello piemontese al resto della penisola indicavano come l'Italia fosse considerata un'estensione del Regno di Sardegna. La Destra storica fu perciò accusata di **piemontesismo**.

Il brigantaggio

Anche la rivolta sociale esplosa nel Mezzogiorno dopo l'unificazione aveva spinto il governo verso l'accentramento. Le masse popolari avevano sperato in un cambiamento non solo politico, ma anche sociale, ed erano state deluse.

Con l'imposizione di nuove tasse e del servizio militare si scatenò la rivolta. Molte bande di «briganti» iniziarono una guerriglia contro lo Stato, percepito come nemico.

La Destra reagì con la **repressione**, senza considerare i problemi sociali alla base delle rivolte. Questo atteggiamento alimentò il diffondersi di fenomeni di malavita organizzata (come la **camorra** e la **mafia**, già esistenti) che ancora oggi devastano il Paese.

Libero scambio e pareggio del bilancio

L'Italia era uno Stato arretrato e il bilancio era in **deficit**. Per risolvere questi problemi la Destra storica:
- avviò una politica liberista favorendo il libero scambio sia all'interno del Paese sia verso l'esterno;
- ricercò il **pareggio** del bilancio (soprattutto dietro l'impulso del ministro delle Finanze **Quintino Sella**) per dare credibilità all'Italia nell'ambito della comunità finanziaria internazionale e attirare capitali stranieri, i quali avrebbero accelerato lo sviluppo economico. A questo scopo vennero venduti terreni ecclesiastici e del demanio pubblico. Ma soprattutto vennero introdotte pesanti **imposte**, in particolare **indirette** come la **tassa sul macinato** (1868).

2. IL COMPLETAMENTO DELL'UNITÀ D'ITALIA

Firenze capitale d'Italia

Veneto, Trentino, Friuli Venezia Giulia, Lazio e soprattutto Roma non facevano ancora parte del Regno d'Italia. Mentre mazziniani e garibaldini sollecitavano la conquista armata di Roma, la Destra storica era contraria: temeva la reazione della Francia, cattolica e schierata con il papa. Si cercò allora l'accordo: con la **Convenzione di Settembre** (1864) l'Italia si impegnò a difendere lo Stato pontificio in cambio del ritiro delle truppe francesi da Roma. La capitale venne spostata da Torino a **Firenze** in segno di rinuncia a Roma.

La terza guerra d'indipendenza	Nel **1866** l'Italia affiancò la Prussia nella guerra contro l'Austria. La **terza guerra d'indipendenza**, nonostante le sconfitte italiane a **Custoza** e **Lissa**, venne vinta dagli Italo-Tedeschi grazie alla vittoria prussiana a **Sadowa**. Con la **pace di Vienna** l'Italia ottenne il **Veneto**.
Roma capitale d'Italia	I mazziniani e i garibaldini si riorganizzarono per liberare Roma. Garibaldi, penetrato con 3000 volontari nello Stato Pontificio, si scontrò con i Francesi a **Mentana** e fu sconfitto. Fu grazie alla caduta del Secondo Impero francese che l'esercito italiano poté entrare in Roma, che venne annessa al Regno d'Italia (**1870**). Pio IX respinse la **legge delle «guarentigie»** (le garanzie offertegli dallo Stato italiano, come l'extraterritorialità del Vaticano) e con il **non expedit** vietò ai cattolici di partecipare alla vita politica italiana, aprendo una profonda frattura tra il mondo cattolico e quello laico.

3. LA SINISTRA STORICA AL POTERE

Dalla Destra alla Sinistra storica	La Destra storica aveva scongiurato il fallimento economico e dato credibilità internazionale all'Italia, ma la sua politica aveva dei grossi limiti: – non aveva compreso l'esigenza di riforme; – il libero scambio aveva messo in crisi l'economia meridionale ed esposto la nascente industria italiana alla concorrenza straniera. La Destra, sempre più divisa al suo interno, nel 1876 perse l'appoggio della maggioranza. Le nuove elezioni furono vinte dalla **Sinistra storica**, che avrebbe governato fino al 1896. La Sinistra, guidata da **Agostino Depretis**, aveva attenuato la sua tendenza democratica, ma rimaneva promotrice di riforme: – l'obbligo scolastico fu innalzato a nove anni di età; – si cercò una politica fiscale meno oppressiva ma ciò fece lievitare la spesa pubblica e ricomparire il **deficit del bilancio**; – nel **1882** una **riforma elettorale** allargò il diritto di voto.
La politica parlamentare	La Sinistra vinse le elezioni del **1882** ma la Destra ottenne un buon risultato elettorale. Depretis allora si rivolse ai deputati della Destra invitandoli a entrare nella maggioranza. Questo fenomeno fu detto **trasformismo**. Con il trasformismo si creò una forte maggioranza di centro. Inoltre, vennero isolate la destra conservatrice e la sinistra estrema. Così facendo però si finì con il favorire la corruzione: a seconda della legge da approvare si costituivano maggioranze diverse con scambi di favori tra governo e parlamentari.
La politica economica	Negli anni Ottanta l'**agricoltura** (che era ancora il settore prevalente) e l'industria entrarono in crisi. Nel 1887 il governo, spinto da blocchi di agrari e industriali, abbandonò la politica liberoscambista e adottò alte **tariffe doganali** per proteggere la produzione nazionale dalla concorrenza straniera. Gli effetti del protezionismo furono **positivi** sulla produzione industriale, **negativi** per l'agricoltura del Sud, colpita dalla ritorsione degli altri Paesi. Inoltre, si verificò un generale aumento dei prezzi che causò il peggioramento delle condizioni di vita delle masse popolari, con conseguente crescita dei conflitti sociali e dell'**emigrazione**.
La politica estera	Nel **1882** l'**Italia** cercò di uscire dall'isolamento internazionale e si alleò a **Germania** e **Austria** dando vita alla **Triplice Alleanza**, un accordo difensivo. Questa alleanza: – suscitò le proteste degli irredentisti, in quanto l'Italia rinunciava implicitamente alle terre «**irredente**», ancora in mano austriaca, ovvero Trentino e Friuli Venezia Giulia; – fu economicamente vantaggiosa: l'afflusso di capitali tedeschi permise il finanziamento dell'industria italiana. Contemporaneamente prendeva il via l'avventura coloniale, ma il tentativo di conquistare l'Etiopia fallì con la grave sconfitta di **Dogali** (**1887**).

4. DALLO STATO FORTE DI CRISPI ALLA CRISI DI FINE SECOLO

Francesco Crispi	**Francesco Crispi**, il successore di Depretis, governò l'Italia dal **1887** al **1896** (con l'eccezione del biennio 1891-93). Mazziniano e democratico in gioventù, dopo l'unità era passato nelle file dei monarchici. Sostenitore della necessità di uno **Stato forte**, avviò una politica autoritaria: – l'apparato amministrativo venne riformato in senso centralista; – la politica filotedesca e antifrancese portò alla «**guerra doganale**» con la **Francia**; – ci furono anche aperture progressiste: venne abolita la **pena di morte** e riconosciuta una limitata libertà di sciopero, ma contemporaneamente vennero ristretti i diritti sindacali e accresciuti i poteri della polizia.
Il primo governo Giolitti	Crispi cercò di rilanciare la politica coloniale ma la maggioranza, data la crisi economica, era preoccupata dei costi dell'operazione. Così nel **1891** Crispi si dimise. La presidenza del Consiglio passò prima a Di Rudinì poi a **Giovanni Giolitti**, che dovette affrontare il moto popolare dei **Fasci siciliani**, aggregazione eterogenea di lavoratori che protestavano contro le pesanti tasse e contro i latifondisti. Giolitti, accusato di debolezza per non aver adottato metodi repressivi nella gestione dei moti e di aver coperto lo scandalo della **Banca Romana**, alla fine del **1893** si dimise.
Il ritorno di Crispi	Tornato al potere, Crispi: – represse duramente la protesta dei Fasci; – rilanciò la politica coloniale puntando alla conquista dell'Etiopia (Abissinia), ma nel **1896** gli Italiani furono sconfitti presso **Adua**. Travolto dalle critiche, Crispi si dimise. Terminava l'età della Sinistra storica e si apriva un periodo di **crisi** politica e istituzionale.
La crisi di fine secolo	Il nuovo presidente del Consiglio, **Di Rudinì**, concluse con Menelik (l'imperatore d'Etiopia) un trattato con cui l'Italia rinunciava alle pretese sull'Etiopia e limitava il suo dominio all'**Eritrea** e alla **Somalia**. Nel 1898 una grave crisi economica colpì l'Italia. A causa dell'aumento del prezzo del pane, ci fu un'ondata di proteste e a **Milano** il generale **Bava Beccaris** (poi decorato da Umberto I) ordinò di cannoneggiare la folla causando una strage. Molti dirigenti socialisti vennero arrestati, la libertà di stampa fu limitata. Data la situazione, Di Rudinì si dimise e fu sostituito dal generale **Pelloux**, il quale intendeva proseguire con la linea repressiva. L'ostruzionismo dell'estrema sinistra lo costrinse però a sciogliere le camere e a indire nuove elezioni, che videro avanzare i socialisti. Il **29 luglio 1900** l'anarchico **Bresci** uccise il re Umberto I. Il nuovo re **Vittorio Emanuele III** affidò il governo a **Zanardelli**. Giovanni Giolitti divenne ministro degli Interni: iniziava così l'**età giolittiana**.

PAROLE IN EREDITÀ

Trasformismo: il termine, coniato negli anni del governo Depretis, designava l'atteggiamento di esponenti politici dell'opposizione che si avvicinavano alla maggioranza indipendentemente dagli orientamenti ufficiali del proprio gruppo. Presto assunse una sfumatura negativa perché venne considerata una prassi che generava corruzione diffusa e degrado morale. È un termine molto usato anche nel linguaggio politico attuale, sempre con un senso negativo, per indicare genericamente la tendenza a passare da uno schieramento all'altro con estrema disinvoltura.

Crumiro: dal francese *kroumir*, a sua volta proveniente dall'arabo *humair*, era il nome di una piccola tribù nordafricana, che, con la sua attività di contrabbando alla frontiera con l'Algeria, diede occasione alla Francia di occupare la Tunisia nel 1881. Il termine entrò massicciamente nel lessico sindacale e venne applicato con sfumatura ingiuriosa a quanti lavoravano «di contrabbando» contro i loro compagni, che scioperavano.
Oggi mantiene questo significato: indica quei lavoratori che continuano a lavorare mentre i compagni scioperano oppure quelli che accettano di lavorare al loro posto.

È anche il nome di un tipo di biscotto prodotto nel Monferrato, inventato nel 1878, dalla tipica forma di mezzaluna; esportato in tutto il mondo, sfruttò in modo commerciale quello che era diventato un emblema di esotismo.

Ascari: erano i soldati indigeni dell'Eritrea e della Somalia al servizio dell'esercito italiano nelle colonie. Nel linguaggio parlamentare questa espressione sta ad indicare, in senso spregiativo, quei deputati della maggioranza che non hanno un preciso programma politico, utili solo per votare.

UNITÀ 6
LA SECONDA RIVOLUZIONE INDUSTRIALE

PRIMA
Lo sviluppo industriale è limitato all'Inghilterra ed è caratterizzato dall'uso del carbone e della macchina a vapore

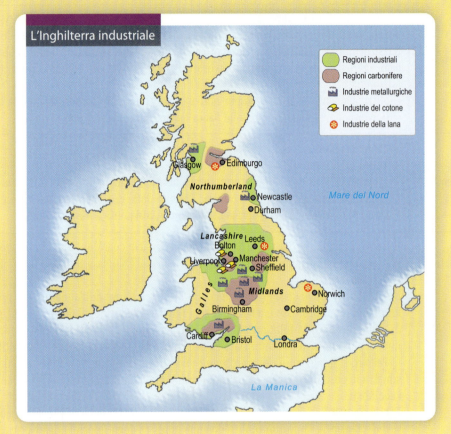

L'Inghilterra industriale

Fino ai primi decenni dell'Ottocento, l'industrializzazione era diffusa soprattutto in Inghilterra dove ebbe inizio intorno al 1770. Gli altri Paesi europei scoprirono solo più tardi il vantaggio della produzione meccanizzata.
In Inghilterra il passaggio dalla manifattura artigianale alla fabbrica era stato favorito dal dinamismo delle classi sociali che potevano accedere alla disponibilità di capitali, dalla possibilità di godere di un vasto mercato nelle colonie e da un sistema politico liberale che non interferiva negli scambi. In Inghilterra, inoltre, si erano realizzate profonde innovazioni tecnologiche, soprattutto nel settore tessile-manifatturiero: in particolare vi fu l'invenzione fondamentale della macchina a vapore alimentata a carbone, che permise di ridurre i tempi e i costi di produzione. Infine la presenza sul territorio inglese della principale fonte energetica, il carbone, contribuì alla diffusione dell'industria.

L'Inghilterra dunque si presentò come il Paese trainante, il primo nel processo di industrializzazione dell'Europa e, almeno per un secolo, poté godere dell'ampio vantaggio economico di questo primato.

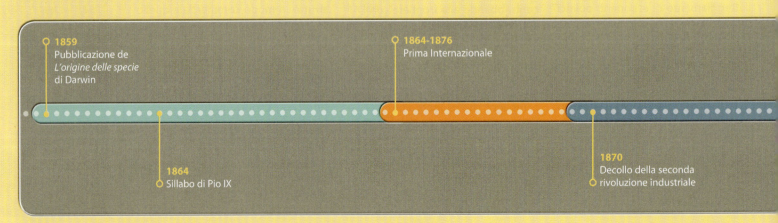

- **1859** Pubblicazione de *L'origine delle specie* di Darwin
- **1864** Sillabo di Pio IX
- **1864-1876** Prima Internazionale
- **1870** Decollo della seconda rivoluzione industriale

EREDITÀ

La medicina fu uno dei settori che più si avvantaggiò dalle novità della seconda rivoluzione industriale, in particolare grazie ai progressi della chimica, che realizzò nuovi farmaci tutt'oggi indispensabili: l'**aspirina** entrò sul mercato nel 1899 e nel 1909 si produsse il primo **antibiotico**.
Di non minore importanza fu l'invenzione della **lampadina**: una vera e propria «rivoluzione della luce» (▶ **Eredità**, p. 208) che permise di illuminare facilmente le abitazioni, le strade e anche le fabbriche per il lavoro notturno.
Anche la **psicanalisi**, la terapia elaborata dal medico viennese Sigmund Freud che tanto successo ha avuto soprattutto nel corso del Novecento, ebbe origine proprio in questi anni.

ONLINE

AUDIOSTORIA

http://z6.co.uk/ce

VIDEOSTORIA

1 Gli Stati Uniti nella seconda rivoluzione industriale
2 Donne lavoratrici e donne borghesi nella pittura dell'Ottocento

DOPO
L'industrializzazione coinvolge tutta l'Europa e gli Stati Uniti, utilizza il petrolio e introduce la catena di montaggio

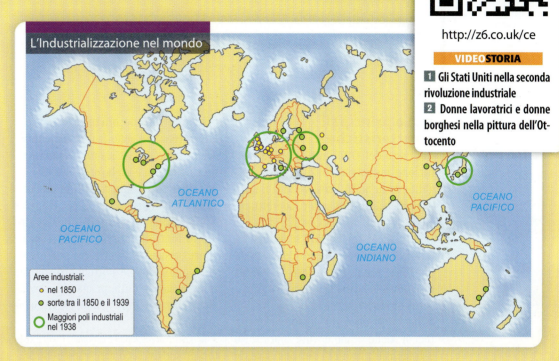

L'Industrializzazione nel mondo

Aree industriali:
- nel 1850
- sorte tra il 1850 e il 1939
- Maggiori poli industriali nel 1938

Il processo di industrializzazione ebbe una seconda fase che gli storici definiscono «seconda rivoluzione industriale»: si realizzò intorno alla fine del XIX secolo, coinvolse tutti i Paesi europei e anche nuove potenze come gli Stati Uniti e il Giappone.
La seconda rivoluzione industriale pose fine alla supremazia inglese nel settore produttivo e di conseguenza aprì una competizione fra le diverse potenze industriali, mettendo in concorrenza Inghilterra, Francia, Germania e Stati Uniti.
Gli aspetti che caratterizzano questa nuova fase dell'industrializzazione riguardano le fonti d'energia e l'organizzazione del lavoro: il petrolio e l'applicazione dell'elettricità sostituirono il carbone, mentre la catena di montaggio cambiò completamente il modo di produrre e la vita del lavoratore. Furono gli Stati Uniti i primi a utilizzare la catena di montaggio, un'organizzazione del lavoro che riduce sensibilmente i tempi e i costi, e consente una produzione in serie dei beni di consumo.
La seconda rivoluzione industriale rappresenta una svolta decisiva nella storia dell'umanità perché modificò non solo il sistema economico, ormai aperto a una concorrenza mondiale tra le potenze industriali, ma creò nuove ideologie sociali, introdusse nuovi stili di vita e di consumo tra le popolazioni. Segnò inoltre l'inizio di uno sfruttamento indiscriminato delle risorse del pianeta e di indifferenza per l'ambiente di cui ci si renderà conto solo nel secolo successivo.

1879 Edison realizza la prima lampadina a incandescenza

1886 Daimler e Benz producono le prime automobili

1903 Primo aeroplano, realizzato dai fratelli Wright

1906 Introduzione della catena di montaggio

UNITÀ 6 LA SECONDA RIVOLUZIONE INDUSTRIALE

1. DALLA PRIMA ALLA SECONDA RIVOLUZIONE INDUSTRIALE

QUALE FUNZIONE SVOLSE LA SCIENZA NELLA SECONDA RIVOLUZIONE INDUSTRIALE?

QUALE FIGURA PROFESSIONALE SI AFFERMÒ CON LA SECONDA RIVOLUZIONE INDUSTRIALE?

QUALI SETTORI DELL'INDUSTRIA SI SVILUPPARONO MAGGIORMENTE?

QUALE INDIRIZZO FILOSOFICO FU CARATTERIZZATO DALLA FIDUCIA NEL PROGRESSO?

▶ Le principali caratteristiche

Nel corso dell'Ottocento la prima rivoluzione industriale si diffuse dall'Inghilterra in molti Paesi quali il Belgio, la Francia, la Germania e, soprattutto, gli Stati Uniti.

Inoltre, a partire dal **1870** si verificò un tale sviluppo economico e sociale da dar luogo a una nuova fase, la **seconda rivoluzione industriale,** le cui principali caratteristiche furono:

❯ *il ruolo della scienza:* nel passato le novità tecnologiche erano dovute soprattutto a geniali intuizioni di persone sovente prive di istruzione; ora tutte le scoperte e le invenzioni sono frutto di ricerche scientifiche, legate sia alla genialità di un singolo, sia a un lavoro collettivo;

❯ *le nuove fonti di energia:* si diffonde l'utilizzo dell'energia elettrica e della combustione a petrolio; queste due nuove fonti di energia, per le enormi conseguenze che ebbero nella vita dell'uomo, da sole potrebbero spiegare il passaggio dalla prima alla seconda rivoluzione industriale; (▶ **Vita quotidiana** p. 210)

❯ *la nascita di monopoli e oligopoli:* molti settori produttivi si concentrano nelle mani di un solo grande imprenditore, o di pochi imprenditori associati;

❯ *l'organizzazione «scientifica» del sistema produttivo:* la catena di montaggio è il simbolo della nuova produzione in serie dei beni materiali;

❯ *il sorgere della «società di massa» e il nuovo ruolo dello Stato:* la società si trasforma e diventa di «massa», nel senso che consuma gli «stessi prodotti», partecipa agli «stessi avvenimenti» ecc.; nel contempo gli Stati sono sempre più presenti nel sistema economico e si evolvono in senso democratico.

▶ La funzione della scienza

Durante la prima rivoluzione industriale, molti progressi nel campo tecnologico erano stati possibili grazie alle intuizioni di inventori geniali, ma privi di una solida preparazione scientifica (anche se la novità più importante fu la macchina a vapore, frutto delle ricerche scientifiche di James Watt). A partire dalla seconda metà dell'Ottocento, la scienza si legò definitivamente alla tecnica.

Sorsero numerose scuole di formazione scientifica per preparare personale altamente specializzato, in grado di dirigere produzioni industriali sempre più

CONFRONTARE

Prima e seconda rivoluzione industriale

	PRIMA RIVOLUZIONE INDUSTRIALE	SECONDA RIVOLUZIONE INDUSTRIALE
Periodo	Seconda metà del XVIII secolo.	Fine del XIX secolo.
Geografia dell'industrializzazione	Inghilterra e in seguito Francia, Belgio, Germania.	L'Inghilterra perde il primato ed è costretta a competere soprattutto con gli Stati Uniti e la Germania.
Fonte energetica	Carbone.	Elettricità, petrolio.
Innovazioni tecnologiche	Macchina a vapore.	Sviluppo della chimica, elettricità, motore a scoppio, catena di montaggio.
Principali settori produttivi	Tessile.	Siderurgico, chimico, meccanico.
Protagonisti	James Watt.	Frederick W. Taylor, Henry Ford.
Capitale	Privato, autofinanziamento.	Finanziamenti dalle banche e dallo Stato.
Ruolo della scienza	La scienza non è indispensabile: l'innovazione tecnologica è soprattutto espressione della genialità di singoli inventori.	Lo sviluppo della tecnologia è strettamente legato con le scoperte scientifiche: le università collaborano con le industrie; si afferma la figura dell'ingegnere, un tecnico dotato di una solida formazione scientifica.
Conseguenze sociali	Nascono il proletariato e la borghesia industriale.	Si diffondono le lotte operaie e quelle delle associazioni dei lavoratori; si sviluppa la borghesia finanziaria.
Ruolo dello Stato	Assente.	Lo Stato interviene rimuovendo ostacoli al commercio, favorendo la costruzione di infrastrutture, come arbitro del conflitto sociale; sostiene l'economia nazionale nel mercato mondiale, anche attraverso la costituzione di imperi coloniali.

complesse. Si affermò una nuova figura professionale, quella dell'**ingegnere**, competente sia nelle discipline tecniche, sia in quelle scientifiche. Molti laboratori universitari vennero aperti alle industrie e molte imprese commerciali fondarono e finanziarono centri di ricerca scientifica. Le importanti scoperte e invenzioni accelerarono la crescita e la diversificazione in tutti i campi della produzione industriale.

▶ Nuove fonti di energia

Accanto alle tradizionali fonti di energia se ne affermarono di nuove, quella **elettrica** e quella **petrolifera**, mentre alcuni settori industriali, prima assenti o secondari, si diffusero rapidamente. Nella seconda metà dell'Ottocento conobbero un rapido sviluppo l'industria **chimica**, quella **siderurgica**, dell'edilizia, l'industria automobilistica, dell'aeronautica, della telefonia e altre.

La rivoluzione industriale estese progressivamente la sua influenza nella vita quotidiana degli individui, con la costante apertura della produzione e della distribuzione ai consumi di massa.

Le nuove industrie svolsero un ruolo trainante nell'economia moderna: il ruolo che nel secolo precedente avevano ricoperto le attività tessili e meccaniche. Questo processo tuttavia giungerà a maturità, nei Paesi più prosperi, come gli Stati Uniti e la Gran Bretagna, solo negli anni Venti e Trenta del Novecento.

▶ Un'ondata di ottimismo: il positivismo

Le grandi scoperte scientifiche e le novità in tutti i settori provocarono un'ondata di ottimismo senza precedenti nei confronti dell'avvenire del genere umano.

Per la prima volta si presentava all'uomo la possibilità di mutare il suo destino, grazie esclusivamente alla sua intelligenza e all'opera delle sue mani. La fiducia nei confronti della scienza e della tecnica divenne una vera e propria fede.

Nel contempo **Charles Darwin** (1809-1882) sulla base degli studi e delle osservazioni da lui compiuti, soprattutto nel lungo viaggio scientifico intorno al mondo dal 1831 al 1836, perveniva a formulare una rivoluzionaria teoria biologica: l'**evoluzionismo**. Secondo Darwin, tutte le forme di vita sono il risultato di graduali mutazioni delle specie, da forme primitive a forme più complesse. Ciò vale anche per l'uomo che dunque discende da animali inferiori.

Le ripercussioni di questa teoria, espressa in due opere del **1859** (*L'origine delle specie*) e del **1871** (*L'origine dell'uomo*), furono enormi. Non solo per le polemiche di ordine religioso e morale che immediatamente suscitò, ma soprattutto perché presentava l'uomo come un animale in grado di evolversi sempre più. (▶ Idee p. 206)

La fiducia nel progresso dell'umanità veniva dunque esaltata. Il clima culturale che ne scaturì prese il nome di «**positivismo**», termine coniato dal filosofo francese Saint-Simon (1760-1825) per indicare la validità delle scienze sperimentali, definite «positive» in contrapposizione alle astratte filosofie allora dominanti.

Le principali tappe del progresso tecnico-scientifico	
DATA	AVVENIMENTO
1855	Bessemer inventa il convertitore, per separare il carbonio dalla ghisa.
1856	Si scopre la cellulosa, ottenuta dalla lavorazione del legno.
1864	Viene costruito il primo altoforno Martin-Siemens per la produzione dell'acciaio.
1866	Nobel scopre la dinamite.
1870	Monier introduce l'uso del cemento armato nell'edilizia.
1876	Bell perfeziona il telefono inventato da Meucci.
1879	Edison costruisce la prima lampadina a incandescenza.
1886	Daimler e Benz producono le prime automobili.
1886	Dalla lavorazione della bauxite si ricava l'alluminio.
1895	I fratelli Lumière costruiscono il primo apparecchio cinematografico.
1901	Marconi sperimenta la prima trasmissione radio transatlantica.
1903	I fratelli Wright collaudano il primo aeroplano.
1909	Baekeland brevetta la bachelite, il prodotto antesignano della plastica.
1926	Prima trasmissione televisiva.
1929	Fleming scopre la penicillina.
1938	Negli Stati Uniti inizia la produzione del nylon.
1939	In Germania viene realizzato il primo aereo con motore a reazione.
1945	Inizia l'era dell'informatica.

I GRATTACIELI

Con la seconda rivoluzione industriale si diffonde nell'edilizia l'uso dell'acciaio e del cemento armato. Grazie a questi materiali fu possibile costruire un nuovo tipo di edificio: il grattacielo. Grande protagonista di questa innovazione architettonica fu l'ingegnere statunitense William Le Baron Jenney (1832-1907) che realizzò a Chicago i primi grattacieli a struttura metallica: il First Leiter Building (1879), l'Home Insurance Building (1885) e il secondo Leiter Building (1890).

▲ Il *Leiter Building*, realizzato nel 1890 da William Le Baron Jenney a Chicago.

PERSONAGGI

MARIE CURIE (1867-1934)

Maria Sklodowska, meglio nota come Marie Curie, era originaria di Varsavia, dove le donne non potevano iscriversi all'università. Per questo motivo si trasferì alla Sorbona di Parigi per laurearsi in chimica e fisica. Visse in un periodo di grande entusiasmo scientifico cui contribuì con sensazionali scoperte sulla radioattività, per le quali le fu assegnato, insieme al marito Pierre Curie, il premio Nobel nel 1903 per la fisica; un riconoscimento straordinario, che ottenne nuovamente nel 1911 per la chimica. Donna di straordinaria intelligenza, fu la prima a salire in cattedra all'università di Parigi in un periodo in cui alle donne era concesso ben poco. Durante la guerra si prodigò per curare i soldati feriti.

DOSSIER

Lo scandalo del darwinismo

LA SERA STESSA DELLA SUA USCITA IN LIBRERIA, IL 24 OTTOBRE 1859, L'OPERA *L'ORIGINE DELLE SPECIE* SCRITTA DAL NATURALISTA CHARLES DARWIN VENNE SUBITO ESAURITA. APRITI CIELO!

Una passione giovanile

Nato in Inghilterra nel 1809, Charles Darwin era figlio di un medico di campagna e nipote di Erasmus Darwin, un celebre botanico e zoologo. Appassionato della natura, Darwin studiò prima medicina e poi teologia. Ma l'avvenimento più importante della sua vita – come ebbe a dire nella sua autobiografia – fu certamente il viaggio che compì dal dicembre 1831 all'ottobre 1836 sulla nave *Beagle*. Durante questo lungo viaggio – che lo portò in America Latina, a Tahiti, in Nuova Zelanda e in Australia – scoprì dei fossili differenti da quelli fino ad allora conosciuti; notò inoltre come le stesse specie viventi si fossero evolute in maniera diversa, in funzione dell'ambiente in cui per millenni erano vissute e si erano riprodotte.

Lo scandalo dell'evoluzione

Ritornato in Inghilterra, per oltre venti anni Darwin mise insieme un'immensa quantità di dati su cui basò la sua rivoluzionaria teoria riguardante l'evoluzione delle specie.
Secondo Darwin, la natura è dominata da due leggi fondamentali tra loro strettamente collegate: la «lotta per la vita» e la «selezione naturale». Dalla lotta per la vita deriva la selezione naturale che consente la sopravvivenza solo di quegli individui in grado di adattarsi meglio all'ambiente; tutti gli altri sono condannati all'estinzione.
Inoltre Darwin sostenne che tutte le specie, compresa quella umana, erano in relazione tra loro: si sarebbero evolute e differenziate solo per effetto della selezione naturale.
Un'affermazione di questo genere, alla metà del XIX secolo, apparve a dir poco scandalosa: contraddiceva infatti la Bibbia che descrive la creazione successiva di diversi animali, coronata dalla creazione di una specie superiore: l'uomo.
L'anno seguente all'apparizione de *L'origine delle specie*, il vescovo di Oxford ironizzò a proposito della teoria dell'evoluzione di Darwin con questo interrogativo: «È veramente credibile che le varietà più fortunate di rape abbiano la tendenza a diventare degli uomini?».

L'uomo deriva dalla scimmia?

Vi era poi un secondo aspetto che ebbe una grandissima importanza nel determinare una violenta reazione antidarwiniana: la derivazione umana da animali scimmieschi.
Nel 1871 Darwin pubblicò *L'origine dell'uomo* in cui mise in evidenza le prove riguardanti la discendenza dell'uomo, non già dalle scimmie viventi, come erroneamente disse qualcuno, ma da antenati scimmieschi: in altri termini, l'uomo e le scimmie antropomorfe (gorilla, scimpanzé, orango) avrebbero antenati comuni.
Apriti cielo! Questa affermazione scatenò la più dura contestazione, in quanto andava contro le credenze religiose e varie correnti filosofiche, e poi… urtava la sensibilità e il buon gusto!
Anche in Italia le reazioni furono esplosive. Nel 1869 un certo dottor Francesco Barrago tenne a Cagliari una conferenza dal titolo volutamente provocatorio: «L'uomo fatto a immagine di Dio fu an-

---

CONFRONTO TRA LAMARCK E DARWIN

La teoria evolutiva di Darwin venne preceduta dalle ricerche di Jean-Baptiste de Lamarck (1744-1829), autore di una *Storia naturale degli animali invertebrati*. Anche secondo Lamarck la natura è frutto di un'evoluzione, ma la distanza tra i due è notevole. All'origine dell'evoluzione delle specie, infatti, Lamarck pone il processo di adattamento all'ambiente che a suo avviso caratterizza tutti gli organismi, ma lo interpreta in modo diverso da Darwin.
Per riprendere un esempio classico: secondo Lamarck, le giraffe hanno il collo lungo perché si sono costantemente sforzate di mangiare sempre più in alto le foglie degli alberi; per Darwin, invece, le giraffe hanno il collo lungo perché tra le giraffe nacquero individui anomali (cioè con il collo lungo) che poterono meglio nutrirsi, vivere più a lungo e riprodursi più volte: in sintesi, le giraffe con il collo lungo sconfissero nella lotta per la sopravvivenza tutte le altre.

▲ Un ritratto di Charles Darwin, opera di John Collier.

▲ In questa vignetta satirica viene messa in ridicolo la teoria evoluzionistica di Darwin, raffigurato come una scimmia.

DOSSIER

che fatto a immagine della scimmia». La conclusione era ovvia: il darwinismo era una teoria blasfema. Ma non tutto il mondo cattolico si schierò immediatamente contro Darwin: fu questo il caso, ad esempio, del naturalista Filippo De Filippi (1814-1867) che ebbe il merito di diffondere con correttezza scientifica il pensiero di Darwin.
L'evoluzionismo rappresentò dunque in biologia quello che in astronomia aveva rappresentato la teoria copernicana. Se con la rivoluzione astronomica di Copernico muta l'ordine spaziale (l'uomo non è più al centro dell'universo), con la rivoluzione biologica di Darwin muta l'ordine temporale: il mondo infatti non viene più descritto come popolato da specie fisse e immutabili esistenti sin dalla creazione; al contrario, tutte le specie viventi, compreso l'uomo, sono in continua evoluzione.
Il che, come aveva sostenuto a suo tempo Galileo difendendo la teoria copernicana, non contraddice affatto la Bibbia. Per la semplice ragione che la Bibbia non è un libro di scienza, ma di fede: contiene il messaggio della salvezza, non la descrizione scientifica della natura.

MENDEL E L'EVOLUZIONE DEL DARWINISMO

Il darwinismo venne affinato dal botanico austriaco Gregor Mendel (1822-1884) che stabilì nel 1865 le leggi dell'ereditarietà studiando l'incrocio delle specie vegetali. Nel 1900, altri scienziati mostrarono come le leggi enunciate da Mendel a proposito delle piante erano valide anche per gli altri esseri viventi, dando così vita alla scienza genetica.
Il progresso di questa nuova disciplina ha permesso agli scienziati di spiegare le variazioni all'interno di una specie o l'apparizione di nuove specie. Nel corso del XX secolo, nuove scoperte hanno contribuito ad arricchire la spiegazione del fenomeno; ma la selezione naturale messa in evidenza da Charles Darwin resta il punto di riferimento fondamentale di ogni teoria evoluzionista.

▲ Gregor Mendel. Incisione di Potuczek.

L'EVOLUZIONE DELL'UOMO

L'evoluzione non è un processo semplice. Oggi sulla Terra vive una sola specie umana, ma per molto tempo sono esistite sul pianeta diverse specie di ominidi.
Solo una di queste, però, è l'antenata dell'uomo moderno, l'*Homo sapiens sapiens*, che ha superato nella competizione per la sopravvivenza i suoi predecessori.

In base ai ritrovamenti effettuati — in alcuni casi non abbiamo che poche ossa — due studiosi tedeschi, Ottmar Kullmer e Wolfang Schnaubelt, hanno dato un volto a questi nostri antenati.
Così oggi li possiamo ammirare al Museo di Scienze naturali di Darmstadt, in Germania.

AUSTRALOPITHECUS ANAMENSIS
4,2-3,8 milioni di anni fa

AUSTRALOPITHECUS AFARENSIS
3,7-2,9 milioni di anni fa

AUSTRALOPITHECUS AFRICANUS
2,5 milioni di anni fa

HOMO RUDOLFENSIS
2,5-1,8 milioni di anni fa

HOMO HABILIS
2,5-1,5 milioni di anni fa

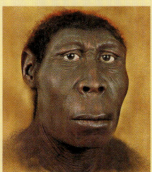
HOMO ERECTUS
1,8-0,3 milioni di anni fa

HOMO SAPIENS NEANDERTHALIENSIS
150000-30000 anni fa

HOMO SAPIENS SAPIENS
Da 150000 anni fa a oggi

UNITÀ 6 — LA SECONDA RIVOLUZIONE INDUSTRIALE

DOSSIER
La rivoluzione della luce

Eredità

IERI L'IMPORTANZA DELLA SCOPERTA DELLA LAMPADINA DI EDISON RIVOLUZIONÒ LE ABITUDINI SOCIALI E CONTRIBUÌ A POTENZIARE LO SVILUPPO DELL'ECONOMIA

OGGI I PROGRESSI DELL'ELETTRONICA E LE SUE APPLICAZIONI PRODUCONO RAPIDE E RADICALI TRASFORMAZIONI CHE INVESTONO OGNI ASPETTO DELL'ATTIVITÀ UMANA

▲ Thomas Alva Edison fotografato all'opera nel suo laboratorio di Menlo Park.

L'elettricità

L'elettricità non è a rigor di logica una fonte di energia, ma un modo di muovere e distribuire energia prodotta da altre fonti, come il calore del vapore o il movimento naturale dei corsi d'acqua.

Tra il 1860 e il 1880, grazie alle scoperte del belga Gramme, dei francesi Planté e Faure, dell'italiano Pacinotti e del tedesco Siemens fu possibile realizzare macchinari in grado di trasformare il movimento di un corpo all'interno di un campo magnetico in corrente elettrica.

La corrente finiva immagazzinata in batterie e accumulatori, e veniva trasmessa a grandi distanze, oppure utilizzata per riscaldare o muovere oggetti.

Scrisse Werner von Siemens: «Con la distribuzione dell'energia elettrica la popolazione delle città può ottenere energia a basso costo e senza fatica. In tale maniera la piccola officina, l'operaio isolato nella sua abitazione vengono messi in grado di valorizzare le loro forze lavoro ed entrare in concorrenza con le fabbriche che producono energia con il vapore o con il gas. La possibilità di disporre facilmente di energia produrrà notevoli applicazioni nelle case e per le strade, applicazioni che renderanno più facile e piacevole la vita. Ci vorrà tempo prima che il pubblico si avvezzi all'uso dell'elettricità, ma ciò si verificherà sicuramente». La profezia di Siemens era destinata a realizzarsi entro breve grazie a una clamorosa invenzione: la lampadina di Edison.

L'invenzione della lampadina

Thomas Alva Edison nacque a Milan, nell'Ohio, ultimo di una famiglia di sette figli. Nel 1854 i suoi genitori decisero di trasferirsi a Port Huron, nel Michigan.

Bambino eccentrico e dotato di una vivace intelligenza, ma con problemi di udito a causa di una malattia infantile, frequentò la scuola solo per tre mesi e con estrema difficoltà: era troppo creativo per riuscire a integrarsi. Sua madre, che era un'insegnante, decise allora di occuparsi personalmente dell'educazione del figlio. Lo ritirò da scuola e lo lasciò libero di fare i suoi esperimenti, di leggere molto e di tralasciare le materie che meno gli piacevano.

Nel 1859 Edison cominciò a lavorare per la *Grand Trunk Herald*, una linea ferroviaria che univa Port Huron a Detroit. Il suo compito era assai modesto: vendere giornali e *snacks*. Ma poiché nelle ore di attesa dei treni si annoiava, prese a frequentare la *Detroit Library*, una biblioteca assai fornita. Ebbe inoltre l'opportunità di imparare a

---

IERI E OGGI

Alla fine del secolo XIX l'illuminazione elettrica divenne d'uso comune grazie all'invenzione della lampada a filamento incandescente. La luce elettrica soddisfaceva le esigenze di ordine economico poste dalla seconda rivoluzione industriale. Infatti le attività produttive incentrate sulle macchine si svolgevano prevalentemente in ambienti chiusi e con la luce elettrica il nuovo modo di lavorare si liberava del vincolo imposto dalla luce naturale. Così le macchine erano perfettamente in grado di produrre senza interruzioni, in qualunque ora del giorno e della notte.

Ma la luce elettrica ebbe effetti positivi anche sulla socialità: l'illuminazione elettrica delle strade rese le città luoghi vivibili anche di notte e l'illuminazione domestica cambiò radicalmente le abitudini della vita quotidiana.

All'inizio del XX secolo, l'energia elettrica, però, non era ancora sfruttata appieno per problemi legati alla sua distribuzione: la tensione massima disponibile consentiva di raggiungere distanze solamente di 15-20 km; oggi invece con la diffusione del trasformatore, che permette l'innalzamento della tensione, si garantisce un impiego diffuso su vaste aree.

Il XIX secolo è stato sicuramente il più ricco di applicazioni nel campo dell'elettricità: in meno di cento anni dall'invenzione della pila, fecero la comparsa le prime centrali elettriche per produrre energia da utilizzare in tutti i campi. Il XX secolo ha visto le innovazioni tecnologiche più sorprendenti nel settore dell'applicazione dell'energia elettrica: dalla radio alla televisione, dal computer alle auto elettriche. E proprio perché il mondo contemporaneo fa un uso enorme di energia elettrica, il problema oggi riguarda piuttosto le fonti per produrla. La ricerca, infatti, è orientata a migliorare lo sfruttamento di fonti energetiche alternative e rinnovabili, come il vento o il sole oppure quelle derivanti dalle biomasse o ancora quella nucleare. L'obiettivo è di sostituire in futuro le risorse tradizionali, cioè i combustibili fossili come il petrolio, che vanno esaurendosi, sono fortemente inquinanti e costano sempre di più.

DOSSIER

Eredità

▲ Un modello della prima lampadina a incandescenza inventata da Edison.

▶ Una via di Londra illuminata da lampade alimentate da dinamo, fine XIX secolo.

usare il telegrafo e ciò gli permise di abbandonare il lavoro sui treni e di impiegarsi come telegrafista. Licenziatosi, nel 1876 fondò a Menlo Park, nel New Jersey, la *Invention Factory*. Poco dopo cominciò gli esperimenti che lo portarono alla scoperta della lampadina. Da tempo Humphry Davy, uno scienziato inglese, aveva fatto brillare la luce elettrica. Ma i materiali usati a questo scopo bruciavano in fretta. Fallimentari o inadeguati si erano anche dimostrati i tentativi compiuti da Sir Joseph Wilson Swan e da Charles Francis Brush.
Edison fece migliaia di esperimenti con materiali diversi, fino a che nel 1879 non scoprì che i filamenti di carbone in un bulbo con un riempimento gassoso si riscaldavano ma non bruciavano, e resistevano fino a 40 ore (che successivamente divennero 1500!). Era nata la lampadina.

Un bene di massa

Ora si trattava di commercializzare questa straordinaria invenzione. Tutti avevano bisogno della luce. All'*Edison Light Company*, la società fondata da Edison nel 1878, produrre una lampadina costava, il primo anno, un dollaro e 25 centesimi. Edison decise che era una cifra eccessiva: tutti dovevano essere messi in condizione di poter acquistare quante lampadine desiderassero. Solo così la luce avrebbe rivoluzionato la vita umana.
Il secondo anno il costo venne abbassato a 70 centesimi, mentre il prezzo di vendita restava fisso a 40 centesimi; ma le perdite furono maggiori del primo anno perché la richiesta era cresciuta. Il terzo anno, portate le spese di fabbricazione a 50 centesimi, le perdite aumentarono ancora, poiché il numero di lampadine richieste era sempre maggiore. Il quarto anno, infine, si raggiunse il costo di produzione di 37 centesimi. I tre centesimi guadagnati su ogni unità permisero a Edison non solo di annullare tutte le perdite accumulate ma anche di iniziare a guadagnare.
Il quinto anno, quando si vendevano ormai milioni e milioni di lampadine, il costo di produzione era ulteriormente ridotto a 22 centesimi: il guadagno era di 18 centesimi su ogni unità prodotta e venduta! La rivoluzione della luce era diventato un colossale affare.
Com'era stato possibile? Semplice... inventando un nuovo modo di produrre, come lo stesso Edison spiegò in seguito: «Una delle ragioni per cui giungemmo a ridurre considerevolmente il prezzo di produzione fu che agli inizi una delle operazioni più importanti era fatta da tecnici altamente specializzati. Gli operai che facevano questo lavoro si consideravano un elemento determinante nell'officina e divennero molto esigenti. Si costituirono in sindacato e richiesero stipendi esorbitanti. Fu allora che mi chiesi se non fosse possibile far fare questo lavoro a una macchina. Dopo aver cercato qualche giorno, trovai la soluzione... il sindacato era battuto e non si è mai più ripreso».
Negli anni successivi, Edison e i suoi collaboratori brevettarono 1093 invenzioni che sono all'origine di molti strumenti che oggi noi usiamo, dal registratore al proiettore. Ma nessuno di questi brevetti ebbe conseguenze così rivoluzionarie come l'invenzione della lampadina.
Edison morì nel 1931. La sua creatività aveva «illuminato» il mondo.

▲ Cartellone pubblicitario di una ditta francese di lampadine del 1895.

DOSSIER

Ruote in terra, ali in cielo

vita quotidiana

CON LE AUTOMOBILI E GLI AEREI LE DISTANZE SI ASSOTTIGLIARONO, MA LE NUOVE MACCHINE POTEVANO ESSERE ANCHE TERRIBILI MEZZI DI DISTRUZIONE DI MASSA. LA SCONFITTA E LA VITTORIA? SAREBBERO ARRIVATE DAL CIELO

Esperimenti nei cieli

Il 17 dicembre 1903 segna il debutto dell'aeronautica moderna: è il giorno in cui i fratelli Wilbur e Orville Wright, con il loro biplano *Flyer I*, realizzano un volo quasi rasoterra di qualche decina di metri. Sette anni prima, il 9 agosto 1896, l'ingegnere tedesco Otto Lilienthal moriva durante un esperimento di volo. Lui e suo fratello Gustav avevano trascorso lunghi anni tentando di adattare le tecniche del volo degli uccelli a quello umano. In quel giorno, Otto volle fare un ultimo tentativo prima di smontare il suo velivolo, ma una raffica di vento lo fece schiantare al suolo; si era scordato di montare il dispositivo per assorbire gli urti e quell'incidente gli fu fatale.

Pochi anni prima della sua morte, Otto Lilienthal pubblicò un libro che lo rese famoso: *Il volo degli uccelli come base per l'aviazione*. La sua era una vera ossessione che lo aveva accompagnato sin da ragazzo; i suoi studi di aerodinamica lo avevano portato a credere che il volo umano fosse possibile: era solo una questione di tempo, presto la scienza avrebbe permesso agli uomini di librarsi in aria come le aquile. Gli esperimenti dei Wright e dei Lilienthal diedero il via allo sviluppo della scienza aeronautica, ma si dovette aspettare il 1927 per capire quanto gli aeroplani avrebbero annientato il sistema dei lunghi trasporti navali: nel 1927 Charles Lindberg attraversò con il suo piccolo monoplano tutto l'Oceano Atlantico.

Esperimenti a terra

Due anni prima della morte dell'ingegner Lilienthal, gli editori del quotidiano francese «Le petite journal» organizzarono una gara di velocità per «carrozze senza cavalli», sulla distanza di 78 miglia, tra Parigi e Rouen. La corsa doveva dimostrare l'efficienza dei motori a petrolio: infatti tutte le automobili a petrolio raggiunsero Rouen, mentre solo tre di quelle che utilizzavano altro combustibile riuscirono nell'impresa. Fu proprio il combustibile ricavato dai petroli a permettere lo sviluppo dei motori per le automobili e gli aerei.

Altri due ingegneri tedeschi, Karl Benz e Gottlieb Daimler, diedero un'importante spinta al mondo dei motori nel 1880. Benz costruì prima un motore a petrolio, poi, nel 1885, riuscì ad applicarlo a una macchina da lavoro, infine, nel 1886, a un piccolo veicolo a tre ruote. Daimler, che progettò un motore a combustione interna nel 1884, applicò la sua invenzione anche a un velivolo.

Nel 1897 Rudolf Diesel perfezionò le invenzioni di Benz e Daimler e mise a punto un motore alimentato con petrolio, capace di prestazioni, per l'epoca, davvero sorprendenti.

Alla fine del secolo i rudimentali tricicli di Daimler erano un ricordo: per le strade delle città europee circolavano già eleganti automobili, simbolo di ricchezza e prestigio sociale. Il sultano del Marocco fu il primo capo di Stato a pretenderne una, ma l'appassionato più illustre fu il Kaiser tedesco Guglielmo II, fotografato spesso a bordo di automobili enormi e lussuosissime; lo stesso si può dire dell'imperatore d'Austria Francesco Giuseppe e dello zar Nicola II.

Ma non si trattava solo di un bel giocattolo per ricchi signori: in tutte le città fecero la comparsa taxi a motore, e i motori a scoppio vennero anche montati su macchine agricole e impianti industriali. Ford, Renault, Mercedes e Rolls erano le case produttrici più famose al mondo: nel 1920 il celebre «modello T» della Ford venne venduto in 15 milioni di esemplari. Se nel 1905 non circolavano più di 200 000 automobili nel mondo, nel 1930 ce n'erano 26 milioni nei soli Stati Uniti e un milione e mezzo in Inghilterra e Francia. I motori

▲ Un dirigibile semirigido utilizzato dall'esercito italiano durante la prima guerra mondiale.

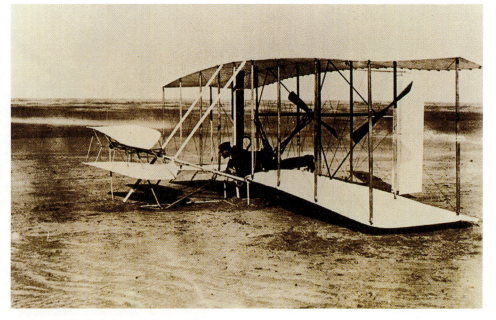

▲ Il *Flyer I* dei fratelli Wright; ai comandi è Wilbur Wright.

DOSSIER

vita quotidiana

▲ Una squadriglia di *Caproni CA 4*, bombardieri italiani usati durante la prima guerra mondiale.

erano i protagonisti assoluti dei movimenti privati e pubblici del mondo occidentale.

La fine di un'epoca

L'avvento della moderna tecnologia motoristica trasformò l'economia industriale e il paesaggio del mondo occidentale. Alla fine del secolo questo cambiamento iniziò ad apparire evidente: l'avvento dei veicoli a motore diffuse il sentore che un'era stava finendo e un'altra si stava affacciando all'orizzonte.

Qualcuno si chiedeva se non ci si stesse muovendo troppo in fretta: si era ancora in un'epoca in cui chi andava in bicicletta era considerato un estroso temerario. Qualcuno reputava le automobili il più perverso dei lussi per ricchi esibizionisti e arroganti, il prodotto più bieco del materialismo, e addirittura le si poteva credere strumento del diavolo tentatore.

I capi di Stato erano invece sensibili allo sviluppo dell'industria motoristica, come indice di progresso per i loro Paesi: le autorità sovietiche, per esempio, individuarono subito nella motorizzazione il simbolo di una nuova era, un'era di esaltazione della scienza e del progresso, frutto del lavoro e dell'ingegno delle masse operaie.

Macchine per la guerra

Il primo carro armato della storia è inglese. Viene ufficialmente presentato dal tenente Swinton al ministero della Difesa nel 1914. È una specie di trattore corazzato che si muove su terreni accidentati. Farà la sua comparsa alla fine della prima guerra mondiale per diventare poi protagonista della seconda. Muta così radicalmente il modo di combattere della fanteria.

Anche lo sviluppo delle tecnologie aeronautiche fu subito teso verso gli impieghi militari. Il leggendario volo rasoterra dei fratelli Wright diede il via a una ricerca entusiastica per la costruzione di dirigibili, veicoli plananti e aerei a motore. Ci si rese subito conto di quanto sarebbe stato micidiale un attacco dall'aria e si pensò di montare mitragliatrici sui velivoli, ancora prima di sedili e cinture di sicurezza.

Nel 1908 il conte Zeppelin mise a punto i progetti definitivi per i suoi dirigibili e fu uno choc soprattutto per l'Inghilterra: essere un'isola e una potenza navale non la metteva più al sicuro da attacchi stranieri; si poteva arrivare a Londra dall'aria, oltre che dal mare.

Nel 1913, Herbert Strang, autore di storie di aviazione, scriveva che il destino degli imperi si sarebbe scritto nel cielo e non più sul mare. Gli Inglesi rimasero atterriti, anche perché in Gran Bretagna la scienza aeronautica segnava il passo rispetto a quella tedesca e francese. Le imprese degli assi dell'aviazione della prima guerra mondiale diedero ragione a Strang.

Negli anni successivi i carri armati inventati per superare le trincee rivoluzionarono il modo di combattere a terra. Le truppe trasportate su veicoli militari poterono raggiungere rapidamente località anche molto distanti. Ma la superiorità militare non si sarebbe più conquistata con combattimenti terrestri: l'avrebbe avuta chi avesse dominato i cieli.

Fu il secondo conflitto mondiale a promuovere le battaglie aeree come la parte decisiva di ogni guerra.

L'attacco giapponese a Pearl Harbor, i bombardamenti sulle città europee e lo sgancio delle atomiche sul Giappone resero evidente che nelle guerre moderne la sconfitta o la vittoria arrivavano dal cielo.

▲ Un carro armato inglese *Mark V*, entrato in servizio nel 1917.

UNITÀ 6 — LA SECONDA RIVOLUZIONE INDUSTRIALE — 211

2. LA CATENA DI MONTAGGIO

CHE COS'È IL TAYLORISMO?

PERCHÉ LA SCOMPOSIZIONE DEL PROCESSO DI PRODUZIONE RISULTÒ VANTAGGIOSA?

IN QUALE SETTORE FU ADOTTATA PER LA PRIMA VOLTA LA CATENA DI MONTAGGIO?

▶ Muta il modo di produrre

I risultati della ricerca scientifica cambiarono profondamente il modo di produrre. Le fabbriche si rinnovarono non solo per l'utilizzazione delle grandi innovazioni tecnologiche, ma anche grazie a uno studio sistematico di organizzazioni produttive sempre più complesse. La fabbrica perse progressivamente il suo carattere di «luogo di produzione», di contenitore per un certo numero di macchinari, per diventare essa stessa «macchina». Questo risultato venne ottenuto con la divisione del lavoro e con la precisa definizione di tutte le mansioni da affidarsi a operai che ripetevano sempre le medesime azioni, in tempi sempre uguali.

Fu l'ingegnere americano **Frederick Winslow Taylor** (1856-1915), il primo ad analizzare in maniera sistematica le caratteristiche dell'organizzazione aziendale. I suoi studi furono fondamentali per il miglioramento dell'intero processo produttivo. Il **taylorismo**, o organizzazione scientifica del lavoro, si fondava su quattro princìpi generali. Chi dirige un settore produttivo deve:

1) eseguire uno studio scientifico per ogni operazione di qualsiasi lavoro manuale, uno studio che sostituisca i vecchi procedimenti basati sull'esperienza diretta.

2) Selezionare la manodopera con metodi scientifici, poi prepararla, istruirla e perfezionarla. Nel passato invece ogni lavoratore sceglieva per proprio conto la sua attività produttiva, poi si specializzava da sé, come meglio poteva.

3) Tenere con i propri dipendenti un atteggiamento di collaborazione cordiale. In questo modo si garantisce che tutte le attività vengano eseguite al massimo delle capacità produttive dei lavoratori.

4) Fare in modo che lavoro e responsabilità vengano ripartiti in misura eguale tra direzione e manodopera.

▶ Scomporre il processo di produzione

Con questa organizzazione produttiva, tutto il lavoro che in passato era compiuto dal lavoratore utilizzando la sua esperienza personale, veniva ora eseguito dalla direzione. I dirigenti si adeguavano alle leggi scientifiche e le applicavano sui luoghi di lavoro. Questo era un compito esclusivo della dirigenza, perché anche se l'operaio fosse stato in grado di organizzare scientificamente il suo lavoro, gli sarebbe riuscito impossibile prestare la sua opera contemporaneamente alla macchina e alla scrivania. Risultava quindi chiaro che per organizzare il lavoro occorrevano persone diverse da quelle che lo eseguivano.

In sintesi, secondo Taylor era necessario scomporre il più possibile il processo di produzione di un determinato oggetto. Questa scomposizione permetteva di:

L'organizzazione scientifica del lavoro

Scomposizione del lavoro
- Stabilire i movimenti che i lavoratori devono compiere
- Organizzare le operazioni di lavoro secondo criteri di efficienza produttiva
- Legare i salari dei lavoratori alla produttività (lavoro a cottimo)

Riduzione del costo della manodopera e della quantità di manodopera impiegata – ma aumento dei salari

Aumento della produzione

LESSICO

COTTIMO
Il termine indicava nel passato un tributo che i consoli veneti in Oriente esigevano dai mercanti sul valore delle merci in arrivo o in partenza. Nell'economia industriale indica invece una forma di retribuzione del lavoro calcolata sulla quantità della produzione e non sulle ore lavorate.

FORDISMO
È il modello di organizzazione del lavoro che prende nome da chi per primo lo realizzò nella sua fabbrica: Henry Ford. Si basava sui princìpi del taylorismo e mirava ad aumentare la produzione attraverso la programmazione rigorosa delle singole fasi di lavoro, l'uso della catena di montaggio e gli incentivi alla manodopera.

› organizzare e fissare i movimenti da compiere e i tempi di lavorazione;
› organizzare la fabbrica, al proprio interno, non più in modo «gerarchico», come se si trattasse di una caserma, ma secondo criteri di efficienza produttiva;
› legare i salari degli operai agli effettivi risultati ottenuti: si tratta del cosiddetto lavoro «a cottimo», in cui si calcola lo stipendio in base al lavoro svolto.

In questo modo era possibile ottenere due risultati di grande rilievo, anche se in apparente contraddizione: l'abbassamento del costo della manodopera e l'innalzamento dei salari. Infatti per le nuove strutture produttive occorrevano meno lavoratori, senza una specifica preparazione, anche per le attività più complesse e, contemporaneamente, la produzione aumentava.

Il risultato più importante delle teorie di Taylor fu l'introduzione nelle fabbriche della **catena di montaggio**: un'innovazione rivoluzionaria che riduceva enormemente i tempi di lavoro, ma lo rendeva contemporaneamente spersonalizzato e ripetitivo. Le lavorazioni erano infatti frammentate in una serie di piccole operazioni, ciascuna affidata a un singolo operaio. La prima catena di montaggio fu installata nelle officine automobilistiche *Ford* di Detroit, negli Stati Uniti, dove venne prodotta la prima automobile di serie, il mitico «modello T». Anche se Taylor operò la prima importante sintesi teorica dell'efficienza produttiva, fu **Henry Ford** (1863-1947) a trarne le estreme conseguenze nella sua nota fabbrica di automobili: «Si tratta – era solito dire – di portare il lavoro agli uomini, anziché gli uomini al lavoro». (▶ **Protagonisti** p. 214)

▲ Un esemplare della leggendaria Ford «T».

CINEMA

Tempi moderni

Stati Uniti, 1936 (durata 89', b/n)
Regia: Charlie Chaplin
Attori principali: Charlie Chaplin, Paulette Goddard, Henry Bergman

Nell'ideazione del film, Chaplin fu ispirato dalla crescente disoccupazione, dalla difficoltà dei lavoratori di arrivare alla fine del mese e soprattutto dalla meccanizzazione fordista del lavoro, temi di grande attualità nell'America del tempo.
Pur attraverso il taglio ironico caratteristico della regia di Chaplin, il film costituisce uno dei migliori documentari sugli effetti alienanti prodotti dall'organizzazione scientifica del lavoro.
Charlot è un operaio che lavora alla catena di montaggio di una grande fabbrica. Imbullona dadi a un ritmo vertiginoso. Se si attarda per qualche istante non riesce più a recuperare e finisce negli ingranaggi. Durante la pausa pranzo, il povero Charlot fa da cavia a una macchina ideata per automatizzare anche la nutrizione degli operai che, in tal modo, non dovranno interrompere l'attività. Memorabile è la scena in cui il protagonista rimane prigioniero degli ingranaggi e, estenuato, perde la ragione.
Quando esce dall'ospedale, si ritrova disoccupato; raccoglie per sbaglio una bandiera, guida così senza volerlo un corteo di protesta poi disperso dalle forze dell'ordine. Ricercato dalla polizia, Charlot si allontana lungo una strada verso un futuro migliore in compagnia di una vagabonda, miserabile come lui.

DOSSIER — Protagonisti

Le contraddizioni di Henry Ford

DOPO AVER INVENTATO L'AUTOMOBILE DI MASSA, NON COMPRESE PIÙ I GUSTI DELLA GENTE. FINÌ LA SUA VITA OCCUPANDOSI DI ANTIQUARIATO PER SALVARE LE TESTIMONIANZE DI QUEL MONDO CHE AVEVA DISTRUTTO

La formazione

Henry Ford nacque a Dearborn nel Michigan il 30 luglio 1863. Nell'autobiografia, Ford è estremamente laconico per quel che riguarda i suoi genitori: tutto quel che si apprende è che il padre era un piccolo proprietario agricolo di origine irlandese e che la madre – di origine olandese – s'occupava dei lavori domestici.
Henry seguì pochi studi e nel 1879 trovò lavoro come meccanico presso la società Westinghouse di Schenctady. Dopo una breve parentesi in cui tornò a lavorare la terra per il padre, nel 1888 venne assunto dalla società d'elettricità Edison. Vi fece carriera e avrebbe potuto esserne contento: in fondo, alla fine del XIX secolo lavorare nel settore elettrico significava svolgere l'attività più «moderna», più aggiornata che si potesse immaginare.
Nel 1896 in occasione di uno dei banchetti annuali della società, presieduto dallo stesso Edison, Ford ebbe l'occasione di parlargli del suo lavoro e dei suoi progetti come costruttore di automobili. Edison lo ascoltò (male, poiché era già fortemente sordo) e alla fine lo incoraggiò: «Giovanotto – gli disse – questo è quel che ci vuole. Voi l'avete trovato. Continuate a lavorare su questa strada. Le macchine elettriche non possono troppo allontanarsi dalle stazioni di rifornimento. Le batterie d'accumulatori sono troppo pesanti. Le macchine a vapore nemmeno sono buone, perché occorre loro una caldaia e del fuoco. La vostra macchina è sufficiente a se stessa, trasporta la sua fabbrica d'energia, niente fuoco, niente caldaia, niente fumo, niente vapore. Voi avete trovato, continuate su questa strada».

L'invenzione del «modello T»

Incoraggiato da colui che era stato «il suo ideale fin dalla sua infanzia», Ford si mise accanitamente al lavoro. Nel 1903 fondò la Ford Motor Company. Nacquero i primi modelli di automobile (B, C, F, N, R, S), ma nessuno di questi soddisfaceva completamente Ford il quale avrebbe voluto una sola macchina in cui fossero presenti contemporaneamente tutte le qualità che riteneva importanti.
Solo nel 1908 Ford riuscì nel suo intento con la costruzione del «modello T», il suo ideale. Costava 850 dollari. Fino al 1927 il «modello T» fu l'unico prodotto dalla Ford: 15 milioni di Ford T uscirono dalle sue officine; l'orizzonte visuale degli americani fu costantemente coperto di Ford T: si veniva portati in chiesa per il battesimo in «T»; si veniva accompagnati al cimitero in «T». Questa automobile divenne veramente una protagonista della vita americana per un tempo lunghissimo; gli Americani non la chiamavano «modello T», nome troppo tecnico e freddo per qualcosa che era diventato così familiare nella vita quotidiana: la chiamavano «Lizzie», la buona e fedele compagna di tutti i giorni.

Il segreto: l'organizzazione

Il successo della «T» fu enorme. Il prezzo scese fino a giungere a 440 dollari. La produzione crebbe a un ritmo vorticoso; il 31 ottobre 1925 si stabilì un vero record: 9109 macchine uscirono dalle officine Ford. E mentre i prezzi scendevano, Ford aumentava i salari. Com'era possibile?
A questa domanda, Ford rispondeva: «Organizzazione». Il che voleva dire organizzare le operazioni di lavoro secondo la concezione tayloristica. In questo modo si otteneva un abbassamento del costo della manodopera (non più specializzata) e un progressivo aumento dei salari, legato all'incremento di produzione. Una volta stabilito il ritmo ideale di lavoro (più intenso) interveniva il sistema del premio, dell'aumento di salario: per un accresciuto rendimento del lavoro, occorreva aumentare il compenso.

▲ Un'immagine di Henry Ford.

Diceva ancora Henry Ford: «Con il passare degli anni ho imparato molto sui salari. In primo luogo credo che, a parte ogni altra considerazione, le nostre vendite dipendano in una certa misura dai salari che paghiamo. Se siamo in grado di distribuire salari più elevati, quel denaro può allora essere speso e contribuirà a rendere più prosperi rappresentanti, distributori e lavoratori che operano in altre linee industriali. Alti salari diffusi in un intero Paese corrispondono a una prosperità diffusa, purché tuttavia salari più ele-

▲ Henry Ford fotografato a bordo di un'automobile «speciale»: la quindicimilionesima vettura prodotta dalle sue officine, nel 1927.

DOSSIER

Protagonisti

▲ Una Ford Modello «C» del 1911 carrozzata a furgone.

▼ Ford (a destra) con uno di primi prototipi.

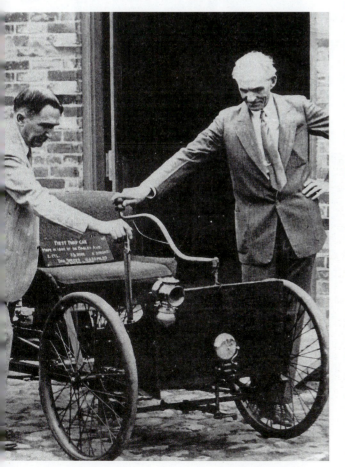

vati vengano pagati per una produzione più elevata».
I risultati furono sensazionali. Il montaggio del motore, compiuto in origine da una sola persona, venne distribuito tra 84 uomini e il tempo di montaggio calò da 9 ore e 54 minuti a 5 ore e 56 minuti; la preparazione dello chassis, che richiedeva 12 ore e 20 minuti, passò a 1 ora e 33 minuti.

Il declino e la fine

Il 26 maggio 1927 il «modello T» fu soppresso. Già dal 1923-24 la vendita aveva cominciato a manifestare qualche segno di stanchezza. Per recuperare le quote di mercato perdute, Ford accettò perfino dei compromessi: acconsentì che la «Lizzie» fosse prodotta in colori differenti dal nero; ma ormai non c'era più nulla da fare.
Ora la concorrenza produceva auto più comode, più grandi, più complesse, con delle apparecchiature di cui forse Ford aveva ragione di dire ch'erano «inutili», ma che il cliente voleva. Era proprio questo il limite di Ford: crede-

re che tutti volessero solo ciò che era «utile». Questo aveva potuto essere un importantissimo elemento per superare la fase «aristocratica» dell'automobile, per ridurre i prezzi e metterla a portata di tutti; ma credere che tutti gli uomini avrebbero accettato all'infinito di circolare in «modello T» era un'illusione. E un'illusione tanto più incomprensibile in quanto coltivata proprio dall'uomo che più di ogni altro aveva lavorato per una motorizzazione di massa.
Per adeguarsi al mercato, la Ford cambiò modello, ma il successo del «modello T» non venne più raggiunto. Divenne così una tra le tante case produttrici di automobili americane ed europee.
Dopo il 1932 Ford cominciò a ripiegarsi su se stesso. Nel 1936 decise infine di ritirarsi. Negli ultimi anni della sua vita – salvo che nel periodo 1943-45 durante il quale riassunse la presidenza della società in seguito alla morte del figlio – Henry Ford si occupò d'antiquariato; e non solo di antiquariato ad altissimo livello, ma anche di quello più modesto come ricostruire i laboratori di Edison o rimettere nello stato originario vecchie fattorie.
Sarà forse leggenda l'episodio che ora ricorderemo, ma merita ugualmente di essere raccontato: Henry Ford aveva comprato l'osteria Wayside Inn, sita a Sudbury (Massachusetts) sulla strada da cui i pionieri americani avevano iniziato la loro marcia verso l'Ovest. Dinanzi a questa osteria passava allora una grande strada, su cui schizzavano veloci le macchine, le «sue» macchine; il vecchio Ford fece spostare quella strada e fece rifare il vecchio sentiero, di modo che «tutto fosse come un tempo, quando passavano i cavalli e le carrozze».
Leggenda? Può darsi. Ma certe leggende non si incollano ai personaggi per caso; e questa – se è leggenda – s'attaglia al nostro eroe in modo perfetto.

UNITÀ 6 LA SECONDA RIVOLUZIONE INDUSTRIALE 215

GALLERIA — La catena di montaggio alla Ford

La produzione a catena fu perfezionata nella fabbrica di automobili di Henry Ford e il successo fu enorme. Ford si ispirò al sistema utilizzato per la macellazione degli animali e la lavorazione della carne nel mattatoio di Chicago, un lavoro organizzato e suddiviso in fasi che permetteva di abbattere tempi e costi. Nella produzione a catena il lavoratore era chiamato a svolgere una sola mansione, ripetutamente e in modo sempre uguale per tutto l'orario di lavoro, con azioni meccaniche e spersonalizzanti.

Si calcola che tra il 1908, primo anno di produzione, e il 1927, anno della fine della produzione, furono vendute 15 milioni di auto del modello T, la prima «utilitaria» che rivoluzionò il sistema di trasporto privato.

1. Divisione del lavoro. Ogni operaio era destinato a svolgere una sola mansione e a occuparsi di un solo componente dell'auto. In questo modo la produzione risultava velocizzata.

2. Insoddisfazione. Per quanto nelle industrie Ford i salari degli operai fossero il doppio (5 dollari al giorno) rispetto a quelli delle altre industrie, il lavoro ripetitivo e poco professionalizzante generava insoddisfazione presso gli operai.

6. Praticità e convenienza. Questo era il motto delle industrie Ford che, non a torto, introdussero il concetto di «utilitaria». La praticità era dimostrata dal fatto che per le riparazioni non bisognava più sdraiarsi sotto l'auto, ma bastava sollevare il cofano; inoltre il motore poteva essere facilmente tolto dal telaio.

5. Nero. La Ford T era disponibile solo di colore nero; anche questa scelta era determinata dalla necessità di ridurre i costi. A proposito del colore era famosa la battuta di Henry Ford: «Potete averla di qualsiasi colore, purché sia nera!».

4. Nastro trasportatore. Un'altra innovazione fu l'utilizzo dei nastri trasportatori per il collegamento tra i vari settori.

3. Sistema della «caduta dall'alto». Una novità introdotta da Ford fu il sistema della «caduta dall'alto» dell'abitacolo sul telaio. L'abitacolo montato pezzo per pezzo in altri settori della fabbrica veniva successivamente fatto scivolare dall'alto sul telaio che avanzava lentamente sul nastro trasportatore.

3. IL CAPITALISMO MONOPOLISTICO E FINANZIARIO

CHE COSA SI INTENDE CON L'ESPRESSIONE «GRANDE DEPRESSIONE»?
QUALI FURONO LE CAUSE DELLA GRANDE DEPRESSIONE?
PERCHÉ IL CAPITALISMO DIVENNE FINANZIARIO?
PERCHÉ NELLE AREE MAGGIORMENTE PROGREDITE LA NATALITÀ INIZIÒ A DECRESCERE?

▶ La grande depressione

Il periodo che va dal **1870** al **1914** fu caratterizzato da una notevole crescita della produzione industriale mondiale, che aumentò di circa quattro volte. Questo risultato, però, fu raggiunto attraverso due fasi decisamente opposte:
- la prima (**1873-96**), detta dai contemporanei della **grande depressione** (definizione che poi sarà attribuita alla crisi del 1929), in cui vi fu un marcato rallentamento del ritmo di crescita del ventennio precedente;
- la seconda (**1896-1914**) caratterizzata da un nuovo **rapido sviluppo.**

La causa principale della grande depressione fu la **sovrapproduzione industriale e agricola** che determinò una caduta dei prezzi del 40% per i prodotti dell'industria e del 30% per quelli agricoli. Questa tendenza alla sovrapproduzione fu sostanzialmente originata da due fattori:
- l'**accresciuta concorrenza internazionale**, favorita dallo sviluppo delle reti di trasporto ferroviario e navale: l'agricoltura europea risentì, per esempio, della concorrenza dei cereali americani, australiani e russi; l'industria, invece, vide l'emergere di Paesi ricchi di enormi potenzialità, come gli Stati Uniti o la Germania;
- il **naturale incremento produttivo**, dovuto al miglioramento delle organizzazioni aziendali, che non corrispondeva a una crescita della domanda perché i salari continuavano a essere perlopiù al livello della pura sussistenza.

A partire dal 1880, sull'esempio della Germania e con la sola esclusione dell'Inghilterra, gli Stati reagirono alla crisi abbandonando il modello economico del libero scambio.

Al suo posto si diffuse il **protezionismo**, invocato come risposta alla crisi, ma che non fece altro che determinare un ulteriore rallentamento della produzione.

▶ La concentrazione industriale

La grande depressione provocò il fallimento delle industrie meno competitive. Sopravvissero le aziende che si ristrutturarono, ammodernando le tecnologie e riorganizzando il processo produttivo. Queste industrie uscirono dalla crisi rafforzate e, in molti casi, aumentarono anche le loro **dimensioni**. Si ebbe così un'inversione di tendenza rispetto alla prima rivoluzione industriale: mentre questa fu caratterizzata dal moltiplicarsi di piccole fabbriche con pochi addetti, la seconda rivoluzione industriale fu caratterizzata da un enorme impulso alla crescita delle dimensioni aziendali e alla **concentrazione industriale**: poche imprese cioè assunsero il controllo del mercato.

Questo fenomeno fu determinato an-

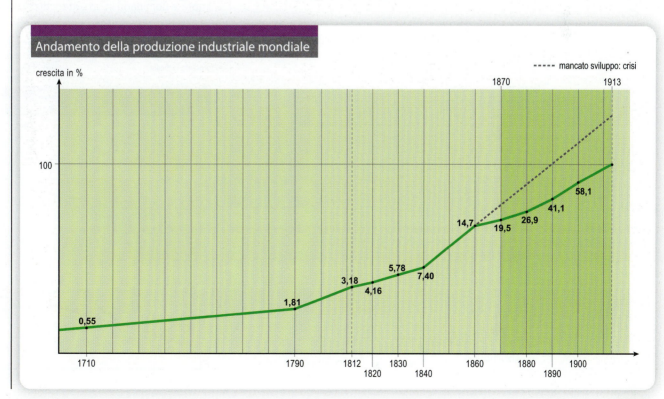

Andamento della produzione industriale mondiale

che dal fatto che gli enormi progressi tecnologici e scientifici richiedevano **investimenti massicci** e costanti.
Le banche tendevano a concedere prestiti più cospicui alle grandi imprese, piuttosto che a quelle piccole. Le aziende importanti offrivano infatti maggiori garanzie di solvibilità, avendo fatturati più alti grazie al loro maggiore giro d'affari.

▶ Un nuovo tipo di capitalismo

La concentrazione industriale si realizzò in varie forme, soprattutto attraverso la costituzione di cartelli, trust e monopoli.
Tramontò così il capitalismo proprio della prima rivoluzione industriale, caratterizzato dalla concorrenza nel mercato tra numerosi imprenditori. Al suo posto si affermò il cosiddetto capitalismo monopolistico.

Nel contempo si affermò il peso del capitale finanziario rispetto a quello industriale. La vita delle industrie, infatti, ormai dipendeva completamente dai finanziamenti continui delle banche. Gli interessi degli istituti finanziari e delle industrie si intersecarono a tal punto che si consolidò la prassi di intervenire direttamente nei reciproci consigli di amministrazione: nel senso che rappresentanti delle banche sedevano nei consigli di amministrazione delle grandi industrie e quelli delle grandi industrie nei consigli di amministrazione delle banche. L'interazione tra capitale finanziario e imprese, sul finire del XIX secolo negli Stati Uniti, si venne realizzando anche tramite la creazione di holding. Il **capitalismo** divenne così **finanziario**, in quanto l'interesse finanziario prese a dominare su quello industriale.

LESSICO

CARTELLO
Indica l'accordo tra le maggiori imprese in un determinato settore circa i prezzi e le modalità di distribuzione dei prodotti. Il fine del cartello è quello di sbaragliare la concorrenza e far lievitare i prezzi a vantaggio delle imprese. I settori più esposti sono quelli ad alta concentrazione di capitali, come quello siderurgico o chimico. Il celebre economista settecentesco Adam Smith considerò ironicamente: «La gente che lavora nello stesso settore raramente si incontra, fosse pure per divertirsi insieme, ma, quando lo fa, la conversazione finisce sempre in una cospirazione contro il pubblico o nell'invenzione di qualche trucco per aumentare i prezzi».

TRUST
Significa fusione di imprese dello stesso ramo produttivo. Lo scopo è quello di ingrandirsi fino a raggiungere una posizione dominante sui mercati.

MONOPOLIO
È la concentrazione nelle mani di un'unica impresa di tutto un settore produttivo. Oggi sono particolarmente diffusi i monopoli di imprese pubbliche, mentre il monopolio privato è combattuto duramente a livello legislativo, per evitare che una sola azienda possa imporre prezzi altissimi detenendo l'esclusiva di un prodotto.

HOLDING
Indica una forma di controllo da parte di una società finanziaria su un gruppo di imprese. Questo fenomeno è reso possibile dalla concentrazione di pacchetti azionari rilevanti.

OLIGOPOLIO
È la situazione in cui poche imprese controllano un intero settore produttivo. In taluni casi queste aziende danno vita a un vero e proprio cartello, costringendo le altre a un ruolo di comparsa sui mercati. Gli economisti distinguono il fenomeno dell'oligopolio da quello del duopolio, in cui le imprese dominanti in un settore di produzione sono due.

▼ Nel grafico compare il termine *trend*, molto usato in economia: significa «tendenza». Indica quella linea di sviluppo costante che attraverso le varie fasi del ciclo economico ne rappresenta la media.

Mercato e industria a fine secolo

Incremento della produzione
→ Saturazione del mercato
→ Concorrenza internazionale
→ Grande depressione
→ Concentrazione industriale e finanziaria
→ Pressione del potere economico sul potere politico
→ Abbandono del libero scambio → Protezionismo

Movimento dei prezzi in Europa dal 1849 al 1914

— trend — ciclo economico

1849 1896 1914

Al centro del sistema economico si affermò la **Borsa**, espressione della frantumazione della tradizionale proprietà delle imprese che era impossibile mantenere unita a causa delle immense risorse finanziarie necessarie.

Si sviluppò anche il sistema della cosiddetta **banca mista**, con cui si superava la classica distinzione tra **banca commerciale**, dedita alla raccolta del risparmio e all'esercizio del credito, e **banca d'affari**, specializzata negli investimenti industriali con prestito di capitale a medio e lungo termine. Questo fenomeno ebbe origine in Francia, ma divenne determinante in quei Paesi che iniziarono con ritardo il processo di industrializzazione. Fu questo in particolare il caso della Germania e dell'Italia.

LESSICO

BORSA
La Borsa è il mercato in cui viene trattata la compravendita di titoli di società, le azioni, da parte di operatori specializzati, chiamati agenti di cambio, che ricevono dalle società gli ordini di acquisto o di vendita. Al termine di ogni seduta, viene stilato un listino delle quotazioni raggiunte dai singoli titoli.

▼ Era il 1880 quando J.D. Rockfeller fondò la Standard Oil Company; gli fu sufficiente un anno per creare il suo monopolio sul trasporto e la raffinazione del petrolio assorbendo le società concorrenti. Nel 1881 la sua società diventa così un *trust*. Nella vignetta il magnate americano ingoia il mondo servendosi di un bicchiere di petrolio.

DOC

LA PRIMA LEGGE ANTI-TRUST
Le grandi aziende monopolistiche si diffusero negli Stati Uniti, a partire dal 1870, in netto anticipo rispetto all'Europa. Fu proprio nel Nuovo Mondo che vennero adottate le prime norme legislative per impedire la formazione delle coalizioni industriali. Il risultato più significativo fu lo Sherman anti-trust Act, dal nome del senatore che riuscì a farlo approvare nel 1890. Riportiamo l'Articolo II e l'Articolo VII di questa legge.

Art. II. Tutti coloro che monopolizzeranno o tenteranno di monopolizzare, o entreranno in una combinazione o coalizione con una o più persone al fine di monopolizzare una qualsiasi parte dello scambio o del commercio fra due diversi Stati o con Paesi stranieri, saranno considerati alla stregua di quanti si rendono colpevoli di un delitto, e, in seguito al riconoscimento della loro colpevolezza, condannati a un'ammenda non superiore a 5 000 dollari o alla reclusione sino al massimo di un anno o a entrambe le pene congiunte a discrezione del tribunale. [...]

Art. VII. Tutti coloro che siano danneggiati nel proprio commercio o nei propri beni da un'altra persona o società [...] potranno intentare causa davanti a ogni corte distrettuale degli Stati Uniti sotto la competenza della quale risiederà o si troverà convenuto, quale che sia l'entità del danno e recupereranno tre volte l'ammontare del danno da esso sofferto, così come le spese dell'istanza, ivi compresa una ragionevole somma per l'onorario del Procuratore.

◀ I monopoli furono frenati dalla legge *anti-trust* in quanto considerati come pericolosi per un sistema economico di tipo liberista; nella vignetta del 1902 Zio Sam (personificazione degli Stati Uniti) riflette meditabondo sui trust.

▼ Una vignetta apparsa sulla rivista «Life» nel 1890 mostra il serpente del monopolio che cerca di mangiarsi lo Zio Sam, simbolo degli Stati Uniti.

UNITÀ 6 — LA SECONDA RIVOLUZIONE INDUSTRIALE — 219

▶ Il boom demografico

Tra il **1850** e il **1914**, la popolazione mondiale aumentò in modo considerevole, passando da circa 1 miliardo e 200 milioni, a **1 miliardo e 650 milioni** di abitanti. Tuttavia, a partire dal 1870, se osserviamo i dati complessivi della situazione demografica nei vari Paesi, ci rendiamo conto di come l'incremento della popolazione abbia preso a seguire un andamento inverso al grado di sviluppo.

Il numero di abitanti diminuì nei Paesi più industrializzati e aumentò in quelli più arretrati. In altri termini, nelle aree maggiormente progredite la natalità iniziò a decrescere, e con lei anche la mortalità, da tempo in costante calo per il generale miglioramento delle condizioni igieniche, alimentari e per lo sviluppo della medicina.

Le cause di questo fenomeno, particolarmente evidente a partire dal Novecento, sono da ricercare:

❯ nel progressivo innalzamento della **scolarità**;

❯ nell'inserimento delle **donne** nel sistema produttivo;

❯ nella diffusione dei metodi di **controllo delle nascite**.

In sintesi, la civiltà industriale determinò la fine di quel mondo patriarcale e contadino, in cui la nascita di un figlio era vista come una benedizione del Cielo e l'arrivo di nuove braccia per la terra.

▶ L'emigrazione

Il considerevole aumento della popolazione a livello mondiale tra Ottocento e Novecento si realizzò nonostante la grande depressione legata alla crisi industriale e agricola del tempo.

Tuttavia la risposta alla crisi agraria non fu la stessa in tutti i Paesi: negli Stati maggiormente evoluti, infatti, la crisi funzionò come incentivo per la ristrutturazione delle aziende agricole in senso capitalistico, con la riconversione delle colture e l'ammodernamento delle tecniche di allevamento.

Nei Paesi più arretrati, il disastro agricolo andò ad aggravare la **crisi sociale** causata dalla scomparsa delle strutture economiche di tipo feudale. In questi Stati gli agricoltori non avevano la forza e le conoscenze scientifiche per effettuare da soli l'ammodernamento della produzione: si erano da poco liberati dalla condizione di servi.

Soprattutto negli Stati dell'Europa centro-orientale, si determinò così una forte esuberanza di popolazione nelle campagne, che non trovò altro modo di sopravvivere se non emigrando verso le città, verso altri Paesi d'Europa e anche oltre oceano.

L'**emigrazione** verso le città andò a incrementare un fenomeno già in atto, quale conseguenza della rivoluzione industriale, mentre l'emigrazione continentale e tra diversi Paesi europei fu causata innanzitutto dal carattere stagionale di determinati lavori agricoli e dalle esigenze lavorative nei centri urbani. Infatti le grandi opere pubbliche, i cantieri edili e le imprese commerciali avevano bisogno di manodopera flessibile, poco costosa e disposta ad accettare lavori pesanti, sovente svolti, come nel caso delle miniere, in condizioni drammatiche.

Il movimento migratorio dall'Europa verso gli **Stati Uniti** che si manifestò alla **fine del XIX secolo** rappresenta un fatto senza precedenti, e mai più ripetuto con le medesime proporzioni. Per comprenderne l'entità, basti pensare che dei 55 milioni di Europei emigrati dal 1821 al 1924, la maggior parte, 21 milioni, partirono tra il 1870 e il 1900.

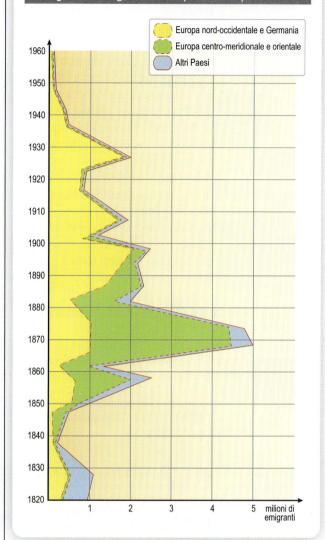

Le cause dell'emigrazione

Aumento demografico + Crisi agricola = Eccesso di popolazione in difficoltà economica ↓ emigrazione

CINEMA

Nuovomondo

Italia-Francia, 2006 (durata: 111')
Regia: Emanuele Crialese
Attori principali: Charlotte Gainsbourg, Vincenzo Amato, Isabella Ragonese

È una storia d'emigrazione raccontata attraverso le vicende di una famiglia siciliana.
Agli inizi del Novecento Salvatore Mancuso e i suoi familiari, costretti dalla povertà, lasciano un paese dell'Agrigentino ed emigrano alla volta dell'America, il Nuovo Mondo, per trovare un buon lavoro e iniziare una nuova vita. La povertà, l'ignoranza, i pregiudizi caratterizzano i protagonisti, espressione di un'Italia meridionale ancora arretrata e misera. Anche il viaggio sottolinea la durezza dell'esperienza dell'emigrazione: uomini e donne sono stipati nella stiva come bestie. Il sogno americano dell'ascesa sociale è rappresentato dal regista con irreali visioni dell'abbondanza che si scontrano però con la realtà di Ellis Island e con gli atteggiamenti vagamente razzisti dei funzionari americani da cui dipende il diritto di restare in America.

Ellis Island e il sogno americano

GALLERIA

Dal 1892 al 1954 nell'edificio di Ellis Island, nella baia di New York, sbarcarono milioni di emigranti provenienti dall'Europa con un grande sogno: trovare un lavoro e diventare cittadini statunitensi. Ellis Island era un centro di prima accoglienza, in cui gli emigranti appena sbarcati, dopo un viaggio lungo e molto faticoso, venivano registrati e sottoposti a controlli medici preliminari. Nell'isola gli emigranti vivevano in una situazione di angosciosa incertezza sul futuro. Dall'esito dei controlli dipendeva la loro permanenza o il loro rimpatrio.

1. All'interno della stazione di controllo gli immigrati venivano schedati, controllati e nutriti prima di entrare nella prospera nazione americana.

2. Nei periodi di forte emigrazione dall'Europa a Ellis Island giungevano anche 10 000 persone al giorno: il *melting pot* americano, la mescolanza delle diverse etnie, ha origine proprio in questo periodo.

6. Appena arrivati, gli emigranti erano smarriti e curiosi allo stesso tempo: si trattava di persone non qualificate, con comuni aspettative e paure di fronte a un mondo sconosciuto.

5. L'edificio era ampio e organizzato in modo tale che i maschi, molto più numerosi, fossero rigorosamente separati dalle femmine. Generalmente gli uomini arrivavano negli Stati Uniti senza la famiglia, che li avrebbe raggiunti in un secondo tempo, ma in molti casi la famiglia non si ricongiungeva più.

4. Gli emigranti portavano pochissimo bagaglio, le poche cose fondamentali che possedevano in patria, raccolte in sacchi o in valigie tenute chiuse con la corda.

3. Gli emigranti si affollavano all'interno di corsie divise da corrimano; erano obbligati a percorrere lentamente e in fila il tragitto che li avrebbe condotti al controllo sanitario, all'ispezione doganale e poi all'ufficio registrazione.

UNITÀ 6 — LA SECONDA RIVOLUZIONE INDUSTRIALE

DOSSIER

Milano 1881, con l'Expo nasce l'Italia industriale

LA GRANDE FIERA RAPPRESENTÒ IL PRIMO MIRACOLO ECONOMICO DI UN PAESE CON ENORMI SACCHE DI ARRETRATEZZA. NELLO SVILUPPO INDUSTRIALE ITALIANO ERA PERÒ EVIDENTE UN PUNTO DEBOLE: LA CARENZA DI FONTI D'ENERGIA E DI MATERIE PRIME

L'Esposizione è aperta

«In nome di Sua Maestà il Re dichiaro aperta l'Esposizione.» Con queste parole di rito il ministro dell'Agricoltura, Industria e Commercio, Miceli, inaugurava solennemente l'Esposizione Nazionale di Milano del 1881.
Era l'una precisa del 5 maggio. Il re Umberto I «pallido e fiero», la regina «rosea e sorridente», si alzarono dal trono e accompagnati dalle autorità si avviarono verso i padiglioni. Mentre le bande intonavano l'inno reale – come raccontano i cronisti dell'epoca – venti salve di cannone facevano tremare i vetri della città e venivano a sottolineare un avvenimento che segnava per l'Italia una nuova epoca.

Umberto I era da appena tre anni sul trono. Gli Italiani erano in tutto quasi 20 milioni, di cui circa il 60% ancora analfabeti. Ma il futuro, il progresso, sembrava bussare alle porte. Nel manifesto dell'Expo si dichiarava la necessità di un'esposizione nazionale che rendesse onore alle potenzialità economiche delle varie regioni d'Italia.
La mostra rimase aperta per sei mesi consecutivi; i visitatori furono più di un milione, con punte di 25 000 ingressi giornalieri.
Fu un evento davvero memorabile: l'Italia era uno Stato indipendente da vent'anni e aveva completato la sua unità da dieci; era un Paese da costruire e la grande fiera di Milano rappresentò il primo miracolo economico di una nazione con enormi sacche di arretratezza industriale e culturale.
Per la prima volta l'Italia unita si guardò allo specchio: ecco che cosa vide.

I numeri e i nomi dell'Expo

Gli espositori del nucleo centrale della fiera, dedicato all'industria, erano suddivisi in 11 gruppi e 66 classi; furono in totale 7000 e la maggior parte proveniva dalla Lombardia. La Toscana mandò 835 rappresentanti e il Piemonte 685. Per ultime si piazzarono Calabria e Basilicata, con 30 e 2 espositori.
Moltissimi furono gli *stand* dedicati alla giovane industria delle macchine e della meccanica in genere. I visitatori poterono ammirare il gigantesco *stand* della ditta Elvetica, futura Breda, che produceva motrici e grandi macchine utensili; quello dell'Ansaldo, della Fratelli Orlandi, della Fonderie Pignone.
Il pubblico scoprì che l'Italia era una proficua produttrice di locomotive e vagoni ferroviari, vascelli, pompe e argani.
Il settore chimico stava facendo i primi passi, ma a Milano esposero già i loro prodotti la Carlo Erba, la Zambeletti (l'azienda del chinino di Stato) e la Pirelli, che produceva al momento un nuovo materiale, il *cautchouch* («caucciù»), e ne illustrava agli osservatori i diversi impieghi.
Würher, Poretti e Metzger mostravano al pubblico le diverse lavorazioni della birra, mentre Branca, Bisleri e Buton offrivano amari e digestivi.
Un enorme reparto era occupato dalla Fratelli Bocconi e dalle loro pregiate confezioni tessili; per l'abbigliamento di lusso esponevano anche Frette, Jesurum e Borsalino.
Queste erano solo alcune tra le più note aziende che animarono l'Expo del 1881, ma avrebbero comunque consentito a un visitatore attento di comprendere un dato, fra tanti entusiasmi. L'Italia si avviava sulla strada dell'industrializzazione con un «vizio d'origine»: la carenza di fonti di energia e di materie prime. Quindi la «naturale» dimensione dell'industria italiana sarebbe stata quella piccola e media. La grande industria si sarebbe affermata con difficoltà.

Spettacoli e lotterie

L'inaugurazione della fiera fu vissuta con grande euforia per le strade di Milano: eventi culturali e mondani si susseguirono per tutta la settimana d'apertura. Il Teatro alla Scala, la sera del 6 maggio, diede una rappresentazione del *Ballo Excelsior*, al cospetto del re e della regina; il 25 maggio debuttò la nuova versione del *Mefistofele* di Boito: il successo fu trionfale e coprì l'onta del

---

BILANCIO FINALE

Il catalogo ufficiale degli espositori venne pubblicato dall'editore Sonzogno: un elegante volume di 500 pagine, messo in vendita al prezzo simbolico di 3 Lire. Il prezzo era modesto, grazie all'abbondante pubblicità che occupava quasi un quarto delle pagine. Il bilancio della mostra fu positivo anche sotto il profilo economico. Con orgoglio, così scrivevano gli organizzatori:

È la prima esposizione che cominciò, fiorì e si chiuse senza, o quasi, intervento governativo; è la prima che finisce con un vantaggio finanziario. Le esposizioni furono fin qui un peso materiale ai bilanci delle nazioni: talora si convertirono in disastri, come quella di Vienna; l'italiana incassò circa Lire 3 815 000, ne spese circa 3 250 000 e restituì oltre 550 000 Lire ai cittadini e ai Corpi Morali che avevano anticipato Lire 798 000 quale fondamento dell'impresa [...].
In qualsiasi galleria si movesse il passo, si incontrava una scoperta, scoperta di progresso, maturata lentamente nel silenzio, e che ora scattava fuori, rutilante alla luce del giorno [...].
Tutta l'Esposizione fu un'utile scuola di arti e mestieri; ma una sezione era più specialmente riservata ai prodotti delle scuole artigianali. È nella scuola che l'operaio si spoglia della scorza del vecchio Adamo, ignorante e sudicio, e si fa degno dei tempi nuovi.

▲ Manifesto pubblicitario della Pirelli del 1910. Treviso, Museo Civico Luigi Bailo, Collezione Salce.

▲ Manifesto pubblicitario della ditta Zenit-Borsalino del 1910. Milano, Collezione privata.

DOSSIER

Avvenimenti

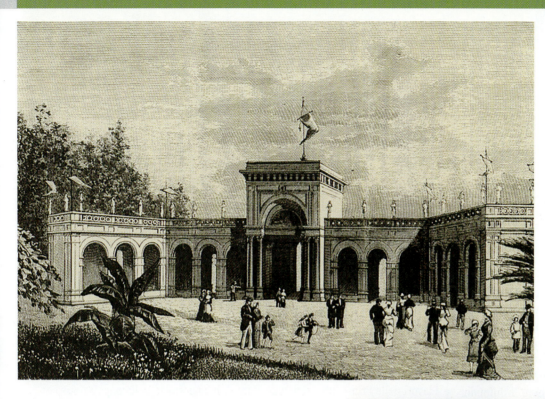

◀ L'ingresso dell'Esposizione Nazionale di Milano del 1881 in una stampa dell'epoca.

▼ Il manifesto della Mostra del ciclo e dell'automobile del 1907 testimonia la diffusione dei veicoli a motore su larga scala.

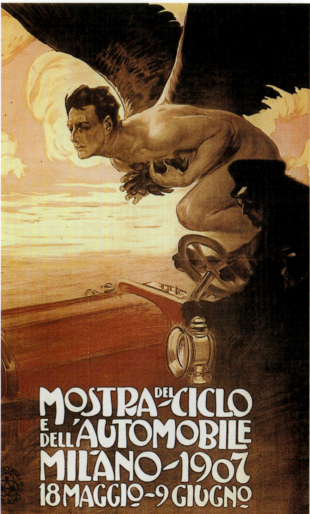

sonoro fiasco di tredici anni prima.
Al piano terra del palazzo del Senato fu allestita la Mostra Artistica, dove circa 1700 opere vennero messe in vendita a beneficio della Società di Belle Arti. Il gusto dell'epoca preferiva le immagini bucoliche, le imitazioni dello stile romano ed etrusco e le fantasie medievali. I critici di oggi sostengono che in mostra non vi era altro che paccottiglia, ma vi si poteva ammirare il monumento equestre a Napoleone III del Barzaghi e un grande olio del Fattori; quasi assenti i giovani artisti, era invece presente l'arte di maniera e l'oggettistica.
Il divertimento popolare trovò soddisfazione nella grande lotteria a premi: furono venduti ben 2 milioni di biglietti. In palio c'erano cinque cubi d'oro massiccio esposti al centro della sala dell'oreficeria e un migliaio di premi minori: oggetti artistici e vari ammennicoli. All'interno dello spazio espositivo vennero allestiti bar, ristoranti, punti di ristoro e ampi spazi per il riposo nel verde del giardino pubblico.

I commenti
I giornali parlarono della fiera in termini lusinghieri: il «Gazzettino Rosa», di impostazione radical-repubblicana la definì «la grande festa del lavoro italiano»; l'«Illustrazione Italiana» scrisse che l'esposizione milanese ripagava la nazione dello smacco che aveva dovuto subire in Tunisia, cedendo il passo ai Francesi. Tuttavia, non tutte le voci furono entusiaste dell'Esposizione.
Camillo Boito lamentò l'assoluta mancanza di stile delle architetture espositive, sbeffeggiando i padiglioni a forma di pagoda, di tempio greco o di isba russa.
Gli amanti del buon gusto lamentarono l'eccessiva rumorosità degli ambienti e gli insopportabili miscugli di odori che ne promanavano: gli *stand* dei profumi esotici non erano distanti da quelli dei prodotti alimentari. Per sei mesi quotidiani e periodici di tutta Italia non parlarono d'altro che degli avvenimenti milanesi, incoronando Milano quale «capitale economica» d'Italia. Un ruolo che non avrebbe più abbandonato.

UNITÀ 6 | LA SECONDA RIVOLUZIONE INDUSTRIALE | 223

4. LA CRITICA DEL PROGRESSO

> CON QUALE INTENTO NACQUE LA PRIMA INTERNAZIONALE?
> QUANDO E PERCHÉ VENNE SCIOLTA LA PRIMA INTERNAZIONALE?
> SECONDO BAKUNIN CHI ERANO I SOGGETTI RIVOLUZIONARI?
> CHE COS'ERA IL SILLABO E CHE COSA CONDANNAVA?

▲ La copertina del *Manifesto del Partito Comunista*, pubblicato nel 1848.

▶ La Prima Internazionale

Il *Manifesto del Partito Comunista*, che Marx aveva scritto nel 1848 con Engels, terminava con il celebre invito: «Proletari di tutti i Paesi unitevi». I proletari, infatti, di qualunque Paese fossero avevano un interesse comune: porre fine al loro sfruttamento da parte dei capitalisti. Inoltre, solo una collaborazione delle diverse organizzazioni dei lavoratori poteva contrastare la volontà internazionale di reprimere il diffondersi della protesta. Nel **1864**, così, nacque a Londra l'*Associazione Internazionale dei Lavoratori*, meglio nota come **Prima Internazionale**.

Fin dalla sua fondazione, però, la Prima Internazionale fu animata dalle più diverse convinzioni ideologiche: dal sindacalismo inglese di tendenza riformista, ai marxisti che proponevano di abbattere la società borghese con la rivoluzione; dai mazziniani che giustificavano le rivendicazioni democratiche con argomenti morali, agli anarchici che negavano ogni forma di autorità sia religiosa che politica.

Marx preparò l'*Indirizzo inaugurale* e gli *Statuti* dell'organizzazione, ma le sue posizioni suscitarono immediate contestazioni. Significativo fu il caso di **Mazzini** che ritirò la sua collaborazione: egli infatti non poteva in alcun modo accettare di far parte di un'organizzazione sempre più dominata dai princìpi della lotta di classe e del materialismo ateo.

I lavori della Prima Internazionale, dunque, furono caratterizzati dallo scontro tra le diverse componenti che la costituivano. La polemica più aspra fu quella che oppose Marx a Bakunin, il massimo teorico dell'anarchismo.

▶ L'espulsione di Bakunin

Michail Bakunin era nato nel 1814 in Russia da una famiglia appartenente alla piccola nobiltà contadina. Secondo Bakunin la causa della mancanza di libertà non andava cercata nello sfruttamento economico, come sosteneva Marx, ma nello **Stato**. Era questo infatti lo strumento utilizzato dalle classi dominanti per opprimere la maggioranza della popolazione.

Una volta abbattuto lo Stato con la rivoluzione, anche lo sfruttamento economico fondato sulla proprietà privata sarebbe cessato. Al suo posto, si sarebbe immediatamente instaurato il comunismo, inteso come società anarchica: la società degli uomini liberi. Per giungere però a questo risultato, del tutto analogo a quello prospettato dai socialisti, occorreva non cadere in due errori di Marx:

› la **dittatura del proletariato**, come fase di transizione;

▼ Una fotografia di Michail Bakunin in tarda età.

CONFRONTARE	Marx e Bakunin	
	MARX	**BAKUNIN**
	Lo sfruttamento economico genera la disuguaglianza sociale.	La causa fondamentale della disuguaglianza sociale è la tirannia dello Stato.
	Solo con la rivoluzione si può abbattere lo Stato borghese. Prima però di giungere al comunismo, inteso come società senza classi, è necessario un periodo di transizione: la dittatura del proletariato.	All'abbattimento rivoluzionario dello Stato borghese segue immediatamente il comunismo, inteso come libera società anarchica.
	Il proletariato organizzato politicamente è il vero soggetto rivoluzionario.	Diseredati, sottoproletari e braccianti agricoli sono i soggetti rivoluzionari per eccellenza.
	Il proletariato per agire come classe, deve organizzarsi in un partito politico che deve guidare la rivoluzione.	Il partito politico, in quanto caratterizzato dalla delega, è una struttura autoritaria. Gli oppressi devono agire in modo diretto, spontaneo.

▲ Una fotografia di papa Pio IX.

› individuare il soggetto rivoluzionario nel **proletariato**.
Secondo Bakunin erano i **diseredati**, i sottoproletari e i braccianti agricoli i soggetti rivoluzionari per eccellenza. Solo dalla loro spontanea ribellione sarebbe sorto il mondo nuovo. Le divergenze tra Marx e Bakunin erano dunque insanabili: lo scontro si concluse con l'**espulsione** nel **1872** di Bakunin dall'Associazione Internazionale dei Lavoratori.
Ma ormai era l'intera organizzazione a traballare. Il colpo decisivo fu inferto dalla crisi economica che esplose nel 1873: essa, infatti, dimostrò che la Prima Internazionale non era in grado di difendere gli interessi dei lavoratori. Nel **1876**, il **Congresso di Filadefia** ne decise lo scioglimento.

▶ La condanna della Chiesa cattolica

Il progredire e l'estendersi della rivoluzione industriale nella seconda metà dell'Ottocento pose la Chiesa cattolica di fronte a numerosi problemi e interrogativi. Già in precedenza, nella prima parte del secolo, erano apparsi evidenti i segni di una società in rapida evoluzione, ma la Chiesa non aveva saputo andare al di là di una ferma, quanto generica condanna di tutto quanto di nuovo, sotto il profilo teorico, politico e sociale si andava affermando.
Questa condanna venne ribadita con particolare forza da papa Pio IX. Nel **1864** Pio IX pubblicò l'enciclica **Quanta Cura** contenente un'articolata denuncia degli errori più comuni del tempo; errori poi evidenziati in un secondo documento, il **Sillabo** (termine di origine greca, che significa «raccolta, sommario, catalogo»).
Il Sillabo era formato da 80 proposizioni contenenti, secondo Pio IX, i più gravi errori del periodo. Vennero così condannati: la morale laica, il liberalismo, il socialismo e il comunismo, la separazione fra Chiesa e Stato, il non ritenere la religione cattolica come religione di Stato, il sostenere che l'abolizione del potere temporale potesse giovare «alla libertà e alla prosperità della Chiesa», la libertà di culto, la piena libertà di pensiero e di stampa.
Infine, quasi a sintesi conclusiva di tutte le affermazioni ritenute errate, con l'ultima proposizione si condannava la convinzione secondo cui «il Romano Pontefice può e deve riconciliarsi e venire a composizione col progresso, col liberalismo e colla modernità».

> **LESSICO**
>
> **ANARCHIA**
> Termine di derivazione greca: significa «mancanza di governo». Fino all'Ottocento fu usato in senso negativo per indicare una situazione di disordine, di caos. In seguito, invece, il termine venne inteso dal movimento anarchico in senso positivo: la mancanza di governo, con l'abbattimento dello Stato, era infatti l'obiettivo da raggiungere. Solo così l'uomo sarebbe tornato a essere libero e non oppresso dall'autorità, rifiutata in tutti i suoi aspetti (autorità politica, religiosa, familiare, ecc.).
>
> **LIBERALE, LIBERTARIO**
> Liberale è chi aderisce al liberalismo, ovvero a quella dottrina politica che rivendica il riconoscimento delle libertà dell'individuo da parte dello Stato. Libertario è invece chi rivendica una libertà senza limiti, il che implica l'abolizione delle leggi e di ogni forma di autorità. Il libertario è dunque un anarchico.

▶ Caricatura francese che mostra Pierre Joseph Proudhon, uno dei fondatori del pensiero anarchico, mentre abbatte la proprietà privata. Parigi, Biblioteca Nazionale.

▲ Una manifestazione di anarchici presso le miniere di Charleroi (in Belgio) viene repressa dall'esercito.

DOSSIER
È meglio produrre aspirina o eroina?

DROGA E MEDICINA SONO STATE SPESSO ASSOCIATE FIN DALL'ANTICHITÀ. MA LA VICENDA PIÙ INCREDIBILE SI EBBE ALLA FINE DELL'OTTOCENTO QUANDO LA BAYER INVENTÒ L'EROINA E LA PROVÒ SUI SUOI DIPENDENTI

Una medicina «eroica»
Le storie dell'aspirina e dell'eroina, le più influenti «medicine» del XX secolo – una legale, l'altra illegale – sono intrecciate fra loro attraverso la figura di un chimico della Bayer, Heinrich Dreser.
Dreser era stato un chimico assai promettente: ottenne il dottorato ad Heidelberg, poi lavorò presso numerosi laboratori e insegnò all'Università di Bonn. Quando venne assunto dalla Bayer, colosso della farmaceutica tedesca, gli venne affidato il compito di testare la qualità e la sicurezza dei nuovi prodotti.
Nel 1897 Felix Hoffmann sintetizzò l'aspirina e la raccomandò, entusiasta, a Dreser, che la rifiutò dopo un esame molto superficiale. Infatti, Dreser aveva in mente un altro prodotto, dalle grandi potenzialità: l'eroina.
Da tempo gli scienziati cercavano un prodotto che potesse sostituire la morfina come antidolorifico senza provocare dipendenza: Dreser era convinto che l'eroina avrebbe soddisfatto questa esigenza, diventando così una grossa fonte di introiti per la sua ditta.
Testò la sostanza su cavie animali e anche su dipendenti della Bayer: furono proprio questi ultimi a descrivere gli effetti della droga, dicendo che li faceva sentire «eroici». La nuova sostanza fu così chiamata «eroina» e presentata nel 1898 come un medicinale eccellente contro la tosse ma soprattutto molto più efficace della morfina per calmare il dolore, senza peraltro che ci fosse pericolo di assuefazione.
In un periodo in cui tubercolosi e polmonite erano tra le principali cause di morte, l'eroina – rallentando la respirazione e consentendo agli ammalati riposanti notti di sonno – ebbe subito grande successo.

Gli effetti collaterali
Nel 1899 la Bayer produceva una tonnellata all'anno di eroina e la esportava in 23 Paesi, sotto forma di pastiglie, caramelle, sciroppi e compresse solubili.
Ma proprio in quell'anno alcuni ricercatori notarono che alcuni pazienti presentavano scarsa tolleranza alla droga.
Nel 1902, quando la vendita dell'eroina rappresentava il 5% del profitto della Bayer, furono riscontrati casi di evidente dipendenza da eroina, mentre cresceva la coscienza

▶ Ricercatori al lavoro in aziende farmaceutiche.

UNA DROGA ANTICA, L'OPPIO
Fin dalla preistoria è accertato l'uso dell'oppio, estratto dal papavero: Sumeri, Assiri e Babilonesi lo usavano come calmante, gli Egizi lo consigliavano per calmare il pianto dei bambini.
Nel mondo greco, sappiamo da Omero che si usava una misteriosa bevanda rilassante che faceva dimenticare fatica e dolori: è famoso l'episodio della Maga Circe, nell'*Odissea*, che diede da bere ai compagni di Ulisse del vino mescolato con un succo che cancellava il ricordo della propria terra.
Tra i medici naturalisti dell'epoca romana solo Plinio il Vecchio accenna esplicitamente a certe erbe dispensatrici di *ilaritatem*, in uso, pare, nei banchetti.
L'uso dell'oppio fu particolarmente intenso in Cina, secondo alcuni a partire già dal 2800 a.C., ma essenzialmente come medicinale. Il suo impiego come droga risale al XVII-XVIII secolo. Ma fu nel XIX secolo che l'oppio ebbe una larga diffusione tra la popolazione cinese, tanto da provocare lo scontro tra la Cina, che ne voleva vietare l'uso, e la Gran Bretagna che dalla sua vendita traeva vantaggi economici.

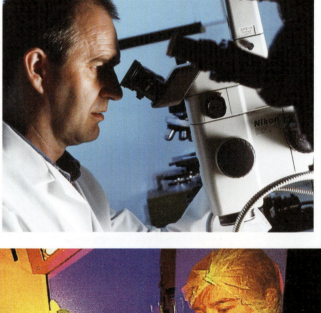

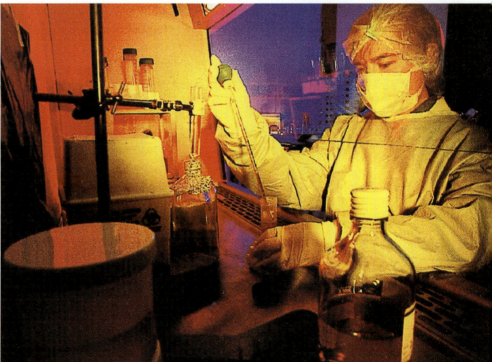

DOSSIER — idee

LE DROGHE MODERNE, MORFINA E COCAINA
Nel 1803 un farmacista tedesco, Adam Sertürner, scoprì un derivato dell'oppio, capace di provocare il sonno quasi immediato. Dal dio greco del sonno, Morfeo, lo chiamò «morphium». Questa scoperta aveva spalancato le porte alla tossicomania da morfina, prima usata per terapia, poi come stupefacente: fondamentale fu l'associazione con la siringa ipodermica, che permise l'assunzione in vena della morfina. Mietendo vittime fra medici, farmacisti e dentisti, la morfina divenne una protagonista della *Belle époque*, nella seconda metà dell'Ottocento.

La cocaina è l'alcaloide contenuto nelle foglie della coca, una piccola pianta che cresce in Bolivia, Perù, Cile, Brasile, nelle Indie Orientali e a Sri Lanka. I contadini delle Ande già nell'antichità ne masticavano le foglie, talvolta mischiandovi cenere o calce, poiché in questo modo non avvertivano i morsi della fame e della sete, o la fatica. L'alcaloide fu estratto in Europa nel 1860, prendendo appunto il nome di cocaina, e questa nuova droga si diffuse rapidamente nell'Europa occidentale e in Russia.

UNA DROGA MEDIEVALE, L'HASHISH
Dall'Oriente giunse nel Medioevo un particolare tipo di stupefacente noto come *hashish*. Questo termine significava tra gli Arabi «erba», e fu l'elemento destinato a rendere storicamente famosa la setta musulmana degli *Hashashin* o «Assassini» (da cui deriva il vocabolo italiano). *Hashashin*, significava infatti in arabo volgare «mangiatore di *hashish*» perché ne facevano uso i membri della setta per stordirsi e inebriarsi prima di commettere i loro delitti. Furono i Crociati a portare la parola in Europa. L'*hashish* è il nome della *cannabis indica*, una pianta della famiglia delle Urticacee originaria dell'Himalaya settentrionale. Essa produce una densa resina che, polverizzata e filtrata, può essere usata come bevanda.

L'uso dell'*hashish* venne importato negli Stati Uniti nel 1926 dal Messico: l'abitudine di fumarlo cominciò a New Orleans in Louisiana, negli ambienti del jazz. Presto risalì a nord attraverso i battelli a ruote del Mississippi, e nel 1930 non esisteva grande città degli Stati Uniti dove non si conoscesse questa droga.

---

dei suoi pericolosi effetti collaterali.
Nei successivi dieci anni si compresero fino in fondo le conseguenze dell'eroina.

Conseguenze desiderate
L'eroina dà uno stato di benessere diffuso che si accompagna alla scomparsa di angosce, timori e all'annullamento del dolore fisico. Chi assume eroina va alla ricerca in particolare del *flash*, una sensazione improvvisa e acuta di euforia, benessere e calore.

Conseguenze indesiderate
Anche l'assunzione di poche dosi di eroina genera rapidamente una dipendenza fisica e psichica, richiede un continuo aumento del dosaggio e genera crisi d'astinenza.
L'uso continuo provoca la scomparsa degli effetti piacevoli, fino ad arrivare all'assunzione dell'eroina semplicemente per restare normali e combattere la crisi d'astinenza. Sotto il profilo fisico, si assiste poi al decadimento dello stato generale di salute. Si abbassano le difese immunitarie con conseguente debolezza dell'organismo che diventa facile preda delle più diverse malattie. A ciò si aggiungano carie e perdita di denti, flebiti, ascessi. In poco tempo l'individuo che fa uso di eroina perde ogni interesse sociale e l'unica preoccupazione della sua vita diventa il procurarsi l'eroina: manca l'eroina: paranoia; l'ho trovata: gioia (e questo più volte al giorno).

Meglio l'aspirina
Ben presto, dunque, i dirigenti della Bayer si resero conto degli effetti devastanti dell'eroina e compresero che questo nuovo «medicinale» non sarebbe stato quella grande fonte di guadagno che avevano sperato. Per fortuna, gli studi sull'aspirina, nonostante la prima bocciatura da parte di Dreser, non erano stati abbandonati e il nuovo prodotto, registrato già nel 1899, ebbe subito un enorme successo, soppiantando l'eroina come fonte di guadagno per la Bayer.
Nel 1913 fu sospesa la produzione di eroina, il cui uso senza prescrizione fu vietato nel 1914.
Nel 1919 fu dichiarata illegale anche la prescrizione ai tossicodipendenti.
Alla Bayer ora non interessava più questo prodotto (guadagnava di più con la nuova arrivata aspirina, i cui proventi costituivano il 60% dei suoi introiti). Ma ormai l'eroina era stata inventata, con conseguenze che arrivano drammaticamente fino ai giorni nostri.

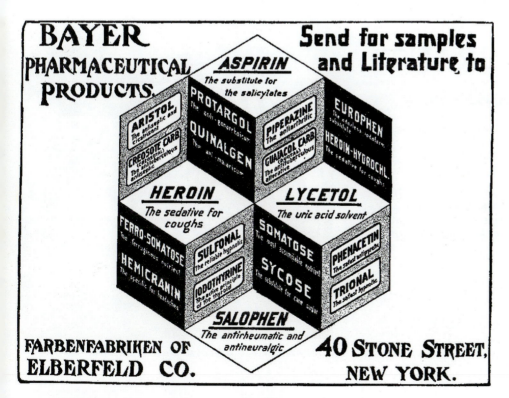

◀ In questa immagine pubblicitaria del 1900 tra i vari prodotti della Bayer si può notare l'eroina.

LAB storiografia

L'emigrazione europea

Tra Ottocento e Novecento si verificò la più massiccia ondata migratoria che l'Europa abbia mai vissuto. Gli Europei si diressero soprattutto verso i Paesi nordamericani. Lo storico Ira Glazier analizza in questo brano le principali cause del fenomeno, che vide un grande spostamento di forza-lavoro dalle aree rurali arretrate, soprattutto dell'Europa meridionale e orientale, alle aree industrializzate, come gli Stati Uniti d'America.

Nel secolo XIX vaste aree delle Americhe, dell'Oceania e dell'Africa furono oggetto di nuovo insediamento. Ciò fu dovuto alla crescente pressione demografica in Europa, alla drastica riduzione dei costi di trasporto, alla crescita economica, alle basse tariffe applicate in Europa occidentale. Tali cambiamenti incentivarono il trasferimento di popolazione europea verso nuovi insediamenti: dapprima in Stati Uniti, Canada e Australia; quindi in Argentina e Brasile; negli ultimi anni del secolo in Africa. Questo movimento di popolazione e capitale da Paesi in cui abbondavano a Paesi in cui scarseggiavano fu una condizione necessaria dell'espansione dell'economia internazionale. Si trattò di migrazioni di gran lunga più imponenti di quelle mai verificatesi in precedenza nel corso della storia ed eguagliate unicamente dallo spostamento di popolazione che ebbe luogo subito dopo la Seconda guerra mondiale e dalle migrazioni della seconda metà del secolo XX.

[…] In Europa, l'emigrazione era connessa a urbanizzazione e industrializzazione ed ebbe l'effetto di ridurre la pressione demografica. In Argentina, la crescita della popolazione era dovuta per oltre la metà agli immigrati, nella misura di circa il 32 per cento negli Stati Uniti e in Brasile, del 30 per cento in Australia. La grande maggioranza di questi immigrati erano manovalanza generica ed ebbe una funzione di primaria importanza nello sviluppo agricolo e industriale dei Paesi di accoglienza. Circa il 60 per cento si stabilì definitivamente nel luogo di destinazione.

[…] Negli ultimi decenni del secolo XIX, quelle stesse forze che avevano contribuito negli anni precedenti alla trasformazione della vita sociale ed economica dell'Europa settentrionale e occidentale – ossia il tramonto dell'agricoltura tradizionale, l'industrializzazione e l'aumento della pressione demografica – esplicarono la loro azione anche nell'Europa meridionale e orientale dando il là alla «nuova» immigrazione. La crisi agraria europea che ebbe inizio negli anni Settanta derivò dalla forte concorrenzialità di carne e frumento a basso costo esportati sul mercato europeo da Paesi d'oltremare quali Stati Uniti, Canada, Australia, India, e dalla rivoluzione dei costi di trasporto. A questa crisi si deve la grande ondata migratoria registratasi sin dai primi

▲ Il «Calendario per gli emigranti» della Società Umanitaria di Milano, ricco di consigli e informazioni.

▲ Un piroscafo italiano carico di emigranti diretti negli Stati Uniti nel 1898.

anni Ottanta in Germania, Gran Bretagna e Scandinavia. Ma, già a partire dagli anni Novanta, l'emigrazione da questi Paesi cominciò a diminuire in seguito alla caduta del tasso di natalità e alla rapida industrializzazione di Germania e Scandinavia. Nell'Europa meridionale l'emigrazione fu in pratica proibita fin verso gli anni Sessanta; ma, sull'onda dei mutamenti politici, provvedimenti più liberali in materia vennero adottati dai governi e diventarono predominanti.

[...] Tra 1880 e 1920 arrivarono negli Stati Uniti 23,5 milioni di immigrati, per lo più nel corso degli anni Ottanta e nel decennio 1901-1910. [...] L'immigrazione negli Stati Uniti fu caratterizzata da un cambiamento relativamente ai Paesi di provenienza, cui se ne aggiunsero dei nuovi. In sostanza, cominciarono a diminuire gli immigrati provenienti dall'Europa settentrionale e occidentale dove l'industrializzazione aveva fatto aumentare salari e stipendi; mentre gli arrivi dall'Europa meridionale e orientale – Austria-Ungheria, Russia e Italia – aumentarono in misura notevole. Nel 1910, il 70 per cento degli immigrati negli Stati Uniti proveniva dall'Europa orientale e meridionale. Gli Europei trovarono impiego in primo luogo nel settore manifatturiero e dei servizi dell'economia urbana. Molti provenivano da aree agricole povere ed erano scarsamente specializzati e istruiti. Nel 1910 costituivano circa la metà della forza-lavoro impiegata nelle miniere e nell'armamento; oltre la metà di quella impiegata nelle acciaierie, nell'estrazione del carbone bituminoso, nella lavorazione della carne, nei cotonifici; oltre la metà dei panettieri, l'80 per cento dei sarti.

Ira Glazier, L'emigrazione dal secolo XIX alla seconda metà del XX

COMPRENDERE

- Quali aree del mondo rappresentavano una meta per gli emigranti?
- Da dove provenivano gli immigrati che si stabilirono definitivamente negli Stati Uniti? Quando e perché la provenienza degli immigrati diretti in America si diversificò?
- Quali conseguenze ebbe l'ondata migratoria nei Paesi di accoglienza?
- Quale effetto produsse sulla popolazione europea?
- In quali settori trovarono impiego gli immigrati?

CONTESTUALIZZARE

- In quale periodo si verificò la grande ondata migratoria di cui si parla nel testo?
- In quali Stati europei si registrò una più marcata crescita demografica?
- Perché gli Stati Uniti rappresentarono la meta preferita di molti emigranti?

DISCUTERE E ATTUALIZZARE

- L'immigrazione è un tema di grande e controversa attualità sociale e politica. In che misura, secondo te, il passato di emigranti condiziona le posizioni ideologiche e gli atteggiamenti degli Italiani verso gli immigrati nel nostro Paese?

◀ Una fila di immigrati in attesa di passare il controllo a Ellis Island, a New York, all'inizio del XX secolo.

1. DALLA PRIMA ALLA SECONDA RIVOLUZIONE INDUSTRIALE

Le principali caratteristiche	Nel corso dell'Ottocento la rivoluzione industriale si diffuse in Europa e negli Stati Uniti. Dal 1870 iniziò la **seconda rivoluzione industriale**, caratterizzata da: – l'utilizzo della *ricerca scientifica* nell'innovazione tecnologica; – *nuove fonti di energia* (elettricità e combustione a petrolio); – lo sviluppo di nuovi settori (chimica, siderurgia, industria automobilistica, ecc.); – *monopoli* e *oligopoli*; – la catena di montaggio e la produzione in serie; – la *società di massa*: tutti iniziarono a fruire degli stessi prodotti (creati in serie) e servizi; – uno Stato sempre più presente nel sistema economico ed evoluto in senso democratico. Questo processo giungerà a maturità, nei Paesi più progrediti (Stati Uniti, Gran Bretagna), negli anni Venti e Trenta del Novecento.
Il positivismo	Le grandi invenzioni e scoperte scientifiche provocarono un'ondata di ottimismo nei confronti dell'avvenire del genere umano e di grande fiducia nella scienza e nella tecnica. Questo clima culturale fu definito **positivismo**, termine coniato dal filosofo francese Saint-Simon per indicare la validità delle scienze sperimentali, definite «positive» in contrapposizione alle astratte filosofie dominanti. **Charles Darwin** teorizzò l'**evoluzionismo** secondo cui tutte le forme di vita sono il risultato di una graduale evoluzione. Questa teoria mostrò l'uomo come un animale in grado di evolversi sempre più (esaltando così la fiducia nel progresso).

2. LA CATENA DI MONTAGGIO

Il taylorismo	Le fabbriche si rinnovarono non solo per l'utilizzazione delle grandi innovazioni tecnologiche, ma anche perché il sistema produttivo fu riorganizzato in modo da massimizzare la produzione. Il primo a occuparsi di questo tema fu l'ingegnere americano **Taylor**. Da lui prende il nome il **taylorismo**, o organizzazione scientifica del lavoro.
Scomporre il processo di produzione	Secondo Taylor era necessario scomporre il più possibile il processo di produzione di un determinato oggetto. Ciò permetteva di: – affidare a ogni operaio una mansione da ripetere in tempi sempre uguali; – organizzare la fabbrica secondo criteri di efficienza produttiva; – legare i salari degli operai agli effettivi risultati ottenuti (lavoro a cottimo). Il costo della manodopera sarebbe diminuito, i salari sarebbero aumentati e la produzione sarebbe cresciuta. La teoria di Taylor venne applicata per la prima volta su vasta scala da **Ford** nella sua nota fabbrica di automobili. La **catena di montaggio** ridusse enormemente i tempi di lavoro, ma lo rese spersonalizzato e ripetitivo.

3. IL CAPITALISMO MONOPOLISTICO E FINANZIARIO

La grande depressione	Tra il **1870** e il **1914** la produzione industriale mondiale quadruplicò, ma negli anni **1873-96** si verificò quella che viene definita la **grande depressione**. Fu una crisi dovuta alla sovrapproduzione (si produsse in eccesso rispetto alla domanda) a causa: – dell'accresciuta concorrenza internazionale favorita dallo **sviluppo** delle reti di trasporto ferroviario e navale; – dell'**incremento produttivo** dovuto ai nuovi criteri di produzione, a cui non corrispose una crescita dei salari e della domanda. Ovunque (salvo in Inghilterra) il libero scambio fu sostituito con il **protezionismo**. Le industrie meno competitive fallirono. Quelle che si riorganizzarono uscirono dalla crisi rafforzate e si ingrandirono. Le banche concessero prestiti alle aziende importanti piuttosto che a quelle piccole, ma per stare sul mercato occorrevano **investimenti massicci**. Così poche imprese assunsero il controllo del mercato: nacque il fenomeno della **concentrazione industriale**.

Un nuovo tipo di capitalismo	La concentrazione industriale assunse varie forme, tra cui il **monopolio**, che si verifica quando un'unica impresa controlla un settore produttivo. Se le imprese sono poche, si ha invece un **oligopolio**. Il **capitalismo**, oltre che **monopolistico**, divenne **finanziario** in quanto l'interesse finanziario prese a dominare su quello industriale. Di conseguenza crebbe l'importanza delle banche che concedevano prestiti alle industrie.
Boom demografico ed emigrazione	Tra il **1850** e il **1914** vi fu un boom demografico nei Paesi più arretrati. Nei Paesi industrializzati, nonostante il miglioramento delle condizioni di vita, la natalità prese a decrescere per: – l'innalzamento della scolarità; – l'inserimento delle donne nel sistema produttivo; – la diffusione dei metodi di controllo delle nascite. I Paesi industrializzati reagirono alla crisi agricola ammodernando il settore, mentre in quelli arretrati soprattutto dell'Europa centro-orientale si creò un esubero di popolazione nelle campagne. Iniziarono così i flussi migratori verso le città, verso altri Paesi d'Europa e oltre oceano. Alla **fine del XIX secolo** si verificò un'ondata migratoria senza precedenti dall'Europa verso gli **Stati Uniti**.

4. LA CRITICA DEL PROGRESSO

La Prima Internazionale	Nel **1864** nacque l'*Associazione Internazionale dei Lavoratori*, più nota come **Prima Internazionale**: i lavoratori proletari di tutto il mondo si organizzavano per porre fine allo sfruttamento da parte dei capitalisti. Fin dalla sua fondazione, però, la Prima Internazionale fu animata da diverse convinzioni ideologiche: dal sindacalismo inglese di tendenza riformista, ai marxisti che proponevano di abbattere la società borghese con la rivoluzione; dai mazziniani che giustificavano le rivendicazioni democratiche con argomenti morali, agli anarchici che negavano ogni forma di autorità sia religiosa sia politica.
L'espulsione di Bakunin	La polemica più aspra fu quella tra Marx e Bakunin, teorico dell'anarchismo. Secondo Bakunin: – la disuguaglianza sociale è generata non dallo sfruttamento economico (come sosteneva Marx) ma dallo **Stato**, che va abbattuto; – con la rivoluzione si instaurerà la società anarchica: non sarà necessaria una transitoria **dittatura del proletariato**; – i rivoluzionari per eccellenza sono i **diseredati**, i sottoproletari e i braccianti, non il proletariato come sosteneva Marx. Bakunin fu **espulso** dall'Internazionale. La crisi economica del 1873 dimostrò l'incapacità della Prima Internazionale di difendere i lavoratori e nel **1876** l'organizzazione si sciolse.
La condanna della Chiesa cattolica	Nel **1864** papa Pio IX condannò i mutamenti apportati dalla rivoluzione industriale con l'enciclica **Quanta Cura**. Un secondo documento, il **Sillabo**, elencava gli errori più comuni del tempo. Vennero condannati: la morale laica, il liberalismo, il socialismo e il comunismo, la separazione fra Chiesa e Stato, la libertà di culto, di pensiero e di stampa.

PAROLE IN EREDITÀ

Tute blu: è un'espressione che serve a indicare i lavoratori salariati delle fabbriche, gli operai. È facile intuire che questa espressione è originata dall'abbigliamento indossato dai lavoratori durante il lavoro nelle officine, una tuta di robusto cotone di colore blu che serve a proteggerli dagli oli, dalle vernici, o da altri agenti che possono danneggiare la persona. La tuta blu, con la diffusione delle fabbriche, divenne una sorta di divisa identificativa del proletariato industriale.

Colletti bianchi: anche l'espressione «colletti bianchi» nasce dal mondo del lavoro e si riferisce, proprio in contrapposizione alle tute blu, al personale che svolge attività amministrative e dirigenziali. Sono gli impiegati degli uffici che per le mansioni che svolgono indossano generalmente la camicia e la cravatta.

Bus: è l'abbreviazione del termine «autobus» che a sua volta è una trasformazione fonetica del latino *omnibus*, utilizzato nell'espressione francese *voiture omnibus*, ossia veicolo per tutti. In Inghilterra fu utilizzato un autobus a vapore nel 1827, ma la versione a motore. che ancora oggi viaggia in tutte le città del mondo, è legata all'invenzione del motore a scoppio ed è del 1895. Disponeva di otto posti a sedere, una forza di 5 cavalli e viaggiava a una media di 15 km/h.

ONLINE
puoi trovare
altri esercizi

UNITÀ 6 LA SECONDA RIVOLUZIONE INDUSTRIALE

UNITÀ 7
LE GRANDI POTENZE

PRIMA
Il primato dell'Europa nella politica e nell'economia internazionali

Prima della metà dell'Ottocento, l'Europa possedeva il primato assoluto nella politica e nell'economia internazionali. Come si vede nella carta, le nazioni europee avevano imposto il loro dominio su vasti territori fuori dal continente, soprattutto la sfera d'influenza britannica era su scala davvero mondiale. Inoltre, l'Europa si trovava al centro di una rete di scambi commerciali che avevano nel Vecchio continente il punto di partenza e di arrivo.
Il primato europeo era cominciato nel Cinquecento ed era dovuto a un insieme di fattori collegati tra loro: le scoperte geografiche e l'avvio della colonizzazione, lo sviluppo del commercio internazionale e del sistema finanziario, l'introduzione di nuove tecnologie nella produzione agricola e manifatturiera, lo sviluppo degli Stati nazionali con la loro capacità di incidere sulla politica internazionale e sull'economia. Da questi fattori dipese anche la crescita della popolazione, altro importante elemento di affermazione delle nazioni europee come grandi potenze mondiali.
Infine, a partire dal XVIII secolo la rivoluzione industriale, iniziata in Inghilterra e diffusasi sul resto del continente, aveva dato la spinta determinante al dominio sul resto del mondo, come è chiaro dal grafico che indica la progressiva presenza europea sul pianeta attraverso i secoli.

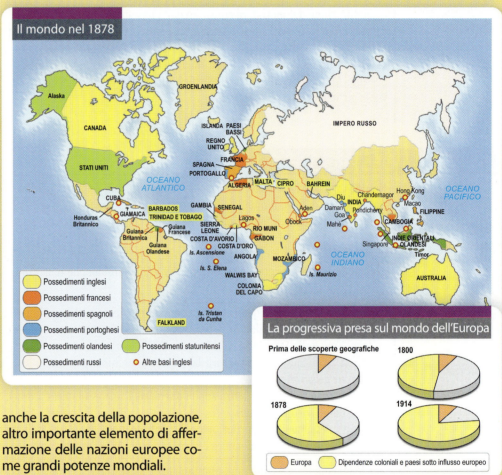

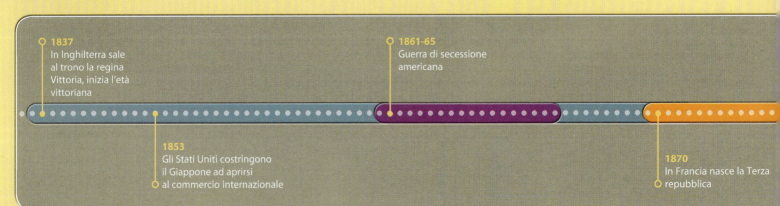

1837 In Inghilterra sale al trono la regina Vittoria, inizia l'età vittoriana

1853 Gli Stati Uniti costringono il Giappone ad aprirsi al commercio internazionale

1861-65 Guerra di secessione americana

1870 In Francia nasce la Terza repubblica

EREDITÀ

L'eredità più importante del periodo di espansione delle grandi potenze è l'**assetto politico ed economico** che caratterizza il mondo attuale. Proprio in quest'epoca, infatti, si formò la grande spaccatura tra Nord e Sud che ancora divide il pianeta in termini di ricchezza e di qualità della vita. In questi anni ha origine anche lo **Stato sociale** (▶ **Eredità**, p. 242) che nacque in Germania per opera del cancelliere Otto von Bismarck: consiste in un insieme di servizi che oggi molti Stati, tra cui l'Italia, offrono ai loro cittadini, in modo da attenuare le più marcate disuguaglianze sociali. Ma forse l'eredità più di successo presso la popolazione di tutto il mondo sono i **jeans**: il capo d'abbigliamento che ha rivoluzionato il modo di vestire venne creato nel 1874 dagli americani Jacob Davis e Levi Strauss.

ONLINE
AUDIOSTORIA

http://z6.co.uk/cf

VIDEOSTORIA
1 La prima guerra totale della storia

DOPO
Nuove potenze si inseriscono nello scenario internazionale

Dopo la metà dell'Ottocento, l'Europa non fu più l'unico centro della politica e dell'economia internazionali. Due nazioni in particolare entrarono nella rete di relazioni tra le grandi potenze del mondo: gli Stati Uniti e il Giappone. Gli Stati Uniti, dopo una terribile guerra civile scoppiata sulla questione della schiavitù, ebbero uno straordinario sviluppo industriale e commerciale, e iniziarono una politica di controllo economico nei confronti dell'America Latina e di alcune aree dell'oceano Pacifico e dell'Asia. Il Giappone, uscito improvvisamente da un antichissimo isolamento, si trasformò in breve tempo in una grande potenza industriale e attuò una politica espansionistica verso la Cina e la Corea. Ancora una volta, all'origine dell'affermazione di queste due nazioni vi fu l'industrializzazione, che aveva già contribuito allo sviluppo delle potenze europee.

Dopo l'ingresso degli Stati Uniti e del Giappone tra le grandi potenze, le trasformazioni politiche ed economiche innescate dalla rivoluzione industriale riguardavano ormai il mondo intero. L'America iniziava così il suo cammino per diventare il centro del sistema economico mondiale.

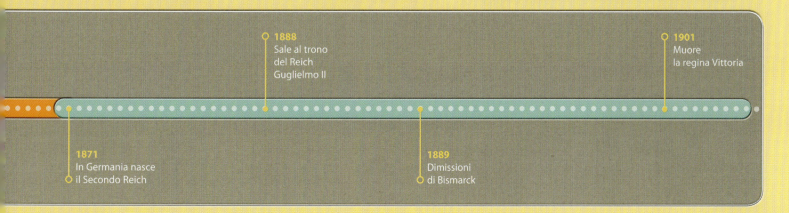

1871 In Germania nasce il Secondo Reich

1888 Sale al trono del Reich Guglielmo II

1889 Dimissioni di Bismarck

1901 Muore la regina Vittoria

UNITÀ 6 — LA SECONDA RIVOLUZIONE INDUSTRIALE — 233

1. LA FRANCIA DELLA TERZA REPUBBLICA

CHE COS'È LA TERZA REPUBBLICA FRANCESE?
QUALI PARTITI SI CONFRONTARONO NEL GOVERNO DELLA FRANCIA?
QUALI RIFORME FURONO ATTUATE IN QUESTO PERIODO?
IN CHE MODO FURONO REGOLATI I RAPPORTI CON LA GERMANIA?

▶ La Terza Repubblica

Dopo la sconfitta contro la Prussia e la caduta di Napoleone III, il **4 settembre 1870** la Francia proclamò la **Terza Repubblica**. Superata nel maggio del 1871 la tragica esperienza della Comune, sul governo francese pesava l'eredità della guerra: i Tedeschi presidiavano il suo territorio a garanzia del pagamento alla Germania delle ingenti riparazioni di guerra (cinque miliardi di franchi). **Adolphe Thiers** (1797-1877), presidente della Repubblica francese, affrontò con grande energia la situazione: pagò il debito anticipatamente attraverso un prestito nazionale e chiuse così il contenzioso con i Tedeschi, che lasciarono il territorio francese.
La Francia era infatti animata da una ferma volontà di riscatto, come dimostrò subito l'introduzione (1872) del **servizio militare obbligatorio**.
Le difficoltà tuttavia non mancavano. Durante il decennio 1870-80 il duro scontro politico fra monarchici e democratici fu pericoloso per la stessa Repubblica.
Nel 1873, il vecchio presidente Thiers, repubblicano dichiarato, fu costretto a dimettersi da una maggioranza parlamentare monarchica e lasciò il posto a **Patrice Mac-Mahon** (1808-1893).
Ma l'oltranzismo e le divisioni all'interno dello schieramento monarchico spinsero i più moderati a trovare accordi con i difensori della Repubblica.
Il risultato di questa intesa fu la **Costituzione del 1875**, approvata con la maggioranza di un solo voto, in grado però di garantire definitivamente l'assetto repubblicano della Francia.

▶ La Costituzione della Terza Repubblica

La nuova costituzione, emanata dall'Assemblea Nazionale nel 1875, mantenne inalterata la struttura centralista dello Stato francese ed edificò un sistema caratterizzato da tre istituzioni fondamentali:
› **la Camera dei deputati**, che deteneva il potere legislativo ed era eletta a suffragio universale ogni quattro anni;
› **il Senato**, che divideva con la Camera dei deputati il potere legislativo ed era solo in parte eletto;
› **il Presidente della Repubblica**, che era a capo del governo e aveva ampi poteri fra cui quello di sciogliere le Camere; non era responsabile di fronte al Parlamento, mentre il Consiglio dei ministri lo era.
Si trattava di una costituzione che attraverso il Presidente e il Senato era orientata in senso **conservatore**, ma aveva nella Camera dei deputati un'**apertura democratica**: era insomma il frutto del compromesso fra le forze conservatrici e quelle democratiche.

▶ Le riforme

L'indirizzo conservatore e filomonarchico non durò a lungo. Nel 1879 i repubblicani conquistarono la maggioranza in entrambe le Camere del Parlamento e Mac-Mahon si dimise.
I governi che si susseguirono fino all'inizio della prima guerra mondiale (ben 50 tra il 1875 e il 1914) restarono sempre in mano ai repubblicani moderati e ai radicali. Questa relativa stabilità politica consentì di realizzare delle riforme importanti per la Francia.
Nel contesto economico di un progressivo sviluppo industriale del Paese, i governi repubblicani estesero la democrazia e laicizzarono lo Stato:
› furono garantite la **libertà di stampa** e di associazione;
› la giornata lavorativa fu ridotta a **dieci ore**;
› fu riconosciuto il diritto all'organizzazione sindacale;
› fu riformato il diritto di famiglia con l'introduzione del **divorzio** e del matrimonio civile;
› fu sancita la separazione dello Stato dalla Chiesa e il monopolio statale dell'**istruzione**, che doveva essere laica e per il ciclo elementare anche obbligatoria e gratuita.
La riforma del sistema scolastico, realizzata negli anni Ottanta dal ministro radicale Jules Ferry, aprì un contrasto con la Chiesa che perse gran parte della sua influenza sull'educazione dei giovani.

▶ Spinte autoritarie

L'affermazione dei repubblicani e del parlamentarismo non impedì che si manifestassero tentativi di sovversione autoritaria delle istituzioni dello Stato. Monarchici e reazionari per due volte provarono a rovesciare la repubblica.
Una prima volta nel **1877** fu il presidente **Mac-Mahon** a sciogliere le Camere dopo la vittoria elettorale dei repubblicani. Ma il suo tentativo non ebbe successo. Un secondo tentativo fu realizzato nel **1889** dal generale ed ex ministro della Guerra **Boulanger** (1837-1891).
Boulanger si proponeva di instaurare un governo forte, un regime presidenziale non soggetto al Parlamento, che portasse la Francia alla competizione coloniale con la Gran Bretagna e alla **revanche**, la «rivincita» contro la Germania.
Appoggiato da forze diverse, dalla Destra oltranzista ai nazionalisti fino a dissidenti radicali, il complotto di Boulanger fu scoperto e sventato dalle autorità di governo. Accusato di tradimento contro la Repubblica, Boulanger riuscì a fuggire in Belgio dove poco dopo si uccise (1891).
Ma il suo progetto revanscista si inseriva in un clima di forti tensioni anti-

▼ Un ritratto di Patrice Mac-Mahon, presidente della Repubblica francese dal 1873 al 1879.

La Costituzione della Terza Repubblica francese

```
Presidente della Repubblica
        ↓
     nomina
        ↓
Presidente del Consiglio dei ministri

        eleggono

votano le proposte di legge
    ↑              ↑
Camera         Senato
dei deputati
    ↑              ↑
 elegge        elegge
    ↑              ↑
              Collegio dipartimentale
                   ↑
               elegge
Corpo elettorale
(cittadini maschi con più di 21 anni)
```

▲ In questa immagine, tratta da un giornale francese dell'ottobre 1898, è raffigurato un cantiere presidiato da soldati di fronte agli operai in sciopero.

LESSICO

REVANSCISMO

Il termine deriva dalla parola francese *revanche* e designa l'atteggiamento politico che mira ad annullare gli svantaggi di una sconfitta subita e spinge per una rivincita contro i vincitori di una guerra precedente.
Per la prima volta questo termine fu utilizzato per indicare lo spirito che animava la politica francese dopo la sconfitta subita a opera della Prussia a Sedan nel 1870. Il revanscismo attecchì soprattutto negli ambienti nazionalisti e autoritari, e alimentò la campagna antisemita che caratterizzò l'affare Dreyfus.
Dopo la prima guerra mondiale si parlò di revanscismo in riferimento al rifiuto della Germania di accettare le condizioni di pace del trattato di Versailles. Dal revanscismo trasse giovamento il partito nazionalsocialista di Hitler.

---

democratiche che diffondevano nel Paese un'ideologia nazionalista, militarista e razzista.
In queste condizioni maturò l'**affare Dreyfus**: nel 1894 venne ingiustamente accusato di spionaggio a favore dei Tedeschi un capitano d'origine ebrea, Alfred Dreyfus. Il caso scatenò nel Paese una violenta campagna antisemita.
(▶ **Avvenimenti** p. 236)
Nei primi anni del Novecento la destra reazionaria riprese vigore e si espresse attraverso il movimento dell'*Action Française*, fondato nel 1908 da **Charles Maurras**. Maurras vedeva nella Repubblica e nella democrazia l'origine di tutti i mali, progettava uno Stato forte, autoritario e nazionalista, fondato sull'esercito e su un cattolicesimo reazionario e antisemita.

▶ Il movimento operaio e i socialisti

Le spinte autoritarie e antidemocratiche non indebolirono lo schieramento repubblicano che rimase al potere fino al 1912.
Furono anni di crescenti agitazioni sindacali guidate dalla **CGT** (*Confédération Générale du Travail*). Nel movimento operaio si manifestarono anche tendenze estremiste volte all'azione violenta e rivoluzionaria. Ci furono scioperi e tumulti di piazza. I socialisti si arroccarono sempre più su posizioni rivoluzionarie e di opposizione antimilitarista verso il governo, ma in questo modo aprirono uno spazio politico ai conservatori.
Tra il 1912 e il 1914, favoriti da un clima internazionale sempre più aggressivo, i conservatori portarono al governo **Raymond Poincaré** (1860-1934), revanscista convinto e militarista. Il nuovo governo di destra approvò subito una legge che portava il servizio militare a tre anni.
Nel 1914 i radicali riguadagnarono il consenso della maggioranza dei Francesi, ma proprio quando ridussero la leva a due anni, la Francia entrò nella prima guerra mondiale.

DOSSIER

Avvenimenti

L'affare Dreyfus

MAI, IN TUTTA LA STORIA, SI ERA VERIFICATO UN CASO GIUDIZIARIO COME QUELLO CHE VIDE COINVOLTO UN UFFICIALE FRANCESE DI ORIGINE EBREA, ALFRED DREYFUS. LE PASSIONI CHE SCATENÒ DIVISERO LA FRANCIA IN DUE

ZOLA: «J'ACCUSE»

Accuso il luogotenente-colonnello du Paty de Clam d'essere stato il diabolico artefice dell'errore giudiziario incosciente, voglio crederlo, e di avere in seguito difeso la sua opera nefasta, da tre anni, attraverso le macchinazioni più strampalate e più colpose.

Accuso il generale Mercier di essersi reso complice, almeno per debolezza di spirito, di una delle più grandi iniquità del secolo. Accuso il generale Billot d'avere avuto in mano le prove certe dell'innocenza di Dreyfus e di averle occultate, di essersi reso colpevole di quel crimine di lesa umanità e di lesa giustizia, per uno scopo politico e per salvare lo Stato Maggiore compromesso.

Accuso i generali de Boisdeffre e Gonse di essersi resi complici dello stesso crimine. [...]

Accuso il generale de Pellieux e il comandante Ravary di aver condotto un'inchiesta scellerata. [...]

Accuso infine il primo Consiglio di Guerra di aver violato il diritto condannando un accusato in base a un documento rimasto segreto.

Una cartellina accusatrice

Nel 1894, una donna delle pulizie alle dipendenze dei servizi segreti francesi raccolse, in un cestino della spazzatura dell'ambasciata tedesca, i pezzi di una cartellina contenente le informazioni sui nuovi materiali segreti utilizzati dall'esercito francese e la dislocazione delle truppe che proteggevano le frontiere franco-tedesche.

Immediatamente il colonnello Sandherr, dei servizi segreti, informò il generale Boisdeffre, capo dello Stato Maggiore, il generale Mercier, ministro della Guerra, e Casimir Perier, presidente della Repubblica.

Un'inchiesta venne condotta per individuare il colpevole di questo atto di spionaggio. Presto si scoprì che vi era una somiglianza tra la scrittura della cartellina e quella del capitano Dreyfus, ufficiale dello Stato Maggiore. Nel clima antisemita che regnava in quel periodo in Francia, le origini ebree del comandante giocarono a suo svantaggio.

Il 15 ottobre, Dreyfus fu rinchiuso nella prigione dello Cherchemidi. Nel frattempo, nuove analisi grafologiche misero in dubbio che si trattasse della sua scrittura. A questo punto si sarebbe dovuto rilasciare il capitano. Ma la rivelazione della colpevolezza di Dreyfus, anticipata al grande pubblico dal giornale «La Libre Parole» dell'antisemita Edouard Drumont, diede luogo a un'importante campagna di stampa che impedì al governo di tornare sui propri passi: il processo divenne inevitabile.

Il 18 dicembre 1894, Dreyfus comparì in un'udienza a porte chiuse davanti al Consiglio di Guerra. Protestò la propria innocenza, ma alla vigilia del verdetto, il comandante Paty de Clam consegnò ai giudici militari un dossier segreto che comprendeva «prove compromettenti» contro Dreyfus. Questo dossier non fu mai presentato né all'accusato né ai suoi difensori.

Il 22 dicembre, il Consiglio di Guerra, dichiarò all'unanimità Dreyfus colpevole di spionaggio. La condanna fu durissima. Il 5 gennaio 1895, nel cortile della scuola militare, davanti a una folla carica d'odio, Dreyfus fu solennemente degradato. Poi fu imbarcato a La Rochelle in una gabbia di ferro verso la Guyane. Incarcerato «nell'isola del diavolo» fu sottoposto alla solitudine più atroce.

Dreyfusardi e antidreyfusardi

Intanto in Francia, la famiglia e gli amici di Dreyfus si battevano per dimostrare la sua innocenza. Contemporaneamente, Sandherr fu rimpiazzato ai servizi segreti dal colonnello Picquart.

Quest'ultimo, riprendendo il dossier di Dreyfus, fu colpito dalla somiglianza di scrittura della cartellina e quella di un altro ufficiale, il comandante Esterhazy, di cui si era appena scoperto che intratteneva dei rapporti poco chiari con un militare tedesco. Raggruppando diversi elementi dell'inchiesta del 1894, Picquart arrivò alla conclusione che c'era stato un errore giudiziario. I suoi superiori gli ordinarono di tacere sulle sue scoperte e lo destituirono dalle sue funzioni nel novembre del 1896. Venne rimpiazzato dal colonnello Henry, che produsse altri documenti che accusavano Dreyfus, mentre la famiglia di quest'ultimo chiese che Esterhazy venisse processato.

Il processo contro Esterhazy, tenutosi nel 1898, si concluse con il suo proscioglimento votato all'unanimità dal Consiglio di Guerra. Ciò permise al Primo ministro Méline d'affermare in maniera perentoria: «Non c'è nessuna questione Dreyfus».

In realtà il dibattito era ben lontano dall'essere chiuso. In seguito alla pubblicazione sul giornale repubblicano «L'Aurore» di un articolo intitolato *J'Accuse*, che denunciava il fatto che gli ufficiali avessero alterato i documenti, lo scrittore Emile Zola venne condannato a un anno di prigione.

Per sottrarsi a questa pena Zola scelse di fuggire in esilio. Il processo allo scrittore divise ancor più la Francia tra dreyfusardi e antidreyfusardi. Erano due concezioni che si scontravano: una fondata sull'onore dei militari, l'altra sulla giustizia.

▲ Una fase del processo ai danni di Alfred Dreyfus, rappresentata in una stampa dell'epoca.

236

DOSSIER

◀ Il caso Dreyfus ebbe risonanza in tutta Europa, come testimonia questa vignetta satirica apparsa sul «Pappagallo», settimanale italiano.

Avvenimenti

Il secondo processo a Dreyfus

Nell'agosto 1898, un colpo di scena modificò le cose: preso da rimorsi, il colonnello Henry in una lettera aperta al ministro della Guerra ammise di aver fabbricato false prove per incolpare Dreyfus. Arrestato, si tagliò la gola nella sua cella. Quanto a Esterhazy, s'affrettò a lasciare la Francia per l'Olanda.
Questi elementi ridiedero coraggio agli amici di Dreyfus, che ripresero la campagna di riabilitazione. Il 19 ottobre 1898, la Corte di Cassazione dichiarò ricevibile una domanda di revisione. Il 3 giugno 1899, la stessa Corte annullò il giudizio del 1894 stabilendo che Dreyfus sarebbe stato giudicato nuovamente dal Consiglio di Guerra a Rennes.
L'1 luglio seguente, il capitano sbarcò in Francia. Il processo di Rennes si aprì l'8 agosto 1899 e fu caratterizzato da numerosi incidenti. Il verdetto del 9 settembre fu un compromesso che non poté soddisfare nessuna delle due parti: cinque voti contro due dichiararono Dreyfus colpevole con delle circostanze attenuanti e lo condannarono a due anni di reclusione.
Dieci giorni più tardi il presidente della Repubblica firmò la sua grazia.
Ma il capitano e i suoi amici non potevano accontentarsi di questa grazia presidenziale che lasciava sussistere dei dubbi sulla sua innocenza. Si rivolsero quindi ancora alla Corte di Cassazione che nel 1906 emesse la sentenza definita: Dreyfus era innocente. Subito venne reintegrato nell'esercito e promosso capo squadrone. Il 21 luglio nel cortile della scuola militare, dove aveva avuto luogo nel 1895 la terribile scena della sua degradazione, Dreyfus venne decorato con la Legione d'onore.
C'erano voluti 12 anni prima che la sua innocenza venisse riconosciuta.

▲ La prima pagina de *L'Aurore* con il celebre articolo di Zola, *J'accuse...!*

UNITÀ 7   LE GRANDI POTENZE   237

2. LA GERMANIA DA BISMARCK A GUGLIELMO II

- QUANDO NACQUE IL SECONDO REICH TEDESCO?
- QUALE POLITICA SEGUÌ BISMARCK DOPO LA VITTORIA SULLA FRANCIA?
- QUALI IMPORTANTI RIFORME FURONO INTRODOTTE DA BISMARCK IN GERMANIA?
- PERCHÉ BISMARCK DIEDE LE DIMISSIONI?

▼ Il palazzo del Reichstag e la Colonna della Vittoria in una cartolina postale tedesca del 1900. Il Palazzo del Reichstag venne ultimato nel 1884; nel 1933 venne danneggiato da un incendio e subì ulteriori devastazioni durante la seconda guerra mondiale; fu ricostruito tra il 1961 e il 1964 e ha subito ulteriori lavori di ammodernamento e restauro dopo la riunificazione tedesca e il ritorno del Parlamento tedesco a Berlino.

▶ Il Reich tedesco

Nel 1871 con la vittoria della Prussia contro la Francia venne proclamato l'**Impero tedesco**, il Secondo Reich. La Germania si presentava così come la maggiore potenza militare ed economica del continente europeo.
Bismarck, il Cancelliere che aveva costruito l'unificazione nazionale, guidò ancora la Germania per un ventennio (**1870-90**) durante il quale esercitò l'egemonia sull'Europa e divenne il garante dei difficili equilibri internazionali.
All'interno dell'Impero l'azione di Bismarck fu orientata al **rafforzamento dell'autorità centrale dello Stato**, nel quale tutto il popolo tedesco doveva identificarsi.

Questa visione politica era sostenuta da un forte blocco sociale costituito dalla ricca **borghesia** industriale e dalla grande aristocrazia terriera degli **Junker** che forniva gli alti gradi dell'esercito e della burocrazia. A vantaggio di queste classi, il cancelliere attuò una **politica economica protezionistica** a difesa dell'industria e dell'agricoltura.

▶ La Costituzione

Il nuovo Impero tedesco si fondava sulla Costituzione approvata il 14 aprile 1871. Con essa, la Germania mantenne una struttura federale formata da 25 Stati, ognuno dei quali aveva:
› un proprio governo;
› proprie assemblee legislative;
› propri apparati amministrativi.
La direzione della politica interna, estera, economica e delle forze armate era invece affidata al Cancelliere del Reich e ai suoi ministri.

LESSICO

CANCELLIERE
È il termine con cui in Germania e in Austria viene chiamato il primo ministro, cioè il capo del governo. Nell'impero romano venivano chiamati cancellieri (*cancellarii*) alcuni guardiani particolarmente importanti, come gli ufficiali che sorvegliavano le stanze dell'imperatore, oppure gli uscieri che introducevano le persone davanti al giudice: spesso svolgevano questo lavoro stando vicino a un cancello. Con il tempo il significato del termine è diventato quello di segretario, di assistente di fiducia del re o del giudice. Anche oggi, in fondo, il cancelliere o primo ministro non è altro che un altissimo «segretario» che ha il potere di amministrare, cioè di governare, lo Stato: naturalmente in tutti gli Stati democratici questo potere gli viene concesso dal Parlamento eletto dai cittadini e il capo del governo deve rispondere delle sue azioni al Parlamento stesso.

La Costituzione del secondo Reich

```
Kaiser (imperatore)
  ↓                    ↘
nomina              diritto di veto
  ↓                       ↓
Cancelliere
(primo ministro)
  ↓                       ↓
       vota le proposte di legge
        ↑              ↑
Reichstag        ratifica il voto ← Bundesrat
(Parlamento)                        (consiglio federale)
  ↑                                   ↑
elegge                            eleggono
  ↑                                   ↑
Corpo elettorale                 25 Stati
(cittadini maschi               tedeschi (Länder)
con più di 25 anni)
```

Il **potere legislativo** del Reich era esercitato:
› dal Parlamento, il **Reichstag**, eletto a suffragio universale;
› dal Consiglio federale, il **Bundesrat**, formato dai delegati degli Stati, a cui spettava il potere di ratificare o meno le leggi.

Ma nella realtà il potere era concentrato nella **Cancelleria**, perno di un sistema né pienamente parlamentare né federale, che rispondeva solo al **Kaiser**. L'imperatore infatti:
› aveva diritto di veto sulle leggi del Parlamento;
› nominava e destituiva il Cancelliere, che quindi era responsabile solo di fronte all'imperatore e non al Parlamento.

Si trattava dunque di un **regime politico autoritario** con qualche elemento apparentemente democratico.

▶ La politica interna

Bismarck si prefisse un duplice obiettivo: in politica estera, l'affermazione dell'Impero tedesco come grande potenza; in politica interna, la lotta contro i nemici della Germania, da lui identificati nei cattolici e nei socialisti.

Contro i **cattolici**, politicamente organizzati nel partito del **Zentrum**, Bismarck lanciò una vera battaglia culturale che ebbe l'appoggio anche dei liberali. In nome della modernità e del laicismo dello Stato sin dal **1871** fu avviata la **Kulturkampf**, ossia la lotta per la civiltà.

Bismarck abolì alcuni ordini religiosi, come la Compagnia di Gesù, impose il controllo statale sulle scuole cattoliche e persino sulla formazione dei sacerdoti, suscitando la condanna della Santa Sede. Il cattolicesimo tedesco aveva tuttavia solide basi, soprattutto nelle campagne degli Stati meridionali come la Baviera, e non si fece piegare. Anzi, il partito cattolico si rafforzò e nelle elezioni del 1874 passò da 70 a 100 deputati. Visto il fallimento, Bismarck abbandonò la politica anticattolica, anche perché stava emergendo prepotentemente sulla scena politica un nuovo pericolo: il **movimento socialista**. Il rapido sviluppo industriale della Germania aveva infatti dato un forte impulso alla protesta operaia. Nel **1875** venne fondata la **SPD**, il Partito Socialdemocratico Tedesco, che alle elezioni del 1877 ottenne subito il 9% dei voti.

L'atteggiamento adottato per sconfiggere il socialismo seguì due linee: quella della **repressione** e quella della **riforma** sociale.

▲ La proclamazione solenne della nascita del Reich tedesco, avvenuta a Versailles il 18 gennaio 1871, in un quadro di von Werner.

GALLERIA

Kulturkampf: una partita a scacchi

La lotta per la civiltà – in tedesco *Kulturkampf* – lanciata dal cancelliere Bismarck alimentò un acceso dibattito in Germania e trovò molto spazio sui giornali.

In questa caricatura pubblicata nel 1875 sulla rivista satirica «Kladderadatsch» lo scontro politico tra Bismarck e papa Pio IX viene rappresentato come un'ideale partita a scacchi. Le figure degli scacchi rappresentano uomini di Chiesa, politici, giornalisti e altri personaggi favorevoli o contrari ai provvedimenti di Bismarck.

1. Per Bismarck combattono i deputati e i giornali liberali che sostengono le sue leggi in nome della laicità dello Stato. Tra queste leggi vi era la cosiddetta «legge della museruola», che sottraeva entrate alla Chiesa in caso di ribellione ai provvedimenti del governo.

2. Per il papa combattono invece i politici del partito cattolico del *Zentrum*, insieme a fedeli e uomini di Chiesa che portano con sé i documenti emanati dal papa per condannare la politica di Bismarck e i pericoli della società moderna.

4. La scatoletta accanto a Bismarck, dove sono riposti vari pezzi «mangiati», rappresenta gli arresti e le espulsioni di numerosi vescovi e sacerdoti cattolici che erano rimasti fedeli al papa e avevano rifiutato il controllo statale.

3. È interessante notare come i due duellanti osservino la partita con un certo distacco, come se la lotta per la civiltà che stava emozionando il dibattito tedesco non li coinvolgesse per nulla. Il disegnatore vuole suggerire come la politica sia un gioco condotto dai potenti che si servono delle piccole pedine per realizzare i propri scopi e mantenere il potere.

▶ Repressione e riforme

Per colpire «le tendenze sovvertitrici del socialismo» Bismarck limitò la libertà di stampa e mise fuori legge le organizzazioni operaie ritenute più pericolose per lo Stato. Di conseguenza, i sindacati e il Partito socialdemocratico furono costretti ad agire in condizioni di estrema difficoltà.

Contemporaneamente, però, il Cancelliere mirò a ridurre il disagio dei lavoratori introducendo un vero e proprio sistema di sicurezza sociale. Con lui nacque lo **Stato sociale**, più tardi battezzato dagli Inglesi *welfare state*.

Bismarck fece infatti votare dal Parlamento del Reich una serie di provvedimenti a favore dei lavoratori:

› nel **1883**, la legge sull'assicurazione contro le **malattie**;
› nel **1884**, la legge per l'assicurazione contro gli **infortuni**;
› nel **1889**, la legge per l'assicurazione d'**invalidità** e **vecchiaia**.

Era la prima volta che lo Stato dava vita a *una previdenza pubblica*, ovvero a *un sistema di assicurazioni sociali obbligatorie* che mettevano i lavoratori al riparo dai rischi di malattia, infortunio, invalidità e vecchiaia.

Obiettivo di queste riforme era alleggerire le tensioni sociali e sottrarre il movimento operaio alla propaganda socialista, cercando di integrare i lavoratori nel sistema dello Stato. Ma né le leggi repressive né quelle sociali impedirono alla socialdemocrazia di accrescere i consensi. Alla fine degli anni Ottanta il Partito socialdemocratico tedesco aveva quasi triplicato i suoi voti, ottenendo il 18% dei suffragi con 35 deputati al Parlamento.

La politica bismarckiana fallì dunque anche nella lotta al socialismo.

▶ Il nuovo corso di Guglielmo II

I fallimenti nella politica contro il cattolicesimo e contro il socialismo e la moderazione in politica estera segnarono la fine del sistema bismarckiano. Nel **1888** salì al trono del Reich **Guglielmo II** e nel **1890** Bismarck diede le dimissioni: per la Germania era una svolta epocale.

Bismarck del resto aveva perso tutta la sua popolarità anche presso quei gruppi sociali che lo avevano sostenuto in passato. L'alta borghesia capitalista lo giudicava inadeguato alla politica aggressiva degli altri Stati europei e troppo cauto per condurre la Germania all'espansione coloniale.

D'altra parte, Guglielmo II ambiva a un governo personale e il Cancelliere rappresentava un ostacolo ai suoi disegni.

I successori di Bismarck cercarono una maggiore compattezza delle forze politiche a sostegno del governo: fecero concessioni ai cattolici e abolirono le leggi antisocialiste. Il protezionismo risultò insufficiente a tutelare gli interessi economici tedeschi e la Germania si avviò verso una politica aggressiva che puntava all'espansione coloniale.

Una politica di respiro mondiale, la **Weltpolitik**, era ciò che la Germania guglielmina voleva. L'ideologia nazionalista, intanto, alimentava le ambizioni del *Kaiser*, sostenute anche dalle alte sfere dell'esercito.

◀ Una vignetta pubblicata sul settimanale inglese «Punch» nell'aprile 1890 sulle dimissioni di Bismarck.

▼ Un'immagine di Guglielmo II (al centro). Il nuovo Kaiser, salito al trono nel 1888, fu fautore di una politica estera aggressiva.

DOSSIER

Il conservatore che inventò lo Stato sociale

Eredità

IERI LE CURE MEDICHE, L'ISTRUZIONE ERANO ACCESSIBILI SOLTANTO AI RICCHI, MENTRE GLI ALTRI CITTADINI VIVEVANO IN UNO STATO DI MISERIA E DI PROFONDA INSICUREZZA

OGGI IN QUASI TUTTE LE NAZIONI CIVILI E INDUSTRIALIZZATE, I CITTADINI HANNO ACQUISITO IL DIRITTO AD ESSERE GARANTITI NEI LORO BISOGNI ESSENZIALI, COME LA SALUTE, L'ISTRUZIONE, UNA VECCHIAIA DIGNITOSA

La sfida lo spinse all'azione

Dal momento che non poteva indebolire il Centro, Bismarck voleva conquistarsi l'appoggio dei socialdemocratici: non certo facendo appello ai dirigenti del partito che in quell'epoca perseguitava e mandava in prigione, ma attraverso un programma sociale costruttivo che sperava avrebbe sottratto l'elettorato proletario ai socialdemocratici.
Sarebbe ingiusto affermare che egli avesse intrapreso la politica sociale solo per indebolire i socialdemocratici: ci pensava da tempo e vi credeva profondamente. Ma, come sempre, agiva secondo i suoi princìpi solo quando questi rispondevano a necessità concrete.
La sfida lo spinse all'azione. Bismarck si dichiarò un socialista, anzi, un socialista più realistico dei socialdemocratici e provocatoriamente si compiacque di poter riecheggiare il desiderio di Federico il Grande di essere *le roi des gueux*, «il re dei poveri».
Anche se nella sua carriera politica Bismarck non avesse fatto nient'altro, il sistema previdenziale inaugurato nel 1881 e portato a termine nel 1889, poco prima della sua caduta, sarebbe sufficiente a fondare la sua fama di statista capace di grandi realizzazioni.

Non certo per amore dei lavoratori

Il sistema previdenziale tedesco fu il primo al mondo, ed è servito da modello a tutti gli altri Paesi civili. Bismarck promosse le sue riforme sociali non certo per amore dei lavoratori tedeschi. La partecipazione umana e l'affetto non erano mai state le sue migliori qualità. L'obiettivo era quello di rendere i lavoratori meno scontenti o, per usare un'espressione più dura, più ubbidienti. «Chiunque abbia una pensione per la vecchiaia – dichiarò nel 1881 – è molto più soddisfatto e malleabile di chi è privo di tale prospettiva. Osservate la differenza fra un impiegato privato e un impiegato della cancelleria o della corte: il secondo sopporterà ogni cosa molto meglio perché può confidare nella pensione.»
La sua immaginazione e la sua sensibilità erano tormentate dal pensiero che i lavoratori non disponevano di nessuna forma di protezione contro gli infortuni e la vecchiaia. Un giorno predicava il rigore, l'indomani la sicurezza.
Non avrebbe tollerato forme di controllo sulle condizioni di lavoro nelle fabbriche né limitazioni dell'orario di lavoro: l'imprenditore doveva essere «padrone in casa sua». Ma propose di assicurare tutti i lavoratori tedeschi contro gli infortuni, le malattie e la vecchiaia. Alla fine parlava di «diritto al lavoro» e pensava a una forma di assicurazione contro la disoccupazione: l'ultimo passo verso lo Stato assistenziale del XX secolo.
Queste idee erano troppo innovative per i contemporanei di Bismarck. La maggioranza le avversava in no-

---

IERI E OGGI

Lo Stato sociale, definito anche «Stato del benessere» (dall'inglese *welfare state*) o «Stato assistenziale», è un insieme di misure attuate dallo Stato per assicurare a tutti i cittadini dei livelli minimi di reddito, alimentazione, salute, abitazione, educazione, affinché ognuno possa vivere dignitosamente. Tra queste misure, infatti, vi sono una serie di garanzie e di servizi come la previdenza sociale (la «pensione»), l'assistenza sanitaria, l'istruzione pubblica (la scuola dell'obbligo gratuita), che attenuano le diseguaglianze tra i cittadini e rendono l'intera società più coesa. Prima che lo Stato sociale si diffondesse nelle principali nazioni industrializzate, vi era un enorme divario tra le condizioni di vita delle persone: le cure mediche, l'istruzione, il reddito durante la vecchiaia erano accessibili soltanto a pochi ricchi, mentre la massa dei meno abbienti conduceva una vita ben più difficile e misera. I contadini e gli operai delle fabbriche, ma anche molti appartenenti al ceto medio, si trovavano in uno stato di profonda insicurezza: il loro già scarso reddito era legato ai casi della vita, infatti bastava un infortunio o una malattia per perdere il lavoro e con esso ogni fonte di guadagno; senza contare che le malattie non venivano adeguatamente curate se non pagando di persona le spese mediche, cosa assolutamente impossibile per la maggioranza degli individui. Inoltre i poveri, privi di un'istruzione adeguata, avevano ben poche opportunità di modificare la loro condizione sociale.
Bismarck fu il primo ad attuare un intervento organico da parte dello Stato per migliorare le condizioni di vita della popolazione. Tuttavia, una compiuta realizzazione dello Stato sociale si ebbe solo con la politica adottata in Gran Bretagna a partire dal secondo dopoguerra, quando venne affermato il principio secondo il quale tutti i cittadini, indipendentemente dal loro reddito, hanno diritto a essere protetti dalla collettività. Da allora molte nazioni, tra cui l'Italia, hanno seguito questo esempio; altre nazioni civili e industrializzate, come gli Stati Uniti, hanno preferito seguire altre strade, mantenendo anche forti diseguaglianze tra i cittadini.

▲ Un'immagine del cancelliere Bismarck, circondato da alcuni collaboratori, al *Reichstag*.

DOSSIER

Eredità

◀ Illustrazione satirica che rappresenta il cancelliere Bismarck, impegnato ad attuare la *Kulturkampf*, mentre guarda con rammarico all'influenza del papato, sotto la guida di Leone XIII (simboleggiato, appunto, dal leone) sul mondo intero. Milano, Civica Raccolta delle Stampe Bertarelli.

me dei princìpi dell'economia liberale. Perfino i socialdemocratici erano più interessati alla conquista del potere politico che alle riforme sociali.
Anche al momento di varare il sistema di previdenza sociale il *Reichstag* sconfisse Bismarck su un punto essenziale: abolì il contributo dello Stato e lasciò che l'assicurazione fosse finanziata dai contributi diretti dei lavoratori e degli imprenditori. Anche se contribuì ad accrescere la fama postuma di Bismarck, sul piano concreto, come mossa politica – ciò che a Bismarck stava maggiormente a cuore – il sistema di previdenza sociale non fu un successo.

Le difficoltà parlamentari

Bismarck presentò la proposta al *Reichstag* nel febbraio del 1881: la data non era casuale. Bismarck sapeva molto bene che stava per scadere la legislatura e aveva bisogno di una nuova parola d'ordine per le elezioni imminenti. Ma la manovra fallì. Senza dubbio il *Reichstag* fece il suo gioco. Ridusse il contributo dovuto dagli imprenditori e eliminò completamente il contributo dello Stato: i liberali in nome dell'individualismo, il Centro in difesa del federalismo. Bismarck rispose convincendo il Consiglio imperiale a rifiutare la legge emendata. Poi sciolse il *Reichstag*.
L'elettorato, però, non reagì o, piuttosto, reagì in un modo per Bismarck spiacevole e inaspettato. Gli elettori, anche quelli che appartenevano alla classe operaia, votarono a favore dei liberali anti-bismarckiani che così superarono il Centro diventando il partito di maggioranza. A questi deputati progressisti si unirono poi quelli del Centro, i socialdemocratici e i vari gruppi dell'opposizione (polacchi, alsaziani, danesi dello Schleswig del Nord, guelfi dell'Hannover). Il *Reichstag* tedesco disponeva così per la prima volta di una maggioranza consapevolmente anti-bismarckiana, anche se priva di qualunque motivo d'accordo in positivo. Dopo le elezioni Bismarck accettò gli emendamenti apportati dal *Reichstag*: «Avete respinto il contributo dello Stato, e io mi sono inchinato a questa vostra decisione per ottenere almeno qualcosa».
Lo Stato non avrebbe pagato nulla, mentre venne aumentato il contributo versato dal lavoratore. Con questi cambiamenti, nel 1883 fu istituita l'assicurazione contro le malattie, e nel 1884 quella contro gli infortuni. Quando queste misure cessarono di essere utili come armi nella lotta politica, Bismarck perse per loro ogni interesse. Nelle sue *Memorie* non dedicò neanche una frase per ricordare la politica sociale.

▲ Un anziano Bismarck insieme al giovane Guglielmo, il futuro *Kaiser*.

UNITÀ 7 — LE GRANDI POTENZE — 243

3. L'ETÀ VITTORIANA

CHE COS'È L'«ETÀ VITTORIANA»?
QUAL ERA LO STATO DELL'ECONOMIA INGLESE NEL XIX SECOLO?
CHE COS'È IL LABOUR PARTY E QUANDO NACQUE?
QUALI ERANO LE CONDIZIONI DELL'IRLANDA SOTTO LA DOMINAZIONE INGLESE?

▶ L'Inghilterra vittoriana

La regina **Vittoria** (1819-1901) salì al trono del Regno Unito nel 1837, a soli diciotto anni e regnò per ben 63 anni. La sua personalità schiva e la sua morale rigorosa segnarono per l'Inghilterra un'epoca: l'«**età vittoriana**» (**1837-1901**). (▶ **Vita quotidiana** p. 248)
L'Inghilterra vittoriana era un Paese di grande prosperità economica, di stabilità politica, di pace sociale e di sviluppo. Era la maggiore potenza coloniale del mondo con un **impero** che nel 1900 contava circa 400 milioni di persone: quasi un quarto della popolazione mondiale.
Lo **sviluppo industriale** superava quello degli altri Paesi europei con un numero di addetti nel settore pari all'incirca alla metà della popolazione attiva. La produzione di ferro e carbone si avvicinava alla metà di quella prodotta nel mondo intero. L'Inghilterra deteneva la **rete ferroviaria** più sviluppata d'Europa e una flotta mercantile di gran lunga superiore a quella degli altri Paesi. Londra era il **centro finanziario e commerciale** di riferimento per tutti gli Stati europei. Il Paese aveva la popolazione più alfabetizzata e le istituzioni politiche più libere d'Europa.
Gli Inglesi godevano di un **tenore di vita** decisamente superiore agli altri. La borghesia dell'età vittoriana, la cosiddetta «classe media», elaborò un modello di vita che diventò lo stile borghese per eccellenza. Laboriosità, moderazione, rispettabilità, uniti al culto del lavoro e all'orrore per lo spreco del denaro, furono i valori dominanti alla fine dell'Ottocento.

▶ La stabilità politica

Gli anni tra il 1870 e il 1914 furono anni di stabilità politica per l'Inghilterra anche se i progressisti **Whigs** e i conservatori **Tories** si alternarono alla guida del Paese.
I cambiamenti non si tradussero mai in inversioni di rotta brusche: sia gli uni che gli altri governarono all'insegna del liberalismo, condividendo gli orientamenti di fondo riguardo alle riforme sociali e alla politica coloniale; entrambi dovettero confrontarsi con la questione operaia e con quella irlandese.
Gladstone (1809-1898), *leader* liberale, e **Disraeli** (1804-1881), *leader* conservatore, furono i protagonisti della politica inglese fino al 1886. In questo contesto, si aprì per il Paese una lunga stagione di **riforme** e di progressiva **democratizzazione** della vita politica che portò a un'importante **riforma elettorale** nel **1885**: il suffragio venne esteso a tutti i cittadini maschi con famiglia a carico. Altri provvedimenti toccarono il mondo del lavoro e i diritti sindacali: fu con-

▶ Il Crystal Palace, costruito a Londra per l'Esposizione Universale del 1851, interamente in vetro e metallo, simbolo del progresso industriale raggiunto dalla Gran Bretagna. Innalzato in Hyde Park, nel 1854 venne smontato e ricostruito a Sydenham Hill; venne distrutto da un incendio nel 1936.

▲ La regina Vittoria d'Inghilterra in un dipinto della fine dell'Ottocento.

◀ Un ritratto di una famiglia borghese nell'Inghilterra dell'Ottocento. L'età vittoriana vide l'affermazione di un ben caratterizzato stile di vita nella classe media della società inglese.

cesso il diritto di sciopero e il riconoscimento legale delle *Trade Unions*, i sindacati fino ad allora solo tollerati. Fu introdotto inoltre l'**obbligo scolastico elementare**. Sul piano sociale sia i progressisti che i conservatori adottarono una politica di grande apertura verso i lavoratori per evitare una contrapposizione frontale con il movimento sindacale.

Nel periodo successivo i governi conservatori accentuarono la politica imperialista dell'Inghilterra in linea con il clima fortemente nazionalista del resto dell'Europa.

La crisi economica, la fine della stagione delle riforme sociali, l'insoddisfazione del mondo del lavoro per la politica governativa rafforzarono le organizzazioni del movimento operaio inglese. I lavoratori iniziarono ad acquisire maggiore coscienza politica e agli inizi del nuovo secolo nacque il **Labour Party (1906)**, il partito laburista, il partito riformista di ispirazione socialista ma non marxista: divenne il terzo partito inglese, con cui conservatori e liberali dovettero fare i conti.

▲ Una strada di Dublino all'inizio del XX secolo.

LESSICO

PARTITO LABURISTA

Con questa espressione si indicano alcuni partiti politici di sinistra e di centro-sinistra in varie nazioni del mondo, come il Regno Unito, l'Irlanda, la Norvegia, Israele. Il termine «laburista» deriva dalla parola inglese *labour*, che significa lavoro, perciò il partito laburista è il «partito del lavoro». Il primo partito laburista nacque proprio in Inghilterra nel 1906, quando le *Trade Unions* (i sindacati inglesi) e altre associazioni di sinistra decisero di presentare dei loro candidati alle elezioni politiche. Le elezioni furono vinte dai liberali ma i laburisti riuscirono a portare in parlamento 29 rappresentanti; alcuni anni dopo, nel 1918, vinsero le elezioni e ottennero per la prima volta il governo del Paese. In tutto il mondo la politica dei partiti laburisti si ispira alla tradizione e al pensiero del riformismo socialista (non marxista) e liberal-democratico. Naturalmente si tratta di una politica molto attenta alle esigenze dei lavoratori e delle classi più povere.

LA MISERIA DEL POPOLO IRLANDESE

Ai primi dell'Ottocento la maggioranza degli Irlandesi era cattolica e viveva in condizioni di estrema miseria. La povertà covava soprattutto tra i braccianti che non avevano alcuna certezza lavorativa visto il numero eccessivo degli addetti all'agricoltura. Spesso con una famiglia numerosa alle spalle, mandavano moglie e figli a chiedere l'elemosina. Non migliori erano le condizioni dei contadini che prendevano in affitto dei fazzoletti di terra dove coltivavano patate e allevavano maiali. Il ricavato del loro lavoro era destinato alla manutenzione degli edifici, al pagamento dell'affitto e delle tasse. I pescatori non avevano imbarcazioni che consentissero la pesca d'altura e si limitavano a pescare le aringhe. In comune questi miseri avevano – come scrive lo storico Jacques Chastenet – le abitazioni.

Le catapecchie del bracciante agricolo, del piccolo affittuario, e del pescatore si somigliavano ed erano egualmente squallide. Talvolta raggruppate in umili villaggi, più spesso isolate, erano fatte di fango secco mescolato a qualche ciottolo mal sistemato, erano coperte di rami e di zolle d'erba ed erano costituite di una sola stanza, dove la famiglia viveva sulla terra battuta in compagnia dei suoi maiali. Niente finestra, talvolta niente camino, una porta ad assi sconnesse. Niente mobili tranne una cassapanca e una panca. Erba e paglia facevano da letto. Il solo combustibile era la torba e il contadino doveva pagare al proprietario il diritto di raccoglierla. La ventilazione era inesistente, l'odore soffocante e dal pavimento, reso spugnoso da una pioggia quasi continua, emanava un'umidità penetrante.

J. Chastenet, *La vita quotidiana in Inghilterra ai tempi della Regina Vittoria*

La popolazione della Gran Bretagna, dell'impero britannico e del mondo intorno al 1900

- Popolazione mondiale 1 700 000 000
- Impero britannico 400 000 000
- Gran Bretagna e Irlanda 43 000 000

▶ La questione irlandese

Tra i problemi più gravi per l'Inghilterra vi era la questione irlandese che aveva radici lontane. Da secoli gli Irlandesi avevano preso a ribellarsi agli Inglesi che dominavano l'isola. Ma in Irlanda vi erano anche contrasti interni fra cattolici e protestanti e fra chi voleva l'indipendenza e chi puntava alla semplice autonomia politica.

A questi problemi si aggiunsero quelli economici di una terra esclusa dalla rivoluzione industriale e con un'agricoltura arretrata e improduttiva. La crisi agricola degli anni Settanta non fece che aggravare la situazione.
La ribellione irlandese assunse forme sempre più violente, con atti di terrorismo, attentati e insurrezioni. L'ala più estremista, come l'organizzazione dei **Feniani**, voleva la completa indipen-

▲ John Morley (al centro della vignetta), politico e scrittore tra i più convinti sostenitori dell'*Home rule*, promette all'Irlanda di renderle la sua autonomia. Incisione del 1866.

▶ La visita della regina Vittoria a Dublino nell'aprile 1900.

▲ Il cancello principale del Castello di Dublino, sede dell'amministrazione britannica in Irlanda; in questa immagine del 1890 la guardia è schierata in attesa dell'arrivo del Luogotenente Generale (il governatore inglese).

denza dall'Inghilterra. Ma il movimento più seguito era quello di **Charles Stewart Parnell** (1846-1891) che rivendicava l'autonomia dell'Irlanda, l'**Home rule**, ossia l'autogoverno all'interno del Regno Unito.
Parnell sosteneva una linea moderata, proponeva la lotta parlamentare e rifiutava il terrorismo. La rappresentanza irlandese alla Camera dei Comuni di Londra fece forti pressioni per portare all'ordine del giorno il problema dell'autonomia dell'Irlanda. Gladstone nel 1886 tentò di appoggiare la causa irlandese presentando un suo progetto di *Home rule*, ma si trovò contro i conservatori e anche il suo partito.
Solo nel 1914, dopo essere stata più volte bocciata, la *Home rule* fu approvata ma non poté essere applicata a causa dello scoppio della prima guerra mondiale.

CINEMA

Jane Eyre

Italia - Gran Bretagna - Francia - Stati Uniti, 1995 (durata: 116')
Regia: Franco Zeffirelli
Attori principali: Charlotte Gainsbourg, William Hurt, Joan Plowright

Tratto dal romanzo di Charlotte Bronte (1847), il film racconta la storia di Jane Eyre, orfana e povera. Quando è ancora bambina, Jane vive con una zia crudele, che dopo qualche anno la affida a un istituto dove viene sottoposta a un regime di ferrea disciplina e di duro lavoro. Jane cresce con un carattere chiuso, ma anche forte e sensibile. Quando esce dall'istituto diventa insegnante della figlia del signor Rochester, un uomo affascinante che custodisce un segreto. Tra Jane e il signor Rochester scoppia l'amore, ma le rigide convenzioni sociali dell'epoca non concedono ai due la possibilità di amarsi. Il film si presenta come uno splendido affresco dell'età vittoriana, di cui mostra le consuetudini, gli ambienti, l'abbigliamento, ma anche il modo di pensare inflessibile e i comportamenti austeri, che sono la causa dell'infelicità dei due protagonisti.

CONFRONTARE

Disraeli e Gladstone

	BENJAMIN DISRAELI (1804-1881)	**WILLIAM EWART GLADSTONE** (1809-1998)
Partito	Tories (partito conservatore).	Whigs (partito liberale).
Origini e carriera politica	Nacque in una famiglia ebrea ma si convertì alla religione anglicana. Prima di dedicarsi alla politica era già famoso come romanziere. Iniziò la sua carriera politica con i Whigs, ma dopo una sconfitta elettorale passò ai Tories. Condusse una politica estera aggressiva e nel 1876 fece proclamare la regina Vittoria imperatrice delle Indie.	Era figlio di un ricco commerciante di origine scozzese. Iniziò la sua carriera politica con i Tories, ma presto rifiutò l'ideologia conservatrice e aderì a una visione più umanitaria e pacifista. Limitò le conquiste coloniali e favorì i commerci abolendo le tariffe doganali. Promosse l'autonomia dell'Irlanda, anche se con scarso successo.
Principali riforme interne	Nel 1875 abolì il reato di sciopero, inoltre emanò una serie di leggi per migliorare le abitazioni e le condizioni igieniche dei poveri. Tra il 1874 e il 1878 ridusse per legge le ore di lavoro delle donne e dei bambini, e vietò il lavoro minorile sotto i dieci anni di età.	Nel 1870 introdusse l'obbligo scolastico elementare. Nel 1871 ufficializzò le *Trade Unions* come associazioni dei lavoratori. Nel 1885 promosse la riforma elettorale che concedeva il suffragio a tutti i cittadini maschi con famiglia a carico.
Periodi di governo	27 febbraio - 3 dicembre 1868. 20 febbraio 1874 - 23 aprile 1880.	3 dicembre 1868 - 20 febbraio 1874. 23 aprile 1880 - 23 giugno 1885. 1 febbraio - 25 luglio 1886. 15 agosto 1892 - 5 marzo 1894.

DOSSIER — vita quotidiana

Wilde: uno scandalo vittoriano

NEL 1895 OSCAR WILDE, GENIALE SCRITTORE, VIENE CONDANNATO AI LAVORI FORZATI PER OMOSESSUALITÀ. LA SUA VERA COLPA? AVER SFIDATO L'IPOCRISIA DELLA SOCIETÀ VITTORIANA

I processi

La vicenda giudiziaria che vede Oscar Wilde come protagonista ha inizio da una denuncia per diffamazione che lo stesso scrittore sporge contro il marchese di Queensberry.

L'odio del marchese è scatenato dalla relazione che lega suo figlio, lord Alfred Douglas, a Wilde.

Il processo contro lord Queensberry si apre il 3 aprile 1895. Durante il suo svolgimento, Wilde ammette di aver coabitato in varie occasioni con Alfred Douglas e di aver frequentato ambienti equivoci. Le opere dello scrittore, che rivelano il suo edonismo, sono citate come confessioni autobiografiche.

Lord Queensberry viene rapidamente assolto. Ma se non ha calunniato, ciò che afferma è vero, e la magistratura non può far altro che incriminare Wilde. L'accusa è quella di «atti immorali e corruzione di giovani».

Il primo processo contro lo scrittore si apre il 26 aprile e si conclude con l'assoluzione: l'avvocato di Wilde dimostra che le testimonianze a carico del suo cliente sono inattendibili.

La magistratura ordina però un secondo processo. Le accuse sono le stesse. I testimoni anche.

Il 25 maggio viene emesso il verdetto: lo scrittore è riconosciuto colpevole e condannato a due anni di carcere e di lavori forzati. Inizia per lui un declino inesorabile.

L'opinione pubblica – che prima dello scandalo lo osannava – lo abbandona. La rovina economica e sociale è completa. Le sue opere vengono ritirate dalle librerie. Le sue commedie scompaiono dai cartelloni. Tutti i suoi beni vengono venduti.

Scontata la pena, Wilde lascia l'Inghilterra e cerca, senza risultati, di tornare a scrivere. Muore di meningite, solo e povero, a Parigi.

Un capro espiatorio

Una serie di fatti permettono di dubitare della correttezza dei procedimenti che videro Oscar Wilde sul banco degli imputati.

Queensberry aveva fatto condurre un'indagine privata, e l'aveva presentata in tribunale. I suoi legali avevano manipolato alcune prove e pagato i testimoni. Questi, ritenuti inattendibili nella prima azione contro Wilde, furono però riammessi a deporre nella seconda.

DE PROFUNDIS

Dal carcere di Reading, Oscar Wilde scrive una lunga lettera al suo giovane amante lord Douglas, il vero responsabile della tragedia che lo ha colpito. Ecco un brano che testimonia l'ostracismo sociale di cui fu vittima.

Il 13 novembre 1895 venni condotto qui da Londra. Dalle due fino alle due e mezzo di quel giorno dovetti stare fermo davanti al binario centrale di Clapham Junction vestito da carcerato e ammanettato, perché il mondo mi guardasse. [...] Quando la gente mi vedeva, rideva. L'arrivo di ogni treno ingrossava il pubblico. Niente sarebbe riuscito a superare il loro divertimento. E questo ovviamente prima che sapessero chi ero. Non appena ne erano informati, ridevano ancora di più. Per mezz'ora rimasi lì, sotto la pioggia novembrina, circondato da una folla che mi scherniva.

Per un anno, dopo che mi venne fatto questo, piansi ogni giorno alla stessa ora e per lo stesso periodo di tempo. Non è una cosa così tragica come forse può apparirti. Per coloro che sono in prigione le lacrime sono parte dell'esperienza quotidiana. Un giorno in prigione in cui non si piange è un giorno in cui il proprio cuore è di pietra, non un giorno in cui il cuore è felice.

Ebbene, ora sto iniziando a provare maggior dispiacere per coloro che ridevano che per me stesso.

O. Wilde, *De profundis*

UNO SCRITTORE GENIALE

Oscar Wilde nasce a Dublino nel 1854. Studia a Oxford, e ottiene molto presto una grande fama: gli editori fanno a gara per stampare i suoi scritti. Vive per lo più tra Londra e Parigi, nei cui salotti sono apprezzate le sue doti di brillante e sagace conversatore. Nel 1884 si sposa con Constance Mary Lloyd, ma il matrimonio naufraga in breve tempo. Nel 1895 lo travolge lo scandalo: condannato ai lavori forzati per omosessualità, non troverà più la gloria di un tempo. Muore nel 1900 a Parigi.

Tra le sue opere più importanti, *Il ritratto di Dorian Gray* (1891), le commedie *Il ventaglio di Lady Windermere* (1892), *L'importanza di chiamarsi Ernesto* (1895), il dramma *Salomé* (1896). È anche autore di saggi, racconti, poesie. In carcere scrive l'epistola *De profundis* e *La ballata del carcere di Reading*.

▲ Un celebre ritratto fotografico di Oscar Wilde: lo scrittore incarna qui l'ideale del dandy vittoriano.

DOSSIER

vita quotidiana

▲ Vignetta apparsa sul settimanale inglese «Punch» del 25 giugno 1881; Wilde è raffigurato come un girasole.

◀ Wilde ritratto da Aubrey Beardsley, disegnatore e grafico amico dello scrittore, di cui illustrò l'opera *Salomé*.

Inoltre per il secondo procedimento fu nominato Frank Lockwood, un magistrato molto intransigente: evidentemente si voleva arrivare a una condanna esemplare.
Ma c'è di più. Molti personaggi altolocati avrebbero potuto essere coinvolti nello scandalo, ma ciò non accadde.
Pare che una minaccia in merito, più o meno velata, fosse stata avanzata da Queensberry, il quale era in possesso di «documenti compromettenti». Con la condanna di Wilde, però, la furia di Queensberry venne placata, e si evitò l'allargamento dello scandalo.

L'apparenza prima di tutto

Wilde, dunque, non era certo il solo omosessuale appartenente all'aristocrazia. La buona società vittoriana, però, faceva finta di non vedere. Almeno finché poteva. Lo stesso Queensberry aveva accuratamente evitato di denunciare Wilde perché suo figlio non fosse direttamente coinvolto nello scandalo.
Per questo aveva utilizzato lo stratagemma del biglietto: il processo contro Wilde era stato aperto d'ufficio, e lord Alfred Douglas appariva solo come vittima.
La magistratura, da parte sua, avrebbe fatto volentieri a meno di aprire il procedimento. Il governo inglese, inoltre, lasciò allo scrittore due possibilità di fuggire: prima dell'ordine di cattura e tra i due processi. Si sarebbe liberato volentieri di questo caso scottante, diventato una sorta di affare di Stato. Ma Wilde rimase a Londra, incapace di prendere una decisione rapida.
Oscar Wilde aveva vissuto sfidando apertamente la bigotta società vittoriana. Questa si era molto divertita a vederlo dettar legge nel campo della moda e dell'arte, e lo aveva coperto di onori per le sue doti di abile conversatore e di geniale scrittore. La sua vita privata non era un mistero per nessuno. Ma, non appena lo scandalo emerse pubblicamente, le convenzioni di quella società ne imposero l'esemplare repressione. In più, l'aristocrazia non poteva permettere che si sapesse che un suo membro aveva frequentato giovani di bassa estrazione sociale: Wilde, facendolo, aveva infranto tutti i tabù, più di quanto non fosse accaduto con la relazione con lord Douglas. Dunque, ciò che contava era salvare le apparenze. A costo di rovinare un uomo.

4. L'ESPANSIONE DEGLI STATI UNITI

QUALI ERANO LE DIFFERENZE TRA IL NORD E IL SUD DEL PAESE?
QUALI ERANO I PRINCIPALI PARTITI DELLA POLITICA AMERICANA?
PERCHÉ TRA IL NORD E IL SUD SCOPPIÒ LA GUERRA DI SECESSIONE?
QUALE FU LA POLITICA DEL GOVERNO AMERICANO NEI CONFRONTI DEI PELLEROSSA?

▶ Nascita di una grande potenza

Nella **prima metà del XIX secolo** gli Stati Uniti conobbero una rapida espansione territoriale e un forte sviluppo economico. Grazie al costante flusso migratorio dall'Europa, la popolazione passò dai 23 milioni del 1850 ai **30 milioni di abitanti del 1860**.

I confini degli Stati Uniti superarono i limiti delle 13 colonie originarie, per estendersi a sud e soprattutto a ovest, fino in California dove nel 1848 furono scoperti giacimenti d'oro. Cacciatori, coloni e cercatori d'oro si avventurarono su quei territori, strappando con le armi la terra agli indigeni.

Il mito della «frontiera» conquistata con l'intraprendenza e il coraggio dei coloni, lascerà segni profondi e duraturi nella mentalità americana.
Talvolta immensi territori, compresi tra Atlantico e Pacifico, divennero proprietà degli Stati Uniti in seguito agli accordi con le potenze europee, come nel caso dell'**Oregon** acquistato dall'Inghilterra nel 1846. La guerra contro il **Messico** (1845-48), invece, assegnò agli Stati Uniti i territori dal Nuovo Messico alla California.
Nel **1860** gli Stati dell'Unione erano saliti a 33, e ben presto furono dotati di strade e linee ferroviarie. Anche la produzione agricola ebbe una rapida ascesa, mentre nel Nord si sviluppava la produzione industriale e il commercio marittimo. Tale sviluppo tuttavia non fu uguale in tutti gli Stati americani e determinò una profonda frattura tra gli Stati industriali e quelli latifondisti.

▶ Stati industriali e Stati latifondisti

Il **Nord** divenne il polo dello sviluppo industriale del Paese. Negli Stati del Nord, infatti, sorgevano le città più ricche e progredite, come New York, Boston, Philadelphia. Queste città erano la sede del commercio con l'Europa, le basi dove approdava l'immigrazione. Dominato da una attiva borghesia industriale e in presenza di una vasta classe operaia, il Nord era una società aperta al progresso e alla libera iniziativa.
Gli interessi della borghesia del Nord furono rappresentati dal **Partito repubblicano**.
Al contrario di quelli del Nord, gli Stati del Sud si basavano su di un'economia essenzialmente agricola. Le vaste estensioni di terreno fertile e il clima mite avevano infatti favorito lo sviluppo delle colture latifondiste con grandi piantagioni di cotone e, in minor misura, di tabacco e canna da zucchero.
La produzione del cotone assicurava il 75% di quella mondiale, anche se la lavorazione avveniva soprattutto nelle manifatture del Nord o in Europa. Le piantagioni erano in mano a una ristretta minoranza di proprietari terrieri, mentre la manodopera era costituita dagli schiavi neri.
Nel 1860 vivevano negli Stati del Sud quattro milioni di schiavi neri e circa sei milioni di bianchi. **Duemila famiglie** di grandi coltivatori costituivano il ceto che dominava la vita politica e sociale degli Stati del Sud.
I grandi coltivatori del Sud governavano in modo paternalistico le loro piantagioni ed erano rappresentati politicamente dal **Partito democratico**, fondato da **Andrew Jackson** (1767-1854), che fu presidente dell'Unione dal 1828 al 1836. Un paradosso per questo partito che era sorto con l'intento di democratizzare la vita politica del Paese.

▶ Una veduta di Broadway, celebre strada di New York, in una foto del 1861: sono già evidenti i segni dello straordinario sviluppo urbano ed economico, che aveva interessato anche altre importanti città degli Stati del Nord.

LA FRONTIERA FONDA L'AMERICA

Il brano che segue è tratto da uno studio dello storico statunitense Frederick Jackson Turner, e analizza il significato della «frontiera» nella storia degli Stati Uniti.

L'esistenza di una superficie di terre libere e aperte alla conquista, la sua retrocessione continua e l'avanzata dei coloni verso occidente, spiegano lo sviluppo della nazione americana. Dietro alle istituzioni, dietro alle forme e alle trasformazioni costituzionali, stanno le forze pulsanti e operose che danno vita a questi organismi e li modellano per affrontare le mutevoli condizioni della storia.
Il tratto caratteristico delle istituzioni americane consiste nel fatto che esse sono state costrette ad adattarsi ai cambiamenti di un popolo in espansione. Lo sviluppo sociale americano è stato un inizio continuo, un punto di partenza sempre nuovo, su una frontiera mobile. La frontiera è la linea dell'americanizzazione più rapida ed effettiva. La grande distesa solitaria domina il colono, s'impadronisce del suo animo. Egli è vestito all'europea, ha strumenti europei, viaggia e pensa all'europea. La grande distesa solitaria lo spoglia dei vestiti della civiltà, lo veste con la casacca del cacciatore; il colono deve accettare le condizioni che trova o perire, e così si adatta alla radura e segue le piste degli Indiani. Nasce con lui un prodotto nuovo e genuino: l'americano.

F.J. Turner, *La frontiera nella storia americana*

▲ Abraham Lincoln mentre tiene il discorso inaugurale della sua presidenza nel 1861.

▶ Il contrasto tra Nord e Sud

Negli anni Quaranta-Cinquanta del XIX secolo lo sviluppo industriale non si limitò più solo alla produzione del cotone, ma investì altri settori: siderurgico, meccanico, chimico ecc. Di conseguenza, la dipendenza del Nord dal Sud si allentò. Nel contempo, si crearono rapporti più stretti tra industria del Nord e gli agricoltori degli Stati dell'Ovest.

I prodotti dell'Ovest agricolo avevano trovato lo sbocco naturale nelle città del Nord, e l'Ovest rappresentava un ottimo mercato per vendere macchine agricole.
Le tensioni tra Nord e Sud si intensificarono per diversi motivi. Le alte tariffe doganali applicate dal Nord alle merci provenienti dall'Europa costringevano il Sud ad acquistare esclusivamente i prodotti degli Stati settentrionali; nel contempo ostacolavano le esportazioni degli Stati del Sud verso l'Europa che, per ritorsione, aveva alzato le proprie tariffe doganali.
Ma l'elemento che fece scatenare la guerra fu la questione della **schiavitù**. Gli schiavi neri erano infatti il pilastro su cui si fondava il sistema economico del Sud. Quando si trattò di estendere la schiavitù agli Stati di recente colonizzazione, lo scontro divenne inevitabile. L'opinione pubblica del Nord diede voce a un vasto movimento abolizionista che chiamò a raccolta tutte le forze interessate a unificare il Paese in un unico sistema sociale omogeneo, quello del Nord.
Il **Partito repubblicano**, decisamente antischiavista, divenne l'espressione politica del movimento abolizionista, delle rivendicazioni degli industriali e delle aspirazioni dei coloni dell'Ovest.
Il **Partito democratico**, invece, divenne il partito degli schiavisti del Sud.

▶ La secessione del Sud

Nel 1854 il Congresso approvò il *Kansas-Nebraska Act*, secondo il quale i nuovi Stati di Kansas e Nebraska avevano la piena libertà di decidere se adottare o meno il regime schiavista. Il decreto scatenò una violenta guerriglia tra schiavisti e antischiavisti per il controllo del Kansas. Nel 1859 in Virginia, un tentativo d'insurrezione di schiavi neri, guidata dal leader **John Brown**, ebbe come conseguenza

Gli Stati Uniti all'epoca della guerra di secessione
- Stati unionisti
- Stati confederati
- Territorio indiano
- Territori non ancora riconosciuti come Stati
- ○ Battaglie

UNITÀ 7 — LE GRANDI POTENZE

▲ Un'immagine che rappresenta in modo significativo lo sviluppo che portò gli Stati Uniti a divenire la prima potenza economica mondiale alla fine dell'Ottocento: i due tronchi della Transpacific Rail Road si incontrano e si uniscono, creando un collegamento ferroviario diretto (dal 1869) tra New York e San Francisco.

la sua impiccagione e una feroce repressione.

In questa atmosfera di estrema tensione, l'elezione nel **1860** del presidente repubblicano **Abraham Lincoln** (1809-1865) fece precipitare la situazione. L'opinione pubblica del Sud vide nella vittoria repubblicana la vittoria degli Stati industriali del Nord e l'emarginazione degli Stati schiavisti.

In realtà Abraham Lincoln, un avvocato proveniente da una modesta famiglia di agricoltori del Kentucky, non era un abolizionista radicale; anzi, durante la sua campagna elettorale aveva annunciato che non avrebbe abolito la schiavitù negli Stati dove era già in vigore.

L'intenzione di Lincoln era piuttosto quella di trasformare gli Stati Uniti in una grande **repubblica unitaria**, espressione politica di un unico vasto mercato nazionale.

Tuttavia, nel timore di finir relegati a un ruolo politico ed economico subordinato al Nord, gli Stati del Sud reagirono. Decisa nel febbraio **1861** la **secessione** (separazione) dall'Unione, costituirono la **Confederazione autonoma del Sud**, composta da undici Stati con capitale **Richmond** e presidente **Jefferson Davis**. A quel punto, lo scontro divenne inevitabile.

La guerra di secessione tra **unionisti** (Stati del Nord) e **confederati** (Stati del Sud) durò dal **1861** al **1865**.

▶ La guerra di secessione

Le ostilità si aprirono il **12 aprile 1861** con l'attacco dei confederati alla guarnigione nordista di **Fort Sumter**, nella Carolina del Sud.

Gli Stati della Confederazione potevano contare su un esercito ben addestrato, ma erano nettamente inferiori agli avversari per numero di uomini e mezzi. Gli Stati nordisti, infatti, avevano una popolazione tre volte superiore e una maggiore potenzialità economica.

I confederati confidavano tuttavia nell'intervento di Francia e Gran Bretagna al loro fianco, principali acquirenti del cotone americano, interessate a indebolire la potenza industriale nordista. Francia e Gran Bretagna optarono invece per la neutralità, e le forze confederate dovettero contare solo su se stesse.

Nei primi due anni di guerra ebbero la meglio le truppe sudiste grazie all'ottima strategia del loro comandante, il generale **Robert Lee**. I nordisti, dal canto loro, dovettero impiegare tutte le loro risorse umane ed economiche per vincere, ricorrendo anche alla propaganda politica. Per ottenere l'appoggio dei contadini e degli schiavi neri, nel **1862** Lincoln emanò due leggi storiche: la prima assegnava gratuitamente ai contadini le terre libere dello Stato; la seconda legge sanciva l'abolizione della schiavitù nei territori ribelli.

Nel **1863** ci furono i primi successi nordisti. Il generale nordista **Ulysses Grant** avanzò con le sue truppe lungo il Mississippi e con la conquista della città di Vicksburg, riuscì a dividere in due il fronte avversario. Una nuova offensiva del generale Lee, giunta a minacciare Washington, venne bloccata sempre nel **1863** nella battaglia di **Gettysburg**.

L'ultima fase della guerra vide l'avanzata delle truppe nordiste attraverso Tennessee, Georgia e Carolina. Circondati da ogni lato, i sudisti tentarono la disperata difesa di Richmond, ma il **9 aprile 1865** ad **Appomatox**, il generale Lee dovette arrendersi definitivamente a Grant.

▶ La prima guerra totale

La guerra di secessione durò in tutto quattro anni, impegnò tre milioni di uomini e costò circa 600 000 morti. Nel corso del conflitto furono utilizzati moderni mezzi bellici e tecnologici,

▲ Cittadini neri, dopo l'abolizione della schiavitù, esercitano per la prima volta il diritto di voto. Incisione posteriore al 1870.

LESSICO

GUERRA TOTALE

Con questa espressione si indica una guerra che coinvolge ogni aspetto della vita delle nazioni che partecipano al conflitto. In una guerra totale i contendenti non si limitano a scontrarsi sul campo di battaglia con i rispettivi eserciti, ma cercano di annientare completamente il nemico anche dal punto di vista economico, politico, psicologico. Perciò rivolgono i loro attacchi contro le strutture che consentono alla nazione nemica di vivere e di sostenere la guerra: le fabbriche che producono le armi e i generi di prima necessità, i mezzi di trasporto, le fonti di energia. Non solo: anche la popolazione civile diventa un obiettivo da colpire; infatti, una popolazione decimata, spaventata, stanca non sarà più in grado di sostenere lo sforzo bellico nella vita di tutti i giorni e sarà più favorevole alla fine del conflitto o addirittura alla resa. Guerra totale per antonomasia è la seconda guerra mondiale.

Le guerre indiane

1 L'*Indian Removal Act* (1830) fu la legge con cui il governo degli Stati Uniti costrinse gli Indiani a spostarsi a ovest del fiume Mississippi. A partire dalla metà dell'Ottocento, perciò, negli Stati Uniti orientali non esistevano tribù indiane che non fossero ormai assimilate ed entrate a far parte del mondo dei bianchi. Di conseguenza, da quel momento i principali scontri avvennero nella parte occidentale del Paese, nel cosiddetto *West*, dove gli Indiani e i coloni si contendevano le terre su cui abitare.

2 Lo scontro che avvenne sulle rive del fiume Sand Creek, il 29 novembre 1864, più che una vera battaglia, fu un massacro compiuto dall'esercito americano contro 150-200 Indiani indifesi, la maggior parte dei quali erano vecchi, donne e bambini. Il maggiore John Chivington, che organizzò e guidò la spedizione, fu processato dalla corte marziale e condannato.

3 La battaglia di Little Big Horn, avvenuta il 25-26 giugno 1876, fu una delle più gravi sconfitte inflitte dai pellerossa all'esercito degli Stati Uniti. Un distaccamento del 7° Cavalleggeri, comandato dal tenente colonnello George Armstrong Custer, fu annientato da un esercito di 1200 Indiani delle tribù Lakota e Cheyenne, guidate da grandi capi come Toro Seduto e Cavallo Pazzo. Nello scontro morirono 268 soldati americani.

4 Il massacro di Wounded Knee avvenne il 29 dicembre 1890. In quella occasione alcune centinaia di Sioux fuggiti dalle riserve furono uccisi dall'esercito americano che cercava di portarli indietro. Pare che la carneficina fosse iniziata per sbaglio, ma l'episodio rimane uno dei più tristi nella storia degli Stati Uniti.

5 Poco a poco gli Indiani furono costretti a vivere nelle riserve, spazi limitati dai quali non potevano uscire. Spesso questi territori erano molto distanti dai luoghi dove le tribù avevano vissuto fino a quel momento. Erano generalmente molto differenti dal punto di vista ambientale, perciò le popolazioni trovavano difficoltà ad adattarsi.

CINEMA

Piccolo grande uomo

Stati Uniti, 1970 (durata: 142')
Regia: Arthur Penn
Attori principali: Dustin Hoffman, Faye Dunaway, Richard Mulligan

Attraverso la storia di Jack Crabb, interpretato da Dustin Hoffman, il film ripercorre tutta l'epopea del West, con i suoi miti, i suoi eroi e anche i lati oscuri e negativi. All'età di dieci anni Jack viene adottato dagli Indiani, che lo allevano come un vero pellerossa. Per il suo coraggio e per la sua bassa statura gli Indiani lo chiamano «piccolo grande uomo». Per non farsi uccidere da un soldato americano, Jack svela di non essere un vero indiano, e da quel momento inizia la sua vita tra i bianchi: in questo periodo diventa giocatore d'azzardo, commerciante, pistolero, soldato. Come soldato partecipa alla battaglia di Little Big Horn, ma quando sta per essere ucciso, viene salvato da un suo ex-rivale indiano. Dopo la battaglia si avvia a ritornare ancora una volta tra gli indiani.

▶ La prima potenza economica del mondo

Al termine della guerra, la conquista dei territori dell'Ovest fu portata a termine. Nel **1890** gli Stati Uniti raggiunsero l'estensione attuale. Ma furono i pellerossa a pagare il prezzo più caro. (▶ Avvenimenti p. 254) Costretti dalle campagne militari del governo federale a ritirarsi in territori sempre più ristretti, gli Indiani subirono la sconfitta decisiva nella battaglia di **Wounded Knee** nel **1890**.
Decimate da guerre e privazioni, le tribù superstiti furono confinate nelle riserve. Alla fine del secolo la popolazione indiana era ridotta a 250 000 unità. Al contrario la popolazione statunitense aumentò progressivamente grazie all'immigrazione dall'Europa: nel 1871 vi erano 39 milioni di abitanti, nel 1894 se ne contavano 62 milioni e nel 1914 si raggiunsero i 97 milioni. Nel 1890 la **rete ferroviaria** si estendeva per ben 190 000 miglia: una lunghezza superiore a quella di tutte le ferrovie europee.
Gli Stati Uniti uscirono dunque dalla guerra civile con una struttura economica ancora molto vitale, che consentì loro negli ultimi anni del secolo un nuovo spettacolare **boom economico**.
Superata la Gran Bretagna, alla fine dell'Ottocento gli Stati Uniti divennero la più grande potenza economica del mondo. Presto ne sarebbero diventati anche la principale potenza politica.

---

come il telegrafo e la ferrovia. Fu pertanto la **prima guerra totale** della storia: una guerra combattuta con le armi prodotte dalla rivoluzione industriale e con il coinvolgimento di tutta la società: una guerra di massa.
La vittoria dell'Unione non diede subito i frutti sperati: cinque giorni dopo la resa, il **14 aprile 1865** il presidente **Lincoln** fu assassinato da un fanatico sudista. (▶ Avvenimenti p. 256)
La legge sulla distribuzione della terra ai contadini fu revocata pochi anni dopo, mentre gli schiavi liberati non cambiarono di fatto la loro situazione economica e non poterono cancellare i pregiudizi razziali nei loro confronti.
Il Sud subì una vera e propria occupazione militare, cui reagì con la violenza. Nel 1866 nacque nel Sud un'organizzazione clandestina, il **Ku Klux Klan**, con lo scopo di terrorizzare i neri, impedendo loro di esercitare il diritto di voto e, più in generale, di partecipare alla vita politica. (▶ Idee p. 258)

DOSSIER

I sentieri delle lacrime

NEL 1830 L'*INDIAN REMOVAL ACT* IMPOSE AGLI INDIANI RESIDENTI A EST DEL MISSISSIPPI DI LASCIARE LE LORO TERRE. INIZIAVA COSÌ LA FINE PER QUESTE POPOLAZIONI. EPPURE, LA PACIFICA CONVIVENZA ERA PARSA POSSIBILE

Un «buon» inizio

Quando nel 1783 gli Stati Uniti conquistarono l'indipendenza, i loro tre milioni e mezzo di cittadini erano concentrati sulla costa atlantica. I duecentomila Indiani, invece, divisi in ottanta tribù – ognuna con la propria lingua – occupavano l'area situata tra i monti Appalachi e il Mississippi. Tra il 1789 e il 1830 i coloni bianchi fondarono nove Stati proprio in questa regione, inglobando i territori degli Indiani. Si presentò allora il grande problema della convivenza delle nazioni indiane con quella americana. Gli Indiani erano proprietari delle terre su cui vivevano? Erano sovrani in quei territori? E questa sovranità non era in contrasto con quella degli Stati Uniti?

Per l'illuminato presidente George Washington ciascuna tribù doveva essere considerata una nazione. E con ciascuna tribù era necessario stipulare trattati che garantissero l'autogoverno e proteggessero i confini dalle intrusioni dei bianchi. In cambio, gli Indiani avrebbero dovuto rimanere fedeli agli Stati Uniti: si voleva evitare che Francia e Spagna trovassero in loro comodi alleati per ricacciare gli Americani verso est.

Il piano per l'integrazione

Il pensiero di Washington era ispirato dal ministro della Guerra, Henry Knox, fautore di una politica illuminata e umana, che partiva dal presupposto che gli Indiani, fisicamente e mentalmente pari agli Europei, fossero i legittimi proprietari delle terre su cui vivevano. I coloni bianchi, però, si stavano spostando in modo inarrestabile verso ovest, e avrebbero volentieri sterminato i nativi americani pur di guadagnare territori. Come risolvere la situazione? Non certo con le guerre: sarebbero state troppo costose (specie se avessero coinvolto Francesi o Inglesi): meglio, allora, instaurare buoni rapporti con le tribù.

I progetti di Knox, però, non contemplavano la sopravvivenza delle nazioni indiane, né erano così disinteressati. Prevedevano che gli indigeni si convertissero all'agricoltura, perché la selvaggina sarebbe stata sempre più scarsa. L'uomo bianco avrebbe insegnato loro la tecnica agricola, e avrebbe fornito gli attrezzi necessari, gratuitamente. Gli Indiani, in questo modo, si sarebbero convinti a vendere le terre in eccedenza: per l'agricoltura occorrevano terreni meno estesi di quelli che servivano per la caccia.

Infine, gli Indiani si sarebbero convertiti al cristianesimo: in questo modo, nel giro di cinquant'anni sarebbero stati totalmente assimilati. Sarebbero divenuti cittadini americani e i loro diritti di proprietà sulle terre si sarebbero estinti: ogni famiglia indiana avrebbe conservato solo una piccola fattoria a titolo di proprietà privata.

▲ Una tribù indiana, costretta a trasferirsi a ovest, attraversa le Montagne Rocciose affrontando la neve e il vento gelido.

Qualcosa va storto

In effetti, cinque delle maggiori tribù fecero progressi molto rapidi sulla via dell'assimilazione: arrivarono, nel 1830, a possedere quasi tremila schiavi africani per la coltivazione dei campi.

Molte terre vennero cedute, come previsto, al governo federale: quest'ultimo vendeva gli appezzamenti ai coloni, e con il ricavato finanziava lo sviluppo economico delle tribù.

A un certo punto, però, qualcosa non andò per il verso giusto. Da una parte, i bianchi furono sempre più allettati dai territori abitati dagli Indiani. Dall'altra, gli Indiani iniziarono a rifiutare di essere fagocitati dal mondo dei bianchi.

Nel 1812 all'Ovest scoppiò la guerra. Gli Shawnee si erano alleati agli Inglesi e avevano formato, insieme ad altre tribù, una confederazione che si oppose a ogni ulteriore avanzata dei bianchi a ovest degli Appalachi. Gli Stati Uniti ebbero la meglio, e l'ostilità nei confronti degli Indiani «traditori», ovviamente, crebbe. In più, con la guerra, l'industria tessile aveva conosciuto un

▲ La caccia al bisonte, rappresentata in questo dipinto di Seth Eastman, era il simbolo della vita delle tribù indiane.

DOSSIER

Avvenimenti

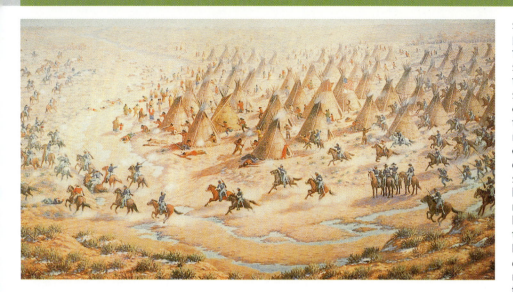

▲ Un episodio delle guerre indiane: le «giacche blu» (i soldati dell'Unione) attaccano e distruggono l'accampamento cheyenne sulle rive del fiume Sand Creek in Colorado, nel 1864.

rapido incremento: occorrevano campi di cotone, e le tribù indiane occupavano i territori più adatti a tale coltura.

Cacciati dalle terre degli antenati

Gli Indiani a poco a poco si erano resi conto che non solo l'integrazione avrebbe cancellato la loro cultura, ma anche che ben pochi Americani li avrebbero accettati come concittadini dotati degli stessi diritti. La seconda vittoria sugli Inglesi, nel frattempo, aveva alimentato, tra i bianchi, la convinzione generale che gli Stati Uniti fossero stati scelti da Dio come guida del mondo intero. Erano quindi destinati a espandersi fino alle coste del Pacifico. Gli Indiani, però, si rifiutarono di cedere le ultime terre.

Col crescere del fervore nazionalistico americano, crebbe anche quello degli Indiani. I Cherokee nel 1827 affermarono la propria sovranità adottando una Costituzione, un sistema giudiziario, e un Parlamento elettivo. Una clausola della Costituzione statunitense, però, affermava l'impossibilità di creare nuovi Stati entro la giurisdizione di uno Stato. La Georgia se ne avvalse per considerare inesistente le nazioni *cherokee* e *creek*, e per invalidare i trattati che queste tribù avevano stipulato con il governo federale. Ne nacque un conflitto tra la sovranità federale e quella statale. La Corte Suprema de-

gli Stati Uniti cercò di porre ordine nella controversia, affermando che la Georgia, come singolo Stato, non aveva il potere di denunciare i trattati.

Il calice dell'umiliazione

Il nuovo presidente Jackson – che era stato l'eroe delle guerre contro gli Indiani del 1812 – rifiutò in modo sprezzante di attenersi alle decisioni della Corte.

D'altra parte, il Congresso aveva già approvato l'*Indian removal Act*. La legge, che suscitò la ferma opposizione del partito Whig, imponeva alle tribù residenti a est del Mississippi di firmare un trattato di trasferimento. In alternativa sarebbero rimasti sul posto come cittadini di seconda categoria. Così migliaia di Indiani si incamminarono verso ovest, scortati dai soldati su quelle piste che da allora presero il nome di «sentieri delle lacrime». Molti di loro morirono su quei sentieri, che li allontanavano per sempre dalle terre dei loro padri.

Ecco come John Ross, il capo *cherokee* che aveva guidato la resistenza al trasferimento forzato della sua gente, descrisse nel 1834 la condizione degli Indiani che avevano percorso i «sentieri delle lacrime»: «Siamo stati costretti a bere l'amaro calice dell'umiliazione; trattati come cani, mentre la nostra vita e la nostra libertà divenivano trastullo dell'uomo bianco; la nostra patria e le tombe dei nostri padri ci sono state strappate dallo spietato vincitore finché, scacciati, nazione dopo nazione, ci ritroviamo fuggiaschi, vagabondi e stranieri nella nostra stessa terra, e contempliamo un futuro in cui i nostri discendenti saranno completamente estinti […] sospinti in punta di baionetta nell'Oceano occidentale, o ridotti alla condizione di schiavi».

▲ Un accampamento indiano in un dipinto ottocentesco.

▶ Disegno di George Catlin dell'inizio dell'Ottocento che mostra un gruppo di indiani Chippewa nei costumi tradizionali.

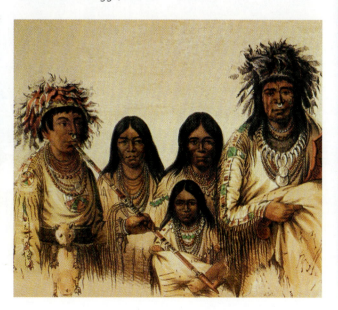

UNITÀ 7 LE GRANDI POTENZE 255

DOSSIER
Il killer del palcoscenico

LA SERA DEL 14 APRILE 1865 IL PRESIDENTE DEGLI STATI UNITI LINCOLN FU FREDDATO CON DUE COLPI ALLA NUCA. A FAR FUOCO FU JOHN BOOTH, UN NOTO ATTORE. MA CHI ERA DAVVERO QUEST'UOMO? E CHI C'ERA ALLE SUE SPALLE?

Un clima teso
Il 9 aprile 1865 fu firmata, ad Appomatox, la resa incondizionata dell'esercito sudista. Finiva la sanguinosa guerra di secessione americana e il presidente Abraham Lincoln si accingeva ad avviare una politica moderata, volta a ricostruire l'unità nazionale. Era deciso a evitare le spoliazioni e le occupazioni militari dello sconfitto Sud, auspicate dai repubblicani radicali. Eppure la Confederazione del Sud vedeva proprio in lui la causa della fine del suo mondo. Da più parti si cominciò a parlare di complotti contro i vertici dell'Unione. Ma le voci erano così insistenti da non essere prese sul serio. Eppure, molti tramavano. Tra questi, c'era John Wilkes Booth.

Tentativi falliti
John Booth era un attore di Washington piuttosto noto. Erano note anche le sue idee filosudiste: Booth, il quale attribuiva a Lincoln la responsabilità della guerra, elaborò dapprima un piano che prevedeva il rapimento del presidente e la richiesta, come riscatto, della liberazione di interi reggimenti sudisti. Per l'occasione radunò una banda formata da attori falliti, vagabondi e disertori. Il piano doveva essere attuato il 17 marzo – la guerra era agli sgoccioli, però era ancora in corso – ma fallì: Lincoln, infatti, disertò lo spettacolo teatrale a cui avrebbe dovuto assistere.
Anche il secondo tentativo, in stile «assalto alla diligenza», andò a monte. Il gruppo iniziò a temere che la polizia si fosse insospettita, ma non era così. Anzi, accadde qualcosa di strano: nella stessa locanda in cui alloggiava la banda era ospite anche un funzionario del ministero della Guerra, al quale non sfuggì il comportamento sospetto di quell'accozzaglia di uomini. Trasmise un rapporto al proprio superiore, ma non ne seguì alcun provvedimento. Eppure, c'era l'ordine di arrestare qualsiasi sospetto.
La fine della guerra trasformò i progetti di rapimento in piani omicidi. Quando Booth apprese che Lincoln sarebbe arrivato a Washington, capì che si trattava di un'occasione d'oro.

▲ Un'immagine dell'attore John Wilkes Booth, l'assassino di Abraham Lincoln.

▲ Un ritratto del presidente Abraham Lincoln. Washington, National Library.

Due colpi alla nuca
La sera del 14 aprile il presidente avrebbe assistito alla commedia *Il nostro cugino americano*, al Ford's Theatre. Booth conosceva il direttore del teatro ed ebbe la possibilità di progettare il delitto e la via di fuga, che prevedeva un salto di tre metri dal palco da cui Lincoln avrebbe assistito allo spettacolo.
C'era una battuta della commedia che provocava immancabilmente l'ilarità del pubblico. Quello sarebbe stato il momento giusto per agire. I complici, contemporaneamente, dovevano assassinare il segretario di Stato Seward nella sua abitazione e il vicepresidente Johnson nella stanza d'albergo. Ma avrebbero fallito (quattro di loro vennero in seguito giustiziati, altri finirono in carcere). Booth si nascose nell'anticamera del palco, inspiegabilmente lasciata incustodita, e attese. Al momento previsto fece irruzione nel palco e sparò due colpi alla testa del presidente. Poi si gettò sul palcoscenico;

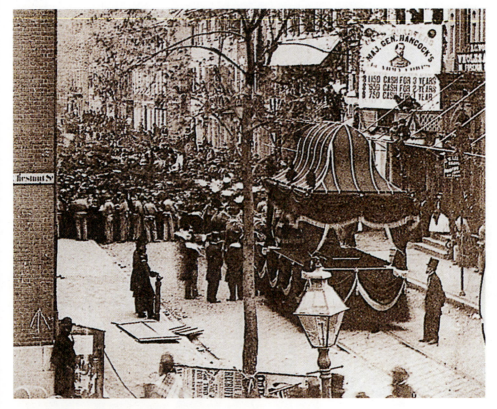
▲ Una folla immensa accompagna il feretro del presidente Lincoln durante il corteo funebre.

DOSSIER

Avvenimenti

LINCOLN E KENNEDY: ATTENTATI A CONFRONTO

Una serie impressionante di analogie unisce l'assassinio di Lincoln a quello di Kennedy. Innanzi tutto, entrambi gli attentatori furono descritti come esaltati e fanatici. Nel caso di Lincoln, come in quello di Kennedy, un «patriota» uccise l'assassino prima che questi potesse rivelare i retroscena del complotto, mentre le successive ricerche rivelarono che il movente era di segno ben diverso da quello che aveva apparentemente mosso l'esecutore. E in entrambi i casi l'attentato modificò profondamente la politica del governo americano.
Ci sono poi altre coincidenze che rientrano nel campo della mera curiosità. Lincoln era stato eletto presidente nel 1860, Kennedy nel 1960. Entrambi vennero assassinati di venerdì, in presenza delle rispettive mogli. I successori dei presidenti assassinati si chiamavano entrambi Johnson, ed erano democratici del Sud. Andrew Johnson, successore di Lincoln, era nato nel 1808. Lyndon Johnson nel 1908. Booth era nato nel 1839, Lee Harvey Oswald nel 1939. Il segretario di Lincoln si chiamava Kennedy, la segretaria di Kennedy si chiamava Lincoln. Booth uccise il presidente in un teatro e si rifugiò in un magazzino. Oswald sparò da un magazzino e si rifugiò in un teatro. Coincidenze casuali, ovviamente, che però hanno dell'incredibile.

▲ L'esecuzione dei colpevoli dell'omicidio di Lincoln (ad eccezione di Booth, che era stato ucciso nel corso del suo arresto).

si ruppe una gamba, ma fu ugualmente in grado di fuggire. Stranamente riuscì a lasciare la città attraverso l'unica via lasciata libera dai posti di blocco. Ben dodici giorni dopo, accerchiato dai soldati in un fienile della Virginia, venne ucciso. Il sergente che aveva sparato dichiarò di averlo fatto credendo che Booth stesse per fuggire. Ma Booth aveva una gamba rotta.

Qual è la verità

Alcuni dettagli della vicenda portano a pensare che Booth non si fosse mosso da solo. Alle sue spalle c'era qualcuno: qualcuno che lo aveva incaricato dell'omicidio o che, semplicemente, lo aveva lasciato fare. L'ipotesi che si ventilò subito dopo i fatti fu quella del complotto sudista. In realtà i sudisti sapevano perfettamente che l'eliminazione di Lincoln avrebbe significato la fine di ogni speranza di una pace dignitosa. Gli estremisti, infatti, ebbero mano libera per procedere alle spoliazioni che Lincoln aveva avversato. Il presidente della Confederazione sudista Jefferson Davis venne processato per l'attentato. Ma il tribunale trovò le accuse prive di fondamento.
Negli anni Trenta del Novecento venne avanzata un'altra ipotesi. Sarebbe stato Stanton, il ministro della Guerra, ad agire nell'ombra. Alcuni interrogativi lascerebbero spazio a quest'ipotesi: come mai nessun provvedimento fu preso per fermare i sospetti che alloggiavano nella locanda? Perché la guardia del corpo che aveva lasciato incustodito il palco non fu punita? E cosa c'è dietro al rifiuto di Stanton a fronte della richiesta di Lincoln di avere, quella sera, a disposizione come guardia del corpo il maggiore Eckart, uomo di grande esperienza e abilità?
Inoltre: tutti gli ordini scritti per il blocco delle strade in uscita da Washington sono stati ritrovati, tranne quello riguardante la strada da cui Booth fuggì. E come mai l'uomo che sparò a Booth non fu sottoposto a inchiesta ma internato in un manicomio? Forse perché a sparare non era stato lui, ma il capo del servizio segreto Lafayette Baker?
Queste supposizioni però, lasciano dei dubbi: infatti, le posizioni critiche di Stanton nei confronti di Lincoln erano comuni a molti altri esponenti delle forze nordiste.
Altre ipotesi si concentrano sulla contraddittoria figura dell'assassino: nonostante un apparente fervore filo sudista, infatti, Booth si era guardato bene dall'arruolarsi. Aveva continuato, anzi, a vivere nel Nord, nella capitale dell'Unione. Che fosse, quindi, un doppiogiochista (al servizio dei confederati, ma in realtà manovrato degli estremisti dell'Unione)? Il mistero rimane fitto.

▲ La taglia emessa sull'assassino e i suoi complici.

◀ L'assassinio di Lincoln in un'incisione coeva.

UNITÀ 7 LE GRANDI POTENZE 257

DOSSIER

I terroristi del Ku Klux Klan

STORIA DI UNA SETTA RAZZISTA, PRONTA A PRATICARE ANCHE LA VIOLENZA PUR DI IMPEDIRE L'EMANCIPAZIONE DEI NERI D'AMERICA. UN SEGNO DELLA CONTRADDITTORIETÀ DELLA CULTURA AMERICANA

Un abitante su cinque era nero

Nel 1790, per la prima volta nella sua storia, la giovane repubblica degli Stati Uniti d'America procedette al censimento della sua popolazione. Gli abitanti risultarono 3 929 214. Tra di loro figurava un 19,3% di neri (un abitante su cinque). Di questi 757 181 neri, 697 624 appartenevano alla categoria «schiavi», il 90% dei quali viveva negli Stati del Sud.

Sembrano statistiche sorprendenti, se si pensa che nella Dichiarazione d'Indipendenza si legge che «tutti gli uomini nascono eguali, il loro Creatore li ha dotati di alcuni diritti inalienabili, tra i quali la vita, la libertà e la ricerca della felicità». Tuttavia, la stessa Costituzione federale del 1787 riconosceva l'esistenza della schiavitù, attribuiva al Congresso la facoltà di adottare delle leggi che proteggessero i proprietari di schiavi fuggitivi e affermava che, dal punto di vista della popolazione rappresentata in Parlamento, un nero valeva solo tre quinti di un bianco. In breve, si può affermare che gli Stati Uniti nacquero sotto il segno della contraddizione libertà-schiavitù.

Del resto, la schiavitù era essenziale per l'economia del Paese, che risultava complessivamente poco popolato: servivano braccia per le piantagioni. Finita la guerra di secessione e abolita la schiavitù in tutto il Paese, l'anima razzista degli Stati Uniti non cessò di manifestare la propria contrarietà all'emancipazione dei neri. La reazione più nota fu la nascita del Ku Klux Klan.

La fondazione nel 1866

Il Ku Klux Klan venne fondato nel 1866 a Pulaski nel Tennessee, subito dopo la vittoria degli unionisti nella guerra di secessione, quando negli Stati del Sud avvenne la liberazione degli schiavi neri e la ricostruzione sotto il controllo degli affaristi e dei politici del Nord.

A capo del Klan c'era Nathan Bedford Forrest, un ex generale dell'esercito confederato. L'organizzazione aveva come obiettivo quello di terrorizzare i neri e tutti i nemici del Sud, a partire dai cosiddetti *carpetbaggers* (letteralmente, «quelli che girano con la sacca sulle spalle»), venuti dal Nord per speculare sulle rovine della Confederazione sudista, fino agli *scalawags* («bassi», «insignificanti»), esponenti antirazzisti e democratici del Sud.

I membri del Klan fecero ricorso fin dagli esordi a metodi semplici e brutali: univano le burle alle violenze, agivano nella notte e nel mistero, picchiavano e uccidevano per impedire che gli schiavi di ieri potessero votare.

Nel momento in cui compivano le loro spedizioni o nelle manifestazioni pubbliche gli appartenenti al Klan indossavano lunghi vestiti bianchi, con cappucci o maschere con cappelli a punta. Durante i cortei venivano sventolati cartelli con minacce e insulti ai neri o ai loro amici. La «firma» delle azioni del Klan, compresi linciaggi e incendi, era costituita da grosse croci infuocate piantate nei pressi delle abitazioni delle vittime.

Un incubo per i neri, se si pensa che il Klan arrivò a contare in pochi anni circa mezzo milione di aderenti.

Dal vecchio al nuovo Klan

A causa delle violenze sempre più clamorose che scossero l'opinione pubblica, il governo federale sciolse il Klan, che scomparve nel 1871. Rinacque nel 1915, quando un predicatore e assicuratore – William Joseph Simmons – fondò ad Atlanta una società commemorativa in onore del Klan: agli inizi era costituita da diciassette membri, ma a partire dagli anni Venti le adesioni crebbero vertiginosamente, toccando i due milioni.

A differenza del vecchio Klan, gli aderenti si trovavano ora anche negli Stati del Nord, del Midwest e dell'Ovest: il Ku Klux Klan era diventato un'organizzazione nazionale. I suoi membri venivano dalle campagne, ma anche dalle piccole e grandi città. Condividevano l'odio per gli stranieri, gli ebrei, i cattolici, i sindacati, i sovversivi e, ovviamente, i neri. Difendevano un «americanismo al 100%», in un'epoca nella quale razzismo, xenofobia e fondamentalismo si diffondevano negli Stati Uniti. Ma la crescita troppo veloce portò con sé corruzione e invidie all'interno del Klan. Negli anni Trenta, così, il Klan si indebolì progressivamente fino a cessare di esistere. Ma non per molto.

Un pericolo attuale

Dopo la seconda guerra mondiale, il Klan è tornato sulla scena. Questa volta il nemico numero uno è il comunismo, ma non cessa l'odio per i neri, gli ebrei, gli ispanici, i liberali. Il Klan non rifugge da attentati e azioni terroristiche. Uno dei suoi Grandi Maghi – tale David Duke – tenta, nel 1978, di farsi eleggere al Senato della Louisiana. Riuscirà a sedere alla Camera dei Rappresentanti dello stesso Stato nel 1989, dopo aver lasciato «per ragioni tattiche, nell'interesse della supremazia bianca» il Klan.

Duke è anche presidente di una associazione per il progresso dei bianchi: afferma con risolutezza e determinazione che deve finire l'era delle iniziative in favore dei neri, come pure della «discriminazione al contrario» di cui sarebbero vittime i bianchi.

Nel 1991 però David Duke viene sconfitto alle elezioni per il rinnovo della carica di governatore della Louisiana.

Non si può valutare con precisione il numero degli aderenti attuali al Klan, e ancor meno quello dei simpatizzanti.

Quel che è certo, è che il Klan trova la sua forza nelle frustrazioni di molti bianchi, nelle campagne e nelle città.

Diviso al proprio interno, ridotto a dar voce a un malcontento diffuso ma tutto sommato dagli obiettivi imprecisi, incapace di mantenere un ruolo nella vita politica, il Klan rappresenta nondimeno una tendenza pericolosa: un segno della contraddittorietà della cultura americana.

▲ Il Ku Klux Klan oggi è un focolaio mai del tutto spento, che può ancora produrre violente e pericolose fiammate.

NOME E GERARCHIA

L'origine del nome del Ku Klux Klan è incerta: l'ipotesi più attendibile lo fa derivare dalla parola greca *kyklos* («circolo», una delle suddivisioni originarie dell'associazione), abbinata al termine di origine scozzese *Klan*.

L'organizzazione del Klan sembra in parte ricalcata su quella della Massoneria (lo stesso fondatore, Forrest, era massone). La gerarchia interna risultava composta da diversi gradi, identificati con nomi fantasiosi e destinati ad accrescere il mistero e il timore verso il Klan. Il capo dell'organizzazione era chiamato Gran Mago dell'Impero ed era assistito da dieci Geni. Al di sotto stavano i Gran Dragoni, le Idre, i Titani, le Furie, i Falconi, i Ciclopi. I gruppi locali erano chiamati Domini, Klaverne o Covi.

5. LA NASCITA DEL GIAPPONE MODERNO

CHE CARATTERISTICHE PRESENTAVANO LA SOCIETÀ E L'ECONOMIA GIAPPONESI NEL XIX SECOLO?

QUALI ERANO LE CAUSE DELL'ARRETRATEZZA DEL GIAPPONE?

IN CHE MODO AVVENNE LA MODERNIZZAZIONE DEL PAESE?

▲ Un ritratto dell'imperatore Mutsuhito, artefice della modernizzazione del Giappone.

▶ Il Giappone alla metà del XIX secolo

Il Giappone di metà Ottocento era strutturato come nei secoli precedenti: era, di fatto, una società feudale. Al vertice si trovava l'imperatore che aveva però solo un potere simbolico e rivestiva il ruolo di capo religioso. Chi governava a tutti gli effetti era lo **shogun** (governatore militare), carica che da più di due secoli era controllata dalla famiglia **Tokugawa**.

Lo *shogun* aveva alle sue dipendenze i *samurai* (la piccola nobiltà guerriera).

I *daimyo* (i grandi feudatari) erano invece legati allo *shogun* da rapporti di vassallaggio. Nel 1800 i *daimyo* erano circa 250 e governavano regioni molto estese con funzionari ed esercito proprio.

L'economia del Giappone si basava sullo scambio in natura, soprattutto di riso, mentre le rare industrie di armi e navi da guerra erano controllate dallo *shogun*. L'80% della popolazione si dedicava all'agricoltura, soprattutto alla coltivazione del riso. Le condizioni dei contadini erano pesanti, a causa della pressione fiscale dei *daimyo* a cui era dovuto un terzo del raccolto. L'**isolamento** del Paese dal resto del mondo era quasi totale e voluto: nessun rapporto diplomatico legava il Giappone all'Occidente, mentre il commercio con l'estero era vietato. Solo il porto di Nagasaki era aperto agli stranieri.

L'isolamento del Giappone terminò nel **1853**, con l'arrivo di una squadra navale degli Stati Uniti nella Baia di Uraga. Gli Americani chiesero ufficialmente allo *shogun* l'apertura dei rapporti con l'Occidente e il libero accesso ai porti. Alle richieste degli Stati Uniti si unirono presto quelle di Francia, Gran Bretagna e Russia.

Nel **1858** lo *shogun* fu costretto a firmare i cosiddetti «**Trattati ineguali**», con i quali venivano concessi agli Occidentali privilegi commerciali che limitavano fortemente la sovranità giapponese. Ma l'apertura dei porti al commercio estero sconvolse il sistema economico

◀ Un'immagine del Giappone tradizionale: un combattimento tra samurai, scena dipinta su un paravento del XVII secolo.

▲ Un gruppo di samurai fotografati nella seconda metà del XIX secolo.

▲ Dignitari imperiali ritratti dal pittore Yamazaki Toshinobi nel 1877.

del Giappone e generò una crescente crisi economica. Inoltre, la firma dei Trattati suscitò il risentimento del Paese che si espresse nella rivolta dei *daimyo* e di una parte dei samurai contro lo *shogun*.

Tra il 1858 e il 1867 scoppiarono 86 rivolte contadine, mentre la lotta politica contrappose lo *shogun* ai *daimyo*. Nel 1868 le forze dei *daimyo* occuparono Kyoto, costringendo lo *shogun* ad abdicare e a restituire il potere all'imperatore. Terminava così l'epoca Tokugawa e cominciava la **restaurazione Meiji**, ossia del «governo illuminato», denominazione scelta dall'imperatore Mutsuhito (1867-1912) per il suo regno.

▶ La «rivoluzione dall'alto»

La restaurazione Meiji non rappresentò soltanto la reazione nazionalista di fronte all'intervento straniero. La sostituzione dello *shogun* con l'imperatore era stato certamente l'obiettivo dei *daimyo*, ma la nuova classe dirigente formata da intellettuali, militari e funzionari provenienti dal ceto dei samurai si pose uno scopo ancora più grande: trasformare il Giappone in un Paese moderno.

Per coronare un sogno così ambizioso, ogni settore del Giappone subì una profonda ristrutturazione, prendendo come modello l'Occidente, grazie alla dettagliata relazione di una **delegazione giapponese** che dal 1871 al 1873 visitò gli Stati Uniti e l'Europa.

A differenza delle tante rivoluzioni avvenute in Occidente, quella giapponese fu una «rivoluzione dall'alto», guidata e controllata dall'imperatore Mutsuhito.

Nel 1871 fu proclamata l'uguaglianza giuridica di tutti i Giapponesi, fu abolito il feudalesimo e il Giappone fu diviso in **prefetture**, seguendo il modello di Stato francese. Lo Stato divenne così il maggior proprietario dei terreni che furono venduti per incoraggiare la piccola e media proprietà. I feudatari furono indennizzati con titoli di Stato, mentre i samurai ebbero una pensione vitalizia. Gran parte dei samurai si occupò di riorganizzare l'esercito con l'aiuto di consiglieri tedeschi. Negli anni successivi il Giappone ebbe un esercito nazionale sulla base della coscrizione obbligatoria, una moneta unica, un nuovo sistema fiscale e l'istruzione elementare obbligatoria.

▶ La rivoluzione industriale

La **modernizzazione** economica del governo puntò soprattutto sul processo d'industrializzazione, grazie a massicci investimenti da parte dello Stato e

▲ Una rara fotografia dell'imperatore Meiji, ripreso nel 1872 con gli abiti tradizionali di corte.

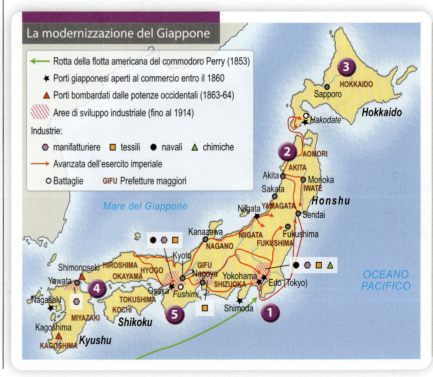

La modernizzazione del Giappone

▲ La ferrovia Tokyo-Yokohama in un dipinto su blocchi di legno del 1872.

> **LESSICO**
>
> **MODERNIZZAZIONE**
> Termine coniato nel Novecento dalla sociologia e dalla scienza politica. Indica il passaggio dall'*ancien regime* al mondo moderno tra il XVIII e il XX secolo. Nel linguaggio politico il concetto di modernizzazione sostituisce quello di «progresso» e interessa il piano economico, politico e sociale: crescita economica, che coincide col passaggio da un'economia agricola a quella industriale; autonomia dell'autorità statale dal potere religioso; capacità di far rispettare le proprie decisioni a tutti i cittadini; differenziazione dei ceti sociali e loro partecipazione politica; diffusione dell'istruzione; aumento della mobilità geografica e sociale della popolazione.

all'importazione di tecnologia straniera. Nel 1870 nacquero il **ministero per l'Industria** e la **Banca del Giappone**, per sostenere lo Stato nello sforzo economico.

La **rivoluzione industriale** investì le strutture già esistenti, come il settore tessile, e si volse alla creazione dell'industria pesante, bellica, meccanica, mineraria e siderurgica. Per favorire gli scambi commerciali, vennero sviluppate rapidamente le comunicazioni ferroviarie e la rete telegrafica.

Una simile ristrutturazione non fu accolta sempre pacificamente da tutte le classi sociali: dal 1875 una serie di rivolte guidate da *samurai* o da *daimyo* scosse il Paese, mentre tra il 1870 e il 1880 ci furono rivolte contadine, causate dall'oppressione fiscale.

Anche la vita politica venne modernizzata. Nel 1890 venne varata una **Costituzione** che trasformò il Giappone in una monarchia costituzionale, con un Parlamento formato in parte da membri eletti su base censitaria. Alla fine dell'Ottocento l'impero giapponese si era trasformato in una grande potenza pronta a competere con le maggiori nazioni dell'Occidente. Non solo sul piano economico, ma anche su quello militare.

> **CINEMA**
>
> **L'ultimo samurai**
>
> Stati Uniti, 2003 (durata: 144')
> Regia: Edward Zwick
> Attori principali: Tom Cruise, Ken Watanabe, Billy Connolly
>
> Il film è ambientato nel periodo della cosiddetta restaurazione Meiji, quando l'imperatore Mutsuhito iniziò la grande opera di modernizzazione del Giappone. La storia racconta di un capitano americano, Nathan Algren, che viene ingaggiato dal governo giapponese con il compito di guidare la repressione contro alcuni samurai ribelli. Durante i combattimenti, il capitano viene ferito e catturato dai samurai, che lo curano e lo trattano con tutti gli onori. Il capitano, perciò, impara a comprendere le ragioni dei samurai, che non vogliono rinunciare alle antiche tradizioni del Giappone, e si schiera dalla loro parte. Dopo una serie di aspre battaglie i samurai vengono sterminati e sconfitti, ma il capitano Algren si salva e decide di vivere con gli ultimi samurai rimasti.

❶ L'isolamento del Giappone terminò nel 1853, quando una squadra navale degli Stati Uniti arrivò nella baia di Uraga, vicino a Tokyo. In quella occasione gli Americani, comandati dal commodoro Matthew Perry, pretesero dallo *shogun* l'apertura degli scambi con i Paesi occidentali.

❷ Il passaggio del potere dallo shogun all'imperatore non fu affatto pacifico. Negli anni 1868-69 scoppiò una vera e propria guerra civile tra le forze dello *shogun* e i *daimyo* che sostenevano l'imperatore. L'esercito imperiale dovette percorrere tutto il territorio giapponese per affermare il potere del sovrano.

❸ Le forze dello *shogun* si ritirarono sull'isola di Hokkaido, ma dopo la battaglia di Hakodate furono costrette ad arrendersi. Il potere dello *shogun*, durato quasi settecento anni, era finito per sempre.

❹ L'introduzione delle prefetture eliminò il sistema feudale. Il territorio giapponese, prima suddiviso in feudi di proprietà degli aristocratici, fu organizzato in prefetture, cioè aree amministrate dallo Stato. Questa organizzazione amministrativa è ancora in vigore nel Giappone odierno.

❺ La prefettura di Osaka fu una delle prime zone a sviluppare una moderna industria. Oggi è parte di un'enorme area intensamente popolata e industrializzata che comprende anche le città di Kobe e Kyoto.

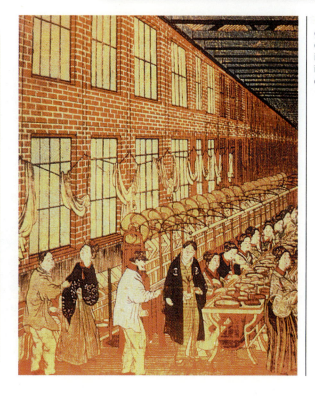

◀ Un cotonificio giapponese in una stampa di fine Ottocento, l'epoca in cui il Giappone avviò il processo di industrializzazione.

UNITÀ 7 — LE GRANDI POTENZE — 261

storiografia

LAB
La missione dei cento samurai

La rapida modernizzazione del Giappone, avvenuta nella seconda metà dell'Ottocento, ebbe inizio in seguito all'intervento americano che nel 1853 strappò il Giappone dall'isolamento in cui viveva da secoli. In questo articolo, lo storico Sergio Romano mette in luce come il nuovo imperatore giapponese Mutsuhito decise di modernizzare il Paese a tappe forzate proprio per evitare che fosse di nuovo una potenza occidentale a dettare in futuro la sua volontà ai Giapponesi, così legati alla propria storia e alle proprie tradizioni. Dai «barbari dell'Occidente» i protagonisti della restaurazione Meiji presero, come in un grande supermercato, i prodotti che meglio si adattavano alle esigenze di rapida crescita economica e di razionalizzazione politico amministrativa del proprio Paese.

Un'imposizione: l'apertura dei mercati

Che cosa deve fare un Paese arretrato per diventare «moderno»? Quale strategia politica deve adottare per uscire dal proprio Medioevo, recuperare il tempo perduto e ricominciare a correre con i Paesi più progrediti. Da Pietro il Grande a Stalin, da Mohammed Alì, *khedivé* d'Egitto, a Kemal Atatürk, fondatore della Repubblica turca, quello della modernizzazione è uno dei capitoli più avvincenti nella storia dell'umanità. E in questo capitolo una delle pagine più affascinanti è certamente quella scritta dal Giappone negli anni '60 e '70 dell'Ottocento.

Sto lavorando con un computer giapponese, faccio telefonate con un apparecchio giapponese, ascolto messaggi registrati da una segreteria telefonica giapponese, mi rado con un rasoio giapponese, registro le mie interviste con un registratore giapponese, proietto film sullo schermo di un televisore giapponese con un videoregistratore giapponese. E quando apro i giornali del mattino do un'occhiata alla pagina economica per sapere di quanti punti lo yen abbia distanziato il dollaro e le valute europee nei mercati finanziari del mondo.

Ma il Giappone della metà del XIX secolo era un arcipelago isolato, chiuso ai traffici, allergico a qualunque influenza esterna, formalmente dominato dalla sacra figura di un imperatore impotente, soggetto a un generale supremo (lo *shogun*) e a una casta di guerrieri (i *samurai*) che imponevano le loro aristocratiche stranezze a un popolo di sudditi silenziosi e obbedienti. Che cosa accadde da allora perché una nazione così antica e antiquata balzasse alla testa dei Paesi più avanzati?

Modernizzare copiando il «prodotto Occidente»

Il prologo della storia risale all'8 luglio 1853, quando quattro navi comandate dal commodoro Matthew Perry gettarono l'àncora nel porto di Uraga e consegnarono allo *shogun* Tokugawa un brusco messaggio col quale il presidente degli Stati Uniti gli ingiungeva di aprire il Giappone al commercio mondiale.

Sconvolta da questa mancanza di rispetto, la classe dirigente nipponica dapprima si piegò alle richieste americane e firmò un «trattato di amicizia» che riservava agli Stati Uniti una sorta di protettorato sulla politica estera giapponese, poi decise di reagire cacciando i «barbari dell'Occidente» e ne subì le rappresaglie, infine decise di ratificare i trattati.

VIAGGIO IN ITALIA

La relazione ufficiale della missione dedicò sei libri all'Italia, che i Giapponesi visitarono per un mese nella primavera del 1873. Dopo una sosta a Firenze, arrivarono a Roma, dove fecero visita al re Vittorio Emanuele II, proseguirono per Napoli e Pompei, ritornarono a Roma e partirono infine per Venezia, ultima tappa del loro soggiorno italiano. L'interesse per la tecnica, l'industria e l'organizzazione politica italiane fu scarso: la relazione citava la fabbrica di ceramiche del conte Ginori presso Firenze, le botteghe artigianali, le coltivazioni dei gelsi di Toscana e Lazio, due caserme e un ospedale militare a Roma, le vetrerie di Murano. Fu invece insaziabile la curiosità storica e artistica. La missione visitò chiese, palazzi, acquedotti romani, scavi archeologici, musei – particolarmente significativa fu la visita agli Uffizi di Firenze. Non si trattava però di semplice turismo: i Giapponesi giunsero alla conclusione che l'Italia era la culla di tutte le arti, nonché la custode di tutti i modelli artistici dei Paesi moderni. Non bastava, infatti, essere «moderni»: occorreva che questa modernità si vestisse con gli abiti e le decorazioni elaborati dalla cultura occidentale nel corso dei secoli, e che proprio in Italia erano stati meglio custoditi. Negli anni successivi, scultori, incisori e architetti italiani furono assunti dal governo giapponese per fondare scuole, progettare edifici, incidere le banconote per l'Istituto Poligrafico dello Stato nipponico.

▼ Una nave americana si affaccia sulla baia di Edo: il secolare isolamento giapponese è ormai finito.

262

Nel 1857 l'imperatore Mutsuhito riuscì a liberarsi dello *shogun* e a riprendere il potere perduto. Intraprese così una nuova strategia contro i bianchi: copiarne scrupolosamente le armi, le tecniche, le istituzioni, i metodi politici e amministrativi. Per avviare questa modernizzazione – la più vasta e radicale della storia – occorreva raccogliere informazioni, studiare sul posto le arti del «nemico».
Grazie ai consigli di un missionario, venne deciso di inviare in America e in Europa una grande spedizione, composta da 107 persone: politici, diplomatici, funzionari governativi, studenti – fra questi, cinque ragazze – che avrebbero completato gli studi all'estero.
Dovevano studiare l'organizzazione della giustizia, il sistema finanziario e assicurativo, il regime dei cambi e delle dogane, la rete dei trasporti e delle comunicazioni, le istituzioni scolastiche, l'apparato militare e industriale. Dovevano visitare tribunali, caserme, porti, zecche, scuole elementari, ginnasi e licei, università, palestre, stazioni ferroviarie, redazioni di giornali.

◀ L'inaugurazione dell'illuminazione elettrica a Tokyo, in una stampa del 1884.

Dal Medioevo alla modernità

La scoperta dell'Occidente prese avvio da Yokohama il 24 dicembre 1871 e si concluse nella stessa città il 13 settembre 1873. In quel periodo la spedizione visitò gli Stati Uniti, la Gran Bretagna, la Francia, i Paesi Bassi, il Belgio, la Germania, la Russia, la Danimarca, l'Italia, l'Austria – a Vienna si teneva un'Esposizione Universale – la Svizzera.
Come in un grande supermercato, i Giapponesi ispezionarono tutte le mercanzie e scelsero quel che meglio si adattava alle loro esigenze: dalla Germania – che aveva da poco vinto brillantemente la guerra con la Francia – appresero l'organizzazione dell'esercito; dalla Gran Bretagna e dagli Stati Uniti, quella della flotta; dalla Francia, l'apparato amministrativo secondo il sistema dei prefetti. E dall'Occidente in generale, il sistema metrico decimale, il calendario gregoriano, la coscrizione obbligatoria, i censimenti, il servizio postale, l'utilizzo dell'oro come standard finanziario.
Quando tornò in patria, la missione compilò una relazione ufficiale in cinque volumi, divisi in cento libri, per un totale di 2110 pagine: questa relazione fu venduta per anni sul mercato giapponese come un best-seller. Dei cento libri, venti furono dedicati agli Stati Uniti, altrettanti alla Gran Bretagna, altri, in numero minore, alle altre nazioni visitate.
Nel 1871 cominciava così l'irresistibile ascesa del Giappone moderno. Nessun grande modernizzatore della storia è stato così minuzioso, sistematico e razionale quanto la classe dirigente giapponese dell'epoca Meiji. Nessun altro Paese ha digerito tante novità in meno di una generazione. Vi è riuscito perché aveva una forte motivazione: impedire che un altro commodoro Perry si presentasse con le sue navi di fronte a un porto giapponese e imponesse al Paese la sua volontà.

Sergio Romano, *La missione dei 100 samurai*, in «La Stampa», 31 luglio 1994

COMPRENDERE

› Qual era la situazione del Giappone alla metà del XIX secolo?

› Quale fu la strategia dell'imperatore Mutsuhito per proteggere il Giappone dalla colonizzazione economica dei bianchi?

› Da chi era composta la grande spedizione inviata in America e in Europa dall'imperatore?

› A che proposito lo storico Sergio Romano parla di «supermercato»? Perché usa questa espressione?

› Dopo la spedizione, il Giappone «copiò» dall'Occidente tutto ciò che si adattava meglio alle sue esigenze. Che cosa copiò dalla Germania, dalla Francia e dalla Gran Bretagna? E dall'Italia?

CONTESTUALIZZARE

› Che cos'erano i «Trattati ineguali» e perché furono chiamati così?

› Nella sua lunga storia l'impero giapponese fu guidato da due importanti figure: l'imperatore e lo *shogun*. Chi erano questi personaggi e perché erano in contrasto tra loro?

› Quale altra nazione, in quegli stessi anni, si stava trasformando in una grande potenza mondiale?

DISCUTERE E ATTUALIZZARE

› Dall'Ottocento a oggi il Giappone è diventato un Paese estremamente industrializzato e moderno, persino all'avanguardia rispetto ad alcuni Paesi occidentali. I segni di questo incredibile progresso sono intorno a noi, in molti oggetti di uso comune. Sapresti fare qualche esempio?

LAB — La febbre dell'oro

storiografia

Secondo la storica Annick Foucrier, la leggendaria ricerca dei giacimenti d'oro da parte dei bianchi in cerca di fortuna nel nuovo continente era la manifestazione di un'isteria collettiva. Una «corsa all'oro» che si tradusse nella più grande emigrazione di massa della storia americana e coinvolse uomini prevalentemente giovani e ambiziosi, desiderosi di arricchirsi in fretta, e di ogni estrazione sociale. D'altra parte, come scrivevano i giornali «i fiumi erano lastricati d'oro» e chiunque poteva raccoglierlo.

La prima pepita

Le circostanze della scoperta dell'oro sono ben conosciute. Il 24 febbraio 1848, James Marshall, un carpentiere originario del Missouri, scorge un oggetto brillante in un canale che scorre nei pressi di una segheria, nei terreni di Johann Sutter. Costui, uno svizzero-tedesco, era giunto in California nel 1839 e aveva ottenuto in concessione un immenso territorio, nell'entroterra della California, dove aveva costruito un forte, Fort Sutter. Impiegava manodopera indiana, hawaiana, francese, tedesca e nord-americana. L'arrivo degli immigrati costituiva per lui un buon affare, in quanto determinava l'aumento delle vendite dei suoi prodotti.

Al fine di fornire del legno da costruzione, Sutter decide di costruire una segheria vicino a uno dei numerosi corsi d'acqua presenti sulle sue terre. Ma i corsi d'acqua trasportano l'oro. La notizia di questa scoperta, che Sutter tenta di tenere segreta, si scontra inizialmente con un certo scetticismo, dovuto a non poche esagerazioni.

È invece un mormone, Samuel Brannan, che ha un magazzino a Fort Sutter, a comprendere rapidamente i benefici che può trarre da questo affare. Compra tutto ciò che può servire ai cercatori d'oro e lancia un'operazione promozionale: nel maggio 1848, percorre le strade di San Francisco agitando una bottiglia di polvere d'oro e gridando: «Oro, oro, oro della costa americana!».

3500 chilometri di sofferenze

Dalla scoperta della prima pepita, in soli 8 anni la corsa all'oro porta in California circa 400 000 persone. Per lo più sono agricoltori, che si trasferiscono con la famiglia e con tutti i loro averi. La partenza avviene in primavera, quando l'erba può nutrire gli animali. Bisogna arrivare a Sacramento prima dell'inverno, quando le nevi bloccano i valichi della Sierra Nevada. Qualunque sia il tragitto adottato, il viaggio è estenuante. Si tratta di percorrere 3500 chilometri, superare montagne, attraversare deserti, spazi sconfinati, continuamente minacciati dalla fame, dalle epidemie di colera, dagli imprevisti di ogni genere. Si stima che il tasso di mortalità raggiunse punte del 40%.

Giunti in California, i cercatori separano l'oro dalle sabbie con strumenti rudimentali: una pelle e una padella, che può

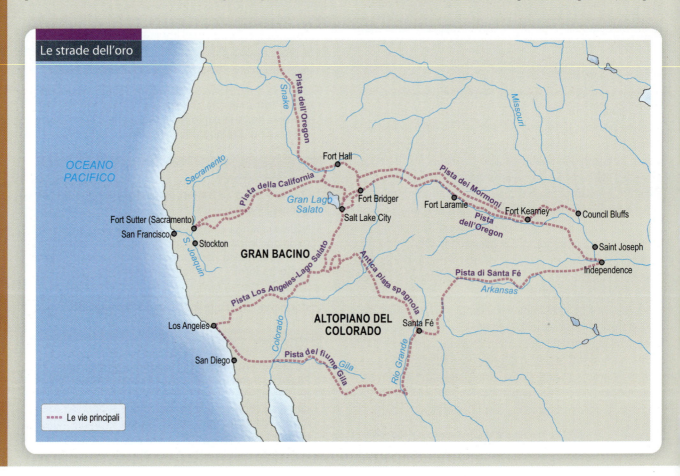

Le strade dell'oro

anche servire a lavare i vestiti e a dar da bere ai muli. Oppure scavano nelle miniere.
I diritti di proprietà sono regolati da accordi interni: un terreno è occupato finché vengono lasciati i propri strumenti di lavoro e un'assenza di tre giorni lo rende libero. Se il luogo è ricco d'oro presto sorge un villaggio, che diverrà «fantasma» alla notizia di un altro filone vicino.

Una vita d'inferno
I cercatori d'oro hanno un guardaroba essenziale: due camicie di lana, due paia di pantaloni, stivali che servono anche da cuscino e un cappello che copre capelli e barba. Spesso si ammalano per il duro lavoro: i piedi nell'acqua fredda sotto un sole cocente; scarsa igiene; nutrimento monotono (carne salata e fagioli di cattiva qualità).
Nelle miniere il crimine è all'ordine del giorno: il mezzo più rapido per un minatore di rifarsi di una stagione senza frutto è rubare l'oro degli altri o assalire il territorio di ricerca altrui.
Le truffe sono diffuse: vengono venduti terreni inesistenti, si spacciano per inestinguibili filoni ormai esauriti… «Salare» una miniera significava buttare un po' d'oro per qualche ingenuo credulone. Ancora oggi a Tombstone c'è un cimitero dall'appellativo curioso, «la collina degli stivali»: il nome deriva dal fatto che nessuno di coloro che lì sono sepolti è morto nel suo letto (senza stivali), ma tutti in modo violento e quindi sono stati seppelliti così come si trovavano, con gli stivali.

Il risultato? Un'isteria collettiva
Il risultato della corsa all'oro? I primi arrivati e i più fortunati si sono arricchiti, ma sono pochi. Già nel 1852 l'oro più accessibile è stato raccolto. Le fortune costruite sull'oro della California sono quelle dei commercianti, più che dei minatori. Levi Strauss, originario della Baviera, inizia così, vendendo un pantalone di taglia larga a un minatore: presto diventerà il produttore dei celebri jeans «Levi's».
La maggior parte dei cercatori riesce appena a sopravvivere. I più attenti investono rapidamente i loro guadagni in altre attività.
In conclusione, la corsa all'oro fu un'isteria collettiva, un fuoco selvaggio che bruciò da Boston a New Orleans, dalla baia di San Francisco alla Sierra Nevada, e nel mondo: la più grande emigrazione di massa nella storia americana finalizzata a un arricchimento rapido e risolutivo, cui parteciparono uomini e donne di ogni estrazione sociale, poveri e ricchi, professionisti, imprenditori, missionari, artisti… La ricchezza dunque a portata di mano e per tutti, senza distinzione di nascita censo e professione. Una straordinaria incarnazione dell'american dream, il sogno che ha fatto l'America.

Annick Foucrier, La corsa all'oro,
in «L'Histoire», n. 194

▲ Un gruppo di cercatori d'oro a Mokelumne Hill, nel marzo 1851.

COMPRENDERE
- In quale Stato degli Stati Uniti iniziò la grande corsa all'oro?
- In quali condizioni si svolgeva il viaggio dei cercatori verso la loro meta?
- Con quali strumenti lavoravano i cercatori d'oro?
- Quali leggi regolavano il diritto di proprietà delle nuove miniere?
- Come si svolgeva la convivenza tra i cercatori?
- Quale fu il risultato di questa impresa collettiva?

CONTESTUALIZZARE
- La grande corsa all'oro inizia alla metà del XIX secolo: quali condizioni economiche e politiche caratterizzavano gli Stati Uniti in questo periodo?
- Con chi si scontrarono i coloni che andavano verso la «nuova frontiera»?
- C'erano differenze economiche e sociali fra i diversi Stati americani?

DISCUTERE E ANALIZZARE
- I coloni e i cercatori d'oro sono entrati nella mitologia degli Americani come modello dello spirito di intraprendenza e coraggio. Ritieni che questa mentalità dell'uomo che affronta fatiche e difficoltà per raggiungere a ogni costo il suo obiettivo e affermarsi nella società sia ancora vivo negli Americani del nostro tempo? Il modello del *self made man*, l'uomo che si è fatto da sé, ha a tuo avviso ancora un valore?

1. LA FRANCIA DELLA TERZA REPUBBLICA

La Terza Repubblica

Dopo la sconfitta contro la Prussia e la caduta di Napoleone III, nel **1870** la Francia proclamò la **Terza Repubblica**. Superata l'esperienza della Comune, si trovò ad affrontare:
- le difficoltà dovute alle pesanti condizioni imposte dai Tedeschi;
- la nascente volontà di riscatto nei confronti della Germania (revanscismo);
- lo scontro tra monarchici e repubblicani.

I governi repubblicani

Fino al 1912 il governo rimase in mano a repubblicani moderati e radicali. In questi anni:
- vennero realizzate riforme che estesero la democrazia e laicizzarono lo Stato;
- monarchici e reazionari provarono a rovesciare la repubblica (nel 1877 con **Mac-Mahon** e nel 1889 con il generale **Boulanger**);
- si diffusero il revanscismo, le tensioni antidemocratiche e l'antisemitismo;
- ci furono agitazioni sindacali e tumulti. I socialisti estremizzarono le loro posizioni. Ciò favorì i conservatori, che tra il 1912 e il 1914 andarono al governo con **Poincaré**, revanscista e militarista.

Nel 1914, alla vigilia della prima guerra mondiale, i radicali tornarono al governo.

2. LA GERMANIA DA BISMARCK A GUGLIELMO II

Il Reich tedesco

La Germania unita era la maggiore potenza militare d'Europa. La Costituzione del 1871 stabilì:
- l'assetto federale della Germania;
- un **regime politico autoritario**: il potere era concentrato nella **Cancelleria** che rispondeva solo al **Kaiser** (l'imperatore).

La politica di Bismarck

Bismarck fu cancelliere fino al 1890. In politica estera fu moderato ma cercò l'affermazione dell'Impero tedesco come grande potenza. Sul piano della politica interna:
- costruì uno Stato centralista;
- attuò il protezionismo;
- tentò di estirpare il **cattolicesimo** in nome della modernità e dello Stato laico; poi combatté il **socialismo** sia con la **repressione** sia con le **riforme**. Creò infatti lo **Stato sociale** per migliorare le condizioni dei lavoratori. Nonostante ciò l'SPD, il Partito Socialdemocratico, guadagnò terreno.

Il nuovo corso di Guglielmo II

Nel **1888** salì al trono **Guglielmo II** e nel **1890 Bismarck** diede le dimissioni. La politica del cancelliere di ferro non era infatti più ritenuta adeguata dall'alta borghesia capitalista e dal *Kaiser*, che desideravano una politica estera più aggressiva e una decisa espansione coloniale. L'Europa perdeva così un'importante fattore di equilibrio tra gli Stati.

3. L'ETÀ VITTORIANA

L'Inghilterra vittoriana

Il regno della regina Vittoria (1837-1901) viene comunemente definito l'«**età vittoriana**». Questo periodo fu caratterizzato da:
- una grande prosperità economica: il **tenore di vita** inglese era superiore a quello degli altri Paesi;
- stabilità politica: **Whigs** (progressisti, il cui leader era **Gladstone**) e **Tories** (conservatori, guidati da **Disraeli**) si alternarono al potere ma ebbero in comune molti orientamenti. Realizzarono **riforme** all'insegna della **democratizzazione** e della ricerca della pace sociale.

A fine Ottocento la crisi economica e la fine della stagione delle riforme sociali rafforzarono i movimenti operai. Il **Labour Party** (nato nel 1906), socialista ma non marxista, divenne il terzo partito inglese.

La questione irlandese

L'Irlanda da secoli lottava contro il dominio inglese. Al suo interno si scontravano cattolici e protestanti, indipendentisti e autonomisti. Accanto a forme violente di protesta vi fu la linea moderata di **Parnell**, che si batté per l'autogoverno (**Home rule**) all'interno del Regno Unito. La *Home rule* fu concessa, ma non fu applicata a causa dello scoppio della prima guerra mondiale.

4. L'ESPANSIONE DEGLI STATI UNITI

Nascita di una grande potenza	Nella **prima metà del XIX secolo** gli Stati Uniti conobbero: – una rapida crescita demografica dovuta al costante flusso migratorio; – l'espansione territoriale a sud e a ovest; – un forte sviluppo economico, che però non fu uguale ovunque.
Il contrasto tra Nord e Sud	Il **Nord** era il polo dello sviluppo industriale, aperto al progresso e alla libera iniziativa. La borghesia del Nord votava il **Partito repubblicano**. Il **Sud** era il polo agricolo, con colture latifondiste e una ristretta *élite* conservatrice. Il lavoro degli schiavi neri era il pilastro su cui poggiava l'economia del Sud, dove dominava il **Partito democratico**. La tensione tra Nord e Sud fu alimentata da numerosi fattori, in particolare dal contrasto tra le posizioni antischiaviste del Nord e quelle schiaviste del Sud.
La guerra di secessione	Nel **1860** il repubblicano **Lincoln** venne eletto presidente. Temendo di finire relegati a un ruolo subordinato, gli Stati del Sud nel **1861** decisero la **secessione** e costituirono la **Confederazione autonoma del Sud**. Iniziò così la guerra di secessione tra **unionisti** (Stati del Nord) e **confederati** (Stati del Sud) che durò dal 1861 al 1865 e vide la vittoria degli unionisti. Fu la **prima guerra totale**: venne combattuta con le armi prodotte dalla rivoluzione industriale e con il coinvolgimento di tutta la società. Dopo l'assassinio di Lincoln, che intendeva frenare i radicali nordisti, il Sud subì un'occupazione militare a fronte della quale reagì con durezza. Inoltre gli schiavi liberati non cambiarono la loro situazione economica e le discriminazioni razziali continuarono.
La prima potenza economica del mondo	A fine Ottocento gli Stati Uniti: – raggiunsero l'estensione attuale, ma l'espansione venne attuata strappando i territori agli Indiani, che furono decimati da guerre e privazioni e poi chiusi in riserve; – grazie al **boom economico** divennero la più grande potenza economica del mondo, superando la Gran Bretagna. Presto sarebbero diventati anche la principale potenza politica.

5. LA NASCITA DEL GIAPPONE MODERNO

Il Giappone alla metà del XIX secolo	A metà Ottocento il Giappone: – era una società feudale, al cui vertice si trovava l'imperatore. Il potere era in realtà detenuto dallo **shogun** (governatore militare); – aveva un'economia agricola basata sullo scambio in natura; – rifiutava i contatti con il resto del mondo. Nel 1853 gli Stati Uniti costrinsero il Paese ad aprirsi al commercio estero. L'intervento straniero mandò in crisi il sistema politico ed economico. Iniziarono i disordini e lo scontro politico portò lo *shogun* a perdere il potere, che tornò nelle mani dell'imperatore (**restaurazione Meiji**).
La «rivoluzione dall'alto»	La nuova classe dirigente trasformò il Giappone in un Paese moderno, sul modello occidentale. A differenza delle rivoluzioni avvenute in Occidente, fu una «rivoluzione dall'alto», guidata dall'imperatore Mutsuhito. La **modernizzazione** (a cui molti si opposero con rivolte) riguardò tutti i settori, da quello politico a quello economico. Alla fine dell'Ottocento il Giappone si era trasformato in una grande potenza, pronta a competere con l'Occidente sul piano economico e militare.

PAROLE IN EREDITÀ

J'accuse: è l'inizio del famoso articolo che lo scrittore Emile Zola compose per il giornale «L'Aurore», il 13 gennaio 1898 con l'intento di denunciare gli errori e le violazioni della legalità che furono commesse durante il processo al capitano Dreyfus. Il clamore fu tale che l'espressione *j'accuse* cominciò a essere usata anche in altre circostanze per indicare un severo atto d'accusa contro qualcuno che si ritiene riprovevole o immorale.

Realpolitik: è un'espressione tedesca composta dall'aggettivo *real* (realistico, concreto) e dal sostantivo *politik* (politica), perciò significa «politica realistica, concreta»; una politica di questo genere è basata sulla valutazione obiettiva delle situazioni ed è diretta verso uno scopo preciso, senza badare troppo al rispetto dei princìpi morali e ai mezzi che vengono usati. Il cancelliere tedesco Otto von Bismarck è passato alla storia come un rappresentante di questo tipo di politica, e l'espressione *realpolitik* fu coniata proprio per descrivere il suo modo di governare.

ONLINE
puoi trovare
altri esercizi

UNITÀ 8
LA SPARTIZIONE IMPERIALISTICA DEL MONDO

PRIMA
Il colonialismo come dominio politico di un territorio

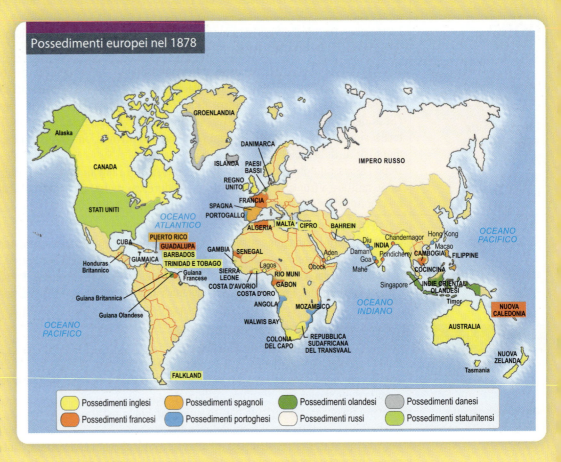

Prima del 1878, anno in cui le principali nazioni europee si riunirono al Congresso di Berlino per regolare i loro rapporti, la corsa alla colonizzazione che caratterizza l'età dell'imperialismo era soltanto agli inizi. L'Inghilterra possedeva già un vastissimo impero, che andava dal Mare dei Caraibi alla Nuova Zelanda e comprendeva enormi territori come l'India e l'Australia. L'Olanda si era insediata stabilmente nelle Antille e in Indonesia. Alla Spagna e al Portogallo erano rimasti gli ultimi brandelli delle grandi conquiste avvenute nei secoli XVI e XVII. Tuttavia, molte aree del pianeta, come il continente africano e la penisola indocinese, erano ancora relativamente libere dalla dominazione straniera. In questa prima fase la politica imperialista attuata dalle grandi potenze si esercitava soprattutto attraverso il dominio politico sulle aree conquistate, che le nazioni amministravano come se facessero parte a tutti gli effetti del loro territorio. La carta evidenzia anche la limitatezza dei possedimenti francesi: era questa una conseguenza della sconfitta che la Francia aveva subito dalla Gran Bretagna nelle guerre coloniali del Settecento.

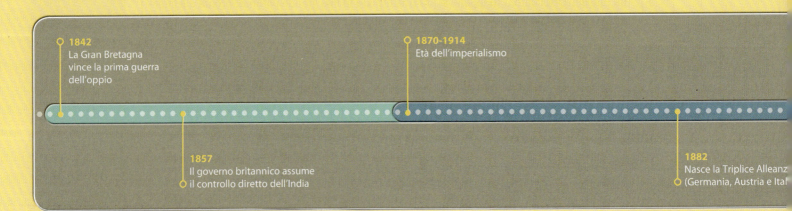

EREDITÀ

Sono di questi anni le grandi **infrastrutture** che hanno reso possibile le comunicazioni in aree prima inaccessibili. I colonizzatori costruirono strade, ponti, dighe, canali (▶ **Eredità**, p. 276), ma anche scuole, ospedali e strutture amministrative. Anche in questo caso si trattò di opere realizzate secondo la visione e gli obiettivi dei colonizzatori, ma contribuirono a far compiere ai Paesi colonizzati qualche passo avanti verso la modernizzazione. Questa fu l'epoca di grandi **esplorazioni**, che senza dubbio ci hanno lasciato nuove conoscenze relative alla geografia, alla natura e alle varie culture presenti nel nostro pianeta. E infine il **cinema**: nasce in questo periodo uno strumento di comunicazione di massa, frutto del lavoro dei fratelli Lumière, che è ancora in piena espansione.

DOPO
L'imperialismo come dominio e sfruttamento economico

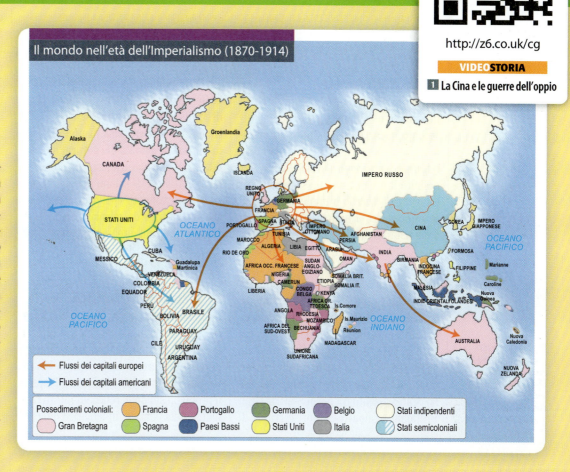

Il mondo nell'età dell'Imperialismo (1870-1914)

Dopo il Congresso di Berlino e dopo la Conferenza che si tenne nella stessa città (1884-85), la corsa alla colonizzazione ebbe una forte accelerazione. In questi incontri, infatti, le grandi potenze si intesero sul fatto che le conquiste coloniali erano un modo per espandere le proprie economie, entrate in crisi a causa della «grande depressione» di fine Ottocento. Esse stabilirono perciò il principio secondo il quale la nazione che occupava un territorio ne entrava automaticamente in possesso. Il continente africano e gran parte dell'Asia persero la loro indipendenza ed entrarono a far parte degli imperi coloniali delle potenze europee.
Questa accelerazione delle conquiste coloniali e il rilievo che assunse il controllo economico, rispetto al tradizionale controllo politico del territorio, sono le caratteristiche specifiche dell'età dell'imperialismo (1870-1914). La carta mostra appunto come quasi tutto il pianeta fu sottomesso alle grandi potenze in quest'epoca. Protagonisti di questa politica furono la Gran Bretagna e la Francia che occuparono il maggior numero di territori, ma anche gli Stati Uniti che orientarono i loro interessi verso l'America Latina e l'Asia.

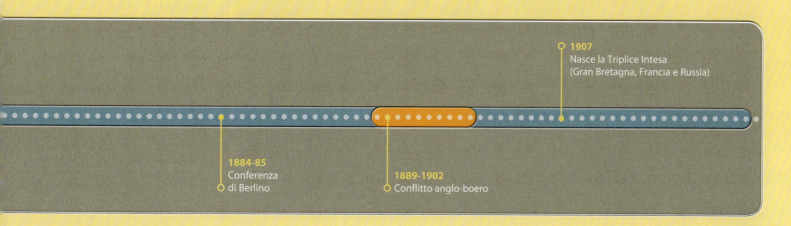

1884-85 Conferenza di Berlino
1889-1902 Conflitto anglo-boero
1907 Nasce la Triplice Intesa (Gran Bretagna, Francia e Russia)

1. L'IMPERIALISMO

CHE COS'È L'IMPERIALISMO?
QUALI CONDIZIONI POLITICHE FAVORIRONO L'IMPERIALISMO?
QUALE FU LA POLITICA ECONOMICA DEGLI STATI IN QUESTO PERIODO?
PERCHÉ IL CONTESTO CULTURALE INCORAGGIÒ L'IMPERIALISMO?

▶ La definizione

Il termine «imperialismo» venne coniato in Francia negli anni Cinquanta dell'Ottocento in relazione alle mire espansionistiche di Napoleone III; poi si diffuse in Inghilterra negli anni Settanta per definire il programma di espansione coloniale del governo britannico. Infine, il termine passò a indicare la politica di conquista territoriale delle potenze europee, degli Stati Uniti e del Giappone.

L'imperialismo proseguì la politica coloniale europea iniziata con la scoperta dell'America, ma diede a essa una forte accelerazione. Questo fenomeno caratterizzò soprattutto il periodo che va dal **1870** al **1914**, definito dagli storici l'**età dell'imperialismo**. In pochi anni circa un quarto della superficie terrestre del globo venne spartito fra pochi Stati: la Gran Bretagna aumentò i propri territori di circa 10 milioni di kmq, la Francia di 9, la Germania di 3 milioni, Belgio e Italia di 2 milioni e mezzo.

In sintesi, l'**imperialismo** fu una **corsa alla colonizzazione** guidata dai governi in accanita competizione tra loro, che ebbe come obiettivo l'estensione dei confini nazionali. Si vennero così a formare degli **imperi** costituiti da **colonie** (territori governati direttamente) e **protettorati** (territori controllati indirettamente attraverso i governi locali).

▶ Il contesto politico

L'unificazione tedesca, seguita alla vittoria della Germania sulla Francia (1870), aveva radicalmente cambiato i rapporti di forza in Europa. La Germania era diventato il perno dell'equilibrio e **Bismarck** il protagonista delle relazioni internazionali. L'abile politica diplomatica del cancelliere tedesco fu in grado di garantire la pace nel ventennio **1870-90**. Si trattava però di una pace carica di tensioni.

Due erano le questioni più preoccupanti:
› lo spirito di rivincita (*revanscismo*) della Francia dopo la sconfitta del 1870;
› le rivendicazioni nazionaliste nei Balcani, unite alle ambizioni territoriali dell'Austria e della Russia, desiderose di espandersi in quell'area.

Bismarck ricercò una **politica d'equilibrio** tra gli Stati europei. Per quanto riguarda la **Francia**:
› da un lato le concesse di estendere i propri domini coloniali dando così sfogo al suo **revanscismo**;
› dall'altro la isolò politicamente con vari accordi internazionali, il principale dei quali fu il **Trattato della Triplice Alleanza** fra Germania, Austria e Italia (**1882**);

Per dirimere invece la crisi balcanica, nel **1878** Bismarck convocò il **Congresso di Berlino** che ridimensionò le pretese russe in quell'area e sancì l'indipendenza dal dominio turco della **Serbia**, della **Romania** e della **Bulgaria**. La **Bosnia-Erzegovina** divenne invece un protettorato austriaco. La crisi fu provvisoriamente fermata, ma i Balcani restarono uno dei punti più conflittuali d'Europa.

La stessa procedura venne attuata da Bismarck per dirimere le controversie coloniali: convocò le potenze coloniali nella **Conferenza di Berlino** del **1884-85**. La

▼ Il 13 giugno 1878 si aprì, sotto la direzione del cancelliere tedesco Bismarck, il Congresso di Berlino, che aveva lo scopo di allentare le tensioni nelle regioni balcaniche.

> **LESSICO**
>
> **PROTETTORATO**
> Nell'epoca del colonialismo si parlava di protettorato quando una nazione assumeva il governo di un'altra nazione, limitando l'autorità del governo locale. Per esempio, quando la Francia assunse il protettorato della Tunisia (1881) pretese di gestire la politica estera del Paese e di riformare l'amministrazione pubblica che, poco a poco, passò sotto il controllo dei Francesi. In questo modo gli Stati «protettori» diventavano di fatto «padroni» degli Stati protetti e li governavano secondo i propri interessi. Per estensione, il termine protettorato viene usato anche per indicare lo Stato «protetto»: si può dire per esempio «la Tunisia divenne un protettorato francese».

competizione sulle conquiste coloniali richiedeva infatti delle regole che stabilissero definitivamente le aree di influenza dei rispettivi Stati. La Conferenza sancì il principio dell'*occupazione di fatto* come criterio di possesso. In questo modo, però, anziché limitare e risolvere le controversie, scatenò ancor di più la competizione coloniale, coinvolgendo infine la stessa **Germania** che fino ad allora Bismarck aveva tenuto sostanzialmente fuori dalla corsa alle colonie.

▶ Il contesto economico e culturale

Tra il **1873** e il **1896** l'economia internazionale attraversò un periodo di crisi, passata alla storia come la «grande depressione» di fine Ottocento. A questa crisi gli Stati risposero intervenendo nella vita economica: si passò dal «**capitalismo concorrenziale**» al «**capitalismo organizzato**». Nel senso che sotto la pressione della grande industria, dei monopoli e degli oligopoli gli Stati presero a sostenere l'economia nazionale in tre modi:

> con il **protezionismo**, ovvero con l'introduzione di alte tariffe doganali al fine di proteggere la produzione nazionale dalla concorrenza estera;

> incentivando la produzione nazionale con le **commesse statali** (specie nel settore militare) e agevolando finanziariamente la grande industria nazionale;

> con la **politica imperialista**: infatti l'estensione territoriale offriva nuovi sbocchi commerciali alle produzioni nazionali, penalizzate dalle varie «guerre doganali» scoppiate con il diffondersi del prote-

◀ I musicanti europei: Crispi, Bismarck, Kalnoky (ministro degli Esteri austriaco). Vignetta satirica che prende di mira la Triplice Alleanza.

Che cos'è l'imperialismo?

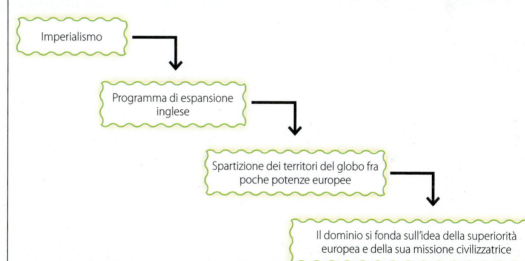

Imperialismo → Programma di espansione inglese → Spartizione dei territori del globo fra poche potenze europee → Il dominio si fonda sull'idea della superiorità europea e della sua missione civilizzatrice

CONFRONTARE	Colonialismo e imperialismo		
		COLONIALISMO	IMPERIALISMO
	Epoca	Nell'antichità e nell'età moderna tra XVI e XVIII secolo.	Periodo compreso fra la fine del XIX e l'inizio del XX secolo, grossomodo dal 1870 al 1914.
	Causa della colonizzazione	Eccesso di popolazione nella madrepatria o ricerca di posizioni strategiche.	Sostegno allo sviluppo industriale della madrepatria.
	Obiettivo	Conquista di colonie per rapinarne i beni (in particolare colonialismo spagnolo del XVI secolo), per acquisire vantaggi commerciali (Portogallo e Olanda nel XVI e XVII secolo) o per trasferirvi popolazione (colonialismo antico) e sfruttare sistematicamente le risorse della colonia (in particolare colonialismo inglese del Seicento).	Conquista o controllo economico su aree ricche di risorse materiali, sfruttamento della popolazione locale. Le colonie diventano aree di sbocco commerciale per i prodotti industriali della madrepatria.
	Principali Paesi conquistatori	Nell'antichità Greci e Romani, in età moderna Spagna, Portogallo, Inghilterra, Olanda, Francia.	Gran Bretagna, Francia, Russia, USA, Giappone.
	Principali terre di conquista	Americhe e parte dell'Asia.	Africa, Asia.

UNITÀ 8 — LA SPARTIZIONE IMPERIALISTICA DEL MONDO — 271

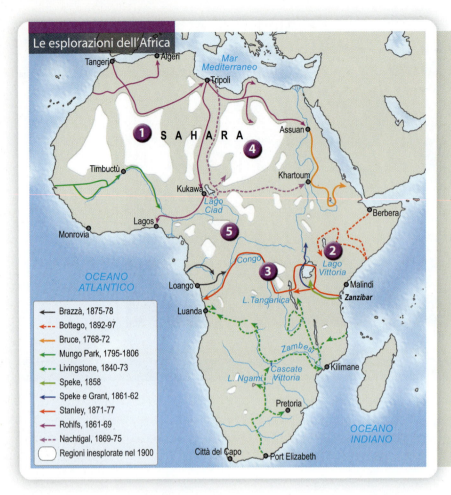

Le esplorazioni dell'Africa

1 Nella seconda metà dell'Ottocento l'Africa si presentava ancora come un continente in gran parte sconosciuto. Alcune aree, come quelle costiere, erano note agli Europei già dal XV secolo, grazie alle prime esplorazioni spagnole e portoghesi. Vastissime regioni, soprattutto quelle più aride e meno popolate, come il deserto del Sahara, continuarono a rimanere totalmente inesplorate fino al XX secolo.

2 Fino alla metà dell'Ottocento gli Europei ignoravano le sorgenti del fiume Nilo. Negli anni compresi tra il 1850 e il 1880, diversi esploratori inglesi compirono spedizioni alla loro ricerca. Tra questi, John Hanning Speke e James August Grant, che le individuarono nel lago Vittoria.

3 Le sorgenti del Nilo furono ricercate anche dagli inglesi David Livingstone e Henry Morton Stanley, che fecero importanti scoperte nelle regioni del Congo e dello Zambesi; tuttavia Livingstone sbagliò nell'individuare l'origine del Nilo, perché confuse il Nilo con il fiume Congo.

4 L'esplorazione dell'Africa non fu condotta solo dagli Inglesi. Tra il 1860 e il 1880 il tedesco Gerhard Rohlfs si addentrò nell'Africa nera, e nei decenni successivi Gustav Nachtigal viaggiò da Tripoli alla catena montuosa del Tibesti, al lago Ciad, al Sudan, all'Egitto.

5 Anche Pietro Savorgnan di Brazzà, di famiglia italiana ma trasferitosi in Francia, fece importanti scoperte nel territorio che si estende tra i fiumi Congo e Ogoué. La sua attività non fu solo di esplorazione ma anche di diplomazia e di conquista; infatti pose le basi della vastissima colonia che la Francia creò in quella regione e che fu chiamata Africa equatoriale francese.

---

zionismo; inoltre permetteva, nei casi più fortunati, di accaparrarsi materie prime a basso costo.
La politica imperialista fu sorretta da forti motivazioni ideologiche, fondate sul nazionalismo, sul razzismo e sul mito della missione civilizzatrice degli Europei.
Efficace a questo proposito fu l'immagine del «**fardello dell'uomo bianco**», elaborata dallo scrittore di origine inglese **Rudyard Kipling** (1865-1936), secondo cui gli Europei avevano un compito storico: portare la civiltà alle popolazioni selvagge. (▶ Documenti p. 290)
L'attività dei missionari, l'eco delle grandi esplorazioni e il fascino delle spedizioni di uomini come David Livingstone, Henry Morton Stanley, Pietro Savorgnan di Brazzà resero popolare l'avventura imperialista. (▶ Protagonisti p. 273)
L'opinione pubblica dell'epoca, infatti, vide ovunque con grande favore l'espansione territoriale del proprio Paese.

LETTERATURA

Rudyard Kipling (1865-1936)
KIM

Questo romanzo, pubblicato nel 1901, racconta la storia di Kim, un tredicenne orfano di un soldato irlandese nell'India coloniale. Il giovane Kim deve affrontare varie difficoltà prima di essere ritrovato dall'esercito del padre e mandato a scuola. Ma proprio nel momento più difficile della sua vita, quando è costretto a vagabondare tra la miseria e i pericoli dell'ambiente in cui si trova, impara le regole e le abitudini degli Indiani, prendendo il meglio delle due civiltà, quella inglese e quella indiana. Kipling era nato in India da genitori inglesi ed era un convinto sostenitore del colonialismo: attraverso la storia di Kim ha cercato di affermare la necessità di un incontro tra la cultura occidentale e indiana, anche se, secondo Kipling, il ruolo di guida e di comando spetta agli occidentali, cioè agli Inglesi, ritenuti dall'autore una civiltà superiore.

▶ Ufficiali tedeschi a Lomé, capitale del Togo, arruolano i nativi per formare battaglioni indigeni.
La colonizzazione tedesca del Togo avvenne tra il 1884 e il 1894; dopo la prima guerra mondiale, la colonia fu smembrata fra un mandato britannico a ovest e uno francese a est.

Livingstone, chi era davvero costui?

LIVINGSTONE, IL CELEBRE ESPLORATORE INGLESE CHE CONTRIBUÌ ALLA FORMAZIONE DEL MITO DELL'IMPERO ERA DAVVERO UN UOMO DALLA MORALE INTEGRA E NOBILE? O PIUTTOSTO FU OSSESSIONATO DALLA SUA MISSIONE?

Un falso mito?
David Livingstone è stato a lungo descritto in termini agiografici, come un uomo dalla statura morale incorruttibile: sarebbe stato un vero filantropo, venerato per le sue doti anche dagli Africani che incontrò.
Negli ultimi anni, però, la sua figura è stata ridimensionata, e si è cercato di scoprire l'uomo che si è celato per un secolo dietro il mito.

Febbre d'Africa
Livingstone nasce a Blantyre, in Scozia, nel 1813. La sua famiglia, di rigorosi princìpi calvinisti, non è ricca, e a dieci anni è costretto ad andare a lavorare. Ben presto, però, si ribella al suo destino, decidendo di diventare missionario medico. Malgrado le difficoltà economiche – e forse un'intelligenza non brillante, ma compensata da una tenacia fuori dal comune – Livingstone riesce a laurearsi in medicina. Parte dunque per l'Africa australe: è il 1840.
I viaggi di Livingstone saranno in tutto tre: dal 1841 al 1856 esplorerà soprattutto il corso dello Zambesi, scoprendo le cascate che chiamerà Vittoria in onore della regina. Tra il 1858 e il 1864 si dedicherà alla zona tra lo Zambesi e il Lago Niassa. Nel 1866 tornerà in Africa, nella regione del Lago Tanganica, ma farà perdere le proprie tracce. Lo ritroverà, nel 1871, la missione guidata da Stanley.
L'impatto con l'Africa è violento, e le missioni si rivelano realtà deludenti. Gli indigeni trovano utile l'azione dei missionari, che riparano i fucili e aiutano a guarire, ma difficilmente si convertono. In più, Livingstone non è in grado di cooperare con gli altri missionari: riesce solo a comandarli in modo tirannico. Così decide che l'unica soluzione possibile è spostarsi in continuazione: spargere i semi del Vangelo ovunque sarà più proficuo che seppellirsi in un isolato avamposto. Nel frattempo ha sposato Mary, la figlia del missionario Robert Moffat, che gli darà cinque figli in sei anni. Trascina con sé la famiglia, che più volte rischia di morire di fame e di sete, in un viaggio nel cuore dell'Africa.
Livingstone, che ha insieme vocazione da missionario e spirito imprenditoriale, si sposta senza mappe, ed è alla ricerca di una via d'acqua che consenta al commercio europeo di raggiungere quei luoghi. Fa sua la teoria di Thomas Fowell, un acceso antischiavista: l'economia di mercato dovrebbe far sì che il commercio di uomini sia sostituito dallo scambio di manufatti e di prodotti della terra. Dovrebbe anche indebolire la cultura indigena, aprendo la strada all'evangelizzazione. Ma le cose non vanno così: gli Africani sono appagati da qual poco che scambiano (fucili, tessuti, collane) e dalla loro vita selvaggia. E allora non c'è altra scelta che la colonizzazione europea: Livingstone ne conosce bene gli effetti devastanti, ma si pone ugualmente al servizio del governo britannico. «Dopotutto – pensa – gli Inglesi in quanto "razza superiore" hanno il dovere morale di civilizzare quei popoli primitivi.»

L'ossessione di arrivare sempre primo
Da qui in poi si susseguono una serie di esplorazioni che portano a numerose scoperte. Ma Livingstone – su questo la storia ufficiale ha a lungo glissato – a poco a poco sprofonda in una sorta di delirio: incalzato dalla paura che gli altri lo precedano nelle scoperte, si sbarazza di moglie e figli imbarcandoli per l'Inghilterra, dove per quattro anni vivranno come nomadi, affidati alla carità altrui. Livingstone ha bisogno delle missioni perché il governo britannico non ritiri il suo appoggio alla spedizione lungo il corso dello Zambesi, che si è rivelato non navigabile. Perciò incita numerosi Inglesi a partire per l'Africa. Molti di loro moriranno per la malaria, ma Livingstone, che insiste nel ritrarre l'Africa come un «paradiso di ricchezza», non trova di meglio che scagliarsi contro chi «scherza a fare il missionario, e ha quel che si merita».
L'ultimo viaggio diventa un calvario, tra piogge battenti, sanguisughe e progetti che sono null'altro che sogni a occhi aperti. Ormai scrive dispacci che non spedisce, in cui annuncia nuove scoperte, ma omette date e luoghi.
Livingstone muore nel 1873 in un villaggio a sud-est del Lago Bangweolo. Dopo la sua morte l'Inghilterra passerà a una politica di annessione diretta dei territori africani. Il colonialismo europeo non avrebbe mai fatto penetrare il cristianesimo in Africa, e si sarebbe servito di quella terra in un modo che anche Livingstone, dopo tutto, avrebbe condannato.

HENRY MORTON STANLEY, L'ALTRA FACCIA DELL'ESPLORATORE
Il celebre incontro del 1871 tra Stanley e Livingstone non fu solo un incontro fra due uomini: fu l'incontro tra due mondi diversi, l'uno al tramonto, l'altro agli albori della sua esistenza. Livingstone, come scrisse Conrad nel 1924, può essere considerato – nonostante le sue contraddizioni – come l'ultimo degli esploratori eroici, epici. Stanley, al contrario, è il primo della nuova generazione di spietati cacciatori di fortune planetarie. Henry Morton Stanley nacque in Galles nel 1841. Fuggito giovanissimo negli Stati Uniti, diventò giornalista. La stampa dell'epoca seguiva con particolare interesse le esplorazioni. Il direttore del «New York Herald» ebbe l'idea di una spedizione alla ricerca di Livingstone, disperso in Africa centrale da ormai sei anni. Per l'impresa scelse Stanley, il più intelligente e attivo dei suoi corrispondenti.
Stanley all'epoca aveva quasi 30 anni e uno spirito avventuroso: non perse tempo, e nel dicembre del 1870 era a Zanzibar a preparare la spedizione di ricerca. Dopo aver trovato Livingstone e proseguito con lui l'esplorazione della regione settentrionale del Tanganica, Stanley rientrò in America. Avrebbe però presto rivisto l'Africa. Infatti, tra il 1874 e il 1877, guidò una spedizione finanziata da due giornali statunitensi e appoggiata da re Leopoldo II del Belgio. Proprio per conto di quest'ultimo tornò in Congo tra il 1879 e il 1884, occasione in cui gettò le basi della colonizzazione belga.
Qualche anno dopo Stanley riprese la cittadinanza britannica, e fu eletto alla Camera dei Comuni, dove si occupò di politica coloniale e internazionale fino alla morte, che lo colse nel 1904 a Londra.

▲ Ritratto di David Livingstone.

▲ Un ritratto di Henry Morton Stanley.

2. LA SPARTIZIONE DELL'AFRICA

QUALI FURONO LE PRIME REGIONI AFRICANE A ESSERE COLONIZZATE?

PERCHÉ GLI INTERESSI FRANCESI E INGLESI ERANO DESTINATI A SCONTRARSI?

QUALE FU IL RUOLO DELLA GERMANIA NELLA SPARTIZIONE IMPERIALISTICA DELL'AFRICA?

ANCHE L'ITALIA POSSEDEVA DELLE COLONIE?

QUALE ORIGINE E QUALE ESITO EBBE LA GUERRA ANGLO-BOERA?

▶ L'espansione in Africa

Prima del 1870 solo un decimo del territorio africano era stato colonizzato: la Gran Bretagna possedeva la **Colonia del Capo** (la parte più meridionale del Sudafrica), la **Francia** l'Algeria e il Senegal, mentre il **Portogallo** occupava l'Angola e il Mozambico.
Negli anni successivi, l'Africa venne quasi interamente occupata dall'espansione europea. Le antiche civiltà locali furono sostituite dalle colonie e dai protettorati i cui confini venivano tracciati seguendo **meridiani** e **paralleli**, senza considerare le divisioni tribali o le caratteristiche etniche e linguistiche delle popolazioni.
L'espansione imperialista iniziò dalla **Tunisia** e dall'**Egitto** tra il **1881** e il **1882**. Entrambi i Paesi dipendevano dall'Impero turco, ma erano amministrati da governi locali indipendenti.
Francia e Gran Bretagna avevano rilevanti interessi economici nei due Stati: in particolare, da quando era stato aperto il **Canale di Suez**, l'Egitto rappresentava la principale via per l'Oriente. Il controllo della Tunisia era nelle ambizioni della **Francia** che possedeva già l'Algeria e intendeva estendere il suo impero coloniale lungo l'**asse ovest-est** dell'Africa centro-settentrionale. L'espansione dell'**Inghilterra** invece si spingeva lungo l'**asse nord-sud** partendo dall'Egitto.
Le due direttrici erano inevitabilmente in rotta di collisione.

▶ L'occupazione di Tunisia, Egitto e Sudan

A partire dal 1870 Tunisia ed Egitto avevano tentato la via della modernizzazione, ma le scarse risorse e l'amministrazione corrotta avevano causato il rischio della bancarotta. Per tutelare i propri interessi, Francia e Gran Bretagna, i principali Paesi creditori, optarono per l'intervento armato. Nel **1881** un incidente accaduto alla frontiera dell'Algeria fornì il pretesto per l'occupazione militare francese della **Tunisia** che si trasformò in **protettorato**.
L'anno successivo fu la volta dell'occupazione dell'Egitto da parte delle truppe britanniche: il movimento na-

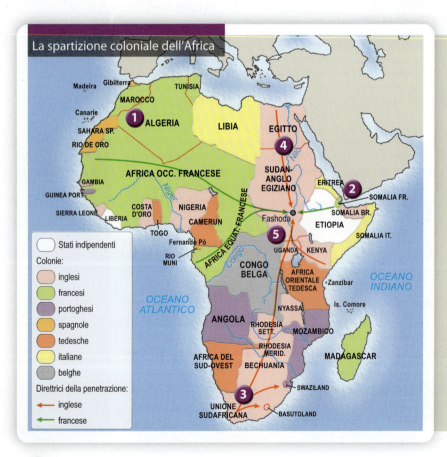

La spartizione coloniale dell'Africa

❶ L'espansione dei possedimenti francesi era iniziata nell'Africa occidentale: l'occupazione dell'Algeria risaliva al 1830, mentre in Senegal vi erano insediamenti francesi fin dal XVII secolo. In pochi decenni quasi un terzo del continente fu conquistato dalla Francia.

❷ Nella parte orientale del continente, la Francia possedeva la Somalia francese (l'odierno Gibuti) comprata dai sultani locali nel 1862. Si trattava di un piccolo possedimento collocato in una zona strategica, tra il Mar Rosso e l'Oceano Indiano. I Francesi iniziarono perciò a coltivare il desiderio di unire le loro colonie in un unico territorio che attraversasse l'Africa da ovest a est.

❸ Gli Inglesi iniziarono la loro marcia di conquista partendo dall'estremo sud, dove già alla fine del XVIII secolo avevano istituito la Colonia del Capo. Da qui partirono per arrivare fino al Kenya e all'Uganda. In seguito, dopo il conflitto anglo-boero (1889-1902), crearono l'Unione Sudafricana.

❹ Nel 1882 gli Inglesi occuparono l'Egitto. Il possesso dell'Egitto servì anche per assumere il controllo del vastissimo territorio del Sudan. A questo punto gli Inglesi considerarono indispensabile unire i loro possedimenti in unico dominio che andasse dal Mar Mediterraneo al Capo di Buona speranza.

❺ I piani dei Francesi e degli Inglesi si bloccavano a vicenda nella parte centrale dell'Africa. Le tensioni tra le due nazioni esplosero nell'incidente di Fashoda (1898). Inoltre, c'erano altre nazioni che avevano importanti possedimenti nell'Africa centrale e che ostacolavano le conquiste francesi e inglesi: è il caso del Belgio, stabilitosi nel Congo, e della Germania, che dominava sull'Africa orientale tedesca.

◀ In questa vignetta satirica l'Africa è raffigurata come una grossa torta che viene divisa fra le potenze europee, che fanno a gara per tagliare la fetta più grande.

LESSICO

DERVISCIO
Il termine *derviscio* deriva dalla lingua persiana e significa propriamente «povero». Indica innanzitutto chi appartiene alla confraternita musulmana dei dervisci, discepoli religiosi che si propongono l'unione con Dio attraverso la danza e la meditazione. Oggi questa confraternita è presente soprattutto in Turchia e in Egitto. Nell'Ottocento il termine indicava anche i mahdisti, cioè i seguaci del Mahdi, il leader religioso dell'Africa nord-orientale, conosciuto anche con il nome di Mohammed Ahmed (1844-1885), che guidò la grande rivolta contro gli Inglesi. Nel presente capitolo il termine viene usato con questo secondo significato.

zionalista egiziano guidato da **Arabi Pascià** (1839-1911) stava mettendo in pericolo gli interessi economici europei e lo sfruttamento internazionale del canale di Suez. Nel **1882** il governo britannico inviò un contingente militare e prese il controllo dell'**Egitto**. Anche in **Sudan**, sotto il controllo egiziano, era scoppiata una rivolta, guidata dal **Mahdi** (profeta) Mohammed Ahmed e appoggiata dalla setta religiosa dei **dervisci**. Le truppe sudanesi del Mahdi si lanciarono in una guerra contro gli Anglo-Egiziani; nel 1885 riuscirono a conquistare Khartum e a fondare uno Stato indipendente che solo nel 1898 gli Inglesi riuscirono a sconfiggere.

▶ La Conferenza di Berlino
Le iniziative della Gran Bretagna e della Francia aprirono la corsa alla conquista dell'Africa. La questione più spinosa riguardò il **Congo** dove il **Belgio** dal 1876 aveva importanti interessi economici. La scoperta dei ricchi giacimenti minerari nel Katanga spinse il re del Belgio Leopoldo II a rafforzare il suo dominio e a estenderlo fino all'Atlantico. Il **Portogallo**, che controllava la confinante Angola sin dal XV secolo, riteneva quella zona di propria competenza. Ne nacque una controversia internazionale che venne dibattuta alla **Conferenza di Berlino** tra il novembre **1884** e il febbraio **1885**.
La questione del **Congo** fu risolta con una spartizione: a Leopoldo del **Belgio** fu riconosciuta la *sovranità personale* sullo Stato Libero del Congo, con un piccolo sbocco sull'Atlantico. La **Francia** ebbe i territori sulla riva destra del fiume Congo e dell'alto Niger, la **Germania** il protettorato su Togo e Camerun, e l'**Inghilterra** il territorio dell'attuale Nigeria.

▶ L'Africa sud-orientale
Il progetto della Gran Bretagna prevedeva l'unione dei territori della regione del Nilo e i possedimenti dell'Africa sud-orientale. Per questa ragione, tra il 1885 e il 1895, gli **Inglesi** partirono dalla Colonia del Capo, risalirono fino al bacino dello Zambesi e al Lago Niassa e occuparono il **Kenya** e l'**Uganda**. Le conquiste britanniche si scontrarono però con la presenza della **Germania** in Tanganica. Nel 1890 la Gran Bretagna riconobbe la presenza tedesca in Africa orientale e in cambio ebbe l'isola di Zanzibar, importante base commerciale tra l'India e l'Africa.
I Francesi nella loro espansione si erano spinti fino in Sudan: nel **1898** le truppe britanniche si scontrarono con una guarnigione francese che aveva occupato la fortezza di **Fashoda**, sull'alto Nilo. L'incidente portò a sfiorare la guerra. Si ricompose perché sia la Francia che la Gran Bretagna erano consapevoli di dover fare fronte comune per contenere l'aggressiva espansione tedesca. Da quel momento i rapporti tra Francia e Inghilterra furono più distesi e ciò aprì la strada a un'intesa.

▶ Il Sudafrica e la guerra anglo-boera
La regione del Capo di Buona Speranza era stata colonizzata nel XVII secolo dagli Olandesi ed era divenuta poi britannica al tempo delle guerre napoleoniche con il nome di **Colonia del Capo**. I discendenti dei coloni olandesi, i **Boeri** o **afrikaners**, avevano fondato più a nord le due repubbliche indipendenti dell'**Orange** e del **Transvaal**. La scoperta dei giacimenti d'oro e di diamanti avevano poi spinto la Gran Bretagna a concentrare nella regione i propri interessi.
Grazie a un ricco uomo d'affari, **Cecil Rhodes,** gli Inglesi poterono espandere le loro conquiste fino allo Zambesi, dove fu fondata la **Rhodesia.**
Nel 1885-86 la scoperta di altri ricchi giacimenti nel Transvaal e nell'Orange, favorì la massiccia immigrazione inglese (gli *uitlanders*) alla ricerca di fortuna, scatenando l'accesa opposizione dei Boeri. Gli *uitlanders* furono decisamente discriminati dai Boeri e la tensione crebbe fino alla dichiarazione di guerra. Il **conflitto anglo-boero** durò dal **1889** al **1902**, e si concluse con la vittoria della Gran Bretagna. Transvaal e Orange furono annessi all'Impero britannico. Nel **1910** furono uniti alla Colonia del Capo, per formare l'**Unione Sudafricana**.

LETTERATURA

Joseph Conrad (1857-1924) – **CUORE DI TENEBRA**
Joseph Conrad pubblicò questo romanzo nel pieno dell'età dell'imperialismo, quando l'ideologia della superiorità dell'uomo bianco sollecitava le potenze occidentali a sottomettere gli altri popoli per civilizzarli, e quando le grandi esplorazioni portarono a scoprire immense aree della Terra rimaste fino ad allora sconosciute. La vicenda è molto semplice: un uomo di nome Marlow compie un lungo viaggio lungo il fiume Congo per ritrovare Kurtz, un agente commerciale scomparso nella foresta; l'uomo scopre che Kurtz, ormai malato e privo di senno, è prigioniero degli indigeni, che lo venerano come una divinità; alla fine, Marlow riesce a strappare Kurtz agli indigeni e a riportarlo nel mondo civile. Attraverso il terribile viaggio di Marlow nella foresta africana, Conrad esplora le più profonde paure dell'uomo, ma mette in luce anche i sentimenti contrastanti – di fascino e di terrore – degli Occidentali verso le terre e i popoli appena conquistati.

DOSSIER: L'epoca delle grandi opere

IERI IL CANALE DI SUEZ ERA CONTROLLATO DALL'INGHILTERRA, E AVEVA UN TRAFFICO DI 22 MILIONI DI TONNELLATE

OGGI APPARTIENE ALL'EGITTO, È STATO AMPLIATO E HA UN TRAFFICO DI 270 MILIONI DI TONNELLATE, IN GRAN PARTE PETROLIO

Un'idea antica

Da Erodoto sappiamo che già gli antichi faraoni nel VI secolo a.C. avevano pensato di aprire un varco in terra d'Egitto verso il Mar Eritreo. I lavori di scavo furono però presto sospesi perché un oracolo aveva predetto che quel canale avrebbe favorito il passaggio dei barbari. Alcuni cippi ritrovati fra il Lago Timsah e i Laghi Amari stanno a testimoniare che tra il VI e il V secolo a.C., ai tempi del re persiano Dario, si tentò di congiungere il Mar Rosso al Nilo e quindi al Mediterraneo.

Secoli dopo, anche i Veneziani proposero al sultano d'Egitto il taglio dell'istmo: un'opera che avrebbe favorito la Serenissima nei suoi commerci.

Quel progetto interessò anche Napoleone Bonaparte che, durante la spedizione in Egitto, fece fare dei rilievi per verificarne la possibilità di realizzazione. I suoi tecnici conclusero, però, che il dislivello tra i due mari avrebbe imposto lavori eccessivamente complicati e costosi.

Il progetto di Negrelli

I Francesi continuarono tuttavia ad accarezzare quell'idea. Nel 1846 venne fondata la *Societé d'études du Canal de Suez* con il compito di fare i rilievi sul terreno ed elaborare il programma dei lavori; sarebbe stato poi un nobile francese, il visconte Ferdinand de Lesseps, a iniziare la più grande impresa d'ingegneria del XIX secolo.

Nel 1854 de Lesseps approdò in terra egiziana come un ospite di rango; egli vantava un'amicizia con Mohammed Said, viceré d'Egitto. I due avevano studiato insieme a Parigi, avevano stima l'uno dell'altro e da questa stima nacque l'accordo del 30 novembre 1854 che decise il taglio e l'esercizio del canale. De Lesseps si proponeva di realizzare il progetto dell'ingegnere italiano Luigi Negrelli, un trentino alle dipendenze austriache e a capo del ministero dei Lavori Pubblici nel Lombardo-Veneto.

Nel 1856, il progetto di Negrelli era pronto. Perché lo scavo del canale potesse procedere occorrevano ora i finanziamenti e il consenso del *kedivhé*, il viceré d'Egitto. La *Societé d'études* si trasformò in *Compagnie Universelle pour le Canal de Suez*, che offrì, nel 1858, 400 000 azioni da 500 franchi l'una per finanziare l'impresa.

In quell'anno, l'ingegner Negrelli, che avrebbe dovuto dirigere i lavori e partecipare agli utili, morì a Vienna. De Lesseps non ebbe scrupoli: comprò il progetto dalla vedova Negrelli, per il prezzo stracciato di 20 000 franchi. Il visconte aveva fretta, voleva cominciare lo scavo e aveva bisogno di 200 milioni di franchi: i Francesi ne sottoscrissero 107 milioni, 23 milioni furono forniti da altre nazioni. Mancavano ancora 70 milioni che furono versati dal viceré d'Egitto, attingendoli dalle casse dello Stato.

La realizzazione

Il 25 aprile 1859 de Lesseps, con una zappa in pugno dichiarò solennemente: «Noi diamo il primo colpo di piccone a questo suolo che aprirà la via dell'Oriente al commercio e alla civiltà dell'Occidente».

Una *troupe* gigantesca iniziò a trasferirsi in terra egiziana: 36 000 operai, tecnici, ingegneri «brulicavano» nelle sabbie africane. Erano coordinati dall'ingegner Gioia, uno dei veri artefici dell'opera, sempre presente nei luoghi più ostili, fra carenze di ogni genere. Nel cantiere mancavano medici, igiene, acqua potabile, e il colera era sempre in agguato.

Per sveltire gli scavi e migliorare le condizioni di lavoro

Il canale di Suez

▼ L'illustrazione, tratta da un quotidiano inglese dell'epoca, mostra l'inaugurazione del Canale di Suez, avvenuta il 17 novembre 1869.

DOSSIER

Eredità

UN'OPERA LIRICA PER IL CANALE

Per celebrare il prestigio egiziano, il viceré d'Egitto Ismail Pascià chiese a Giuseppe Verdi di comporre un inno per l'inaugurazione del Canale. Verdi in un primo tempo rifiutò: solo dopo aver visto il programma dei lavori, accettò di comporre la musica per l'*Aida*. L'*Aida* andò in scena al Teatro dell'Opera del Cairo la sera del 24 dicembre 1871. Fu un successo e Verdi, che non era presente alla prima, si guadagnò il prestigioso titolo di Commendatore dell'Ordine Ottomano.
In Italia l'*Aida* fu rappresentata alla Scala di Milano l'8 febbraio 1872. Fu uno dei primi spettacoli ad avere una diffusione mondiale: l'opera fu rappresentata in più di 150 località di tutti i continenti, dalla Nuova Zelanda a Cuba.

IERI E OGGI

Lungo tutto il periodo della rivoluzione industriale l'esigenza di trovare nuove vie di comunicazione divenne urgente e improrogabile, e richiese ingenti investimenti. La realizzazione di immense opere pubbliche fu una delle caratteristiche della storia del XIX secolo: sorsero le maggiori ferrovie del mondo, dal collegamento tra le 2 coste americane alla Transiberiana russa; si progettò e in seguito si costruì il Canale di Panama. Si trattava di infrastrutture importanti per il commercio mondiale che consentivano grandi profitti ai Paesi che ne avevano promosso la costruzione.
Per quanto riguarda il Canale si Suez, anche dopo l'indipendenza dell'Egitto (1936), l'esercito britannico continuò a presidiare il canale, che rimase inglese ancora per vent'anni. Per un periodo complessivo di settanta anni l'Inghilterra trasse enormi guadagni dal controllo di questo passaggio, grazie ai pedaggi che le navi in transito erano costrette a pagare. Sotto l'amministrazione inglese, il canale fu allargato e furono compiuti ingenti lavori di ammodernamento e di manutenzione. Nel 1946 il traffico delle merci raggiungeva i 22 milioni di tonnellate all'anno.
Nel 1956, il presidente egiziano Nasser nazionalizzò il Canale di Suez, ed esso diventò a tutti gli effetti patrimonio dello Stato egiziano. Nel frattempo le estrazioni di petrolio nei Paesi che si affacciavano sul Golfo Persico aumentarono e il passaggio divenne ancora più importante per il transito delle petroliere. Perciò il governo egiziano attuò grandi lavori, che portarono all'allargamento e al raddoppiamento del canale. Anche la profondità fu accresciuta, dagli 8 metri dell'inaugurazione ai 15-20 metri, consentendo il passaggio di navi molto più grandi. I lavori furono interrotti varie volte a causa dei conflitti tra gli Stati arabi e Israele; per ben otto anni, dal 1967 al 1975, il canale rimase chiuso. Nel 1976 fu definitivamente riaperto e oggi è utilizzato da decine di migliaia di navi all'anno, con un traffico di merci intorno alle 270 milioni di tonnellate, pari all'8% del trasporto di merci mondiale. È stato calcolato che oggi, se il canale restasse bloccato per un incidente o per qualsiasi altra causa, produrrebbe nei commerci perdite di 7 milioni di dollari al giorno.

---

dei 25 000 operai egiziani, Gioia progettò una draga che riusciva a muovere mezzo milione di metri cubi di terra in un tempo molto breve. Questa macchina si aggiungeva ad altri mezzi come gli escavatori a vapore, importati per l'occasione dall'Europa.
Il progetto prevedeva di scavare un canale lungo 161 chilometri e largo dai 90 ai 160 metri; in alcuni punti fu necessario scavare fino a 12 metri di profondità: un'impresa colossale.
I lavori di realizzazione durarono circa dieci anni e la spesa superò il doppio di quella inizialmente prevista.

L'inaugurazione

L'inaugurazione del Canale di Suez fu un evento mondano senza precedenti. A Port Said (il nome Said fu dato in onore del viceré d'Egitto), il 17 novembre 1869, si radunarono scienziati, ambasciatori, ministri, sovrani, prìncipi e 5000 invitati da ogni parte d'Europa.
Dopo anni di lavoro era giunta l'ora dei festeggiamenti. Fra le cannonate di tripudio, un convoglio di quaranta vascelli partì da Port Said per raggiungere dopo tre giorni il Mar Rosso. Era presente l'imperatrice Eugenia, moglie di Napoleone III e grande fautrice dell'impresa, a fianco del de Lesseps che celebrò il suo trionfo personale. C'erano l'emiro Abd el Kader, i prìncipi dei Paesi Bassi, l'imperatore d'Austria Francesco Giuseppe, il vescovo di Alessandria, l'*ulema* islamico, e migliaia di persone in festa.
Per il commercio internazionale fu una svolta. Si calcolò che i costi e il tempo impiegato per i viaggi in Oriente si sarebbero dimezzati e il giro d'affari sarebbe decuplicato.

I milioni di Rothschild

La Gran Bretagna aveva ostacolato sempre la costruzione del Canale di Suez. Aveva sostenuto l'impossibilità tecnica di realizzare quel lavoro; ma era un gioco ipocrita che nascondeva la preoccupazione che altre potenze si aprissero una facile via verso l'India o l'Oriente.
Quando de Lesseps e Negrelli presentarono il loro progetto, in Gran Bretagna il Primo ministro Palmerston lo giudicò «una sciocchezza»; anche il «Times», prestigioso quotidiano londinese, si allineò a questo giudizio. Londra agiva in malafede per difendere i suoi interessi in India.
Quando il canale fu completato e le finanze egiziane erano ormai in via di esaurimento, il governo inglese colse il momento propizio. Il Primo ministro Disraeli non ebbe nemmeno il tempo di consultare il Parlamento: s'accordò con il banchiere Rothschild, si fece prestare 4 milioni di sterline e li passò al kedivhé che gli consegnò il 43% del pacchetto azionario della Compagnia del Canale. Nel 1882 la Gran Bretagna assunse il controllo diretto del canale e occupò l'Egitto. Un colpo di mano che garantì all'Inghilterra il controllo del Canale fino al 1954.

▼ Gli scavi per la realizzazione del Canale di Suez ebbero inizio il 25 aprile 1859 e durarono circa 10 anni.

UNITÀ 8 — LA SPARTIZIONE IMPERIALISTICA DEL MONDO

3. LA SPARTIZIONE DELL'ASIA

QUALI COLONIE ESISTEVANO IN ASIA PRIMA DELL'ETÀ DELL'IMPERIALISMO?

IN QUALI TERRITORI SI ESTENDEVANO I DOMINI DELLA FRANCIA E DELL'INGHILTERRA?

QUAL ERA LA SITUAZIONE DELL'INDIA DURANTE LA DOMINAZIONE BRITANNICA?

COME REAGÌ LA CINA ALL'AGGRESSIONE DELLE POTENZE OCCIDENTALI?

CHE COSA FURONO LE GUERRE DELL'OPPIO?

▶ La colonizzazione in Asia

La colonizzazione europea dell'Asia era già cominciata prima dell'età dell'imperialismo: la **Francia** si era attestata nella penisola indocinese; la **Gran Bretagna**, in India, Ceylon, Hong Kong e Singapore; gli **Olandesi** dominavano l'arcipelago indonesiano; i **Portoghesi** occupavano Macao, Goa e parte dell'isola di Timor; gli **Spagnoli** possedevano le Filippine; infine la **Russia** si stava espandendo verso la Siberia e l'Asia centrale. Nell'età dell'imperialismo, la possibilità di accedere dal Mediterraneo al Mar Rosso, tramite il canale di Suez diede nuovo impulso all'espansione europea in Asia.

▶ Il dominio inglese in India

Colonia britannica dal Settecento, per un centinaio di anni l'**India** fu governata dalla **Compagnia delle Indie**, per conto della Gran Bretagna. Nell'Ottocento la Compagnia delle Indie controllava un territorio vastissimo che comprendeva l'odierna India, il Pakistan e il Bangladesh, con una popolazione che nel 1881 aveva raggiunto circa 200 milioni di persone.

La politica della Compagnia delle Indie mirava alla modernizzazione dell'India con la diffusione della legislazione e della civiltà occidentale. Ma le trasformazioni avevano causato malcontento tra la popolazione. L'episodio più grave scoppiò nel **1857** con la **rivolta dei sepoys** (soldati indiani arruolati dall'esercito britannico), estesa nella valle del Gange e dell'India centrale. Dopo una violenta repressione, il governo britannico decise di sciogliere la Compagnia e di assumere il controllo diretto della colonia tramite un **viceré** con poteri quasi assoluti.

L'azione politica britannica fu più cauta rispetto a quella della Compagnia delle Indie: burocrazia ed esercito furono ristrutturati in modo da affiancare funzionari indiani a elementi britannici. Le esigenze amministrative dell'impero diedero vita a poco a

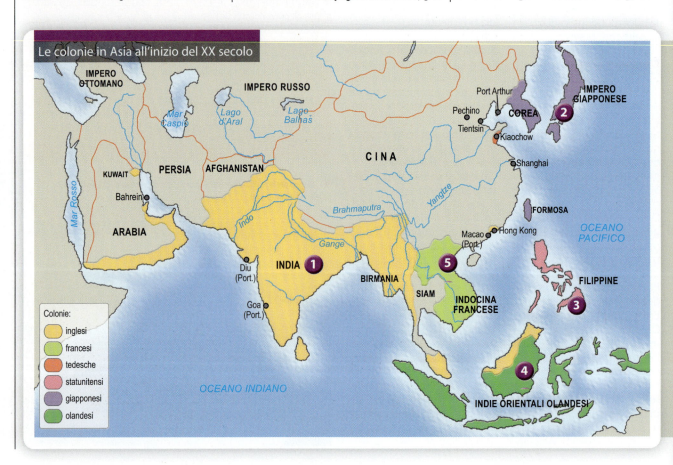

Le colonie in Asia all'inizio del XX secolo

▲ La riconquista di Delhi da parte delle truppe inglesi in una stampa coeva.

poco a una classe media locale istruita, composta da maestri, funzionari, impiegati e professionisti.
Dal punto di vista economico il governo britannico si concentrò nella costruzione di grandi opere pubbliche, ponti, strade e ferrovie, per incrementare gli scambi commerciali e il controllo militare di tutto il Paese.

Nel 1876 la **regina Vittoria** assunse il titolo di «**imperatrice dell'India**», a conferma del grande interesse del governo per la colonia indiana.
Molto meno positiva fu invece l'amministrazione delle aree rurali dove viveva l'80% della popolazione indiana. La mancata riforma agraria, la forte pressione fiscale e l'importazione di tessuti dalla Gran Bretagna, che aveva distrutto l'industria cotoniera locale, resero ancora più dura la vita dei contadini.
Nel **1885**, dalla fusione di varie organizzazioni della classe media indiana nacque il **Congresso Nazionale Indiano.** Il Congresso in origine non era un partito, ma una libera assemblea i cui rappresentanti una volta all'anno potevano avanzare le loro proposte al governo. Per esempio, dal Congresso venne formulata la richiesta di riforme graduali e di una rappresentanza degli interessi indiani al Parlamento di Londra.
Per reazione alle scarse concessioni del governo, nel 1910 nacque all'interno del Congresso una corrente estremista guidata da **Bal Gangadhar Tilak** (1856-1920).
Tilak rivendicò il diritto dell'India all'autogoverno e i suoi uomini compirono atti di violenza verso i funzionari britannici e gli indiani collaborazionisti.
Il governo britannico reagì con la repressione, ma cominciò a concedere contemporaneamente una certa autonomia alle assemblee locali.

▼ In questa vignetta, apparsa sul settimanale «Punch» nel 1876, Disraeli, addobbato come un «mago» orientale, offre la corona dell'India alla regina Vittoria.

❶ L'impero britannico, che era il più vasto, possedeva in Asia enormi territori, che andavano dalla penisola arabica alla Cina e all'Indonesia, e avevano come centro il subcontinente indiano; esso comprendeva l'India, il Pakistan e il Bangladesh, nazioni nelle quali il colonialismo inglese ha lasciato un'impronta culturale molto forte.

❷ L'unica grande potenza asiatica, il Giappone, aveva indirizzato i suoi interessi verso le aree vicine: la Corea, che da sempre i Giapponesi consideravano un'estensione naturale del loro impero, e l'isola di Formosa (attuale Taiwan), che il Giappone strappò alla Cina con la prima guerra cino-giapponese (1894-95).

❸ I possedimenti degli Stati Uniti in Asia erano rappresentati dalle Filippine, sottratte alla Spagna nella guerra ispano-americana (1898). Le Filippine erano appartenute alla Spagna per più di tre secoli.

❹ I primi insediamenti olandesi in Asia risalivano al Seicento. Si trattava di avamposti commerciali situati sulle coste dell'India, delle isole di Sri-Lanka, Malacca e Giacarta. Fu nel corso dell'Ottocento che l'espansione olandese arrivò a comprendere quasi tutta l'Indonesia.

❺ La Francia iniziò la sua espansione nella penisola indocinese con l'occupazione della Cocincina (attuale Vietnam) nel 1862; seguirono Cambogia e Laos tra gli anni 1883-93. Dalla conquista francese rimase fuori il regno del Siam (attuale Thailandia), uno dei pochi Stati asiatici che si mantennero indipendenti; l'Inghilterra e la Francia, infatti, attribuirono al Siam la funzione di «stato cuscinetto», cioè di territorio autonomo che separa i possedimenti di due nazioni potenzialmente ostili.

▶ Scontro fra giunche cinesi e navi da guerra inglesi al largo di Canton, durante la prima guerra dell'oppio.

▶ Le guerre dell'oppio e l'apertura della Cina

L'interesse delle potenze europee, degli Stati Uniti e del Giappone in area asiatica, si concentrò soprattutto sulla Cina. A metà del XIX secolo l'Impero cinese era il Paese più popolato del mondo con una popolazione di **400 milioni di abitanti**.

Dotata di enormi potenzialità economiche, la Cina mostrava tuttavia i sintomi della decadenza: all'immenso territorio dell'impero – che comprendeva anche la Mongolia, la Birmania, la Manciuria, il Vietnam e la Corea – non corrispondeva una reale forza politica e amministrativa. Il malcontento verso la dinastia imperiale **Manciù** e i suoi funzionari (i **mandarini**) era diffuso. Per questa ragione, tra il 1849 e il 1868, scoppiarono numerose rivolte contadine, puntualmente represse con durezza dal governo.

Isolato completamente dall'esterno, l'Impero cinese non aveva relazioni diplomatiche con nessuna potenza estera; l'unico porto accessibile ai commercianti stranieri era quello di **Canton**.

Nei primi decenni dell'Ottocento erano cresciuti particolarmente i traffici commerciali con gli Inglesi, interessati a importare tè, seta, tessuti e porcellane. La merce più richiesta dai Cinesi, poco attratti dai prodotti occidentali, era invece l'oppio che tuttavia in Cina era proibito.

Le tensioni tra gli Inglesi e il governo imperiale causarono la **prima guerra dell'oppio,** così chiamata perché determinata dal rifiuto cinese di importare l'oppio. La guerra si conclude nel **1842** con la vittoria della Gran Breta-

▶ L'imperatrice Tsu-hsi in una foto del 1903.

▲ Cadetti dell'esercito imperiale cinese nel 1900.

gna. La pace impose alla Cina di aprire i porti agli stranieri e di cedere la città di **Hong Kong** agli Inglesi.
La **seconda guerra dell'oppio** (1856-60) terminò con la completa sconfitta della Cina che fu costretta ad aprirsi al commercio straniero e a stabilire relazioni diplomatiche con gli Stati occidentali. (▶ Avvenimenti p. 282)

▶ Lo sgretolamento del «celeste Impero»

Lo scontro con l'Occidente mise in evidenza la debolezza militare della Cina e aprì la strada all'intervento delle altre potenze. La **Russia** estese la sua influenza nell'Asia nord-orientale e fondò nel 1860 la città di **Vladivostok** («la dominatrice dell'Oriente»), la **Gran Bretagna** occupò la Birmania e la **Francia** l'Indocina.
La **Francia** aveva già avviato la sua espansione in Indocina a metà dell'Ottocento con l'apertura di qualche base commerciale e numerose missioni cattoliche. Proprio le persecuzioni contro i missionari fornirono il pretesto ai Francesi di occupare nel 1862 la **Cocincina** (la parte meridionale del Regno di Annam, attuale Vietnam). L'anno seguente la Francia impose il protettorato sulla **Cambogia**, tra il 1883 e il 1885 lo estese all'intero Regno di Annam e nel 1893 al Laos.
Il **Giappone** era invece interessato alla Corea e alla Manciuria. Nel **1894** tra Cina e Giappone scoppiò un conflitto che si risolse con la sconfitta cinese. La Cina rinunciò alla Corea, cedette ai vincitori l'isola di **Formosa** e la penisola **Liaodong** in Manciuria; fu inoltre costretta ad aprire quattro porti al commercio giapponese.
L'opprimente presenza straniera in Cina alimentò nella popolazione sentimenti xenofobi e nazionalisti. Il malcontento trovò la sua espressione armata nella società segreta detta dei **boxers** («pugili»). Nel 1900, istigati dall'imperatrice **Tsu-hsi**, i *boxers* attaccarono le sedi delle missioni occidentali, uccidendo centinaia di stranieri e di Cinesi convertiti al cristianesimo. Poi assediarono per quasi due mesi le sedi delle delegazioni occidentali a Pechino, provocando l'intervento armato di un **contingente internazionale**: 16 000 soldati tedeschi, giapponesi, francesi, inglesi, russi, americani, italiani e austriaci occuparono Pechino e sedarono la rivolta. Per i Cinesi questo fu l'ennesimo smacco: l'imperatrice fuggì, i rivoltosi furono arrestati e processati e la Cina dovette risarcire i danni agli occidentali.

LESSICO

XENOFOBIA
La xenofobia è un atteggiamento di generica avversione e di rifiuto nei confronti degli stranieri.
Da una parte può essere considerata una forma di nazionalismo, quando tende a rafforzare il sentimento di identità nazionale in contrapposizione ai modelli culturali provenienti dall'estero; dall'altra può essere definita come una forma di razzismo tra gruppi etnici diversi, derivante, soprattutto nelle società multietniche contemporanee, dalla paura nei confronti degli immigrati, visti come una minaccia sociale, economica e culturale per le comunità in cui si inseriscono.

CINEMA

55 giorni a Pechino
Stati Uniti, 1963 (durata: 150')
Regia: Nicholas Ray
Attori principali: Charlton Heston, Ava Gardner, David Niven

Il film rievoca la rivolta dei *boxers*, la società segreta che nel 1900 attaccò gli occidentali presenti in Cina. Un gruppo di Europei e di Americani si trova assediato nel quartiere diplomatico di Pechino e tenta in tutti i modi di difendersi, fino a quando, dopo 55 giorni di terribile assedio, giungono i rinforzi: la rivolta viene sedata e gli occidentali sono salvi. Si tratta del tipico colossal hollywoodiano, realizzato con alcuni grandi divi dell'epoca (Charlton Heston, David Niven, Ava Gardner) e un grande dispendio di capitali per le scene di massa. La ricostruzione degli eventi è fondamentalmente corretta, anche se il punto di vista è quello degli occidentali: gli Americani e gli Europei rappresentano i «buoni», infatti sono tratteggiati come individui pacifici e portatori di civiltà, mentre l'imperatrice cinese e i *boxers* sono i «cattivi», persone violente e infide, rappresentanti di un mondo arretrato che merita di scomparire.

▲ Stampa giapponese dei primi del Novecento che raffigura le truppe del contingente internazionale intervenuto in Cina per sedare la rivolta dei boxers.

▼ Truppe russe del contingente internazionale combattono contro i *boxers*. Tavola di A. Beltrame per la «Domenica del Corriere».

UNITÀ 8 LA SPARTIZIONE IMPERIALISTICA DEL MONDO 281

DOSSIER
Le incredibili guerre dell'oppio

AL TERMINE DEL CONFLITTO GLI INGLESI IMPOSERO AI CINESI LA LIBERTÀ DI COMMERCIO DELL'OPPIO E «CONVERTIRONO» IL PAESE ALLA DROGA. PERCHÉ TANTO CINISMO? RISPONDE LA STORICA MARIE-CLAIRE BERGÈRE

È difficile credere oggi che la Gran Bretagna fece una spedizione militare contro la Cina per difendere la libertà di commercio della droga...

Il pretesto del conflitto fu in effetti il commercio dell'oppio che occupava un posto che oggi si fa fatica a immaginare. Ma la vera posta in gioco era l'apertura della Cina alle relazioni internazionali. Detto questo, se il conflitto scoppiò per il commercio dell'oppio, è perché allora rappresentava la principale merce di scambio tra la Gran Bretagna e la Cina.

Da quanto tempo l'oppio aveva un posto così importante nel commercio tra Inghilterra e Cina?

Non si trattava dell'Inghilterra in quanto Stato, ma dei commercianti inglesi della Compagnia delle Indie. Nel XVIII secolo questi commercianti acquistavano dai Cinesi tè e soia, ma non potevano vendere le loro mercanzie sul mercato di Canton. Per equilibrare gli scambi, alla fine del XVIII e all'inizio del XIX secolo cominciarono a vendere l'oppio che facevano venire dall'India per mare. L'oppio divenne una moneta di scambio nelle relazioni commerciali, non solo con la Cina, ma anche con tutta l'Asia orientale, in particolare con le Indie olandesi.

Nel corso del XIX secolo l'esplosione congiunta dell'offerta e della domanda diede un'ampiezza considerevole a questo commercio. Nel 1800 la Cina importava circa 4000 casse (ogni cassa conteneva circa 60 kg d'oppio raffinato). A partire dal 1800 i volumi d'affari aumentarono incessantemente: 20 000, 30 000 casse e, nel 1830, quasi 40 000, circa 2 400 tonnellate d'oppio.

▲ Alcuni fumatori d'oppio in Cina una fotografia risalente al 1870.

I Cinesi consumavano già l'oppio?

Sì. Esisteva già una piccola coltura locale. L'oppio era conosciuto in Cina dal X secolo per le sue virtù terapeutiche. Ma solo nel XVIII secolo i Cinesi cominciarono a consumarlo per piacere. A quell'epoca era un passatempo limitato alle classi più agiate. Dall'inizio del XIX secolo la domanda aumentò molto rapidamente, aprendo un mercato straordinario. Nel Bengala la Compagnia delle Indie orientali sviluppò allora una produzione che le permetteva di finanziare da una parte la conquista e l'amministrazione dell'India, dall'altra le sue importazioni di tè.

Come reagì il governo imperiale cinese?

I primi editti imperiali contro l'oppio sono degli anni 1729-1732. Nel 1813 si aggravarono le pene per consumatori e trafficanti. Gli alti funzionari che infrangevano il divieto erano condannati alla gogna e dovevano dimettersi dal loro incarico.

A partire dal 1830 il commercio di contrabbando s'intensificò e il consumo aumentò considerevolmente. A questo punto, le autorità imperiali si preoccuparono seriamente degli effetti nocivi della droga sulla sanità pubblica.

Ma che cosa rese inevitabile la rottura?

Nel 1839 l'imperatore inviò il suo funzionario Lin Zexu a Canton da dove transitava la maggior parte dell'importazione d'oppio. Lin Zexu cominciò a dare la caccia ai trafficanti locali, ai consumatori, poi ordinò agli Inglesi di consegnare tutto l'oppio stoccato e di cessarne l'importazione. I commercianti rifiutarono. Lin Zexu fece circondare dalle truppe le agenzie commerciali e centinaia di Inglesi furono presi in ostaggio. A questo punto, il capitano della guarnigione britannica ordinò ai commercianti di consegnare l'oppio, promettendo che il governo inglese li avrebbe risarciti. Gli ostaggi furono liberati e l'oppio distrutto.

Ma i commercianti inglesi non avevano per nulla intenzione di cessare il commercio dell'oppio. Spostarono solo il centro della loro attività a Macao. Proprio là avvennero i

▲ Questa stampa ottocentesca raffigura dei trafficanti d'oppio inglesi che vengono smascherati dalla polizia cinese.

DOSSIER
Avvenimenti

▲ Lin Zexu, funzionario imperiale, in un dipinto ottocentesco cinese.

◀ Papavero da oppio (*Papaver somniferum*); l'oppio viene ricavato dal lattice ottenuto incidendo le capsule.

primi incidenti. Di scaramuccia in scaramuccia si arrivò a una situazione di guerra non dichiarata.

Per proteggere i loro interessi, i commercianti chiesero l'intervento militare dell'esercito britannico. Nel gennaio 1839, uno dei principali commercianti d'oppio, William Jardine, arrivò a Londra con le tasche piene di denaro per perorare la causa dell'intervento militare inglese in Parlamento.

Ci fu un dibattito sulla moralità del commercio dell'oppio e alla fine fu decretato l'invio della spedizione militare, anche se per soli cinque voti di maggioranza. I Britannici impiegarono 25 navi da guerra e un corpo di sbarco di 10 000 uomini. Quando le truppe britanniche raggiunsero Nanchino, il governo imperiale si rassegnò a negoziare.

Che cosa ottennero gli Inglesi dopo la prima guerra dell'oppio?

Nel Trattato di Nanchino del 1842 quasi tutte le rivendicazioni furono accolte: il commercio inglese non fu più limitato a Canton e altri porti furono aperti. Tuttavia il trattato non menzionò l'oppio. Così il commercio dell'oppio continuò a essere praticato di contrabbando e tollerato. Dopo la seconda guerra dell'oppio il commercio fu infine legalizzato. Come conseguenza, le importazioni fecero un balzo in avanti: tra il 1840 e il 1880 si moltiplicarono per due fino a raggiungere le 80 000 casse. In Cina l'oppio venne autorizzato nel 1890. La sua consumazione divenne una pratica popolare. Secondo gli osservatori stranieri, alla fine del XIX secolo il 10% della popolazione cinese consumava la droga, ma in certe province si raggiungeva il 70-80%.

Le fumerie d'oppio divennero una realtà?

Sì, alla fine del XIX secolo le fumerie erano molto numerose soprattutto nelle città: solo Shangai ne contava 1700. L'oppio si consumava sdraiati su un divano con una pipa ad acqua. Le fumerie erano sovente posti sporchi e modesti, ma c'erano anche fumerie lussuose, con mobili scolpiti, muri ricchi di ornamenti e specchi, in cui letterati e facoltosi mercanti andavano a gustare raffinatezze di ogni genere e anche l'oppio. Fuori dalle fumerie, l'oppio si poteva consumare nei teatri, nei parchi e nelle case chiuse. Lungo le grandi strade commerciali, le case da tè offrivano anche oppio. E non bisogna dimenticare le case private, dove all'ospite si offriva una tazza di tè spesso accompagnata da una pipa d'oppio.

Il denaro della droga permise di costruire grandi fortune?

Finanziò gran parte del capitalismo straniero in Cina. Famiglie di trafficanti divennero improvvisamente rispettabili. L'esplosione di commercio e consumo di droga contribuì anche ad aumentare le entrate dello Stato dopo la legalizzazione dell'oppio. Il budget si moltiplicò per 10 tra il 1840 e il 1911 essenzialmente grazie alle tasse sul commercio e dunque sull'oppio.

L'imposta sul traffico d'oppio contribuì allo sviluppo economico della Cina?

Sì, ma non solo in Cina, anche in tutto il Sud-Est asiatico le entrate dell'oppio hanno giocato un ruolo centrale nella costituzione degli Stati moderni. Tutti i governi coloniali hanno funzionato grazie all'oppio: l'Indocina francese, le Indie olandesi, Singapore, Malesia, Tailandia e India. Una storia incredibile.

▲ La firma del trattato di Nanchino in un'illustrazione coeva.

DOSSIER — Istituzioni e società

Alle radici di un atroce rito

LE *SATI* ERANO LE VEDOVE CHE VOLONTARIAMENTE SI IMMOLAVANO SULLA PIRA DEL MARITO DEFUNTO. QUESTO RITO VENNE PROIBITO DAGLI INGLESI NEL 1829. MA ANCORA OGGI, BENCHÉ VIETATO, NON SEMBRA ESSERE DEL TUTTO SCOMPARSO

Un costume fortemente radicato

Il 4 dicembre 1829, il governatore d'India, lord William Bentinck, fece dichiarare illegale il rito delle cosiddette *sati*, le vedove che volontariamente si immolavano sulla pira del marito defunto. Questa pratica venne equiparata a un qualsiasi altro delitto criminale e in quanto tale venne represso e punito. Le persone coinvolte nel sacrificio di una vedova (o perché avevano fatto ricorso alla violenza per costringerla a questo gesto, o perché avevano fatto pressione) furono dichiarate colpevoli di omicidio e il tribunale deliberò d'infliggere loro la pena capitale.

In Rajputana, regione situata a ovest dell'India, questo costume era fortemente radicato e fu necessario aspettare ancora molti anni per giungere alla sua completa proibizione. Nella città di Jaipur questa pratica fu soppressa solo nel 1846.

Oggi l'opinione pubblica è largamente contraria al rito delle *sati* e non esercita più alcuna pressione sulle vedove. Nonostante ciò da allora non sono mancati casi di vedove che hanno cercato di raggiungere il rogo funerario del marito intenzionate a morire.

A.S. Altekov, autore di un libro sulla vita delle donne indù, racconta che nel 1946 sua sorella riuscì ad abbandonarsi alle fiamme dopo il decesso dello sposo, nonostante l'esistenza di un figlio e l'opposizione della sua famiglia.

La sacralità del rito

Il rito delle *sati* affonda le sue radici nell'antica mitologia induista. La dea Sati, nipote di Brahma e moglie del dio Shiva, adirata contro il padre perché aveva umiliato il marito, invocò il fuoco nel quale si gettò pregando fino a essere ridotta in cenere. Nella cultura tradizionale, questo atto di immolazione volontaria è percepito come un divino esempio di devozione nei confronti del marito compiuto da una donna «virtuosa e ideale»: la stessa devozione che si domanda alle spose indiane.

Ma al di là del mito, il rito delle *sati* non ha nulla a che vedere con l'induismo e non è menzionato in nessuna delle sacre scritture di questa religione. Le ragioni che hanno portato all'istituzione del rito delle *sati* vanno ricercate nello stesso substrato culturale che ha dato origine alla dote, alla vedovanza perpetua, ai matrimoni prematuri: a tutte quelle pratiche, cioè, che mirano a controllare la donna in quanto essere inferiore, a cui va negato ogni merito per il totale vantaggio della controparte maschile.

Un esame attento conferma, infatti, che il rito delle *sati* cominciò a imporsi in epoca medioevale soprattutto tra le caste sacerdotali e militari. Tra queste caste (le più elevate), la donna, in quanto moglie, era vista come un peso poiché non contribuiva all'economia familiare. Considerata solo una proprietà del marito, senza di lui la donna era ritenuta una nullità: l'immolazione rappresentava dunque per lei una logica, seppur tragica, prospettiva.

Alcuni avvenimenti storici, realmente accaduti, hanno poi contribuito a rafforzare la sacralità del rito. In epoca medievale, quando l'India si trovava sotto la minaccia del sultano di Dehli, il rito delle sati assunse la forma di un suicidio collettivo o *johuar*: le mogli dei soldati morti o nelle mani del nemico, ormai sole e indifese, si gettavano in massa nel fuoco con l'intenzione di difendere e preservare il proprio onore minacciato dal nemico in arrivo. Ancora oggi canti tradizionali inneggiano alle gesta di queste vedove esaltandone il sacrificio estremo.

Sati e *johuar* rimandano al significato del mito nella cultura indiana. Il succo della loro esistenza sta infatti proprio nella sacralità del rito, in quell'alone di onore e di gloria che lo rende così attraente per tante donne.

Tre modi di morire sul rogo

Le testimonianze, lasciateci dai viaggiatori francesi Jean Baptiste Tavernier e François Bernier nel XVII secolo e dal britannico Thomas Twining nel secolo successivo, documentano la morte delle *sati* con descrizioni complete e dettagliate. Questi viaggiatori hanno osservato tre diversi modi di procedere all'esecuzione del rito.

Nel Nord dell'India esisteva un braciere di circa quattro metri quadrati, costituito da una catasta costruita con canne di bambù e legname, nel quale erano collocati contenitori d'olio e altre sostanze grasse per accelerare la combustione. La donna era legata a un palo al fine di precluderle ogni via di fuga; quelle che riuscivano a salvarsi erano disonorate e ripudiate dalle loro famiglie e dalla loro casta.

Nel Bengala, il braciere composto da palme, giunchi e paglia, era situato sulle rive del Gange. Le vedove prima lavavano le spoglie del marito, poi si purificavano nelle acque del fiume e infine, strettamente legate al corpo del defunto venivano ricoperte di combustibile e lasciate ardere dalle fiamme.

Nella costa sud-est e nel Nord del Paese veniva preparato un braciere all'interno di una fossa abbastanza profonda. Fu in una di queste fosse che François Bernier vide morire una donna e cinque schiavi. Lo stesso viaggiatore constatò che alcune vedove venivano spinte nel braciere dai propri familiari desiderosi di accaparrarsi la loro eredità.

Ma la grande maggioranza delle donne indù compiva spontaneamente questo sacrificio, considerato un obbligo sacro, con intrepida fermezza e insensibilità evidenziate dallo stesso François Bernier che ebbe la ventura di assistere a questi «orribili spettacoli».

▲ Mausoleo di Rabia Dauruni ad Aurangabad, India meridionale.

▲ Giovane donna indiana. Se pur abolito dagli inglesi nel 1829, il rito delle *sati* ha causato vittime anche nel XX secolo.

4. LA CRISI DELLE RELAZIONI INTERNAZIONALI

> PERCHÉ LE GRANDI POTENZE CREARONO DUE ALLEANZE CONTRAPPOSTE?
>
> QUALI FURONO LE PRINCIPALI TENSIONI CHE PORTARONO SULL'ORLO DELLA GUERRA?
>
> PERCHÉ LA SITUAZIONE BALCANICA ERA COMPLICATA E INSTABILE?
>
> QUALI ERANO GLI INTERESSI DELL'ITALIA E IN QUALI CONFLITTI FU COINVOLTA?
>
> IN CHE MODO GLI STATI UNITI PARTECIPARONO ALLA SPARTIZIONE COLONIALE?

▶ Due blocchi contrapposti

Nel **1890** Bismarck si ritirò dalla vita politica: la guida della Germania passò nelle mani di **Guglielmo II** che abbandonò la politica d'equilibrio del «cancelliere di ferro» e diede alla politica estera tedesca un indirizzo più aggressivo. La rete di alleanze creata da Bismarck venne semplificata e l'Europa si divise in due blocchi: alla **Triplice Alleanza** (Germania, Austria e Italia), si contrappose nel **1907** la **Triplice Intesa** (Gran Bretagna, Francia e Russia). L'isolamento francese voluto da Bismarck era terminato; la Germania invece si trovava accerchiata dall'alleanza tra Russia e Francia.

Il nuovo sistema internazionale era stato costruito in modo tale che se uno degli Stati europei avesse attaccato un altro, tutta l'Europa sarebbe stata coinvolta nello scontro.
Nei primi anni del 1900 la lotta per la supremazia mise in **crisi** le relazioni internazionali.

▶ Le crisi marocchine

Il primo focolaio di tensioni fu costituito dal **Marocco**, ultimo territorio nord-africano rimasto indipendente. L'intesa fra Francia e Inghilterra del **1904** riconosceva alla Gran Bretagna il controllo dell'Egitto e alla Francia il diritto al dominio sul Marocco che si sarebbe aggiunto alla Tunisia e all'Algeria.

Questa iniziativa allarmò la Germania che aveva in Marocco interessi economici e vedeva sfumare una possibilità di accrescere il suo modesto impero coloniale. Nel **1905** così la Germania si presentò come garante dell'indipendenza marocchina e costrinse la Francia a cedere.
Una **Conferenza internazionale** tenutasi ad **Algesiras** in Spagna nel **1906** chiuse questa **prima crisi** assegnando alla Francia il protettorato sul Marocco.
La **seconda crisi** iniziò nel luglio **1911** quando la Francia, per consolidare il suo dominio, occupò militarmente alcune città marocchine.
La Germania allora, con un'azione dimostrativa, portò una corazzata nella rada di Agadir. La Germania indietreggiò solo di fronte alla minaccia di guerra da parte del governo inglese. Le trattative portarono al riconoscimento del dominio francese su tutto il Marocco in cambio della cessione alla Germania di una parte del Congo francese, confinante con il Camerun tedesco.

▶ La polveriera balcanica

Un altro pericoloso focolaio di tensioni era rappresentato dall'area balcanica. Le rivendicazioni delle popolazioni balcaniche sotto il dominio ottomano si univano ai conflitti politici delle grandi potenze europee. Si creò così una miscela esplosiva che coinvolse vari Paesi europei:

❯ l'**Austria**, che non aveva colonie, considerava i Balcani la sua naturale area di espansione;
❯ la **Russia** intendeva crearsi uno sbocco sul Mediterraneo attraverso i Dardanelli e giustificava il suo interesse con la difesa dei popoli slavi e ortodossi;
❯ l'**Italia** guardava con interesse ai Balcani per giungere al pieno controllo del Mar Adriatico;
❯ la **Gran Bretagna** riteneva quest'area vitale per i suoi interessi commerciali in Oriente.

C'erano inoltre le ambizioni degli stessi Stati balcanici: la Serbia intendeva guidare i movimenti nazionalisti antiturchi e costituire una «**grande Serbia**». In questo disegno era appoggiata dalla Russia; mentre altri Stati, come la Romania, il Montenegro e la Grecia, aspiravano all'espansione territoriale.

La Triplice Intesa contro la Germania di Guglielmo II

UNITÀ 8 — LA SPARTIZIONE IMPERIALISTICA DEL MONDO

La questione marocchina

Guglielmo II interferisce con gli interessi francesi in Africa. Sostiene l'indipendenza del Marocco, minacciando la Francia.

→ La Francia è costretta a cedere una parte del Congo alla Germania, per avere libertà d'azione in Marocco.

L'Inghilterra, alleata della Francia, minaccia di guerra la Germania.

La **Rivoluzione dei Giovani Turchi** (un movimento diffuso soprattutto tra gli ufficiali dell'esercito), scoppiata a Istanbul nel **1908**, pose fine all'assolutismo del sultano, ma innescò una catena di rivalità che sfociarono nelle guerre balcaniche.

▶ Le guerre balcaniche

Il movimento dei **Giovani Turchi** intendeva trasformare l'Impero in una moderna monarchia costituzionale. Non riuscì, però, a contenere le spinte indipendentiste presenti nel territorio turco e aprì una crisi che portò alla disintegrazione dell'Impero.

Approfittando della rivoluzione, l'Austria si impossessò della **Bosnia-Erzegovina**, sulla quale aveva già il protettorato. Questa iniziativa provocò le proteste della Serbia, della Russia e dell'Italia. La questione fu risolta diplomaticamente, ma inasprì le tensioni di quell'area.

I Turchi subirono un'ulteriore sconfitta nel 1912 con l'occupazione italiana della **Libia**, che faceva parte del loro Impero.

Nel **1912** e nel **1913** esplosero le **guerre balcaniche**, due conflitti che piegarono inesorabilmente l'Impero ottomano. Serbi, Greci e Bulgari, appoggiati dalla Russia, volevano dividersi la Macedonia, ricca regione sotto la sovranità turca. L'Impero ottomano venne sconfitto, ma Serbi e Bulgari non riuscirono ad accordarsi sulla spartizione della Macedonia e iniziarono il secondo conflitto.

La **pace di Bucarest** del **1913** divise la maggior parte della Macedonia tra Serbia e Grecia, ridusse il territorio ottomano alla sola Turchia e a una parte della Tracia. La Bulgaria fu la grande sconfitta e perse parte del suo territorio.

La **Serbia** invece uscì dalle due guerre vittoriosa e si presentò come la più grande potenza in quella regione. Non aveva però ancora raggiunto due dei suoi obiettivi:
› il controllo della Bosnia-Erzegovina;
› lo sbocco sul mare, impedito dalla formazione dello Stato d'**Albania** nel 1913.

I Balcani dopo le guerre del 1912-13

- Impero ottomano
- Annessioni dell'Austria-Ungheria (1908)
- Annessioni dell'Italia (Dodecaneso)
- Annessioni della Grecia nel 1913

❶ Le guerre balcaniche furono un duro colpo per l'Impero ottomano: il territorio di questo antico impero, che nei secoli XVI-XVIII si estendeva dall'Algeria al Golfo Persico e dalla Slovenia alla penisola arabica, venne fortemente ridimensionato. I suoi confini divennero grosso modo quelli dell'attuale Turchia.

❷ Il conflitto per la Libia (scoppiato nel 1911) procurò all'Italia importanti vantaggi. Anche le isole greche del Dodecaneso furono occupate e poi annesse dall'Italia: rimasero un possedimento italiano fino alla fine della seconda guerra mondiale.

❸ La Grecia fece un ulteriore passo avanti sulla strada dell'indipendenza e dell'unificazione: riuscì infatti a strappare all'Impero ottomano l'isola di Creta, uno degli ultimi territori di tradizione greca che non si erano ancora ricongiunti con la madrepatria.

❹ Grazie ai rivolgimenti che le guerre balcaniche produssero nella regione, raggiunse l'indipendenza anche l'Albania, una nazione antichissima, per secoli sotto il dominio dell'Impero ottomano.

❺ La Serbia uscì vittoriosa, avanzando nel territorio del Kosovo. La Bosnia-Erzegovina, però, in gran parte abitata da Serbi, era entrata a far parte dell'Impero austro-ungarico. Proprio questa mancata annessione alla Serbia sarà la causa scatenante della prima guerra mondiale: nel 1914, infatti, un giovane serbo della Bosnia ucciderà con un colpo di pistola l'erede al trono austro-ungarico, causando l'inizio del conflitto.

L'espansionismo americano

Nel corso dell'Ottocento, gli Stati Uniti si dedicarono a una **colonizzazione interna** estendendo il loro territorio fino a raggiungere l'Oceano Pacifico. Di conseguenza gli USA manifestarono la tendenza a non occuparsi di questioni internazionali che non avessero immediate ripercussioni sul continente americano: la loro fu una politica che si è soliti definire isolazionista.
Alla fine del secolo, però, questa posizione mutò gradualmente e anche gli Stati Uniti entrarono a far parte del gruppo delle potenze imperialiste, sebbene con un atteggiamento particolare: infatti, non mirarono tanto alla conquista territoriale ma all'**egemonia economica**.
Questa egemonia venne innanzitutto esercitata nei confronti dell'America Latina e ciò determinò l'inevitabile scontro con la **Spagna**.
La guerra, scoppiata nel **1898**, si concluse con la facile vittoria degli Stati Uniti che ottennero, oltre all'allontanamento della Spagna dal continente americano, i possedimenti spagnoli delle **Filippine**. Inoltre, gli Stati Uniti posero sotto il loro controllo Cuba e fomentarono la rivolta di **Panama**, in modo che si staccasse dalla Colombia. Il territorio di Panama costituiva in effetti un punto strategico, in quanto gli Stati Uniti miravano a costruire sul suo territorio un canale che consentisse alle navi di passare dall'Oceano Atlantico all'Oceano Pacifico senza circumnavigare l'America del Sud. I lavori di costruzione del **Canale di Panama** vennero completati nel **1916**.

LESSICO

ISOLAZIONISMO

Il termine isolazionismo ha una connotazione prevalentemente ideologica e indica la netta volontà di uno Stato di non assumere impegni in politica estera. L'isolazionismo è di norma favorito da una posizione di isolamento geografico che, assicurando l'integrità dei confini naturali, rende meno indispensabile il coinvolgimento nelle questioni politiche riguardanti gli Stati esteri. Gli esempi storicamente più rilevanti di isolazionismo sono rappresentati dal Giappone tra la prima metà del XVII secolo e l'inizio della restaurazione Meiji nel 1868, e dagli Stati Uniti tra gli anni Venti del XIX secolo (a partire dall'enunciazione della dottrina Monroe) e l'inizio del XX. Soprattutto per quanto riguarda gli Stati Uniti, ma in misura minore anche per il Giappone, l'isolazionismo si limita alla sola sfera politica e non impedisce lo sviluppo di rapporti economici. Anzi, il non coinvolgimento politico fu spesso ritenuto dagli Americani – ma anche dalla Gran Bretagna – come la strategia migliore per controllare e favorire gli scambi commerciali a livello internazionale.

LA POLITICA DEL «BIG STICK»

La politica imperialista degli Stati Uniti nei confronti dell'America Latina venne ben sintetizzata da Theodore Roosevelt (1858-1919), presidente degli Stati Uniti nei primi anni del Novecento.
In un celebre discorso del 1904 citò un vecchio proverbio: «Parla piano e porta con te un grosso bastone (*big stick*) se vuoi andare lontano». Intendeva così affermare il diritto degli Stati Uniti a intervenire in qualsiasi momento nelle vicende dell'America Latina per ribadire la propria egemonia: per gli Stati Uniti infatti l'America Latina costituiva «l'impero in casa».
Questa politica, chiamata del «big stick», venne rafforzata da numerosi trattati commerciali che resero sempre più dipendente l'economia dell'America Latina da quella degli Stati Uniti.

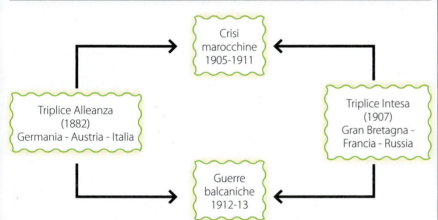

Le alleanze alla vigilia della prima guerra mondiale

▲ Vignetta dei primi anni del Novecento che mostra la politica del big stick.

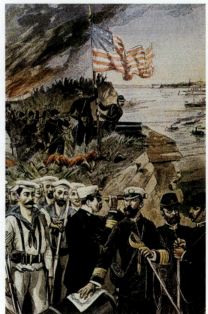

◄ Una stampa che raffigura lo sbarco dei soldati statunitensi a Cuba.

Quale fu la causa dell'imperialismo?

LAB

storiografia

L'imperialismo viene variamente spiegato. Alcuni ne danno un'interpretazione *politica*, come lo storico inglese David Fieldhouse, che considera l'imperialismo come la prosecuzione, in ambito più vasto, dei tradizionali conflitti tra gli Stati europei; altri ne propongono un'interpretazione *sociale*, come lo storico tedesco Ulrich Wehler, secondo cui furono le tensioni sociali suscitate dall'industrializzazione a determinare la corsa alle colonie. Ma le più classiche interpretazioni rimangono quella *economica* di Lenin e quella *culturale* di Schumpeter.

Lenin (1870-1924) propone un'analisi marxista del fenomeno: ritiene che il capitalismo, evolvendosi fino alla sua fase suprema, da intendersi quale fase autodistruttiva, dà luogo all'imperialismo e ai conflitti imperialistici. Non a caso il saggio in cui è contenuta questa tesi, *L'imperialismo fase suprema del capitalismo*, venne pubblicato nel 1917: la prima guerra mondiale sembrava infatti la conferma che il capitalismo fosse giunto alla sua fase autodistruttiva.

Di parere opposto è il sociologo austriaco Joseph Schumpeter (1883-1950): se per il marxista Lenin è il capitalismo la causa dell'imperialismo, per il liberale Schumpeter l'imperialismo è determinato dal suo esatto contrario: dalla carenza di capitalismo. In sintesi, il capitalismo è per sua natura pacifico, poiché solo la pace permette lo sviluppo dei commerci e della finanza; l'imperialismo, invece, è una «forma di atavismo», ovvero il frutto di una cultura caratterizzata dall'aggressività delle monarchie e legata al passato precapitalista.

Lenin: il capitalismo giunto alla sua fase suprema

L'imperialismo sorse dall'evoluzione e in diretta continuazione delle qualità fondamentali del capitalismo in generale.

▲ Un ritratto di Lenin, opera del pittore russo contemporaneo Aleksej Belgkhij.

Ma il capitalismo divenne imperialismo capitalistico soltanto a un determinato e assai alto grado di sviluppo, allorché alcune qualità fondamentali del capitalismo cominciarono a mutarsi nel loro opposto, quando pienamente si affermarono e si rivelarono i sintomi del trapasso a un più elevato ordinamento economico e sociale.

In questo processo vi è di fondamentale, nei rapporti economici, la sostituzione dei monopoli capitalistici alla libera concorrenza. La libera concorrenza è l'elemento essenziale del capitalismo e della produzione mercantile in generale; il monopolio è il diretto contrapposto della libera concorrenza. Ma fu proprio quest'ultima che cominciò sotto i nostri occhi a trasformarsi in monopolio, creando la grande produzione, eliminando la piccola industria, sostituendo alle grandi fabbriche altre ancor più grandi, spingendo tanto oltre la concentrazione della produzione e del capitale che da essa sorgeva e sorge il monopolio, cioè i cartelli, i sindacati, i trust, fusi con il capitale di un piccolo gruppo di una decina di banche che manovrano miliardi.

Nello stesso tempo i monopoli, sorgendo dalla libera concorrenza, non la eliminano, ma esistono con essa e al di sopra di essa, originando così una serie di aspre e violente contraddizioni, attriti e conflitti. Il sistema dei monopoli è il passaggio dal capitalismo a un ordinamento superiore.

Se si volesse dare la più concisa definizione possibile dell'imperialismo, si dovrebbe dire che l'imperialismo è lo stadio monopolistico del capitalismo. Tale definizione conterrebbe l'essenziale, giacché da un lato il capitale finanziario è il capitale bancario delle poche grandi banche monopolistiche, fuso col capitale delle unioni monopolistiche industriali, e d'altro lato la ripartizione del mondo significa passaggio dalla politica coloniale, estendersi senza ostacoli ai territori non ancora dominati da nessuna potenza capitalistica, alla politica coloniale del possesso monopolistico della superficie terrestre definitivamente ripartita.

V.I. Lenin, *Opere scelte*

Schumpeter: la carenza di capitalismo, una sopravvivenza del passato

L'imperialismo è una forma di atavismo. Esso rientra nel vasto gruppo di quelle sopravvivenze di epoche remote, che hanno una parte così importante in ogni situazione sociale concreta; di quegli elementi che si spiegano con le condizioni di vita non già del presente, ma del passato, e quindi, dal punto di vista della interpretazione economistica della storia, con modi di produzione non attuali ma trascorsi. È un atavismo della struttura sociale e, insieme, delle abitudini psichiche e individuali di reazioni emotive. Poiché le esigenze vitali che l'hanno generato si sono sempre esaurite, anch'esso deve a poco a poco scomparire, benché ogni complicazione bellica, sia pure di carattere non-imperialistico, tenda a ravvivarlo. Deve scomparire come elemento

▲ Secondo Schumpeter, sistemi produttivi moderni devono scardinare le vecchie strutture sociali legate a un mondo ormai passato. Due mondi e due sistemi produttivi a confronto: (sopra) la sezione meccanica all'Esposizione Internazionale di Londra del 1862 e (a destra) minatori all'imbocco di una zolfara in Sicilia nel 1894.

strutturale, perché la struttura sulla quale si basa volge al declino cedendo il posto, nel processo di sviluppo sociale, ad altre strutture che non le lasciano spazio e che eliminano i fattori di potere sul cui fondamento essa si ergeva; deve scomparire come elemento di reazioni emotive abituali, a causa del moto di crescente razionalizzazione della vita e della psiche collettiva, per cui antiche esigenze funzionali vengono assorbite da nuovi compiti attraverso un mutamento di funzione di energie fino allora guerresche. [...]
Un mondo puramente capitalistico non potrebbe essere un terreno di coltura di impulsi imperialistici. Potrebbe mantenere vivi interessi all'espansione imperialistica; ma il punto è che i suoi esponenti avrebbero per natura una disposizione non-bellicistica.
Dobbiamo quindi aspettarci: 1) che tendenze antiimperialistiche si manifestino dovunque il capitalismo abbia permeato l'economia e, per il suo tramite, la mentalità dei popoli moderni; con maggior forza, ovviamente, là dove esso ha fatto più strada incontrando le resistenze meno accanite, in particolare là dove i suoi tipi, e quindi la democrazia – nel senso borghese – si sono maggiormente avvicinati al dominio politico; 2) che i tipi plasmati dal capitalismo siano anche di fatto i depositari e i portavoce di simili tendenze.

J. Schumpeter, *Sociologia dell'imperialismo*

COMPRENDERE

> Secondo Lenin la principale causa dell'imperialismo si trova nell'evoluzione del capitalismo, che si è trasformato in capitalismo «monopolistico». Quale significato attribuisce Lenin a questa espressione?

> Perché, secondo Lenin, il capitalismo monopolistico genera l'imperialismo?

> Schumpeter ritiene che il capitalismo abbia qualche responsabilità nella nascita dell'imperialismo?

> Che cosa intende Schumpeter quando sostiene che l'imperialismo è una forma di «atavismo»?

> Perché, secondo Schumpeter, un capitalismo pienamente realizzato renderebbe impossibile un fenomeno come l'imperialismo?

> Lenin e Schumpeter giudicano il capitalismo in maniera molto diversa. Spiega le loro valutazioni.

CONTESTUALIZZARE

> L'età dell'imperialismo si colloca entro due date convenzionali. Quali?

> Quali furono le principali nazioni che praticarono una politica imperialista?

> Che cosa distingue l'imperialismo di fine Ottocento dal colonialismo dei secoli precedenti?

DISCUTERE E ATTUALIZZARE

> L'imperialismo di tipo ottocentesco è un fenomeno ormai superato. Tutte le nazioni che furono sottomesse dalle grandi potenze sono ormai ritornate formalmente indipendenti. Eppure, ti sembra che nel mondo attuale esista ancora qualche forma di dominio delle ex potenze coloniali sulle altre nazioni? Argomenta la tua risposta.

LAB

Documenti

Il fardello dell'uomo bianco

Lo scrittore inglese Rudyard Kipling, autore del *Libro della giungla*, scrisse nel 1899 la poesia *Il fardello dell'uomo bianco*, di cui riportiamo un brano. In questa poesia, composta in occasione dell'occupazione delle Filippine da parte degli Americani, Kipling elogia la nobile missione dell'uomo bianco che diffonde la civiltà tra i popoli selvaggi. L'idea che la colonizzazione fosse una missione civilizzatrice era molto diffusa nell'opinione pubblica europea di fine Ottocento.

Addossatevi il fardello del Bianco –
Mandate i migliori della vostra razza –
Andate, costringete i vostri figli all'esilio
Per servire ai bisogni dei sottoposti;
Per custodire in pesante assetto
Gente inquieta e sfrenata –
Popoli truci, da poco soggetti,
Mezzo demoni e mezzo bambini.

Addossatevi il fardello del Bianco –
Resistere con pazienza,
Celare la minaccia del terrore
E frenare l'esibizione dell'orgoglio;
In parole semplici e chiare,
Cento volte rese evidenti,
Per cercare il vantaggio altrui,
E produrre l'altrui guadagno.

Addossatevi il fardello del Bianco –
Le barbare guerre della pace –
Riempite la bocca della carestia
E fate cessare la malattia;
E quando più la meta è vicina,
Il fine per altri perseguito,
Osservate l'ignavia e la follia pagana
Ridurre al nulla tutta la vostra speranza.

Addossatevi il fardello del Bianco –
Non sgargiante governo di re,
Ma fatica di servo e di spazzino –
La storia delle cose comuni,
I porti in cui non entrerete,
Le strade che non calpesterete,
Andate, costruitele coi vostri vivi,
E segnatele coi vostri morti!

R. Kipling, *Poesie*

DOCUMENTO SCRITTO

❭ Chi è l'autore della poesia?

❭ In occasione di quale evento fu scritta?

❭ L'autore sostiene che l'uomo bianco si è assunto il difficile compito o «fardello» di aiutare gli altri popoli. In che modo dovrebbe aiutarli?

❭ Qual è invece la «ricompensa» che l'uomo bianco ottiene dai popoli che vorrebbe aiutare?

❭ Perché dalla poesia traspare una mentalità razzista?

DOCUMENTO ICONOGRAFICO

❭ Quando e in quale luogo avvenne l'incontro tra i due esploratori?

❭ Qual è la celebre frase che Stanley pronunciò quando si trovò di fronte a Livingstone?

❭ Sapresti spiegare perché questa frase può suscitare il sorriso e perché è diventata così famosa?

❭ Chi sono le persone che circondano Stanley?

❭ Chi sono, invece, gli uomini con la lunga tunica e il turbante che stanno accanto a Livingstone?

CONFRONTO TRA DOCUMENTI

❭ Nella sua poesia Kipling usa alcune immagini efficaci per affermare la «barbarie» dei popoli che l'uomo bianco deve civilizzare. Ti sembra che queste immagini siano in qualche modo riprese nella stampa che raffigura l'incontro tra Livingstone e Stanley? Perché?

❭ Vi sono dei riferimenti alle esplorazioni, nel testo di Kipling?

Stanley incontra Livingstone

In questa stampa inglese è rappresentato l'incontro che avvenne il 10 novembre 1871 tra il missionario ed esploratore David Livingstone, scomparso in Africa senza lasciare tracce di sé, e il giornalista Henry Morton Stanley, partito per cercarlo.

Dopo un lunghissimo e difficile viaggio nella foresta, Stanley trovò Livingstone in uno sperduto villaggio dell'Africa centrale. L'incontro è passato alla storia come uno degli episodi più affascinanti e leggendari dell'epoca delle esplorazioni in Africa.

1. Il famoso incontro tra Stanley e Livingstone avvenne nel villaggio di Ujiji, sulle rive del lago Tanganica, nell'attuale Tanzania. Livingstone scrisse nelle sue memorie che l'annuncio dell'arrivo di Stanley gli fu dato da un suo servitore, il quale gli corse incontro gridando: «Un inglese, un inglese!».

2. Stanley arrivò circondato da una piccola folla, che comprendeva i membri della spedizione e altre persone che si erano raccolte intorno a lui, incuriosite dalla presenza di un uomo bianco. Quando Stanley si trovò davanti a Livingstone, unico bianco che si potesse trovare in mezzo all'Africa, pronunciò una frase che è diventata famosa come esempio del carattere britannico, fatto di autocontrollo e di rispetto delle formalità persino eccessivi. La frase fu: «Il dottor Livingstone, suppongo».

3. Livingstone era in pessime condizioni di salute, sembrava molto più vecchio dei suoi 58 anni. Tuttavia sorrise e confermò a Stanley di essere proprio lui. Dopodiché Stanley disse: «Ringrazio Dio, dottore, per avermi concesso di vedervi» e Livingstone rispose: «Anch'io mi sento riconoscente per essere qui a darvi il benvenuto». Si ritirarono quindi nella capanna di Livingstone.

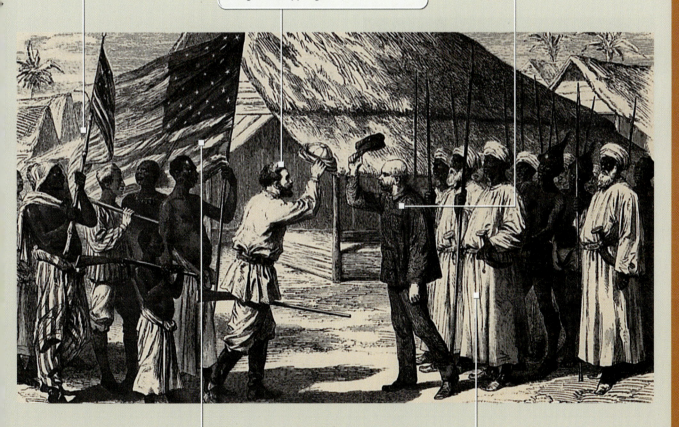

5. In testa alla spedizione di Stanley sventolava la bandiera degli Stati Uniti. Stanley infatti era di origine inglese, ma dall'età di quindici anni si era trasferito in America e lì era diventato famoso.

4. Livingstone si presentò davanti a Stanley accompagnato da un gruppo di arabi che praticavano il commercio di schiavi. Livingstone era un nemico convinto della schiavitù, ma per continuare le sue esplorazioni e per ragioni di sopravvivenza fu costretto a chiedere ospitalità ai commercianti di schiavi.

l'essenziale

1. L'IMPERIALISMO

La definizione	L'**imperialismo** fu una **corsa alla colonizzazione** guidata dai governi in competizione tra loro, che ebbe come obiettivo l'estensione dei confini nazionali. Tra il **1870** e il **1914** un quarto del mondo venne spartito tra pochi Stati.
Il contesto politico	La Germania era diventata il punto di equilibrio dei rapporti di forza in Europa. **Bismarck** aveva garantito la pace con una politica di equilibrio, ma la tensione salì a causa: – del revanscismo francese; – delle tensioni nei Balcani; – della competizione coloniale.
Il contesto economico e culturale	Con la «grande depressione» (**1873-96**) gli Stati presero a sostenere l'economia nazionale con il **protezionismo**, le **commesse statali** e la **politica imperialista**. Quest'ultima: – garantì nuovi sbocchi commerciali e materie prime a basso costo; – fu sorretta da motivazioni ideologiche, fondate sul nazionalismo, sul razzismo e sul mito della missione civilizzatrice degli Europei: il «**fardello dell'uomo bianco**» (Kipling).

2. LA SPARTIZIONE DELL'AFRICA

L'espansione in Africa	La **Francia**, che possedeva già l'Algeria, intendeva estendere il suo impero coloniale lungo l'**asse ovest-est** dell'Africa centro-settentrionale partendo dalla **Tunisia** occupata nel 1881. L'espansione dell'**Inghilterra** invece si spingeva lungo l'**asse nord-sud** partendo dall'**Egitto** occupato nel **1882**.
La Conferenza di Berlino	La **Conferenza di Berlino** (**1884-85**) sancì il principio dell'_occupazione di fatto_ come criterio di possesso dei territori africani: ciò scatenò ancor di più la competizione coloniale, con il coinvolgimento della stessa **Germania**, ultima arrivata nella corsa alle colonie.
Boeri e Inglesi	Nella zona del Sudafrica la scoperta di giacimenti d'oro e di diamanti scatenò il **conflitto** tra **Boeri** (i vecchi coloni olandesi) e **Inglesi**. Questi ultimi ebbero la meglio e nel **1910** formarono l'**Unione Sudafricana**.

3. LA SPARTIZIONE DELL'ASIA

La colonizzazione in Asia	La possibilità di accedere dal Mediterraneo al Mar Rosso tramite il **Canale di Suez**, costruito tra il 1859 e il 1869, diede nuovo impulso all'espansione europea in Asia, già in atto prima dell'età dell'imperialismo.
Il dominio inglese in India	Dopo lo scoppio della rivolta dei **sepoys** (soldati indiani arruolati nell'esercito inglese), nel 1857 il governo britannico assunse il controllo diretto dell'**India**, prima governata per conto della Gran Bretagna dalla **Compagnia delle Indie**. Nel **1885** nacque il **Congresso Nazionale Indiano**, un'assemblea della classe media indiana che passò da posizioni di collaborazione con gli Inglesi alla richiesta di autogoverno.
La Cina	Le tensioni tra gli Inglesi e il governo imperiale causarono due **guerre dell'oppio** (tra il **1842** e il **1860**), così chiamate perché determinate dal rifiuto cinese di importare l'oppio. Le varie potenze approfittarono della crisi dell'Impero cinese per occuparne alcune zone. Una rivolta condotta dalla società segreta xenofoba dei **boxers** venne sedata da un **contingente internazionale**: ormai la sovranità del governo imperiale era limitata.

4. LA CRISI DELLE RELAZIONI INTERNAZIONALI

Due blocchi contrapposti	Dopo il ritiro di Bismarck (1890): – la Germania adottò una politica estera più aggressiva; – alla **Triplice Alleanza** (Germania, Austria, Italia) si contrappose nel **1907** la **Triplice Intesa** (Gran Bretagna, Francia e Russia). Nei primi anni del Novecento la lotta per la supremazia mise in crisi le relazioni internazionali.
La polveriera balcanica	L'area balcanica, sotto il dominio ottomano, era una zona di tensione per: – le rivendicazioni nazionalistiche; – gli interessi contrapposti, soprattutto di Austria e Russia. Nel **1908** la **Rivoluzione dei Giovani Turchi** pose fine all'assolutismo del sultano, ma aprì una crisi che portò alla disintegrazione dell'Impero.
L'espansionismo americano	A fine Ottocento gli Stati Uniti abbandonarono l'**isolazionismo** ed entrarono nella competizione imperialista, puntando non alla conquista territoriale ma all'**egemonia economica**. Il loro primo obiettivo fu l'America Latina.

l'essenziale

PAROLE IN EREDITÀ

Nero e negro: la storia di queste due parole è per certi versi curiosa. Derivano entrambe dal latino *niger* e in passato indicavano il colore nero; infatti, nell'italiano antico o letterario, spesso l'aggettivo negro è usato con lo stesso significato di nero. In epoca coloniale, gli Spagnoli cominciarono a usare il termine *negro* (già presente nella loro lingua) per indicare gli schiavi di colore e gli Africani, anche in senso spregiativo. L'uso poi passò all'italiano, perciò fino a qualche anno fa era normale parlare di «negri» – anche senza intenzioni offensive – per indicare le persone di colore. Tuttavia il termine si prestava a essere interpretato in senso razzista, perciò sta cadendo sempre più in disuso.

Boero: questo termine deriva dalla lingua olandese e significa letteralmente «contadino»: i Boeri infatti erano i contadini olandesi che avevano colonizzato l'Africa meridionale nei secoli XVII e XVIII. Proprio a causa delle guerre che combatterono contro gli Inglesi verso la fine dell'Ottocento, i Boeri divennero famosi in tutto il mondo come popolo fiero e agguerrito, geloso della propria terra e della propria cultura. Oggi è più usato il termine «Afrikaner», con cui si indicano coloro che appartengono alla popolazione bianca del Sudafrica. Tuttavia il termine boero è ancora usato per indicare un tipo di cioccolatino inventato in Ungheria dal pasticcere Emil Gerbeaud: si tratta di una pralina contenente una ciliegia imbevuta di kirsch, bevanda alcolica di origine nordeuropea.

Belle Époque: è un modo di dire per indicare il periodo tra la fine dell'Ottocento e lo scoppio della prima guerra mondiale. In realtà la *Belle Époque* («epoca bella» o «bei tempi») fu tutt'altro che felice, se si considera che in questo periodo si diffusero il nazionalismo e il razzismo e si preparava la prima guerra mondiale! Eppure questa espressione ebbe fortuna perché esprimeva la contrapposizione fra l'epoca precedente e l'epoca successiva alla guerra, cioè tra il periodo della libertà e il periodo della perdita della libertà con il fascismo e il nazismo. Si diceva *Belle époque* per indicare la vita brillante nelle grandi capitali europee, le numerose esperienze artistiche, ma soprattutto per esprimere l'idea che il nuovo secolo, cioè il Novecento, sarebbe stata un'epoca di pace e benessere.

▲ Henry de Toulouse-Lautrec, *Ballo al Moulin Rouge*, 1890. Philadelphia, Collezione McIlhenny.

ONLINE puoi trovare altri esercizi

Indice dei nomi

Acton, John Francis Edward 142
Ahmed, Mohammed 275
Alessandro I (zar di Russia) 31, 32, 34
Anderson, James 69
Angiulli, Andrea 167
Arabi Pascià 274
Armellini, Carlo 107, 123
Avogadro di Quinto, Felice 190

Babeuf, François-Noël 66
Baekeland, Leo 205
Bakunin, Michail Aleksandrovič 224, 225, 231
Balbo, Cesare 72, 98, 99, 121
Bandiera, Attilio 98
Bandiera, Emilio 98
Baratieri, Oreste 193, 194
Bava Beccaris, Fiorenzo 186, 190, 201
Beaumont, Gustave de 52
Bedford Forrest, Nathan 258
Bell, Alexander Graham 165, 205
Benedetti, Vincent 149
Bentham, Jeremy 49, 63
Bentinck, William 284
Benz, Karl 205, 210
Berchet, Giovanni 67
Bernier, François 284
Bertoldi, Silvio 76
Bessemer, Henry 205
Bismarck, Otto Eduard Leopold von 129, 146, 147, 148, 149, 152, 153, 155, 163, 170, 182, 238, 239, 240, 241, 242, 243, 266, 270, 271, 285, 292, 293
Bixio, Nino 138
Blanc, Louis 56, 63, 100
Blanqui, Auguste 155
Bobbio, Norberto 58
Boito, Camillo 222, 223
Bolívar, Simón 82, 83, 84, 85, 89
Bonaparte, Carlo Luigi Napoleone (Napoleone III) 28, 87, 101, 102, 110, 122, 128, 130, 131, 132, 133, 134, 146, 147, 148, 149, 150, 151, 154, 162, 163, 170, 171, 223, 234, 266, 270, 277
Bonaparte, Girolamo 131
Bonaparte, Napoleone 27, 28, 30, 31, 32, 42, 44, 46, 50, 62, 76, 85, 97, 101, 109, 276
Booth, John Wilkes 256, 257
Boulanger, Georges-Ernest-Jean-Marie 234, 266
Bresci, Gaetano 187, 190, 201
Bright, John 144
Brin, Benedetto 173
Brown, John 251

Bruno, Giordano 61, 188
Brush, Charles Francis 209
Bryce, James 61
Buonarroti, Filippo 66, 67, 97
Burke, Edmund 36, 38, 62
Buttà, Giuseppe 140, 141
Byron, George Gordon 74

Cadorna, Raffaele 171, 188
Carducci, Giosue 145, 175
Carlo Alberto (re di Sardegna) 72, 73, 76, 77, 104, 105, 106, 107, 110, 112, 114, 122, 123
Carlo Emanuele IV (re di Sardegna) 76
Carlo Felice (re di Sardegna) 72, 73, 76, 77
Carlo X (re di Francia) 65, 78, 88
Castlereagh, Robert Stewart 28
Cattaneo, Carlo 96, 98, 104, 120, 121, 189
Cavaignac, Louis-Eugène 101
Cavour, Camillo Benso, conte di 98, 99, 111, 112, 113, 121, 126, 127, 128, 129, 130, 131, 132, 133, 137, 139, 141, 142, 143, 149, 156, 160, 162, 166, 171, 175, 177, 199
Chabod, Federico 117, 159
Chastenet, Jacques 246
Chateaubriand, François René de 81
Chrzanowski, Wojciech 107, 114
Confalonieri, Federico 67, 111
Confalonieri, Teresa Casati 111
Conrad, Joseph 273, 275
Corsieri, Pietro 67
Costa, Andrea 177, 194
Crispi, Francesco 118, 137, 138, 160, 165, 182, 183, 184, 185, 187, 188, 189, 190, 193, 194, 201, 271
Croce, Benedetto 35, 176

D'Azeglio, Massimo 98, 99, 121, 126
Daimler, Gottlieb 205, 210
Dallas, Gregor 155
Danton, Georges-Jacques 31
Darboy, Georges 155
Darwin, Charles 41, 205, 206, 207, 230
Darwin, Erasmus 206
Davis, Jacob 233
Davis, Jefferson 252, 257
Davy, Humphry 209
Dawson, Frank 83
De Filippi, Filippo 207
Depretis, Agostino 157, 176, 177, 182, 187, 189, 193, 200, 201
Di Rudinì, Antonio 183, 185, 186, 201
Diesel, Rudolf 210

Disraeli, Benjamin 244, 247, 266, 277
Dreser, Heinrich 226, 227
Dreyfus, Alfred 235, 236, 237, 267
Duke, David 258
Dunant, Henri 134, 135

Edison, Thomas Alva 205, 208, 209, 214, 215
Engelberg, Ernst 152
Engels, Friedrich 56, 57, 63, 224
Erodoto 276

Faure, François-Félix 208
Federico Guglielmo IV (re di Prussia) 102, 106, 122, 147, 152
Federico il Grande (re di Prussia) 242
Ferdinando I (imperatore d'Austria) 101, 102, 122
Ferdinando I (re di Napoli) 32, 72
Ferdinando II (re delle Due Sicilie) 104, 105, 122, 126
Ferdinando III d'Asburgo-Lorena (granduca di Toscana) 32, 33, 76
Ferdinando VII di Borbone (re di Spagna) 72, 88
Ferry, Jules 234
Fichte, Johann Gottlieb 46
Fieldhouse, David 288
Fleming, Alexander 205
Ford, Henry 204, 210, 212, 213, 214, 215, 216, 230
Foscolo, Ugo 67
Fourier, François-Marie-Charles 55, 63
Francesco Giuseppe d'Asburgo (imperatore d'Austria) 102, 106, 122, 210, 277
Francesco II (re delle Due Sicilie) 138, 140, 141, 162, 195
Francesco IV d'Este (duca di Modena) 32, 33, 77, 79
Frapolli, Francesco 94

Galante Garrone, Alessandro 160, 161
Galasso, Giuseppe 157, 158
Galbraith, John Kenneth 83
Galilei, Galileo 61, 207
Galli della Loggia, Ernesto 156, 160, 195, 196
Gambino, Antonio 60
Garibaldi, Anita 110
Garibaldi, Giuseppe 97, 98, 107, 111, 115, 116, 127, 131, 133, 137, 138, 139, 140, 141, 144, 145, 160, 162, 170, 171, 175, 176, 184, 188, 189, 192, 200

Gentile, Emilio 160
Gervinus, Georg 35
Ginsborg, Paul 115, 116
Gioberti, Vincenzo 98, 99, 104, 121
Giolitti, Giovanni 157, 183, 184, 187, 189, 193, 201
Giovanni VI (re del Portogallo) 72, 83
Giuseppe II d'Asburgo (imperatore d'Austria) 94
Gladstone, William Ewart 145, 244, 247, 266
Gobetti, Piero 156, 157, 161
Godechot, Jean 31
Goethe, Johann Wolfgang 37, 38
Gramme, Zénobe-Théophile 208
Gramsci, Antonio 156, 157, 158, 159
Grant, James August 272
Grant, Ulysses 252
Gregorio XVI (papa) 48, 104
Grozio, Ugo 58
Guerrazzi, Francesco Domenico 107, 123
Guglielmo I (re di Prussia e imperatore di Germania) 147, 149, 153, 163
Guglielmo II (re di Prussia e imperatore di Germania) 152, 153, 210, 241, 266, 285
Guizot, François-Pierre 100, 122, 150

Hardenberg, Karl August von 28
Herder, Johann Gottfried 37
Hobbes, Thomas 58, 60
Hobsbawm, Eric J. 35
Hoffmann, Felix 226
Hudson, Henry 144

Isabella II di Borbone (regina di Spagna) 149
Ismail Pascià 277

Jacini, Stefano 159
Jackson, Andrew 250, 255
Johnson, Andrew 256, 257
Johnson, Lyndon 257

Kennedy, John Fitzgerald 257
Kipling, Rudyard 272, 290, 292
Kissinger, Henry 35
Klinger, Friedrich Maximilian 37
Knox, Henry 254
Koch, Robert 80
Kossuth, Lajos 101

La Loggia, Enrico 185
La Mennais, Félicité de 48

Lacordaire, Jean-Baptiste-Henri 48, 52
Lafitte, Jacques 79
Lamarck, Jean-Baptiste de 206
Lambruschini, Pietro 104
Lanza, Giovanni 140
Le Baron Jenney, William 205
Lee, Robert 252
Lenin 159, 288, 289
Leopoldo di Hohenzollern 149
Leopoldo di Sassonia-Coburgo (re del Belgio) 78
Leopoldo II (granduca di Toscana) 104, 105, 107, 122, 123
Leopoldo II (re del Belgio) 273, 275
Lesseps, Ferdinand de 276, 277
Lilienthal, Gustav 210
Lilienthal, Otto 210
Lincoln, Abraham 251, 252, 256, 257, 267
Lindberg, Charles 210
Livingstone, David 272, 273, 291
Locke, John 48, 63
Luigi Filippo d'Orléans (re di Francia) 78, 87, 88, 99, 100, 122, 139, 150, 154
Luigi XVIII (re di Francia) 30, 31, 32, 78

Mac-Mahon, Patrice 155, 234, 266
Machiavelli, Niccolò 60, 142, 188
Mack Smith, Denis 142, 144
Maistre, Joseph de 36, 37, 38, 62
Malthus, Thomas Robert 50, 51
Mandeville, Bernard de 51
Mangascià (ras etiope) 193
Marconi, Guglielmo 205
Margherita di Savoia 191
Maria Luisa d'Austria (duchessa di Parma) 32, 33, 79
Marx, Karl 56, 57, 63, 91, 97, 117, 184, 224, 225, 231
Massari, Giuseppe 198
Mastai Ferretti, Giovanni Maria (vedi Pio IX) 104
Maturi, Walter 118
Maurras, Charles 235
Mazzini, Giuseppe 86, 96, 97, 98, 105, 106, 107, 110, 111, 115, 116, 117, 118, 121, 123, 127, 141, 145, 156, 162, 176, 184, 189, 224
Mazzoni, Giuseppe 107, 123
Mendel, Gregor 207
Menelik (imperatore d'Etiopia) 183, 185, 193, 201
Menotti, Ciro 79
Metternich-Winneburg, Klemens

Wenzel Lothar, principe di 28, 29, 35, 72, 79, 101, 128
Meucci, Antonio 165, 205
Mieli, Paolo 160
Mill, James 49, 63
Mill, John Stuart 49, 63
Minghetti, Marco 176, 177, 187
Minichini, Luigi 72
Mola, Aldo 188, 189
Moltke, Helmuth von 149
Monier, Joseph 205
Monroe, James 82, 287
Montalambert, Charles Forbes, conte di 48
Montanelli, Giuseppe 107, 123
Montanelli, Indro 161
Montesquieu, Charles de Secondat, barone di 48, 58, 63
Morelli, Michele 72
Moro, Tommaso 57
Morozzo Della Rocca, Enrico 195
Murat, Gioacchino 131
Mutsuhito (imperatore del Giappone) 260, 261, 262, 263, 267

Namier, Lewis 117
Negrelli, Luigi 276, 277
Nesselrode, Karl Vasil'evič 28
Nicola I (zar di Russia) 79, 102, 106
Nicola II (zar di Russia) 210
Novalis (Friedrich von Hardenberg) 36

Oldoini, Virginia (contessa di Castiglione) 128
Oriani, Alfredo 118, 156
Orieux, Jean 31
Orsini, Felice 130
Oswald, Lee Harvey 257
Ottone I di Baviera (re di Grecia) 74
Oudinot, Nicolas-Charles-Victor 106, 107
Owen, Robert 54, 55
Ozanam, Frédéric 55

Pacinotti, Antonio 208
Palmerston, Henry John Temple 277
Pareto, Vilfredo 176
Parnell, Charles Stewart 247, 266
Pellicciari, Angela 160
Pellico, Silvio 67
Pelloux, Luigi Girolamo 187, 191, 201
Pepe, Guglielmo 72, 73
Perry, Matthew 261, 262
Persano, Carlo Pellion, conte di 171, 172, 173

Pilo, Rosolino 137
Pio IX (papa) 104, 105, 107, 122, 123, 126, 158, 160, 171, 176, 195, 200, 225, 231, 240
Pio VII (papa) 32, 33
Pisacane, Carlo 110, 115, 127, 162, 192
Platone 57
Poincaré, Raymond 235, 266
Polanyi, Karl 35
Polignac, Jules-Auguste-Armand-Marie, principe di 78
Popper, Karl 60
Porro Lambertenghi, Pietro 67
Proudhon, Pierre-Joseph 56, 63

Radetzky, Johann Joseph 104, 105, 106, 122, 126
Ramorino, Girolamo 114
Rattazzi, Urbano 126, 129, 162, 170, 177
Renan, Ernest 61
Rhodes, Cecil 275
Ricardo, David 50, 51, 56
Ricasoli, Bettino 166, 187, 188, 199
Romano, Sergio 188, 262, 263
Romeo, Rosario 142, 143, 157, 159, 161
Roon, Albrecht von 149
Roosevelt, Theodore 287
Ross, John 255
Rousseau, Jean-Jacques 35, 49, 55, 58, 63
Rubattino, Raffaele 192
Rusconi, Gian Enrico 160

Saffi, Aurelio 107, 118, 123
Said, Mohammed 276
Saint-Jorioz, Carlo Bianco di 97, 115
Saint-Simon, Claude-Henri, conte di 55, 63, 205, 230
Salasco, Carlo 106, 123
San Martín, José de 82, 83, 84, 89
Santamaria, Gianni 160
Santarosa, Santorre di 73, 74, 76, 77
Sarti, Roland 117
Sartori, Giuseppe 60
Savorgnan di Brazzà, Pietro 272
Schiller, Friedrich 37
Schumpeter, Joseph Alois 288
Sella, Quintino 168, 187, 199
Sertürner, Adam 227
Sestan, Ernesto 47
Settembrini, Domenico 60, 61, 117, 118
Siemens, Werner von 208

Silvati, Giuseppe 72
Smith, Adam 48, 50, 51, 54, 56, 63, 218
Speke, John Hanning 272
Stanley, Henry Morton 272, 273, 291
Strang, Herbert 211
Strauss, Leo 61
Strauss, Levi 233, 265
Sucre, Antonio José de 85
Swan, Joseph Wilson 209

Tacito 46
Talleyrand-Périgord, Charles-Maurice de 28, 29, 30, 31
Tavernier, Jean Baptiste 284
Taylor, Frederick Winslow 204, 212, 213, 230
Tegetthoff, Wilhelm von 172
Thiers, Adolphe 154, 155, 163, 234
Tilak, Bal Gangadhar 279
Tocqueville, Alexis de 52, 53
Tokugawa, Iemochi 262
Turati, Filippo 157, 186
Turner, Frederick Jackson 251
Twining, Thomas 284

Umberto I (re d'Italia) 182, 186, 187, 188, 190, 191, 201, 222

Verdi, Giuseppe 109, 175, 277
Veyne, Paul 60
Viglione, Massimo 160
Viroli, Maurizio 117, 144
Vittorio Amedeo III (re di Sardegna) 76
Vittorio Emanuele I (re di Sardegna) 32, 33, 72, 76, 139
Vittorio Emanuele II (re d'Italia) 107, 114, 123, 126, 127, 128, 131, 132, 133, 137, 139, 141, 142, 162, 174, 175, 176, 262
Vittorio Emanuele III (re d'Italia) 187, 201

Washington, George 254
Watt, James 70, 204
Wehler, Ulrich 288
Wilde, Oscar 248, 249
Wright, Orville 210
Wright, Wilbur 210

Ypsilanti, Alexandros 73, 74

Zanardelli, Giuseppe 182, 187, 189, 201
Zeppelin, Ferdinand von 211
Zola, Emile 236, 267

Indice delle carte

In colore sono indicate le carte commentate.

Rivolte e rivoluzioni nel XIX secolo	6
L'espansione verso ovest degli USA	8
L'America del Sud nel XIX secolo	10
Il Canada nel XIX secolo	11
L'India inglese e la rivolta dei *sepoys*	12
Il declino della Cina Manciù e il Giappone	13
L'Australia e la Nuova Zelanda nel XIX secolo	14
Il Sudafrica e gli Stati boeri nel XIX secolo	15
La spartizione coloniale dell'Africa (fine XIX secolo)	16
L'emigrazione europea nel XIX secolo	17
L'Europa dopo il Congresso di Vienna	33
L'Italia dopo il Congresso di Vienna	33
Le società segrete in Europa	67
I moti insurrezionali in Europa (1820-21)	72
L'indipendenza dell'America Latina	84
Stati e nazionalità in Europa alla vigilia del 1848	96
I moti rivoluzionari del 1848-49 in Europa	100
La prima guerra d'indipendenza – Prima fase	106
La repressione dei moti del 1848	106
La prima guerra d'indipendenza – Seconda fase	107
Lo sviluppo della rete ferroviaria in Italia dal 1859 al 1868	127
La guerra di Crimea (1854-56)	130
La seconda guerra d'indipendenza	132
La battaglia di Milazzo	137
La spedizione dei Mille	138
L'unificazione della Germania	148
La terza guerra d'indipendenza	170
La colonizzazione italiana in Africa Orientale	183
Gli Stati Uniti all'epoca della guerra di secessione	251
Le guerre indiane	253
La modernizzazione del Giappone	260
Le strade dell'oro	264
Le esplorazioni dell'Africa	272
La spartizione coloniale dell'Africa	274
Il canale di Suez	276
Le colonie in Asia all'inizio del XX secolo	278
I Balcani dopo le guerre del 1912-13	286